T0224904

Qualitätsmanagement im Gesundheitswesen

Peter Hensen

Qualitätsmanagement im Gesundheitswesen

Grundlagen für Studium und Praxis

3., aktualisierte und durchgesehene Auflage

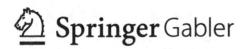 Springer Gabler

Peter Hensen
Alice Salomon Hochschule Berlin
Berlin, Deutschland

ISBN 978-3-658-38298-8   ISBN 978-3-658-38299-5   (eBook)
https://doi.org/10.1007/978-3-658-38299-5

Die Deutsche Nationalbibliothek verzeichnet diese Publikation in der Deutschen Nationalbibliografie; detaillierte bibliografische Daten sind im Internet über http://dnb.d-nb.de abrufbar.

Planung/Lektorat: Margit Schlomski
Springer Gabler ist ein Imprint der eingetragenen Gesellschaft Springer Fachmedien Wiesbaden GmbH und ist ein Teil von Springer Nature.
Die Anschrift der Gesellschaft ist: Abraham-Lincoln-Str. 46, 65189 Wiesbaden, Germany

Vorwort

Dieses Lehrbuch erscheint nun einer dritten, aktualisierten und durchgesehenen Auflage. Einige Inhalte wurden auf „den neuesten Stand" gebracht; andere Aspekte wiederum leicht überarbeitet. An der Grundausrichtung des Buches hat sich jedoch nichts geändert. Der Schwerpunkt liegt weiterhin auf den theoretischen Hintergründen und Zusammenhängen des Qualitätsmanagements. Gleichzeitig soll ein Anwendungsbezug zum Gesundheitswesen hergestellt werden. Das Buch ist als Einstiegshilfe und als Nachschlagewerk gleichermaßen geeignet. Es richtet sich an Studierende und praktisch Tätige, insbesondere an Angehörige der Gesundheitsberufe und der kaufmännischen Berufe im Gesundheitswesen.

Der Aufbau dieses Buches ist zweigeteilt. In einem Allgemeinen Teil (Teil 1) werden die Grundlagen erarbeitet: Beginnend mit der Einbettung des Qualitätsbegriffs in den Kontext des Gesundheitswesens werden nachfolgend die Inhalte, Konzepte und Modellvorstellungen der Qualitätsgestaltung entwickelt. Darauf aufbauend werden Aufgaben und Tätigkeitsfelder des Qualitätsmanagements weiter konkretisiert. Eine Einführung in die qualitätsbezogene Methodenlehre rundet das Themenfeld des Grundlagenteils ab. Nachfolgend werden in einem Speziellen Teil (Teil 2) die Kernelemente und Grundsätze des Qualitätsmanagements weiter vertieft, themenübergreifende Managementmethoden miteinbezogen und wichtige Prinzipien der Qualitätsbewertung und Qualitätsentwicklung im Gesundheitswesen anwendungsbezogen erweitert (Abb. 1)

Dem Buch liegt ein *vorlesungsorientiertes Gliederungskonzept* zugrunde. Es werden „Verständnispakete" geschnürt, die aufeinander aufbauen und sich gegenseitig ergänzen. Die Inhalte und methodischen Grundlagen des Qualitätsmanagements sind allerdings auf vielfältige Weise miteinander verflochten und damit nur eingeschränkt in einer rein linearen Logik darstellbar. Aus diesem Grund werden Begriffe oder Erläuterungen bereits in früheren Kapiteln eingeführt, die erst an späterer Stelle des Buches weiter vertieft werden können. Dieses Buch ist aber so aufgebaut, dass sich Leserinnen und Leser schrittweise die grundlegenden Kenntnisse und das dazugehörige Verständnis erarbeiten können. Die Kapitelstruktur ermöglicht darüber hinaus die gezielte Vertiefung und das

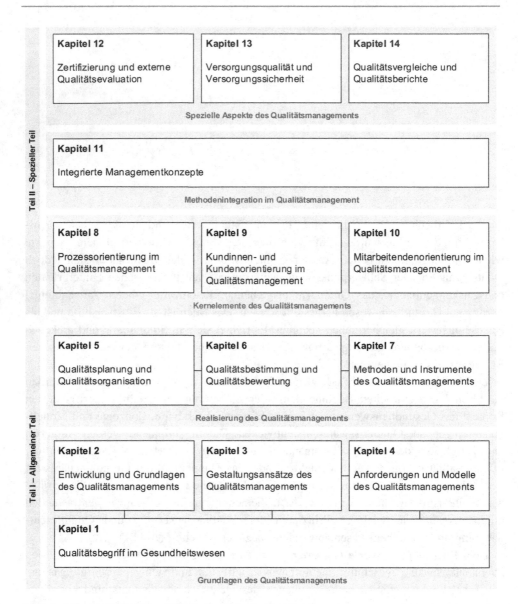

Abb. 1 Themenübersicht und Kapitelstruktur des Lehrbuchs

Nachlesen von einzelnen Teilaspekten. Am Ende jedes Kapitels sind Übungsfragen formuliert, die zur selbstständigen Erarbeitung und Wiederholung von Lerninhalten anregen sollen oder zur Prüfungsvorbereitung herangezogen werden können.

Nach Abschluss der nun vorliegenden Überarbeitung ist wie immer all jenen zu danken, die direkt und indirekt zum Gelingen beigetragen haben: den Studierenden, die mit ihren Fragen und Anregungen in der Lehre das Problemverständnis zu vielen

Aspekten erweitern, den Kolleginnen und Kollegen, die in der gemeinsamen Arbeit Impulse setzen und ihre Ideen einbringen, und nicht zuletzt den Mitarbeitenden und Verantwortlichen von Springer Gabler, die dieses Lehrbuch weiterhin tatkräftig unterstützen. Für wertvolle Anregungen und unermüdlichen Beistand danke ich besonders Herrn Prof. Dr. habil. Herbert Schirmer (Bielefeld/Berlin). Auch weiterhin freue ich mich über anregende Diskussionen und konstruktive Anmerkungen und hoffe sehr, dass auch die Drittauflage von den Leserinnen und Lesern angenommen wird.

Berlin   Peter Hensen
März 2022

Inhaltsverzeichnis

Abkürzungsverzeichnis

ACHS	Australian Council on Healthcare Standards
AGREE	Appraisal of Guidelines for Research and Evaluation
AHRQ	Agency for Healthcare Research and Quality
AOK	Allgemeine Ortskrankenkasse
APR	Accreditation Participation Requirements
APS	Aktionsbündnis Patientensicherheit
ASA	American Society of Anesthesiologists
ASI	Austrian Standards International
AWMF	Arbeitsgemeinschaft der Wissenschaftlichen Medizinischen Fachgesellschaften
ÄZQ	Ärztliches Zentrum für Qualität in der Medizin
BÄK	Bundesärztekammer
BVW	Betriebliches Vorschlagswesen
C2E	Committed to Excellence
CE	Communautés Européennes, Conformité Européennes
CIT	Critical Incident Technique
CIRS	Critical Incident Reporting System
DAkkS	Deutsche Akkreditierungsstelle
DAS	Datenauswertungsstelle
DELBI	Deutsches Instrument zur methodischen Leitlinien-Bewertung
DIN	Deutsches Institut für Normung
DKG	Deutsche Krebsgesellschaft
DKG	Deutche Krankenhausgesellschaft
DKH	Deutsche Krebshilfe
DMAIC	Define-Measure-Analyze-Improve-Control
DMP	Disease-Management-Programme
DNQP	Deutschen Netzwerks für Qualitätsentwicklung in der Pflege
DPR	Deutscher Pflegerat
DRG	Diagnosis-Related Groups
EbM	Evidence-based Medicine

EbN	Evidence-based Nursing
EbP	Evidence-based Practice
EEA	EFQM Excellence Award
EFQM	European Foundation for Quality Management
EGA	EFQM Global Award
EMD	EFQM Management Document
EN	Europäische Norm
EQA	European Quality Award
EQS	Externe Qualitätssicherung
EU	Europäische Union
FMEA	Fehlermöglichkeits- und Einfluss-Analyse
FRAP	Frequenz-Relevanz-Analyse von Problemen
G-BA	Gemeinsamer Bundesausschuss
G-IQI	German Inpatient Quality Indicators
GRADE	Grading of Recommendations Assessment, Development and Evaluation
GKV	Gesetzliche Krankenversicherung
ICD	International Statistical Classification of Diseases and Related Health Problems
ICF	International Classification for Functioning, Disability and Health
IEC	International Electrotechnical Commission
IPSG	International Patient Safety Goals
IQM	Initiative Qualitätsmedizin
IQTIG	Institut für Qualitätssicherung und Transparenz im Gesundheitswesen
ISO	International Organization of Standardization
IT	Informationstechnologie
JCAHO	Joint Commission on Accreditation of Healthcare Organizations
JCI	Joint Commission International
KBV	Kassenärztliche Bundesvereinigung
KTQ	Kooperation für Transparenz und Qualität im Gesundheitswesen
KVP	Kontinuierlicher Verbesserungsprozess
LAG	Landesarbeitsgemeinschaften
LEP	Ludwig-Erhard-Preis
LQS	Landesgeschäftsstelle für Qualitätssicherung
MAB	Mitarbeiterbefragungen
MBNQA	Malcolm Baldrige National Quality Award
MbO	Management by Objectives
MD	Medizinischer Dienst
ME	Messbares Element
MVZ	Medizinisches Versorgungszentrum
NANDA	North American Nursing Diagnosis Association
NVL	Nationale Versorgungsleitlinie
OL	Leitlinienprogramm Onkologie

ON	Österreichisches Normeninstitut
OR	Odds-Ratio
ÖNORM	Österreichische Norm
QB	Qualitätsbericht
QBE	Qualitätsberichterstattung
Qesü	Sektorenübergreifende Qualitätssicherung
QM	Qualitätsmanagement
QMB	Qualitätsmanagementbeauftragte
QMS	Qualitätsmanagementsystem
QMH	Qualitätsmanagementhandbuch
QSKH	Qualitätssicherung in den Krankenhäusern
QSR	Qualitätssicherung mit Routinedaten
PAP	Projektablaufplan
PDCA	Plan-Do-Check-Act
PDSA	Plan-Do-Study-Act
PSI	Patientensicherheitsindikatoren
PSP	Projektstrukturplan
RAM	RAND/UCLA Appropriateness Method
RAND	Research and Development Organization
R4E	Recognised for Excellence
RADAR	Results, Approach, Deployment, Assessment and Refinement
RL	Richtlinie
RPZ	Risikoprioritätszahl
SDSA	Standardize-Do-Study-Act
SEM	Sequenzielle Ereignismethode
SGB	Sozialgesetzbuch
SMR	Standardized Mortality Ratio
SVR	Sachverständigenrat zur Begutachtung der Entwicklung im Gesundheitswesen
TAG	Teilautonome Arbeitsgruppen
TQM	Total Quality Management
TTO	Team-Time-Out
UE	Unerwünschtes Ereignis
VKD	Verband der Krankenhausdirektoren Deutschlands
WHO	World Health Organization

Teil I
Allgemeiner Teil

Qualitätsbegriff im Gesundheitswesen

1

Zusammenfassung

In diesem Kapitel wird das Grundlagenverständnis zum Qualitätsbegriff im Gesundheitswesen entwickelt. Das Hauptanliegen ist die Vermittlung von zentralen Fachbegriffen und deren kontextbezogene Anwendung. Dazu wird zunächst eine begriffliche Einordnung des Betrachtungsgegenstands (Qualität von Gesundheitsleistungen) und des dazugehörigen Umfelds (Qualität der Gesundheitsversorgung) vorgenommen. Darauf aufbauend wird ein technisch-funktionales Verständnis des Fachbegriffs „Qualität" entwickelt, welches anschließend mit dazugehörigen Vorstellungen bzw. Qualitätsmodellen im Gesundheitswesen verbunden wird. Dadurch wird der erste Grundstein für einen souveränen und differenzierten Umgang mit der Terminologie des Qualitätsmanagements im Gesundheitswesen gelegt.

1.1 Bezugspunkte des Qualitätsbegriffs

Einführend soll zunächst der Kontext dieses Lehrbuches näher eingegrenzt und konkretisiert werden. Hierfür wird unterschieden zwischen dem **Gegenstand** der Betrachtung – im engeren Sinne die Güter der Gesundheitsversorgung – und dem besonderen gesellschaftlichen und wirtschaftlichen **Umfeld,** mit dem dieser Betrachtungsgegenstand verbunden ist. Mit der begrifflichen Aufklärung werden Bezugspunkte für den Qualitätsbegriff, insbesondere für den Qualitätsbegriff im Gesundheitswesen, geschaffen.

© Springer Fachmedien Wiesbaden GmbH, ein Teil von Springer Nature 2022
P. Hensen, *Qualitätsmanagement im Gesundheitswesen,*
https://doi.org/10.1007/978-3-658-38299-5_1

1.1.1 Gegenstand

Um den Gegenstand der Betrachtung fassen zu können, muss zunächst grundlegend unterschieden werden zwischen einem ideellen Gut, wie das der „Gesundheit", und jenen Gütern, die fähig und darauf gerichtet sind, ein Bedürfnis nach Gesundheit zu befriedigen. Letztere gelten als Wirtschaftsgüter und können zusammenfassend als **Gesundheitsleistungen** bezeichnet werden (Oberender et al. 2017, S. 19 ff.). Gesundheitsleistungen stellen aus ökonomischer Sichtweise die eigentlichen „Tauschobjekte" zwischen Angebot und Nachfrage bzw. zwischen anbietenden und nachfragenden Parteien dar. Das ideelle Gut „Gesundheit" übt in diesem Verständnis eher eine übergeordnete Wert- und Zielfunktion des Handelns aus und schließt korrespondierende Konzepte wie ganzheitliches Wohlbefinden, Teilhabe oder Lebensaktivitäten mit ein.

Grundsätzlich können Gesundheitsleistungen entweder als materielles **Sachgut** bzw. als gegenständliche Ware (z. B. Arzneimittel, Medizinprodukte) oder überwiegend immateriell als **Dienstleistungen** bzw. Gesundheitsdienstleistungen (z. B. ärztliche Behandlung, häusliche Krankenpflege) in Erscheinung treten (Tab. 1.1). Dienstleistungen der Gesundheitsversorgung konkretisieren sich zumeist als **personenbezogene Dienstleistungen,** die durch spezifische Interaktionen von leistungserbringenden und leistungsnehmenden Personen zustande kommen und dadurch gekennzeichnet sind, dass mindestens eine leistungsnehmende Person unmittelbar an der Erstellung der Dienstleistung beteiligt ist (vgl. Badura und Hungeling 1997, S. 470; Corsten und Gössinger 2015, S. 32).

Eine merkmalstheoretische Abgrenzung von „Sachgut" (eher gegenständliches Produkt) und „Dienstleistung" (eher nicht-gegenständliche Leistung) ist grundsätzlich zwar möglich. Sie gelingt aufgrund inhaltlicher Überschneidungen allerdings nicht immer trennscharf und eindeutig. In der Fachwelt gelten nahezu übereinstimmend die Elemente „Immaterialität des Leistungsergebnisses" und „Integrativität der Leistungserstellung" als konstitutiv für Dienstleistungen (vgl. Corsten und Gössinger 2015, S. 26 ff.). Insbesondere bei personenbezogenen Dienstleistungen tritt als weiteres konstitutives

Tab. 1.1 Gesundheitsleistungen: Sachgüter und Dienstleistungen im Gesundheitswesen (Beispiele)

Sachgüter (Waren)	Dienstleistungen (Gesundheitsdienstleistungen)
Arzneimittel	Notärztliche Versorgung
Medizinprodukte (Schrittmacher, Stents etc.)	Häusliche Pflege
Hilfsmittel (Brillen, Gehhilfen etc.)	Therapeutische Behandlung
Blutprodukte (Blutkonserve, Blutproteine etc.)	Ernährungsberatung
Verbrauchsmaterial (Verband, Kanüle etc.)	Früherkennungsuntersuchung
Technische Apparate (Ultraschall, Röntgen etc.)	Vorsorge- oder Rehabilitationsmaßnahme

Element regelmäßig die „Intangibilität der Leistungsfähigkeit" hinzu. Hieraus leiten sich wichtige Bedingungen für das Qualitätsmanagement im Gesundheitswesen ab:

- **Immaterialität:** Die Immaterialität von Dienstleistungen wird u. a. daran deutlich, dass Produktion und Übertragung der Leistung zeitlich und zum Teil räumlich zusammenfallen („uno-actu"-Prinzip). Dienstleistungen sind nicht auf Vorrat produzierbar (Nichtlagerfähigkeit) oder transportierbar (Nichttransportfähigkeit). Sie erhalten erst im Moment ihrer Leistungserstellung ihre Form (vgl. Haller 2010, S. 6 ff.; Zapp et al. 2014, S. 23 f.). Dennoch haben immaterielle Leistungen oft auch materielle Anteile. Eine ärztliche Beratung oder unterstützende Pflegeleistung ist im Wesentlichen zwar immaterieller Natur. Eine erfolgreich durchgeführte Operation umfasst dagegen auch materielle Komponenten (z. B. Einbau einer künstlichen Herzklappe). Gleichsam wäre ein Aufenthalt in einem Pflegeheim ohne die Verwendung stofflicher bzw. gegenständlicher Dinge nicht denkbar. Demgegenüber sind Sachgüter in vergleichbarer Weise mit begleitenden Dienstleistungen vergesellschaftet. Der Kauf eines Medikaments ist in der Regel mit einer Beratung durch den Apotheker verbunden; ähnlich die Wahl einer Sehhilfe bei der Optikerin. Dienstleistungen und Sachgüter lassen sich daher auch übergreifend als „Leistungsbündel" bezeichnen, die zu unterschiedlichen Anteilen aus materiellen wie immateriellen Elementen zusammengesetzt sind (Engelhardt et al. 1993). Gleichwohl liegt in der Immaterialität eine charakterbildende Eigenheit, insbesondere jener Dienstleistungen, die an oder mit einer Person erbracht werden. Im Folgenden sollen Gesundheitsleistungen daher vor allem als „Leistungsbündel mit hohem immateriellen Dienstleistungsanteil" verstanden werden.
- **Integrativität:** Die Tätigkeiten der Leistungserstellung (Erbringung) und das Ergebnis der Dienstleistung werden von einrichtungsbezogenen Faktoren (z. B. Vorhandensein geeigneter Räumlichkeiten, Instrumentarien, strukturierte Abläufe) und subjektbezogenen Faktoren bei den leistungserbringenden Akteuren (z. B. Fähigkeiten, Haltungen, Leistungsbereitschaft) bestimmt (vgl. Merchel 2013, S. 53). Bei personenbezogenen Dienstleistungen ist die leistungsnehmende Person als „externer Faktor" selbst ein Prozesselement und leistet einen wichtigen Eigenbetrag, der allerdings quantitativ und qualitativ unterschiedlich ausfällt. Der Erfolg der Leistungserbringung hängt in hohem Maße auch davon ab, wie sich die leistungsnehmende Person jeweils in die Leistungserstellung aktiv einbringt und an dieser mitwirkt (z. B. Annahme von Leistungsangeboten, Mitwirkungsbereitschaft). Darüber hinaus beeinflussen auch individuelle Voraussetzungen (z. B. anatomische Variationen, Begleiterkrankungen, lebensweltliche Bedingungen) die Interaktion zwischen Leistungserbringer und leistungsnehmende Person und können sich förderlich oder hemmend auf das Behandlungsergebnis auswirken (Individualität und Einzigartigkeit des Leistungsgeschehens). Einer personenbezogenen Dienstleistung liegt somit immanent ein vorher nicht oder nur kaum bestimmbarer Grad an Variabilität zugrunde, der Einfluss auf die Gestaltung der Leistungserstellung, insbesondere auf die Standardisierung von

Abläufen, sowie auf die Vorhersagbarkeit und Bewertung der Leistungsergebnisse nimmt.

- **Intangibilität:** Eigenschaften bzw. Leistungsmerkmale gegenständlicher Angebotsprodukte sind für Nachfragende oder Interessenten relativ eindeutig darstellbar oder erfahrbar. Anders ist die Situation bei Dienstleistungen, die durch die leistungsnehmende Person im Vorfeld der Inanspruchnahme nicht inspizierbar, nur begrenzt erfahrbar und zu einem hohem Anteil durch sogenannte Vertrauenseigenschaften gekennzeichnet sind (vgl. Meffert et al. 2015, S. 51). Die Erbringung von Dienstleistungen setzt strukturelle Voraussetzungen (Potenzialfaktoren) und bestimmte Fähigkeiten des Leistungserbringers voraus (z. B. Wissen, physische Fähigkeiten), deren Vorhandensein und grundsätzliche Geeignetheit vor der Leistungserbringung zwar überprüft werden können, die aber keine Aussagen darüber zulassen, ob die Leistungsprozesse und das gewünschte Ergebnis im Einzelfall auch bedürfnisgerecht und zweckgerichtet hervorgebracht wird („Kommunikationsarmut" von Dienstleistungen). Neben der nachgewiesenen Qualifikation und physischen Präsenz der leistungserbringenden Akteure spielen beispielsweise auch persönliche Faktoren wie individuelle Leistungsbereitschaft, Erfahrung, Konzentrations- und Entscheidungsfähigkeit eine Rolle (geringe Rationalisierbarkeit). Die Dienstleistung selbst bleibt ein Leistungsversprechen, das für die Kundinnen und Kunden mit einem individuellen „Kaufrisiko" verbunden ist (Corsten und Gössinger 2015, S. 18). Dieses Leistungsversprechen muss durch glaubwürdige Kommunikation im Vorfeld der Inanspruchnahme (z. B. in Form von Nachweisen) oder interaktiv (z. B. aktive Erklärung der Leistungsprozesse) greifbar und sichtbar gemacht werden (Meyer et al. 2014, S. 8).

Produktionstheoretisch werden Dienstleistungen idealtypisch in drei Phasen oder Dienstleistungsdimensionen gegliedert. Die Gesamtleistung entsteht im Zusammenspiel von Potenzialfaktoren (Strukturen), der Ablaufgestaltung (Prozessen) und der Ergebnisbetrachtung (Abb. 1.1). Betriebswirtschaftlich entspricht die **Phase der Potenzialorientierung** einer *Vorkombination,* in der die benötigten Verbrauchsmaterialien (z. B. Instrumente, Verbandmaterial) und Leistungsfaktoren (z. B. Fachkräfte, Räumlichkeiten) wirkungsvoll und wirtschaftlich zusammengeführt werden (Fließ et al. 2005, S. 395). In dieser Phase werden die Voraussetzungen für die konkrete Erstellung der Dienstleistung geschaffen.

Auf Basis der Vorkombination erfolgt in der **Phase der Prozessorientierung** die unmittelbare Zusammenführung von „internen Faktoren" (vorkombinierte und bereit gestellte Ressourcen und Produktionsfaktoren) und den sogenannten „externen Faktoren" (z. B. Voraussetzung und Eigenbeitrag der leistungsnehmenden Person, umweltliche Bedingungen). Bei personenbezogenen Dienstleistungen wird diese Phase durch das Hinzutreten einer Person als externer Faktor ausgelöst und beinhaltet eine personengebundene Interaktion zwischen „Kunde und Lieferant". Dieser Vorgang wird auch als *Endkombination* der Dienstleistung bezeichnet (Schellberg 2017, S. 123). Hier erfolgt der Vollzug bzw. die Erstellung der eigentlichen Leistung.

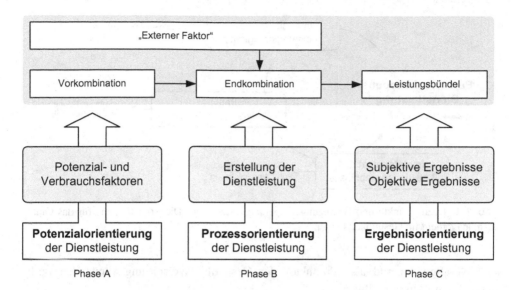

Abb. 1.1 Idealtypische Phasen von Dienstleistungen. (Quelle: mod. nach Fließ et al. 2005, S. 397; Haller 2010, S. 11)

▶ **Dienstleistung** „beabsichtigtes immaterielles Produkt, erbracht durch Tätigkeiten, von denen mindestens eine notwendigerweise an der Schnittstelle zwischen Lieferant und Kunde ausgeführt wird" (Geiger und Kotte 2008, S. 91).

In der **Phase der Ergebnisorientierung** liegt nach Abschluss der Dienstleistungs-erstellung letztendlich das Leistungsergebnis vor (vgl. Fließ et al. 2005, S. 397). In dieser Phase wird eine Bewertung der Leistung hinsichtlich ihres quantitativen und qualitativen Ergebnisses (Output) vorgenommen. Die Bewertung kann durch subjektiv wahrgenommene und objektiv bestimmbare Größen erfolgen (Thomas et al. 2015).

Die als konstitutiv hervorgehobenen Elemente bzw. die Dienstleistungsdimensionen bilden **zentrale Bezugspunkte** für den im Weiteren noch näher zu erläuternden Qualitätsbegriff und die Qualitätsbestimmung im Kontext personenbezogener Dienstleistungen. Sie stellen darüber hinaus besondere Bedingungen an das Qualitäts-management im Gesundheitswesen, welches sich von einem Qualitätsmanagement in der Fertigungs- und Konsumgüterindustrie unterscheidet, dagegen aber eine Nähe zur Güter- und Produktionstheorie des Dienstleistungsmanagements aufweist (Abb. 1.2).

Damit verbunden ist auch, dass der häufig verwendete **Produktbegriff** uneinheit-lich bzw. kontextbezogen unterschiedlich gefasst werden kann. In einem weit gefassten alltagssprachlichen Verständnis steht „Produkt" als Oberbegriff für alle Wirtschafts-güter, unabhängig davon, wie sie im Einzelnen beschaffen sind, also eher den materiell geprägten Sachgütern und Waren oder den eher immateriell geprägten Dienstleistungen zugeordnet werden können. Gesundheitsdienstleistungen lassen sich in diesem Sinne

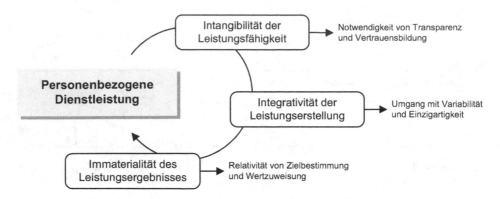

Abb. 1.2 Bezugspunkte und Bedingungen „personenbezogener Dienstleistungen" für das Qualitätsmanagement im Gesundheitswesen

auch verallgemeinernd als „Produkte" der Gesundheitsversorgung verstanden (z. B. Behandlung, Beratung, Pflege).

In einem engen produktionstheoretischen Verständnis gilt ein Produkt vor allem aber als das **Ergebnis** eines Prozesses (Geiger 1998, S. 80). In dieser Vorstellung wäre ein Produkt beispielsweise das materielle Ergebnis eines Herstellungs- oder Fertigungsprozesses (z. B. Arzneimittel). Es wäre vergleichbar aber auch das Ergebnis eines Dienstleistungserstellungsprozesses bzw. eines (klinischen) Prozesses der Gesundheitsversorgung (z. B. Heilung, Linderung). Ein solcher Produktbegriff repräsentiert dann die **Dimension des Leistungsergebnisses.** Allerdings ist der Dienstleistungsbegriff insgesamt aber deutlich weiter gefasst und definiert sich nicht nur über sein Leistungsergebnis, sondern auch und gerade über die Dimension der dazugehörigen Leistungserstellung. Der Dienstleistungsbegriff sollte also entweder vom Produktbegriff getrennt werden oder deutlich gemacht werden, ob allein das Dienstleistungsergebnis oder auch die Dimension der personengebundenen Leistungserstellung eingeschlossen sind.

Weit verbreitet wird mittlerweile im Qualitätsmanagement für alle Leistungen oder angebotenen Wirtschaftsgüter das übergeordnete **Begriffspaar** „Produkte und Dienstleistungen" verwendet. In diesem Begriffspaar geht einerseits die kategoriale Unschärfe von „materiell – immateriell" auf. Gleichzeitig werden damit Dienstleistungen nicht allein auf ihr Dienstleistungsergebnis reduziert. Das Begriffspaar lässt den Besonderheiten des Zusammenspiels von Leistungspotenzial, Leistungserstellung und Leistungsergebnis gleichberechtigten Raum. Dieses differenzierte Verständnis ist für die weitere Auseinandersetzung mit dem Qualitätsbegriff und dessen Bezugspunkte wichtig, da Qualität sich in gleicher Weise nicht allein auf das Ergebnis, sondern auch auf die hinführenden Prozesse, Tätigkeiten und Voraussetzungen beziehen kann.

1.1.2   Umfeld

Das Umfeld, in dem Gesundheitsleistungen erbracht werden, wird allgemein als **Gesundheitswesen** bezeichnet. In Anlehnung an Wörterbuchdefinitionen ist ein „Wesen" etwas in bestimmter Art und Weise in Erscheinung Tretendes. So unbestimmt der Begriff dadurch erscheint, so viel Raum lässt er für die Vielfältigkeit der Angebote und der Nachfrage von Gesundheitsleistungen. Das Gesundheitswesen ist insgesamt aber nur eingeschränkt innerhalb eng gezogener Grenzen zu betrachten. Es ist in seiner Bandbreite von der Gesundheitsversorgung im Kernbereich bis zum wachsenden Angebot privater gesundheitsfördernder Produkte und Dienstleistungen auf ebenso vielfältige Weise in die Sozial- und Wirtschaftspolitik eingebettet und bildet daher nur näherungsweise eine abgeschlossene Einheit.

Der ebenfalls häufig verwendete Begriff **Gesundheitssystem** impliziert dagegen etwas in sich Abgeschlossenes bzw. gegenüber anderen Systemen oder einer äußeren Umwelt Abgrenzbares („Systemcharakter"). Abgrenzungen erfolgen häufig durch gesetzliche Regelungen. Allerdings wird hiermit das Gesundheitswesen auf einen administrativen Bereich reduziert, in dem der Staat die gesundheitsbezogene Daseinsvorsorge ordnet und die dafür notwendige Infrastruktur organisiert. Je nach Aufgabenstellung, d. h. wenn bestimmte Sektoren (z. B. ambulante Versorgung, Langzeitpflege), Organisationsformen (z. B. integrierte Versorgungsmodelle) oder Berufsfelder (z. B. Aufgaben der Pflege- und Therapieberufe, Vertragsarztwesen) betrachtet werden, kann der Systembegriff sehr hilfreich sein, weil er einen Ordnungsrahmen liefert. Häufig steht Gesundheitssystem auch synonym für Gesundheitsversorgungssystem bzw. System der gesundheitlichen Versorgung.

Konjunktur hat heutzutage der Begriff **Gesundheitswirtschaft.** Darin findet eine zunehmende Markt- und Wettbewerbsorientierung von Gesundheitsleistungen aber auch die Schaffung und Etablierung neuer Gesundheitsprodukte und -dienstleistungen in den vielfältigen Wirtschaftsbranchen ihren sprachlichen Ausdruck (vgl. Wendt 2017, S. 86 ff.). Auf der ersten Nationalen Branchenkonferenz Gesundheitswirtschaft wurde der Begriff wie folgt definiert: „Gesundheitswirtschaft umfasst die Erstellung und Vermarktung von Gütern und Dienstleistungen, die der Bewahrung und Wiederherstellung von Gesundheit dienen" (Kuratorium Gesundheitswirtschaft 2005). Mit der Bezeichnung Gesundheitswirtschaft erhält das Gesundheitswesen allerdings die Konnotation eines Wirtschaftszweiges, insbesondere in der Rolle eines Wachstumsmarktes.

1.1.2.1 Sektoren
Die Leistungsbereiche der Gesundheitsversorgung sind in **Sektoren** geteilt. Sie unterscheiden sich nicht nur in ihre Versorgungsschwerpunkte sondern vor allem durch ihre weitgehend unabhängig voneinander geregelte Finanzierung. Die sektorale Gliederung leitet sich größtenteils aus der Sozialgesetzgebung, insbesondere dem Sozialgesetzbuch (SGB), ab. In Einzelfällen wird sie aber auch durch Spezialgesetze bestimmt. Traditionell kann unterschieden werden in einen:

- **Krankenhaussektor** (z. B. stationäre und teilstationäre Krankenhausbehandlung in allgemeinen Krankenhäuser, Fachkliniken, Universitätskliniken) im Bereich des SGB V („Gesetzliche Krankenversicherung");
- **vertragsärztlichen (ambulanten) Sektor:** (z. B. ambulante Behandlung durch niedergelassene Ärztinnen und Ärzte, Zahnärztinnen und Zahnärzte, psychologische Psychotherapeutinnen und -therapeuten, Medizinische Versorgungszentren) im Bereich des SGB V („Gesetzliche Krankenversicherung");
- **ambulanten und stationären Rehabilitations- und Vorsorgesektor** (z. B. Rehabilitations- und Vorsorgekliniken) im Bereich des SGB IX („Rehabilitation und Teilhabe von Menschen mit Behinderungen");
- **Pflegesektor** (z. B. ambulanter Pflegedienst, stationäre Langzeitpflege) im Bereich des SGB XI („Soziale Pflegeversicherung") sowie dem
- **Öffentlichen Gesundheitsdienst** (z. B. kommunale Gesundheitsämter, Landesbehörden) innerhalb der Grenzen der jeweiligen Landesgesetze (z. B. „Gesetz über den öffentlichen Gesundheitsdienst").

Die Trennung in sektorale Leistungsbereiche gilt als charakteristisch für das deutsche Gesundheitssystem und ist überwiegend historisch gewachsen. Sie befördert jedoch eine auf Einzelsektoren beschränkte Angebotsgestaltung. Neuere Reformansätze zielen allerdings zunehmend auf mehr Durchlässigkeit und sektorenübergreifende Leistungsangebote (z. B. Integrierte Versorgung, Strukturierte Behandlungsprogramme).

Über diese ursprünglich die Finanzierung der einzelnen Versorgungsbereiche absichernde Strukturierung des Gesundheitssystems hinaus versuchen in jüngerer Zeit neu entwickelte **Gliederungsansätze,** die Verflechtungen der gesundheitlichen Versorgung mit anderen Wirtschaftsbereichen neu zu ordnen (vgl. Goldschmidt und Hilbert 2009). Hierbei wird der Grundgedanke einer „Gesundheitswirtschaft" weiterverfolgt und das Gesundheitswesen bzw. die Leistungen des Gesundheitswesens entlang der Wertschöpfungskette gegliedert (Hilbert et al. 2002):

- **Kernbereich der ambulanten und stationären Gesundheitsversorgung:** z. B. Krankenhäuser, Vorsorge- und Rehabilitationseinrichtungen, privat- oder vertragsärztliche Praxen, die Praxen nicht-ärztlicher medizinischer Berufe, Apotheken sowie die stationären, teilstationären und ambulanten Pflegeeinrichtungen;
- **Unternehmen der Vorleistungs- und Zulieferindustrien:** z. B. pharmazeutische und medizintechnische Industrie, Unternehmen der Bio- und Gentechnologie, das Gesundheitshandwerk, Groß- und Facheinzelhandel mit medizinischen und orthopädischen Produkten;
- **Nachbarbranchen und Randbereiche des Gesundheitswesens:** z. B. Gesundheitstourismus, Wellness oder gesundheitsbezogene Sport- und Freizeitangebote, Wohnen, auch Informations- und Kommunikationstechnologien, Analysetechnik etc.

Damit verbunden wird eine Unterscheidung zwischen einem ersten und zweiten Gesundheitsmarkt getroffen. Grob vereinfachend wird unter dem **ersten Gesundheitsmarkt** die solidarisch finanzierte und in weiten Teilen staatlich regulierte medizinisch-pflegerische Gesundheitsversorgung verstanden. Der **zweite Gesundheitsmarkt** gilt als der Markt, der durch privat finanzierte Konsumausgaben gekennzeichnet ist und privatwirtschaftlichen Gesetzen folgt (vgl. Henke 2009; Kartte und Neumann 2009).

Bei dieser Gegenüberstellung entstehen allerdings Übergangsbereiche. So gibt es in der medizinisch-pflegerischen Grundversorgung zahlreiche Leistungen, die eher dem zweiten Gesundheitsmarkt zuzuordnen sind, weil sie beispielsweise aus der gesetzlichen Leistungspflicht ausgeschlossen sind (z. B. sogenannte Individuelle Gesundheitsleistungen, nicht erstattungsfähige Medikamente, Zahnpflege). Neben der Schwierigkeit dieser inneren Abgrenzung lässt sich ebenso schwer eine äußere Abgrenzung der Gesundheitsmärkte vornehmen. Die steigende gesellschaftliche Bedeutung von Gesundheit hat nahezu jede Industrie, von der Textil- über die Möbel- bis hin zur Süßwarenindustrie beflügelt, das Thema Gesundheit in ihre Produktplanung aufzunehmen. Hilfreich ist hier eine pragmatische Zuordnung der Produkte und Dienstleistungen nach ihrem ursprünglichen „Kaufmotiv" (Inanspruchnahme). Abhängig davon, ob der subjektive **Gesundheitsnutzen** beim Kauf oder der Inanspruchnahme im Vordergrund steht, kann eine Zuordnung oder Abgrenzung zu den Märkten des Gesundheitswesens erfolgen (Kartte und Neumann 2009).

1.1.2.2 Instanzen

Von besonderer Bedeutung für die Leistungserbringung im Gesundheitswesen sind die Bedingungen der dort anzutreffenden **Kunden-Lieferanten-Beziehungen**. Mit diesem personenunabhängigen Fachbegriff der Prozess- und Markttheorie wird die Wechselbeziehung und die Wechselwirkung (auch: Tauschbeziehung) zwischen leistungserbringenden Personen und Institutionen (auch: Leistungserbringer; Leistungsersteller) und leistungsnehmenden Personen und Institutionen (auch: Leistungsempfänger, Leistungsnehmer) auf internen oder externen Märkten beschrieben (siehe Kap. 8). Die Austauschprozesse zwischen Leistungserbringer und Leistungsempfänger im „Kernbereich der Gesundheitsversorgung" oder auf dem „ersten Gesundheitsmarkt" erfolgen anders als im privatwirtschaftlichen Konsumgütermarkt vielfach nicht bilateral zwischen anbietenden und nachfragenden Parteien. Die Erbringung und das Angebot von Gesundheitsdienstleistungen werden vielmehr durch eine dritte Instanz, den Leistungsfinanzierern (auch: Leistungsträger, Leistungseinkäufer), mitbestimmt und zunehmend mitgestaltet.

Im Gesundheitswesen spannt sich eine Dreiecksbeziehung zwischen anbietenden, nachfragenden und leistungsfinanzierenden Parteien auf, die aufgrund ihrer sozialrechtlichen Verankerung auch als **sozialrechtliches Leistungsdreieck** bezeichnet wird (Abb. 1.3). Die Beziehungen der Akteure untereinander folgen entweder *sozialrechtlichen* Leistungsvorgaben (z. B. Leistungen der gesetzlichen Versicherungen, sozialstaatliche Leistungen) und Leistungsverträgen (z. B. Kollektiv- oder Selektivverträge mit

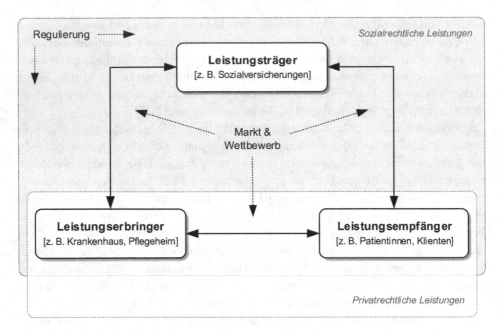

Abb. 1.3 Sozialrechtliches Leistungsdreieck

Leistungserbringern) oder aber treten als *privatrechtliche* Leistungsverträge (z. B. Wahlleistungen, Leistungen für Selbstzahlende) in Erscheinung.

Untereinander sind die Beziehungen durch eine intensive **staatliche Regulierung** sowie durch mehr oder weniger stark entwickelte wettbewerbliche Strukturen gekennzeichnet. Gründe für die Regulierung sind die erheblich eingeschränkte Kundensouveränität, die bestehenden Informationsasymmetrien zwischen anbietenden und nachfragenden Parteien und die Sorge um eine gerechte Verteilung der Güter bei ungleichen Einkommensvoraussetzungen und Zugangsmöglichkeiten (vgl. Hensen 2011, S. 18 ff.). Im Kernbereich der Gesundheitsversorgung kann zwar eine Ausweitung von marktwirtschaftlichen Denk- und Handlungsweisen beobachtet werden; aufgrund der staatlichen Regulierung können sich allerdings nur Teil- und „Quasi"-Märkte ausbilden. Das gesundheitspolitische Ziel hierbei ist, durch **wettbewerbsgeleitete Marktprinzipien** das Verhältnis von Angebot und Nachfrage zu optimieren, Synergien zwischen den anbietenden Parteien besser zu nutzen und durch Ausschöpfung der vorhandenen Wirtschaftlichkeitsreserven die zur Verfügung stehenden bzw. knapper werdenden Finanzmittel sinnvoller, d. h. bedarfs- und leistungsgerechter, zu verteilen.

Die Qualität der gesundheitlichen Leistungen soll nicht mehr allein durch die Finanzierung von Strukturen sichergestellt werden (Input-Orientierung), sondern das Ergebnis eigenverantwortlichen und wettbewerbsorientierten Handelns (Output-Orientierung) sein (Qualität als Wettbewerbsfaktor). Auf der anderen Seite zieht die Ausweitung von wettbewerblichen Strukturen wiederum paradoxerweise eine Zunahme der Regulierung nach sich, da der Staat aufgrund seiner besonderen Schutz- und Fürsorgepflicht seinen Bürgerinnen und Bürgern gegenüber der Gefahr von Versorgungsdefiziten durch Qualitätsverschlechterungen entgegenwirken muss (Qualität als gesetzliche Verpflichtung).

1.1.2.3 Ebenen

Für die weitere strukturelle Betrachtung des Leistungsumfelds soll die in der Theoriebildung gebräuchliche Gliederung aggregierter Gestaltungs- und Handlungsebenen herangezogen werden. Hierbei wird im Wesentlichen zwischen gesamtgesellschaftlicher, standortbezogener und individuell-interaktioneller Ebene unterschieden (Tab. 1.2).

Die **Makroebene** umfasst den staatlichen, politischen und gesetzlichen Rahmen des Gesundheitswesens und integriert gesamtgesellschaftliche und gesamtwirtschaftliche Faktoren in die Qualitätsbestimmung (Qualität der Gesundheitsversorgung). Im Vordergrund steht nicht die unmittelbar personengebundene Interaktion zwischen Leistungserbringer und Leistungsempfänger, sondern die Gesamtheit der Bereitstellung von Gesundheitsleistungen, ihre Inanspruchnahme und ihr Nutzen für das Gemeinwohl.

Die **Mesoebene** ist als eine Fortsetzung der Makroebene zu verstehen und ist nicht einheitlich definiert bzw. sicher gegen die beiden anderen Ebenen abgrenzbar. Sie ist der Ort gesellschaftlicher Strukturbildung, an dem die vielen Organisationen und Einrichtungen als handelnde Akteure auftreten (vgl. Greiling 2009, S. 164). Eine marktökonomische Abgrenzung betrachtet sie als Ebene von Marktteilnehmern, die unter den gleichen ökonomischen Rahmenbedingungen handeln (interorganisationales Handeln). Gleichzeitig ist sie auch als eine Form der *Organisation* der Mikroebene zu verstehen, in der wiederum die individuellen Akteure handeln (intraorganisationales Handeln). Diese *Organisation* kann institutionell die Gestalt einer Gesundheitseinrichtung annehmen oder auf lokaler und regionaler Ebene als Kooperationsverbund oder Leistungsnetzwerk (z. B. integriertes Versorgungsmodell) in Erscheinung treten.

Die **Mikroebene** ist die Ebene des individuellen Handelns oder der unmittelbaren personengebundenen Interaktion zwischen Leistungserbringer (z. B. Pflegende) und Leistungsempfänger (z. B. Pflegebedürftige). Beide Perspektiven müssen bei der Qualitätsbestimmung angemessen berücksichtigt werden (Qualität der Gesundheitsleistung).

Tab. 1.2 Ebenen der Gesundheitsversorgung und Ebenen der Qualitätsbestimmung

Gestaltungsebene	Handlungsebene	Ebene der Qualitätsbestimmung
Makroebene	Staatliche und politische Handlungsebene	Gesamtgesellschaftliche Qualitätsbestimmung (System Quality)
Mesoebene	Inter- und intraorganisationale Handlungsebene	Organisationsbezogene Qualitätsbestimmung (Institutional Quality)
Mikroebene	Individuell-interaktionelle Handlungsebene	Einzelfallbezogene Qualitätsbestimmung (Episodic Quality)

1.2   Grundlagen des Qualitätsbegriffs

1.2.1 Der Beschaffenheitsbegriff

Für die Annäherung an den Qualitätsbegriff lohnt ein Blick auf die Wortbedeutung. Der Begriff Qualität (lat.: *qualitas*) drückt zunächst aus, wie etwas beschaffen ist bzw. welche kennzeichnenden Eigenschaften eine Einheit besitzt (**Beschaffenheit einer Einheit**). Mit dem Fachbegriff „Einheit" (auch: Objekt) wird die Betrachtungseinheit festgelegt bzw. der Bezugspunkt für die Qualitätsbestimmung näher konkretisiert. Eine Einheit kann ein Produkt oder eine Dienstleistung, aber auch eine Tätigkeit, eine Person oder ein Managementsystem sein (Geiger 2013, S. 346).

Eine kennzeichnende Eigenschaft einer solchen Einheit wird im Qualitätsmanagement als **Merkmal** bezeichnet, woraus sich der Begriff des Qualitätsmerkmals ableitet. Merkmale zeichnen sich dadurch aus, dass sie einen Merkmalswert bzw. eine Merkmalsausprägung annehmen. Merkmalswerte sind zählbar, mit Instrumenten messbar und in unserem Lebensumfeld direkt wahrnehmbar und erfahrbar (Tab. 1.3).

1.2.1.1 Inhärente und zugeordnete Merkmale

Aus dieser Beschaffenheitslogik folgt die Überlegung, dass nur Merkmale Auskunft über die Beschaffenheit geben können, die unmittelbar einer Einheit „innewohnen", d. h. untrennbar mit ihr verbunden sind. Es handelt sich dabei um Eigenschaften, die nicht ohne weiteres ausgetauscht werden können, ohne die Beschaffenheit der zu beschreibenden Einheit zu verändern (z. B. Größe, Farbe, Gewicht, Material). Eigenschaften dieser Art werden als **inhärente Merkmale** bezeichnet. Sie sind beständig, typisch und charakteristisch für die Einheit bzw. den jeweiligen Betrachtungsgegenstand. Ein Qualitätsverständnis, das auf der Beschaffenheit von Einheiten aufbaut, bezeichnet nur inhärente Merkmale als Qualitätsmerkmale.

Tab. 1.3 Merkmale und Merkmalswerte (Beispiele)

Merkmal	Merkmalswert
Geschlecht	männlich, weiblich, divers
Alter	47 Jahre
Wartezeit	23,5 min (pro Fall)
Beschwerden	12 Beschwerden (Anzahl pro Jahr)
Intensivmedizinische Betten	28 Betten (Anzahl pro Einheit)
Verweildauer	13 Tage (pro Fall)
Komplikationen nach Eingriff	17 Komplikationen (Anzahl pro Jahr)
Freundlichkeit	„sehr freundlich", „wenig freundlich", „unfreundlich" …

Dagegen können sog. **zugeordnete Merkmale** geändert werden, ohne dass sie selbst die jeweilige Einheit verändern (z. B. Preis, Kosten, Bezeichnung, Etikettierung, besitzhabende Person, Eigentümerschaft). Zugeordnete Merkmale geben keine Auskunft über die tatsächliche Beschaffenheit und gelten diesem Verständnis nach nicht als Qualitätsmerkmale.

▶   Inhärente Merkmale geben Auskunft über die Beschaffenheit einer Einheit. Sie werden als Qualitätsmerkmale bezeichnet, sofern sie sich auf eine Qualitätsanforderung beziehen.

1.2.1.2 Quantitative und qualitative Merkmale

Weiterhin werden quantitative und qualitative Merkmale unterschieden. Bei **quantitativen Merkmalen** werden die Merkmalswerte mit Zahlen ausgedrückt, die entweder stetiger oder diskreter Natur sind. *Stetige Merkmalswerte* sind auf einer metrischen Skala (Kardinalskala) definiert und können alle beliebigen reellen Zahlenwerte annehmen. Sie werden in der Regel durch Messungen mit objektivierbaren Maßstäben gewonnen (z. B. Zeitmessung, Gewichtsbestimmung). Die so ermittelten Merkmalswerte können in weiteren Schritten miteinander verrechnet werden (z. B. durch Bildung von Mittelwerten). *Diskrete Merkmalswerte* bestehen dagegen aus natürlichen Zahlen. Sie sind zumeist das Ergebnis einer Zählung (z. B. Anzahl von Personen, Wundinfektionen, Wiederaufnahmen).

Qualitative Merkmale sind Merkmale, deren Merkmalswerte sich in Kategorien unterscheiden lassen (Klassifikation) und auf einem niedrigerem Skalenniveau (topologische Skala) abgebildet werden. Wichtig ist, dass „qualitativ" hierbei kein Adjektiv des Qualitätsbegriffs darstellt, sondern die für die Merkmalszuordnung geltende Alternative zu quantitativ. Möglicherweise erscheint daher der Begriff „nicht-quantitativ" auch besser geeignet. Qualitative Merkmale sind in der Regel *nominalskaliert* und treten entweder dichotom (z. B. „vorhanden" oder „nicht vorhanden") oder polytom (z. B. Blutgruppe A, B, AB, 0) auf. Mathematische Rechenoperationen sind genau genommen nicht möglich. Dennoch kann beispielsweise die Häufigkeit ihres Auftretens (z. B. durch Zählen) bestimmt und daraus nachfolgend eine Verhältniszahl gebildet werden (z. B. Fachkraftquote in der stationären Pflegeeinrichtung).

Im Grunde können auch *ordinalskalierte Merkmale* als „qualitativ" bezeichnet werden. Hierbei werden Merkmalswerte in eine Rangfolge gebracht; die Abstände zwischen den Merkmalsausprägungen sind allerdings nicht quantifizierbar (z. B. Schweregradklassen bei Dekubitus). Dieser methodische Umstand wird in der praktischen Anwendung allerdings nicht immer beachtet, insbesondere bei Befragungen mit mehrstufigen Antwortskalen. Es sollte daher besser bzw. treffender von **Rangmerkmalen** gesprochen werden.

1.2.1.3 Subjektive und objektive Merkmale

Eine begriffliche Unterscheidung in subjektive und objektive Merkmale findet in der „klassischen Qualitätslehre" in dieser Form keine Anwendung. Dies liegt u. a. daran, dass Merkmale nicht subjektiv oder objektiv sein können, sondern lediglich die Quelle bzw. die Art und Weise ihrer Ermittlung. Die Unterscheidung ist auch insoweit heikel, als die Zuordnung „objektiv" einen mess- bzw. verfahrenstechnischen Anspruch in sich trägt, dem in der Anwendung bzw. Bestimmungspraxis nicht immer vollumfänglich nachzukommen ist und zwangsläufig Unschärfen in der Abgrenzung erzeugt. Die Unterscheidung in subjektive und objektive Merkmale soll an dieser Stelle aber die besondere Bedeutung der Beziehungsdimension personenbezogener Dienstleistungen bzw. die Individuumszentriertheit und Einzigartigkeit des Leistungsgeschehens betonen.

Subjektive Merkmale beruhen auf *Wahrnehmungen* von Individuen und lassen sich als *personenbezogene Aussagen* bzw. *Angaben* einer bestimmten Zielgruppe beschreiben. Dabei ist es unerheblich, ob es sich um eine einzelne Person oder ein größeres Kollektiv von Personen handelt. Subjektive Merkmale werden in der Regel durch Befragung ermittelt (z. B. individuelle Interviews, systematische Befragungen) und werden als individuelle Einschätzung, Beurteilung, Präferenz, Berichterstattung oder Erlebnisschilderung erhoben. Die Angaben der Befragten entsprechen hierbei den Merkmalswerten (z. B. Schmerzerleben, Aufrichtigkeit, Entgegenkommen, Freundlichkeit).

Objektive Merkmale sind dagegen Merkmale, deren Ermittlung grundsätzlich von Dritten überprüfbar bzw. innerhalb bestimmter Grenzen replizierbar ist. Sie sind messtheoretisch an Maßstäbe bzw. Außenkriterien gebunden (z. B. physikalische, technische, zeitbezogene Maßstäbe); können aber auch durch Zählen bestimmt werden. Beispiele für objektive Merkmalswerte sind Prozesszeiten von Arbeitsabläufen, Komplikations- und Mortalitätsraten nach operativen Eingriffen oder Fehlzeiten von Mitarbeitenden in bestimmten Arbeitsbereichen. Objektive Merkmalswerte können zwar auch auf menschlichen Wahrnehmungen und Feststellungen beruhen (z. B. Beobachtung von Verhaltensweisen, Ablesen eines Messgerätes), der zentrale Unterschied liegt aber in der „Zweck-Mittel"-Bestimmung. Subjektive Merkmale werden *von* Individuen erhoben (Subjekt als „Zweck" der Merkmalsbestimmung), objektive Merkmale in verschiedenster Weise *durch* Individuen (Subjekt als „Mittel" der Merkmalsbestimmung). Mögliche Zuordnungen zu den verschiedenen Merkmalsdimensionen soll anhand einer Vierfeldertafel veranschaulicht werden (Abb. 1.4).

1.2.2   Der Fachbegriff „Qualität"

Mit der Benennung von Merkmalen und der Ermittlung ihrer Merkmalswerte werden Aussagen über die Beschaffenheit einer Einheit möglich. Bei Sachgütern sind in der Regel andere Merkmale relevant als bei immateriell geprägten Dienstleistungen (Tab. 1.4). Einige Merkmale drücken sich auch als **Merkmalsgruppe** aus,

	subjektiv	objektiv
qualitativ	• Glaubwürdigkeit der Kommunikation • Zuwendung und Angenommensein • Informiertheit über Behandlungsverlauf	• Richtigkeit der Diagnosestellung • Qualifikation der Beschäftigten • Vorhandensein eines Leitbildes
quantitativ	• Schmerzintensität nach Eingriff (NRS*) • Lebensqualität (SF-36*) • Zufriedenheitsmerkmale bei Entlassung (FPZ*)	• Wartezeiten vor Untersuchungen [min.] • Anzahl Pflegekräfte [n] • Temperatur eines Kühlgerätes [°C]

*Skalierungsbeispiele: NRS: Numerische Ratingskala; SF-36: Short Form 36 Health Survey Questionnaire; FPZ: Fragen zur Patientinnen- und Patientenzufriedenheit

Abb. 1.4 Zuordnung von Merkmalen zu Merkmalsdimensionen

Tab. 1.4 Merkmale geben Auskunft über die Beschaffenheit (Beispiele)

Waren (Sachgüter)	Gesundheitsleistungen (Dienstleistungen)
Funktionalität	Fähigkeit der Operateurin
Handhabbarkeit	Dauer der Indikationsstellung
Nachhaltigkeit	Aufmerksamkeit des Therapeuten
Kompatibilität	Richtigkeit der Diagnosestellung
Haltbarkeit	Ausführung einer Maßnahme
Fehlerfreiheit	Sicherheit während der Behandlung
Ausstattung	Erreichbarkeit in dringlichen Anliegen
Ästhetik	Schmerzempfinden nach Therapieabschluss

d. h. ein bestimmtes Merkmal (z. B. Sicherheit) lässt sich in eine Menge von Einzelmerkmalen auffächern (z. B. Vorhandensein von Sicherheitshinweisen, Durchführung von Hygienemaßnahmen, Schadensfreiheit bei Entlassung). Die Festlegung und Konkretisierung der zu ermittelnden (Einzel-)Merkmale ist Aufgabe der **Qualitätsbestimmung** (siehe Kap. 6).

Ein Qualitätsbegriff, der lediglich **vorhandene Eigenschaften** beschreibt, bleibt insgesamt unvollständig. Bereits in einem alltagstauglichen Verständnis wird Qualität nicht (nur) als die wertneutrale Summe aller beobachtbaren Eigenschaften betrachtet, sondern in der Regel mit etwas *Wertvollem* und *Hochwertigem* in Verbindung gebracht. Im Gesundheitswesen sprechen wir beispielsweise dann von (guter) Qualität, wenn eine schwierige Operation ohne nennenswerte Nebenwirkungen gelungen ist, die erforderliche Therapiemaßnahme die gewünschte Wirkung zeigte oder der Kontakt zu Betreuungspersonen als besonders einfühlend und wertschätzend wahrgenommen wurde. In dieser Vorstellung von Qualität wird den Dingen (bzw. ihren Eigenschaften) ein bestimmter zugewiesen.

Ein solches Qualitätsverständnis geht über ein rein beschreibendes Verständnis (deskriptive Komponente) hinaus und definiert sich über seine **Wertkomponente.** Mit Qualität wird folglich nicht nur eine Aussage zu den vorhandenen Eigenschaften getroffen, sondern auch zum *Wert* und zur *Güte* der betrachteten Einheit (evaluative Komponente).

▶   Qualität beinhaltet eine deskriptive (beschreibende) und eine evaluative (bewertende) Komponente.

Um Wertaussagen bezüglich einer Einheit treffen zu können, wird eine Vorstellung davon benötigt, was Qualität im Einzelnen ausmachen soll bzw. welche Eigenschaften vorzuweisen sind. Im Qualitätsmanagement hat sich hierfür der verallgemeinernde Begriff der **Anforderung** (auch: „Soll"-Merkmale oder Bezugsbeschaffenheit) durchgesetzt. Hiervon abgeleitet gelten *Qualitätsanforderungen* als „Anforderungen bezüglich Qualität".

Anforderungen können festgelegt, üblicherweise vorausgesetzt oder verpflichtend sein (vgl. DIN 2015, S. 39). Sie werden im Allgemeinen als **Erwartungen** (z. B. individuelle Wünsche von Patientinnen und Patienten, Ansprüche bestimmter gesellschaftlicher Gruppen oder Institutionen) oder als **Erfordernisse** (z. B. gesetzliche Vorgaben oder Richtlinien, marktregulierende Ansprüche oder professionsspezifische Standards) formuliert. Qualitätsanforderungen können fachlich und wissenschaftlich begründeten Qualitäts- oder Qualitätsmanagementmodellen entnommen oder durch einrichtungsintern getroffene Festlegungen als Qualitätsziele Gestalt annehmen (Abb. 1.5).

Jede Qualitätsaussage, die sich auf die Güte oder den Wert eines Produkts oder einer Dienstleistung bezieht, ist das Ergebnis eines Bewertungsprozesses, der die Erfüllung bzw. den **Erfüllungsgrad** dieser Anforderungen prüft. Grundlage dieses Bewertungsprozesses ist dabei immer ein Vergleich der festgestellten Qualitätsmerkmale mit den gestellten Qualitätsanforderungen („Soll-Ist"-Vergleich).

Der Fachbegriff „Qualität" ist demgemäß ein **Maßstabsbegriff,** der einen Bezugswert fordert, wie auch ein **Bestimmungsbegriff,** der das Verhältnis von Anforderungen (geforderte Beschaffenheit) zu den vorliegenden Eigenschaften bzw. interessierenden Merkmalen (realisierte Beschaffenheit) betrachtet (vgl. Zollondz 2011, S. 171). Findet die für die Qualitätsbeurteilung wichtige Verhältnisbestimmung von „Anforderungen" und „Merkmalen" nicht statt, erschöpft sich jede Qualitätsaussage in ihrer deskriptiven Komponente.

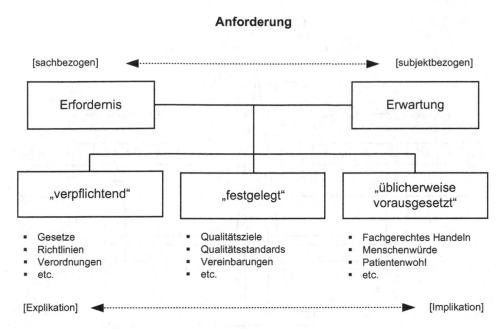

Abb. 1.5 Typisierung des Anforderungsbegriffs

▶ **Qualität** Grad der Erfüllung (Ist) von Qualitätsanforderungen (Soll).

Das Zusammenspiel von Qualitätsanforderungen und Qualitätsmerkmalen hat Walter Geiger mit dem Bild der „Qualitätswaage" veranschaulicht (vgl. Geiger und Kotte 2008, S. 71). In den Waagschalen befinden sich die für die Qualitätsbestimmung ausgewählten **Qualitätsmerkmale** (d. h. nur die qualitätsrelevanten und nicht alle erdenklichen Merkmale der Einheit). Der durchzuführende Vergleich (hier das „Wiegen") von Anforderung und Erfüllungsgrad muss für jedes interessierende Merkmal getrennt erfolgen (Abb. 1.6).

Wird die Anforderung erfüllt, spricht man von **Konformität;** wird sie nicht erfüllt, von **Nichtkonformität** oder **Fehler.** „Gute" und „schlechte" Qualität wäre hiernach ein dichotomes Konzept, das die „Erfüllung" und die „Nichterfüllung" von Anforderungen kennt. Die Qualität der gesamten Einheit ließe sich dann als „gut" bezeichnen, sofern alle Qualitätsmerkmale im Einzelvergleich das Resultat „gut" aufweisen. Wird dagegen der *Grad der Erfüllung* zum Bewertungsmaßstab, sind auch abgestufte Qualitätsaussagen denkbar (z. B. „mittlere Qualität" oder „ausgezeichnete Qualität"). In einer solchen Vorstellung wäre Qualität kein dichotomes, sondern ein kontinuierliches oder rangkategoriales Konzept.

Diese anschauliche, wenngleich auch vereinfachende Betrachtung liefert zunächst ein **technisch-funktionales Qualitätsverständnis,** das gewissermaßen die Arbeitsgrundlage

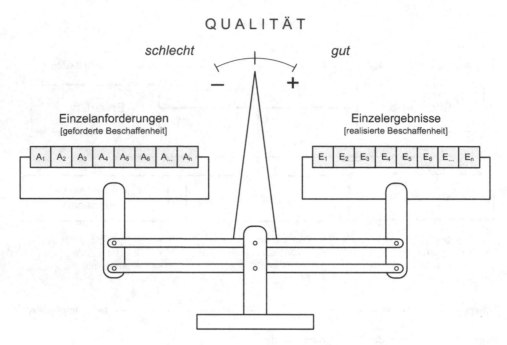

Abb. 1.6 Die „Geiger'sche Qualitätswaage". (Quelle: Geiger und Kotte 2008, S. 71)

bzw. das „Handwerkszeug" der Qualitätsbestimmung darstellt. Qualität ist demnach ein Begriff, der sich an Anforderungen orientiert, die Ermittlung und Bestimmung der dazugehörigen Merkmale und Merkmalswerte fordert und sich ausschließlich auf die ausgewählte Einheit bezieht.

1.2.3 Perspektiven des Qualitätsbegriffs

Der Fachbegriff „Qualität" ist auf die Kenntnis und Festlegung von Anforderungen angewiesen. Daher soll als nächstes den Fragen nachgegangen werden, durch wen im konkreten Fall Anforderungen gestellt werden; um welche Anforderungen es sich dabei handelt und welche Bewertungsmaßstäbe dabei eine Rolle spielen.

1.2.3.1 Das Qualitätsverständnis von Garvin

Der technisch-funktionalen Einfachheit steht ein komplex-multiperspektivischer Qualitätsbegriff gegenüber, der unterschiedliche **Blickrichtungen** (z. B. von Personen oder Institutionen, die Leistungen anbieten, diese bezahlen oder im Einzelfall erhalten), unterschiedliche **Bezugspunkte** (z. B. die Erstellungsprozesse, die Ausstattung oder das Leistungsergebnis), aber auch unterschiedliche **Bewertungsmaßstäbe** (z. B. die erhaltene Leistung im Verhältnis zu den gestellten Erwartungen, zu einem geleisteten

Gegenwert oder gegenüber objektivierbaren Kriterien) in sich vereint. Qualität als Gesamtphänomen müsste hiernach alle (relevanten) Blickrichtungen, Bezugspunkte und Bewertungsmaßstäbe in sich aufnehmen und aufeinander abstimmen. Sie wäre aber auch als **Teilqualität** vorstellbar, in der jeweils nur bestimmte Aspekte, spezielle Anforderungen oder einzelne Perspektiven betrachtet und bewertet werden.

Die Komplexität dieser Zusammenhänge hat David A. Garvin in seinem „partial-analytischen Qualitätsverständnis" (Zollondz 2011, S. 168) eingefangen. Das Qualitätsverständnis von Garvin umfasst fünf verschiedene „Teilqualitäten", die als Veranschaulichungs- und Analyseansatz bis heute Bedeutung haben (Garvin 1984, S. 25–28; vgl. Mühlenkamp 2006; vgl. Bruhn 2016, S. 29):

- **Der absolute Qualitätsbegriff** (Transcendent Quality): Qualität ist universell erkennbar, etwas Einzigartiges und nur durch Erfahrung und Erleben bewertbar. Dieser Ansatz entspricht einem alltagstauglichen Qualitätsverständnis, welches hohe Standards bzw. Ansprüche an die Funktionsweise eines Produktes oder das Ergebnis einer Dienstleistung anlegt bzw. stellt.
- **Der produktorientierte Qualitätsbegriff** (Product-based Quality): Dieser Ansatz orientiert sich an der Beschaffenheit von Produkten oder Dienstleistungen, d. h. an den Produktmerkmalen (definiertes Eigenschaftsbündel). Eine gute Qualität entspricht dem Vorhandensein aller geforderten Eigenschaften.
- **Der kundenorientierte Qualitätsbegriff** (User-based Quality): Hier werden die Anforderungen und der Grad ihrer Erfüllung ausschließlich aus der subjektiven Perspektive der Kundinnen und Kunden gestellt und bewertet (z. B. Zufriedenheit von Patientinnen und Patienten, Klientinnen und Klienten oder kooperierenden Parteien).
- **Der herstellungsorientierte Qualitätsbegriff** (Manufacturing-based Quality): Der Ansatz betont die prozessuale und tätigkeitsorientierte Komponente der Herstellung bzw. Dienstleistungserstellung, d. h. die Art und Weise der Anforderungserfüllung (z. B. wirtschaftlichkeitsorientierte Arbeitsweise, Einhaltung von einrichtungsinternen Vorgaben oder professionsbezogenen Standards).
- **Der wertorientierte Qualitätsbegriff** (Value-based Quality): Hier wird der erzielte Nutzen im Verhältnis zum erbrachten Aufwand betrachtet. Es geht um die Erzielung eines hinsichtlich der aufgewendeten Kosten akzeptablen Leistungsniveaus und der Bewertung von Qualität in Bezug zu einem gezahlten Preis (z. B. unterschiedliche Erwartungen von Kundinnen und Kunden bei unterschiedlichen Preisniveaus).

Das Qualitätsverständnis von Garvin illustriert in besonderer Weise die Relativität und Vielschichtigkeit des Qualitätsbegriffs. Es offenbart aber auch **Konfliktpotenzial,** wenn gegensätzliche Interessenlagen, uneinheitliche Erwartungen und begrenzte Möglichkeiten in ein gemeinsames Qualitätsverständnis zusammengeführt werden sollen. Beispielsweise kann die individuelle Qualitätsvorstellung einer im Krankenhaus behandelten Person (z. B. kurzer Aufenthalt, vollständige Genesung, Anwendung nicht-invasiver Eingriffstechnik) gänzlich davon abweichen, was den Angehörigen der Gesundheits- und Pflegeberufe auf

Grundlage ihres beruflichen Handlungsspielraums oder aufgrund ressourcentechnischer Voraussetzungen möglich ist oder was dem Qualitätsverständnis ihrer jeweiligen Berufsgruppe entspricht.

▶ Qualität ist ein komplex-multiperspektivisches Konzept, das nur kontextbezogen entlang der gestellten Anforderungen, der gewählten Bezugspunkte und herangezogenen Maßstäbe bestimmt werden kann. Es gibt niemals „die eine, absolute und unveränderliche Qualität", sondern es sind „viele Qualitäten, die zählen".

1.2.3.2 Kunden-Stakeholder-Perspektive

Auf die besonderen und erweiterten Bedingungen der **Kunden-Lieferanten-Beziehungen** im Gesundheitswesen wurde bereits hingewiesen. Zur Dreiecksbeziehung zwischen leistungserbringenden („Lieferanten"), leistungsempfangenden („Kunden") und leistungsfinanzierenden Parteien („Third-Party-Payer") treten grundsätzlich weitere Interessengruppen hinzu, wie beispielsweise der Staat und seine Behörden, die gesetzgebenden Instanzen oder die Institutionen der mittelbaren Staatsverwaltung, welche zusammengenommen auch als eine vierte, regulierende Instanz verstanden werden können. Demnach wäre also eher von einer Viereckbeziehung oder „Vieleckbeziehung" zwischen den Beteiligten auszugehen. Die Komplexität dieses Beziehungsmusters wird durch die berufsfachlichen Interessen der Gesundheitsberufe und ihre professionsbezogenen Spezifika (z. B. Autonomieprinzip, eigene ethische Normierung, fachliche bzw. fachwissenschaftliche Differenzierung und Spezialisierung) noch weiter gesteigert.

Die sich hieraus entfaltende Perspektiven- und Anforderungsvielfalt bringt unterschiedliche, mehr oder weniger gut voneinander abgrenzbare **Anspruchsgruppen** (Personen und Institutionen) mit jeweils eigenen Anforderungen an die Leistungserbringung hervor. Derartige Personengruppen und Institutionen, die ein bestimmtes Interesse an einer leistungserbringenden Einheit (z. B. Krankenhaus, Pflegeeinrichtung) haben, werden in der Managementlehre als **Stakeholder** oder **Interessenpartner** (auch: interessierte Parteien) bezeichnet. Als Stakeholder können sowohl Nutzerinnen und Nutzer bzw. Patientinnen und Patienten (**enger Kundenbegriff** im Sinne der Bildung von unmittelbaren Zielgruppen für die angebotenen Leistungen), Mitgliedergruppen einer Einrichtung (**interner Kundenbegriff**), aber auch investierende bzw. geldgebende Institutionen oder Personen, liefernde, unterstützende oder kooperierende Parteien sowie politische und gesellschaftliche Ebenen (**erweiterter Kundenbegriff**) verstanden werden.

Jede Einrichtung ist eingebettet in ein nahezu unüberschaubares Netzwerk von Stakeholdern, die wiederum Einfluss auf die Ausrichtung und das Handeln der Organisation ausüben. Diese Einflussnahme geschieht explizit (z. B. durch den Versorgungsauftrag, die Gesetzgebung oder vertragliche Kooperationen) und implizit (z. B. auf Grundlage von weltanschaulich geprägten Trägerschaften oder informellen Kooperationen). Nicht jede mögliche oder erdenkliche Stakeholder-Gruppe ist überhaupt oder in gleicher Weise relevant für eine Einrichtung bzw. für das von ihr vertretene Qualitätsverständnis. Mithilfe einer *Stakeholder-Analyse* können die **relevanten Anspruchsgruppen** ermittelt und hinsichtlich ihrer Bedeutung für die Einrichtung bewertet werden (siehe Kap. 5).

Die hiermit in Zusammenhang stehenden Begrifflichkeiten werden allerdings nicht überall einheitlich und immer gleichbedeutend verwendet. Mal geht der klassische Kundenbegriff gänzlich im Stakeholder-Begriff auf. An anderer Stelle steht der Stakeholder-Begriff wiederum stellvertretend für einen „erweiterten Kundenbegriff", der sich von der Gruppe der unmittelbaren Leistungsempfänger („enger Kundenbegriff") absetzt. In diesem letztgenannten Begriffsverständnis werden von „Kunden" (z. B. Patientinnen, Klienten, Angehörige) **unmittelbare Anforderungen** (direkte Anspruchsgruppen), von „Stakeholdern" (z. B. politische Institutionen, Selbsthilfegruppen, Sozialverbände) wiederum **mittelbare Anforderungen** (indirekte Anspruchsgruppen) an das Leistungsangebot oder die konkrete Leistungserbringung gestellt. Aus der Perspektiven- und Anforderungsvielfalt eines begrifflich unscharfen „Kunden-Stakeholder-Komplexes" werden nachfolgend Anforderungskategorien für das Qualitätsmanagement abgeleitet.

1.2.3.3 Bündelung der Perspektivenvielfalt

Für die Qualitätsbestimmung von Gesundheitsleistungen auf der Ebene der Leistungserbringung (z. B. Behandlung in einem Krankenhaus) lassen sich drei wichtige Perspektiven bzw. **Anforderungskategorien** unterscheiden, mit denen Qualitätsanforderungen an die zu erbringenden Leistungen konkretisiert bzw. operationalisiert werden können (vgl. Øvretveit 1992, S. 4 ff., 2002, S. 250; Piligrimiene und Buciuniene 2008):

- **Kundenbezogene Qualität:** Die Anforderungen zielen auf die Erfüllung der von den „externen Kundengruppen" (z. B. Patientinnen, Klienten, Angehörige) gestellten Wünsche und Erwartungen an die Leistungserbringung. Dies sind Anforderungen, die von den unmittelbaren Zielpersonen der angebotenen Leistungen – im Verständnis eines erweiterten Kundenbegriffs auch von allen Stakeholdern – situations- und interaktionsübergreifend an die Leistungsangebote gestellt werden. Es handelt sich darüber hinaus auch um individuelle Wünsche und Erwartungen an die konkrete Leistungserstellung („Was die Kundinnen und Kunden brauchen, wünschen und erwarten").
- **Professionsbezogene Qualität:** Sie entspricht den Anforderungen und Vorstellungen der Gesundheits- und Pflegeberufe an die Leistungserstellung. Die Kategorie repräsentiert die Perspektive der „fachlichen Versorgung". Sie umfasst einerseits Festlegungen und Einschätzungen darüber, welche Versorgungs- und Leistungsangebote den Bedürfnissen der Kundinnen und Kunden entsprechen. Andererseits beinhaltet diese Qualitätsperspektive auch, ob und inwieweit die richtigen Vorgehensweisen und Mittel ausgewählt und angewendet werden, um im Einzelfall die Bedürfnisse der Kundengruppen befriedigen zu können („Was die Berufs- und

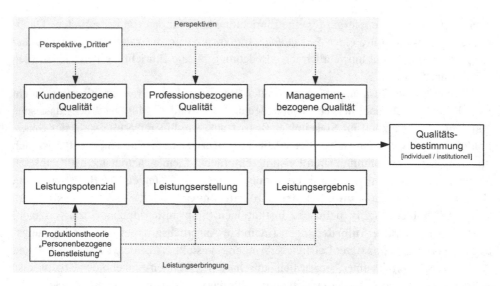

Abb. 1.7 Gliederungssystematik für die Qualitätsbestimmung von Gesundheitsleistungen

Professionsangehörigen glauben, was die einzelnen Kundinnen und Kunden brauchen und wie ihren Bedürfnissen am besten entsprochen werden kann").

- **Managementbezogene Qualität:** Sie entspricht den Anforderungen an die Bereitstellung und Organisation der Ressourcen und Verwendungsmittel, die innerhalb der Einrichtung notwendig sind, um die Bedürfnisse der Kundengruppen zu befriedigen („Was die Einrichtung hinsichtlich der Auswahl und Verwendung von Ressourcen tut, um die Bedürfnisse der Kundinnen und Kunden erfüllen zu können"). Diese Anforderungen zielen auf einen möglichst produktiven und effizienten Mitteleinsatz innerhalb des festgelegten Leistungsrahmens unter Beachtung der Erfordernisse übergeordneter Stellen (z. B. gesetzliche Festlegungen, behördliche Auflagen) oder anderer gesellschaftlicher (indirekter) Anspruchsgruppen (z. B. Spezifikation des Versorgungsauftrags).

Diese Kategorisierung ist für die Qualitätsbestimmung hilfreich, da sie die Perspektiven- und Anforderungsvielfalt für die Ebene der Erstellung von Gesundheitsleistungen bündelt. Sie macht gewissermaßen die Anforderungen der **direkten Anspruchsgruppen** (z. B. individuelle Erwartungen, Anwendung von Fachstandards, zweckgerichteter Mitteleinsatz) an die Leistungserstellung sichtbar. Diese werden allerdings auch rahmengebend durch übergeordnete Erfordernisse bzw. **indirekte Anspruchsgruppen** (z. B. Versorgungsbedarfe, Therapieoptionen, Wirtschaftlichkeitsmaßstäbe) beeinflusst. Zusammengenommen lassen sich diese übergeordneten Anforderungen auch als **Perspektive „Dritter"** bezeichnen, da sie nicht direkt auf die Leistungserbringung bzw. die unmittelbare Kunden-Lieferanten-Beziehung, sondern moduliert über die drei genannten Qualitätsperspektiven bzw. direkten Anspruchsgruppen (Kundengruppen – Professionsangehörige – Management) wirken (Abb. 1.7).

Gleichsam muss festgehalten werden, dass diese Anforderungskategorien lediglich **idealtypischen Charakter** besitzen. An ihren Rändern bilden sich Übergangsbereiche aus, in denen die Qualitätsperspektiven ineinander greifen und sich gegenseitig bedingen (vgl. Hensen 2018, S. 30). Die Voraussetzungen zur Leistungserstellung bzw. die Art und Weise der Ressourcenbereitstellung können beispielsweise nicht unabhängig von den Erwartungen und Bedürfnissen der Kundengruppen und von den fachlichen Anforderungen der leistungserstellenden Gesundheits- und Pflegeberufe gestaltet werden. Ebenso wenig kann die Festlegung der anzuwendenden Mittel und Verfahren allein und ausschließlich durch die Berufs- und Professionsangehörigen vorgenommen werden, da sie wiederum an die Mittelverfügbarkeit und Ressourcenbereitstellung gekoppelt ist.

Aufgabe des Qualitätsmanagements ist es, die Anforderungen der unterschiedlichen Perspektiven und Anspruchsgruppen zu kennen und die Vielzahl bestimmbarer und vorstellbarer „Teilqualitäten" in ein gemeinsames Qualitätsverständnis und Qualitätshandeln der jeweiligen Institution oder Organisation zusammenzuführen. Die theoretische Vorstellung einer **maximalen Qualität,** die alle Anforderungen umfassend und gleichberechtigt erfüllt, ist in dieser vollkommenen Ausprägung nicht zu erreichen; wohl aber die pragmatische Realisierung einer **optimalen Qualität,** die das Geforderte im Verhältnis zum Erreichbaren und Möglichen betrachtet (vgl. Harteloh 2003).

1.3   Qualitätsmodelle

Qualität bemisst sich am Verhältnis einer realisierten Beschaffenheit und den an sie gestellten Anforderungen bezüglich relevanter und interessierender Qualitätsaspekte. Die Auswahl, Festlegung und Bestimmung dieser Qualitätsaspekte orientiert sich in der Regel an vorformulierten Modellvorstellungen.

1.3.1   Konstrukt- und Modellbildung

Um ein **Konstrukt** wie das der Qualität (z. B. Versorgungsqualität, Pflegequalität) bestimmen zu wollen, ist theoretische Vorarbeit zu leisten. Das Wesen eines Konstrukts ist nicht nur seine Kontextbezogenheit, sondern auch die Tatsache, dass es schwierig ist, es in seiner Ganzheit und Gesamtheit zu beobachten und zu erfassen. Konstrukte sind nicht direkt bestimmbar. Vielmehr sind sie **theoretische Annahmen,** die aus all dem, was beobachtbar oder bestimmbar ist, indirekt geschlossen werden können. Zu den verwandten gebräuchlichen Begriffen gehören bspw. Konzept, Vorstellung, Idee oder Verständnis. Zahlreiche Begriffe, die wir kennen und täglich verwenden, haben den

Charakter eines Konstrukts: z. B. Intelligenz, Zufriedenheit, Depression, Nachhaltigkeit oder Stress.

▶ Qualität ist ein Konstrukt. Sie ist somit nicht eindeutig, sondern nur näherungs-
    weise zu bestimmen.

Die theoretische Ausarbeitung von Konstrukten wird **Operationalisierung** genannt. Allen Konstrukten ist gemeinsam, dass sie aus unterschiedlichen, wenngleich zusammengehörigen Dimensionen (mehrdimensional) zusammengesetzt sind. So wie das Konstrukt der Intelligenz durch verschiedenartige Dimensionen mit unterschied-lichen Merkmalen oder Merkmalsgruppen (z. B. Einfallsreichtum, Merkfähigkeit, Anwendung von Sprache) geprägt ist, kann sich auch dem Qualitätsverständnis im Gesundheitswesen durch die Bildung von unterschiedlichen **Qualitätsdimensionen** (Qualitätskategorien) genähert werden.

Qualitätsdimensionen lassen sich am besten als **Merkmalsbündel,** d. h. als eine Art Einheit von beobachtbaren Merkmalen veränderlicher Anzahl und Ausprägung gleicher Richtung auf einer höheren empirischen Aggregationsebene (Abstraktion), verstehen. Je nach Konzept- und Konstruktbildung kann sowohl die Anzahl der Dimensionen als auch die der Abstraktionsebenen variieren. In der empirischen Forschung wird ein Konstrukt auch als **latente Variable** bezeichnet, da es nicht direkt beobachtbar ist. Dieses kann durch mehr oder weniger gut abgrenzbare Merkmalsbündel (Dimensionen) bzw. anhand von beobachtbaren oder zugänglichen Variablen (**manifesten Variablen**) bestimmt werden (Abb. 1.8).

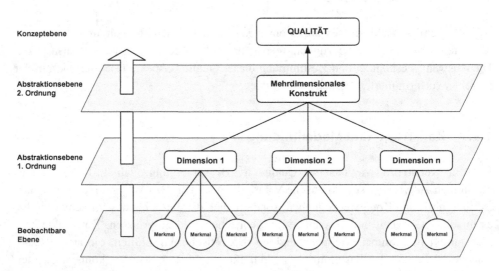

Abb. 1.8 Beispiel für mehrdimensionale Konstruktbildung. (Quelle: mod. nach Giere et al. 2006, S. 679)

Dimensionen eines Konstrukts stehen nicht nur in Korrespondenzbeziehungen zum jeweiligen Konstrukt, sondern auch untereinander. Oft sind die Beziehungen und Wechselwirkungen nicht oder unvollständig bekannt, weil sie nicht oder nur ungenau untersucht worden sind. Häufig werden Korrespondenzbeziehungen auch argumentativ erschlossen und mit theoretischen Annahmen ausgestattet, so wie dies im Rahmen dieses Kapitels bereits für die Dimensionierung der Leistungserstellung (Dienstleistung) und die Typisierung der Anforderungskategorien (Perspektiven) vorgenommen wurde.

Immer dann, wenn sich theoretisch und wissenschaftlich über die Bildung von Konstrukten Gedanken gemacht wird, dabei hypothetische Annahmen getroffen werden oder empirisch untersucht wird, ob und wie ausgeprägt die bestimmbaren Merkmale (auch: manifeste Variablen) zu Dimensionen zusammengeführt werden können, wird ein – beschränktes und ausschnittsweises – Abbild der Wirklichkeit erzeugt. Ein solches Abbild wird auch **Modell** (lat.: *modulus*) genannt.

Für Modelle existieren eine Vielzahl an Erklärungen, Definitionen und Beschreibungen in allen Wissenschaftsfeldern. Hilfreich ist die allgemeine Begriffsanalyse von Stachowiak (1973, S. 131 ff.), der drei Hauptmerkmale von Modellen herausgearbeitet hat:

- **Abbildungsmerkmal:** Modelle sind immer Abbildungen bzw. Repräsentationen von Originalen. Ohne Originale sind keine Modelle denkbar.
- **Verkürzungsmerkmal:** Modelle verkürzen das durch sie repräsentierte Original auf relevante Eigenschaften (Merkmale). Es werden also nicht alle, sondern nur einige Eigenschaften des Originals abgebildet.
- **Pragmatisches Merkmal:** Modelle sind nicht Selbstzweck. Sie sollen unter bestimmten Bedingungen, zweck-, zeit- und subjektgebunden, das Original ersetzen. Dabei müssen sie diesem nicht immer eindeutig zugeordnet sein.

Modelle sind unentbehrliche Voraussetzung für das allgemeine Verständnis der Dinge und ihrer Zusammenhänge. Wissenschaftliches Arbeiten und Erkennen heißt immer zugleich auch „Denken in Modellen". Deshalb ist es wichtig, für die theoretische Erarbeitung des Qualitätsbegriffs auch Vorstellungen über Qualitätsmodelle zu entwickeln. Wichtig anzumerken ist, dass ein Modell niemals die Wirklichkeit in ihrer Gänze erfassen kann, gleichsam über Annahmen und Vereinfachungen verfügt und je nach Anwender und Anwendungszweck bestimmte Aspekte betont oder vernachlässigt.

Verwandte Begriffe zum Modell sind die „Theorie" und das „System". Eine **Theorie** liefert beschreibende und erklärende Aussagen zu einem oder mehreren Modellen und möchte dabei auch prognostische Aussagen treffen. Wenn es – wie bereits beschrieben – im Qualitätsmanagement darum geht, Qualitätsanforderungen in ein einheitliches Qualitätsverständnis zusammenzuführen, spielen gewissermaßen auch *Qualitätstheorien* eine Rolle. Eine solche Qualitätstheorie vereint Feststellungen und Annahmen über die Bedingungen und Wirkungsweisen der zugrunde gelegten Qualitätsperspektiven.

Systemtheoretische Überlegungen betrachten **Systeme** ganz allgemein als gegenüber ihrer Umwelt abgrenzbare Einheiten, deren ganzheitliche Struktur und Funktion durch die Ordnung und das Zusammenspiel ihrer jeweiligen Einzelkomponenten (Elemente) bestimmt wird. Die Elemente beziehen sich aufeinander und bilden eine aufgaben-, sinn- und zweckgebundene Einheit, die in Austauschbeziehungen mit ihrer Umwelt steht. Dabei entsteht ein Resultat (z. B. Qualität), das durch das (komplexe) Zusammenwirken der Einzelkomponenten untereinander ermöglicht wird und in seiner Wirkung über eine einfache Summenbildung aller Wirkelemente hinausgeht. Der Systembegriff findet beispielsweise im Zusammenhang mit *Qualitätsmanagementsystemen* Verwendung. Ein Qualitätsmanagementsystem umfasst sämtliche Elemente, die zur „Bewirtschaftung der Qualität" in einer Organisation verwendet werden (vgl. Seghezzi et al. 2007, S. 111). Hierüber wird sozusagen eine Vorstellung über (notwendige) qualitätsrelevante Bedingungen und Wirkungsweisen erzeugt.

1.3.2 Allgemeine Qualitätsmodelle

Aus der Vielzahl der existierenden Qualitätsmodelle können nur ausgewählte Ansätze vorgestellt werden. Die Operationalisierung des Qualitätsbegriffs weist in den unterschiedlichen Modellen viele Gemeinsamkeiten und Überschneidungen auf. Bei näherer Betrachtung wird aber auch deutlich, dass jede Modellierung des Qualitätsbegriffs ihre eigenen Schwerpunkte, Verdichtungen oder Auslassungen aufweist.

1.3.2.1 Qualitätsdimensionen nach Garvin

Aufbauend auf seinen vorgängig beschriebenen „Teilqualitäten" entwickelte Garvin (1988) acht Dimensionen (Merkmalsbündel) für die Qualitätsbestimmung. Dieser zunächst für die Qualität von materiell geprägten Produkten entwickelte Definitions- und Analyserahmen ist auch bei der Qualitätsbestimmung von Dienstleistungen anwendbar:

- **Leistungen** (Performance): Die Dimension beschreibt den Leistungsumfang und die Leistungsfähigkeit. Die Merkmale beziehen sich auf den Betrieb oder die Nutzung eines Produkts (z. B. Leistung eines Hörgerätes). Bei Dienstleistungen würde hier die Sachgerechtigkeit der Leistungserstellung und die Zweckgerichtetheit der Kernleistung betrachtet werden.
- **Features** (Features): Diese Dimension fasst besondere und/oder ergänzende Leistungen zusammen, die über die genannte Dimension „Leistungen" hinausgehen (sog. sekundäre Leistungsmerkmale oder „Add-on"-Merkmale).
- **Zuverlässigkeit** (Reliability): Diese Dimension fokussiert die Verlässlichkeit oder Sicherheit eines Produkts bei Inbetriebnahme. Bei Dienstleistungen würde hier die Wahrscheinlichkeit von Störungen, Fehlern oder Ausfällen innerhalb der Leistungsprozesse in Betracht kommen.

- **Konformität** (Conformance): Hierbei geht es um den Grad an Übereinstimmung zwischen den Merkmalswerten und zuvor festgelegten Anforderungen. Anders ausgedrückt betrachtet diese Dimension die Einhaltung und Abweichung von Normen, übergeordneter Anforderungen (z. B. Gesetze, Richtlinien), berufsspezifischer Anforderungen (z. B. Leitlinien, Standards) oder einrichtungsinterner Anforderungen (z. B. Unternehmensziele, Verfahrensanweisungen).

- **Beständigkeit** (Durability): Diese Dimension umfasst bei Waren Merkmale wie Lebensdauer oder Haltbarkeit (bis zum endgültigen Verschleiß). Bei Dienstleistungen kann die Dauerhaftigkeit bzw. Nachhaltigkeit des Dienstleitungsergebnisses, das verändernden Umständen standhält oder sich diesen anpassen kann, betrachtet werden. Es besteht eine enge Verknüpfung mit der Dimension der prozessbezogenen „Zuverlässigkeit".

- **Instandhaltbarkeit** (Serviceability): Hiermit wird die Instandhaltung und Reparatur von Produkten betrachtet. Bei Dienstleistungen stehen bspw. Nachbetreuung (z. B. Kompetenz, Geschwindigkeit) und Servicefreundlichkeit (z. B. Höflichkeit, Zugewandtheit) im Fokus dieser Dimension.

- **Ästhetik** (Aesthetics): Diese Dimension widmet sich der äußeren Erscheinung von Produkten und Dienstleistungen. Hierbei wirken sensorische Merkmale (z. B. Aussehen, Form, Ausdruck, Ansprache, Geschmack und Geruch) im Ergebnis oder während der Leistungserstellung. Es besteht eine enge Verknüpfung mit der Dimension „wahrgenommene Qualität".

- **Wahrgenommene Qualität** (Perceived Quality): Hier wird die Wahrnehmung der Kundinnen und Kunden bzw. der unterschiedlichen Nutzergruppen bezüglich der Qualitätsausprägung eines bestimmten Produktes oder einer Dienstleistung betrachtet. Die Wahrnehmung wird von zahlreichen Variablen beeinflusst, wie persönlichen Einstellungen, dem Hörensagen, bereits gemachten Erfahrungen oder grundsätzlichen Einschätzungen aufgrund von Image und Reputation.

1.3.2.2 Qualitätsdimensionen der Dienstleistungsqualität

Während das Modell von Garvin allein auf theoretischen Annahmen beruht, haben die Forscher Parasuraman, Zeithaml und Berry einen empirischen Weg beschritten, Dimensionen für die Bestimmung des Konstrukts „Dienstleistungsqualität" zu ermitteln (Parasuraman et al. 1985, 1988). Zusammen mit dem von ihnen entwickelten „Gap-Modell" (Kap. 11) gehört ihr „Modell für Dienstleistungsqualität" zu den bekanntesten innerhalb des einschlägigen Literaturhintergrunds. In dem Modell wird Dienstleistungsqualität (Service Quality) als kundenbezogene Qualität („subjektive Qualität") operationalisiert, indem Wahrnehmungen (und Erwartungen) von Personen bzw. verschiedenen Kundengruppen bestimmt werden. Das Modell unterscheidet fünf Dimensionen, die je nach Dienstleistungsbranche unterschiedliche Bedeutung haben. Branchenübergreifend bedeutsam scheint die Dimension „Zuverlässigkeit" zu sein; vergleichsweise weniger Bedeutung dagegen scheint das „materielle Umfeld" zu haben

(Parasuraman et al. 1991). Diese Befunde sind jedoch nicht zwangsläufig auf die Leistungserbringung im Gesundheitswesen übertragbar:

- **Materielles Umfeld** (Tangibles): Die Dimension umfasst das gesamte äußere Erscheinungsbild einer leistungserbringenden Einrichtung inklusive der darin tätigen Personen. Hinzu kommen sämtliche Ausstattungs- und Komfortelemente, die mit der gewünschten Leistung in Verbindung stehen.
- **Zuverlässigkeit** (Reliability): Bei dieser Dimension wird die Fähigkeit der leistungserbringenden Einrichtung betrachtet, die gewünschten Leistungen verlässlich, präzise und mit Sorgfalt zu erbringen, insbesondere auch dahingehend, ob die geäußerten Leistungsversprechen tatsächlich eingehalten werden.
- **Entgegenkommen** (Responsiveness): Hierbei steht im Fokus, ob und inwieweit die leistungserbringende Einrichtung in der Lage ist, auf Wünsche der Kundinnen und Kunden einzugehen oder diesen bei der Lösung eines Problems zu helfen. Insbesondere die Einsatzbereitschaft und Aufgeschlossenheit des Personals gegenüber den Belangen der Kundinnen und Kunden spielt hier eine Rolle.
- **Leistungskompetenz** (Assurance): Diese Dimension umfasst die Kompetenz und Leistungsfähigkeit einer Einrichtung bezogen auf die gewünschten Leistungen. Es wird das notwendige berufliche Können und Wissen der Mitarbeitenden und Fachkräfte betrachtet. Dazu gehören auch die den Kundinnen und Kunden entgegengebrachte Höflichkeit und Freundlichkeit sowie Aspekte der Vertrauens- und Glaubwürdigkeit.
- **Einfühlungsvermögen** (Empathy): Hierunter werden die Bereitschaft und die Fähigkeit verstanden, auf jede Kundin bzw. jeden Kunden individuell einzugehen. Dazu gehören Aspekte wie Kommunikationsfähigkeit, Erreichbarkeit und Verständnis für die individuellen Anliegen.

1.3.3   Qualitätsmodelle im Gesundheitswesen

Die vorgehenden, branchenübergreifenden Modelle bieten bereits brauchbare Vorstellungen von Qualität, von denen vieles auch auf das Gesundheitswesen übertragbar erscheint. Im Folgenden werden Qualitätsmodelle vorgestellt, die explizit auf die Qualität von Gesundheitsleistungen bzw. der Gesundheitsversorgung abstellen. Im Gegensatz zu den vorgenannten Modellen beziehen diese nicht nur Aspekte einer rein betrieblichen Leistungserbringung (Mikro- und Mesoebene) mit ein, sondern adressieren auch Aspekte einer volkswirtschaftlichen bzw. gesamtgesellschaftlichen Betrachtung (Makroebene). Qualitätsmodelle im Gesundheitswesen lassen sich grundsätzlich nach ihrer Grundausrichtung und ihrem Zweck typisieren:

- **Kriterien- und Anforderungsmodelle:** Sie treffen inhaltstheoretische Aussagen zu grundsätzlichen oder wünschenswerten Anforderungen an die Qualität der Versorgung; zumeist auf hohem Abstraktionsniveau in Form von Kriterienkatalogen.
- **Strukturierungs- und Gliederungsmodelle:** Sie bieten für die Qualitätsbestimmung einen strukturtheoretischen Rahmen in Form einer Systematisierung und Gliederung der Betrachtungseinheit.

1.3.3.1 Kriterien- und Anforderungsmodelle

Qualitätsmodelle dieses Typs definieren Kriterien, mit denen Aussagen zur erwarteten oder erforderlichen Beschaffenheit einer zu betrachtenden Leistungseinheit getroffen werden. Sie werden in der Regel in Form von *Anforderungslisten* oder *Kriterienkataloge* zusammengestellt.

Ein breit gefasstes Qualitätsverständnis stellt Maxwell (1984) mit seinem Qualitätsmodell für Versorgungsleistungen vor. Sein Modell umfasst sechs Dimensionen, die sowohl Aspekte der individuellen und betrieblichen Leistungsangebote und -erbringung erfassen (Mikro- und Mesoebene), als auch Aspekte des Gesundheits- und Versorgungssystems adressieren (Makroebene). Aufgrund seines allgemeingültigen Charakters ist es auf sämtliche Bereiche des Sozial- und Gesundheitswesens übertragbar. Die Dimensionen dieses Modells waren auch Vorbild oder Maßstab für die Ausarbeitung der Qualitätskriterien der US-amerikanischen Qualitätsinitiative „Joint Commission on Accreditation of Healthcare Organizations" (JCAHO), deren Qualitätsbewertungsverfahren weltweit hohe Anerkennung genießen. Die Kriterien lauten (vgl. Maxwell 1984, 1992):

- **Zugänglichkeit** (Access to Services): Die Dimension umfasst räumliche Aspekte (z. B. Entfernung, Zurechtfinden in der „Vor-Ort"-Umgebung), zeitliche Aspekte (z. B. Wartezeiten, Terminverfügbarkeit) sowie soziale bzw. sozioökonomische Aspekte (z. B. soziale Distanz, Zahlungsunfähigkeit) bei der Leistungserstellung („Kann jeder Mensch, der die Leistung benötigt, diese auch bekommen?").
- **Relevanz** (Relevance to needs and wants [of the population as a whole]): Hier steht die Bedeutung und Angemessenheit der Leistungsangebote im Vordergrund („Wird den Menschen die dem aktuellen Stand des Wissens entsprechende, angemessene Versorgung angeboten?" und „Ist das Gesamtangebot der Leistungen maximal im Verhältnis zu den Bedürfnissen der Gesamtpopulation?").
- **Effektivität** (Effectiveness [for individual patients]): Die Dimension beleuchtet die Gesamtheit der Resultate der erbrachten Leistungen in einem „technischen" oder wirktheoretischen Sinne (z. B. Wirksamkeit, Evidenzgrad, Meinung von Expertinnen und Experten) und fragt nach den Ergebnissen und Zielerreichungsgraden („Führt die Leistung unter normalen Umständen zur gewünschten Wirkung?" und „Ist die Leistung unter den gegebenen Umständen die bestmögliche Leistung?").
- **Gleichheit** (Equity [Fairness]): Hier geht es darum, bei der Leistungserbringung mit gleichen Maßstäben zu messen und alle Menschen ihren Bedürfnissen entsprechend

zu versorgen („Werden gleiche Leistungen für gleiche Bedürfnisse und verschiedene Leistungen für verschiedene Bedürfnisse erbracht?" und „Sind die Leistungen und Leistungsangebote diskriminierungsfrei?").

- **Akzeptanz** (Social Acceptibility): Die Dimension betrachtet die Bedingungen, unter denen die Leistungen angeboten, und die Art, wie sie zur Verfügung gestellt werden (z. B. Menschlichkeit, Rücksicht, Organisationsstruktur, Vertraulichkeit, Privatsphäre; „Wie werden die Leistungen unter Berücksichtigung der Interessen der Menschen erbracht und kommuniziert?" und „Was denkt die Person selbst oder eine außen stehende, beobachtende Person darüber?").

- **Effizienz** (Efficiency and Economy): Hierbei soll die Leistung den gewünschten Effekt zu niedrigen Kosten und auf eine wirtschaftliche Art und Weise bewirken („Ist das Ergebnis in Bezug zu den aufgewendeten Ressourcen maximal?" und „Steht die Ausführung der Leistungen in kostengünstiger Relation im Vergleich zu anderen Anbietenden?").

Die inhaltliche Auseinandersetzung mit diesen sechs Dimensionen unterstreicht, dass „Qualität" im Gesundheits- und Sozialwesen multiplen Adressaten, Anspruchsgruppen sowie Handlungs- und Gestaltungsebenen gerecht werden soll und sich dabei an – durchaus wandelbaren – gesellschaftlichen, ökonomischen und institutionellen Anforderungen und Bedingungen als **Maßstab der Qualitätsbewertung** orientieren muss (vgl. Campbell et al. 2000). Das Modell von Maxwell hat bis heute richtungsweisende Bedeutung für die Theoriebildung. Darauf aufbauend haben sich ergänzend und aufeinander beziehend weitere oder anders schwerpunktsetzend ausdifferenzierte Qualitätsvorstellungen entwickelt (Tab. 1.5).

Tab. 1.5 Kriterien bzw. Anforderungsdimensionen bekannter Qualitätsmodelle für die Gesundheitsversorgung (in Klammern: Benennung der Kriterien in den Quellen)

Maxwell (1984, 1992)	JCAHO (1998)	Donabedian (1988, 1990)
• Effektivität (Effectiveness for individual Patients)	• Effektivität (Efficacy, Effectiveness)	• Effektivität (Efficacy, Effectiveness)
• Effizienz (Efficiency, Economy)	• Wirtschaftlichkeit (Efficiency)	• Effizienz (Efficiency) • Optimalität (Optimality)
• Zugänglichkeit (Access to Services)	• Zugänglichkeit (Accessibility)	• Zugänglichkeit (Access to Care)
• Relevanz, Angemessenheit (Relevance to Need for the whole community)	• Angemessenheit (Appropriateness)	• Angemessenheit (Appropriateness)
• Patientinnen- und Patienten- orientierung (Social Acceptibility)	• Patientinnen- und Patienten- orientierung (Patient Perspective)	• Patientinnen- und Patienten- orientierung (Acceptibility)
• Gleichheit (Equity, Fairness)	• Sicherheit (Safety) • Kontinuität (Continuity) • Rechtzeitigkeit (Timeliness)	• Gleichheit (Equity, Fairness) • Legitimation (Legitimacy to social preferences)

Anzumerken ist, dass in solchen Kriterienmodellen Aspekte über Wirkzusammenhänge oder prognostische Aussagen über die tatsächlich zu erreichende Qualität unberücksichtigt bleiben. Qualitätsaussagen dieser Art liefern aber einen **wissenschaftlich geleiteten Referenzrahmen** für ein Qualitätsverständnis, mit dem möglichst viele oder alle an der Versorgung Beteiligten übereinstimmen. Derart multidimensionale Qualitätsaussagen haben gleichsam eine „Leitplankenfunktion" für die im Einzelnen vorzunehmende Spezifizierung der Qualitätsbestimmung im regionalen, lokalen und „Vor-Ort"-Versorgungsumfeld (vgl. Reerink 1990).

1.3.3.2 Strukturierungs- und Gliederungsmodelle

Gegenüber Kriterienmodellen machen Strukturierungs- und Gliederungsmodelle keine Angaben zu den Inhalten (Anforderungen) der Versorgung, wohl aber zur Struktur und Systematik des **Betrachtungsgegenstands** (Einheit). Sie bieten damit keine Definition von Qualität („Was macht Qualität im Einzelnen aus?"), sondern liefern einen Analyserahmen für die Qualitätsbestimmung („Was soll im Einzelnen betrachtet und bewertet werden?"). Hierzu werden Kategorien oder Dimensionen gebildet, anhand derer die für die Qualitätsbestimmung relevanten Merkmale (realisierte Beschaffenheit) und Anforderungen (geforderte Beschaffenheit) geordnet, zu Merkmalsbündeln zusammengefasst und für die Qualitätsgestaltung sichtbar gemacht werden.

▶   Strukturierungs- und Gliederungsmodelle stellen die Arbeitsgrundlage für die inhaltliche und „mess"-theoretische Auseinandersetzung mit dem Qualitätsbegriff.

1.3.3.2.1 Phasenbezogene Gliederungssystematik (Categories of Quality)

Als Strukturierungshilfe für die Qualitätsbestimmung hat sich im Gesundheitswesen eine **sequenzielle Gliederungssystematik** etabliert, die Avedis Donabedian bereits in den 1960er Jahren formulierte und die sich bis heute als brauchbar erwiesen hat. In dem von Donabedian entwickelten Qualitätsmodell werden die drei Dimensionen der Struktur-, Prozess- und Ergebnisqualität voneinander unterschieden (Donabedian 1966, S. 692 ff.). Diese drei Dimensionen (Three-Part-Approach) entsprechen im Wesentlichen den zuvor skizzierten Dienstleistungsdimensionen. Der Unterschied ist, dass hierüber die für die Qualitätsbestimmung von Gesundheitsleistungen relevanten Merkmale (Qualitätsmerkmale) sichtbar gemacht werden (Tab. 1.6):

- **Strukturqualität** (Structure): Sie betrachtet die strukturellen Voraussetzungen, die für die gesundheitliche und pflegerische Versorgung notwendig sind. Korrespondierend zur betriebswirtschaftlichen Betrachtungsweise wird häufig auch von Produktionsfaktoren oder Inputvariablen gesprochen. Der Strukturqualität werden sämtliche personenbezogenen Voraussetzungen (z. B. Qualifikation, Fähigkeiten des Personals), materielle Elemente (z. B. bauliche, räumliche und apparative Ausstattung) aber auch organisatorische Elemente (z. B. Umfang, Zweckmäßigkeit formaler Organisations-

Tab. 1.6 Merkmale von Struktur-, Prozess- und Ergebnisqualität (Beispiele)

Strukturqualität	Prozessqualität	Ergebnisqualität
Anzahl der Fachkräfte	Anwendung von Praxisstandards	Zufriedenheit der Patientinnen und Patienten
Qualifikation der Pflegekräfte	Einhaltung von übergeordneten Richtlinien	Komplikationen nach Eingriffen
Ausstattung der Räume	Umsetzung von Expertenstandards	Schmerzfreiheit
Anzahl der Operationssäle	Dauer von Wartezeiten	Besserung von Befunden
Beschilderung innerhalb der Einrichtung	Zusammenarbeit der Berufsgruppen	Veränderung klinischer Messgrößen (z. B. Blutdruck)
Infrastrukturelle Anbindung	Freundlichkeit des Personals	Vermeidung von Schäden

modalitäten) der jeweils zu betrachtenden Leistungseinheit zugerechnet („Über die richtigen, notwendigen Voraussetzungen verfügen").

- **Prozessqualität** (Process): Sie betrachtet alle Aktivitäten, Tätigkeiten und Handlungen der versorgungsrelevanten Leistung (z. B. Gesamtbehandlung, pflegerische Versorgung), die dazugehörigen Teilprozesse (z. B. Befunderhebung, Pflegeplanung, Operation, Pflegevisite) wie auch die dazugehörigen Unterstützungsprozesse (z. B. Beschaffung, Reinigung, Dokumentenablage). Prozessqualität bezieht sich auf die Art und Weise der Leistungserbringung, also auf die Organisation und Gestaltung des Prozessgeschehens (Ablauforganisation) hinsichtlich ihrer zeitlichen Ausführung (z. B. Dauer von Prozessschritten) und sachlichen Erfordernis (z. B. Reihenfolge von Prozessschritten) einschließlich der Einhaltung von Vorgaben und Standards („Das Richtige richtig tun").

- **Ergebnisqualität** (Outcome): Sie betrachtet die Resultate, die (produktionstheoretisch gesprochen) bei der Verarbeitung bzw. „Transformierung der Produktionsfaktoren" entstehen. Ergebnisqualität darf aber nicht mit Produktivität im Sinne des Umfangs von mit bestimmten Ressourcen erbrachten Leistungen (z. B. Anzahl behandelter Personen oder durchgeführter Beratungsgespräche) verwechselt werden. Dies entspräche einer betriebswirtschaftlichen „Output"-Orientierung. Unter „Outcome" wird vielmehr das Resultat, also die mit den Leistungen erzielte „problemlösende Wirkung" verstanden. Diese kann aus ökonomischer Sicht durchaus ein wirtschaftlicher Erfolg sein (z. B. Erreichen eines marktstrategischen Zieles). Aus versorgungsrelevanter Sicht betrachtet Ergebnisqualität die Wirkungen der Leistungen hinsichtlich ihrer medizinischen bzw. pflegerischen Zielerreichung (z. B. Veränderung des Gesundheitszustands). Ergebnisqualität bezieht sich auf Versorgungsendpunkte (z.B. Verlängerung der Lebensdauer, Erhalt von Lebensqualität, Ermöglichung von Teilhabe) oder auf sog. Surrogatparameter (z. B. Verbesserung einer Körperfunktion,

Vermeidung von Schadensereignissen). Sie kann objektivierbare Veränderungen (z. B. Blutdrucksenkung, Mobilitätsverbesserung) oder subjektive Bewertungen (z. B. Zufriedenheit, Schmerzfreiheit) umfassen ("Den angestrebten, erreichbaren Zustand erreichen").

Die Dreigliedrigkeit dieses Modells lässt sich für bestimmte fachliche Kontexte erweitern. Oft wird im Umfeld der projekt- und programmorientierten Gesundheitsförderung die vierte Dimension der **Planungsqualität** hinzugefügt. Diese trägt den Voraussetzungen hinsichtlich der Durchführbarkeit, der Bedarfs- und Bedürfnisorientierung und der Zielklarheit von Gesundheitsförderungsprojekten bzw. -programmen gesondert Rechnung (vgl. Walter et al. 2001, S. 26). Trotz aller Plausibilität gehen die meisten, in der Literatur ähnlich beschriebenen, zusätzlichen bzw. ergänzenden Kategorien (z. B. Orientierungsqualität, Konzeptqualität) vollständig in den Dimensionen der Struktur-, Prozess- und Ergebnisqualität auf (vgl. Merchel 2013, S. 47). Demzufolge hat sich, das in (Abb. 1.9) dargestellte, dreiphasige Modell als tragfähige Dimensionierung weitgehend durchgesetzt.

Die **Linearität** dieses Modells legt nahe, dass Struktur- und Prozessqualität sowie Prozess- und Ergebnisqualität aufeinander aufbauen bzw. interagieren können. Ob und inwieweit sich diese drei Qualitätsdimensionen tatsächlich wechselseitig beeinflussen oder gar auf ein zu abstrahierendes Gesamtkonstrukt ("Qualität der Versorgung") wirken, kann universell nicht beantwortet werden und ist im Einzelfall von den festzulegenden Kriterien bzw. den zu bestimmenden Qualitätsmerkmalen abhängig. Es handelt

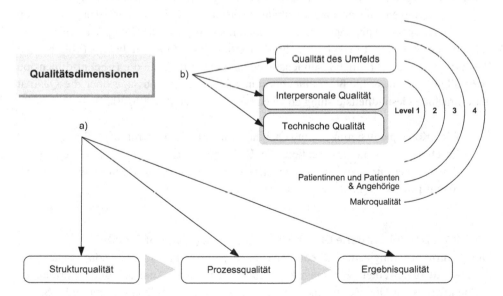

Abb. 1.9 Qualitätsdimensionen nach Donabedian (1988): **a** phasenorientiertes Qualitätsmodell (Categories of Quality); **b** ebenenorientiertes Qualitätsmodell (Levels of Quality)

sich schließlich nur um einen Betrachtungs- und Zuordnungsrahmen. Dennoch können theoretische Überlegungen angestellt und Schlussfolgerungen gezogen werden, dass die Strukturqualität die Prozessqualität begünstigt und, daran anknüpfend, die Prozessqualität förderlich auf die Ergebnisqualität wirkt.

Beispiel für mögliche Wirkzusammenhänge

Die Anzahl der vorhandenen Pflegefachkräfte (Strukturqualität) in der stationären Langzeitpflege wirkt sich auf die Intensität und den Umfang der zwischenmenschlichen Interaktion mit den Bewohnerinnen und Bewohnern bei der Ausführung von Pflegehandlungen aus (Prozessqualität). Die Art und Weise des zwischenmenschlichen Kontakts und eine bewohnerinnen- und bewohnergerechte Ausführung der Pflegehandlungen (Prozessqualität) wirkt sich auf das Wohlbefinden und die Lebensqualität der Bewohnerinnen und Bewohner aus (Ergebnisqualität). ◄

Die Zusammenhänge sind jedoch nicht zwingend und insgesamt unbeständig. So hängt der Erfolg einer Operation zwar maßgeblich vom verwendeten Instrumentarium und der Qualifikation des operierenden Person ab (Strukturqualität). Damit ist jedoch nicht sichergestellt, dass auch die durchzuführenden Maßnahmen (z. B. das geplante Vorhaben) und die daran geknüpften Abläufe (z. B. die Durchführung der Operation selbst) richtig sind bzw. sachgerecht ausgeführt werden (Prozessqualität). Weiterhin kann selbst bei richtiger Planung und sachgerechter Durchführung aller erforderlichen Maßnahmen (z. B. Operation und perioperative Versorgung) nicht immer sicher die gewünschte Ergebnisqualität erreicht werden. Aufgrund der Vielzahl von Perspektiven und Anforderungen, die an eine Gesundheitsleistung gestellt werden, den besonderen Bedingungen personenbezogener Interaktion, insbesondere die Integration personengebundener Variabilität, sowie der im Einzelfall letztendlich unbekannt bleibenden Wechselwirkungen der Qualitätsdimensionen untereinander kann die Ergebnisdimension nicht alleine und ausschließlich eine zusammenfassende Wertaussage über die Qualität der erbrachten Gesundheitsleistung abgeben (vgl. Brook et al. 1996, 2000).

▶   Die Konzeptualisierung von Qualität anhand ihrer Struktur-, Prozess- und Ergebnisdimension repräsentiert ein **Bedingungsgefüge,** in dem die Qualitätsdimensionen *notwendige,* keinesfalls aber *hinreichende* Bedingungen für die darauf folgende Qualitätsdimension liefern.

1.3.3.2.2 Ebenenbezogene Gliederungssystematik (Levels of Quality)

Dieses Strukturierungs- und Gliederungsmodell geht ebenfalls auf Avedis Donabedian zurück und bietet einen vertikalen bzw. ebenenbezogenen Analyse- und Zuordnungsrahmen (Levels of Quality) für die Qualitätsbestimmung (vgl. Donabedian 1980, S. 5 f., 1988):

- **Qualität der technischen Versorgung** (Technical Quality): Die Dimension betrachtet die technisch-funktionale Ebene zweckgerichteter Entscheidungen und ihre Ausführung (Knowledge, Judgement Skill) sowie das daran geknüpfte Erreichen der Behandlungs- und Pflegeziele unter den gegebenen Bedingungen (Effectiveness). Im Zentrum dieser Betrachtungsebene steht die *Wirkungsorientierung* fachlichen bzw. professionellen Handelns. Die Wirkzusammenhänge können monokausal oder polykausal, eindeutig und wiederholbar sein (im Sinne von wissenschaftlich ableitbaren, empirisch belastbaren Ursache-Wirkungsbeziehungen; z. B. Arzneimittelgabe, Operationstechnik). Sie können aber auch lose, unbestimmt und unvorhersehbar in ihrer Folgenabschätzung sein (im Sinne von individuell konstruierten Arbeitshypothesen; z. B. Psychotherapie, Sozialberatung).
- **Qualität der interpersonalen Beziehungen** (Interpersonal Quality): Diese Dimension betrachtet die Beziehungsebene bzw. die interpersonale Interaktion zwischen den Angehörigen der Gesundheits- und Pflegeberufe bzw. den Fachkräften einer Einrichtung und den Zielpersonen bzw. Nutzerinnen und Nutzern der angebotenen bzw. erbrachten Leistung. Im Zentrum dieser Betrachtungsebene steht die *Subjektorientierung* fachlichen bzw. professionellen Handelns. Dieser Dimension können beziehungsorientierte Merkmale zugeordnet werden (z. B. Ehrlichkeit, Zugewandtheit, Taktgefühl, Freundlichkeit, Informiertheit, Aufklärung, Einfühlungsvermögen). Donabedian versteht diese Dimension als Medium oder Trägerdimension der „technischen Qualität", da der Wirkort des Handelns auch bei vorgeklärter Wirksamkeitswahrscheinlichkeit stets ein situativer, vorgefundener und momentgefasster ist.
- **Qualität des Umfelds der Versorgung** (Amenities): Diese Dimension umfasst in einem engeren Zusammenhang alle Aspekte von „Annehmlichkeit" (z. B. Komfortelemente und sog. wunschfähige Zusatzleistungen). Im Zentrum dieser Betrachtungsebene stehen zuvorderst die direkten *Umfeldvariablen*. Sie sind unabhängig als Zusatzleistungen zu den wirkungs- und beziehungsorientierten Elementen der Leistungserstellung definierbar (z. B. Mahlzeiten- und Getränkeauswahl, Ambiente der Unterbringung, Erscheinungsbild der Einrichtung). Diese gehen entweder mit der Versorgung begleitend einher oder betten die wirkungs- und beziehungsorientierten Elemente rahmengebend darin ein (z. B. Ausstattung der Einrichtungen, Besuchszeitenregelungen, Terminmanagement).

In Analogie zum **Bedingungsgefüge** der Struktur-, Prozess- und Ergebnisqualität lassen auch die Merkmale dieser drei Betrachtungsebenen eine Interaktion miteinander vermuten. Der Zusammenhang von technischer und interpersonaler Qualität ist hierbei der offensichtlichste, da er sich mit dem Alltags- und Professionsverständnis von personenbezogener Dienstleistungserstellung deckt: Jede zweckgerichtete Wissensapplikation erfolgt im Kontext von Subjektivität und Individualität entsprechend der doppelten Handlungslogik professionsgeleiteten Theorie- und Fallverstehens (vgl. Hensen 2018, S. 57). Unbestimmter bleibt der Zusammenhang mit den Elementen des materiellen

Umfelds. Einige Zusammenhänge lassen enge Verbindungen vermuten (z. B. Ruhe als Unterstützung des Heilungserfolgs), andere wiederum sind eher als lose Zusammenhänge anzunehmen (z. B. Auswirkungen der Raumgestaltung auf den Heilungserfolg).

Die Dimension des Umfelds der Versorgung ist in ihrem Umfang um mehrere Einflussfaktoren und Gestaltungsstufen erweiterbar. Insbesondere der Einbeziehung der **Angehörigen** und des **familiären Umfelds** räumt Donabedian (1988) in seinem Qualitätsmodell auf einer höheren Gliederungsebene eine wichtige unterstützende bis verantwortliche Bedeutung ein (z. B. Übernahme leichter pflegerischer Maßnahmen durch Angehörige). Auf einer nächsthöheren Stufe wird eine solche Versorgung durch die **institutionellen Rahmenbedingungen** und durch aktive Bemühungen der Gesundheits- und Pflegeeinrichtung ermöglicht und mitgestaltet (z. B. Organisation durchgängiger Besuchszeiten, Anleitung der Angehörigen).

Die Ebenenbetrachtung nach Donabedian reicht bis hinauf zu den regionalen und kommunalen Institutionen bzw. zum Gemeinwesen (z. B. Bedarfsplanung, Versorgungssteuerung). Merchel findet in seinen Analysen für derart **erweiterte Umfeldvariablen** den passenden Begriff der „Infrastrukturqualität" (Merchel 2013, S. 52). Hierbei handelt sich um eine Erweiterung des Betrachtungswinkels von der Mikrodimension der einzelbetrieblichen Leistungserstellung auf die Makrodimension von Qualität im Versorgungs-, Gesundheits- und Sozialsystem.

Merkmale oder Variablen dieser **makrodimensionalen Betrachtung** sind inhaltlich zumeist bekannten Kriterienmodellen der Gesundheitsversorgung entlehnt (z. B. Maxwell). Es wird danach gefragt, ob die benötigten und nachgefragten Leistungen wirksam und effizient zum Einsatz kommen (allokative Effizienz), ob Zugänge zum Versorgungssystem benachteiligungsfrei ermöglicht werden (Verteilungsgerechtigkeit), ob ein ausreichendes sowie zweckmäßiges Leistungsangebot sichergestellt wird (Leistungssicherheit) oder ob die Leistungsangebote dem aktuellen Stand von Forschung und Technik sowie dem sozialen Bedarf entsprechen (Angemessenheit). Ein Qualitätsverständnis, das sich aus einer solchen volkswirtschaftlich bzw. sozialpolitisch geprägten Betrachtung speist, haben Matul und Scharitzer als **Makroqualität** bezeichnet (vgl. Matul und Scharitzer 2002, S. 537).

Demgegenüber steht ein als **Mikroqualität** bezeichnetes Qualitätsverständnis, das sich auf der einzelbetrieblichen Ebene der Leistungserbringung materialisiert und in dem die fachlich geprägten Berufs- und Professionslogiken wie die organisationsbezogene und betriebswirtschaftlich geprägte Managementlogik ineinandergreifen. Modelltheoretisch werden mit diesen beiden Begriffen zwei Gliederungs- und Systematisierungsebenen gegenübergestellt, die hilfreich sind, versorgungsrelevante Qualitätskriterien der ausführenden Leistungsebene (Qualität der Gesundheitsleistung) und der übergeordneten Versorgungssystemebene (Qualität der Gesundheitsversorgung) zuordnen zu können (vgl. Hensen 2018, S. 26).

1.4   Übungsfragen

1. Erläutern Sie die konstitutiven Merkmale des Dienstleistungsbegriffs! Lösung Abschn. 1.1.1
2. Definieren Sie den Begriff „Qualitätsmerkmal" und nennen Sie Beispiele für Qualitätsmerkmale von Gesundheitsleistungen! Lösung Abschn. 1.2.1
3. Erklären Sie den Fachbegriff „Qualität" und die Bedeutung des technisch-funktionalen Qualitätsverständnisses! Lösung Abschn. 1.2.2
4. Erläutern Sie die Bedeutung des Stakeholder-Konzeptes für den Qualitätsbegriff im Gesundheitswesen! Lösung Abschn. 1.2.3.2
5. Skizzieren Sie die Unterscheidung der Qualitätsperspektiven „kundenbezogene", „professionsbezogene" und „managementbezogene Qualität"! Lösung Abschn. 1.2.3.3
6. Erklären Sie, warum Qualitätsmodelle für das Qualitätsmanagement so wichtig sind! Lösung Abschn. 1.3
7. Definieren Sie die Fachbegriffe „Konstrukt" und „Dimension"! Lösung Abschn. 1.3.1
8. Nennen und skizzieren Sie die Dimensionen des Qualitätsmodells nach Maxwell! Lösung Abschn. 1.3.3.2
9. Erläutern Sie anhand von Beispielen das Phasenmodell nach Donabedian! Lösung Abschn. 1.3.3.2.1
10. Skizzieren Sie das Verständnis der Begriffe Mikroqualität und Makroqualität! Abschn. 1.3.3.2.2.

Literatur

Badura B, Hungeling G (1997) Personenbezogene Dienstleistungen im Sozial- und Gesundheitswesen. Entwicklungsbedarf und Forschungsperspektiven. In: Bullinger HJ (Hrsg) Dienstleistungen für das 21. Jahrhundert. Gestaltung des Wandels und Aufbruch in die Zukunft. Schäffer-Poeschel, Stuttgart, S 461–476

Brook R, McGlynn E, Cleary P (1996) Measuring quality of care. New Engl J Med 335(13):966–970

Brook R, McGlynn E, Shekelle P (2000) Defining and measuring quality of care: a perspective from US researchers. Int J Qual Health Care 12(4):281–295

Bruhn M (2016) Qualitätsmanagement für Dienstleistungen. Handbuch für ein erfolgreiches Qualitätsmanagement. Grundlagen – Konzepte – Methoden, 10. Aufl. Springer Gabler, Wiesbaden

Campbell SM, Roland MO, Buetow SA (2000) Defining quality of care. Soc Sci Med 51(11):1611–1625

Corsten H, Gössinger R (2015) Dienstleistungsmanagement, 6. Aufl. De Gruyter, Berlin

DIN Deutsches Institut für Normung e. V. (2015) DIN EN ISO 9000: Qualitätsmanagementsysteme – Grundlagen und Begriffe (ISO 9000:2015). Beuth, Berlin

Donabedian A (1966) Evaluating the quality of medical care. Milbank Mem Fund Q 44(3 Suppl):166–206

Donabedian A (1980) Exploration in quality assessment and monitoring. Definition of quality and approaches to its assessment, Bd 1. Health Administration Press, Ann Arbor

Donabedian A (1988) The quality of care. How can it be assessed? JAMA 260(12):1743–1748

Donabedian A (1990) The seven pillars of quality. Arch Pathol Lab Med 114(11):1115–1118

Engelhardt WH, Kleinaltenkamp M, Reckenfelderbäumer M (1993) Leistungsbündel als Absatzobjekte – Ein Ansatz zur Überbrückung der Dichotomie von Sach- und Dienstleistungen. Z betriebswirtschaftliche Forsch 45(5):395–426

Fließ S, Marra A, Reckenfelderbäumer M (2005) Betriebswirtschaftliche Aspekte des Pflegemanagements. In: Kerres A, Seeberger B (Hrsg) Gesamtlehrbuch Pflegemanagement. Springer, Berlin, S 396–436

Garvin DA (1984) What does product quality really mean? Sloan Manage Rev (Fall) 26(1):25–43

Garvin DA (1988) Managing quality: the strategic and competitive edge. Simon & Schuster, New York

Geiger W (1998) Qualitätslehre. Einführung, Systematik, Terminologie, 3. Aufl. Vieweg, Braunschweig

Geiger W (2013) Beschaffenheitsmanagement – Nature Management. Oldenbourg, München

Geiger W, Kotte W (2008) Handbuch Qualität. Grundlagen und Elemente des Qualitätsmanagements: Systeme – Perspektiven, 5. Aufl. Vieweg, Wiesbaden

Giere J, Wirtz BW, Schilke O (2006) Mehrdimensionale Konstrukte. Die Betriebswirtschaft 66(6):678–695

Goldschmidt AJW, Hilbert J (2009) Von der Last zur Chance – Der Paradigmenwechsel vom Gesundheitswesen zur Gesundheitswirtschaft. In: Goldschmidt AJW, Hilbert J (Hrsg) Gesundheitswirtschaft in Deutschland. Die Zukunftsbranche. Wikom, Wegscheid, S 20–40

Greiling D (2009) Performance measurement in nonprofit-organisationen. Gabler, Wiesbaden

Haller S (2010) Dienstleistungsmanagement. Grundlagen – Konzepte – Instrumente. Gabler, Wiesbaden

Harteloh PPM (2003) The meaning of quality in health care: a concept analysis. Health Care Anal 11(3):259–267

Henke K-D (2009) Der zweite Gesundheitsmarkt. Pub Health Forum 17(3):16–18

Hensen P (2011) Die gesunde Gesellschaft und ihre Ökonomie. Vom Gesundheitswesen zur Gesundheitswirtschaft. In: Hensen P, Kölzer C (Hrsg) Die gesunde Gesellschaft. Sozioökonomische Perspektiven und sozialethische Herausforderungen. VS Verlag, Wiesbaden, S 11–50

Hensen P (2018) Qualitätsentwicklung zwischen Institution und Interaktion – Eine Standortbestimmung aus professionstheoretischer Sicht. In: Hensen P, Stamer M (Hrsg) Professionsbezogene Qualitätsentwicklung im interdisziplinären Gesundheitswesen. Gestaltungsansätze, Handlungsfelder und Querschnittsbereiche. Springer VS, Wiesbaden, S 3–67

Hilbert J, Fretschner R, Dülberg A (2002) Rahmenbedingungen und Herausforderungen der Gesundheitswirtschaft. Eigendruck, Gelsenkirchen

JCAHO Joint Commission on Accreditation of Healthcare Organizations (1998) Guide to quality assurance. JCAHO, Chicago

Kartte J, Neumann K (2009) Der Zweite Gesundheitsmarkt als notwendige Ergänzung des Ersten. In: Goldschmidt AJW, Hilbert J (Hrsg) Gesundheitswirtschaft in Deutschland. Die Zukunftsbranche. Wikom, Wegscheid, S 760–771

Kuratorium Gesundheitswirtschaft (2005) Ergebnisbericht „Nationale Branchenkonferenz Gesundheitswirtschaft 2005" 07./08. Dezember 2005, Rostock-Warnemünde. http://www.bioconvalley.org/fileadmin/user_upload/Downloads/Branchenkonferenzen/Bericht_BK_05.pdf . Zugegriffen: 3. Okt. 2021

Matul C, Scharitzer D (2002) Qualität der Leistungen in NPOs. In: Badelt C, Pomper F (Hrsg) Handbuch der Nonprofit-Organisation – Strukturen und Management, 3. Aufl. Schäffer-Poeschel, Stuttgart, S 532–556

Maxwell RJ (1984) Quality assessment in health. Br Med J (Clin Res Ed) 288(6428):1470–1472

Maxwell RJ (1992) Dimensions of quality revisited: from thought to action. Qual Health Care 1(3):171–177

Meffert H, Bruhn M, Hadwich K (2015) Dienstleistungsmarketing. Grundlagen – Konzepte – Methoden, 8. Aufl. Springer Gabler, Wiesbaden

Merchel J (2013) Qualitätsmanagement in der Sozialen Arbeit. Eine Einführung, 4. Aufl. Beltz Juventa, Weinheim

Meyer A, Meindl A, Brudler B (2014) Kommunikation für Dienstleistungen. In: Bruhn M, Esch FR, Langner T (Hrsg) Handbuch Instrumente der Kommunikation. Springer NachschlageWissen. Springer Gabler, Wiesbaden, S 1–16

Mühlenkamp H (2006) Ökonomische Überlegungen zur Messung und Bewertung der Qualität von Gesundheitsleistungen. In: Braun GE, Schulz-Nieswandt F (Hrsg) Liberalisierung im Gesundheitswesen – Einrichtungen des Gesundheitswesens zwischen Wettbewerb und Regulierung. Nomos, Baden-Baden, S 165–193

Oberender P, Zerth J, Engelmann A (2017) Wachstumsmarkt Gesundheit, 4. Aufl. UVK, Konstanz

Øvretveit J (1992) Health service quality. Blackwell Scientific Press, Oxford

Øvretveit J (2002) Evaluation gesundheitsbezogener Interventionen. Huber, Bern

Parasuraman A, Zeithaml VA, Berry LL (1985) A conceptual model of service quality and its implications for future research. J Mark 49:41–50

Parasuraman A, Zeithaml VA, Berry LL (1988) SERVQUAL: a multiple-item scale for measuring consumer perceptions of service quality. J Retail 64(1):12–40

Parasuraman A, Berry LL, Zeithaml VA (1991) Refinement and reassessment of the SERVQUAL scale. J Retail 67(4):420–450

Piligrimiene K, Buciuniene Z (2008) Different perspectives on health care quality: is the consensus possible? Eng Econ 1(56):104–110

Reerink E (1990) Defining quality of care: mission impossible? Qual Assur Health Care 2(3–4):197–202

Schellberg K (2017) Betriebswirtschaftslehre für Sozialunternehmen. BWL-Grundwissen für Studium, Fortbildung und Praxis, 6. Aufl. Walhalla, Regensburg

Seghezzi HD, Fahrni F, Herrmann F (2007) Integriertes Qualitätsmanagement. Der St. Galler Ansatz, 3. Aufl. Hanser, München

Stachowiak H (1973) Allgemeine Modelltheorie. Springer, Wien

Thomas D, Borchert M, Brockhaus N, Jäschke L, Schmitz G, Wasem J (2015) Dienstleistungsproduktivität in der Krankenhauspflege – Konzeptionelle Grundlagen einer Produktivitätsanalyse. Gesundheitswesen 77:e1–e7

Walter U, Schwartz FW, Hoepner-Stamos F (2001) Zielorientiertes Qualitätsmanagement und aktuelle Entwicklungen in Gesundheitsförderung und Prävention. In: Bundeszentrale für gesundheitliche Aufklärung (Hrsg) Qualitätsmanagement in Gesundheitsförderung und Prävention. BZgA, Köln, S 18–37

Wendt WR (2017) Gesundheitsbezogenes soziales Wirtschaften. Die Gesundheitswirtschaft im Bezugsrahmen der Sozialwirtschaftslehre. In: Wendt WR (Hrsg) Soziale Bewirtschaftung von Gesundheit. Gesundheitswirtschaft im Rahmen sozialer Versorgungsgestaltung. Springer VS, Wiesbaden, S 69–119

Zapp W, Oswald J, Bettig U, Fuchs C (2014) Betriebswirtschaftliche Grundlagen im Krankenhaus. Kohlhammer, Stuttgart

Zollondz HD (2011) Grundlagen Qualitätsmanagement. Einführung in Geschichte, Begriffe. Systeme und Konzepte. Oldenbourg, München

Entwicklung und Grundlagen des Qualitätsmanagements

2

Zusammenfassung

In diesem Kapitel wird eine entwicklungsgeschichtliche und systematische Einordnung des Managementbegriffs im Qualitätsmanagement vorgenommen. Zunächst werden historische Entwicklungslinien des Qualitätswesens nachgezeichnet und Grundzüge eines anwendungsbezogenen Managementbegriffs beschrieben. Darauf aufbauend werden Grundsätze eines „modernen Qualitätsmanagements" und deren Bedeutung für die Organisations- und Unternehmensführung herausgearbeitet. Nachfolgend werden Möglichkeiten und natürliche Grenzen des Qualitätsmanagements im Gesundheitswesen gegenübergestellt. Abschließend folgt eine rechtliche und normgebende Einordnung sowie ein Überblick über die gesetzlichen Rahmenbedingungen für bestimmte Leistungsbereiche und Sektoren.

2.1 Entwicklung des Qualitätswesens

Die mit dem heutigen Qualitätsmanagementbegriff transportierten Inhalte und Ideen haben eine lange Geschichte, die weit zurück in die frühen Phasen der Industrialisierung reicht. Der Begriff „Qualitätsmanagement" selbst hat sich allerdings erst sehr viel später, in der zweiten Hälfte des vorigen Jahrhunderts etabliert. Für den Aufbau eines nachhaltigen Verständnisses soll zunächst ein Blick auf die historischen Entwicklungslinien des Qualitätswesens geworfen werden, dessen Konzepte und Methoden – wie auch ein Großteil des dazugehörigen Vokabulars – schrittweise von der Fertigungsindustrie auf den privatwirtschaftlichen Dienstleistungssektor, den Bereich der öffentlichen Verwaltung und zuletzt auch auf das Bildungs-, Sozial- und Gesundheitswesen übertragen wurden.

© Springer Fachmedien Wiesbaden GmbH, ein Teil von Springer Nature 2022
P. Hensen, *Qualitätsmanagement im Gesundheitswesen*,
https://doi.org/10.1007/978-3-658-38299-5_2

2.1.1 Historische Entwicklungslinien

Unser heutiges Verständnis von Qualitätsmanagement wurzelt tief im Verständnis der industriell geprägten Qualitätssicherung, die wiederum ihren Ausgangspunkt im Prinzip der **Qualitätskontrolle** hat. Qualitätskontrolle in den frühen Phasen der Industrialisierung bestand zunächst darin, die Qualität von Fertigungsteilen zu überprüfen (vgl. Ketting 1999, S. 26). Zunächst beschränkte diese sich auf sogenannte Endkontrollen, d. h. es wurden Kontrollen nach Fertigstellung der Produkte vorgenommen (Qualitätsprüfung). Später wurden Qualitätskontrollen auch über den ganzen Fertigungsprozess durchgeführt (Zwischenkontrollen), um fehlerhafte Teile korrigieren bzw. aussortieren zu können, damit nachgeschaltete Prozesse reibungslos verlaufen. In gleicher Weise wurde auch die Eignung von verwendeten Materialien und Inputfaktoren für die Produktionsprozesse in die Qualitätskontrolle einbezogen (Eingangsprüfung).

In der weiteren Entwicklung ermöglichte der Einsatz von statistischen Methoden (Prinzip der statistischen Qualitätskontrolle) eine Konzentration auf **Stichprobenprüfungen** als Ersatz für Vollkontrollen. Dies hatte günstige Auswirkungen auf den Prüfaufwand. Die Erweiterung des Qualitätsdenkens und die Ausdehnung der Prüf- und Überwachungstätigkeiten auf den gesamten Produktionsprozess sind bis zum heutigen Tag mit dem Begriff der **traditionellen Qualitätssicherung** vergesellschaftet. Das Prinzip der Qualitätskontrolle bzw. der „kontrollierenden Qualitätssicherung" verbleibt in der Ausprägung von Prüfung, Kontrolle und Überwachung von Teil- oder Gesamtprozessen aber zunächst als eine „technische Funktion" der Produktion bzw. Fertigung (vgl. Park-Dahlgaard 1999, S. 478).

Aus diesen Ansätzen formten sich in der Folge sog. **Qualitätssicherungssysteme** (Forderungssysteme), die einheitlich Anforderungen an die jeweilige Fähigkeit stellten, qualitativ hochwertige Produkte erzeugen zu können. Betriebliche Qualitätssicherung sollte von nun an mehr sein als nur die Menge aller durchgeführten Prüfmaßnahmen, jedoch kein von der Produktion abgekoppelter Aufgabenbereich. Der Fokus richtete sich nach wie vor noch stark auf die Produktion und die Prozesse; sämtliche Maßnahmen wurden aber von nun an „unter einem Dach" zusammengeführt. Hieraus erwuchs die Notwendigkeit von aufeinander abgestimmten *Entscheidungs- und Organisationsstrukturen*. In gleichem Maße stieg die Bedeutung bzw. die Notwendigkeit einer betrieblichen *Qualitätspolitik* als ordnende Komponente.

Die Erweiterung des Blickwinkels auf die Steuerung der Produktionsabläufe lenkte das Qualitätsdenken von der Kontrolle immer stärker auf die **Vorbeugung,** mit der das Auftreten von unerwünschten Ergebnissen (z. B. Fehlproduktionen) bereits im Herstellungsprozess oder in vorgelagerten Bereichen verhindert werden sollte („Do it right the first time"-Prinzip). Qualitätssicherung reifte hierdurch nicht nur zu einem unverzichtbaren Bestandteil der Produktion heran, sie wurde auch schrittweise um strukturelle, organisatorische und unternehmenspolitische Aspekte erweitert. Die betriebswirtschaftliche Bedeutung des Qualitätswesens wuchs.

Qualitätssicherungssysteme als „Umsetzung von Normen- oder Regelwerken" erlaubten es, bereits vor einer Auftragsvergabe oder Inanspruchnahme die Qualitätsfähigkeit der Produkte beurteilen zu können. Damit entstand nicht nur die Möglichkeit, sondern in bestimmten Branchen auch eine Verpflichtung, die Einhaltung der damit einhergehenden **Qualitätssicherungsanforderungen** darzulegen bzw. nachzuweisen. Die daraus resultierende Zertifizierungswelle erfasste in der Folge nahezu den gesamten industriewirtschaftlichen Sektor (vgl. Zollondz 2011, S. 46). Untrennbar sind bis heute die Begriffe „Darlegungsnorm", „Zertifizierung" und „Qualitätssicherungssystem" mit der ISO-9000er-Normenfamilie verbunden, die erstmals im Jahr 1987 der Öffentlichkeit vorgelegt wurde.

Die Bedeutung der Qualitätssicherung wuchs in der Folge beständig, indem sie sich immer weiter in die Unternehmensführung und betriebliche Steuerung integrierte. Ab wann sich hieraus **Qualitätsmanagement** als Begriff oder als das „modernere" Konzept einschlägig etablierte, ist zeitlich genau nicht zu verorten. Sicher ist, dass mit Vorlage der überarbeiteten Fassung der Zertifizierungsnorm EN ISO 9001 im Jahr 1994 die Bezeichnung von „Qualitätssicherungssysteme" zu „Qualitätsmanagementsysteme" wechselte. Mit der Umbenennung sollte der bereits eingeschlagene **Paradigmenwechsel** im Qualitätsdenken und -handeln noch stärker zum Ausdruck gebracht werden: Qualitätsmanagement als (neuer) planerisch-konzeptueller Gestaltungsansatz gegenüber einer (traditionellen) Qualitätssicherung, die sich eher als technisch orientierte Funktion der Produktion versteht (Abb. 2.1).

Die veränderte Grundeinstellung, Qualitätsdenken und Managementhandeln zusammenzuführen, geht vor allem auf Denkschulen und Strömungen aus dem angelsächsischen Raum und aus Japan zurück, die sich in der zweiten Hälfte des vorigen Jahrhunderts nahezu parallel entwickelt und inhaltlich gegenseitig befruchtet haben (vgl. Brunner 2017, S. 3 ff.). Als mitverantwortlich für die Weiterentwicklung des

Abb. 2.1 Entwicklungslinien des Qualitätswesens. (Quelle: mod. nach Schildknecht 1992, S. 44)

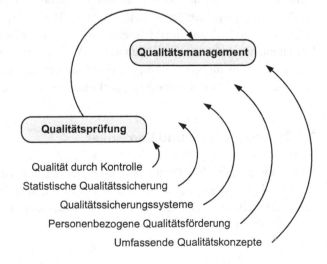

Qualitätswesens und die immer deutlicher werdende Betonung des „Managements" von Qualität ist mit Sicherheit auch die „Wiederentdeckung" des Menschen als relevante betriebliche Größe anzusehen (vgl. Zink 2007, S. 14). Die als „Humanisierung der Arbeit" bekannten Projekte und in der Rückschau als „Human-Relations-Bewegung" beschriebenen Entwicklungen waren geprägt von der konsequenten **Einbindung der Mitarbeitenden** in die Qualitätsarbeit (z. B. Qualitätszirkel, Problemlösungsgruppen, Methoden der Arbeitserweiterung und Arbeitsbereicherung) und der zunehmenden Integration von bisher isolierten Einzelmaßnahmen in ein managementorientiertes Gesamtkonzept. Qualität wurde immer weniger als Aufgabe von einzelnen Expertinnen und Experten bzw. „qualitätssicherungsbeauftragten Personen" betrachtet und immer deutlicher zur Aufgabe aller Organisationsmitglieder und Führungskräfte („personenbezogene Qualitätsförderung"). Qualitätsmanagement wuchs zu einem die Einstellungen und Handlungsweisen prägenden Bestandteil des *unternehmenskulturellen Grundverständnisses* heran.

Gleichzeitig wurde die besondere **Rolle der Führung** („Leadership"-Prinzip) immer stärker betont. Führungspersonen tragen besondere Verantwortung für das Qualitätsmanagement in ihrer Rolle als *Wegbereiter* (Bereitstellung von Ressourcen und Schaffung geeigneter Rahmenbedingungen) und als *Vorbilder* („Vorleben" der neuen Qualitätsphilosophie). Mit diesen Entwicklungen hat Qualitätsmanagement endgültig ein höheres Aufgabenniveau erreicht. Qualität ist längst nicht mehr nur das Ergebnis von Prüfprozessen und vorbeugenden Qualitätssicherungsmaßnahmen (produkt- und herstellungsorientierter Qualitätsbegriff), sondern unternehmensweite Aufgabe, strategisches Unternehmensziel und elementarer Bestandteil des Führungshandelns zugleich.

Durch diese Erweiterungen wird die Qualitätsarbeit von der *operativen Ebene* (ausführende Bereiche) auf eine *strategische Managementebene* (planerische Bereiche) gehoben. Dabei gingen die Errungenschaften des bisherigen Qualitätsverständnisses aber nicht verloren. Elemente der traditionellen Qualitätssicherung spielen auch in modernen Qualitätsmanagementansätzen eine wichtige Rolle. Im Ergebnis wurden technische (Methoden und „Know-how"), organisatorische (Unterstützungs-, Koordinations- und Entscheidungsstrukturen) und kulturelle (Wertorientierung und Unternehmenspolitik) Aspekte des Qualitätsdenkens und der Qualitätsarbeit zu einem umfassenden Qualitätsverständnis bzw. zu **umfassenden Qualitätskonzepten** zusammenführt (Abb. 2.1).

2.1.2 Wegbereiter und Vordenker

Die Entwicklung des Qualitätswesens wurde von richtungsgebenden Vordenkern geprägt, deren Ideen und Konzepte im Folgenden kurz beleuchtet werden sollen (vgl. Zink und Schildknecht 1994, S. 73 ff.; Kamiske und Brauer 2006, S. 47 ff.; Zollondz 2011, S. 55 ff.).

William Edwards Deming
Deming war US-amerikanischer Statistiker. Sein Wirken, vor allem in Japan, reicht bis in
die Nachkriegsjahre des letzten Jahrhunderts zurück. Sein Hauptwerk entstand dagegen
erst in den 1980er Jahren (vgl. Deming 1982). Deming rückte den Produktionsprozess
und damit statistische Verfahren der Prozesssteuerung als Triebfeder einer kontinuierlichen Qualitätsverbesserung in den Vordergrund (Qualität kann nicht allein ergeb-
nisbezogen „erprüft" werden). Er lehnte althergebrachte Formen der Arbeitsteilung ab
und setzte sich für die Stärkung der Eigenverantwortung der Beschäftigen ein. Demings
zugrunde liegender Qualitätsbegriff orientiert sich an den Kundenbedürfnissen: Qualität
resultiert aus der Wechselwirkung zwischen den Einflussgrößen Verbraucher, Produkt
und den mit dem Produkt zusammenhängenden Leistungen. Sein 14-Punkte-Programm,
die Deming'sche Reaktionskette und der auf Walter A. Shewharts Arbeit basierende
Deming-Zirkel werden auch heutzutage noch als Hintergrundfolie für unternehmensweites Qualitätshandeln herangezogen.

▶   Qualität leitet sich aus den Bedürfnissen der Kundinnen und Kunden ab (Kunden-
     orientierter Qualitätsbegriff).

Joseph Moses Juran
Juran war Wirtschaftsingenieur rumänischer Herkunft und arbeitete eng mit Deming
zusammen. Seinem Qualitätsverständnis nach ist Qualität nicht der Aufwand des
Herstellers, sondern die Gebrauchstauglichkeit (Nutzen) in den Augen des Kunden. In
dem Zusammenhang betonte er die Bedeutung vorbeugender Maßnahmen in jeder Phase
der Produkterstellung. Auf sein Wirken geht die auch heute noch bekannte *Qualitätstri-
logie* zurück, mit der die Unteraufgaben Qualitätsplanung, Qualitätsanalyse und Qualitätssteuerung zu einem Handlungskonzept zusammengeführt werden. Das Ziel der
Qualitätrilogie ist die Systematisierung einer dauerhaften Qualitätsverbesserung (vgl.
Juran und Gryna 1993). Darüber hinaus führte er das Konzept der *Qualitätskosten* ein.
Ähnlich wie Deming war auch er schon früh davon überzeugt, dass statistische Verfahren
gleichermaßen wie Qualitätsförderungsmaßnahmen, an denen Mitarbeitende des Unter-
nehmens konsequent beteiligt werden, sich ergänzende Komponenten eines einheitlichen
Qualitätsverständnisses sind.

▶   Qualität ist die Gebrauchstauglichkeit oder der Nutzen in den Augen der Kundin
     oder des Kunden (Kundenorientierter Qualitätsbegriff).

Armand Vallin Feigenbaum
Feigenbaum war US-amerikanischer Wirtschaftswissenschaftler und Unternehmer.
Durch sein Wirken wurde der Begriff *Total Quality Control* bekannt (vgl. Feigenbaum
1961), worunter umfassende Ansätze der Qualitätssteuerung zu verstehen sind. Er
definiert ähnlich wie Deming und Juran die Kundenanforderungen und die Erfüllung der

Kundenbedürfnisse als oberstes Ziel, wodurch sich letztendlich immer auch finanzieller Erfolg des Unternehmens und Wachstumsmöglichkeiten einstellen würden. Die Grundsätze seines Total-Quality-Control-Konzepts beinhalten bereits viele Elemente, die in heutigen Konzepten des umfassenden Qualitätsmanagements nahezu selbstverständlich geworden sind, wie z. B. unternehmensweite Integration aller Qualitätsaktivitäten, hohes Qualitätsbewusstsein bei allen Mitarbeitenden und Führungskräften, Partizipation und Einbindung der Beschäftigen, kontinuierliche Überprüfungen und Rückkopplungsschleifen oder die absolute Kundinnen- und Kundenorientierung.

▶   Qualität hat sich an den Kundenbedürfnissen zu orientieren, aber auch am Unternehmenserfolg (Kundenorientierter und wertorientierter Qualitätsbegriff).

Kaoru Ishikawa
Ishikawa war japanischer Chemiker und hat in Japan die Entwicklung des Qualitätswesens maßgeblich geprägt. Auf sein Wirken geht das Konzept des *Company Wide Quality Control* zurück (vgl. Ishikawa 1985), das alle qualitätsrelevanten Aktivitäten einer Unternehmung vom „Geschäftsführer bis zur Werkbank" umfasst. Im Grunde handelt es sich dabei um eine Weiterentwicklung der Ansätze zur Qualitätsverbesserung von Deming und Juran. Er forderte die Gestaltung durchgängiger *Kunden-Lieferanten-Beziehungen,* die auch die Anforderungen der internen Kundengruppen (Mitarbeitende) mit einbeziehen. Ähnlich wie bei Feigenbaum stehen Gruppenkonzepte, personenbezogene Methoden der Qualitätsförderung und Berücksichtigung des sozialen Systems eines Unternehmens im Vordergrund. Hierbei ist u. a. auch das Konzept der *Qualitätszirkel* entstanden.

▶   Qualität ist die konsequente Erfüllung von Kundenanforderungen, jedoch in Erweiterung auf interne (Mitarbeitende) und externe Kundengruppen (Kundenorientierter Qualitätsbegriff).

Philip Bayard Crosby
Crosby war US-amerikanischer Ingenieur, der hierzulande durch seine „Null-Fehler-Programme" bekannt wurde. Seine „Null-Fehler"-Programmatik orientierte sich allerdings weniger an einem technischen Standard, als vielmehr an einem kulturellen Wandel. Er forderte, Qualität als innere Einstellung zu leben und unproduktives „Toleranzdenken" in den Herstellungsprozessen zu unterbinden. Er verstand Qualität als *unternehmensweites Konzept,* in dem Qualität nicht allein durch technische Messgrößen fassbar wird. Die Kundenbedürfnisse als Maßstab des Qualitätshandelns sah er zwar auch, jedoch mussten diese sich in Leistungsstandards wiederfinden, die das Unternehmen bzw. die darin beschäftigen Personen und Fachkräfte definiert bzw. festlegen. Crosby hob vor allem die Bedeutung präventiver Maßnahmen hervor. Er vertrat die heute viel zitierte Meinung, dass Qualität niemals irgendwo „hinein kontrolliert"

werden darf, sondern immer nur „hinein produziert" werden muss. Seine Ansichten und Ansätze formulierte er in vier Gebote, für deren Umsetzung er wiederum ein 14-Punkte-Programm aufstellte (vgl. Crosby 1979).

▶   Qualität ist nicht explizit aus den Kundenbedürfnissen ableitbar. Die Erfüllung der Anforderungen folgt vielmehr einem internen Leistungsstandard (Herstellungs-orientierter Qualitätsbegriff).

In der Gesamtschau haben die einzelnen Ansätze jeweils ihren ganz eigenen Beitrag zur Entwicklung eines modernen, umfassenden Qualitätsverständnisses geliefert. Sie sind geprägt jeweils durch den unterschiedlichen akademischen, beruflichen und kulturellen Hintergrund ihrer Entwickler. Ihre Schwerpunkte sind aber niemals als konkurrierende Gegensätze zu verstehen und ebenso wenig vergleichend im Sinne von besser, aus-gereifter oder moderner als andere zu bewerten. Zusammen illustrieren sie ein stetiges Bemühen, Qualität nicht nur als das Ergebnis von Prüfprozessen zu verstehen (produkt-orientierter Qualitätsbegriff), sondern als etwas, die Gesamtheit der Leistungserstellung, ihre Bedingungen und Akteure einbeziehendes Konzept zu denken und umzusetzen.

Allen Ansätzen gemeinsam ist die **Neuausrichtung,** zusätzlich zur prüftechnischen Qualität der Produkte und Dienstleistungen auch organisatorische und kulturelle Aspekte in das Qualitätsverständnis zu integrieren; allen voran die Betrachtung der Prozessgestaltung, die Verantwortung der Führung, das Setzen von Leistungsstandards, die Beteiligung der Mitarbeitenden (herstellungsorientierter Qualitätsbegriff), die Betrachtung von Aufwänden, insbesondere der Kosten von „Nicht-Qualität" (wert-orientierter Qualitätsbegriff) und nicht zuletzt die Ausrichtung auf die Kundenbedürf-nisse. Letztere findet ihre deutlichste Sprache in einem konsequent kundenorientierten Qualitätsbegriff, der zur Grundlage sämtlicher **umfassender Qualitätsmanagement-ansätze** geworden ist (vgl. Zink 2004, S. 55).

▶   Qualität ist die Erfüllung von (vereinbarten) Anforderungen zur dauerhaften Kundenzufriedenheit (Kundenorientierter Qualitätsbegriff).

2.1.3   Umfassendes Qualitätsverständnis

Die bis hierhin aufgezeigten Entwicklungen laufen zusammen in ein Qualitätsver-ständnis, das begrifflich als **umfassendes Qualitätsmanagement** oder Total Quality Management (TQM) bekannt geworden ist. Dahinter verbirgt sich jedoch kein geschlossenes oder theoretisch ausgearbeitetes Managementkonzept. Eher steht TQM für eine bestimmte Grundhaltung oder Qualitätsmanagement-Philosophie, deren Auf-fassungen und Elemente sich wie folgt charakterisieren lassen (vgl. Dotchin und Oakland 1992; Zink und Schildknecht 1994, S. 73 ff.; Zink 2004, S. 51):

- **Erweiterter Qualitätsbegriff:** Neben der Qualität der Produkte und Dienstleistungen (Ergebnisorientierung) wird durch das Qualitätsmanagement gleichbedeutend auch die Qualität der dazu notwendigen Prozesse und Verfahren (Prozessorientierung), der Arbeits- und Organisationsbedingungen (Potenzial- und Personenorientierung) und der Außenbeziehungen (Umfeld- und Umweltorientierung) adressiert (Abb. 2.2).
- **Qualität als strategisches Unternehmensziel:** Qualitätsmanagement erfordert die konsequente Verankerung einer betrieblichen Qualitätspolitik in der Unternehmensführung. Darin sind einerseits Qualitätsziele als Unternehmensziele zu fassen, in denen sich die Mehrdimensionalität des erweiterten Qualitätsbegriffs spiegelt. Andererseits aber auch die Etablierung einer expliziten und kontinuierlichen Qualitätsförderung aller qualitätsbestimmenden Elemente im Unternehmen zur Verbesserung der Qualitätsfähigkeit.
- **Qualität als unternehmensweite Aufgabe:** Qualitätsmanagement erfordert die konsequente Einbeziehung und Aktivierung aller Bereiche innerhalb eines Unternehmens. Darin eingeschlossen sind auch die vorgelagerten Bereiche im Sinne der Gestaltung von Lieferantinnen- und Lieferantenbeziehungen, die Einbeziehung aller Mitarbeitenden in die aktive Qualitätsarbeit durch Befähigung (z. B. Schulung) und Ermöglichung (z. B. Teamkonzepte) sowie verantwortliches Führungshandeln (z. B. partizipativer Führungsstil).

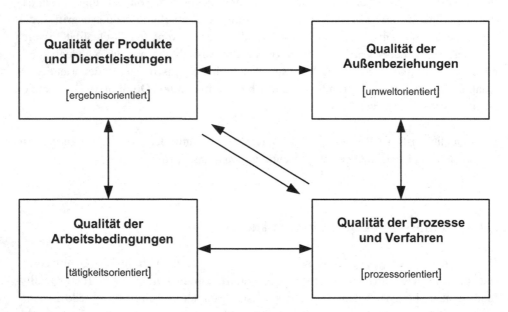

Abb. 2.2 Gegenstandsbereiche eines erweiterten Qualitätsbegriffs im Sinne eines umfassenden Qualitätsmanagements. (Quelle: mod. nach Schildknecht 1992, S. 108)

- **Präventive Qualitätspolitik:** Qualitätsmanagement erfordert eine konsequente Ausrichtung auf die Kunden als Maßstab für die Qualität (Kundinnen- und Kundenorientierung). Daraus leitet sich die Notwendigkeit ab, die Anforderungen der relevanten Kunden- und Stakeholdergruppen zu ermitteln bzw. zu kennen und diese systematisch in die Qualitätsplanung zu integrieren. Für die Realisierung der Qualität ist gleichermaßen die Übertragung der Anforderungen auf die internen Kunden-Lieferanten-Beziehungen von Bedeutung, d. h. die Betrachtung der Prozesse und Arbeitsabläufe mit der Möglichkeit, diese im Sinne der Anforderungen zu gestalten und in diese auch eingreifen zu können (Prozessorientierung).

In der Vorstellung eines umfassenden Qualitätsmanagements sind Qualitätsanforderungen folglich nicht mehr nur im klassischen Sinne „qualitätsbezogen" auf das Produkt oder die Dienstleistung gerichtet. Es werden auch *Anforderungen anderer Art* in die Qualitätsbestimmung aufgenommen, die oftmals nur in mittelbarem Bezug zu den angebotenen Leistungen stehen (vgl. Zollondz 2011, S. 187). Demzufolge können mit der Erweiterung des Qualitätsbegriffs auch Qualitätsanforderungen mit aufgenommen werden, die gar keinen oder einen nur noch sehr entfernten Bezug zur originären Leistung aufweisen (Erweiterung der Bezugspunkte). Qualitätsmanagement im Sinne eines umfassenden Qualitätsmanagements geht gewissermaßen in der Unternehmensführung mit all ihren weitläufigen Aufgaben und Funktionen auf und ist als ein strategisches Gesamtkonzept bzw. eine **qualitätsorientierte Führungsstrategie** zu fassen.

▶ **Total Quality Management** Auf die Mitwirkung aller ihrer Mitglieder gestützte Managementmethode einer Organisation, die Qualität in den Mittelpunkt stellt und durch Zufriedenstellung der Kunden auf langfristigen Geschäftserfolg sowie auf Nutzen für die Mitglieder der Organisation und für die Gesellschaft zielt (DIN 1995).

Dem TQM-Begriff liegt bis heute keine tragfähige oder einheitliche theoretische Fundierung zugrunde, was zwangsläufig zu einer gewissen Beliebigkeit in der Begriffsverwendung führt. Als charakteristisch für den TQM-Gedanken wäre vor allem die Radiuserweiterung des Qualitätsbegriffs zu nennen (Unternehmensqualität), die eine konsequente **Ergebnisorientierung** und Leistungsvergleiche (Benchmarking) über die Grenzen der eigenen Organisation hinaus fordert. Gleichsam wäre die Erweiterung der Außenbeziehungen von der Lieferanten- und Kundenebene auf die Ebene von **Umweltorientierung** und **gesellschaftlicher Verantwortung** typisch für die TQM-Idee. Ein trennscharfer Übergang von „Qualitätsmanagement" zu einem „umfassenden Qualitätsmanagement" ist allerdings nicht bestimmbar.

Nach heutigem Verständnis kann Qualitätsmanagement bereits so umfassend ausgelegt werden, dass eine Differenzierung beider Begriffe gar nicht mehr notwendig erscheint. Die **Annäherung** der Konzepte zeigt sich unter anderem darin, dass umfassendes Qualitätsmanagement mittlerweile als ein „in allen Bereichen einer

Organisation angewendetes Qualitätsmanagement" (Geiger und Kotte 2008, S. 248) bezeichnet wird. Die vom Deutschen Institut für Normung e. V. vorgelegte Definition des TQM-Begriffs wird überdies seit 2005 in den Normenwerken nicht mehr gesondert aufgeführt. Als praktisch relevante Abgrenzung erscheint aus heutiger Sicht allerdings noch die **typologische Unterscheidung** von Qualitätsmanagementsystemen (QMS), welche in der Tradition von Qualitätssicherungssystemen stehen (Nachweis von „Qualitätsfähigkeit"), und ganzheitlich orientierten Managementansätzen, die den Grundsätzen eines umfassenden Qualitätsmanagements verschrieben sind (Management von „Unternehmensqualität").

Für die praktische Realisierung und Weiterentwicklung der TQM-Philosophie und des umfassenden Qualitätsmanagements haben sich weltweit bestimmte Qualitätsmodelle und Bewertungsprogramme herausgeformt, die als **Exzellenz-Modelle** bezeichnet werden. Sie gelten als moderne Interpretation des TQM-Gedankens und markieren einen vorläufigen bzw. zeitgenössischen Endpunkt der bisher aufgezeigten Entwicklungsstufen.

▶ **Exzellenz** Exzellente Organisationen erzielen dauerhaft herausragende Leistungen, welche die Erwartungen aller ihrer Interessengruppen erfüllen oder übertreffen (EFQM 2012).

Bereits die Wahl der neuen Begrifflichkeit „Exzellenz" steht stellvertretend für ein **neues Qualitätsdenken** und für eine Abkehr vom „traditionellen Qualitätsbegriff". Mit dem Exzellenz-Begriff wird etwas Hochwertiges, Überragendes oder „aufs Beste" Gerichtetes zum Ausdruck gebracht und gerade eben nicht etwas, das sich allein als Konformität bzw. Übereinstimmung mit festgelegten Anforderungen versteht. Darüber hinaus stellen Exzellenz-Modelle ausschließlich Anforderungen an Einrichtungen und Unternehmen (**„exzellente Organisationen"**) und gerade eben nicht an „exzellente Produkte oder Dienstleistungen" bzw. an „exzellente Qualitätsmanagementsysteme". Auf die Ausarbeitung einer dezidierten Qualitätsterminologie, auf der beispielsweise die DIN EN ISO 9000er-Normenfamilie aufbaut, wird bewusst verzichtet. Exzellenz-Modelle formulieren Kriterien, die der inhaltlichen Orientierung dienen, gleichzeitig aber auch den methodischen Bewertungsmaßstab für die Umsetzung eines wertorientierten (Qualitäts-)Managements liefern (vgl. Hensen 2017, S. 124 ff.).

2.2   Management der Qualität

Der Managementbegriff ist historisch tief in der Betriebswirtschaftslehre verankert. Es hat sich aber früh eine eigenständige, interdisziplinäre Managementlehre entwickelt, die sich aus ihrer traditionell ökonomischen Orientierung gelöst hat. Begleitet von den Erkenntnissen der Arbeits-, Organisations- und Sozialwissenschaften hat sich ein Wandel vollzogen, der Management heutzutage eher als „Führungslehre" sieht (vgl. Bleicher

1985, S. 39). Aus systemtheoretischer Sicht wird Management daher auch als „Führung zweckgerichteter sozialer Systeme" betrachtet, welche sich durch die Gestaltung, Lenkung und Entwicklung ebensolcher Systeme konkretisiert (vgl. Ulrich und Probst 1995, S. 270 ff.; Bleicher 2017, S. 73):

- **Gestaltung:** Aufbau eines institutionellen Rahmens („handlungsfähige Ganzheit") für die Zweckerfüllung; Erhalt der Lebens- und Entwicklungsfähigkeit dieser Ganzheit.
- **Lenkung:** Festlegung von Zielen, die der Zweckerfüllung dienen; Umsetzung zielgerichteter Aktivitäten; das Geschehen selbstorganisiert unter Kontrolle halten.
- **Entwicklung:** Anpassung an (veränderte) Anforderungen durch Innovation und Optimierung; die Zweckerfüllung im Zeitablauf verbessern („eigenständiges Lernen" als evolutorischer Prozess).

Konstruktivistisch wird der Begriff in jüngster Zeit als „reflexive Gestaltungspraxis" konzipiert (vgl. Rüegg-Stürm und Grand 2017, S. 33 ff.). Hiernach wird Management in verallgemeinernder Weise als *Ermöglichung* von gemeinschaftlicher kommunikativer Reflexion und *Übersetzung* von daraus resultierenden Ergebnissen in konkrete Interventionen gefasst (vgl. Rüegg-Stürm und Grand 2017, S. 33 ff.). Handlungstheoretische und anwendungspraktische Bedeutung erlangt Management als „Querschnittsfunktion" bei der Bearbeitung und Abstimmung von Sachaufgaben (Busse und Schreyögg 2017, S. 4).

2.2.1 Grundzüge des Qualitätsmanagements

Qualitätsmanagement ist seinem Wortsinn und zugeschriebenen Selbstverständnis nach in derselben Weise als „Management" zu konzipieren. Ordnungsprinzipien und Merkmale einer generalisierenden Managementlehre sind daher auch im Qualitätsmanagement notwendigerweise angelegt. Um einen für das Qualitätsmanagement anschlussfähigen Managementbegriff zu entwickeln, soll zunächst zwischen einem Managementverständnis im institutionellen und funktionalen Sinne unterschieden werden. Beide Betrachtungsweisen werden anschließend in einen systematischen Handlungsansatz für das Qualitätsmanagement zusammengeführt.

2.2.1.1 Institutionelles Managementverständnis

Management im institutionellen Sinne hat eine systemtheoretische Orientierung. Strukturhierarchisch lassen sich hierunter zunächst Personen oder Personengruppen fassen, die innerhalb einer Organisation über Anweisungsbefugnisse verfügen und auf einer bestimmten Managementebene Führungsaufgaben ausüben (Staehle 1999, S. 71; Busse und Schreyögg 2017, S. 3). Management wird dann nach Hierarchiestufen geordnet und beispielsweise in ein „Oberes" (Top Management), ein „Mittleres" (Middle Management) und ein „Unteres Management" (Lower Management) unterteilt (Dachrodt und Dachrodt 2014, S. 1658). In einem systemtheoretischen Verständnis werden nicht hierarchische Strukturebenen (Personengruppen mit Führungsaufgaben) unterschieden, sondern **Managementdimensionen** mit logisch abgrenzbaren Problemfeldern gegeneinander abgegrenzt. Für diese Problemfelder werden Lösungen durch das Management erarbeitet (Tab. 2.1).

Die Managementdimensionen lassen sich in eine normative Ebene, strategische Ebene und operative Ebene gliedern (Ulrich und Fluri 1995, S. 19). Bleicher (2017, S. 88 ff.) hat die Problemfelder der einzelnen Ebenen in seinem Modell des „Integrierten Managements" ausgearbeitet. Die allgemeinen Managementaspekte hat Seghezzi in der Folge mit qualitätsspezifischen Aspekten zu einem Modell des „Integrierten Qualitätsmanagements" in Beziehung gesetzt (vgl. Seghezzi et al. 2007, S. 10 ff.). Ausgangspunkt für die Zusammenhänge und Wirkungsweisen dieser integrierten (besser: integrativen) Modelle ist eine übergeordnete und einheitliche Managementphilosophie (bzw. ein einheitliches Qualitätsmanagementverständnis):

- **Normatives Management:** Managementebene der „normierenden, formalen Rahmenordnung" einer Organisation oder eines Unternehmens. Das Normative Management beschäftigt sich mit der Bearbeitung von Prinzipien, Normen und Spielregeln, die darauf ausgerichtet sind, die „Lebens- und Entwicklungsfähigkeit" des Unternehmens oder der Einrichtung zu ermöglichen. Diese spiegeln sich in der Unternehmenspolitik, den Unternehmenszielen und der Unternehmenskultur.
- **Strategisches Management:** Managementebene der Entwicklung und Ableitung von langfristigen Handlungsplänen aus der Unternehmenspolitik und den Unternehmenszielen. Das Strategische Management ist zusammenfassend auf den Aufbau, Pflege

Tab. 2.1 Managementdimensionen des „Integrierten Managements" bzw. des darauf aufbauenden „Integrierten Qualitätsmanagements". (Quelle: Bleicher 2017, S. 91; Seghezzi et al. 2007, S. 11)

Managementebene	Strukturen	Aktivitäten	Verhalten
Normative Ebene	Qualitätsverfassung (z. B. Mitbestimmung und Mitwirkung aller Mitglieder)	Qualitätspolitik/-ziele (z. B. Engagement von Personen fördern)	Qualitätskultur (z. B. Schaffung einer „schuldfreien Atmosphäre")
Strategische Ebene	Qualitätsmanagement-Strukturen, -Konzepte und -Systeme (z. B. Neustrukturierung der Leistungsprozesse)	Qualitätsmanagement-Strategien, Qualitätsplanung (z. B. Aufbau neuer Informationssysteme)	Qualitätsbezogene Verhaltensentwicklung (z. B. Umsetzung neuer Führungskonzepte und -prinzipien)
Operative Ebene	Qualitätssicherung (z. B. Methoden der Prozesssteuerung)	Qualitätslenkung (z. B. Konkretisierung des Tagesgeschäfts)	Qualitätsverbesserung (z. B. aktive Teilnahme an kontinuierlichen Verbesserungen)

und die Ausschöpfung von Erfolgspotenzialen gerichtet. Strategien werden durch Unternehmenspläne, strategische oder personelle Konzepte sichtbar.

- **Operatives Management:** Managementebene der Umsetzung von Normativem und Strategischem Management, d. h. Ebene der Ausführung bzw. des „konzeptgeleiteten Vollzugs". Das Operative Management ist auf organisatorische Prozesse, Ausführungsprogramme und das konkrete Leistungsverhalten in den Grenzen der vorhandenen Fähigkeiten und verfügbaren Ressourcen gerichtet.

Aufgrund der Eigenarten und Eigendynamik, die jeder Organisation zugrunde liegen, bilden die zu bearbeitenden Problemfelder in der Managementpraxis naturgemäß vielfältige Übergänge und Schnittmengen. Insgesamt ist das „Integrierte Management" nach Bleicher bzw. das „Integrierte Qualitätsmanagement" nach Seghezzi ein sehr umfassendes und theoretisch anspruchsvolles Managementmodell, dem bereits ein sehr weit entwickeltes Verständnis von Qualitätsmanagement als Unternehmensaufgabe innewohnt.

2.2.1.2 Funktionales Managementverständnis

Gegenüber dieser institutionellen Betrachtung hat das **Management im funktionalen Sinne** eine handlungstheoretische Orientierung. Es befasst sich mit den im Management zu bearbeitenden Aufgaben bzw. Funktionen zur Verwirklichung und Steuerung von Prozessen. Hierzu gehört zunächst die Funktion der **Kontrolle.** In den vorherigen Abschnitten klang bereits an, dass Management mehr sein muss als reine Kontrolltätigkeit. Sollen Prozesse auch vorbeugend und vorausschauend realisiert werden, muss Kontrolle durch die Funktion der **Planung** ergänzt werden. Planung und Kontrolle sind keine gegensätzlichen, vielmehr sich ergänzende Funktionen des Managements. Ihre sogar wechselseitige Abhängigkeit hat Wild (1982, S. 44) treffend mit dem folgenden Satz zum Ausdruck gebracht: „Planung ohne Kontrolle ist sinnlos, Kontrolle ohne Planung unmöglich".

Zwischen Planung und Kontrolle tritt naturgemäß die **Realisierung** (auch: Organisation). Diese hat strukturelle (z. B. Bereitstellung und Aufrechterhaltung der Prozesse) und personenbezogene Anteile (z. B. Qualifizierung und Einbindung der Mitarbeitenden). Die Zusammenhänge dieser wichtigen Funktionen veranschaulicht der **idealtypische Managementkreislauf** von Koontz und O'Donnell (Abb. 2.3).

Die mit diesem Modell vorgeschlagenen Managementfunktionen stehen nicht unverbunden nebeneinander. Vielmehr sollen sie dynamisch als aufeinander aufbauende Abfolge von Aufgaben verstanden werden, die wiederum durch **Entscheidungs-** und **Koordinationsaufgaben** innerhalb und untereinander miteinander verbunden sind (vgl. Steinmann et al. 2013, S. 10 ff.):

- **Planung:** Unter Planung versteht man das logische Nachdenken darüber, was erreicht werden soll und wie es am besten zu erreichen ist. Diese Funktion beinhaltet die Festlegung der Zielrichtung sowie die Ermittlung von Handlungsweisen, wie die Ziele

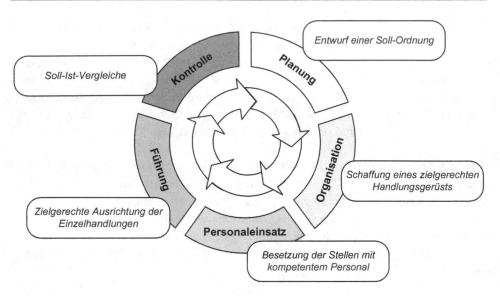

Abb. 2.3 Managementkreislauf: Funktionen und Aktivitäten des Managements. (Quelle: Koontz und O'Donnell 1955; Steinmann et al. 2013, S. 12)

erreicht und ausgewählt werden sollen („Soll"-Vorgaben und Strategieentwicklung). Dies schließt sowohl die Gesamtunternehmung, d. h. die Ziele und Vorhaben einer Gesamtorganisation, als auch ihrer Teilbereiche (z. B. Abteilungen, Bereiche) mit ein. Die Planung wird auch als *Primärfunktion* verstanden, da sich unter ihrem Primat alle anderen Funktionen entfalten (Kap. 5).

- **Organisation:** Nach der Festlegung der Ziele und Wege bedarf es ihrer Umsetzung. Hierfür ist es wichtig, die notwendigen Aufgaben zu spezifizieren und dafür zu sorgen, dass auf der ausführenden Ebene die Aufgaben auch erledigt werden können (Handlungsgerüst). *Organisation* beinhaltet, dass die vorhandenen Stellen und Abteilungen miteinander verknüpft und mit entsprechenden Kompetenzen und Weisungsbefugnissen ausgestattet werden. Hierfür sind geeignete Informations- und Kommunikationssysteme erforderlich (Kap. 5).
- **Personaleinsatz:** Die geschaffenen Aufgabeneinheiten (Stellen und Abteilungen) müssen anforderungsgerecht und qualifiziert personell besetzt werden. Diese Funktion umfasst alle Bereiche des Personalmanagements (inkl. Personalauswahl, Personalverwaltung), der Personalentwicklung und Beteiligung der Mitarbeitenden (Kap. 10).
- **Führung:** Nach dem die strukturellen und personellen Bedingungen für die Auf-gabenerfüllung geschaffen sind, ist im Tagesgeschäft eine Formung und Fein-steuerung der Arbeitsausführung erforderlich. Die Gestaltung der Mikrostruktur zwischen den Beteiligten und der Steuerung der Arbeitshandlungen wird als „Führung

im engeren Sinne" verstanden. Diese Funktion beinhaltet alle Bereiche z. B. Einsatz von Motivationsinstrumenten, geeigneter Führungsstil, adäquate Kommunikation (Kap. 10).

- **Kontrolle:** Bei der letzten Phase werden die erreichten Ergebnisse registriert, analysiert und mit den Soll-Vorgaben verglichen. Der „Soll-Ist"-Vergleich ist die „Stunde der Wahrheit" des Managementhandelns. Hier zeigt sich, ob es gelungen ist, die aufgestellten Pläne in die Tat umzusetzen. Bei Abweichungen vom „Soll" müssen Ursachen analysiert werden und Korrekturmaßnahmen eingeleitet werden. Die Funktion *Kontrolle* ist zugleich Ausgangspunkt für die (Neu-)Planung und den damit verbundenen Managementprozess, der ein weiteres Mal durchlaufen wird (Kap. 3). Kontrolle wird auch als „Zwillingsfunktion" der Planung verstanden, weil beide Funktionen sich gegenseitig bedingen. Jedwede Planung muss kontrolliert werden, um eine Rückmeldung darüber zu erhalten, ob die gewünschten Ziele realisiert werden konnten. Gleichzeitig ist Kontrolle niemals Selbstzweck. Sie kann ohne einen Bezugspunkt nicht existieren, da wir sonst nicht wüssten, was es zu kontrollieren gäbe.

2.2.1.3 Systematischer Handlungsrahmen

Die hier vorgestellten Sichtweisen auf den Managementbegriff bietet die Grundlage für ein theoriebasiertes Verständnis des Qualitätsmanagements. Der Qualitätsgedanke ist ohne den Managementbegriff heutzutage kaum vorstellbar; dies jedoch nicht aufgrund einer begrifflichen Mode, sondern aus der erwachsenen Vorstellung heraus, Qualität nicht nur prüfen, sondern vor allem gestalten, lenken und entwickeln („managen") zu wollen. Sein Bezugspunkt ist immer der zugrunde liegende Qualitätsbegriff bzw. die hieran gekoppelten Bewertungsmaßstäbe. Qualität kann sowohl einem traditionellen Verständnis folgend rein „produkt- und prozessbezogen" als auch erweitert und umfassend als „unternehmens- und umweltbezogen" interpretiert werden. Qualitätsmanagement kann diese Qualität aber niemals von sich aus „produzieren"; es liefert vielmehr den dafür notwendigen systematischen Handlungsrahmen, der modellhaft als Verzahnung eines institutionellen und funktionalen Managementbegriffs konzipiert werden kann (Abb. 2.4).

In diesem **Handlungsrahmen** entspricht das Qualitätsmanagement einem Gestaltungsansatz, der sich nicht nur auf das Handeln auf der operativen Ebene beschränkt, sondern dieses um gesamtplanerische Aufgaben bzw. um normative und strategische Handlungsaspekte erweitert. In diesem Sinne umfasst Qualitätsmanagement alle Aspekte der Unternehmensführung, insbesondere die Ausbildung einer qualitätsorientierten Wertebasis, die Ableitung von Zielsetzungen und Entwicklung von Strategien (**Qualitätsplanung**) ebenso wie den Aufbau und die Umsetzung der notwendigen Strukturen und Rahmenbedingungen sowie die Konkretisierung von Maßnahmen und Ausführungen bezüglich der Erfüllung der Qualitätsanforderungen (**Qualitätsorganisation**). Die Unternehmensleitung hat hierbei eine besondere Verantwortung, indem sie für die konsequente Umsetzung auf allen Ebenen aktiv Sorge

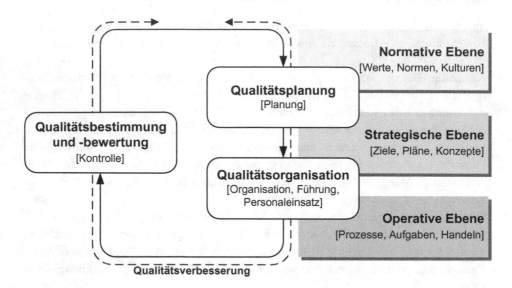

Abb. 2.4 Systematischer Handlungsrahmen für das Qualitätsmanagement

tragen muss. Die regelmäßige und sachgerechte Bestimmung der Anforderungserfüllung
(**Qualitätsbestimmung**), die Beurteilung ihres Erfüllungsgrades und die Ableitung
von Konsequenzen (**Qualitätsbewertung**) ist dabei eine dauerhafte und Ebenen übergreifende Aufgabe. Eine derart dynamische und systematische Handlungsweise
korrespondiert mit dem Gestaltungsansatz der Qualitätsverbesserung (Kap. 3).

2.2.2 Grundsätze des Qualitätsmanagements

Wer nach Inhalten für einen allgemeinen Werterahmen von Qualitätsmanagement
sucht, nimmt üblicherweise bekannte oder verbreitete Qualitätsmanagementmodelle
zur Hand. Branchenübergreifende Bedeutung haben die internationalen Modelle der
ISO 9000er-Normenreihe und das Exzellenz-Modell der European Foundation for
Quality Management (EFQM). Diese Modelle beruhen auf bestimmten Grundsätzen
bzw. Wertaussagen, die das normative Fundament für die weitere konzeptuelle und
methodische Ausgestaltung des Qualitätsmanagements liefern. Diese Grundsätze bieten
jedem Interessierten eine inhaltliche Orientierung und Übersicht über die Themen
und Ziele, die durch das Qualitätsmanagement adressiert und verfolgt werden. Die im
Folgenden ausformulierten Grundsätze lassen sich – mit anderen Bezeichnungen und
Akzentuierungen – nahezu in jedem Qualitätsmanagementmodell identifizieren. Sie sind
konsensfähig und haben allgemeingültigen Charakter (vgl. DGQ 2016, S. 30 ff.; DIN
2015, S. 13 ff.; Schmidt und Pfeiffer 2015, S. 299 ff.):

- **Kundinnen- und Kundenorientierung** (Customer Focus): Sie ist die zentrale Philosophie des Qualitätsmanagements und wird verstanden als die konsequente Ausrichtung des Unternehmens auf die Kundinnen bzw. Kunden und ihre *Bedürfnisse*. Es geht darum, die Wünsche und Erwartungen der Kundinnen- und Kunden zu kennen und zu erfüllen (und ggf. zu übertreffen) sowie dauerhaft Kundinnen- und Kundenzufriedenheit zu erzeugen. Unternehmerisch wird über Kundinnen- und Kundenzufriedenheit bzw. Kundinnen- und Kundenbindung ein nachhaltiger Erfolg des Unternehmens generiert. Aus einer sozialethischen Perspektive definiert sich hierüber die eigentliche *Zweckbestimmung* einer Gesundheitseinrichtung. Für Unternehmen gilt es, den *Kundenbegriff* näher zu bestimmen: Er kann die eigentlichen Adressaten der Leistungsangebote (enger Kundenbegriff), aber auch sämtliche Stakeholder und Interessengruppen (erweiterter Kundenbegriff) umfassen.
- **Führung** (Leadership): In diesem Grundsatz drückt sich die besondere Verantwortung der Leitung aus. Die Führung bzw. die oberste Leitung ist für die Schaffung von Rahmenbedingungen (Voraussetzungen der Gestaltung) verantwortlich. Geeignete Rahmenbedingungen bzw. die notwendige Bereitstellung von *Ressourcen* sind Voraussetzungen dafür, dass die festgelegten Qualitätsziele verfolgt werden können (strukturelle Führung). Darüber hinaus agieren Führungskräfte als Vorbilder und sorgen dafür, dass die Unternehmens-/Qualitätspolitik durch operative Ziele und Maßnahmen umgesetzt wird. Sie stehen für das Qualitätsverständnis ein und leben dieses hierarchie- und berufsgruppenübergreifend vor. Erreichbar ist dies durch einen geeigneten *Führungsstil* bzw. durch konkretes *Führungsverhalten* (interaktionelle Führung).
- **Mitarbeitendenorientierung** bzw. Einbeziehung von Personen (Engagement of People): Mit diesem Grundsatz werden die Bedürfnisse und Belange der Mitarbeitenden und Fachkräfte bzw. der unterschiedlichen Berufs- und Professionsangehörigen adressiert. Im Vordergrund steht deren Förderung und Einbeziehung, mit dem Ziel, die *Effektivität* und *Effizienz* des Unternehmens zu steigern. Dazu gehört auch die persönliche Entwicklung von Einzelnen und Gruppen. Hierzu sind Qualifizierungs- und Bildungsbedarfe zu ermitteln, Möglichkeiten der Beteiligung (Empowerment und Partizipation) zu schaffen, Anerkennung zu bieten, Motivation zu fördern und Anreize zur Identifikation mit der Organisation zu setzen. Eine hohe Arbeitszufriedenheit bzw. die Zufriedenheit der Beschäftigen kann vor allem bei personenbezogenen Dienstleistungen als eine notwendige Bedingung für die Kundinnen- und Kundzufriedenheit verstanden werden. Die drei Aspekte Führung, Mitarbeitenden- sowie Kundenorientierung sind eng miteinander verknüpft.
- **Prozessorientierung** bzw. prozessorientierter Ansatz (Process Approach): Jede Einrichtung ist durch eine Vielzahl von zusammenhängenden Prozessen und Abläufen geprägt, die aufeinander abgestimmt sein müssen („System angepasster Prozesse"). Der prozessorientierte Ansatz basiert auf dem Verständnis, dass sämtliche Prozesse sorgfältig zu planen und auszuführen sind, wobei die Belange der Wertschöpfung und der strategische Ausrichtung der Einrichtung zu beachten sind. Durch wohl-

gestaltete Prozesse können z. B. Wartezeiten verringert, Abläufe optimiert, Doppel-untersuchungen vermieden, die Zusammenarbeit der Berufsgruppen verbessert und insgesamt *wirtschaftlicher* und *zweckgerichteter* gearbeitet werden. Im modernen Qualitätsmanagement richtet sich die Organisation an den Bedingungen und Erfordernissen der Leistungsprozesse und nicht an der vorgefundenen Bereichs- und Funktionslogik aus.

- **Verbesserung** (Improvement): Erfolgreiche Unternehmen richten ihre Organisation darauf aus, ihre Prozesse und Produkte (Leistungen) ständig zu verbessern. Nur so ist es möglich, das gegenwärtige Leistungsniveau zu erhalten und Veränderungen zu ermöglichen. Jedes Unternehmen muss dazu eine eigene *systematische Vorgehens-weise* finden und dauerhaft anwenden. Nicht nur aus Managementsicht, sondern auch aus Sicht der Versorgungsqualität hat das ständige Hinterfragen, ob die richtigen Mittel in der richtigen Art und Weise eingesetzt werden, hohe Priorität. Im Rahmen des kontinuierlichen Verbesserungsprozesses (KVP) werden die Leistungen und das Leistungsniveau systematisch und stetig weiterentwickelt, aber auch die dazu not-wendigen Mittel und Verfahren.

- **Faktenbasierte Entscheidungsfindung** (Evidence-based Decision Making): In komplexen Umgebungen sind Entscheidungen mit Unsicherheiten behaftet, z. B. aufgrund der Herkunft der Daten, der Menge an Informationen oder subjektiven Interpretationsspielräumen. Um Entscheidungen richtig treffen zu können, müssen alle Aspekte, Wirkungen, Ursachen und Risiken analysiert und abgewogen werden. Subjektive Kriterien werden durch Zahlen, Daten und Fakten unterstützt („Management by facts"). Das *Messen und Analysieren* bezieht sich nicht nur auf die Leistungen oder das Produkt selbst, sondern beinhaltet auch die Beziehungen und Bewertungen aller Interessenpartner (z. B. Kundinnen und Kunden, liefernde und kooperierende Parteien). Dies setzt voraus, dass geeignete Mess- und Darstellungs-verfahren, vorhanden, entwickelt und eingesetzt werden, mit denen Entscheidungen begründbar, transparent und nachvollziehbar werden können.

- **Beziehungsmanagement** (Relationship Management): Dieser Grundsatz thematisiert zum einen die Beziehung zu *Lieferanten* von Verbrauchs- und Gebrauchsmaterialien (z. B. medizinische Produkte, Arzneimittel), baulichen und technischen Systemen (z. B. Baufirmen, Handwerkende) sowie zu externen Dienstleistenden (z. B. Facility Management, Reinigungsservice). Zum anderen schließt er die Beziehungen zu *Partnern am Markt* und *kooperierenden Parteien* außerhalb der Einrichtung (z. B. Institutionen, Kommune, Selbsthilfe) mit ein. Es geht darum, gedeihliche und ver-trauensvolle Beziehungen einzugehen und aufrechtzuerhalten bzw., im Wortsinn dieses Grundsatzes, zu gestalten, zu steuern und zu entwickeln („managen"). Inhalt-lich klingen ebenso Grundwerte der gesellschaftlichen Verantwortung, Umwelt-orientierung und weitreichende Stakeholderorientierung an, die tragende Elemente eines umfassenden Qualitätsmanagementverständnisses sind.

In früheren Ausgaben der ISO 9001-Norm wurde als eigenständiger Grundsatz das „Systemorientierte Handeln" formuliert. Dieser betonte das Verstehen von Prozess- und Verfahrenszusammenhängen und die Koordination aller Prozesse und Abläufe „unter dem Dach" eines Qualitätsmanagementsystems. Dabei sollten „Insellösungen" vermieden und alle Aktivitäten zusammenhängend gestaltet werden. Dieser Denkansatz bzw. diese Forderung ist im Zuge der Normenrevision in dem Grundsatz des „Prozessorientierten Ansatzes" aufgegangen.

Ergänzend kann noch der Grundsatz „Ergebnisorientierung" hinzugefügt werden, der in TQM- und Exzellenz-Ansätzen als eigenständiges Prinzip besonders betont wird (Tab. 2.2). Ein solcher Grundsatz betrachtet nicht nur das Handeln selbst und die Vorbereitungen bzw. Bedingungen des Handelns, sondern auch die hierdurch erzielten Ergebnisse und Leistungen. Es geht darum, ob die Aktionen und Handlungen an einer festgelegten Ziel- und Strategiebildung ausgerichtet sind und ob der erzielte Erfolg auch tatsächlich auf die geplanten und ausgeführten Aktivitäten zurückzuführen ist. Weiterhin wird den Fragen nachgegangen, ob dieser Erfolg sich auch in längerfristigen Betrachtungen stabil und nachhaltig zeigt und ob er im Vergleich mit anderen Mitbewerbenden und Akteuren am Markt nicht abfällt. Einzelne Aspekte einer solchen Ergebnisorientierung (Messung, Analyse, Ursache-Wirkungs-Prinzip) bilden sich im Grundsatz der „Faktenbasierten Entscheidungsfindung" ab.

Alle hier genannten Grundsätze können letztlich als Gestaltungs- und Erfolgsfaktoren des Qualitätsmanagements angesehen werden. Sie drücken im Wesentlichen aus, durch welche Aspekte ein „modernes" Qualitätsmanagement verallgemeinernd beschrieben werden kann bzw. welche Grundbedingungen an ein Qualitätsmanagement im Allgemeinen zu stellen sind. Die Menge dieser Grundsätze lassen sich als Elemente in ein allgemeingültiges Bedingungsmodell oder „Ur-Modell" (Zollondz 2011, S. 233) des Qualitätsmanagements zusammenführen (Abb. 2.5).

Tab. 2.2 Grundsätze und Grundkonzepte des Qualitätsmanagements (vgl. DIN 2015; EFQM 2012)

Grundsätze des Qualitätsmanagements (DIN EN ISO 9001:2015)	Grundkonzepte der Exzellenz (EFQM Modell 2013)
Kundinnen- und Kundenorientierung	Nutzen für Kundinnen und Kunden schaffen
Führung	Mit Vision, Inspiration und Integrität führen
Engagement von Personen	Durch Mitarbeiterinnen und Mitarbeiter erfolgreich sein
Prozessorientierter Ansatz	Veränderungen aktiv managen
Verbesserung	Kreativität und Innovation fördern
Faktengestützte Entscheidungsfindung	Dauerhaft herausragende Ergebnisse erzielen
Beziehungsmanagement	Die Fähigkeiten der Organisation entwickeln
	Nachhaltig die Zukunft gestalten

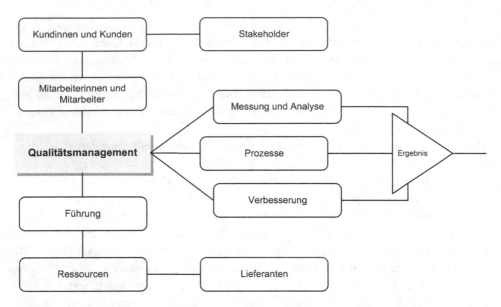

Abb. 2.5 Allgemeingültiges Bedingungsmodell („Ur-Modell") des Qualitätsmanagements. (Quelle: mod. nach Zollondz 2011, S. 233)

2.3   Qualitätsmanagement im Gesundheitswesen

Von Einrichtungen im Sozial- und Gesundheitswesen wird zunehmend erwartet, dass sie ihre Leistungen nicht nur *effektiv* (d. h. richtig, wirksam und Nutzen stiftend) sondern auch *effizient* (d. h. wirtschaftlich, kostensparend und zweckgebunden) hinsichtlich des Mitteleinsatzes erbringen. Die damit verbundenen Anforderungen erzeugen „Druck" bei den Leistungserbringern, der sich u. a. äußert als:

- **Legitimationsdruck** gegenüber „Dritten" (Nachweispflicht der institutionellen „Existenzberechtigung"),
- **Nachfragedruck** durch die Leistungsempfänger (konsumeristisch geprägtes Anspruchsverhalten und gesteigertes Erwartungsniveau),
- **Wettbewerbsdruck** in einem „Quasi-Markt" (Qualitäts-, Leistungs- und Angebots- wettbewerb durch Konkurrenz),
- **Wirtschaftlichkeitsdruck** (Kostendruck und Notwendigkeit der betrieblichen „Existenzsicherung") und
- **Erfüllungsdruck** gesetzlicher und untergesetzlicher Normsetzung (Anforderungen zur Sicherung der Leistungsqualität und Vermeidung von Versorgungsdefiziten).

Vor diesem Hintergrund wird Qualitätsmanagement häufig als ein (Allheil-)Mittel betrachtet, die Komplexität und Heterogenität dieser Anforderungen (z. B. hohe

Leistungsqualität, niedrige Kostenposition, Zufriedenheit von Kundinnen und Kunden, gesellschaftliche Akzeptanz) aufzulösen oder ihr Konfliktpotenzial auf ein Mindestmaß zu reduzieren. Im Gesundheits- und Sozialwesen ist es gegenüber anderen Branchen (z. B. Kraftfahrzeugindustrie) nicht oder nur in begrenztem Maße möglich, allgemeingültige und überprüfbare Anforderungen an die an die Produkt- bzw. Ergebnisqualität zu stellen. Daher sollen Konzepte wie Qualitätsmanagement und Qualitätssicherung darauf hinwirken, die Wahrscheinlichkeit von Fehlern zu verringern, die individuellen und institutionellen Versorgungsziele zu erreichen und gleichzeitig Vertrauen in die Leistungs- und Qualitätsfähigkeit zu erzeugen. Diese Hoffnung bzw. der damit verbundene Anspruch spiegelt sich u. a. in der gesetzlichen Verpflichtung zum Qualitätsmanagement und zur Qualitätssicherung, die der Gesetzgeber für alle Leistungsbereiche im Gesundheitswesen vorgesehen hat.

2.3.1 Nutzenaspekte des Qualitätsmanagements

Es wurde bereits darauf hingewiesen, dass Qualitätsmanagement einen systematischen Werte- und Handlungsrahmen liefert, der in jeder Branche oder Versorgungsbereich einen Beitrag leisten kann, die (individuell und institutionell) beabsichtigen Produkte (Leistungen) so zu erstellen, wie sie gewünscht und vorgesehen sind. Anders ausgedrückt, unterstützt Qualitätsmanagement die Einrichtung dabei, die Organisations- und Versorgungsziele zu erreichen bzw. diese im besten Fall „besser" zu erreichen. Aus dem Blickwinkel der Leistungsanbieter bzw. aus Sicht einer Gesundheits- und Pflegeeinrichtung lassen sich zusammenfassend mögliche **Nutzenaspekte** eines einrichtungsinternen Qualitätsmanagements formulieren:

- Verbesserung der Leistungen der Organisation (Veränderung von Strukturen und Prozessen zur Erreichung von „guten" oder „besseren" Ergebnissen),
- Erreichen und Aufrechterhalten eines festgelegten Qualitätsniveaus der angebotenen Leistungen (Definieren eines einheitlichen Leistungsniveaus sowie Einführung von präventiven und aufrechterhaltenden Maßnahmen und Standards innerhalb des Leistungsgeschehens),
- Ausrichtung der Organisation an den Unternehmenszielen (Schaffung eines einheitlichen Leistungs- und Qualitätsverständnisses, das in das Unternehmensgefüge eingebettet ist),
- Ausrichtung an den Erwartungen und Bedürfnissen der Kundinnen und Kunden (Kenntnis der relevanten Stakeholder und Zielgruppen und darauf ausgerichtete konsequente Kundinnen- und Kundenorientierung),
- Steigern der Zufriedenheit der Kundinnen und Kunden (konsequentes Messen und Bewerten der kundenbezogenen Ergebnisse),

- Erfüllen gesetzlicher und untergesetzlicher Anforderungen und Erfordernisse an die Organisation der Leistungserbringung (Ermitteln und Verwirklichen von verpflichtenden Qualitäts- und Qualitätsmanagementanforderungen),
- Vertrauen erzeugen, dass die angestrebte Qualität erreicht und erhalten bleibt (konsequente Beteiligung an externer Qualitätssicherung, Qualitätsberichterstattung, Qualitätskommunikation),
- Nachweise gegenüber aktuellen und potenziellen Kundinnen und Kunden sowie sämtlichen Anspruchsgruppen erbringen (Qualitätsevaluation und Qualitätsmanagementdarlegung, Nachweis der Anforderungserfüllung, Nachweis der Wirksamkeit und des Funktionierens des Qualitätsmanagements),
- Erschließen neuer Märkte oder Erhalten der Marktanteile (Verständnis von Qualität als Wettbewerbsfaktor und Unternehmensstrategie zur strategischen Positionierung).

Diese anbieterseitigen Aspekte lassen sich nicht nur aus einer strategischen Funktionslogik ökonomischer und zweckgerichteter Rationalität begründen. Qualitätsmanagement im Gesundheits- und Sozialwesen beinhaltet grundsätzlich auch eine **sozialethische Dimension,** die tief im Stakeholder-Ansatz (Kap. 5) verankert ist. Bei der unternehmerischen Ausrichtung geht es nicht nur darum, sich vorhandenen „wirkmächtigen Ansprüchen" unmittelbarer Einflussnehmer (z. B. Kundengruppen, Marktparteien, gesetzgebende Instanzen) unterzuordnen, sondern auch den „allgemeinen moralischen Rechten" aller von den unternehmerischen Handlungen oder Unterlassungen Betroffenen angemessen Raum zu geben (vgl. Ulrich 1999, S. 236 f.). Eine solche „normativ-kritische" Sichtweise unternehmerischen Handelns im Gesundheits- und Sozialwesen entspricht einer Handlungslogik, die von ethischer Vernunft, Zwischenmenschlichkeit und Menschensorge getragen wird (Wilbers 2009, S. 356).

Einem humanistisch geprägten Leitbild folgend bilden die Bedürfnisse von Patienten, Hilfebedürftigen oder Ratsuchenden, aber auch die Bedürfnisse jener, die gerade nicht auf Gesundheitsleistungen angewiesen sind, aber derartige Angebote grundsätzlich benötigen, sowohl den Ausgangspunkt als auch das Ziel jeglicher Geschäftstätigkeit von Gesundheitseinrichtungen. In diesem Verständnis sind Patientinnen und Patienten (und alle anderen Stakeholder und Kundengruppen) in doppelter Weise sowohl **Zweck** als auch **Legitimation** des Unternehmensgeschehens und nicht die „Mittel" der Leistungserstellung, um wirtschaftliche Ziele zu erreichen. Wechselseitig trägt das Verfolgen unternehmerischer bzw. strategisch-ökonomischer Ziele aber auch zur Existenzsicherung bei, woraus sich aus sozialethischer Sicht wiederum der Anspruch an die Leistungssicherheit, Verteilungsgerechtigkeit und Allokationseffizienz im Gesundheitswesen („Makroqualität") realisieren lässt.

▶   Im Qualitätsmanagement greifen unternehmerische und sozialethische Perspektiven ineinander.

2.3.2   Grenzen und Limitationen des Qualitätsmanagements

Neben den Nutzenaspekten sollen aber auch die (natürlichen) Grenzen und Limitationen von Qualitätsmanagement im Gesundheitswesen Erwähnung finden.

Jeder Nutzen, der vom einrichtungsinternen Qualitätsmanagement ausgeht bzw. ausgehen kann, ist grundsätzlich nur innerhalb des gegebenen wirtschaftlichen Rahmens und den vorhandenen Strukturen denkbar (**Ressourcen**). Unterschiedliche Bedingungen können nicht zu jeder Zeit und an jedem Ort eine vergleichbare oder jede erdenkliche, maximal vorstellbare Qualität hervorbringen.

In gleicher Weise können die fachliche Kenntnis und die Kompetenz der Gesundheits- und Pflegeberufe nicht jedes erdenkliche Versorgungsmaß für jeden Einzelfall bereithalten und ermöglichen, sondern immer nur jenes, das dem gerade vorhandenen Stand der Wissenschaft in der jeweiligen Disziplin entspricht (**Fachstandard**).

Darüber hinaus begrenzen die Voraussetzungen, Bedingungen und das Verhalten des Leistungsempfängers (**externer Faktor**) nicht nur „jedes erdenkliche" Versorgungsmaß, sondern im Einzelfall auch das „beabsichtigte mögliche". So wirken sich bestimmte Vorerkrankungen oder Vorbehandlungen, physiologische oder anatomische Voraussetzungen sowie Gründe, die in der Persönlichkeit einer Person liegen, möglicherweise limitierend auf die Erreichung bestimmter Qualitätsziele aus.

Aber auch bei vorgeklärter Machbarkeit und Wirksamkeitswahrscheinlichkeit festgelegter Mittel und Methoden bleibt der Wirkort jeder personenbezogenen Dienstleistung stets ein situativer, der die Anwendung dieser Mittel und Methoden (Fachstandard) unter Berücksichtigung der gegebenen Voraussetzungen (interne Ressourcen und externe Faktoren) stets zu einem Handeln bzw. zu einer „Leistung unter Ungewissheitsbedingungen" (**Einzigartigkeit**) macht.

Die idealisierte Vorstellung, dass sich mit Hilfe von Qualitätsmanagement so etwas wie eine maximale Qualität realisieren lässt, ist in der Versorgungspraxis nicht zu verwirklichen. Vielmehr sollte sich an der Vorstellung orientiert werden, was als optimale Qualität zu erreichen ist. Die Zusammenhänge von Möglichkeiten und Limitation werden im **ABNA-Modell** (Achievable Benefits Not Achieved) von Williamson (1995) sehr anschaulich dargestellt, in dem ein optimaler Qualitätsbegriff von einem maximalen Qualitätsbegriff unterschieden wird (Abb. 2.6).

Optimale Qualität beschreibt einen denkbaren, optimalen Nutzen, der durch Qualitätsmanagement erzielt werden kann, wenn die vorhandenen Mittel für Maßnahmen und Methoden der Qualitätssicherung und Qualitätsverbesserung genutzt werden. Es gibt demnach einen Raum (Wirkbereich), der (noch) nicht optimal ausgeschöpft ist und durch Qualitätsmanagement Nutzen stiftend gefüllt werden kann. Demgegenüber entzieht sich das Erreichen eines maximalen (oder maximal vorstellbaren) Nutzens der Beeinflussbarkeit durch das Qualitätsmanagement. Die „Lücke" zwischen der *optimalen Qualität* und der *maximalen Qualität* kann durch Qualitätsmanagement nicht geschlossen werden. Das teilweise Schließen dieser Lücke könnte z. B. Aufgabe der Gesundheitspolitik

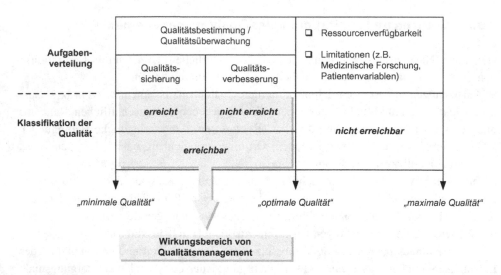

Abb. 2.6 Das ABNA-Modell: Erreichbare Qualität kann durch Qualitätsmanagement erreicht werden. (Quelle: mod. nach Williamson 1995, zit. in Pietsch-Breitfeld und Selbmann 1997, S. 156)

(Mittelzuweisung) oder der Forschung (Methodenentwicklung) sein, aber auch zu einer gesellschaftlichen Frage der Qualitätsdefinition und Qualitätsgewichtung werden, was mit den vorhandenen Mitteln erreichbar sein soll und wünschenswert ist (vgl. Selbmann 2007). Ein gänzliches Schließen ist dagegen aufgrund der aufgeführten Bedingungen undenkbar.

Mit dem ABNA-Modell wird verdeutlicht, dass Qualitätsmanagement nicht „das Unmögliche", sondern immer nur „das Mögliche" ermöglichen kann. Eine Unterscheidung von optimaler und maximaler Qualität hatte in ähnlicher Weise bereits Donabedian (1980) vorgenommen. Maximale Qualität war für ihn die höchste Qualitätsstufe, die im Versorgungssystem unter Ausschluss von Kostenaspekten grundsätzlich erreichbar wäre. Unter optimaler Qualität verstand er dagegen die Qualität, die ein ausgewogenes **Kosten-Nutzen-Verhältnis** zulässt (vgl. Evans et al. 2001; Donabedian et al. 1982):

> „quality of care [is] that kind of care which is expected to maximize an inclusive measure of patient welfare, after one has taken account of the balance of expected gains and losses that attend the process of care in all its parts" (Donabedian 1980, S. 5 f.).

Die Qualität von Gesundheitsleistungen und die Qualität der Gesundheitsversorgung hängen demnach immer von Bedingungen ab, die nicht veränderbar oder aufhebbar sind. Unter solchen Bedingungen kann Qualitätsmanagement jedoch einen möglichen Beitrag leisten, die Ziele der Gesundheitsversorgung in bestmöglicher Weise zu realisieren.

2.3.3   Gesetzliche Grundlagen

Die Qualität der Gesundheitsleistungen und das Management dieser Qualität werden durch eine Vielzahl von gesetzlichen Bestimmungen geregelt (gesetzliche Grundlagen *für* das Qualitätsmanagement). Daneben sind die Leistungen der Gesundheitsversorgung bzw. die Leistungserbringung im Gesundheitswesen auch in eine fast unüberschaubare Anzahl von zivil-, straf-, sozial-, arbeits- und berufsrechtliche Bestimmungen eingebunden, für die das Qualitätsmanagement wiederum den systematischen Handlungsrahmen bereitstellen kann, diese in angemessener Weise zu berücksichtigen und dort, wo sie relevant und erforderlich sind, sachgerecht zu implementieren (gesetzliche Grundlagen *im* Qualitätsmanagement):

- **Zivilrecht:** beispielhaft sind zu nennen: das Vertragsrecht bzw. die Vertragspflichten der Leistungserbringer gegenüber ihren Kunden oder Patienten; das Haftungsrecht bei Nichtbeachtung der erforderlichen Sorgfaltspflichten; das Arbeitsrecht, das die Beziehungen der Organisation mit ihren Mitgliedern regelt; oder das Informationsrecht, das z. B. den Datenschutz und die Informationsfreiheit der Menschen betrifft.
- **Strafrecht:** Hierzu gehören z. B. Delikte gegen Leben und körperliche Unversehrtheit; Vermögensdelikte (z. B. Abrechnungsbetrug); Bruch der gesetzlichen Schweigepflicht.
- **Sicherheitsrecht:** Darunter können alle gesetzlichen Grundlagen gefasst werden, die Anforderungen an die Qualität von Anlagen und Produkten stellen, die der Sicherheit der Leistungsanbieter und Leistungsempfänger dienen, z. B. Arzneimittelgesetz, Strahlenschutzgesetz, Röntgenverordnung, Medizinproduktegesetz, Infektionsschutzgesetz oder die Verordnungen zum Brandschutz.
- **Berufsrecht:** Die Gesundheitsberufe sind zur Anwendung geeigneter Untersuchungs- und Behandlungsmethoden, zur Fortbildung und zur Qualitätssicherung verpflichtet. Sie unterliegen oft einem Kammerrecht, einem Zulassungsrecht und Berufsausübungsrecht, ggf. einer eigenen Berufsgerichtsbarkeit. Rechtsquellen sind unter anderem die Heilberufsgesetze, Berufsordnungen der Heilberufe, Weiterbildungsordnungen oder die Richtlinien der Kammern.
- **Sozialrecht:** Das Sozialrecht ist im Wesentlichen im Sozialgesetzbuch verankert und kodifiziert das Leistungsrecht und Leistungserbringungsrecht. Darin wird geregelt, welche Leistungen den Versicherten und Empfängern zustehen, unter welchen Bedingungen die Leistungen erbracht werden und welche Rolle die Leistungserbringer dabei spielen. Darüber hinaus können das Planungs-, Vertrags- und Abrechnungsrecht zwischen Leistungsfinanzierern und Leistungserbringern hierzu gezählt werden. Im erweiterten Sinne wäre auch das Verwaltungs- und Versicherungsrecht hier anzusiedeln.

2.3.3.1 Allgemeine Grundsätze

Die Themen Qualitätssicherung und Qualitätsmanagement sind im Gesundheitswesen umfänglich gesetzgeberisch geregelt. Üblicherweise gibt der Gesetzgeber einen Ordnungsrahmen vor; die konkreten Inhalte und Ausführungsbestimmungen werden dann im Einzelnen von den zuständigen Selbstverwaltungspartnern festgelegt, z. B. durch Richtlinien, Verträge oder anderweitige Vereinbarungen. Die Fülle der diesbezüglichen **Rechtsquellen** lässt an dieser Stelle keine vollständige Aufstellung zu, zumal sie ohnehin nur begrenzte Aktualität haben könnte. Im Folgenden wird zunächst eine Übersicht über die gesetzgeberischen Grundlagen, insbesondere die gestufte **Normsetzung** im Rahmen der Sozialgesetzgebung, gegeben (Abb. 2.7). Daraufhin werden beispielhaft Grundsätze und Festlegungen zur Qualitätssicherung und zum Qualitätsmanagement in ausgewählten Versorgungsbereichen des Gesundheitswesens vorgestellt.

Seit dem Inkrafttreten des GKV-Gesundheitsreformgesetzes 2000 sind verpflichtende Maßnahmen der externen Qualitätssicherung sowie die Einführung und Weiterentwicklung eines einrichtungsinternen Qualitätsmanagements für die Leistungserbringer bzw. Einrichtungen im Gesundheitswesen im Bereich des SGB V gesetzlich vorgeschrieben. Die externe medizinische Qualitätssicherung ist bereits seit 1989 im SGB V verankert. Einer der wichtigen „Grundsatzparagraphen" ist § 135a SGB V.

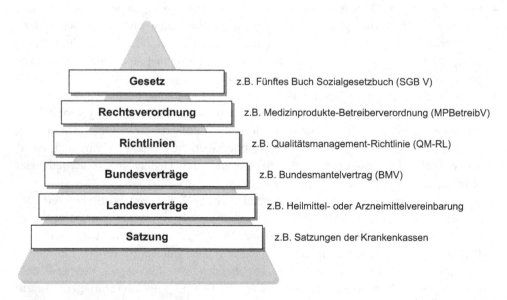

Abb. 2.7 Hierarchie der Normsetzung im Rahmen der GKV. (Quelle: mod. nach Hess 2014)

§ 135a Verpflichtung der Leistungserbringer zur Qualitätssicherung (SGB V)

1. Die Leistungserbringer sind zur Sicherung und Weiterentwicklung der Qualität der von ihnen erbrachten Leistungen verpflichtet. Die Leistungen müssen dem jeweiligen Stand der wissenschaftlichen Erkenntnisse entsprechen und in der fachlich gebotenen Qualität erbracht werden.

2. Vertragsärzte, medizinische Versorgungszentren, zugelassene Krankenhäuser, Erbringer von Vorsorgeleistungen oder Rehabilitationsmaßnahmen und Einrichtungen, mit denen ein Versorgungsvertrag nach § 111a besteht, sind nach Maßgabe der §§ 136 bis 136b und 137d verpflichtet,

   1. sich an einrichtungsübergreifenden Maßnahmen der Qualitätssicherung zu beteiligen, die insbesondere zum Ziel haben, die Ergebnisqualität zu verbessern und
   2. einrichtungsintern ein Qualitätsmanagement einzuführen und weiterzuentwickeln, wozu in Krankenhäusern auch die Verpflichtung zur Durchführung eines patientenorientierten Beschwerdemanagements gehört. [...]

Durch § 135a Abs. 1 SGB V wird deutlich, dass sämtliche Leistungserbringer in den Rahmenvorgaben des SGB V verpflichtet sind, sich mit den Themen der Qualitätssicherung und des Qualitätsmanagements auseinanderzusetzen, auch wenn einige Leistungserbringer in den dort folgenden Aufzählungen nicht einzeln benannt werden. Eine diesbezügliche Verpflichtung leitet sich implizit auch aus den in § 70 Abs. 1 SGB V verankerten **allgemeinen Grundsätzen** zu „Qualität, Humanität und Wirtschaftlichkeit" ab, wonach „die Versorgung der Versicherten ... in der fachlich gebotenen Qualität erbracht werden" muss.

Diese mehr oder weniger allgemein gehaltenen gesetzlichen Bestimmungen werden auf nachgeordneter Ebene zwischen den Selbstverwaltungspartnern auf Bundesebene weiter ausgearbeitet. Im Rechtsbereich des SGB V übernimmt der Gemeinsame Bundesausschuss (G-BA) die Rolle eines „Kleinen Gesetzgebers" der Selbstverwaltung. In der Arbeitsweise eines „Runden Tisches" trifft er **Beschlüsse** und erlässt **Richtlinien,** die für die beteiligten Instanzen verbindlich umzusetzen sind oder als Empfehlung für die Vertragspartner rechtswirksam werden.

Die grundsätzlichen Anforderungen an ein **einrichtungsinternes Qualitätsmanagement** für die Krankenhäuser und den vertragsärztlichen Sektor werden beispielsweise durch eine (mittlerweile) gemeinsam gültige Richtlinie des G-BA geregelt („Qualitätsmanagement-Richtlinie/QM-RL"). Hierüber wird jedoch kein für alle Leistungserbringer gleichermaßen gültiges Qualitätsmanagementkonzept oder gar eine Pflicht zur Zertifizierung definiert. Es werden zwar verschiedene Grundelemente und Methoden verpflichtend gestellt. Die Ausführungen in der Richtlinie lassen jedoch genügend Freiraum, ein eigenes Qualitätsmanagement(-system) zu erarbeiten und die verpflichtend umzusetzenden Methoden und Elemente darin zu integrieren.

Darüber hinaus haben sich die genannten Leistungsanbieter an den sog. externen **einrichtungsübergreifenden Qualitätssicherungsmaßnahmen** zu beteiligen. Die konkreten Ausführungsbestimmungen für die beteiligten Institutionen werden gleichermaßen auf Ebene der Selbstverwaltung bzw. durch den G-BA festgelegt. Das nähere Verfahren der externen Qualitätssicherung für den Krankenhaus- und vertragsärztlichen Sektor regelt mittlerweile einheitlich und durchgängig die „Richtlinie zur datengestützten einrichtungsübergreifenden Qualitätssicherung (DeQS-RL)" (Kap. 14).

Aber auch für die **Nichteinhaltung** der Qualitätsanforderungen hat der Gesetzgeber Maßnahmen vorgesehen, die durch den G-BA näher konkretisiert und durchgesetzt werden sollen. Gemäß § 137 Abs. 1 SGB V sind neben „Maßnahmen zur Beratung und Unterstützung bei der Qualitätsverbesserung je nach Art und Schwere von Verstößen gegen wesentliche Qualitätsanforderungen angemessene Durchsetzungsmaßnahmen vorzusehen". Es darf sich dabei um Vergütungsabschläge, den Wegfall eines Vergütungsanspruches, die Information Dritter über die Verstöße oder die einrichtungsbezogene Veröffentlichung von Informationen zur Nichteinhaltung von Qualitätsanforderungen handeln.

2.3.3.2 Qualitätssicherung im Krankenhaus- und Vertragsarztsektor

Der G-BA verfügt über eine grundsätzliche und unmittelbare Kompetenz, Richtlinien für den Krankenhaussektor und den Sektor der vertragsärztlichen Versorgung zu erlassen. Die Qualitätssicherung in diesen Bereichen wird in § 136 SGB V („Richtlinien des Gemeinsamen Bundesausschusses zur Qualitätssicherung") näher konkretisiert. Danach sind Richtlinien vorzugsweise *sektorenübergreifend* zu erlassen, es sei denn, die Qualität der Leistungserbringung kann durch sektorbezogene Regelungen angemessen gesichert werden. Die näheren Bestimmungen zu den **Richtlinien** in „ausgewählten Bereichen" und den sektorenbezogenen **Beschlüssen** zur „Qualitätssicherung im Krankenhaus" und zur „Qualitätssicherung und Krankenhausplanung" sind in § 136a bis § 136c SGB V zu finden. Darüber hinaus ist der G-BA nach § 136d SGB V beauftragt, den Stand der Qualitätssicherung im Gesundheitswesen festzustellen, sich daraus ergebenden Weiterentwicklungsbedarf zu benennen, eingeführte Qualitätssicherungsmaßnahmen auf ihre Wirksamkeit hin zu bewerten und Empfehlungen für eine an einheitlichen Grundsätzen ausgerichtete sowie sektoren- und berufsgruppenübergreifende Qualitätssicherung im Gesundheitswesen einschließlich ihrer Umsetzung zu erarbeiten. Er erstellt in regelmäßigen Abständen einen Bericht über den Stand der Qualitätssicherung („Evaluation und Weiterentwicklung der Qualitätssicherung durch den Gemeinsamen Bundesausschuss").

G-BA – Richtlinien und Regelungen im Bereich Qualitätssicherung
- Richtlinien zum Qualitätsmanagement
- Richtlinien und Vereinbarungen zu den Mindestanforderungen an die Struktur-, Prozess- und Ergebnisqualität
- Richtlinien zu den Mindestmengen und planbaren stationären Leistungen
- Regelungen zu den Nachweispflichten der Fortbildung im Krankenhaus

- Richtlinien zur Personalausstattung in Psychiatrie und Psychosomatik
- Bestimmungen zu den Anforderungen an einrichtungsübergreifende Fehler-meldesysteme
- Richtlinien zum Zweitmeinungsverfahren bei planbaren Eingriffen
- Richtlinien zur datengestützten einrichtungsübergreifenden Qualitätssicherung
- Richtlinien zu Qualitätsindikatoren für die Krankenhausplanung
- Bestimmung von Leistungsbereichen zur Erprobung von Qualitätsverträgen
- Richtlinien zur Qualitätsprüfung in der vertragsärztlichen Versorgung
- Richtlinien zu den Qualitätskontrollen des Medizinischen Dienstes in Krankenhäusern
- Richtlinien zu Folgen der Nichteinhaltung sowie zur Durchsetzung von Qualitätsanforderungen
- Richtlinien über die Festlegung ärztlicher Tätigkeiten zur Übertragung auf andere Berufsgruppen.

Der G-BA wird gemäß § 137a SGB V bei der Wahrnehmung seiner Aufgaben von einem fachlich unabhängigen, wissenschaftlichen **Institut für Qualitätssicherung und Transparenz im Gesundheitswesen** (IQTIG) unterstützt. Das Institut arbeitet allgemein an Maßnahmen zur Qualitätssicherung und zur Darstellung der Versorgungsqualität im Gesundheitswesen. Darüber hinaus bearbeitet es gemäß § 137b SGB V besondere Aufträge des G-BA zur Entwicklung und Durchführung der Qualitätssicherung sowie zur Verbesserung der Transparenz über die Qualität der ambulanten und stationären Versorgung. Das Institut leitet die Arbeitsergebnisse der Aufträge dem G-BA als Empfehlungen zu. Die Empfehlungen sind vom G-BA im Rahmen seiner Aufgabenstellung zu berücksichtigen.

IQTIG – Kernaufgaben im Rahmen der Qualitätssicherung
- Erarbeitung von Instrumenten der Qualitätssicherung, Messung und Darstellung der Versorgungsqualität im Gesundheitswesen und Mitwirkung an deren Umsetzung;
- Fortführung und Weiterentwicklung der bereits existierenden Verfahren der Qualitätssicherung;
- Entwicklung und Durchführung von Verfahren, um die externe Qualitätssicherung in der stationären und ambulanten Versorgung besser miteinander zu verzahnen;
- Erarbeitung von methodischen Grundlagen dafür, dass in Zukunft die Versorgungsqualität von Kliniken bei der Krankenhausplanung durch die Landesbehörden berücksichtigt werden kann;

- Schaffung von Kriterien zur Bewertung von Zertifikaten und Qualitätssiegeln im ambulanten wie stationären Bereich;
- Publizierung der Ergebnisse in einer für die Allgemeinheit verständlichen Form.

2.3.3.3 Qualitätssicherung im Vorsorge- und Rehabilitationssektor

Die gesetzlichen Grundlagen im Bereich der Vorsorge und Rehabilitation werden aufgrund ihrer Schnittstelle zur kurativen Versorgung teilweise im SGB V („Gesetzliche Krankenversicherung"), größtenteils aber im SGB IX („Rehabilitation und Teilhabe von Menschen mit Behinderungen") geregelt. Die konkreten Regelungen erfolgen in **Verträgen** zwischen den Krankenkassenverbänden und den Reha-Trägern.

Für stationäre und ambulante Rehabilitationseinrichtungen sowie für stationäre und ambulante Vorsorgeeinrichtungen gilt nach § 137d SGB V („Qualitätssicherung bei der ambulanten und stationären Vorsorge oder Rehabilitation") folgendes:

- Für *stationäre* und *ambulante Rehabilitationseinrichtungen* sind Maßnahmen der einrichtungsübergreifenden Qualitätssicherung zwischen den Selbstverwaltungspartnern bzw. Spitzenorganisationen auf Bundesebene zu vereinbaren. Grundsätzliche Anforderungen an ein einrichtungsinternes Qualitätsmanagement und die Verpflichtung zur Zertifizierung für stationäre Rehabilitationseinrichtungen richten sich nach § 37 des Neunten Buches (SGB IX).
- Für *stationäre Vorsorgeeinrichtungen* sind Maßnahmen der einrichtungsübergreifenden Qualitätssicherung sowie grundsätzliche Anforderungen an ein einrichtungsinternes Qualitätsmanagement zwischen den Selbstverwaltungspartnern bzw. Spitzenorganisationen auf Bundesebene zu vereinbaren. Für *ambulante Vorsorgeeinrichtungen* sind lediglich Anforderungen an ein einrichtungsinternes Qualitätsmanagement zwischen den maßgeblichen Verhandlungspartnern zu vereinbaren.
- Die Vertragspartner haben durch geeignete Maßnahmen sicherzustellen, dass die Anforderungen an die Qualitätssicherung für die ambulante und stationäre Vorsorge und Rehabilitation einheitlichen Grundsätzen genügen, und die Erfordernisse einer *sektoren– und berufsgruppenübergreifenden Versorgung* angemessen berücksichtigt sind.

Darüber hinaus wird in § 37 SGB IX („Qualitätssicherung, Zertifizierung") folgendes konkretisiert:

- Die *Rehabilitationsträger* vereinbaren gemeinsame Empfehlungen zur Sicherung und Weiterentwicklung der Qualität der Leistungen, insbesondere zur barrierefreien Leistungserbringung, sowie für die Durchführung vergleichender Qualitätsanalysen als Grundlage für ein effektives Qualitätsmanagement der Leistungserbringer.
- Die *Erbringer von Leistungen* stellen ein Qualitätsmanagement sicher, das durch zielgerichtete und systematische Verfahren und Maßnahmen die Qualität der Versorgung

gewährleistet und kontinuierlich verbessert. Stationäre Rehabilitationseinrichtungen haben sich an einem näher bestimmten Zertifizierungsverfahren zu beteiligen.

- Die *Spitzenverbände der Rehabilitationsträger* vereinbaren im Rahmen der Bundesarbeitsgemeinschaft für Rehabilitation (BAR) grundsätzliche Anforderungen an ein einrichtungsinternes Qualitätsmanagement sowie ein einheitliches, unabhängiges Zertifizierungsverfahren, mit dem die erfolgreiche Umsetzung des Qualitätsmanagements in regelmäßigen Abständen nachgewiesen wird. Stationäre Rehabilitationseinrichtungen sind nur dann als geeignet anzusehen, wenn sie zertifiziert sind.
- Die Rehabilitationsträger können mit den Einrichtungen, die für sie Leistungen erbringen, auch noch weitergehende Anforderungen an die Qualität und das Qualitätsmanagement vereinbaren.

2.3.3.4 Qualitätssicherung im Pflegesektor

Die gesetzlichen Grundlagen im Bereich der ambulanten und stationären Pflege werden im SGB XI („Soziale Pflegeversicherung") geregelt. Zu den grundsätzlichen **Eckpunkten** gehören nach § 72 SGB XI („Zulassung zur Pflege durch Versorgungsvertrag") und § 112 SGB XI („Qualitätsverantwortung"):

- Versorgungsverträge dürfen nur mit Pflegeeinrichtungen abgeschlossen werden, die sich verpflichten, einrichtungsintern ein *Qualitätsmanagement* einzuführen und weiterzuentwickeln und sich verpflichten, alle *Expertenstandards* (nach § 113a SGB XI) anzuwenden.
- Die *Träger der Pflegeeinrichtungen* sind für die Qualität der Leistungen ihrer Einrichtungen einschließlich der Sicherung und Weiterentwicklung der Pflegequalität verantwortlich. Maßstäbe für die Beurteilung der Leistungsfähigkeit und der Qualität sind die verbindlichen Anforderungen in den Vereinbarungen nach § 113 SGB XI sowie die in den Pflegesatzverhandlungen vereinbarten Leistungs- und Qualitätsmerkmale.
- Pflegeeinrichtungen sind verpflichtet, Maßnahmen der *Qualitätssicherung* sowie ein *Qualitätsmanagement* (nach § 113 SGB XI) durch- bzw. einzuführen, *Expertenstandards* (nach § 113a SGB XI) anzuwenden sowie bei *Qualitätsprüfungen* (nach § 114 SGB XI) mitzuwirken. Bei stationärer Pflege erstreckt sich die Qualitätssicherung neben den allgemeinen Pflegeleistungen auch auf die medizinische Behandlungspflege, die Betreuung, die Leistungen bei Unterkunft und Verpflegung sowie auf die Zusatzleistungen.
- Der Medizinische Dienst (MD) und der Prüfdienst des Verbandes der privaten Krankenversicherung e. V. beraten die Pflegeeinrichtungen in Fragen der Qualitätssicherung mit dem Ziel, Qualitätsmängeln rechtzeitig vorzubeugen und die Eigenverantwortung der Pflegeeinrichtungen und ihrer Träger für die Sicherung und Weiterentwicklung der Pflegequalität zu stärken.

Die Sozialleistungsträger (u. a. die Vertretung der gesetzlichen Pflegeversicherung) und die Spitzenvertreter der Träger der Pflegeeinrichtungen auf Bundesebene unter Einbeziehung von Vertretern der Pflegeberufe auf Bundesebene treffen **Vereinbarungen** nach § 113 SGB XI bis § 113c SGB XI:

- Die Vertragsparteien vereinbaren *Maßstäbe und Grundsätze* (nach § 113 SGB XI) für die Qualität, Qualitätssicherung und Qualitätsdarstellung in der ambulanten und stationären Pflege sowie für die Entwicklung eines einrichtungsinternen Qualitätsmanagements, das auf eine stetige Sicherung und Weiterentwicklung der Pflegequalität ausgerichtet ist, durch die Leistungsträger sowie die Verbände der Pflegeberufe auf Bundesebene.
- In den Maßstäben und Grundsätzen (nach § 113 SGB XI) ist eine praxistaugliche, den Pflegeprozess unterstützende und die Pflegequalität fördernde *Pflegedokumentation* zu regeln. Die Anforderungen dürfen über ein für die Pflegeeinrichtungen vertretbares und wirtschaftliches Maß nicht hinausgehen und sollen den Aufwand für Pflegedokumentation in ein angemessenes Verhältnis zu den Aufgaben der pflegerischen Versorgung setzen.
- In den Maßstäben und Grundsätzen (nach § 113 SGB XI) für die stationäre Pflege ist insbesondere das *indikatorengestützte Verfahren* zur vergleichenden Messung und Darstellung von Ergebnisqualität im stationären Bereich, das auf der Grundlage einer strukturierten Datenerhebung im Rahmen des internen Qualitätsmanagements eine Qualitätsberichterstattung und die externe Qualitätsprüfung ermöglicht, zu beschreiben.
- Die Vertragsparteien stellen die Entwicklung und Aktualisierung wissenschaftlich fundierter und fachlich abgestimmter *Expertenstandards* (nach § 113a SGB XI) zur Sicherung und Weiterentwicklung der Qualität in der Pflege sicher. Expertenstandards tragen für ihren Themenbereich zur Konkretisierung des allgemein anerkannten Standes der medizinisch-pflegerischen Erkenntnisse bei.
- Die Vertragsparteien stellen die methodische und pflegefachliche Qualität des Verfahrens der Entwicklung und Aktualisierung von Expertenstandards (nach § 113a SGB XI) und die Transparenz des Verfahrens sicher. Die Anforderungen an die Entwicklung von Expertenstandards sind in einer Verfahrensordnung zu regeln. In der Verfahrensordnung ist das Vorgehen auf anerkannter methodischer Grundlage, insbesondere die wissenschaftliche Fundierung und Unabhängigkeit, die Schrittfolge der Entwicklung, der fachlichen Abstimmung, der Praxiserprobung und der modellhaften Umsetzung eines Expertenstandards sowie die Transparenz des Verfahrens festzulegen.
- Die Expertenstandards (nach § 113a SGB XI) sind für alle Pflegekassen und deren Verbände sowie für die zugelassenen Pflegeeinrichtungen unmittelbar verbindlich. Die Vertragsparteien unterstützen die Einführung der Expertenstandards in die Praxis.
- Die Vertragsparteien stellen die Entwicklung und Erprobung eines wissenschaftlich fundierten Verfahrens zur einheitlichen *Bemessung des Personalbedarfs* in

Pflegeeinrichtungen nach qualitativen und quantitativen Maßstäben sicher. Es ist ein strukturiertes, empirisch abgesichertes und valides Verfahren für die Personalbemessung in Pflegeeinrichtungen auf der Basis des durchschnittlichen Versorgungsaufwands für direkte und indirekte pflegerische Maßnahmen sowie für Hilfen bei der Haushaltsführung unter Berücksichtigung der fachlichen Ziele und Konzeption des gültigen Pflegebedürftigkeitsbegriffs zu erstellen.

Für notwendige Entscheidungen der Vertragsparteien zur Qualitätsprüfung und Qualitätsberichterstattung sowie zur Qualitätsentwicklung in der Pflege wurde mit dem Zweiten Pflegestärkungsgesetz (PSG II) ein **Qualitätsausschuss** (vormals „Schiedsstelle Qualitätssicherung") eingerichtet, der zu gleichen Teilen mit Vertretern der Leistungsträger und der Leistungserbringer zusammengesetzt ist und mit umfangreichen Befugnissen ausgestattet wurde. Aufgaben, Verantwortung und Befugnisse des Qualitätsausschusses regelt § 113 b SGB XI („Qualitätsausschuss").

Qualitätsausschuss – Kernaufgaben im Rahmen der gesetzlichen Qualitätsentwicklung in der Pflege

- Entwicklung der Qualität in der stationären und ambulanten Pflege;
- Vereinbarung von Maßstäben und Grundsätzen für die Qualität, Qualitätssicherung und Qualitätsdarstellung in der stationären und ambulanten Pflege sowie für die Entwicklung eines einrichtungsinternen Qualitätsmanagements;
- Vereinbarung von Vorgaben und Regelungen zur Qualitätsdarstellung ambulanter und stationärer Pflegeeinrichtungen;
- Evaluation der Verfahren zur Qualitätsmessung und Qualitätsdarstellung einschließlich der Unterbreitung von Vorschlägen zu ihrer Weiterentwicklung;
- Entwicklung und Aktualisierung wissenschaftlich fundierter und fachlich abgestimmter Expertenstandards zur Sicherung und Weiterentwicklung der Qualität in der Pflege;
- Sonstige Aufgaben (z. B. Vorgaben bei der Personalbemessung in der Pflege, Empfehlungen zur Sicherung der Qualität von Beratungsbesuchen, Entwicklung und Erprobung von Konzepten für die Qualitätssicherung in neuen Wohnformen u. v. m.).

In regelmäßigen Abständen sollen durch die **Landesverbände der Pflegekassen** Qualitätsprüfungen veranlasst werden, die in § 114 SGB XI („Qualitätsprüfungen") näher geregelt sind. Eine solche Prüfung erfolgt als Regelprüfung, Anlassprüfung oder Wiederholungsprüfung. Zu prüfen ist, ob die Qualitätsanforderungen erfüllt sind:

- Die regelmäßig im Abstand von höchstens einem Jahr durchzuführende *Regelprüfung* erfasst wesentliche Aspekte des Pflegezustandes und die Wirksamkeit der Pflege-

und Betreuungsmaßnahmen (Ergebnisqualität). Sie kann auch auf den Ablauf, die Durchführung und die Evaluation der Leistungserbringung (Prozessqualität) sowie die unmittelbaren Rahmenbedingungen der Leistungserbringung (Strukturqualität) erstreckt werden.

- Die Regelprüfung bezieht sich auf die *Qualität* der allgemeinen Pflegeleistungen, der medizinischen Behandlungspflege, der Betreuung einschließlich der zusätzlichen Betreuung und Aktivierung, der Leistungen bei Unterkunft und Verpflegung und der Zusatzleistungen.
- Zu prüfen ist auch, ob die Versorgung der Pflegebedürftigen den Empfehlungen der Kommission für *Krankenhaushygiene* und *Infektionsprävention* des Infektionsschutzgesetzes entspricht.
- Gibt es im Rahmen einer Anlass-, Regel- oder Wiederholungsprüfung sachlich begründete Hinweise auf eine nicht fachgerechte Pflege bei Pflegebedürftigen, auf die sich die Prüfung nicht erstreckt, sind die betroffenen *Pflegebedürftigen* in die Prüfung einzubeziehen.

2.3.3.5 Qualitätssicherung im Bereich therapeutischer Leistungen

Explizite gesetzliche Grundlagen für die Qualitätssicherung therapeutischer Leistungen (insbesondere Physio- und Ergotherapie, podologische Therapie, Logopädie, Ernährungstherapie) sind im SGB nicht benannt. Therapeutische Leistungen gelten als **Heilmittel,** die im stationären Krankenhaussektor sowie im Vorsorge-, Reha- und Pflegebereich erbracht werden dürfen, sofern sie als Bestandteil des Leistungsspektrums definiert sind (z. B. § 27 SGB V „Krankenbehandlung"). Die Verordnung von Heilmitteln im Rahmen der vertragsärztlichen Versorgung regelt die „Heilmittel-Richtlinie" (HeilM-RL) des G-BA.

Zur Sicherstellung einer wirksamen und wirtschaftlichen ambulanten Versorgung mit Heilmitteln existieren gemäß § 125 SGB V **Rahmenempfehlungen,** die zwischen dem GKV-Spitzenverband und den maßgeblichen Spitzenorganisationen der Heilmittelerbringer auf Bundesebene vereinbart wurden. Gegenstand der Rahmenempfehlungen sind neben Inhalt, Umfang und Häufigkeit der einzelnen Heilmittel auch Maßnahmen zur Fortbildung und Qualitätssicherung, die die Qualität der Behandlung, der Versorgungsabläufe und der Behandlungsergebnisse umfassen. Die neuere Gesetzgebung sieht vor, dass mit jedem Heilmittelbereich eigene Verträge über die Einzelheiten der Versorgung abzuschließen sind (**Vereinbarungen mit Heilmittelerbringern**). Die Inhalte der „alten" Rahmenempfehlungen liefern hierfür zwar die Grundlage, gehen in den Verträgen nach § 125 Abs. 1 SGB V für die einzelnen Heilmittelbereiche letztendlich aber sehr unterschiedlich auf. Grundsätzlich wurde in den Rahmenempfehlungen bisher geregelt:

- Der Heilmittelerbringer ist verpflichtet, sich an *Qualitätssicherungsmaßnahmen* zu beteiligen. Die Landesverbände der Krankenkassen bzw. die Verbände der Ersatzkassen sind jederzeit berechtigt, im Rahmen der Qualitätssicherung die Erfüllung der sich aus diesen Empfehlungen ergebenden Pflichten zu überprüfen.

- Es werden *Maßnahmen* beschrieben, die die Qualität der Behandlung, die Qualität der Versorgungsabläufe und die Qualität der Behandlungsergebnisse umfassen. Darin werden *Anforderungen* hinsichtlich Strukturqualität, organisatorischer und personeller Voraussetzungen, Vertretung, Prozessqualität, Ergebnisqualität und Aufbewahrung weiter konkretisiert.

2.4 Übungsfragen

1. Rekapitulieren Sie die Entwicklungslinien des Qualitätswesens. Nennen Sie die wesentlichen Wegbereiter des Qualitätswesens und ihr zugrunde liegendes Qualitätsverständnis! Lösung Abschn. 2.1.1
2. Charakterisieren Sie die zentralen Merkmale bzw. typischen Elemente eines umfassenden Qualitätsverständnisses! Lösung Abschn. 2.1.3
3. Stellen Sie in eigenen Worten die Begriffe „Management im institutionellen Sinne" und „Management im funktionalen Sinne" gegenüber! Lösung Abschn. 2.2.1
4. Nennen und skizzieren Sie die allgemeinen Grundsätze des Qualitätsmanagements! Lösung Abschn. 2.2.2
5. Nennen und erläutern Sie grundsätzliche Nutzenaspekte, die Qualitätsmanagement aus unternehmerischer Sicht (Perspektive des Managements) bieten kann! Lösung Abschn. 2.3.1
6. Skizzieren Sie die Grundzüge des ABNA-Modells. Unterscheiden Sie dabei „optimale" und „maximale" Qualität! Lösung Abschn. 2.3.2
7. Nennen und erläutern Sie Rechtsbereiche, in denen Qualitätsmanagement einen Beitrag zur Rechtssicherheit und Anforderungserfüllung leisten kann! Geben Sie Beispiele! Lösung Abschn. 2.3.3
8. Nennen Sie für das Qualitätsmanagement relevante Rechtsquellen und ordnen Sie diese der Hierarchie der Normsetzung im Rahmen der Gesetzlichen Krankenversicherung zu! Lösung Abschn. 2.3.3.1
9. Erläutern Sie die Rolle und Funktion des Gemeinsamen Bundesausschusses im Rahmen des SGB V! Lösung Abschn. 2.3.3.2
10. Erläutern Sie die Rolle und Funktion des Qualitätsausschusses im Rahmen des SGB XI! Lösung Abschn. 2.3.3.4.

Literatur

Bleicher K (1985) Betriebswirtschaftslehre – quo vadis? Gießener Universitätsblätter 181:33–43
Bleicher K (2017) Das Konzept Integriertes Management. Visionen – Missionen – Programme, 9. Aufl. Campus, Frankfurt a. M.
Brunner FJ (2017) Japanische Erfolgskonzepte, 4. Aufl. Hanser, München

Busse R, Schreyögg J (2017) Management im Gesundheitswesen – Eine Einführung in Gebiet und Buch. In: Busse R, Schreyögg J, Stargardt T (Hrsg) Management im Gesundheitswesen, 4. Aufl. Springer, Berlin, S 1–8

Crosby PB (1979) Quality is free: the art of making quality certain. McGraw-Hill, New York

Dachrodt H-G, Dachrodt G (2014) Management. In: Dachrodt H-G, Koberski W, Engelbert V, Dachrodt G (Hrsg) Praxishandbuch Human Resources. Management – Arbeitsrecht – Betriebsverfassung. Springer Gabler, Wiesbaden, S 1653–1704

Deming WE (1982) Out of the crisis. Massachusetts institute of technology, center for advanced engineering study. Massachusetts, Cambridge

DGQ Deutsche Gesellschaft für Qualität e. V. (2016) Qualitätsmanagement in der sozialen Dienstleistung. Nützlich – lebendig – unterstützend. Beltz Juventa, Weinheim

DIN Deutsches Institut für Normung e. V. (1995) DIN EN ISO 8402: Qualitätsmanagement – Begriffe. Beuth, Berlin

DIN Deutsches Institut für Normung e. V. (2015) DIN EN ISO 9000: Qualitätsmanagementsysteme – Grundlagen und Begriffe (ISO 9000-2015). Beuth, Berlin

Donabedian A (1980) Exploration in quality assessment and monitoring volume 1. Definition of quality and approaches to its assessment. Health Administration Press, Ann Arbor

Donabedian A, Wheeler JR, Wyszewianski L (1982) Quality, cost, and health: an integrative model. Med Care 20(10):975–992

Dotchin JA, Oakland JS (1992) Theories and concepts in total quality management. Total Qual Manag 3(2):133–146

EFQM European Foundation for Quality Management (2012) Das EFQM Excellence Modell 2013. EFQM Publications, Brüssel

Evans DB, Edejer TT, Lauer J, Frenk J, Murray CJ (2001) Measuring quality: from the system to the provider. Int J Qual Health Care 13(6):439–446

Feigenbaum AV (1961) Total quality control. McGraw-Hill, New York

Geiger W, Kotte W (2008) Handbuch Qualität. Grundlagen und Elemente des Qualitätsmanagements: Systeme – Perspektiven, 5. Aufl. Vieweg, Wiesbaden

Hensen P (2017) Der Beitrag des Qualitätsmanagements zu einer nachhaltigen Unternehmensführung. In: Brodowski M (Hrsg) Bildung für Nachhaltige Entwicklung. Interdisziplinäre Perspektiven. Logos, Berlin, S 77–103

Hess R (2014) Der Gemeinsame Bundesausschuss als kleiner Gesetzgeber. In: Roeder N, Hensen P, Franz D (Hrsg) Gesundheitsökonomie, Gesundheitssystem und öffentliche Gesundheitspflege. Ein praxisorientiertes Kurzlehrbuch. Deutscher Ärzte-Verlag, Köln, S 258–278

Ishikawa K (1985) What is total quality control? Prentice Hall, New Jersey

Juran JM, Gryna FM (1993) Quality planning and analysis, 3. Aufl. McGraw-Hill, New York

Kamiske GF, Brauer JP (2006) Qualitätsmanagement von A bis Z. Erläuterungen moderner Begriffe des Qualitätsmanagements, 5. Aufl. Hanser, München

Ketting M (1999) Geschichte des Qualitätsmanagements. In: Masing W (Hrsg) Handbuch Qualitätsmanagement, 4. Aufl. Hanser, München, S 17–30

Koontz H, O'Donnell C (1955) Principles of management: an analysis of managerial functions. McGraw-Hill, New York

Park-Dahlgaard SM (1999) The evolution patterns of quality management: some reflections on the quality movement. Total Qual Manag 10(4–5):473–480

Pietsch-Breitfeld B, Selbmann HK (1997) Qualitätssicherung in der Medizin. In: Seelos HJ (Hrsg) Medizinische Informatik, Biometrie und Epidemiologie. De Gruyter, Berlin, S 151–176

Rüegg-Stürm J, Grand S (2017) Das St. Galler Management-Modell, 3. Aufl. Haupt, Bern

Schildknecht R (1992) Total Quality Management – Konzeption und State of the Art. Campus, Frankfurt a. M.

Schmitt R, Pfeiffer T (2015) Qualitätsmanagement. Strategien – Methoden – Techniken, 5. Aufl. Hanser, München

Seghezzi HD, Fahrni F, Herrmann F (2007) Integriertes Qualitätsmanagement. Der St. Galler Ansatz, 3. Aufl. Hanser, München

Selbmann HK (2007) Hohe Qualität und restriktive Ressourcen – ein Widerspruch? Z Ärztl Fortbild Qual Gesundh wes (ZaeFQ) 101:391–396

Staehle W (1999) Management, 8. Aufl. Vahlen, München

Steinmann H, Schreyögg G, Koch J (2013) Management. Grundlagen der Unternehmensführung. Konzepte – Funktionen – Fallstudien, 7. Aufl. Springer Gabler, Wiesbaden

Ulrich P (1999) Was ist „gute" Unternehmensführung? Reflexionen zu den normativen Grundlagen ethikbewussten Managements. In: Gomez P, Müller-Stewens G, Rüegg-Stürm J (Hrsg) Entwicklungsperspektiven einer integrierten Managementlehre. Haupt, Bern, S 225–253

Ulrich P, Fluri E (1995) Management. Eine konzentrierte Einführung, 7. Aufl. Haupt, Bern

Ulrich H, Probst GJ (1995) Anleitung zum ganzheitlichen Denken und Handeln, 4. Aufl. Haupt, Bern

Wilbers K (2009) Anspruchsgruppen und Interaktionsthemen. In: Dubs R, Euler D, Rüegg-Stürm J, Wyss CE (Hrsg) Einführung in die Managementlehre, Bd 1, 2. Aufl. Haupt, Bern, S 331–364

Wild J (1982) Grundlagen der Unternehmungsplanung. Westdeutscher Verlag, Opladen

Williamson J (1995) Health care quality management in the 21st century. In: Selbmann HK (Hrsg) Evaluation of quality management in medicine – Beiträge zur Gesundheitsökonomie, Bd 30. Bleicher, Stuttgart, S 16–39

Zink KJ (2004) TQM als integratives Managementkonzept: Das EFQM Excellence Modell und seine Umsetzung, 2. Aufl. Hanser, München

Zink KJ (2007) Mitarbeiterbeteiligung bei Verbesserungs- und Veränderungsprozessen: Basiswissen, Instrumente, Fallstudien. Hanser, München

Zink KJ, Schildknecht R (1994) Total Quality Konzepte – Entwicklungslinien und Überblick. In: Zink KJ (Hrsg) Qualität als Managementaufgabe, 3. Aufl. Verlag Moderne Industrie, Landsberg, S 73–107

Zollondz HD (2011) Grundlagen Qualitätsmanagement. Einführung in Geschichte, Begriffe, Systeme und Konzepte. Oldenbourg, München

Gestaltungsansätze des Qualitätsmanagements

3

Zusammenfassung

In diesem Kapitel wird der zuvor erarbeitete Qualitätsmanagementbegriff um methodische Grundhaltungen und Gestaltungsansätze erweitert. Hierfür wird zunächst ein Verständnis für die Zusammenhänge und das Zusammenwirken von Qualitätssicherung und Qualitätsverbesserung unter dem Dach des Qualitätsmanagements erzeugt. Dabei wird auch eine Verortung der grundgelegten Handlungsprinzipien, insbesondere der (kontinuierlichen) Verbesserung und Standardisierung, auf die Ebenen des Gesundheitswesens vorgenommen. Darauf aufbauend wird ein tätigkeitsbezogenes Grundmodell für das einrichtungsinterne Qualitätsmanagement entwickelt („Menge von Tätigkeiten") und grundsätzliche Schritte zur Institutionalisierung eines Qualitätsmanagementsystems („Menge von Elementen") aufgezeigt.

3.1 Qualitätssicherung

Der Begriff der Qualitätssicherung ist vor allem im deutschsprachigen Raum weit verbreitet. Aus dem anglo-amerikanischen Sprachraum übernommen, geht er im Grunde auf den Gedanken einer „Quality Assurance" zurück, d. h. auf die objektive bzw. objektivierbare Darlegung der Qualitätsfähigkeit nach außen (z. B. in Form von Konformitätsaussagen oder Zertifikaten). Fach- und alltagssprachlich dient er seit langem auch als Sammelbegriff für jegliche Form der praktischen „Qualitätsarbeit", was der Begriffsverwendung oder -zuordnung eine gewisse Beliebigkeit verleiht. Manchen gilt der Begriff Qualitätssicherung daher auch als obsolet und nicht hinreichend präzise für den wissenschaftlichen und anwendungspraktischen Gebrauch.

Die große Bandbreite der Maßnahmen und Methoden, die im deutschsprachigen Raum mit dem Begriff Qualitätssicherung vergesellschaftet sind, werden im anglo-amerikanischen Sprachraum eher als „Quality Control" oder „Quality Engineering" bezeichnet. Der hierzulande weit verbreitete Gedanke einer alle qualitätsrelevanten Aufgaben umfassenden „Sicherung von Qualität" hat vor allem historische Bedeutung, da es lange Zeit an alternativen Begriffen mangelte. Inhaltlich steht Qualitätssicherung in seiner (vor allem im Gesundheitswesen verbreiteten) Anwendung für einen weit aufgefächerten Methodenraum bzw. für ein Bündel von Handlungsprinzipien, das – innerhalb und außerhalb eines einrichtungsinternen Qualitätsmanagements – auf die Realisierung und Aufrechterhaltung der Anforderungserfüllung gerichtet ist.

3.1.1 Begriffsverständnis

Handlungstheoretisch lässt sich Qualitätssicherung als eine methodische Grundhaltung der Qualitätsgestaltung verstehen (vgl. Verbeck 1998; Ruckstuhl et al. 2001). Ihr Ziel ist die Einhaltung und Erfüllung von festgelegten, üblicherweise vorausgesetzten, allgemein gültigen oder vereinbarten Qualitätsanforderungen („Erfüllungsparadigma" der Qualitätssicherung).

In einem eng geführten Verständnis stehen dahinter Aktivitäten, die nach Abschluss und innerhalb der unmittelbaren Leistungserstellung eine *retrospektive* Kontrollfunktion ausüben, im Kontext personenbezogener Dienstleistungen vor allem aber auch *vorausschauende* Steuerungs- und Anpassungsmöglichkeiten „im laufenden Betrieb" ermöglichen. Dieses auch ungenau als **traditionell** bezeichnete Verständnis von Qualitätssicherung richtet seinen Blick zunächst und vordergründig auf die Erstellung eines Produkts bzw. die stattfindende Leistungserstellung (Ebene der Leistungserstellung). Qualität, d. h. die Erfüllung von Anforderungen, wird durch Kontrolle und Korrektur sowie Überwachung und Anpassung der Leistungserstellung erreicht bzw. im alltagssprachlichen Begriffsverständnis „sichergestellt".

In einem erweiterten Verständnis geht ein solches Prinzip über in eine zunehmend **vorbeugende** Qualitätssicherung, die – über die moment- und situationsgefasste Funktion der Kontrolle und Steuerung der Leistungserstellung hinaus – planerische und vorbeugende Maßnahmen zur Fehlervermeidung und Einhaltung definierter Qualitätsstandards in die Prozessgestaltung integriert. Im Vordergrund stehen eher herstellungsorientierte bzw. prozessorientierte Aktivitäten zur Anforderungserfüllung (Ebene der Prozessgestaltung). Dabei werden u. a. *Korrekturmaßnahmen* (Beseitigung und Verhindern der Ursache von Fehlern) und *Vorbeugungsmaßnahmen* (Beseitigung und Verhindern möglicher Fehler) durchgeführt. Die Übergänge zum Methodenraum der Qualitätsverbesserung verlaufen hier fließend.

In einem zunehmend **umfassenden Verständnis** steht Qualitätssicherung dann nicht mehr nur allein für die Summe aller prozessbezogenen Prüf- und Aufrechterhaltungsmaßen, sondern für die Gesamtheit und das Zusammenwirken aller qualitätswirksamen

Maßnahmen und Tätigkeiten, die dazu beitragen, die gestellten Anforderungen zu erfüllen (Abb. 3.1). In dieser Betrachtung löst sich der Begriff Qualitätssicherung deutlich von der ausführenden Leistungsebene und wird auf eine gesamtgestalterische Ebene gehoben (Ebene des Leistungssystems).

Ein solches **Verständnis von umfassender Qualitätssicherung,** das sowohl die Gesamtheit aller qualitätswirksamen Ausführungs- und Darlegungsaufgaben bzw. deren Bereitstellung und Aufrechterhaltung als auch ein strategisch-planvolles und systematisches Zusammenwirken umfasst, geht innerhalb von institutionellen Kontexten über in ein einrichtungsinternes Qualitätsmanagement („Qualitätssicherungs-management"). In diesem Verständnis nähern sich beide Konzepte einander an. Ein **Verständnis von traditioneller Qualitätssicherung** betont dagegen die eher technischen, ausführenden oder kontrollierenden Komponenten der Qualitätsarbeit. In diesem Sinne lässt sie sich heute auch als „Teil des Qualitätsmanagements" (vgl. DIN 2015) verstehen. Einzelne Aspekte der Qualitätssicherung bilden sich auch in Unteraufgaben des Qualitätsmanagement ab (z. B. Qualitätsprüfung, Qualitätssteuerung). Zusammen-genommen bilden Qualitätssicherung und Qualitätsmanagement keine konkurrierenden, sondern sich vielfältig überlappende Konzepte. Sie ergänzen sie sich in ihrem Anspruch, Anforderungen bestmöglich zu erfüllen.

▶   Qualitätssicherung bedeutet, Maßnahmen zu ergreifen und Tätigkeiten umzu-setzen, die geeignet und darauf gerichtet sind, Vertrauen in die bestmögliche Anforderungserfüllung zu erzeugen.

Ein wichtiges kennzeichnendes Element von Qualitätssicherung bleibt allerdings die stets vertretene Absicht, **Vertrauen** (in die Anforderungserfüllung) zu erzeugen. Dieser

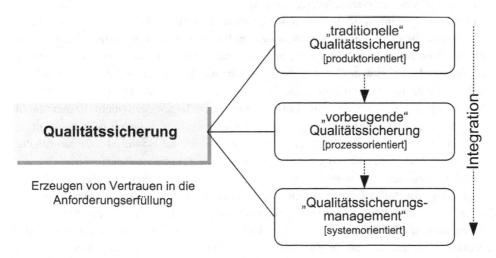

Abb. 3.1 Integration von Aspekten der Qualitätssicherung

vertrauensbildende Aspekt der Qualitätssicherung geht auf die internationale Begriffs-
bildung einer „Qualitäts-Zusicherung" (Quality Assurance) zurück. Eine Qualitätssicherung, die sich als *Zusicherung* versteht, gelingt nicht allein durch die Ausführung
systematisch geplanter, qualitätswirksamer Tätigkeiten. Sie ist zwangsläufig auch an
die **Darlegung** – im weiteren Sinne die Offenlegung – ebendieser Ausführung und der
damit erzielten Wirkungen gekoppelt. Eine solche Darlegung liefert gewissermaßen
den **Nachweis** einer grundsätzlichen, vorher festgelegten Qualitätsfähigkeit, d. h. einer
Fähigkeit, die gestellten Qualitätsanforderungen bestmöglich zu erfüllen. Einrichtungsintern können Nachweise („nach innen") beispielsweise durch einrichtungsspezifische
Formen des Qualitätsberichtswesens gegenüber den Organisationsmitgliedern und Entscheidungsträgern erbracht werden (z. B. Qualitätsstatistiken, Qualitätsreporte). Ein
Nachweis gegenüber Kundengruppen und Interessenpartnern („nach außen") kann u. a.
mit Zertifikaten oder Konformitätserklärungen vorgenommen werden.

3.1.2 Bedeutung im Gesundheitswesen

Im Kontext der **Gesundheits- und Pflegeversorgung** erscheint Qualitätssicherung
– umfassend wie traditionell – unverzichtbar für die Sicherung und Zusicherung einer
hochwertigen Versorgung. Der Gesetzgeber hat eine Vielzahl konkreter Maßnahmen
zur Einhaltung von Qualitätsstandards und deren Darlegung vorgesehen. Beispielhaft seien die sog. Mindestmengenregelungen bei planbaren Krankenhausleistungen,
die Einführung gesetzlicher Nachweispflichten von Qualitätsbewertungen (z. B. Zertifizierungen in der stationären Rehabilitation), die Veröffentlichungspflichten von
Qualitätsprüfungen (z. B. Regelprüfungen in Pflegeeinrichtungen) oder die jährlich zu
erstellenden Qualitätsberichte (z. B. „Strukturierter Qualitätsbericht" der Krankenhäuser)
zu nennen (*Ebene der Gesundheitsversorgung*).

Den Grundgedanken der traditionellen Qualitätssicherung folgend ist es auch im einrichtungsinternen Qualitätsmanagement bzw. auf *Ebene der unmittelbaren Leistungserbringung* von besonderer Bedeutung, nicht erst nach Abschluss der Leistungserstellung
zu prüfen, ob das gewünschte Ergebnis erreicht wurde. Es ist geradezu erforderlich,
Zwischenkontrollen vorzunehmen und in die Prozesse steuernd einzugreifen. Fehler in
medizinischen oder pflegerischen Leistungsprozessen lassen sich nicht immer durch
Korrekturen (vollständig) rückgängig machen und haben oft Schäden oder nachhaltige
Beeinträchtigungen bei den beteiligten Menschen zur Folge. Somit ist es zwangsläufig
geboten, auch vorbeugend und umfassend gestalterisch tätig zu werden.

Maßnahmen der Qualitätssicherung im Versorgungskontext dienen somit der Fehlervermeidung, der Aufrechterhaltung eines definierten Versorgungsniveaus, aber auch dem
Nachweis, dass Strukturen und Prozesse anforderungsgerecht gestaltet sind. Sie schaffen
Vertrauen in die Fähigkeit des Leistungsanbieters, das erwartete Versorgungsmaß bzw. das
angestrebte Qualitätsniveau im Rahmen des Möglichen hervorzubringen, insbesondere in
den Bereichen, in denen möglicherweise Zweifel an der Qualitätsfähigkeit auftreten können.

Qualitätssicherung hat eine **lange Tradition** im Gesundheitswesen und ist integraler Bestandteil eines professionellen Selbstverständnisses der Gesundheits- und Pflegeberufe. Maßnahmen der Qualitätssicherung werden oft als selbstverständlich empfunden, ohne dass sie zwangsläufig mit einem bestimmten Qualitätskonzept oder den Begrifflichkeiten des Qualitätsmanagements in Verbindung gebracht werden (z. B. hygienische Händedesinfektion in der OP-Vorbereitung, tägliche Dienstübergaben im Team). Sie haben sich dort zahlreich etabliert, wo technische Geräte, chemische Substanzen und biologisches Material zum Einsatz kommen (z. B. im klinischen Labor, in der Pathologie, Mikrobiologie, Arzneimitteltherapie), Leistungsstandards benötigt und Schnittstellenübergänge definiert werden (z. B. Experten- und Praxisstandards) oder Gefahr für die Sicherheit und das Wohlergehen von Patientinnen und Patienten durch Organisationsverschulden oder menschliches Versagen droht („Hochzuverlässigkeitsbereiche" wie Transfusionsmedizin, OP-Bereiche, Intensivmedizin). Die Vielzahl der Maßnahmen, die als Qualitätssicherung in der Gesundheitsversorgung bezeichnet werden können, lässt sich abhängig von ihrem zugrunde liegenden Tätigkeits- oder Ausführungsschwerpunkt in messverfahren-, dokumentations- oder personenbezogene Maßnahmen der Qualitätssicherung kategorisieren (Tab. 3.1).

Darüber hinaus wird im Gesundheitswesen begrifflich zwischen interner und externer Qualitätssicherung unterschieden. Es wird immer dann von **interner Qualitätssicherung** gesprochen, wenn das handlungsleitende Qualitätsverständnis und die daraus abgeleiteten Maßnahmen und Aktivitäten Gültigkeit für einen definierten Versorgungsbereich (z. B. Pflegeeinrichtung) und dessen Wirkradius besitzen. Hierzu zählen alle Maßnahmen der Qualitätssicherung, die von der Einrichtung selbst und den Angehörigen der Gesundheits- und Pflegeberufe dort als erforderlich erachtet werden (z. B. sog.

Tab. 3.1 Maßnahmen der Qualitätssicherung in der Gesundheitsversorgung (Beispiele)

Messverfahrenbezogene Maßnahmen	Dokumentationsbezogene Maßnahmen	Personenbezogene Maßnahmen
Klinische Obduktion	Pflegedokumentation	Dienstübergaben
Laborringversuche (externe Qualitätskontrolle)	Protokolle, Checklisten und Kontrollbögen	Vier-Augen-Prinzip bei der Medikamentenorganisation
Labortests mit Kontrollproben (interne Qualitätskontrolle)	Qualifikations- und Unterweisungsnachweise	Morbiditäts- und Mortalitätskonferenzen
ABO-Identitätstests vor Transfusionen (Bedside-Test)	OP- und Behandlungsberichte	Fallbesprechungen und Pflegevisiten
Zählkontrollen bei operativen Eingriffen	Erinnerungsmeldungen und Anleitungen	Ärztliche und pflegerische Visite
Temperaturmessung von Kühlgeräten	Ausgabedokumentation von Betäubungsmitteln (BTM)	Indikationsbesprechung
Surveillance der Keimbelastung	Zuständigkeits-/Verantwortlichkeitsmatrix	Team-Time-out-Verfahren

„Wundvisite") oder verpflichtend umzusetzen sind (z. B. Umgang mit Betäubungsmitteln oder Medizinprodukten).

Maßnahmen der **externen Qualitätssicherung** orientieren sich dagegen an Kriterien und Festlegungen, die von legitimierten Institutionen außerhalb eines solchen Versorgungsbereichs vorgegeben und ggf. auch von diesen geprüft und überwacht werden, sodass Vergleiche mit anderen Versorgungsbereichen möglich sind (z. B. Laborringversuche, Qualitätsprüfungen nach § 114 SGB XI, einrichtungsübergreifende Qualitätssicherung nach § 136 SGB V).

3.2   Qualitätsverbesserung

Qualitätsverbesserung stellt neben der Qualitätssicherung die zweite methodische Grundhaltung der Qualitätsgestaltung dar. Sie entspricht der Idee, die Funktion und Wirksamkeit der jeweils realisierten Anforderungserfüllung zu überprüfen und weiterzuentwickeln („Optimierungsparadigma" der Qualitätsverbesserung). Ihr Ziel ist die absichtsvolle **Veränderung** von struktur-, tätigkeits- und organisationsbezogenen Voraussetzungen, mit der die (zu erzeugende) Qualität auf ein höheres Niveau gehoben werden kann. Qualitätsverbesserung ist daher zunächst potenzialbezogen. Sie bedeutet nicht, dass Qualität („Erfüllung von Qualitätsanforderungen") gegenüber einem Vorzustand zwangsläufig auch auf einem höheren Niveau erzeugt wird. Sie erhöht lediglich die Fähigkeit oder die Eignung, die gestellten Anforderungen zu erfüllen.

▶   Qualitätsverbesserung bedeutet, die Fähigkeiten und die Eignung der qualitätswirksamen Ressourcen und Maßnahmen zu erhöhen, um den gestellten Qualitätsanforderungen in besserer Weise entsprechen zu können.

Eine solche Qualitätsverbesserung orientiert sich in einem eng gefassten Verständnis an der Optimierung von vorhandenen Ressourcen, Vorgehensweisen und Mitteln (z. B. Personaleinsatzplanung, professionelle Praxisstandards). In einem weiter gefassten Verständnis umfasst sie wiederum sämtliche Aktivitäten und Maßnahmen, die zur Steigerung von *Effektivität* und *Effizienz* der gesamten Leistungserbringung bzw. der leistungserbringenden Einrichtung beitragen und den *Nutzen* sowohl für die Organisation als auch für die Nutzerinnen und Nutzer erhöhen (z. B. systematische Audittätigkeiten, Verwirklichen von Mess- und Analyseverfahren, vergleichende Qualitätsprüfungen). Dieses erweiterte Verständnis geht in den (neueren) Begriffen der **Verbesserung** und der fortlaufenden, ständigen oder **kontinuierlichen Verbesserung** auf, mit denen nunmehr zusammenfassend alle Tätigkeiten zum Steigern von messbaren Ergebnissen verallgemeinert werden (vgl. DIN 2015).

Beispiel für Qualitätsverbesserungen

Qualitätsverbesserungen treten in der beruflichen Praxis häufig in Verbindung mit klassischer Projektarbeit in Erscheinung. Dies ist der Fall, wenn beispielsweise ein neues Bestellwesen zur Verkürzung der Wartezeiten in einer Ambulanz eingeführt wird oder ein neues Rotationssystem die Kompetenzsteigerung neuer Mitarbeitender beschleunigen soll. Qualitätsverbesserungen sind hiernach beabsichtigte Veränderungen, durch die je nach Zielgruppe (hier: Patientinnen und Patienten oder Mitarbeitende) die gestellten Anforderungen (hier: Einhaltung festgelegter Wartezeiten oder vorgesehene Qualifikation zur Aufgabenerfüllung) in entsprechend geeigneter oder gegenüber dem Vorzustand in geeigneterer Weise erfüllt werden. Allerdings geben erst messbare Ergebnisse (Kürzere Wartezeiten oder Kompetenzsteigerung) Aufschluss darüber, ob die Qualitätsverbesserungen zu einer „besseren Qualität" geführt haben. ◄

Verbesserung und kontinuierliche Verbesserung sind nicht unabhängig voneinander denkbar und greifen auf der Handlungsebene ineinander. Sie können anlassbezogen und zeitlich begrenzt als Projekt oder höher abstrahiert in Programmform angelegt sein. Die Übergänge sind allerdings mehr oder weniger fließend. Verbesserung und kontinuierliche Verbesserung sind zusammengenommen ein „zentrales Handwerkzeug" der Qualitätsgestaltung, das auf allen Ebenen des Gesundheitswesens zur Anwendung kommt (Abb. 3.2).

Auf Ebene der makroperspektivischen **Gesundheitssystemgestaltung** dominiert insgesamt zwar der Begriff *Qualitätssicherung* als übergreifendes Gestaltungsprinzip. Qualitätsverbesserung und Qualitätsmanagement werden darin u. a. als Gestaltungsansätze

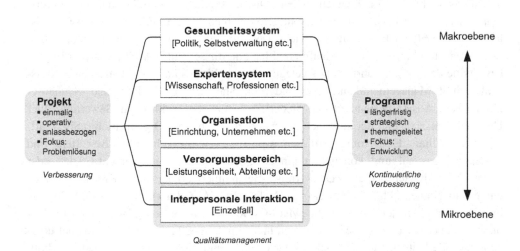

Abb. 3.2 Ebenen der Qualitätsverbesserung

einer gesetzlich ver- und geordneten Qualitätssicherung im Gesundheitswesen betrachtet. Den „sichernden" und „zusichernden" Aspekten all jener Maßnahmen wohnt allerdings stets ein Ansatz von Verbesserung und kontinuierlicher Verbesserung inne. Beispielsweise ist im Rahmen der einrichtungsübergreifenden (externen) Qualitätssicherung der Krankenhäuser der Übergang von einer sichernden (prüfenden bzw. kontrollierenden) und zusichernden (darlegenden bzw. nachweisenden) Qualitätssicherung in eine „verändernde" und „verbessernde" Qualitätsverbesserung auch fließend (Kap. 14).

Auf Ebene der **Expertensysteme** (z. B. Wissenschaftsinstitutionen, Fachgesellschaften, berufsständische Vertretungen) dominiert hingegen der Begriff der *Qualitätsentwicklung* gegenüber dem der Qualitätsverbesserung. Hierzu gehören beispielsweise die methodisch geleitete Entwicklung und Implementierung von Qualitätsstandards für die Gesundheitsversorgung (z. B. Expertenstandards in der Pflege, medizinische Leitlinien durch die Fachgesellschaften), ebenso wie Qualitätsinitiativen von Einrichtungsverbünden, die freiwillige Qualitätsvergleiche und kollegiale Qualitätsbewertungen durchführen (z. B. Initiative Qualitätsmedizin, IQM).

Innerhalb von **Einrichtungen** des Gesundheitswesens sind *Verbesserung* und *kontinuierliche Verbesserung* die handlungsleitenden Gestaltungselemente des Qualitätsmanagements. Programmatisch treten sie aber auch in Form eines unternehmensweiten Verbesserungsmanagements bzw. als eigenständig entwickelter Managementansatz (z. B. Six Sigma, Kaizen, Leanmanagement) in Erscheinung.

3.2.1   Zyklisches Problemlösungshandeln

Methodisch basiert der Verbesserungsansatz auf einem **Kreislaufmodell**, das unter der Bezeichnung „Plan-Do-Check-Act-Cycle" (PDCA-Zyklus) bekannt geworden ist. Ebenso geläufig sind hierfür die Bezeichnungen „Qualitätskreis", „Qualitätsmanagementkreislauf" oder – in Rückgriff auf die Person, deren Namen für die Verbreitung dieses Kreislaufs steht (William E. Deming) – auch „Deming-Zyklus" (vgl. Deming 1986, S. 88). Den Grundstein für dieses Kreislaufmodell hat allerdings Walter A. Shewhart zu Beginn bzw. Mitte des vorigen Jahrhunderts gelegt, indem er Methoden der statistischen Prozessanalyse mit Managementdenken verband (vgl. Shewhart 1986; Best und Neuhauser 2006). Sein Ansatz bestand in der wiederkehrenden oder zyklischen Bewertung aller Unternehmensziele und der zugrunde liegenden Prozesse einer Organisation („Shewhart-Cycle"). William E. Deming griff den Ansatz des wiederkehrenden Bewertens und Neuausrichtens auf und konzipierte ihn als „Learning-and-Improvement-Cycle" oder „Plan-Do-Study-Act-Cycle" (PDSA-Kreis). Bekanntheit erlangte der Kreislauf jedoch unter dem Namen „Plan-Do-Check-Act-Cycle" **(PDCA-Zyklus).** Obwohl sich Deming in seinen Arbeiten stets auf den „Shewhart-Cycle" als Quelle bezog, wird der Kreislauf bis heute überwiegend mit seinem Namen in Verbindung gebracht. Der Zyklus hat übergeordnete Bedeutung für das Qualitätsmanagement und bildet gewissermaßen die Blaupause jeglichen qualitätsbezogenen Handelns.

Der **PDCA-Zyklus** orientiert sich in seiner methodischen Grundhaltung zunächst an den Funktionen des „klassischen Managementkreislaufs". Mit der Einführung einer *Verbesserungsphase* gibt er diesem eine für das Qualitätsmanagement typische Gewichtung (Abb. 3.3). Ausgangspunkt ist eine benennbare „Problemsituation", die mithilfe dieses Kreislaufmodells bearbeitet wird. Der Zyklus umfasst vier Phasen:

- **Planungsphase** (Plan): die Ist-Situation auf Grundlage problemspezifischer Daten analysieren, eine Verbesserung planen, Prüfpunkte festlegen,
- **Ausführungsphase** (Do): den Verbesserungsplan ausführen, Vorgehen strukturieren und in den relevanten Bereichen umsetzen, Ergebnisse der Prüfung abwarten,
- **Prüfphase** (Check): Daten für die Prüfung und Überprüfung der geplanten und implementierten Verbesserung sammeln, die Ausführung und Zielerreichung anhand von Prüfpunkten messen und analysieren,
- **Aktionsphase** oder **Verbesserungsphase** (Act): Soll-Ist-Abgleich durchführen, Bewertung vornehmen und Konsequenzen ziehen, bei Übereinstimmung Verbesserung einführen und bei Abweichung erneut den PDCA-Zyklus durchlaufen.

Der dargestellte Kreislauf liefert ein universelles und grundlegendes **Denk- und Handlungsmodell** für planvolles und faktenbasiertes Problemlösungshandeln im Qualitätsmanagement. Hieraus haben sich disziplinen- und branchenabhängig ähnliche Kreislaufmodelle mit ihren ganz eigenen urtypischen Akzentuierungen entwickelt. Beispiele hierfür sind der im ingenieurwissenschaftlichen Umfeld gebräuchliche **DMAIC-Zyklus** (Define, Measure, Analyze, Improve and Control) des Six-Sigma-Managementmodells (vgl. Melzer 2015; Uluskan 2016) oder der im gesundheitswissenschaftlichen Umfeld bekannte

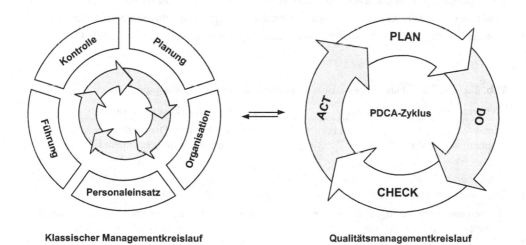

Klassischer Managementkreislauf   Qualitätsmanagementkreislauf

Abb. 3.3 PDCA-Zyklus in Korrespondenz zum klassischen Managementkreislauf. (Quelle: mod. nach Steinmann et al. 2013, S. 12; Deming 1994, S. 135)

Public-Health-Action-Cycle, der die Elemente Problemanalyse, Strategieformulierung, Implementierung und Evaluation in eine zyklische Reihung bringt (IoM 1988). Trotz ihrer unterschiedlichen Herkunft und der modelltypischen Gewichtung einzelner Elemente vereint sich in allen Kreislaufmodellen eine immer gleiche Anwendungslogik: das Definieren von Zielen und Teilzielen (z. B. für die Versorgung), das Planen und Verwirklichen von Überwachungs-, Mess-, Analyse- und Verbesserungsmaßnahmen, das Vergleichen und Bewerten von Ergebnissen und Resultaten sowie das Ziehen von (richtigen) Konsequenzen und Schlussfolgerungen („systematisches Handlungsprinzip"). Gleichzeitig liegt ihnen ein Grundmuster anpassender Regelung bzw. fortlaufender Entwicklung und Veränderung („kontinuierliches Handlungsprinzip") auf (Tab. 3.2).

3.2.1.1 Interaktionsbezogene Handlungsebene

Ein in dieser Weise beschriebenes funktionales bzw. zyklisches Vorgehen liefert gewissermaßen das „Grundmuster der Verbesserung" im Handlungs- und Gestaltungskontext der Gesundheitsversorgung (vgl. Hensen 2018, S. 33 ff.). Auf der Ebene der (unmittelbaren) interaktionellen Leistungserbringung zeigen sich zyklische Planungs-, Ausführungs- und Rückkopplungssequenzen in den strukturierten **Handlungsmustern** der Gesundheitsberufe oder werden als professionsbezogene **Handlungsmodelle** (z. B. Pflegeprozessmodell) sichtbar. Derartige Handlungsmuster und Handlungsmodelle basieren in der Regel nicht auf Managementkreisläufen, sondern auf *Theorien menschlichen Handelns* (vgl. von Cranach et al. 1980; Greve 1994), insbesondere der Vorstellung von „vollständigen Handlungen".

Die Verwendung der Begriffe „Handlung" und „Tätigkeit" ist kontextabhängig. In der Arbeits- und Organisationslehre stehen **Tätigkeiten** verallgemeinernd für objektivierbare und beschreibbare Arbeitsverrichtungen. Im professionsbezogenen Kontext wird häufiger von **Handlungen** gesprochen, um den subjektbezogenen, intentionalen und situativen Charakter von Tätigkeiten zu betonen. Arbeitspsychologisch realisieren sich Tätigkeiten erst durch ihre Ausführung in Form von Handlungen (Sonntag et al. 2012, S. 64).

Tab. 3.2 PDCA-Zyklus: Systematisches und kontinuierliches Handlungsprinzip

Systematisches Handeln bedeutet:	Kontinuierliches Handeln bedeutet:
Analyse und Festlegung: Handeln erfolgt geplant und nicht zufällig	Aufrechterhaltung: Die Leistung wird auf der gegenwärtigen Stufe gehalten und Ziele werden erfüllt
Werte- und Zielorientierung: Handeln erfolgt begründet und zielgerichtet	Verbesserung: Die Leistung wird gesteigert, die Ziele erreicht oder übertroffen
Lernen und Verbesserung: Handeln wird bewertet und führt zu Konsequenzen	Innovation: Die Leistung wird durch Erzeugen und Nutzen neuen Wissens grundlegend umgestaltet

Merkmale vollständiger Tätigkeiten (Quelle: Ulich 2011, S. 218):
- Selbstständiges Setzen von Zielen, die in übergeordnete Ziele eingebettet werden können;
- Selbstständige Handlungsvorbereitungen im Sinne der Wahrnehmung von Planungsfunktionen;
- Auswahl der Mittel einschließlich der erforderlichen Interaktionen zur adäquaten Zielerreichung;
- Ausführungsfunktionen mit Ablauffeedback zur allfälligen Handlungskorrektur;
- Kontrolle mit Resultatsfeedback und Möglichkeit, Ergebnisse der eigenen Handlung auf Übereinstimmung mit den gesetzten Zielen zu überprüfen.

Berufs- oder professionsbezogenes Handeln ist in sequenzieller Hinsicht „vollständig", wenn es neben der Ausführungsfunktion auch Vorbereitungsfunktionen (z. B. Zielsetzung), Organisationsfunktionen (z. B. Abstimmung der Ausführung) und Kontrollfunktionen (z. B. Zielabgleich) umfasst (Ulich 2011). So kann das **situative Problemlösungshandeln** im Kontext pflegerischen, ärztlichen oder therapeutischen Handelns ebenfalls als zyklischer Verbesserungsansatz (Qualitätskreis) verstanden werden, auch wenn ein solches Handeln vordergründig nicht mit dem Vokabular des Qualitätsmanagements assoziiert wird.

Diese Merkmale verdeutlichen den unmittelbaren Bezug professionsbezogenen Handelns zum Qualitätsmanagementgedanken. Eine Ärztin, die ihre Patienten wiedereinbestellt, um sich über den Therapieerfolg zu informieren, eine Pflegekraft, die ihre pflegerischen Maßnahmen auf sich verändernde Bedingungen im Pflegeprozess abstimmt, und eine Therapeutin, die ihre Behandlungsplanung auf Zwischenziele im Therapieverlauf aufbaut, handelt in keinem anderen Sinne als im Sinne einer systematisierten Qualitätsverbesserung (Tab. 3.3). Eine in dieser Weise verstandene „Qualitätsarbeit" erschöpft sich nicht in abgeschlossene Einzelhandlungen; sie ist vielmehr als fortlaufender Veränderungs- bzw. Qualitätsverbesserungsprozess zu verstehen.

3.2.1.2 Intraorganisationsbezogene Handlungsebene

So wie professionsbezogenes Handeln ein stetiges „Problemlösungshandeln" in der Interaktion mit Patienten oder Klienten ist, treten auch in organisationalen Kontexten wiederkehrend „Probleme" auf, die im Sinne der Qualitätsverbesserung bearbeitet werden. Das zyklische Problemlösungshandeln bildet auch hierfür das übergeordnete Handlungsprinzip. Hierbei wird zunächst eine *Problemlage* – etwa durch aufgetretene Fehler oder sonstige kritische Abweichungen von den Anforderungen (z. B. unerwünschte Ereignisse, erkennbare Versorgungsdefizite, Beschwerdeäußerung) – wahrgenommen, welche dann einer organisationsspezifischen Problemlösung zugeführt wird. Qualitätsverbesserungen werden dann in der Regel als *Verbesserungsprojekte* konzipiert und orientieren sich methodisch an Problemlösungsprozessen (Kap. 7) und am Projektmanagement (Kap. 11).

Tab. 3.3 Qualitätsverbesserung als Problemlösungshandeln im interaktionellen Handlungs-kontext

PDCA-Phase	Ärztliche Behandlung	Pflegeprozess	Therapeutische Behandlung
Plan	Diagnosestellung und Behandlungsplanung	Problembeschreibung und Pflegeplanung	Befunderhebung und Behandlungsplanung
Do	Einleiten einer medikamentösen Therapie	Umsetzung des Pflegeplans; Durch-führung der geplanten Pflegemaßnahmen	Behandlungsmaßnahmen einleiten und anpassen
Check	Wiedervorstellung und Messung des Behandlungserfolgs	Regelmäßige Pflege-dokumentation, z. B. Führen eines Bilanzierungsprotokolls	Regelmäßige Dokumentation und Messung des Behandlungsfortschritts
Act	Bewertung des weiteren Vorgehens: Medika-mentenumstellung oder Weiterbehandlung	Evaluation der Pflegemaßnahmen; Fortführen der Pflege oder Neuanpassung des Pflegeplans	Bewertung des weiteren Vorgehens: Therapieplan fortführen oder ändern

Bei derart **episodischen Verbesserungsaktivitäten** setzt die Planungssequenz („Plan") bei der Ursachenanalyse der aufgetretenen Problemlage an und sucht ent-lang der vorgegebenen oder entsprechend angepassten Zielsetzungen nach sinnvollen Gegenmaßnahmen, die zur Behebung der Hauptursachen des Problems führen können (**Korrekturmaßnahmen**). Das zyklische Problemlösungshandeln wird sodann durch die Einführung der als geeignet eingeschätzten Gegenmaßnahmen („Do") und die anschließende Überprüfung ihrer Wirksamkeit bzw. tatsächlichen Geeignetheit („Check") vervollständigt. Falls die Veränderung nicht im erwünschten Sinn zur Problemlösung geführt hat, wird im Sinne einer Rückkopplungssequenz hinterfragt, ob die wirkliche Ursache erkannt (Analysefehler), die richtige Gegenmaßnahme gewählt (Planungsfehler) oder die Gegenmaßnahme richtig ausgeführt wurde (Ausführungsfehler). Im besten Fall endet die Verbesserungsaktivität mit der Etablierung, d. h. Verstetigung der als wirksam bzw. geeignet bewerteten Gegenmaßnahme („Act").

Problemlösungshandeln im Qualitätsmanagement setzt jedoch nicht ausschließlich an erkennbaren und beobachteten Problemlagen an. Es kann ebenso als Folge von regelmäßigen und systematisch durchgeführten Qualitäts- und Leistungsbewertungen angestoßen werden (z. B. Selbstbewertungen, Prozessaudits, Managementbewertungen), wenn *Verbesserungspotenziale* (z. B. unsicheres Handeln in Hochzuverlässigkeits-bereichen wie Intensivstation oder Operationsbereich) identifiziert werden und Gefahrenquellen und potenzielle Risiken erkannt werden (**Vorbeugungsmaßnahmen**). Im Gegensatz zu ereignisorientierten und fehlerbezogenen Korrekturmaßnahmen steht bei ihnen nicht die Ursachenanalyse und Beseitigung von aufgetretenen Problemen

Kontinuierliche Verbesserung

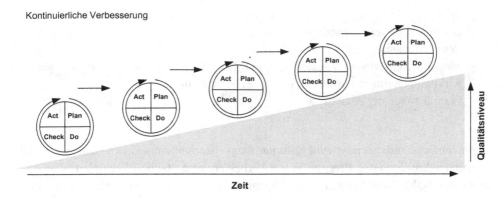

Abb. 3.4 Prinzip der kontinuierlichen Verbesserung

im Vordergrund, sondern die Risiko- und Fehlerpotenzialbewertung sowie die Suche nach Veränderungen, die in einem höheren Maße dazu beitragen, die festgelegten Anforderungen zu erfüllen („risikobasiertes Denken"). Bei Vorbeugungsmaßnahmen handelt es sich um operative Aktivitäten zur Fehlervermeidung (z. B. neue oder überarbeitete Prozessstandards), aber auch um strategische Aktivitäten, die organisations- und kulturbezogene Veränderungen zur Folge haben (z. B. Aufbau oder Förderung einer Sicherheitskultur).

Werden Veränderungen nicht nur anlassbezogen, einzelfall- oder problemorientiert in Form von Projekten realisiert, sondern planvoll und regelmäßig auf Grundlage einer qualitätsbezogenen Haltung durchgeführt, finden die Begriffe ständige, fortlaufende oder **kontinuierliche (Qualitäts-)Verbesserung** Anwendung. Kontinuierliche Qualitätsverbesserung ist nicht auf eine Einzelhandlung, eine Maßnahme oder einen erfolgreichen Projektabschluss beschränkt. Sie ist vielmehr ein langfristiger Prozess, dessen methodische Hintergrundfolie der PDCA-Zyklus liefert. Die grundlegende Idee hierbei ist, dass die „Qualitätsarbeit" niemals endet ist und sich stetig fortsetzt. An das regelmäßige Durchlaufen des Qualitätsmanagement-Kreislaufs ist die Vorstellung geknüpft, dass sich das Qualitätsniveau *kontinuierlich* steigert, wenn jeder neue Zyklus auf einem höheren Niveau ansetzt. Auf diese Weise wird, in großen wie in kleinen Schritten, die gewünschte Effektivitäts- und/oder Effizienzsteigerung bzw. ein produktives Lernen aller Beteiligten ermöglicht (Abb. 3.4).

Elemente der „ständigen Verbesserung" (Quelle: DIN 2005)
- Analysieren und Beurteilen der aktuellen Situation, um verbesserungswürdige Bereiche zu erkennen
- Festlegen der Ziele der Verbesserung
- Suchen nach möglichen Lösungen, um diese Ziele zu erreichen

- Beurteilen dieser Lösungen und Treffen einer Auswahl
- Verwirklichen der gewählten Lösung
- Messen, Verifizieren, Analysieren und Beurteilen der Ergebnisse der Verwirklichung, um zu ermitteln, ob diese Ziele erreicht sind
- Formalisieren der Änderungen

Kontinuierliche Verbesserung wird nicht nur tätigkeitsorientiert, sondern auch systemisch als **unternehmensweites Programm** der Verbesserungsgestaltung konzipiert, das – im Sinne von TQM – alle Bereiche einer Organisation bzw. Einrichtung erfasst und durchdringt. Im Kontext von umfassenden Qualitätsmanagementansätzen (TQM) sind hierfür die Bezeichnungen „Kontinuierlicher Verbesserungsprozess" (KVP), „Continuous Improvement Process" (CIP), „Continuous Quality Improvement" (CQI) oder das japanische „Kaizen" (kontinuierliches Verbesserungsmanagement) verbreitet. Die dahinter stehenden Konzepte basieren zwar auf vergleichbaren Ideen; sie unterscheiden sich im Einzelnen aber in ihrer Schwerpunktlegung. Einige betonen beispielsweise kulturelle oder personenbezogene Aspekte, andere wiederum technische Aspekte der Prozesssteuerung. Auf einer höheren Integrationsstufe geht ein systemisch konzipiertes kontinuierliches Verbesserungsmanagement gewissermaßen im Konzept eines einrichtungsinternen Qualitätsmanagements auf (Abb. 3.5).

Einen weltweit bekannten Ansatz eines unternehmensweiten Verbesserungsprogramms verfolgt das japanische **Kaizen** (jpn.: *kai* = Veränderung; *zen* = gut, zum Besseren), das auf dessen „Erfinder" Masaaki Imai zurückgeht (Imai 1992). Kaizen ist ein Managementansatz im Sinne eines *kontinuierlichen Verbesserungsmanagements,* der insgesamt eher als Managementphilosophie oder als Geisteshaltung und weniger als ein geschlossenes Managementkonzept zu betrachten ist (Zink 2004, S. 31). Eine der Grund-

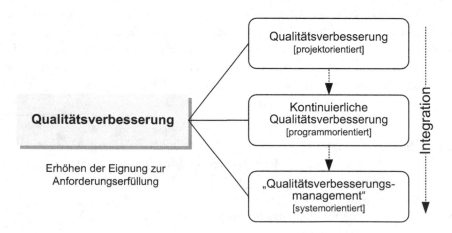

Abb. 3.5 Integration von Aspekten der Qualitätsverbesserung

annahmen oder Arbeitshypothesen von Kaizen ist, dass zum gegenwärtigen Zeitpunkt jede betrachtete Tätigkeit nicht zufriedenstellend, sondern sogar in „ihrer schlechtesten Art und Weise" ausgeführt wird (Zollondz 2011, S. 295). Erreichtes wird damit stets infrage gestellt. Es geht also im Wesentlichen um eine ständige **Verbesserung des Bestehenden,** das als ein „permanentes Problem" aufgefasst wird und demnach auch „permanentes Problemlösungshandeln" bedarf. Die wesentlichen Merkmale von Kaizen lassen sich wie folgt zusammenfassen:

- Im Vordergrund steht **prozessorientiertes Handeln und Denken,** d. h. Verbesserungen werden unabhängig vom Ergebnis angestrebt und umgesetzt (im Gegensatz zur erfolgszentrierten Ergebnisorientierung).
- Verbesserungen werden als **Innovationen in kleinen Schritten** verstanden, die eine stabilisierende Wirkung auf Veränderungen in der Organisation ausüben (im Gegensatz zu „Innovationen der großen Sprünge")
- Es finden **Veränderungen auf allen Ebenen** der Organisation statt:
  a) managementorientiertes Kaizen, das vorwiegend in Projektgruppen stattfindet,
  b) gruppenorientiertes Kaizen, das sich eher an Konzepten der Qualitätszirkel innerhalb eines Arbeitsbereichs orientiert sowie
  c) personenorientiertes Kaizen, das die Organisationsmitglieder in den Prozess des Betrieblichen Vorschlagswesens integriert (im Gegensatz zu einer „Expertenkultur der Veränderung").

Das theoretische Konzept einer „Verbesserung des Bestehenden in kleinen Schritten" steht episodischen und schubartigen Verbesserungen gegenüber (Abb. 3.6). Verbesserungen bzw. Innovationen in „großen Sprüngen" würde bedeuten, dass ein einmal erreichtes Qualitätsniveau gewissermaßen ab dem Zeitpunkt seines Erreichens bereits Gefahr läuft, stetig abzufallen. Die für die Aufrechterhaltung notwendige **Erhaltungsarbeit** ist von alleine und ohne einen systematisierten Handlungsrahmen nur schwer zu

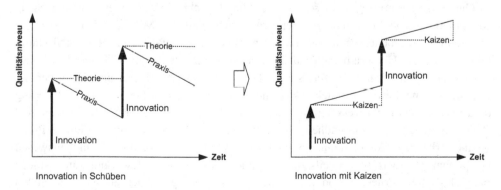

Abb. 3.6 Kontinuierliche Innovations- und Verbesserungsarbeit in „großen Sprüngen" und „kleinen Schritten". (Quelle: mod. nach Schmitt und Pfeiffer 2015, S. 66 f.)

leisten. Kleinschrittiges, ständiges Hinterfragen und Innovieren führt dagegen dazu, sich ständig mit dem Gegenstand des Erreichten gedanklich und praktisch auseinanderzusetzen und nach Möglichkeiten der Optimierung oder Innovation zu suchen. Hierdurch wird gleichzeitig sowohl Erhaltungsarbeit als auch **Verbesserungsarbeit** geleistet und das Qualitätsniveau kontinuierlich gesteigert (vgl. Schmitt und Pfeiffer 2015, S. 66 f.; Brunner 2017, S. 26 f.). Kaizen in Gestalt eines „Verbesserungsmanagements" liefert hierfür den benötigten Handlungsrahmen (z. B. durch systematisierte Projektgruppen- und Qualitätszirkelarbeit, Vorschlagswesen bzw. Ideenmanagement).

Eine solche Philosophie des ständigen Hinterfragens und Optimierens aller Abläufe, das Einbinden aller an der Leistungserbringung Beteiligter und die Philosophie des kleinschrittigen Innovations- und Verbesserungsdenkens ist nicht an einzelne Branchen gebunden. In Einrichtungen des Gesundheitswesen hat sie gerade ihre Berechtigung, wenn es um die Partizipationsansprüche der darin tätigen Fachkräfte, die Entwicklung und Implementierung von fachlichen Qualitätsstandards und die begrenzten Möglichkeiten der Ausschöpfung von Wirtschaftlichkeitsreserven geht.

3.2.1.3 Interorganisationale Handlungsebene

Verbesserungen im Rahmen der Qualitätsverbesserung sind aufgrund ihrer organisationsspezifischen Problemlösung oftmals nur für die jeweilige Einrichtung von Relevanz („einrichtungsinternes Qualitätsmanagement"). Sie können aber auch öffentlich bekannt gemacht und mit anderen Institutionen oder „kooperierenden Parteien am Markt" geteilt werden. Gegenüber einer solchen „nach außen" kommunizierten Beispiel- und Vorbildfunktion können Verbesserungsprojekte aber auch **einrichtungsübergreifend** durchgeführt werden, beispielsweise um die Versorgungssituation in einer Versorgungsregion zu verbessern, um Synergieeffekte im Verbund mit anderen Leistungserbringern zu erzielen oder um „Best-Practice"-Ansätze für alle Akteure im Gesundheitswesen zu entwickeln. Derartige Ansätze spiegeln u. a. die Bedeutung der **Außenbeziehungen** eines *umfassenden Qualitätsmanagements* wider, in dem die Organisation nicht isoliert, sondern eingebettet in Umfeld- und Umweltinteressen handelt.

Qualitätsverbesserung in diesem Kontext heißt, nicht nur aus eigenen Erfahrungen, sondern auch von Erfahrungen anderer zu lernen und die Mit- und Umwelt in die Informationsverarbeitung mit einzubeziehen. Derartige **Lehr-Lernprozesse** sind häufig komplex, da die Übertragbarkeit auf die eigene Organisation schwierig sein kann bzw. ein Projekt- oder Programmerfolg sich erst vor Ort als wertvoll oder nachhaltig herauszustellen vermag. Für das Teilen der eigenen Verbesserungserfolge und die Realisierung derartiger Lehr-Lernprozesse haben sich Anreizstrukturen in Form von Preisen und Preiswettbewerben im Gesundheitswesen etabliert. Im Folgenden werden einige Preiswettbewerbe bzw. Auszeichnungen für Qualitätsverbesserungen im Gesundheitswesen beispielhaft skizziert. Die jeweils zur Anwendung kommenden Bewertungsdimensionen bzw. Bewertungskriterien sind in gewisser Weise verallgemeinerbar und können bei der Realisierung eigener Qualitätsverbesserungen als Orientierungshilfe herangezogen werden.

Einer der ältesten und bekanntesten Preise für Qualitätsverbesserungen im Gesundheitswesen ist der **Golden Helix Award**. Der Preis wurde über 20 Jahre vom Verband der Krankenhausdirektoren Deutschlands e. V. (VKD) verliehen. Im Rahmen einer Ausschreibung wurden herausragende Qualitätsverbesserungsprojekte in Gesundheitseinrichtungen geehrt. Teilnehmen konnten Einzelpersonen oder Projektteams, die in Deutschland, Österreich oder der Schweiz in einer privaten oder öffentlichen Einrichtung des Gesundheitswesens tätig sind.

Für alle Projekte galt, dass den Ergebnissen nachgewiesene Messungen zugrunde liegen (Verbessern durch Regelkreissystematik) und dass es möglich sein muss, die aufgrund der Arbeit des Projektteams ergriffenen Maßnahmen zu rekonstruieren und zu verallgemeinern (Verbessern durch Lernen). Mit der Veröffentlichung der prämierten Projekte werden Mitglieder verschiedenster Organisationen im Gesundheitswesen ermutigt, den Gedanken der Qualitätsverbesserung auch in ihre Organisation zu tragen und dort Wirklichkeit werden zu lassen (vgl. VKD 2014).

Bewertungsdimensionen (Golden-Helix-Award):
- Qualität der Methode: Ist der Verbesserungsprozess logisch und vollständig dargestellt?
- Qualität der Messergebnisse: Wie wird die Qualitätsverbesserung gemessen?
- Qualität des Teams: Sind die Klienten des Projektes bekannt und alle relevanten Personen involviert gewesen?
- Qualität der Umsetzung: Wie wurde der Lösungsansatz in die tägliche Praxis umgesetzt?
- Qualität der Projektverbesserung: Was hat das Projekt bewirkt?

Der Wettbewerb Golden-Helix-Award wird zwar aktuell nicht mehr durchgeführt. Im Gegenzug hat sich in den letzten Jahren ein neuer bedeutender Preiswettbewerb entwickelt. Seit 2014 verleiht das Aktionsbündnis Patientensicherheit e. V. (APS) jährlich den **Deutschen Preis für Patientensicherheit.** Dabei werden zukunftsweisende Best-Practice-Projekte oder praxisrelevante Forschungsarbeiten zum Thema Patientensicherheit und Risikomanagement bewertet und ausgezeichnet. Das Ziel ist, eine offenere Sicherheitskultur im deutschen Gesundheitswesen zu entwickeln, indem vermeidbare unerwünschte Ereignisse, mögliche Risiken und Fehler im Versorgungsgeschehen klar benannt und besprochen werden, gleichzeitig aber auch wirksame und nachhaltige Lösungswege aufgezeigt werden.

Sämtliche Akteure im Gesundheitswesen können sich um diesen Preis bewerben. Die Bewertung erfolgt durch eine unabhängige Jury aus den Bereichen Pflege, Ärztinnen- und Ärzteschaft, Apotheke, Selbsthilfe und Kostenträger. Die Vorstellung und Verbreitung der prämierten Verbesserungsprojekte in der Fachöffentlichkeit erfolgt dann im Rahmen von Tagungen, auf dafür eingerichteten Internetpräsenzen und durch Publikation in relevanten Zeitschriften.

Bewertungsdimensionen (Deutscher Preis für Patientensicherheit):

- Praxisrelevanz
- Fortschritt für die Versorgung
  - Sektorenübergreifend
  - Interprofessionell
  - Originell
- Potenzieller Einfluss auf die Patientensicherheit
- Umsetzung und Grad der Implementierung inkl. Übertragbarkeit
- Evaluation inkl. Aussicht auf eine nachhaltige Wirksamkeit

Ein weiterer Preiswettbewerb wird von der Kooperation für Transparenz und Qualität im Gesundheitswesen GmbH (KTQ) durchgeführt. Die KTQ-GmbH ist eine Organisation, die von der Bundesärztekammer, der Deutschen Krankenhausgesellschaft e. V. (DKG) und dem Deutschen Pflegerat e. V. (DPR) gegründet wurde und ein freiwilliges Zertifizierungsverfahren für Einrichtungen im Gesundheitswesen entwickelt hat (siehe Kap. 4). Einmal im Jahr wird der **KTQ-Award** für vorbildliche Projekte im Qualitätsmanagement des Gesundheitswesens verliehen. Die Projekte müssen sich am PDCA-Zyklus orientieren und einen Zusammenhang mit den thematisch relevanten Kriterien des jeweiligen KTQ-Katalogs erkennen lassen. Neben der Ergebnisqualität stellt auch die Nachhaltigkeit ein wesentliches Beurteilungskriterium bei der Preisvergabe dar. Im Gegensatz zu anderen Preiswettbewerben wird der KTQ-Award jeweils zu einem Schwerpunktthema ausgeschrieben und es können sich in der Regel nur KTQ-zertifizierte Einrichtungen bewerben. Die Veröffentlichung der Verbesserungsprojekte erfolgt im Rahmen der jährlichen Tagung „KTQ-Forum" und auf der KTQ-Internetseite.

Darüber hinaus präsentiert die KTQ-GmbH unter dem Motto „Qualität zeigen!" regelmäßig **Best-Practice-Projekte.** Damit sollen Einrichtungen, die durch innovative Vorgehensweisen und ausgezeichnetes Management hervortreten und ihre Organisation im Hinblick auf zukünftige Anforderungen gut positioniert haben, ausgezeichnet und öffentlich vorgestellt werden. Die „Best-Practice"-Initiative hat das Ziel, den Austausch der Einrichtungen im Gesundheitswesen untereinander zu fördern und die Verbreitung hervorragender Lösungen zu unterstützen. Die präsentierten Best-Practice-Beispiele sollen als Hilfsmittel dienen, Veränderungen zu initiieren und Prozesse erfolgreich zu gestalten. Hierzu können sich KTQ-zertifizierte Einrichtungen mit ihren innovativen Projekten bewerben. Eine Fachjury prüft und bestätigt dann im Einzelfall die Vorbildlichkeit der Projekte.

Bewertungskriterien (Best-Practice-Initiative der KTQ-GmbH)
- Womit begründet sich die Exzellenz des Projektes?
- Inwieweit ist das Projekt innovativ und fachlich aktuell?
- Wodurch ist die Praxisrelevanz des Projektes belegt?
- Inwiefern ist das Projekt am Patienten (Klienten, Rehabilitanden etc.) orientiert?
- Inwiefern werden die Belange der Mitarbeitenden berücksichtigt?
- Gibt es Belege für die Wirksamkeit und messbare/belegbare Resultate?
- Gab es besondere Problemstellungen, die während der Umsetzung auftraten und die bewältigt werden mussten?
- Lassen sich Hinweise und Tipps für andere Einrichtungen formulieren, die dieses oder ein vergleichbares Projekt ebenfalls umsetzen möchten?
- Welche Schlussfolgerungen können aus dem Projekt gezogen werden?

3.2.2   Standards und Standardisierung

In ähnlicher Weise wie das zyklische Problemlösungshandeln sind Standards und Standardisierung auf Veränderung und Verbesserung von Qualität gerichtet. Standards zielen allgemein auf **Gleichheit** und **Richtigkeit** und finden überall dort Anwendung, wo Gleichheit und Richtigkeit als Qualitätskriterien gelten (vgl. Hacker et al. 2001). Dies gilt für den Gebrauch von Gegenständen (z. B. Arzneimittel, Blutzuckermessgerät), in der Kommunikation (z. B. Fachbegriffe wie Dekubitus oder Wunde) oder bei der Ausführung von Tätigkeiten (z. B. Blutentnahmen, Wundverband). Nicht nur in der Versorgungspraxis, auch in der Forschung muss es Vereinheitlichungen geben, die Richtigkeit, Nachvollziehbarkeit und Überprüfbarkeit gewährleisten (z. B. bei Stichproben, Laborgeräten, Messvorschriften) und Mess- und Forschungsergebnissen damit Gültigkeit verleihen. Standards sind somit unverzichtbare Elemente jeglichen (berufs-) fachlichen und wissenschaftlichen Handelns. Sie können wie folgt kategorisiert werden (vgl. Timmermans und Berg 2003, S. 24):

- **Strukturstandards** (Design Standards): Hierzu gehören Standards, mit deren Hilfe strukturelle Spezifika von Einzelkomponenten oder von ganzen Systemen festgelegt werden (z. B. Größe von Krankenhausbetten, technische und bauliche Bedingungen für den Betrieb von Röntgengeräten).
- **Begriffsstandards** (Terminological Standards): Diese Kategorie umfasst formal strukturierte Standards, die eine zeitliche und räumliche Stabilität in Sprache und Bedeutung von Fachausdrücken gewährleisten (z. B. Klassifikationsschemata wie International Statistical Classification of Diseases and Related Health Problems 10th Revision, ICD-10, oder North American Nursing Diagnosis Association, NANDA).
- **Leistungsstandards** (Performance Standards): Diese Standards geben zu erreichende Ergebnis- oder Zielwerte vor. Sie haben keinen Regelungsanspruch auf die dahin

führenden Tätigkeiten, sondern allein auf das Resultat der Handlung (z. B. Höchst-
werte für Komplikationsraten, zu erbringende Fallzahlen, messbare Ergebnisse bei
Behandlungsabschluss).

- **Prozessstandards** (Procedural Standards): Hierzu zählen die Standards, die sich auf
die tatsächlichen Ausführungen bzw. die Gestaltung von Prozessen richten. Es können
einzelne Arbeits- und Entscheidungsschritte bzw. die auszuführende Reihenfolge festgelegt werden (z. B. Behandlungspfade, einrichtungsinterne Verfahrensanweisungen).

Standardisierung bzw. die Festlegung und Anwendung von Standards kann sich
begrifflich auch an den bekannten **Qualitätsdimensionen** der Strukturqualität
(Strukturstandards: z. B. Facharztstandard, Hygienestandard), der Prozessqualität
(Prozessstandards: z. B. Vorbereitung zur OP, Entlassung von Patientinnen
und Patienten) oder der Ergebnisqualität (Leistungsstandards: z. B. niedrige Wiederauf-
nahme- oder Komplikationsraten) orientieren.

Standards zielen unter anderem zwar auf Einheitlichkeit, der Begriff selber wird
dagegen uneinheitlich gebraucht (Kap. 13). Je nach Definition und Gebrauchsabsicht
kann ein *Standard* (oder Qualitätsstandard) den Charakter einer allgemein formulierten
Norm oder **Wertaussage** ohne jegliche Konkretisierung annehmen (z. B. Partizipation
in Entscheidungsprozessen), ein wünschenswertes **Leistungsniveau** definieren (z. B.
bestimmte Ausstattungsmerkmale, Kontaktzeiten, Verhaltensmaßstäbe) oder eine präzise
Nenngröße zur Spezifizierung eines akzeptablen oder optimalen Qualitätsniveaus liefern
(z. B. bestimmte Qualifikation oder Anzahl von Personen im Sinne einer nicht zu unter-
schreitenden Mindestanforderung). Donabedian bezeichnete Qualitätsstandards als
„die genaue Menge für ein angemessenes annehmbares und optimales Qualitätsniveau"
(Donabedian 1980).

▶   Qualitätsstandards bilden Qualitätsanforderungen, die ein wünschenswertes oder
     akzeptables Qualitätsniveau definieren. Sie liefern Maßstäbe, mit deren Hilfe die
     Qualität von Strukturen, Prozessen und Ergebnissen geprüft, (zu)gesichert und
     (kontinuierlich) verbessert werden kann.

Eng gekoppelt an die begriffliche Auseinandersetzung ist die Frage nach der **Verbindlichkeit,** die Standards in ihrer praktischen Anwendung ausüben. Verbindlichkeit entsteht
entweder *qua Autorität* (z. B. Wissenschaftlichkeit, Methodenqualität, institutionelle
Macht, Hierarchie, Tradition) und/oder *qua Vereinbarung* (z. B. Konsens, Zustimmung,
Kontrahierung). Qualitätsstandards, die von angesehenen Expertengruppen zusammengestellt, erprobt und bewertet wurden (z. B. Expertenstandards in der Pflege), üben hohe
methodisch begründbare Verbindlichkeit aus. Demgegenüber können einrichtungsinterne
Verfahrens- oder Arbeitsanweisungen ebenso wie behördliche oder untergesetzliche
Normen auch ohne Nachweis ihrer methodischen Qualität eine hohe Verbindlichkeit
entfalten (z. B. durch Anordnung oder Vereinbarung), gleichsam aber auch trotz hoher

Tab. 3.4 Prozessstandards: Prinzipien des einheitlichen und richtiges Handelns

Einheitliches Handeln bedeutet:	Richtiges Handeln bedeutet:
Vollständigkeit: Alles, was getan werden soll, wird auch getan	Gültigkeit: Das Vorgehen basiert auf akzeptierten Maßstäben
Verlässlichkeit: Der Ablauf ist nicht willkürlich oder beliebig, sondern festgelegt und geordnet	Optimalität: Die Maßstäbe sind in Art und Umfang erforderlich und angemessen
Geeignetheit: In Einzelfällen darf begründet abgewichen werden	Überprüfbarkeit: Maßstäbe werden anlassbedingt oder vorbeugend angepasst und weiterentwickelt

methodischer Qualität nur als Empfehlung gelten (z. B. Vereinbarung von Rahmenempfehlungen).

Im Qualitätsmanagement des Gesundheitswesens sind vor allem **Prozessstandards** weit verbreitet. In der Versorgungspraxis kommt es in vielen Situationen und Bereichen darauf an, dass Handlungen wie vorgesehen („Prinzip des einheitlichen Handelns") und entlang geeigneter Maßstäbe („Prinzip des richtigen Handelns") ausgeführt werden (Tab. 3.4). Gleichzeitig sind Prozessstandards problem- und konfliktbehaftet, da sie oftmals die Interaktion und Kooperation von unterschiedlichen Berufsgruppen voraussetzen und Einfluss auf das professionsbezogene Handeln nehmen.

Beispiele für Prozessstandards in der Gesundheitsversorgung

- **Checklisten:** Sie standardisieren Schnittstellen an Prozessübergängen und können als eine Art „Echtzeit-Leitfaden" für die Einhaltung wichtiger Prüf- und Arbeitsschritte betrachtet werden (z. B. Übergabe eines Patienten in den Operationsbereich). Ausgefüllt dienen sie auch als Nachweisdokumente.
- **Protokolle:** Sie standardisieren die Dokumentation durchgeführter Maßnahmen an kritischen Prozessschritten (z. B. Sterilisationsprotokolle, Hygieneprotokolle). Sie dienen wie Checklisten ausgefüllt auch als Nachweisdokumente.
- **Vorschriften:** Sie standardisieren spezielle Struktur- und Verfahrensfragen zu relevanten Organisations- und Versorgungsaspekten, zumeist auf Grundlage gesetzlicher Bestimmungen (z. B. Desinfektionsvorschriften, Betriebsvorschriften), aber auch auf Basis von Dienstanweisungen (z. B. Umgang mit Behandlungsakten).
- **Verfahrensanweisungen:** Sie standardisieren Vorgehensweisen relevanter Prozesse innerhalb einer Organisation. Sie beinhalten Detailregelungen über Zuständigkeiten und Verfahrensschritte und verweisen auf übergreifende bzw. weiterführende Prozesse (z. B. Aufnahme eines Patienten, Wundbehandlung im Wundzentrum).
- **Arbeitsanweisungen:** Sie standardisieren spezielle Prozessschritte. Sie sind detaillierte Beschreibungen einzelner Tätigkeiten und enthalten alle notwendigen

Aufgaben zu deren Durchführung (z. B. Durchführung eines epikutanen Allergietests, Gabe von Immunglobulinen).

- **Verhaltensregeln:** Sie standardisieren regelmäßig durchzuführende Verhaltensweisen innerhalb von Teamstrukturen; eine Kombination aus „Mehraugenprinzip" und habitualisiertes Ritual (z. B. Team-Time-Out-Verfahren durch gesamtes Operationsteam vor Operationsbeginn).
- **Leitlinien:** Sie standardisieren allgemeine oder spezielle Vorgehensweisen zu Krankheitsbildern, Symptomen und Therapien. Sie werden in der Regel durch legitimierte Vertreter der Gesundheitsberufe erstellt und haben empfehlenden Charakter (z. B. Leitlinie „Chirurgie der Adipositas", „Humangenetische Diagnostik und genetische Beratung" oder „Harnwegsinfektion").
- **Richtlinien:** Sie standardisieren verbindliche und spezielle Vorgehensweisen, deren Nichtbeachtung rechtliche Konsequenzen hat. Sie werden in der Regel durch gesetzlich autorisierte Institutionen erstellt und haben normativen Charakter (z. B. Heilmittel-Richtlinie, Richtlinie zur Gewinnung von Blut und Blutbestandteilen und zur Anwendung von Blutprodukten). ◄

Im Umfeld sozialer und gesundheitlicher Berufe (Professionen) wird das Prinzip der Standardisierung unterschiedlich wahrgenommen und bewertet. Zuweilen wird im Ansatz der **Vereinheitlichung**, insbesondere bei Prozessstandards, die Gefahr gesehen, der Einzigartigkeit und Besonderheit der personenbezogenen Beziehungsarbeit mit einer rein technisch-funktionalen Ausführungsarbeit zu begegnen. Anlass zur Sorge gibt es immer dann, wenn Standardisierung bzw. die Nutzung von Standards nicht mehr zweckgebunden und verhältnismäßig erfolgt und/oder ihr Einsatz zu einer (erkennbaren) Verschlechterung der Versorgungsqualität führt bzw. wenn im Einzelfall auf die Bedürfnisse der Patientinnen und Patienten nicht mehr angemessen reagiert werden kann. **Variabilität,** die natürlich (z. B. unterschiedliche anatomische Voraussetzungen), verhaltensbezogen (z. B. unterschiedliche Bereitschaft oder Möglichkeiten zur Mitarbeit) oder ggf. auch ressourcenbedingt (z. B. unterschiedliche Mittelverfügbarkeit abhängig von der Versorgungsstufe) vorkommt, bedarf vor allem aber eines Handelns, das fallspezifisch und situationsgerecht ist. Standardisierung bzw. die Nutzung von Standards soll professionelles Handeln keinesfalls ersetzen, dafür aber methodisch ergänzen (Abb. 3.7). Standards sind **Unterstützungshilfen,** die dort ansetzen, wo Gefahr droht bzw. Risiken bestehen, die angestrebte „Optimale Qualität" nicht erreichen zu können (Abschn. 2.2.1):

- **Vermeidung von Fehlern:** Einheitliche Vorgehensweisen helfen, Fehler in der Ausführung oder Fehler an kritischen Prozesspunkten durch Unterlassung zu vermeiden. Durch Standards wird sichergestellt, dass in kritischen Situationen das Richtige gemacht wird und die richtigen Entscheidungen getroffen werden.
- **Vermeidung von Qualitätsschwankungen:** Standards haben das Ziel, unerwünschte Variabilität (oder – technisch ausgedrückt – die Bandbreite der Streuung) in der Aus-

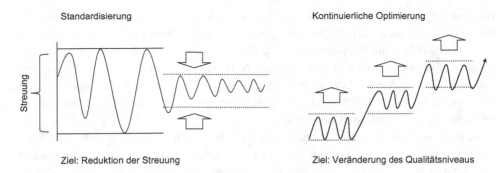

Standardisierung   Kontinuierliche Optimierung

Streuung

Ziel: Reduktion der Streuung   Ziel: Veränderung des Qualitätsniveaus

Abb. 3.7 Qualitätsverbesserung durch Standardisierung und kontinuierliche Optimierung. (Quelle: nach Hacker et al. 2001; Baartmans und Geng 2006, S. 36 f.)

führung zu reduzieren und ein möglichst gleichbleibendes Qualitätsniveau aufrechtzuerhalten.

- **Erstellen anforderungsgerechter Qualität:** Mit der Entwicklung von Standards findet ein strukturierter Prozess statt, bei dem sich mit den Anforderungen an die eigenen Leistungen auseinandergesetzt und die Leistungserstellung systematisch an den Anforderungen und den Versorgungszielen ausgerichtet wird.

Darüber hinaus bieten standardisierte Prozesse noch weitergehenden Nutzen zu folgenden Aspekten (vgl. Wilhelm 2007, S. 59):

- **Absicherung der eigenen Arbeit:** Durch Standardisierung wird ein mehr oder weniger spezifischer Handlungsrahmen definiert, der handelnden Personen in problematischen Situationen Handlungs- und Ablaufsicherheit bietet.
- **Schonung eigener Ressourcen:** Für einfache Arbeiten ist festgelegt, was zu tun ist. Dadurch muss nicht jedes Mal erneut überlegt werden und müssen nicht immer wieder Informationen beschafft werden, um die Tätigkeiten auszuführen.
- **Einarbeitung neuer Mitarbeitender:** Standardisierte Prozesse helfen neuen Mitarbeitenden, sich in der Organisation zurechtzufinden. Sie verkürzen die Einarbeitungszeit und den Einarbeitungsaufwand.
- **Unternehmensinternes Wissensmanagement:** Das Know-how und Wissen der Organisation und Personen wird für die standardisierten Einheiten gebündelt, gespeichert, sichtbar gemacht und weiterentwickelt. Es ist nicht mehr länger nur „in den Köpfen" der Menschen vorhanden.
- **Einheitliches Erscheinungsbild:** Externe wie interne Interessen- und Anspruchsgruppen können sich über das Vorgehen und die zu erwartenden Qualitätsstandards informieren.

Die hier aufgeführten Merkmale und Nutzenaspekte von Standards und Standardisierung weisen zunächst einen erkennbaren Bezug zur Qualitätssicherung auf. Die *Einhaltung von Standards* bedeutet Sicherstellung und Zusicherung von Qualität. Standardisierung bedeutet aber auch *Entwicklung von Standards*. Es sind Entscheidungen zu treffen, was und in welchen Bereichen „standardisiert" werden soll, bzw. ob und in welcher Form mit der Standardisierung die Fähigkeiten und die Eignung der Anforderungserfüllung erhöht und damit Qualität verbessert werden kann.

Standardisierung bedeutet nicht, dass die hierdurch einmal getroffenen Festlegungen und Vereinbarungen dauerhaft gelten. Sie fordert vielmehr die **Optimierung von Standards.** Demgemäß sind Form und Inhalte regelmäßig zu überprüfen und zu aktualisieren, nicht zuletzt aufgrund der Dynamik sich verändernder Bedingungen und Voraussetzungen (z. B. Personalwechsel, neue medizinische, pflegerische oder therapeutische Erkenntnisse, geänderte Arbeitsstrukturen), aber auch aufgrund mangelnder Eignung, das vorab festgelegte Qualitätsniveau zu erreichen. Für die regelmäßige Überprüfung und Verbesserung der vorhandenen Standards bietet wiederum die Idee des PDCA-Zyklus den methodische Rahmen, hier allerdings in einer abgewandelten Form eines „Standardize-Do-Study-Act-Cycle" (**SDSA-Zyklus):**

- **Standardisierungsphase** (Standardize): Analyse der Prozesse und Anforderungen; Festlegung der Zielsetzung der Standardisierung; Messpunkte für Überprüfungen bestimmen.
- **Ausführungsphase** (Do): Ausbildung der Beteiligten an dem standardisierten Prozess; Einbindung des Managements; Umsetzung der Standardisierung.
- **Prüfphase** (Study): Funktionsweise und Leistungen überprüfen anhand der Messungen; standardisierte Beurteilungen durch Audits.
- **Aktionsphase** oder **Verbesserungsphase** (Act): Soll-Ist-Abgleich auf Basis einer Bewertung; wenn Standard erreicht ist: Optimierung durch kontinuierliche Verbesserung; sofern Standard nicht erreicht wurde: Anpassung des SDSA-Zyklus bzw. der Standardisierung; erneutes Durchlaufen des SDSA-Zyklus bis Standard erreicht ist (vgl. Hacker et al. 2001).

Qualitätsverbesserung durch Standardisierung bedeutet, dass die Vorgänge der Veränderung (z. B. Einführung eines neuen Standards) und die Feststellung der Verbesserung (z. B. nachweisbare Senkung von Komplikationen) sich am **Management-kreislauf** orientieren. Standardisierung wird gewissermaßen vom Prinzip des zyklischen Problemlösungshandelns umschlossen. Die hierdurch erzielte kontinuierliche Verbesserung kann als *Qualitätsoptimierung* bezeichnet werden, um eine begriffliche Abgrenzung gegenüber dem systemischen Gestaltungsansatz des kontinuierlichen Verbesserungsmanagements zu erreichen, aber auch, um den Charakter der insgesamt nur erreichbaren „optimalen Qualität" in Abgrenzung zum idealisierten Begriff der „maximale Qualität" hervorzuheben.

3.3 Qualitätsmanagement

Im Gegensatz zu den Prinzipien der Qualitätssicherung und Qualitätsverbesserung, die auf allen Handlungsebenen im Gesundheitswesen Geltung und Anwendung finden, tritt Qualitätsmanagement begrifflich vor allem als **institutionelles Management-konzept** in Erscheinung (Begriff des „einrichtungsinternen Qualitätsmanagements"). Es definiert sich u. a. durch eine Fülle bestimmter Aufgaben zur Steuerung von Prozessen (z. B. Planungs-, Ausführungs- und Evaluationsaufgaben) und aufeinander abgestimmte Entscheidungs-, Koordinations- und Organisationsstrukturen (z. B. Verantwortlichkeiten, Befugnisse, Beauftragung).

▶ Qualitätsmanagement bedeutet Management bezüglich der Erfüllung von Qualitätsanforderungen.

Inhaltstheoretisch baut Qualitätsmanagement auf einer relativ einheitlichen Ziel- und Wertebasis auf (Kap. 2) und vereint die methodischen Grundhaltungen zu einem Gesamtkonzept. Qualitätsmanagement bildet eine Art „integrative Klammer" für den Zusammenhalt und die gemeinsame Ausrichtung aller qualitätsbezogenen Ideen, Programme, Konzepte und Ausführungsmaßnahmen und reichert die Qualitätsarbeit, um kultur- und organisationsbezogene Aspekte an (Abb. 3.8). Ausgehend von dieser Grund-überlegung eines verallgemeinernden Qualitätsmanagementverständnisses werden im Folgenden modellhaft zwei Realisierungsansätze skizziert.

3.3.1 Tätigkeitsbezogenes Qualitätsmanagement

Ein tätigkeitsbezogenes Qualitätsmanagement orientiert sich konzeptuell bzw. methodisch am *Verständnis der Qualitätsverbesserung,* insbesondere der kontinuierlichen bzw. fortlaufenden Qualitätsverbesserung. Bereits William E. Deming ging in

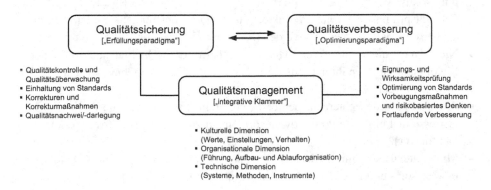

Abb. 3.8 Gestaltungsansätze und Grundhaltungen des Qualitätsmanagements

seinen Überlegungen zur Qualitätsverbesserung von grundlegenden **Veränderungen in Organisationen** und nicht allein von isolierten Projektlösungen aus. Aus Sicht von Deming ist Qualitätsverbesserung eigentlich nichts anderes als „erfolgreiches unternehmerisches Handeln". Er hat hierzu drei Grundannahmen für den Erfolg von Verbesserungsmaßnahmen in Organisationen formuliert (Zollondz 2011, S. 90):

- Jede Aktivität innerhalb und außerhalb des Unternehmens ist als Prozess aufzufassen und kann entsprechend verbessert werden.
- Problemlösungen allein genügen nicht, fundamentale Veränderungen sind erforderlich.
- Die oberste Unternehmensleitung muss Vorbild sein und handeln, die Übernahme von Verantwortung ist nicht ausreichend.

Darauf aufbauend formulierte er **vierzehn Managementregeln** („14-Punkte-Programm"), die er als Imperativ an die Unternehmensleitung für die Schaffung von Rahmenbedingungen und zur Realisierung geeigneter Handlungsstrategien verstand (vgl. Deming 1982). Ausgehend von einer qualitätsorientierten Grundphilosophie und einem klaren Bekenntnis zur Qualitätsverbesserung, stehen hierin Fehlerfreiheit, Prozesssteuerung, der Einsatz statistischer Methoden, der Stellenwert der Mitarbeitenden und die Verantwortung der Leitung als Gestaltungsvariablen im Vordergrund. Auch wenn eines seiner zentralen Paradigmen die Produktivitätssteigerung von Unternehmen ist und diese nicht uneingeschränkt mit der gleichen Wertigkeit auf das Gesundheitswesen übertragbar ist, haben diese Managementregeln bis heute nicht nur historische Bedeutung, sondern können auch als universell für jede Branche und als *normative Grundpfeiler* eines einrichtungsinternen Qualitätsmanagements betrachtet werden.

Das 14-Punkte-Programm (mod. nach Deming 1982, S. 16 ff.)

- Das oberste und unveränderliche Unternehmensziel ist die ständige Verbesserung von Produkten und Dienstleistungen (Create constancy of purpose).
- Qualitätsverbesserung erfordert eine neue Denkhaltung (Adopt the new philosophy).
- Qualitätsprüfungen von Produkten und Dienstleistungen sollen durch statistische Methoden ersetzt werden (Rely on statistical control).
- Nicht das niedrigste Preisangebot, sondern der Qualitätsnachweis der Lieferanten und der ihrer Produkte sind für das eigene Ergebnis entscheidend (Provide evidence of quality).
- Eine fortlaufende Fehlerursachenforschung optimiert dauerhaft die Produktionsprozesse und hilft, die Produktivität fortlaufend zu steigern (Improve constantly and forever).
- Mitarbeitende sind mit modernen Methoden ständig hinsichtlich ihres Qualitätsbewusstseins und ihrer Tätigkeiten zu schulen (Train all employees).

- Durch das richtige Führungsverhalten und moderne Führungstechniken werden alle Mitarbeitenden in ihrer Arbeit unterstützt (Provide proper tools to do the right job).
- Gegenseitige Kommunikation und Abbau einer Atmosphäre von Angst im gesamten Unternehmen fördern die Zusammenarbeit und erhöhen die Produktivität (Encourage communication and productivity).
- Der Abbau von Grenzen und Barrieren zwischen den einzelnen Unternehmensbereichen unterstützt den Zusammenhalt und die Arbeitsergebnisse (Work together on problem solving).
- Ermahnungen und Aufrufe sollten vermieden werden, die nicht unmittelbar der Unterstützung von Verbesserungsmaßnahmen dienen (Eliminate posters and slogans).
- Quantitative Leistungsvorgaben sollten durch qualitative Leistungsbewertungen der Mitarbeitenden und statistische Methoden für die kontinuierliche Verbesserung ersetzt werden (Use statistical methods).
- Das Unternehmen und die Vorgesetzten sollten alles tun, damit die Mitarbeitenden stolz auf ihre Arbeit sein können (Eliminate all barriers to pride in workmanship).
- Umfangreiche Aus-, Fort- und Weiterbildung der Mitarbeitenden (Provide ongoing retraining) ist die Grundlage für kontinuierliche Selbst- und Qualitätsverbesserung.
- Die Verpflichtung der Unternehmensleitung für die Unternehmensqualität und die kontinuierliche Qualitätsverbesserungen kann nicht delegiert werden (Define permanent commitment to quality).

Für die Schaffung und Realisierung eines solchen systematisierten Verbesserungsansatzes liefert der Qualitätskreis (PDCA-Zyklus) das grundlegende Denk- und Handlungsmodell. Das Zusammenwirken der vier Phasen und das wiederkehrende Durchlaufen des Qualitätsmanagementkreislaufs im Sinne einer (ständigen) Qualitätsverbesserung werden zur Basis eines **tätigkeitsbezogenen Grundmodells** für das Qualitätsmanagement. Die unterschiedlichen Aufgaben und Tätigkeiten im Qualitätsmanagement lassen sich vier Haupttätigkeitsfeldern zuordnen (vgl. DIN 1992; Bruhn 2016, S. 288). Jedes Tätigkeitsfeld steht dabei für eine Phase des PDCA-Zyklus (Abb. 3.9):

- **Qualitätsplanung:** Die Qualitätsplanung ist auf der normativen und strategischen Managementebene verortet. Sie umfasst die Festlegung der *Qualitätspolitik* und der *Qualitätsziele*, die möglichst konkreten Vorgaben für deren Umsetzung und die Bereitstellung der dafür benötigen Mittel. Hierzu müssen zunächst die Anforderungen an die Qualität der zu erstellenden Produkte oder zu erbringenden Dienstleistungen ermittelt

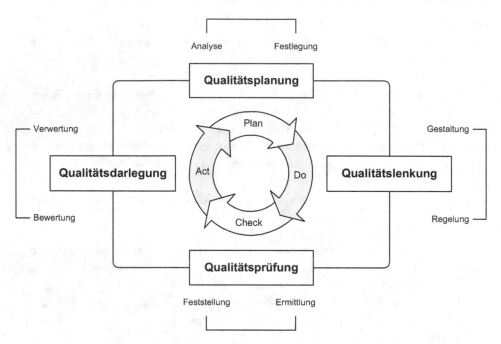

Abb. 3.9 Qualitätsmanagement als Menge von Tätigkeiten auf Basis des PDCA-Zyklus

und analysiert werden. Dies erfolgt u. a. durch die Erfassung der Bedürfnisse und Erwartungen der direkten und indirekten Kundengruppen, der Ermittlung der eigenen Ressourcen und Möglichkeiten sowie der Unternehmens- bzw. Organisationsumwelt (Situationsanalyse). Darauf aufbauend werden die notwendigen Mittel und Tätigkeiten für die Leistungserstellung vorausschauend festgelegt (*„Planung der Erfüllung von Qualitätsanforderungen"*). Dazu gehört ebenso die strategische Langzeitplanung, die Planung der Beschaffung wie auch die Planung aller im Qualitätsmanagement benötigten Mittel und Verfahrensweisen (z. B. Erstellen eines Qualitätsmanagementplans). Die entsprechende Detaillierung und Umsetzung der Anforderungen sowie die notwendigen Arbeitstechniken und Methoden sind Elemente der Qualitätslenkung (vgl. Kamiske und Brauer 2006, S. 207), wenngleich die Tätigkeitsfelder, insbesondere im Zuge der Prozessgestaltung, ineinander übergehen können

- **Qualitätslenkung:** Im Rahmen der Qualitätslenkung werden die Festlegungen der Qualitätsplanung auf die Arbeitsebene transportiert. Aufgabe der Qualitätslenkung ist die *Gestaltung* und *Steuerung* der Prozesse und Abläufe, um die angestrebten Qualitätsziele zu erreichen bzw. den Qualitätsanforderungen der Kunden und Interessenpartner zu entsprechen (*„Realisierung der Erfüllung von Qualitätsanforderungen"*). In der neueren Fassung der DIN 9000er-Normenreihe wird zwar der Begriff Qualitätssteuerung gegenüber dem der Qualitätslenkung bevorzugt (DIN 2015). Jedoch umfasst der Schritt „Realisierung von Qualität" nicht nur planvolles Um- und Durchsetzen, wir es ein funktionaler Steuerungsbegriff impliziert. Er umfasst auch regelnde Aktivitäten, d. h. Kontrolle und Anpassung des Prozessgeschehens, die mit dem systemtheoretisch weiter gefassten Lenkungsbegriff geeigneter beschrieben werden (vgl. Zapp et al. 2010, S. 125). Die Realisierung des Leistungsgeschehens im Gesundheitswesen beinhaltet neben den konkreten Bereitstellungsaufgaben zunächst vorausschauende Gestaltungsaufgaben zur Fehlervermeidung und Zielerreichung, die als „mittelbare Qualitätslenkung" gelten (z. B. Sicherstellung einer ausreichenden und wirksamen Händedesinfektion). Für die Stabilisierung und situationsgerechte Anpassung der Leistungserstellung sind darüber hinaus auch überwachende, kontrollierende und korrigierende *Regelungsaufgaben* unabdingbar (z. B. Prüfung auf Vollständigkeit von Befunden, Mehraugenprinzip bei der kollegialen Pflegevisite), die auch als „unmittelbare Qualitätslenkung" bezeichnet werden (vgl. Benes und Groh 2017, S. 148). Qualitätslenkung steht inhaltlich und methodisch in enger Beziehung mit den Methoden der retrospektiven und vorbeugenden Qualitätssicherung.

- **Qualitätsprüfung:** Dic Phase der Qualitätsprüfung ist der Teil des Qualitätsmanagements, der auf die (regelmäßige) *Feststellung* zielt, ob und inwieweit die erstellten Leistungen die an sie gerichteten Qualitätsanforderungen erfüllen. Es handelt sich hierbei gewissermaßen um die strategische Erfolgskontrolle und weniger um die operative Prozessüberwachung bzw. Leistungssteuerung. Hierfür sind geeignete Verfahren der Messung und Qualitätsbestimmung anhand von Kennzahlen oder Indikatoren zu wählen, insbesondere Verfahren zur Messung von Erwartungen, Wahrnehmungen und Zufriedenheit von Kunden und anderer Interessenpartner (*„Feststellung der Erfüllung von Qualitätsanforderungen"*). Dabei sollten auch Mess- und Erhebungsverfahren zum Einsatz kommen, die für die Situationsanalyse (Qualitätsplanung) relevant sind (z. B. merkmalsorientierte Beurteilungsverfahren), um durch geeignete Vergleiche den Erfüllungsgrad der Anforderungen (Qualitätsziele) bestimmen zu können („Soll-Ist"-Abgleich).

- **Qualitätsmanagementdarlegung** (und: Qualitätsdarlegung): Die Phase der Qualitäts(management)darlegung steht wie die Qualitätslenkung dem Konzept der Qualitätssicherung sehr nahe, da sie der Teil des Qualitätsmanagements ist, der durch Offenlegung der erreichten Qualität sowie des Qualitätsmanagements darauf gerichtet ist, Transparenz und Vertrauen zu erzeugen (vgl. Sens et al. 2018, S. 81; Meffert et al. 2015, S. 244). Adressaten der Offenlegung sind die unmittelbaren Kunden und Anspruchsgruppen (extern) sowie die Mitglieder und Führungskräfte einer Organisation (intern). Zu den Aufgaben zählen die Aufbereitung von qualitätsrelevanten Daten und Statistiken (z. B. Berichtswesen, Kennzahlenreports), die Offenlegung der Qualitäts- und Organisationsstandards (z. B. Qualitätsmanagementhandbuch) und die Darlegung von internen Prüf- und Bewertungsprozessen (z. B. Auditergebnisse, Zertifizierungen). Im Wesentlichen geht es hierbei um die Analyse und Bewertung der geleisteten Qualitätsarbeit auf Basis der Ergebnisse der Qualitätsprüfung (*„Bewertung der Qualität und des Qualitätsmanagements"*). Darauf aufbauend werden Schlussfolgerungen und Konsequenzen für das Qualitätsmanagement und die weitere Qualitätsplanung gezogen.

3.3.2 Systembezogenes Qualitätsmanagement

Ein systembezogenes Qualitätsmanagement orientiert sich konzeptuell bzw. methodisch an einem umfassenden *Verständnis von Qualitätssicherung,* insbesondere am originären Verständnis der „Qualitäts-zu-sicherung". Qualitätsmanagement wird hierbei als ein **systemischer Ermöglichungs- und Bereitstellungsraum** verstanden, für den sich der Begriff des Qualitätsmanagementsystems (QMS) etabliert hat. Eberlein-Gonska und Bach (2014, S. A1558) haben das Bild eines *Motors* für Veränderungen und Verbesserungen (tätigkeitsbezogenes Qualitätsmanagement) entworfen, für den eine auf ihn abgestimmte *Karosserie* als tragender Körper geformt wird (System für das Qualitätsmanagement).

Historisch geht der Begriff Qualitätsmanagementsystem auf **Regelwerke** zurück, die im produzierenden Gewerbe Grundlage der Vertragsgestaltung waren und die der Vertrauensbildung zwischen dem Unternehmen und den Vertragspartnerinnen und -partnern dienten. Systematische Qualitätsprüfungen und die Darlegung der Erfüllung der Qualitätsanforderungen sollten als Vertrauensbeweis den Nachweis der eigenen Qualitätsfähigkeit liefern (vgl. Zollondz 2011, S. 306). Die Integration aller Qualitätsbemühungen in ein einheitliches Handlungs- und Darlegungssystem in Gestalt eines Qualitätsmanagementsystems ist bis heute untrennbar mit dem Normenwerk der DIN EN ISO 9001 verbunden.

▶ **Qualitätsmanagementsystem** Managementsystem bezüglich der Erfüllung von Qualitätsanforderungen.

Ein **Qualitätsmanagementsystem** ist eine weitgehend in sich geschlossene Einheit („Systemcharakter"), zugleich aber integraler Bestandteil der gesamten Unternehmensführung. Es ist ein zusammengehöriges System, das die Managementelemente der Organisationsgestaltung, Verantwortlichkeiten und Zuständigkeiten, Prozesse und Mittel zur Verwirklichung des Qualitätsmanagements umschließt, gleichzeitig aber anschlussfähig ist an die übrigen Managementaufgaben (z. B. Personalmanagement, Finanzmanagement) und Teilsysteme (z. B. Umweltmanagementsystem, Energiemanagementsystem) der Gesamtorganisation.

Ein Qualitätsmanagementsystem kann als begrenztes Kontroll- und Sicherungssystem für hoch spezialisierte Teilbereiche (z. B. Hochsicherheitslabore, Herstellung von Gefahrstoffen) eingerichtet werden. Dann hat es den Charakter eines **Teilsystems** der Gesamtorganisation. Soll dagegen das Qualitätsmanagementsystem die gesamte Einrichtung bzw. alle Bereiche der Leistungserbringung bei der Einführung, Aufrechterhaltung und Weiterentwicklung des Qualitätsmanagements unterstützen, hat es den Charakter eines **Managementsystems** der Gesamtorganisation.

In einem solchen Gesamtmanagementsystem sind die Aufgaben und Tätigkeiten des Qualitätsmanagements untrennbar mit der eigentlichen **Geschäftstätigkeit** (gesundheitsbezogene bzw. pflegerische Leistungserbringung) und den Unternehmenszielen der Gesamtorganisation verbunden. Dabei überschneiden und ergänzen sich Tätigkeitsfelder von Qualitätsmanagement und Unternehmensführung. Die übergeordnete Aufgabe eines Qualitätsmanagementsystems ist vor allem die **Sicherstellung** der Erfüllung der Qualitätsanforderungen, die von der Unternehmensleitung festgelegt werden.

Ein Qualitätsmanagementsystem drückt sich in einem Regelwerk von Prinzipien und Normen aus, das die **Gesamtheit** aller Mechanismen und Spielregeln, Standards und Schnittstellenvereinbarungen umfasst, die notwendig sind, um die Unternehmens- und Qualitätsziele zu erreichen. Es benötigt ferner ein einheitliches Mess- und Bewertungssystem zu ihrer Überwachung, Einhaltung und Steuerung (Abb. 3.10). Der **Zweck** eines Qualitätsmanagementsystems lässt sich wie folgt zusammenfassen (vgl. Paschen 2013, S. 92):

- die Qualität der Produkte und Dienstleistungen darlegen und sie verbessern,
- Rechtssicherheit für die Leitung und die Organisation schaffen,
- Kompetenz und Arbeitsbedingungen des Personals verbessern,

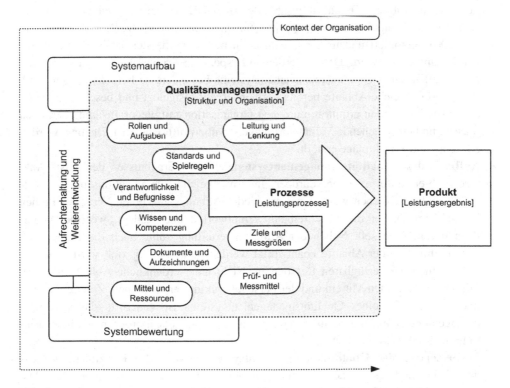

Abb. 3.10 Qualitätsmanagement als Menge von Elementen eines Managementsystems

- Managementsysteme bzw. Teilsysteme aufeinander abstimmen,
- Verluste durch Leerlauf, Doppelarbeit und Verschwendung verringern,
- Ausgaben aufgrund von „Nicht-Qualität" (Fehlerkosten) senken und
- das Risiko unerwünschter Ereignisse vermindern.

Aufbau und **Entwicklung** eines Qualitätsmanagementsystems im Sinne eines Managementsystems der Gesamtorganisation lassen sich als mehrstufiger Management-prozess darstellen (vgl. Pfitzinger 2011, S. 119):

- **Information und Kommunikation:** Am Anfang des Einführungsprozesses steht die umfassende Information aller Organisationsmitglieder über die verfolgten Ziele der obersten Leitung bzw. Geschäftsführung zum Zweck der Identifikations- und Akzeptanzbildung. Dazu gehören Information im Sinne von Kommunikation der „neuen" Qualitätsphilosophie, Schulung *der* Führungskräfte und Schulung *durch* die Führungskräfte, Ermöglichung von Partizipation, Schulung der Mitarbeitenden in Qualitätstechniken und -methoden.
- **Analyse des „Ist"-Zustands:** Eine umfangreiche „Ist"-Analyse der eigenen Organisation ist unabdingbar, um sich ein Bild über den Zustand und über Ver-besserungsbereiche der Organisation machen zu können. Dabei werden die tatsäch-lich durchgeführten Organisationsabläufe zugrunde gelegt. Es wird untersucht, was für die Realisierung eines Qualitätsmanagementsystems (z. B. von der Norm ISO:9001) gefordert und in der Organisation bereits vorhanden ist bzw. von dieser bereits umgesetzt wird. Dabei werden ggf. spezielle Problemlagen analysiert, die beim Aufbau eines Qualitätsmanagementsystems besonders zu berücksichtigen sind, und geprüft, welche Abläufe bereits normengerecht festgelegt und beschrieben sind. Schnittstellen werden ermittelt, an denen Organisationsmitglieder zusammenarbeiten müssen und entsprechende Verantwortlichkeiten überprüft. Aus dem Ergebnis werden Aktions- und Projektpläne erstellt.
- **Aufbau des Qualitätsmanagementsystems:** Die Ergebnisse der „Ist"-Ana-lyse sollten Informationen darüber liefern, welche Organisationsabläufe fest-gelegt und beschrieben werden müssen. Jeder Ablauf sollte einen Verantwortlichen haben (Eigner), der die Beschreibung verantwortet, und festlegt, wer die Aktivi-täten durchführen soll. Neben der Aufgabenverteilung sollte auch die Frage nach der Optimierung der Abläufe beantwortet werden. Optimierung zielt wieder auf die Begrenztheit der verfügbaren Ressourcen. Nicht jeder erdenkliche Ablauf lässt sich mit den vorhandenen Mitteln und der Personalstruktur verwirklichen. Zentraler Anker und Drehscheibe eines Qualitätsmanagementsystems ist vielerorts das Qualitäts-managementhandbuch, in dem die Umsetzung der Qualitätsanforderungen in der Ein-richtung konkret verfasst ist.
- **Verbesserung des Qualitätsmanagementsystems:** Nach der Konzipierung muss der „Systemaufbau" in der gesamten Organisation bekannt gemacht werden. Die ersten Schritte sind eine kritische Auseinandersetzung der Organisationsmitglieder

mit dem System sowie die Stärkung der Identifikation mit dem Qualitätsmanagement und seinen Zielen. Mit der Auseinandersetzung sollen Schwachstellen aufgedeckt und unrealistische Überlegungen korrigiert werden. Durch Feedback sollen die Festlegungen und Beschreibungen systematisch verbessert werden. Die Beachtung von Feedbackschleifen bindet letztendlich alle Mitglieder mehr oder weniger in den Systemaufbau mit ein. Eventuelle Widerstände können so abgebaut oder gemindert werden. Nach der Einarbeitung der Verbesserungswünsche ist die Konzipierung des Qualitätsmanagementsystems zunächst abgeschlossen.

- **Überprüfung und Bewertung des Qualitätsmanagementsystems:** Nach Fertigstellung sollten die ersten Überprüfungen der Zielerreichung in Form von Audits (Kap. 6) stattfinden, die im weiteren Verlauf zu einem konstitutiven Element des Qualitätsmanagements bzw. der Qualitätsbewertung werden. Ein Audit dient der Überprüfung von Schwachstellen im Qualitätsmanagementsystem bzw. der Bewertung der Einhaltung der Qualitätsanforderungen (bzw. Normanforderungen). Abweichungen werden dokumentiert und dienen als Ausgangspunkt für systematische Verbesserungen. Die Auditergebnisse werden wiederum von der obersten Leitung genutzt, um in regelmäßigen Abständen eine Managementbewertung (Management Review) durchzuführen. Im Rahmen der Managementbewertung wird nicht das personelle Management bewertet, sondern das personelle Management (d. h. die oberste Leitung) bewertet das Qualitätsmanagementsystem. Audits und Managementbewertung sind nicht das Gleiche; Audits bzw. Auditergebnisse sind vielmehr die Grundlage für eine Managementbewertung. Ziel der Managementbewertung ist, die fortdauernde Eignung, Angemessenheit und Wirksamkeit des Qualitätsmanagementsystems sicherzustellen (Aufrechterhaltung und Weiterentwicklung). Als *wirksam* wird das Ausmaß verstanden, in dem die geplanten Tätigkeiten verwirklicht und die geplanten Ergebnisse erreicht werden. Gleichzeitig werden Möglichkeiten für Verbesserungen und den Änderungsbedarf für das Qualitätsmanagementsystem, einschließlich der Qualitätspolitik und der Qualitätsziele, bewertet.

3.4 Übungsfragen

1. Erläutern Sie den Begriff Qualitätssicherung und ordnen Sie ihn anhand Ihrer Kenntnisse in den Gesamtkontext des Qualitätsmanagements ein! Lösung Abschn. 3.1.1
2. Arbeiten Sie die Bedeutung der Qualitätssicherung im Gesundheitswesen heraus und verdeutlichen diese anhand methodischer Beispiele! Lösung Abschn. 3.1.2
3. Erläutern Sie die Bedeutung des Qualitätskreises (PDCA) für das Qualitätsmanagement! Lösung Abschn. 3.2.1
4. Verdeutlichen Sie den grundsätzlichen Unterschied von Korrekturen, Korrekturmaßnahmen und Verbesserungsmaßnahmen! Lösung Abschn. 3.1.1 und 3.2.1.2

5. Skizzieren Sie die wesentlichen Grundideen und Merkmale von *Kaizen* im Kontext der (kontinuierlichen) Qualitätsverbesserung! Abschn. 3.2.1.2

6. Reflektieren Sie den grundlegenden Stellenwert von Standardisierung im Gesundheitswesen und arbeiten Nutzen stiftende Effekte von Standardisierung, insbesondere von Prozessstandards, heraus! Lösung Abschn. 3.2.2

7. Nennen und erläutern Sie einige Instrumente der Standardisierung (Prozessstandards) und nennen Sie beispielhaft Einsatzmöglichkeiten in Gesundheitseinrichtungen! Lösung Abschn. 3.2.2

8. Erläutern Sie den Unterschied zwischen einem tätigkeitsbezogenen und systembezogenen Qualitätsmanagement! Lösung Abschn. 3.3

9. Beschreiben Sie in kurzen Worten die zentralen Aufgabenstellungen der Qualitätsplanung, Qualitätslenkung, Qualitätsprüfung und Qualitätsdarlegung! Lösung Abschn. 3.3.1

10. Nennen und skizzieren Sie die wesentlichen Schritte bei der Einführung eines Qualitätsmanagementsystems und bewerten Sie diese im Gesamtkontext dieses Kapitels! Lösung Abschn. 3.3.2.

Literatur

Baartmans PCM, Geng V (2006) Qualität nach Maß. Entwicklung und Implementierung von Qualitätsverbesserungen im Gesundheitswesen, 2. Aufl. Huber, Bern

Benes GME, Groh PE (2017) Grundlagen des Qualitätsmanagements, 4. Aufl. Hanser, München

Best M, Neuhauser D (2006) Walter A Shewhart, 1924, and the Hawthorne factory. Qual Saf Health Care 15(2):142–143

Bruhn M (2016) Qualitätsmanagement für Dienstleistungen. Handbuch für ein erfolgreiches Qualitätsmanagement. Grundlagen – Konzepte – Methoden, 10. Aufl. Springer Gabler, Berlin

Brunner FJ (2017) Japanische Erfolgskonzepte, 4. Aufl. Hanser, München

Deming WE (1982) Quality, productivity and competitive position. Massachusetts Institute of technology, center for advanced engineering study. MIT Press, Cambridge

Deming WE (1986) Out of the crisis. MIT Press, Cambridge

Deming WE (1994) The new economics for industry, government, education. MIT Press, Cambridge

DIN Deutsches Institut für Normung e. V. (1992) DIN ISO 8402: Qualitätsmanagement und Qualitätssicherung – Begriffe. Beuth, Berlin

DIN Deutsches Institut für Normung e. V. (2005) DIN EN ISO 9000: Qualitätsmanagementsysteme – Grundlagen und Begriffe (ISO 9000:2005). Beuth, Berlin.

DIN Deutsches Institut für Normung e. V. (2015) DIN EN ISO 9000: Qualitätsmanagementsysteme – Grundlagen und Begriffe (ISO 9000:2015). Beuth, Berlin.

Donabedian A (1980) Exploration in quality assessment and monitoring. Definition of quality and approaches to its assessment, Bd 1. Health Administration Press, Ann Arbor

Eberlein-Gonska M, Bach O (2014) Qualitätsmanagement im Krankenhaus. Integraler Bestandteil der Führungsstrategie. Dtsch Ärztebl 111(38):A-1558–A-1559

Greve W (1994) Handlungserklärung. Die psychologische Erklärung menschlicher Handlungen. Huber, Bern

Hacker S, de Noray BJ, Johnston C (2001) Standardization versus improvement: approaches for changing work process performance. Eur Qual Lond 8(4):11–16

Hensen P (2018) Qualitätsentwicklung zwischen Institution und Interaktion – Eine Standortbestimmung aus professionstheoretischer Sicht. In: Hensen P, Stamer M (Hrsg) Professionsbezogene Qualitätsentwicklung im interdisziplinären Gesundheitswesen Gestaltungsansätze, Handlungsfelder und Querschnittsbereiche. Springer VS, Wiesbaden, S 3–67

Imai M (1992) Kaizen. Der Schlüssel zum Erfolg der Japaner im Wettbewerb, 2. Aufl. Langen-Müller, München

IoM Institute of Medicine (1988) The future of public health. The National Academies Press, Washington, D.C.

Kamiske GF, Brauer JP (2006) Qualitätsmanagement von A bis Z: Erläuterungen moderner Begriffe des Qualitätsmanagements, 5. Aufl. Hanser, München

Meffert H, Bruhn M, Hadwich K (2015) Dienstleistungsmarketing. Grundlagen – Konzepte – Methoden, 8. Aufl. Springer Gabler, Wiesbaden

Melzer A (2015) Six Sigma – Kompakt und praxisnah. Prozessverbesserung effizient und erfolgreich implementieren. Springer Gabler, Wiesbaden

Paschen U (2013) Qualitätsmanagement in der Gesundheitsversorgung nach DIN EN 15224 und DIN EN ISO 9001. Beuth, Berlin

Pfitzinger E (2011) Qualitätsmanagement nach DIN EN ISO 9000 ff. im Gesundheitswesen. Beuth, Berlin

Ruckstuhl B, Kolip P, Gutzwiller F (2001) Qualitätsparameter in der Prävention. In: Bundeszentrale für gesundheitliche Aufklärung (Hrsg) Qualitätsmanagement in Gesundheitsförderung und Prävention. Grundsätze, Methoden und Anforderungen. BzgA, Köln, S 38–50

Schmitt R, Pfeiffer T (2015) Qualitätsmanagement Strategien. – Methoden – Techniken, 5. Aufl. Carl Hanser, München

Shewhart WA (1986) Statistical method from the viewpoint of quality control. Dover Publications, Washington D.C.

Sens B, Pietsch B, Fischer B et al (2018) Begriffe und Konzepte des Qualitätsmanagements – 4. Aufl. GMS Med Inform Biom Epidemiol 14(1):Doc04

Sonntag K, Frieling E, Stegmaier R (2012) Lehrbuch Arbeitspsychologie. Huber, Bern

Steinmann H, Schreyögg G, Koch J (2013) Management. Grundlagen der Unternehmensführung. Konzepte – Funktionen – Fallstudien, 7. Aufl. Springer Gabler, Wiesbaden

Timmermans S, Berg M (2003) The gold standard. The challenge of evidence-based medicine and standardization in health care. Temple University Press, Philadelphia

Ulich E (2011) Arbeitspsychologie, 7. Aufl. Schäffer-Poeschel, Stuttgart

Uluskan M (2016) A comprehensive insight into the Six Sigma DMAIC toolbox. Int J Lean Six Sigma 7(4):406–429

VKD Verband der Krankenhausdirektoren Deutschlands e. V. (2014) Praxisberichte zu aktuellen Fragen des Krankenhausmanagements 2013–20 Jahre Golden Helix Award. VKD-Eigendruck, Berlin

Verbeck A (1998) TQM versus QM. Wie Unternehmen sich richtig entscheiden. vdf Hochschulverlag, Zürich

von Cranach M, Kalbermatten U, Indermühle K, Gugler B (1980) Zielgerichtetes Handeln. Huber, Bern

Wilhelm R (2007) Prozessorganisation, 2. Aufl. Oldenbourg, München

Zapp W, Bettig U, Karsten E, Oswald J (2010) Prozesslenkung. In: Zapp W (Hrsg) Prozessgestaltung in Gesundheitseinrichtungen. Von der Analyse zum Controlling, 2. Aufl. Economica, Heidelberg, S 121–170

Zink KJ (2004) TQM als integratives Managementkonzept: Das EFQM Excellence Modell und seine Umsetzung, 2. Aufl. Carl Hanser, München

Zollondz HD (2011) Grundlagen Qualitätsmanagement. Einführung in Geschichte, Begriffe, Systeme und Konzepte. Oldenbourg, München

Anforderungen und Modelle des Qualitätsmanagements

4

Zusammenfassung

Gegenstand dieses Kapitels sind Anforderungen und Kriterien des (einrichtungsinternen) Qualitätsmanagements. In ihrer einfachsten Form werden Anforderungen als Kriterienlisten formuliert bzw. in Katalogform sichtbar gemacht. In komplexeren Vorstellungen bilden sich Anforderungen und Kriterien des Qualitätsmanagements oft auch in Form von Beziehungs- oder Wirkmodellen ab. Im ersten Teil dieses Kapitels werden die von der Gesetzgebung bzw. untergesetzlichen Normsetzung definierten Anforderungen in Grundzügen für einzelne Versorgungsbereiche des Gesundheitswesens dargestellt. Komplexere, inhalts- und prozesstheoretische Qualitätsmanagementmodelle mit hoher Relevanz für das Gesundheitswesen werden dann im zweiten Teil dieses Kapitels behandelt und gemeinsame Strukturprinzipien herausgestellt.

4.1 Anforderungen an das Qualitätsmanagement

Die Bedeutung des Begriffs Anforderung bzw. Qualitätsanforderung für die Qualitätsbestimmung wurde bereits im ersten Kapitel dieses Buches dargelegt. Anforderungen werden aber nicht nur an die zu erstellenden Produkte oder Dienstleistungen („Produktqualität"), sondern auch an den diese Produkte und Dienstleistungen erstellenden Leistungsrahmen gestellt (Qualität des institutionellen Leistungsrahmens).

Qualitätsmanagement kann sehr unterschiedliche Erscheinungsformen annehmen: beispielsweise als Qualitätsmanagementsystem, das als (dominierende) *Teilaufgabe* des Gesamtmanagements konzipiert ist, oder als umfassendes Qualitätsmanagement (TQM), das Qualitätsmanagement als *Gesamtaufgabe* der Unternehmensführung („übergeordnete Unternehmensstrategie") versteht. Modelltypisch lassen sich demgemäß auch Anforderungen an **Managementsysteme,** insbesondere Qualitätsmanagement-

© Springer Fachmedien Wiesbaden GmbH, ein Teil von Springer Nature 2022
P. Hensen, *Qualitätsmanagement im Gesundheitswesen,*
https://doi.org/10.1007/978-3-658-38299-5_4

systeme, von Anforderungen an **Managementansätze,** insbesondere umfassende Qualitätsmanagementansätze, unterscheiden. Aufgrund der Vielfalt der Unternehmens- und Organisationsformen im Gesundheitswesen und den einzelnen Zielsetzungen, die mit Qualitätsmanagement jeweils verfolgt werden, ist eine präzise Abgrenzung der einen von der anderen Ausprägungsform „vor Ort" nicht immer möglich; Übergänge bilden eher die Regel als die Ausnahme. Darüber hinaus ist der Aufbau, die Aufrechterhaltung und Weiterentwicklung eines einrichtungsinternen Qualitätsmanagements stets ein evolutiver Prozess. Qualitätsmanagement kann im Zeitablauf unterschiedliche Zustandsformen annehmen und Reifegrade erlangen. In frühen Stadien orientiert es sich oftmals nur an Mindestanforderungen *(„gut genug"),* in der Langzeitperspektive strebt es dann häufig nach stetiger Weiterentwicklung *(„immer besser").*

Anforderungen an das Qualitätsmanagement bilden sich in der Regel in (extern definierten) **Qualitätsmanagementmodellen** ab. Fälschlicherweise werden sie oft als Qualitätsmanagementsysteme bezeichnet. Ein Qualitätsmanagementsystem konstituiert sich aber durch ausgebildete Strukturen und ausführende Tätigkeiten, gewissermaßen als beobachtbarer „Ist"-Zustand innerhalb einer Institution. Ein Qualitätsmanagementmodell ist dagegen eher ein Bündel spezifischer Anforderungen oder Kriterien an das Qualitätsmanagement mit mehr oder weniger klar definierten Wirkzusammenhängen („Soll"-Vorgabe). In ihrer einfachsten Ausprägung haben Qualitätsmanagementmodelle den Charakter von Entwürfen oder Kriterienlisten für den Aufbau und die Weiterentwicklung eines einrichtungsinternen Qualitätsmanagements. In komplexeren Ausprägungen bieten sie für das Qualitätsmanagement eine inhaltstheoretische Basis und zeigen prozesstheoretische Wirkzusammenhänge auf.

Im Gesundheitswesen werden (verpflichtende) Anforderungen an das Qualitätsmanagement (und die Qualitätssicherung) in Form von **Mindestanforderungen** durch Gesetze (z. B. SGB V), untergesetzliche Normen (z. B. Richtlinien des G-BA) oder Vereinbarungen durch die zuständigen Selbstverwaltungspartner ausformuliert. Derartige Anforderungen orientieren sich in der Regel an bekannten Vorstellungen und Grundsätzen des Qualitätsmanagements (z. B. Verantwortung der Leitung, Kundinnen- bzw. Mitarbeitendenorientierung); der Fokus und der Konkretisierungsgrad fallen jedoch abhängig vom betroffenen Versorgungsbereich und dem Ehrgeiz, möglichst genaue Vorgaben machen zu wollen, entsprechend unterschiedlich aus (z. B. Formulierung allgemeiner Prinzipien vs. konkreter Instrumenteneinsatz).

4.1.1 Anforderungen an Krankenhäuser und an die vertragsärztliche Versorgung

Die Anforderungen an das einrichtungsinterne Qualitätsmanagement in den Krankenhäusern und in der vertrags(zahn-)ärztlichen Versorgung werden durch eine gemeinsame Richtlinie des Gemeinsamen Bundesausschusses (G-BA) näher konkretisiert („Qualitätsmanagement-Richtlinie"/QM-RL). Darin werden Prinzipien und Anforderungen für eine erfolgreiche Einführung und Umsetzung von Qualitätsmanagement aufgeführt. Aufgrund der unterschiedlichen Ausgangsbedingungen in den Einrichtungen wird aber noch genügend Freiraum für die tatsächliche Ausgestaltung vor Ort belassen. Jede Einrichtung soll gewissermaßen ein eigenes Qualitätsmanagement(system) entwickeln und kann dabei auf bekannte und etablierte Qualitätsmanagementmodelle bzw. Bewertungsverfahren zurückgreifen (vgl. QM-RL 2020).

In einem allgemeinen Teil des Richtlinientextes werden zunächst sektorenübergreifende Rahmenbestimmungen formuliert. Darauf folgend werden in einem speziellen Teil Anforderungen, die über diese Rahmenbestimmungen hinausgehen, für die stationäre, vertragsärztliche und vertragszahnärztliche Versorgung weiter konkretisiert. Sektorenübergreifend werden **Rahmenbestimmungen**, grundlegende **Elemente des Qualitätsmanagements** sowie **Methoden und Instrumente** allgemeingültig formuliert:

- Qualitätsmanagement ist die systematische und kontinuierliche Durchführung von Aktivitäten, mit denen eine anhaltende Qualitätsförderung im Rahmen der Patientenversorgung erreicht werden soll. Dabei sollen Organisation, Arbeits- und Behandlungsabläufe festgelegt und zusammen mit den Ergebnissen regelmäßig intern überprüft werden; ggf. werden dann Strukturen und Prozesse angepasst und verbessert. Gleichzeitig soll die Ausrichtung der Abläufe an fachlichen Standards, gesetzlichen und vertraglichen Grundlagen in der jeweiligen Einrichtung unterstützt werden.
- Die Vorteile von Qualitätsmanagement als wichtiger Ansatz zur Förderung der Patientensicherheit sollen allen Beteiligten bewusst gemacht werden. Eine patientenorientierte Prozessoptimierung sowie die Patientenzufriedenheit stehen im Mittelpunkt. Zusätzlich soll Qualitätsmanagement dazu beitragen, die Zufriedenheit aller am Prozess Beteiligten zu erhöhen.
- Qualitätsmanagement muss für die Einrichtung, ihre Leitung und alle Mitarbeitenden sowie für die Patientinnen und Patienten effektiv und effizient sein und eine Sicherheitskultur befördern. Erkenntnisse aus und Ergebnisse von interner und externer Qualitätssicherung sind in das einrichtungsinterne Qualitätsmanagement einzubinden.
- Qualitätsmanagement ist eine Führungsaufgabe, die in der Verantwortung der Leitung liegt. Dabei erfordert Qualitätsmanagement die Einbindung aller an den Abläufen beteiligten Personen.
- Qualitätsmanagement ist ein fortlaufender Prozess und von der Leitung an konkreten Qualitätszielen zur Struktur-, Prozess- und Ergebnisqualität auszurichten. Ziele und Umsetzung des einrichtungsinternen Qualitätsmanagements müssen jeweils auf die einrichtungsspezifischen und aktuellen Gegebenheiten bezogen sein. Sie sind an die Bedürfnisse der jeweiligen Patientinnen und Patienten, der Einrichtung und ihrer Mitarbeitenden anzupassen.
- Die einrichtungsinternen Ziele sollen durch ein schrittweises Vorgehen mit systematischer Planung, Umsetzung, Überprüfung und gegebenenfalls Verbesserung erreicht werden, was auf dem Prinzip des sogenannten PDCA-Zyklus beruht. Durch

die Identifikation relevanter Abläufe, ihre sichere Gestaltung und ihre systematische Darlegung sollen Risiken erkannt und Probleme vermieden werden.

- Um die eigene Zielerreichung im Rahmen des internen Qualitätsmanagements beurteilen zu können, sollten – wo möglich – Strukturen, Prozesse und Ergebnisse der Organisation und Versorgung gemessen und bewertet werden. Kennzahlen und valide Qualitätsindikatoren dienen dazu, die Zielerreichung intern zu überprüfen und somit die individuelle Umsetzung in den Einrichtungen zu fördern. Anonymisierte Vergleiche mit anderen Einrichtungen können dabei hilfreich sein.
- Qualitätsmanagement umfasst die folgenden grundlegenden Elemente:
  - Patientenorientierung einschließlich Patientensicherheit
  - Mitarbeitendenorientierung einschließlich Mitarbeitendensicherheit
  - Prozessorientierung
  - Kommunikation und Kooperation
  - Informationssicherheit und Datenschutz
  - Verantwortung und Führung
- Die folgenden Methoden und Instrumente des Qualitätsmanagements sind verpflichtend anzuwenden:
  - Messen und Bewerten von Qualitätszielen
  - Erhebung des Ist-Zustandes und Selbstbewertung
  - Regelung von Verantwortlichkeiten und Zuständigkeiten
  - Prozess- bzw. Ablaufbeschreibungen
  - Schnittstellenmanagement
  - Checklisten (insbesondere „OP-Checklisten")
  - Teambesprechungen
  - Fortbildungs- und Schulungsmaßnahmen
  - Patientenbefragungen
  - Mitarbeitendenbefragungen
  - Beschwerdemanagement
  - Patienteninformation und -aufklärung
  - Risikomanagement
  - Fehlermanagement und Fehlermeldesysteme
- Im Rahmen des Qualitätsmanagements werden insbesondere folgende Anwendungsbereiche geregelt:
  - Notfallmanagement
  - Hygienemanagement
  - Arzneimitteltherapiesicherheit
  - Schmerzmanagement
  - Maßnahmen zur Vermeidung von Stürzen bzw. Sturzfolgen
  - Prävention von und Hilfe bei Missbrauch und Gewalt

4.1.1.1 Stationäre Versorgung

- Qualitätsziele als Bestandteil der Unternehmenspolitik sollen zu den Unternehmenszielen aufgenommen werden.
- Qualitätsmanagement und klinisches Risikomanagement sind Führungsaufgabe und werden von der Führungsebene verantwortet, dabei haben leitende Mitarbeitende eine Vorbildfunktion.
- Es soll ein übergeordnetes zentrales, berufsgruppenübergreifendes Gremium mit enger Einbindung der Krankenhausleitung genutzt werden. Es unterstützt und koordiniert die Umsetzung von Qualitätsmanagement und klinischem Risikomanagement im Krankenhaus.
- Voraussetzungen für ein funktionsfähiges Qualitätsmanagement und klinisches Risikomanagement sind aufbau- und ablauforganisatorische Rahmenbedingungen, die an den speziellen Verhältnissen vor Ort auszurichten sind, wobei Doppelstrukturen von Qualitäts- und Risikomanagement möglichst zu vermeiden sind.
- Als Instrumente des klinischen Risikomanagements im Krankenhaus sind z. B. Fehlermeldesysteme, Risiko-Audits, Morbiditäts- und Mortalitäts-Konferenzen oder Fallanalysen zu nennen.
- Die Schaffung entsprechender hygiene- und infektionsmedizinisch-assoziierter Strukturen und Prozesse im Krankenhaus ist Voraussetzung für die Gewährleistung der Patientensicherheit. Zur sachgerechten Umsetzung sind eine konsequent eingehaltene (Basis-)Hygiene, eine aussagekräftige Surveillance und der gezielte und kontrollierte Umgang mit Antibiotika durch entsprechend qualifizierte Mitarbeitende notwendig.
- Die Schutzkonzepte gegen (sexuelle) Gewalt bei Kindern und Jugendlichen sollen in Kliniken basierend auf einer Gefährdungsanalyse mindestens folgende Elemente umfassen: Prävention, Interventionsplan sowie Aufarbeitung.
- Beteiligung an einrichtungsübergreifende Fehlermeldesysteme (üFMS), die in besonderem Maße geeignet erscheinen, Risiken und Fehlerquellen in der stationären Versorgung zu erkennen, auszuwerten und zur Vermeidung unerwünschter Ereignisse beizutragen.

4.1.1.2 Vertragsärztliche Versorgung

- Alle Vertragsärztinnen und Vertragsärzte, Vertragspsychotherapeutinnen und Vertragspsychotherapeuten sowie Medizinische Versorgungszentren sind verpflichtet, einrichtungsintern Qualitätsmanagement umzusetzen und weiterzuentwickeln.
- Bei Kooperationsformen im vertragsärztlichen Bereich wie z. B. Berufsausübungsgemeinschaften oder Medizinischen Versorgungszentren ist der Bezugspunkt der Qualitätsmanagement-Anforderungen nicht die einzelne Vertragsärztin oder der einzelne Vertragsarzt innerhalb der Kooperationsform, sondern die Einrichtung als solche.

- Die Umsetzung und Weiterentwicklung des einrichtungsinternen Qualitätsmanagements kann schrittweise, in frei gewählter Reihenfolge der Instrumente, erfolgen.
- Einrichtungen, in denen mehrere Vertragsärztinnen oder Vertragsärzte tätig sind, sollen eine/einen für das einrichtungsinterne Qualitätsmanagement zuständige Vertragsärztin bzw. zuständigen Vertragsarzt benennen.
- Zusätzlich wird empfohlen, eine Mitarbeiterin bzw. einen Mitarbeiter mit der Koordination des einrichtungsinternen Qualitätsmanagements zu beauftragen.

4.1.1.3 Vertragszahnärztliche Versorgung

- Qualitätsmanagement muss neben Effektivität und Effizienz für Praxisleitung und Praxismitarbeitende sowie für die Patientinnen und Patienten nützlich, hilfreich und möglichst unbürokratisch sein.
- Es bedarf zur Erreichung der jeweiligen Qualitätsziele der Bereitstellung von entsprechenden und ausreichenden personellen und finanziellen Ressourcen durch die Leitung, die jeweilig von den spezifischen Gegebenheiten in der zahnärztlichen Einrichtung abhängen.
- Die Umsetzung und Weiterentwicklung des einrichtungsinternen Qualitätsmanagements kann schrittweise, in frei gewählter Reihenfolge der Instrumente, erfolgen. Es ist dabei sicherzustellen, dass das in der zahnärztlichen Einrichtung eingesetzte Qualitätsmanagementsystem alle Grundelemente von Qualitätsmanagement berücksichtigt.
- Einrichtungen, in denen mehrere Vertragszahnärztinnen oder Vertragszahnärzte tätig sind, sollen eine/einen für das einrichtungsinterne Qualitätsmanagement zuständige Vertragszahnärztin/zuständigen Vertragszahnarzt benennen.
- Zusätzlich wird empfohlen, wenn möglich eine Mitarbeiterin oder einen Mitarbeiter mit der Koordination des einrichtungsinternen Qualitätsmanagements zu beauftragen.
- Bei der Ausrichtung aller Praxisabläufe sind insbesondere die folgenden gesetzlichen und vertraglichen Rahmenbedingungen zu beachten: Allgemeine Behandlungsrichtlinien, IP-Richtlinien, FU-Richtlinien, ZE-Richtlinien, Festzuschuss-Richtlinien, KFO-Richtlinien, Bundesmantelverträge BMV-Z/EKV-Z, Röntgenverordnung, Vorgaben zur Einhaltung von Hygienemaßnahmen für Zahnarztpraxen.
- Prozess- bzw. Ablaufbeschreibungen: Dazu zählen beispielsweise auch die Regelung von Öffnungszeiten, Erreichbarkeit, Terminvergabe, Datenschutz und Datensicherheit sowie die beim vertragszahnärztlichen Gutachterwesen einzuhaltenden Abläufe.
- Schnittstellenmanagement: Dazu zählen bei zahnärztlichen Einrichtungen nach außen vor allem die Abstimmung mit den anderen zahnmedizinischen und den ärztlichen Fachrichtungen sowie die Koordination zwischen zahnärztlicher Einrichtung und zahntechnischem Labor.
- Teambesprechungen: Häufigkeit, Art und Umfang der Team-Besprechungen richten sich nach den fachlichen, organisatorischen und personellen Gegebenheiten der zahnärztlichen Einrichtung. Die Ergebnisse der Besprechungen sollen den Mitarbeitenden zur Verfügung stehen.

- Beschwerdemanagement: Im Rahmen des Beschwerdemanagements in einer zahnärztlichen Einrichtung ist es sinnvoll, auch den Umgang mit eventuellen Mängelgutachten (z. B. individuelle Handhabung der Abläufe, Zusammenstellung und Vollständigkeit von relevanten Unterlagen) und den Ergebnissen daraus (z. B. Ableitung von eventuellen Verbesserungsmöglichkeiten) festzulegen.
- Patienteninformation und -aufklärung: Im zahnärztlichen Bereich spielt Prävention eine wesentliche Rolle, dieser ist daher bei Patienteninformation und -aufklärung ein besonderer Stellenwert einzuräumen, damit die Patientinnen und Patienten ihren Teil zur Vermeidung einer Behandlung beitragen können.
- Praxishandbuch: Als Buch oder EDV-gestützt enthält dieses alle wichtigen Regelungen für die zahnärztliche Einrichtung. Es wird regelmäßig aktualisiert.

4.1.2 Anforderungen an Reha-Kliniken

Die Anforderungen an ein einrichtungsinternes Qualitätsmanagement sind nicht in einer Richtlinie, sondern in einer Vereinbarung der Spitzenverbände der Rehabilitationsträger im Rahmen der Bundesarbeitsgemeinschaft für Rehabilitation (BAR) festgelegt (Vereinbarung nach § 37 Abs. 3 SGB IX). Die Vereinbarung regelt darüber hinaus sehr detailliert in Form eines mitgeltenden Manuals die konkrete Umsetzung der Anforderungen und ihrer Messung. Grundsätzliche Anforderungen an ein einrichtungsinternes Qualitätsmanagement sind:

- Teilhabeorientiertes Leitbild
- Einrichtungskonzept
- Indikationsspezifische Rehabilitationskonzepte
- Verantwortung für das Qualitätsmanagement in der Einrichtung:
  - Verantwortlichkeit für das interne Qualitätsmanagement in der Einrichtung auf der Leitungsebene
  - Qualitätsmanagement-Beauftragter (QM-Beauftragter)
- Basiselemente eines Qualitätsmanagementsystems:
  - Organisationsstruktur
  - Dokumentation, verantwortliche Kontrolle und Steuerung
  - Entwicklung von Qualitätszielen auf der Basis der internen Managementbewertung
  - Regelhafte Selbstprüfung wesentlicher Prozesse (z. B. interne Audits oder Self-Assessments)
  - Mitarbeitendenbeteiligung aller Ebenen und Bereiche
- Beziehungen zu Rehabilitanden/Bezugspersonen/Angehörigen, Behandlern, Leistungsträgern, Selbsthilfe
- Systematisches Beschwerdemanagement
- Externe Qualitätssicherung

- Interne Ergebnismessung und -analyse (Verfahren)
- Fehlermanagement
- Interne Kommunikation und Personalentwicklung.

4.1.3 Anforderungen an Pflegeeinrichtungen und Pflegedienste

Im Bereich der Pflegeeinrichtungen und Pflegedienste werden die Anforderungen eben-falls in Form von Vereinbarungen zwischen den Sozialleistungsträgern (u. a. gesetz-liche Pflegeversicherung) und den Trägern der Einrichtungen (z. B. Pflegeeinrichtungen und Pflegedienste) auf Bundesebene getroffen. Diese werden nach § 113 SGB XI als „Maßstäbe und Grundsätze" (MuG) u. a. für die Entwicklung eines einrichtungsinternen Qualitätsmanagements formuliert und sind für alle zugelassenen Leistungserbringer ver-bindlich.

4.1.3.1 Stationäre Pflegeeinrichtungen

Die Vereinbarungen („Maßstäbe und Grundsätze") nach § 113 SGB XI für *vollstationäre Pflegeeinrichtungen* wurden gemäß § 113 SGB XI im Jahr 2018 erneuert. Sie ent-sprechen inhaltlich aber weitgehend der Vorgängerversion aus dem Jahr 2011. Die wesentlichen Eckpunkte der Vereinbarungen hinsichtlich des einrichtungsinternen Quali-tätsmanagements bzw. der externen Qualitätssicherung sind:

- Der Träger der Pflegeeinrichtung führt auf der Basis seiner konzeptionellen Grund-lagen einrichtungsintern ein Qualitätsmanagement durch, das auf eine stetige Sicherung und Weiterentwicklung der Qualität ausgerichtet ist.
- Qualitätsmanagement bezeichnet grundsätzlich die in der vollstationären Pflege-einrichtung organisierten Maßnahmen zur Steuerung der vereinbarten Leistungser-bringung und ggf. deren Verbesserung.
- Qualitätsmanagement schließt alle wesentlichen Managementprozesse (z. B. Ver-antwortung der Leitung, Ressourcenmanagement, Leistungserbringung, Analyse, Bewertung, Verbesserung) ein und entwickelt diese weiter.
- Der Träger der stationären Pflegeeinrichtung stellt über das einrichtungsinterne Quali-tätsmanagement sicher, dass
  - die vereinbarten Leistungen zu der vereinbarten Qualität erbracht werden,
  - sich die Erbringung der vereinbarten Leistungen an den Bedürfnissen der pflege-bedürftigen Menschen und den fachlichen Erfordernissen orientiert und dass sie stetig überprüft und ggf. verbessert wird,
  - Verantwortlichkeiten, Abläufe und die eingesetzten Methoden und Verfahren in den Leistungsbereichen der Einrichtung beschrieben und nachvollziehbar sind,
  - das indikatorengestützte Verfahren qualitätsgesichert eingeführt und umgesetzt wird.

- Die Verantwortung für die Umsetzung des Qualitätsmanagements liegt auf der Leitungs-ebene der Pflegeeinrichtung.
- Der Träger der Pflegeeinrichtung stellt für das Qualitätsmanagement die personellen und sächlichen Ressourcen zur Verfügung. Bedingung für ein effektives Qualitäts-management ist, dass alle vom jeweiligen Prozess betroffenen Mitarbeitenden ein-bezogen sind.
- Qualitätsmanagement erfordert die Festlegung von Zielen. Die Maßnahmen und Ver-fahren zur Erreichung der Qualitätsziele werden durch einen stetigen Prozess der Planung, Ausführung, Überprüfung und ggf. Verbesserung bestimmt. Die Leitung muss sicherstellen, dass geeignete Prozesse der Kommunikation innerhalb der voll-stationären Pflegeeinrichtung eingeführt werden.
- Die wesentlichen Maßnahmen und Verfahren des einrichtungsinternen Qualitäts-managements werden dokumentiert. Sie müssen in der vollstationären Pflegeein-richtung den jeweils beteiligten Mitarbeitenden bekannt sein und umgesetzt werden.
- Qualitätsmanagement erfordert die Einbeziehung der Erwartungen und Bewertungen der pflegebedürftigen Menschen. Die stationäre Pflegeeinrichtung trägt damit zu einer möglichst hohen Zufriedenheit der pflegebedürftigen Menschen bei. Sie stellt die Auf-nahme, Bearbeitung und ggf. Lösung von Kundenbeschwerden sicher.
- Soweit es für die Leistungserbringung relevant ist, werden auch die Erwartungen und Bewertungen anderer an der Pflege sowie an den Leistungen von Unterkunft und Ver-pflegung Beteiligten einbezogen.
- Die vollstationäre Pflegeeinrichtung stellt sich in einer übersichtlichen Information zur Außendarstellung schriftlich vor. Hierin können u. a. Informationen enthalten sein über:
  - Leitbild und Pflegekonzeption,
  - Leistungen der körperbezogenen Pflegemaßnahmen und pflegerischen Betreuung und der Unterkunft und Verpflegung,
  - die räumliche und die personelle Ausstattung,
  - Beratungsangebote,
  - Beteiligung an Qualitätssicherungsmaßnahmen,
  - einrichtungsinternes Qualitätsmanagement.
- Der Träger soll sich an Maßnahmen der externen Qualitätssicherung beteiligen. Maßnahmen der externen und internen Qualitätssicherung können sein:
  - die Einrichtung von Qualitätszirkeln,
  - die Einsetzung eines oder einer Qualitätsbeauftragten,
  - die Mitwirkung an Qualitätskonferenzen,
  - die Mitwirkung an Assessmentrunden,
  - die Entwicklung und Weiterentwicklung von Verfahrensstandards für die Pflege und Versorgung,
  - die Durchführung interner Audits,
  - die Mitwirkung an externen Audits.

4.1.3.2 Ambulante Pflegedienste

Vergleichbar mit den Anforderungen an voll- und teilstationäre Pflegeeinrichtungen werden auch für *ambulante Pflegedienste* Anforderungen an die Entwicklung eines einrichtungsinternen Qualitätsmanagements formuliert („Maßstäbe und Grundsätze" nach § 113 SGB XI). Da ihre Erneuerung nicht wie gesetzlich vorgeschrieben bis zum Jahr 2018 erfolgte, beziehen sich die im Folgenden dargelegten Eckpunkte lediglich auf den Vereinbarungsstand des Jahres 2011:

- Der Träger des ambulanten Pflegedienstes führt auf der Basis seiner konzeptionellen Grundlagen einrichtungsintern ein Qualitätsmanagement durch, das auf eine stetige Sicherung und Weiterentwicklung der Qualität ausgerichtet ist.
- Qualitätsmanagement bezeichnet grundsätzlich die im ambulanten Pflegedienst organisierten Maßnahmen zur Steuerung der Qualität der vereinbarten Leistungserbringung und ggf. deren Verbesserung.
- Qualitätsmanagement schließt alle wesentlichen Managementprozesse (z. B. Verantwortung der Leitung, Ressourcenmanagement, Leistungserbringung, Analyse/Verbesserung) ein und entwickelt diese weiter.
- Der Träger des ambulanten Pflegedienstes stellt über das einrichtungsinterne Qualitätsmanagement sicher, dass
    - die vereinbarten Leistungen in der vereinbarten Qualität erbracht werden,
    - sich die Erbringung der vereinbarten Leistungen an den Bedürfnissen der versorgten Menschen und den fachlichen Erfordernissen orientiert und dass sie stetig überprüft und ggf. verbessert wird,
    - Verantwortlichkeiten, Abläufe und die eingesetzten Methoden und Verfahren in den Leistungsbereichen des ambulanten Pflegedienstes z. B. in einem Qualitätsmanagementhandbuch beschrieben und nachvollziehbar sind.
- Die Verantwortung für die Umsetzung des Qualitätsmanagements liegt auf der Leitungsebene des ambulanten Pflegedienstes.
- Der Träger des ambulanten Pflegedienstes stellt für das Qualitätsmanagement die personellen und sachlichen Ressourcen zur Verfügung. Bedingung für ein effektives Qualitätsmanagement ist, dass die vom jeweiligen Prozess betroffenen Mitarbeitenden einbezogen sind.
- Qualitätsmanagement erfordert die Festlegung von Zielen. Die Maßnahmen und Verfahren zur Erreichung der Qualitätsziele werden durch einen stetigen Prozess der Planung, Ausführung, Überprüfung und ggf. Verbesserung bestimmt. Die Leitung muss sicherstellen, dass geeignete Prozesse der Kommunikation innerhalb des ambulanten Pflegedienstes eingeführt werden.
- Die wesentlichen Maßnahmen und Verfahren des einrichtungsinternen Qualitätsmanagement werden dokumentiert. Sie müssen in dem ambulanten Pflegedienst den jeweils beteiligten Mitarbeitenden bekannt sein und umgesetzt werden.

- Qualitätsmanagement erfordert die Einbeziehung der Erwartungen und Bewertungen der pflegebedürftigen Menschen. Der ambulante Pflegedienst trägt damit zu einer möglichst hohen Zufriedenheit der pflegebedürftigen Menschen bei. Er stellt die Aufnahme, Bearbeitung und ggf. Lösung von Kundenbeschwerden sicher.
- Soweit es für die Leistungserbringung relevant ist, werden auch die Erwartungen und Bewertungen anderer an der Pflege und hauswirtschaftlichen Versorgung Beteiligten einbezogen.
- Der Träger des ambulanten Pflegedienstes soll sich auch an Maßnahmen der externen Qualitätssicherung beteiligen. Die vorgeschlagenen Maßnahmen der externen und internen Qualitätssicherung entsprechen den empfohlenen Maßnahmen für stationäre Pflegeeinrichtungen.

4.2 Qualitätsmanagementmodelle

Komplexere Modelle für den Aufbau und die Gestaltung eines Qualitätsmanagementsystems (QMS) oder eines umfassenden Qualitätsmanagementansatzes (TQM) liefern die **branchenneutralen Kernmodelle** der DIN EN ISO 9001 und DIN EN ISO 9004 sowie das Exzellenzmodell der European Foundation for Quality Management (EFQM).

Branchenspezifische Anforderungen an das Qualitätsmanagement in Einrichtungen der Gesundheitsversorgung stellen die Bewertungsverfahren der KTQ® (Kooperation für Transparenz und Qualität im Gesundheitswesen) und der JCAHO (Joint Commission on Accreditation of Healthcare Organizations) sowie die Erweiterung der DIN EN ISO 9001 um die branchenspezifische Bereichsnorm DIN EN 15224. Über die Anforderungen an das Qualitätsmanagement hinaus stellen diese branchenspezifischen Modelle bzw. Bewertungsverfahren auch **fachliche Anforderungen** an die Qualität der Produkte und Dienstleistungen, d. h. im engeren Sinne an die Erstellung von Gesundheitsleistungen.

Diese für das Gesundheitswesen relevanten Qualitätsmanagementmodelle bzw. Anforderungskataloge werden im Folgenden näher betrachtet. Trotz unterschiedlicher Herkunft und Zielsetzung sind die zentralen Grundsätze und methodischen Grundhalten des Qualitätsmanagements in allen Modellen präsent (z. B. Qualitätsverbesserung, Kunden- bzw. Patientenorientierung).

4.2.1 Die DIN EN ISO Normenreihe

Das wohl bekannteste Modell für Qualitätsmanagement liefert die DIN EN ISO 9000er Normenreihe. Die Abkürzungen stehen für das Deutsche Institut für Normung e. V. (**DIN**) als nationales Normungsinstitut mit Sitz in Berlin und für die internationale Normungsinstitution (**ISO,** International Organization for Standardization) mit Sitz in der Schweiz. Die gesamte Abkürzung DIN EN ISO steht dafür, dass es sich um die deutsche Ausgabe einer Europäischen Norm (EN) handelt, die mit einer internationalen Norm identisch ist und die unverändert von allen Mitgliedern der europäischen Normungsorganisationen übernommen wurde. Die meisten dieser Normen basieren also auf **internationalem Konsens** und werden in regelmäßigen Abständen überarbeitet. Die Erarbeitung der Normen erfolgt üblicherweise in den Technischen Komitees der ISO. Die Konsentierung kann aber auch auf den nationalen oder europäischen Raum beschränkt bleiben (z. B. DIN EN 15224).

Normen stellen Anforderungen (früher: Forderungen) dar, die prinzipiell als Anweisungen zu verstehen sind. Wer sich an die Anweisungen hält, kann davon ausgehen, dass andere, die sich an diesen Anweisungen orientieren, in gleicher Weise handeln. DIN-Normen an sich sind nicht verpflichtend. Sie haben den Grad einer Empfehlung. Jedoch können sie von Dritten (z. B. Vertragspartner, Gesetzgeber) verpflichtend gemacht werden (z. B. Auflage an Lieferanten). Die erstmals im Jahr 1987 publizierten Normen zum Qualitätsmanagement stellen Instrumente dar, mit deren Hilfe Qualitätsmanagement aufgebaut und im Sinne der kontinuierlichen Qualitätsverbesserung fortgeführt werden kann. Die Zertifizierungsnorm DIN EN ISO 9001 stellt Anforderungen an ein Qualitätsmanagementsystem und seine Qualitätsfähigkeit, jedoch keine Anforderungen an die Beschaffenheit der darin erstellten Produkte und Dienstleistungen.

4.2.1.1 DIN EN ISO 9000 ff

Die Normenfamilie 9000 ff. ist ursprünglich im Umfeld der Fertigungsindustrie entstanden und hat sich im Laufe der Zeit zunehmend auch im Dienstleistungsbereich etabliert. Grundsätzlich können die Inhalte und Anforderungen auf jede Branche übertragen und dort angewendet werden. Im Gesundheitswesen erfreut sich dieses Qualitätsmodell seit Mitte der 1990er Jahre großer Beliebtheit. Die Basis eines Qualitätsmanagements nach der bekannten DIN EN ISO 9000er Normenreihe stellen die folgenden vier internationalen Normen:

- **DIN EN ISO 9000** (Qualitätsmanagementsysteme – Grundlagen und Begriffe): Diese Norm dient der Unterstützung bei der Einführung und dem Arbeiten mit Qualitätsmanagementsystemen. Hier werden die Grundlagen erläutert und Begriffe definiert bzw. erklärt (DIN 2015a). Mithilfe dieser Norm erhält der Nutzer die inhaltlichen und begrifflichen Kenntnisse zum sicheren Umgang mit der 9000er Normenfamilie („Definitionsnorm").
- **DIN EN ISO 9001** (Qualitätsmanagementsysteme – Anforderungen): Diese Norm legt die internationalen Anforderungen an die Gestaltung eines Qualitätsmanagementsystems (QMS) dar (DIN 2015b). Sie bildet gleichzeitig die Grundlage für die Erteilung von Zertifikaten. Unabhängig von ihrer Branchenzugehörigkeit können sich Unternehmen und Organisationen im Wirkradius der 9000er-Normenfamilie nach dieser Norm zertifizieren lassen. Die Qualitätsfähigkeit eines QMS ist dann gegeben,

wenn das QMS entsprechend diesen Anforderungen realisiert wurde („Darlegungs-norm").

- **DIN EN ISO 9004** (Qualitätsmanagement – Qualität einer Organisation – Anleitung zum Erreichen nachhaltigen Erfolgs): Diese Norm basiert auf den Grundsätzen der DIN EN ISO 9001 und gibt Empfehlungen bzw. Anregungen zur Einführung und zur Verbesserung des QMS (DIN 2018a). Sie baut direkt auf 9001 auf und dient als Ergänzung und Hilfestellung für die Ausrichtung der Organisation an umfassenden Qualitätsmanagementansätzen (TQM). Eine Zertifizierung ist nicht möglich, es handelt sich lediglich um einen Leitfaden („Empfehlungsnorm").

- **DIN EN ISO 19011** (Leitfaden zur Auditierung von Managementsystemen): Diese Norm bietet eine allgemeine Anleitung zur Auditierung von Managementsystemen (z. B. Qualitätsmanagement, Umweltmanagement, Risikomanagement). Sie enthält Hinweise und Empfehlungen zur akkuraten Durchführung von internen und externen Audits einschließlich der Auditprinzipien, der Steuerung eines Auditprogramms und zur Beurteilung der Kompetenz derer, die in den Auditprozess einbezogen sind (DIN 2018b). Der Leitfaden soll Organisationen bei der Durchführung von Audits helfen; er ist weder in Gänze noch in Teilen verpflichtend („Durchführungsnorm").

Herzstück des Qualitätsmodells nach DIN EN ISO 9001 ist das **Prozessmodell** des Qualitätsmanagements (Abb. 4.1). Es verdeutlicht die Philosophie, Qualitätsmanagement insgesamt als einen systematischen Prozess aufzufassen (vgl. Hinsch 2015, S. 15). Das Modell lässt grundsätzlich zwei Betrachtungsweisen zu, die in der Vorgängerversion einem „inneren" und „äußeren Regelkreis" entsprachen (vgl. Pfitzinger 2011; S. 11). In

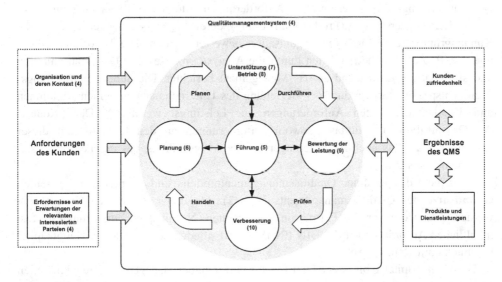

Abb. 4.1 Das Prozessmodell des Qualitätsmanagements nach DIN EN ISO 9001:2015. (Quelle: DIN 2015b)

der überarbeiteten Fassung der DIN EN ISO 9001 sind die beiden Regelkreise intensiver miteinander verzahnt, sodass sie nur noch andeutungsweise als getrennte Kreisläufe erkennbar sind. Sie werden daher auch als innere bzw. „vertikale" und äußere bzw. „horizontale Betrachtungsebene" (vgl. Pfitzinger 2016, S. 29) beschrieben.

Der **innere Regelkreis** (auch: innere Betrachtungsebene, innerbetrieblicher Regelkreis) orientiert sich am Qualitätsmanagementkreislauf (PDCA-Zyklus) und repräsentiert die von der Normenreihe gewählte Gliederung der Anforderungen: Das Management stellt alle benötigten Mittel zur Verfügung, die für die Leistungserstellung benötigt werden. Das zentral gestellte Element „Führung" (5) beschreibt die Kernaufgaben der obersten Leitung. Managementprozesse steuern daraufhin das gesamte System über die „Planung" (6), „Unterstützung" (7), den eigentlichen „Betrieb" (8) bis hin zur „Bewertung der Leistung" (9), worin messende, überwachende und bewertende Tätigkeiten zur Anwendung kommen. Die gewonnenen Daten liefern sowohl Informationen für die Steuerung und Verbesserung einzelner Teilprozesse (Qualitätslenkung) als auch verdichtete Informationen für das Management zur Lenkung und Verbesserung des gesamten Systems (Qualitätsverbesserung). Die Möglichkeiten der Verbesserung werden als Element „Verbesserung" (10) sichtbar. Der Kreislauf der fortlaufenden Verbesserung wird dadurch geschlossen (vgl. Brugger-Gebhardt 2016, S. 7).

Der **äußere Regelkreis** (auch: äußere Betrachtungsebene) geht zunächst über die Organisation hinaus und betrachtet die Anforderungen (Erwartungen und Erfordernisse) der Kundengruppen, Interessenpartner und umweltlichen Einflüsse und Bedingungen, die auf die Organisation wirken. Die oberste Leitung bzw. das Management legt den (für die Organisation relevanten) Kunden- und Stakeholderkreis fest und ermittelt deren Anforderungen an die zu erstellenden Produkte und Dienstleistungen im Rahmen der Qualitätsplanung. Die so ermittelten Anforderungen bilden die Vorgaben (Eingaben) für die Leistungserstellung (Produktrealisierung), deren Ergebnisse wiederum durch die Kundengruppen und durch die Organisation bewertet werden. Die Bewertungsergebnisse (z. B. Zufriedenheit) werden durch die Analyseprozesse des QMS kontinuierlich und systematisch erfasst und an das Management berichtet. Die äußere Betrachtungsebene entspricht grob verkürzt der Beziehung des Unternehmens zu seinen Kundinnen und Kunden („von den Anforderungen zur Leistungsbewertung"). Der „Kontext der Organisation" (4) umfasst sowohl Anforderungen an den Umgang mit dieser Außenbeziehung als auch Anforderungen an die Ausgestaltung des eigenen Qualitätsmanagementsystems.

Fundament des gesamten Qualitätsmanagementmodells sind die bereits vorgestellten **Grundsätze** des Qualitätsmanagements (Kap. 2). Abgeleitet aus diesen Grundsätzen werden Anforderungen in Form von sogenannten Normkapitel ausformuliert. Die inhaltlichen Anforderungen der DIN EN ISO 9001 gliedern sich in sieben Hauptkapitel beginnend mit Kap. 4 (Abb. 4.2).

Die Hauptkapitel 1 bis 3 der DIN EN ISO 9001 haben dagegen eher redaktionellen Charakter. In Kap. 1 wird der **Anwendungsbereich** der Norm beschrieben. Hier wird grob die Zielgruppe der Norm skizziert. Es handelt sich dabei um alle Unternehmen,

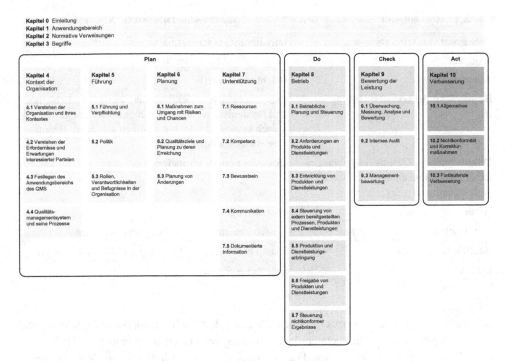

Abb. 4.2 Gliederung der Kapitelstruktur der DIN EN ISO 9001

die zeigen wollen, dass Produkte und Dienstleistungen den Anforderungen der Kunden-gruppen sowie zutreffenden gesetzlichen und behördlichen Anforderungen entsprechen, dass dort das Prinzip der ständigen Verbesserung umgesetzt wird und dass Kunden-zufriedenheit als wichtig erachtet wird. In Kap. 2 werden **normative Verweisungen** aufgeführt. Es werden Normen bzw. Dokumente genannt, die in unmittelbarem Bezug zu dieser Norm stehen (z. B. Bezug zur Definitionsnorm DIN EN ISO 9000:2015). Das Kap. 3 regelt **Begriffe** bzw. deren zulässigen Gebrauch (z. B. Angabe der verwendeten Definitionen und Begriffe). Gegenüber der Vorgängerversion DIN EN ISO 9001:2008 wurden einige Begriffe neu gefasst oder sind weggefallen (Tab. 4.1). Es wird jedoch aus-drücklich darauf hingewiesen, dass es keine Verpflichtung oder spezielle Anforderung gibt, die in der überarbeiteten Norm verwendeten Begriffe und Bezeichnungen auch in der eigenen Organisation zu verwenden. Auch haben Elemente, die begrifflich nicht mehr verwendet werden, für das eigene Qualitätsmanagement weiterhin Gültigkeit und Bedeutung, sofern sie von der Organisation als geeignet erachtet werden (z. B. QM-Handbücher, QM-Beauftragte).

Die Hauptkapitel 4 bis 10 definieren die eigentlichen Anforderungen an das Qualitäts-managementsystem. Mit der 2015er Revision der DIN EN ISO 9001-Norm wurde ein neuer **Gliederungsrahmen** eingeführt, der zukünftig mit den Hauptkapiteln anderer Management-systeme identisch sein wird (sog. „High-Level-Structure" für ISO-Managementsysteme).

Tab. 4.1 Wesentliche Unterschiede in der Terminologie. (Quelle: DIN 2015b, S. 51)

DIN EN ISO 9001:2008	DIN EN ISO 9001:2015
Produkte	Produkte und Dienstleistungen
Ausschlüsse	(Nicht verwendet)
Beauftragter der obersten Leitung	(Nicht verwendet – vergleichbare Verantwortlichkeiten und Befugnisse werden zwar zugewiesen, es gibt jedoch keine Anforderung an einen einzelnen Beauftragten der obersten Leitung)
Dokumentation, Qualitätsmanagementhandbuch, dokumentierte Verfahren, Aufzeichnungen	Dokumentierte Informationen
Arbeitsumgebung	Prozessumgebung
Überwachungs- und Messmittel	Ressourcen zur Überwachung und Messung
Beschafftes Produkt	Extern bereitgestellte Produkte und Dienstleistungen
Lieferant	Externer Anbieter

Die Anforderungen sind hiernach einheitlich gegliedert: Jedes Hauptkapitel gliedert sich in Normkapitel und ggf. in nachgeordnete Unterkapitel mit einer einheitlichen Ordnungszahl. Zu den Normkapiteln werden dann die zu erfüllenden Anforderungen (Requirements) einzelnen ausformuliert und ggf. durch Anmerkungen oder weitergehende Hinweise ergänzt (Tab. 4.2). Die Anforderungen (Normen) legen im Grunde genommen aber nur fest, *was* im Einzelnen zu tun und nachzuweisen ist, aber nicht, *wie* dies im Einzelnen geschehen soll. Ähnlich wie die (neuen) Begriffe muss auch die Gliederung des eigenen Qualitätsmanagementsystems nicht zwangsläufig entsprechend des (neuen) Gliederungsrahmens strukturiert werden. Etablierte und bewährte Gliederungsstrukturen können beibehalten und um die Elemente der Revisionsnorm ergänzt werden.

Die Betonung des „prozessorientierten Qualitätsmanagements" wird in den allgemeinen **Basisanforderungen** an das Qualitätsmanagementsystem deutlich. Die grundsätzlichen Anforderungen zu dessen Verwirklichung werden in Normkapitel 4.4 formuliert. Zur **Realisierung** eines Qualitätsmanagementsystems entsprechend der Darlegungsnorm DIN EN ISO 9001:2015 muss die Organisation:

- ein Qualitätsmanagementsystem aufbauen, verwirklichen, aufrechterhalten und fortlaufend verbessern, einschließlich der dafür benötigten Prozesse und ihre Wechselwirkung;
- die Prozesse bestimmen, die für das Qualitätsmanagementsystem benötigt werden, sowie deren Anwendung innerhalb der Organisation festlegen,
- die erforderlichen Eingaben und die erwarteten Ergebnisse dieser Prozesse bestimmen;
- die Abfolge und die Wechselwirkung dieser Prozesse bestimmen;

Tab. 4.2 Gliederungslogik (Beispiel) der Anforderungen nach DIN EN ISO 9001:2015. (Quelle: DIN 2015b)

Gliederung	Inhalt
Hauptkapitel	Betrieb (8)
Normkapitel	Anforderungen an Produkte und Dienstleistungen (8.2)
Unterkapitel	Bestimmen von Anforderungen für Produkte und Dienstleistungen (8.2.2)
Anforderungen	Bei der Bestimmung von Anforderungen an die Produkte und Dienstleistungen, die Kunden angeboten werden sollen, muss die Organisation sicherstellen, dass:
	a) die Anforderungen an das Produkt und die Dienstleistung festgelegt sind, einschließlich:
	1) jeglicher zutreffender gesetzlicher und behördlicher Anforderungen;
	2) derjenigen, die von der Organisation als notwendig erachtet werden;
	b) die Organisation die Zusagen im Hinblick auf die von ihr angebotenen Produkte und Dienstleistungen erfüllen kann.

- die Kriterien und Verfahren, die benötigt werden, um das wirksame Durchführen und Steuern dieser Prozesse sicherzustellen, bestimmen und anwenden;
- die für diese Prozesse benötigten Ressourcen bestimmen und deren Verfügbarkeit sicherstellen;
- die Verantwortlichkeiten und Befugnisse für diese Prozesse zuweisen;
- die in Übereinstimmung mit den Anforderungen bestimmten Risiken und Chancen behandeln;
- diese Prozesse bewerten und jegliche Änderungen umsetzen, die notwendig sind, um sicherzustellen, dass diese Prozesse ihre beabsichtigten Ergebnisse erzielen;
- die Prozesse und das Qualitätsmanagementsystem verbessern;
- in erforderlichem Umfang dokumentierte Informationen aufrechterhalten, um die Durchführung ihrer Prozesse zu unterstützen;
- in erforderlichem Umfang dokumentierte Informationen aufbewahren, sodass darauf vertraut werden kann, dass die Prozesse wie geplant durchgeführt werden.

Gegenüber der Vorgängerversion DIN EN ISO 9001:2008 sind die Anforderungen an die Leitung bzw. an die Verantwortlichen für das Qualitätsmanagement insgesamt gestiegen; im Gegenzug wird aber mehr Flexibilität und Spielraum bei der Umsetzung bzw. Ausgestaltung des eigenen Qualitätsmanagementsystems geboten. Folgende **Managementaspekte** werden in der aktuellen Version (DIN EN ISO 9001:2015) gegenüber der Vorgängerversion stärker betont:

- **Prozessmanagement:** Der prozessorientierte Ansatz erhält mit der Forderung nach einem umfassenden und systematischen Prozessmanagement größeres Gewicht. Dies wird u. a. daran deutlich, dass für Prozesse neue und klare Festlegungen zu treffen sind: z. B. erforderliche Ressourcen, erwartete Ergebnisse, Leistungsindikatoren zur Prozesslenkung, Verantwortungen und Befugnisse sowie Risiken und Chancen, die die Zielerreichung der Prozesse beeinflussen könnten. Mit der Revisionsnorm wird ein umfassend dokumentiertes Prozessmanagement gefordert; die bisher verpflichtend nachzuweisenden (sechs) dokumentierten Verfahren sind im Gegenzug weggefallen.

- **Stakeholderorientierung:** Die neue Norm erweitert die Kundinnen- und Kundenorientierung um weitere Zielgruppen (Anspruchsgruppen oder „Interessierte Parteien"). Organisationen sollen nicht allein gesetzliche und behördliche Anforderungen sowie die Anforderungen ihrer unmittelbaren Kundengruppen erfüllen („enger Kundenbegriff"). Sie sollen auch die Beziehung zu ihren Mitarbeitenden („interner Kundenbegriff") sowie kooperierenden Parteien, Lieferanten und anderen für das eigene Qualitätsmanagement relevanten Anspruchsgruppen wie Leistungsfinanzierer, Gemeinden, gesellschaftliche Institutionen oder Interessenvertretungen („erweiterter Kundenbegriff") berücksichtigen und hierzu Anforderungen ermitteln, festlegen und bewerten.

- **Strategieorientierung:** Das Qualitätsmanagementsystem muss stärker in die strategische Ausrichtung des Unternehmens eingebunden werden. Es wird gefordert, dass Qualitätspolitik und die Qualitätsziele mit der *strategischen Ausrichtung* und dem *Kontext der Organisation* vereinbar sind. Das Unternehmen muss erfassen, welche internen und externen Belange (z. B. gesetzliche, technische, wettbewerbliche oder soziale Belange) Einfluss auf Ziele, Strategie und Ergebnis des Qualitätsmanagementsystems haben.

- **Risikomanagement:** Es wird kein umfassendes Risikomanagementsystem gefordert, wohl aber ein *risikobasiertes Grundverständnis* und ein systematischer Umgang mit Risiken und Chancen. Dazu gehört, Risiken und Chancen, die für das Qualitätsmanagementsystem und die zentralen Leistungsprozesse bestehen, zu identifizieren, zu analysieren, zu bewerten sowie Gegenmaßnahmen zu planen, umzusetzen und ihre Wirksamkeit zu kontrollieren. Die Bearbeitung von Risiken soll in einem angemessenen Verhältnis zu ihrer Auftrittswahrscheinlichkeit und ihrem potenziellen Schaden vorgenommen werden. Aufgrund der übergeordneten Bedeutung des risikobasierten Ansatzes werden Vorbeugungsmaßnahmen nicht mehr als Einzelnorm geführt.

- **Wissensmanagement:** Vergleichbar mit dem risikobasierten Denken und Handeln wird auch ein systematischer *Umgang mit Wissen* im Rahmen des Qualitätsmanagementsystems gefordert. Dazu gehört, das notwendige Wissen zur Durchführung der Prozesse und zur Erreichung der Konformität von Produkten und Dienstleistungen festzuhalten, aufrechtzuerhalten und für alle Mitglieder der Organisation verfügbar zu machen. Das erforderliche Wissen muss bestimmt und in ausreichendem Umfang vermittelt werden. Bei zusätzlich benötigtem Wissen muss festgelegt werden, wie dieses erlangt werden kann. Wie das Wissensmanagement umgesetzt werden soll, wird nicht von der Norm festgelegt. Jede Organisation muss ihr eigenes Wissensmanagement aufbauen.

- **Führungsverantwortung:** Die oberste Leitung wird stärker in die Pflicht genommen: Sie muss die *Rechenschaftspflicht* für die Wirksamkeit und die Leistungsfähigkeit des Qualitätsmanagementsystems übernehmen und andere Führungskräfte in ihrer Führungsrolle für das Qualitätsmanagementsystem stärken. Mitarbeitende sollen so eingesetzt, angeleitet und unterstützt werden, dass sie zur Wirksamkeit und Leistungsfähigkeit des Qualitätsmanagementsystems beitragen können. Führungsverantwortung erfordert ein persönliches, aktives *Mitwirken der obersten Leitung* im Managementsystem. Die Einsetzung von „Qualitätsmanagementbeauftragten" oder eines „Beauftragten der obersten Leitung" wird daher nicht mehr explizit gefordert. Vielmehr sind Verantwortlichkeiten und Befugnisse für *relevante Rollen,* die die Qualität bzw. die Qualitätsleistung der Organisation beeinflussen, festzulegen. Die Organisation gewinnt hierdurch mehr Flexibilität bei der Verteilung der qualitätsrelevanten Aufgaben. Bestehende Strukturen können aber beibehalten werden.

- **Dokumentationsmanagement:** Mehr Spielraum und Flexibilität wird auch hinsichtlich der geforderten Dokumentation und der Art der verwendeten Medien ermöglicht. Ausgedruckte Dokumente oder Nachweise werden nicht mehr gefordert. Vielmehr werden *dokumentierte Informationen* gefordert, die elektronisch hinterlegt sein sollen. Der Begriff „dokumentierte Information" ersetzt als neuer Sammelbegriff die bisher bekannten Begriffe „Dokumente", „dokumentierte Verfahren" und „Aufzeichnungen". Dadurch wird die Handhabung der Dokumentation flexibler, da jede Organisation anhand ihrer spezifischen Kompetenzen und Strukturen selbst entscheiden kann, was und in welchem Umfang sie dokumentieren will. Aspekte, die im Einzelnen genau dokumentiert werden müssen, sind in den Normkapiteln festgelegt. Darüber hinaus wird ein *Qualitätsmanagementhandbuch,* das einen Überblick über das Qualitätsmanagementsystem bzw. seine Strukturen und Abläufe gibt, mit der Revision nicht mehr explizit gefordert. Jede Organisation darf aber weiterhin ein Qualitätsmanagementhandbuch führen, sofern sie dieses für geeignet und zweckmäßig hält.

4.2.1.2 DIN EN 15224

Trotz ihrer großen Beliebtheit in zahlreichen Einrichtungen des Gesundheitswesens (z. B. Krankenhäuser, Einzelkliniken, Vertragsarztpraxen, Rettungsstellen, Laborbereiche) ist die **Darlegungsnorm DIN EN ISO 9001** eine Norm, die nicht speziell für Gesundheitseinrichtungen entwickelt wurde. Die Universalität dieses Modells trägt zwangsläufig immer auch eine Interpretationsbedürftigkeit bestimmter Anforderungen mit sich, die eine Übertragung für den „eigenen" Versorgungsbereich, insbesondere im Kontext ausgeprägt beziehungsorientierter Dienstleistungen, nicht immer möglich oder geeignet erscheinen lassen. Die Modifikationen der Normenreihe, insbesondere seit der Überarbeitungsversion des Jahres 2000, haben die Übertragbarkeit auf den Gesundheitsbereich allerdings schrittweise erleichtert und bieten der Vielfalt und Besonderheiten gesundheitlicher Versorgung und ihrer Vorleistungs-, Zulieferer- und Randbereiche einen geeigneten Gestaltungsrahmen, der normengerecht, aber letztendlich für jede Einrichtung oder Organisation spezifisch ist.

Innerhalb der Fachwelt keimte jedoch der Wunsch, eine für Gesundheitseinrichtungen spezifische Norm zu schaffen. Dieser Wunsch wurde mit der Veröffentlichung der **Bereichsnorm DIN EN 15224** im Jahr 2012 erstmals Wirklichkeit. Davor existierte bereits eine Art Leitfaden für den Gesundheitssektor, der sich jedoch lediglich als Interpretationshilfe für die ISO 9001-Zertifizierungsnorm (DIN CEN/TS 15224:2006–02) verstand. Die aktuell gültige DIN EN 15224:2017 ist dagegen eine *eigenständige Norm* für Einrichtungen bzw. Organisationen der Gesundheitsversorgung und trägt die Bezeichnung „Qualitätsmanagementsysteme – EN ISO 9001:2015 für die Gesundheitsversorgung" (DIN 2017). Sie konkretisiert und ergänzt die Anforderungen der DIN EN ISO 9001 mit zusätzlichen Auslegungen und Spezifizierungen für die Gesundheitsversorgung. In Analogie zur Zertifizierungsnorm DIN EN ISO 9001:2015 ist auch eine Zertifizierung nach DIN EN 15224:2017 möglich.

Die DIN EN 15224:2017 orientiert sich insgesamt eng am Wortlaut der DIN EN ISO 9001:2015. Sie führt jedoch eine Reihe **neuer Begriffe** ein, die dem Sprachgebrauch der Einrichtungen der Gesundheitsversorgung besser gerecht werden (z. B. klinische Prozesse, Zielzustand, klinisches Risiko, Gesundheitsakte). Erkennbar ist allerdings eine begriffliche Nähe zum medizinischen Bereich, insbesondere zum Krankenhaussektor. Insgesamt bleibt der Abstraktionsgrad aber hoch, um die Anwendbarkeit auf die Vielzahl unterschiedlicher Organisationen innerhalb der Gesundheitsversorgung (z. B. Arztpraxis, Pflegeheim) zu ermöglichen und den unterschiedlichen rechtlichen Voraussetzungen in den europäischen Ländern Rechnung zu tragen (Paschen 2013, S. 27). Andererseits haben Spezifikationen wichtiger Aspekte wie Sicherheit, Vertraulichkeit und Datenschutz oder Risikomanagement als weitergehende Anforderungen an das Qualitätsmanagementsystem Eingang in die Bereichsnorm gefunden. Überdies wird der Anwendungsbereich des Normkapitels 8.3 „Entwicklung von Produkten und Dienstleistungen" weiter gefasst als in der DIN EN ISO 9001, sodass ein Ausschluss dieser Anforderung gegenüber DIN EN ISO 9001 nicht mehr so leicht möglich ist.

Hervorzuheben ist, dass in dieser Bereichsnorm gegenüber der branchenneutralen Norm DIN EN ISO 9001 **bereichsspezifische Anforderungen** an das Qualitätsmanagement in Gesundheitseinrichtungen gestellt werden. Die bereichsspezifischen Anforderungen werden als **elf grundlegende Qualitätsaspekte** formuliert. Inhaltlich entsprechen sie Kriterien bzw. Anforderungsdimensionen bekannter Qualitätsmodelle im Gesundheitswesen (siehe Kap. 1). Demgemäß drückt sich in den elf Qualitätsaspekten nicht allein ein Qualitätsverständnis aus, das sich auf die einzelbetriebliche Leistungsebene bzw. auf die „Qualität von Gesundheitsleistungen" (Mikroqualität) beschränkt, sondern ebenso ein Qualitätsverständnis, das den Blickwinkel auf die übergeordnete Versorgungssystemebene bzw. auf die „Qualität der Gesundheitsversorgung" (Makroqualität) erweitert. Die Qualitätsaspekte können auch durch andere bzw. weitere Aspekte ergänzt werden, sofern sie von der Gesundheitseinrichtung als relevant für ihr Leistungsspektrum betrachtet werden. Die elf Qualitätsaspekte, die als „grundlegend" und „allgemein relevant" betrachtet werden, sind wie folgt formuliert (vgl. DIN 2017, S. 78 f.):

- **angemessene, richtige Versorgung:** Der Patient wird untersucht und entsprechend seines Bedarfs, wir er durch Angehörige von Heil- und Gesundheitsberufen beurteilt wird, behandelt. Die Beurteilung der Bedarfe an Untersuchungen und Behandlungen sollte auf sorgfältiger Anamnese, physischer Untersuchung und Beobachtungen mit einem vertretbaren Risiko an unerwünschten Ereignissen, Komplikationen oder Nebenwirkungen beruhen. Ausgeführte Tätigkeiten (Untersuchungen und Behandlungen) sollten nicht über den festgestellten Bedarf hinausgehen.
- **Verfügbarkeit:** Dienstleistungen der Gesundheitsversorgung sind innerhalb der Reichweite des Patienten, der diese Art der Dienstleistung benötigt, erreichbar und möglich.
- **Kontinuität der Versorgung:** Es besteht eine nahtlose und optimierte Kette von Dienstleistungen der Gesundheitsversorgung für den Patienten von der Überweisung über Untersuchungen, Behandlungen und Rehabilitation bis hin zur Evaluation bzw. Nachsorge.
- **Wirksamkeit:** Ausgeführte Tätigkeiten der Gesundheitsversorgung erhöhen die Chance eines erwarteten positiven Ergebnisses (haben eine positive Wirkung auf den Gesundheitsstatus des zu Versorgenden) im Vergleich zu nicht durchgeführten oder anderen Untersuchungen oder Behandlungen. Positive Ergebnisse können durch Verbesserung des beobachteten Zustands dargestellt werden.
- **Effizienz:** Das bestmögliche Verhältnis zwischen den erreichten Ergebnissen und den aufgewendeten Ressourcen (Raum, Gerätschaften, Material und Arbeitszeit) muss bevorzugt werden. Die Wirtschaftlichkeit wird als ein Qualitätsmerkmal im System der Gesundheitsversorgung berücksichtigt, da es die Organisation befähigt, mehr Patienten zu helfen und dadurch die Kundenzufriedenheit zu erhöhen.
- **Gleichheit:** Alle Patienten mit gleichartigen und gleich schweren Bedarfen erhalten die gleiche Art der Gesundheitsversorgung – ungeachtet des Geschlechts und sexueller, kultureller, ethnischer, sozialer, sprachlicher oder anderweitiger Gegebenheiten. Eine Nichtdiskriminierung und keine Bevorzugung, die sich nicht auf Gesundheitsbedarfe gründet, werden als Qualitätsmerkmal im System der Gesundheitsversorgung betrachtet.
- **evidenzbasierte/wissensbasierte Versorgung:** Dienstleistungen der Gesundheitsversorgung (Untersuchungen, Behandlungen einschließlich Prävention, Pflege usw.) müssen sich auf wissenschaftliche Nachweise und/oder auf erfahrungsbegründetem Wissen/Best Practices stützen. Qualität in der Gesundheitsversorgung ist abhängig von der systematischen Anwendung von medizinischem Wissen.
- **auf den Patienten ausgerichtete Versorgung:** Dienstleistungen für die Gesundheitsversorgung müssen unter Beachtung der Werte, Präferenzen und der persönlichen Situation des Patienten bereitgestellt und nach der Einwilligungserklärung des Patienten und mit Blick auf die Erhaltung seiner körperlichen und mentalen

Unversehrtheit durchgeführt werden. Diese Aspekte werden als „personalisierte Versorgung" bezeichnet. Wenn Gesundheitsbedarfe bestimmt werden, sollten die Gesundheitskomponenten der Internationalen Klassifikation der Funktionsfähigkeit, Behinderung und Gesundheit (ICF) der WHO zur Kategorisierung und Spezifizierung der Qualitätsanforderungen verwendet werden. Gesundheitsbedarfe, die auf ICF beruhen, können durch den Patienten und/oder durch Personen der Heil- und Gesundheitsberufe, die mit den Patienten in klinischen Prozessen (auch: Leistungsprozesse der Gesundheitsversorgung) zusammenarbeiten, bestimmt werden.

- **Einbeziehung der Patienten:** Der Patient wird informiert, beraten und wann immer möglich in alle ihn betreffenden getroffenen Entscheidungen und durchgeführten Tätigkeiten der Gesundheitsversorgung aktiv einbezogen. Patientenbeteiligung wird als Synonym für die Einbeziehung des Patienten betrachtet.

- **Patientensicherheit:** Die mit den Dienstleistungen für die Gesundheitsversorgung verbundenen Risiken müssen identifiziert werden, unter Überwachung stehen und sämtliche vermeidbare Schäden beim Patienten müssen verhindert werden. Die Durchführung von klinischen Prozessen, die nicht zu einem Schaden und nicht zu unnötigen Tätigkeiten der Gesundheitsversorgung (mit zusätzlichen Risiken und Zeitaufwand für Patienten) führen, wird als Qualitätsmerkmal von klinischen Prozessen bezeichnet.

- **Rechtzeitigkeit/Zugänglichkeit:** Die Dienstleistungen der Gesundheitsversorgung müssen zeitgerecht bereitgestellt werden. Die Abfolge der Tätigkeiten bei der Dienstleistungsbereitstellung muss sich, ungeachtet des sozialen Status des Patienten usw., nach den optimierten Wirksamkeiten, den ermittelten Bedarfen des Patienten, dem akuten Zustand und der Schwere der Krankheit richten.

Für das Leistungsspektrum einer Gesundheitseinrichtung sind **Qualitätsanforderungen** zu jedem diese Qualitätsaspekte zu formulieren und entsprechende mess- bzw. bestimmbare Qualitätsmerkmale festzulegen. Durch das Qualitätsmanagementsystem ist in der Folge der Nachweis zu erbringen, dass die Dienstleistungen (Gesundheitsleistungen) mit den entsprechenden **Qualitätsmerkmalen** ausgestattet sind. Falls die Gesundheitseinrichtung einen der elf grundlegenden Qualitätsaspekte nicht für relevant oder anwendbar hält, kann dieser ausgeschlossen werden. Die Gründe für den Ausschluss müssen dokumentiert und nachgewiesen werden.

Die elf grundlegenden Qualitätsaspekte wurden in der Vorgängerversion von 2012 noch als „elf Qualitätsmerkmale" der Gesundheitsversorgung bezeichnet. Es wurde kritisiert, dass es sich bei den aufgezählten Inhalten nicht um Merkmale im engeren Sinne, sondern um unspezifische Anforderungen an die Gesundheitsversorgung und die Leistungsprozesse handele (vgl. Paschen 2013, S. 38). Mit der Einführung des (neuen) Begriffs „Qualitätsaspekt" in der überarbeiteten Version wird nunmehr ein begrifflicher Ordnungsrahmen geschaffen, dem jeweils einrichtungsspezifisch Anforderungen und Merkmale zugeordnet werden können. Auf Grundlage der Bereichsnorm DIN EN 15224:2017 sind somit von der Gesundheitseinrichtung gegenüber der DIN EN ISO

9001:2015 erweiterte **Anforderungen** an die Produkte und Dienstleistungen (Gesundheitsleistungen) festzulegen (vgl. Tab. 4.2).

Anforderungen an Produkte und Dienstleistungen der Gesundheitsversorgung:

- jegliche zutreffende gesetzliche und behördliche Anforderung (z. B. Meldungen im Rahmen der Vigilanzverfahren für Arzneimittel und Medizinprodukte, zum Strahlenschutz, zum klinischen Abfallmanagement und zur Gesundheit und Sicherheit des Arbeitsplatzes);
- diejenigen Anforderungen, die von der Organisation als notwendig erachtet werden, insbesondere der Qualitätsanforderungen bezüglich der grundlegenden elf Qualitätsaspekte für die Gesundheitsversorgung;
- alle zusätzlichen Anforderungen, die die Organisation als notwendig ansieht, was Anforderungen einschließen darf, die nicht vom Patienten angegeben werden, aber der Qualitätsklasse der von der Organisation angebotenen Dienstleistung entsprechen. Bei der Festlegung dieser patientenorientierten Qualitätsanforderungen können auch die Gesundheitskomponenten der ICF als Ausgangspunkt herangezogen werden;
- alle zusätzlichen Anforderungen basierend auf wissenschaftlichen Nachweisen und klinischem Wissen;
- Anforderungen von anderen interessierten Parteien, z. B. Käufern von Dienstleistungen, Versicherungsgesellschaften und finanzierenden Organisationen.

Die Aufzählung der nach diesem Modell zu berücksichtigenden Anforderungen an die Leistungen bzw. Leistungserbringung illustriert eindrucksvoll die eingangs betonte **Perspektivenvielfalt** im Gesundheitswesen, die sich spezifisch als Wünsche und Erwartungen der Kundengruppen (Kundenperspektive), als Fachlichkeit der Gesundheitsberufe (Professionsperspektive) und als Bedingungen der einzelbetrieblichen Leistungserstellung (Managementperspektive) kategorisieren lässt bzw. rahmengebend durch unspezifische (z. B. Wissenschaft, Gesellschaft) und spezifische „Dritte" (z. B. Gesetzgeber, Selbstverwaltung) mitbestimmt wird (siehe hierzu ausführlich Kap. 1).

Die Bereichsnorm formuliert überdies **spezifische Vorbedingungen** der Gesundheitsversorgung, die von der Gesundheitseinrichtung identifiziert und im Rahmen des Qualitätsmanagements berücksichtigt werden müssen (DIN 2017, S. 10):

- **Klinische Prozesse:** Die Gesundheitsversorgung wird durch klinische Prozesse erbracht, die von der Wirkung bzw. den Ergebnissen einer Anzahl von Management- und Unterstützungsaktivitäten/-prozessen abhängig sind. Ein klinischer Prozess ist aus Sicht des Patienten ein Kontinuum der Versorgung. In Abhängigkeit vom Aufgabenbereich der Organisation bestehen klinische Prozesse aus dem gesamten oder einem Teil des Kontinuums der Versorgung. Die Ergebnisse der zur Verfügung gestellten Prozesse für die Gesundheitsversorgung sind in erster Linie Dienstleistungen, bei denen Patienten mit Personal der Gesundheitsversorgung interagiert haben.

- **Patientenzufriedenheit:** Die auf Erfordernissen und Erwartungen beruhende Patientenzufriedenheit ist das allumfassende Ziel für die Gesundheitsversorgung. Der Patient kann nicht immer alle Aspekte der Prozessergebnisse für die Gesundheitsversorgung beurteilen. Einige Dienstleistungsaspekte sind durch Angehörige von Heil- und Gesundheitsberufen zu evaluieren.
- **Ausgleichsprinzip:** Es liegt in der Verantwortung der Organisation, unterstützend einen Ausgleich zwischen den Erwartungen des Patienten und den fachlich begründeten Betreuungserfordernissen herbeizuführen. Es dürfen Unterschiede zwischen den durch den Patienten zum Ausdruck gebrachten Erwartungen und durch das Personal der Gesundheitsversorgung ermittelten Erfordernissen des Patienten geben, welche dann zu überprüfen sind.
- **Datenschutz und Vertraulichkeit:** Für die Gesundheitsversorgung gibt es sowohl individuelle Patientenakten, die vertrauliche Angaben über einen einzelnen Patienten enthalten, als auch kollationierte Akten, in denen gesammelte Angaben zu Patienten zusammengestellt sind. Der Schutz und die Vertraulichkeit all dieser Angaben und Dokumentationen unterliegen der nationalen Gesetzgebung.
- **Klinisches Risikomanagement:** Das klinische Risikomanagement ist eine Schlüsselkomponente innerhalb des Qualitätsmanagementsystems.
- **Informationsmanagement:** Qualität und Management der Gesundheitsversorgung sind abhängig von verlässlichen und eindeutigen Informationen. Informationsmanagement ist daher eine Schlüsselkomponente des Qualitätsmanagements für die Gesundheitsversorgung.
- **Gesetzgebung:** Hinsichtlich der Dienstleistungen für die Gesundheitsversorgung bestehen ergänzend zu den Anforderungen in dieser Norm nationale Gesetzgebungen, Richtlinien und Empfehlungen von Regulierungsbehörden, die identifiziert und berücksichtigt werden müssen.

4.2.2 Das EFQM Excellence Modell

Die Anforderungen der DIN EN ISO 9001-Norm sind in erster Linie als Mindestanforderungen anzusehen, deren Erfüllung in vielen Branchen vertraglich gefordert wird (z. B. Lieferantenverträge). Trotz der sichtbar inhaltlichen Annäherung an die Empfehlungsnorm DIN EN ISO 9004 zielt das Qualitätsmodell der Darlegungsnorm DIN EN ISO 9001 im Kern jedoch auf die Realisierung eines Qualitätsmanagementsystems, das „Qualitätsmanagement" mehr oder weniger in ein übergeordnetes Einrichtungsmanagement integriert. Dagegen sehen Modelle, die umfassenden Qualitätsmanagementansätzen (TQM) folgen bzw. diese neu interpretieren, Qualitätsmanagement nicht als Teilbereich oder Aufgabe des Managements an, sondern als ein qualitätsorientiertes

Grundverständnis der gesamten Unternehmensführung („Unternehmensqualität"), das alle Leistungsbereiche sowie Funktions- und Organisationseinheiten durchdringt. Ein Qualitätsmanagementmodell, das im weitesten Sinne für die Umsetzung, Anwendung, aber auch Weiterentwicklung und Modernisierung der Idee des "umfassenden Qualitätsmanagements" steht, ist das Exzellenz-Modell der European Foundation for Quality Management (EFQM).

Die **EFQM** ist eine unabhängige Non-Profit-Organisation mit Sitz in Brüssel. Sie wurde im Jahr 1989 von 14 Vertretern europäischer Wirtschaftskonzerne gegründet. Ziel war die Entwicklung eines auf *Exzellenz* ausgerichteten Managementansatzes zur ganzheitlichen Entwicklung von Organisationen. Zeitgeschichtlicher Hintergrund war die Steigerung der Wettbewerbsfähigkeit europäischer Unternehmen in zunehmend globalisierten Märkten. Die Herkunft aus dem Wirtschaftssektor ist unter anderem an der Ursprungsnamensgebung „Modell für Business Excellence" deutlich erkennbar. Ihr Anliegen war aber stets, für Organisationen und Institutionen des Staates und des Dritten Sektors gleichermaßen anwendbar zu sein. Da der Zusatz „Business" zu sehr auf eine Marktlogik abstellte, wurde er in einer der ersten Überarbeitungen des Modells gestrichen. Vorbild für das europäische Qualitätsmodell waren die Kriterien des Malcolm Baldrige National Quality Award (MBNQA). Beim MBNQA handelt es sich um ein Exzellenz- bzw. Qualitätsmodell, das in den Vereinigten Staaten (USA) als Modell für „Performance Excellence" entwickelt wurde.

▶   Excellence bedeutet, herausragende Ergebnisse durch vorbildliche Vorgehensweisen zu erzielen, die die Erwartungen aller ihrer Interessengruppen erfüllen oder übertreffen.

Das „EFQM Excellence Modell" bestand bislang (seit 2003) aus drei Modellkomponenten, den sog. „Grundkonzepten der Excellence", dem „EFQM-Kriterienmodell" und der „RADAR-Bewertungslogik" (Moll 2013a, S. 31). Die acht EFQM-Grundkonzepte bildeten die normativen Grundpfeiler (auch: Grundsätze) des europäischen Qualitätsmodells und konnten gewissermaßen als inhaltliche Interpretation des (alten) TQM-Gedankens mit neuerer Schwerpunktlegung auf Nachhaltigkeit, Gesellschafts- und Umweltorientierung sowie Ergebnis- und Nutzenorientierung verstanden werden. Die Formulierung von Grundkonzepten ermöglichte so etwas wie einen gedanklichen Zugang zum europäischen Excellence-Ansatz. Sie machten Aussagen dazu, was exzellente Organisation grundsätzlich auszeichnen (vgl. Moll 2013b). Die bisher bekannte Fassung dieser „Grundkonzepte" ist jedoch mit der letzten Überarbeitung des EFQM-Modells (Version 2020) ersatzlos gestrichen worden. Ziel dieser Streichung war es, die Komplexität des gesamten Modells zu reduzieren und die Anwendungsfreundlichkeit zu steigern (Moll 2019a, S. 101). Für den Gebrauch und die Handhabung in der Praxis sind die Grundkonzepte wahrscheinlich überbrückbar. Fortan fehlt jedoch so etwas wie ein Gedankenfundament bzw. eine theoretische Grundlage für die Ableitung des näher konkretisierten Kriterienmodells.

In der aktuellen Form firmiert das europäische Excellence Modell nunmehr als **EFQM Modell 2020** (Abb. 4.3). Als dazugehörige Modellkomponenten lassen sich wie in der Vorgängerversion ein ausgearbeitetes Kriteriengerüst bzw. im engeren Sinne das **Kriterienmodell 2020** und das **EFQM-Diagnosetool: RADAR 2020** unterscheiden. Der übergeordnete Orientierungs- und Werterahmen des Modells verweist auf grundlegende Menschenrechte, insbesondere die Grundrechte der Europäischen Union, der Europäischen Menschenrechtskonvention, der Richtlinie 2000/78/EG für die Verwirklichung der Gleichbehandlung in Beschäftigung und Beruf sowie auf die Europäische Sozialcharta. In gleicher Weise wird auf die Nachhaltigkeitsziele (Sustainable Development Goals) und die Prinzipien für nachhaltige und sozial verantwortliche Geschäftsführung der Vereinten Nationen Bezug genommen (EFQM

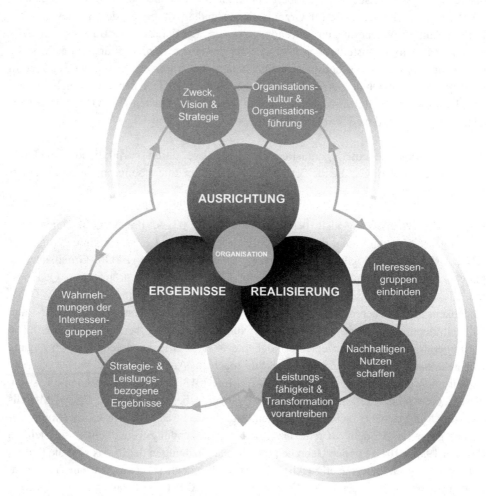

Abb. 4.3   Das EFQM-Modell 2020. (Quelle: EFQM 2019)

2019, S. 5). Daraus wird zusammenfassend eine neue *Grundidee* abgeleitet, dass Organisationen, die das EFQM Modell nutzen, sich als Bestandteil einer komplexen Umwelt bzw. eines herausfordernden Umfelds verstehen (neuer Begriff des „Eco-systems"), sich konstruktiv einbringen und darin zum Fortschritt aller Mitwirkenden beitragen, dabei lernen und wachsen sowie inspirierendes Vorbild für andere sind. Ver-änderungen werden vorhergesehen, angemessen darauf reagiert und das Management von „Heute" ausgewogen mit der Gestaltung des „Morgen" verbunden (vgl. EFQM 2019, S. 8).

Herzstück des EFQM-Qualitätsmodells ist das **Kriterienmodell**. Es hat eine aus sieben Kriterien bestehende Grundstruktur, die im weitesten Sinne Themenfelder für umfassendes Qualitätsmanagement und die dazugehörige Organisationsentwicklung definiert. Das Kriterienmodell gliedert sich in drei Kategorien, mit der die Aufbau-logik des Modells sichtbar wird. Die Kategorie **Ausrichtung** (Direction) fokussiert die Strategiearbeit einer Organisation und widmet sich der Fragestellung, warum die Organisation überhaupt existiert, welchen Zweck sie erfüllt und warum sie genau die aktuell bestehende Strategie verfolgt und keine andere („Why?"). Die zweite Kategorie ist die Kategorie der **Realisierung** (Execution). Hier geht es um Fragen der Strategie-umsetzung und Zweckerfüllung, der Produktion und Wertschöpfung sowie des Erzielens von nachhaltigem Nutzen und der Erlangung bzw. Sicherung von Zukunftsfähigkeit („How?"). Die frühere Bezeichnung der sog. „Befähiger"-Kriterien (Enablers) wird zwar nicht mehr verwendet. Die beiden Kategorien „Ausrichtung" und „Realisierung" stehen aber weiterhin für den dahinter stehenden Gedanken des *Befähigens*, indem sie abbilden, was eine (exzellente) Organisation tut und wie sie vorgeht. Darin spiegeln sich gleichsam die Elemente von Struktur- und Prozessqualität bzw. Potenzial- und Prozessorientierung aus Sicht der Produktionstheorie.

Die dritte Kategorie **Ergebnisse** (Results) richtet das Augenmerk auf die Ergeb-nisqualität und entspricht der Ergebnisorientierung im Qualitätsmanagement. Diese Kategorie fragt, was eine Organisation mit den vorhandenen Strukturen und Prozessen bzw. mit der Ausrichtung und Realisierung erreicht hat bzw. künftig erreichen will („What?"). Die strukturelle Auffächerung in sich unterscheidende Ergebniskriterien und Bewertungsbereiche (z. B. kundinnen- und kundenbezogene oder gesellschaftsbezogene Ergebnisse) wurde mit der Überarbeitung des Modells aufgegeben. Nunmehr wird ledig-lich zwischen „Wahrnehmungen der Interessengruppen" (subjektive Qualitäts- und Leistungsdaten) und „strategie- und leistungsbezogene Ergebnisse" (objektive Qualitäts-und Leistungsdaten) unterschieden. Die Kategorie „Ergebnisse" bildet folglich nur zwei Modellkriterien, die nicht weiter in Teilkriterien unterteilt werden.

Die grundlegende **Modellvorstellung** ist, dass die Kategorien Ausrichtung und Realisierung untereinander in Wechselwirkung stehen und auf die Ergebnisse ent-sprechende Wirkung entfalten. Die Zusammenhänge zwischen den Befähiger- und Ergebniskriterien werden visuell durch die Überlappungen, Schnittmengen und Querver-bindungen verdeutlicht. Als Grundprinzip (oder „Roter Faden") gilt, Zweck, Vision und Strategie zu verknüpfen und dadurch für die als wichtig erkannten Interessengruppen nachhaltigen Nutzen zu schaffen und herausragende Ergebnisse zu erzielen. Der klassische *Exzellenzgedanke* ist darin weiterhin gut erkennbar: Exzellente Ergebnisse (hinsichtlich Leistungen, Kundinnen und Kunden, Mitarbeitende und Gesellschaft) erzielt eine Organisationsführung, die auf der Grundlage geeigneter Strategien sich an (internen) Personen und (externen) Partnerschaften, den vorhandenen Ressourcen und eigenen Prozessen orientiert und dabei auf hohem Niveau ganzheitlich handelt. Inhaltlich baut die Überarbeitungsversion weiterhin auf diesem grundlegenden Denk- und Handlungsschema auf. Es wird jedoch um bestimmte Aspekte der Strategiearbeit, organisationskulturellen Steuerung, Nachhaltigkeit und Nutzenorientierung sowie Sicherung der Leistungs- und Zukunftsfähigkeit angereichert. Insbesondere der Blick auf die Lern- und Entwicklungsarbeit, die klassischerweise durch Begriffe wie „Lernen und Kreativität" bzw. „Innovation und Verbesserung" geprägt ist, wird um transformative und disruptive Veränderungen erweitert (Abb. 4.4).

Das Kriterienmodell definiert und spezifiziert die **Kriterien** des EFQM Modells 2020. Die Grobstruktur aus drei Kategorien und sieben miteinander verwobenen Kriterien unterteilt sich nachgeordnet in **Teilkriterien**. Die Teilkriterien geben mehr oder weniger Auskunft darüber, was eine (exzellente) Organisation tut, wie sie es tut und was sie dadurch erreicht bzw. erreichen kann oder anders ausgedrückt, welche Aspekte ein „erfolgreiches Qualitätsmanagement" nach dem EFQM-Modell adressieren sollte. Die einzelnen Kriterien und Teilkriterien formulieren eher grundsätzliche Quali-

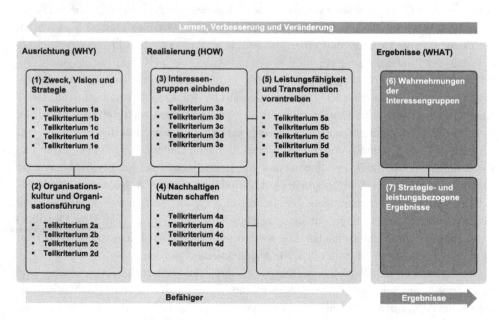

Abb. 4.4 Kriterienmodell des EFQM Modells 2020 basierend auf fünf Befähiger-Kriterien (Kategorien „Ausrichtung" und „Realisierung") und zwei Ergebnis-Kriterien der Kategorie „Ergebnisse". (Quelle: EFQM 2019)

tätsanforderungen an die Unternehmenstätigkeit bzw. an das Gesamtmanagement und stellen für die Organisation gewissermaßen eine Art „Management-Agenda" für das Erreichen von „Unternehmensqualität" dar. Sie sind auf keinen Fall als Normen oder Standards für die Realisierung eines Qualitätsmanagementsystems zu verstehen. Vielmehr lässt die Formulierung der 25 Kriterien und Teilkriterien viel Freiraum, eine solche Management-Agenda für die eigene Organisation zu interpretieren und anwendbar zu machen. Als eine Art Interpretationshilfe steht für jedes Teilkriterium eine Aufzählung von sog. **Ansatzpunkten** (auch: Orientierungspunkte) bereit. Diese Ansatzpunkte geben allerdings nur Hinweise und liefern Anhaltspunkte, was in einzelnen Branchen (z. B. Großunternehmen, Non-Profit-Organisationen) jeweils Gültigkeit haben könnte (Tab. 4.3).

Das EFQM-Kriterienmodell ist sowohl Grundlage der **Gestaltung** („Themenraster" für die Umsetzung), als auch auch Grundlage für die **Organisationsanalyse** („Ist"-Analyse der Leistungen und Leistungsfähigkeit), mit der Stärken und Verbesserungsbereiche ermittelt werden. Das Modell unterstützt Führungskräfte dabei, die Ursache-Wirkungs-Zusammenhänge zwischen ihrem Handeln und den erzielten Wirkungen besser zu verstehen. Das differenzierte Kriteriengerüst ermöglicht eine logische Ein- und Zuordnung aller relevanten Aktivitäten und Ergebnisse, um anstehende und zukünftige Veränderungen zu erkennen sowie Verbesserungen (und deren Priorisierung) zu systematisieren. Die Herausforderung dabei ist, die Kriterien für die eigene Einrichtung und Organisation in typischer Weise mit Leben zu füllen. Eine schlagwortartige Kondensation der Kriterien und Teilkriterien findet sich bei Moll (2019b, S. 57 ff.):

Tab. 4.3 Gliederungslogik (Beispiel) des EFQM-Kriterienmodells. (Quelle: EFQM 2019)

Gliederung	Inhalt
Kriterium	Interessengruppen einbinden (3)
Teilkriterium	Mitarbeitende – gewinnen, einbeziehen, entwickeln und halten (3b)
Ansatzpunkte	Personalstrategie: Wie entwickelt die Organisation eine Personalstrategie und Personalpläne, welche ihre Gesamtstrategie und -pläne unterstützen?
	Erwartungen der Mitarbeitenden: Wie wird den Bedürfnissen und Erwartungen der Mitarbeitenden Rechnung getragen und wie werden sie erkannt?
	Veränderung promoten: Wie kommuniziert die Organisation gegenüber den Mitarbeitenden die Notwendigkeit anstehender und zukünftiger Veränderungen?
	Interne Kommunikation: Wie ermöglicht die Organisation die interne Kommunikation der Mitarbeitenden?
	Arbeitsatmosphäre: Wie gestaltet die Organisation eine Arbeitsatmosphäre, die den Mitarbeitenden eine optimale Mitwirkung am Wertschöpfungsgeschehen der Organisation erlaubt?
	Kümmern um Mitarbeitende: Wie erreicht die Organisation, dass die Mitarbeitenden betreut, anerkannt und belohnt werden?

Kriterium 1: Ausrichtung - Zweck, Vision und Strategie
- Teilkriterium 1a: Leitbild, Grundsätze und Vorbildfunktion
- Teilkriterium 1b: Interessengruppenmanagement
- Teilkriterium 1c: Ecosystem, eigene Fähigkeiten und wichtige Herausforderungen verstehen
- Teilkriterium 1d: Strategieentwicklung
- Teilkriterium 1e: Gestaltung des Managementsystems

Kriterium 2: Ausrichtung - Organisationskultur und Organisationsführung
- Teilkriterium 2a: Organisationskultur lenken und ihre Werte fördern
- Teilkriterium 2b: Wandel ermöglichen
- Teilkriterium 2c: Kreativität und Innovation fördern
- Teilkriterium 2d: Ausrichtung auf Zweck, Vision und Strategie

Kriterium 3: Realisierung - Einbindung der Interessengruppen
- Teilkriterium 3a: Kundinnen und Kunden
- Teilkriterium 3b: Mitarbeitende
- Teilkriterium 3c: Behörden und Finanzpartner
- Teilkriterium 3d: Gesellschaft
- Teilkriterium 3e: Partnerschaften und Lieferanten

Kriterium 4: Realisierung - Nachhaltigen Nutzen schaffen
- Teilkriterium 4a: Gestaltung der Wertschöpfung
- Teilkriterium 4b: Kommunikation und Verkauf
- Teilkriterium 4c: Wertschöpfung erzeugen
- Teilkriterium 4d: Gesamterlebnis für Kundinnen und Kunden gestalten

Kriterium 5: Realisierung - Leistungsfähigkeit und Transformation vorantreiben
- Teilkriterium 5a: Management der Leistung und des Risikos
- Teilkriterium 5b: Zukunftsfähigkeit sichern
- Teilkriterium 5c: Innovation und Technologie
- Teilkriterium 5d: Nutzung von Informationen und Wissen
- Teilkriterium 5e: Management von Werten der Organisation

Kriterium 6: Ergebnisse - Wahrnehmungen der Interessengruppen
- z.B. Wahrnehmung der Kundinnen und Kunden
- z.B. Wahrnehmung der Mitarbeitenden
- z.B. Wahrnehmung wirtschaftlicher und regulatorischer Interessengruppen
- z.B. Wahrnehmung der Gesellschaft
- z.B. Wahrnehmungen der kooperierenden Parteien und Lieferanten

Kriterium 7: Ergebnisse - Strategie- und Leistungsbezogene Ergebnisse

- z. B. Indikatoren bezogen auf nachhaltigen Nutzen im Sinne des Zwecks der Organisation
- z. B. Indikatoren zu den finanziellen Ergebnissen
- z. B. Indikatoren zur Erfüllung der Erwartungen wichtiger Interessengruppen
- z. B. Indikatoren bezogen auf die Erreichung strategischer Ziele
- z. B. Indikatoren zur Messung und Verbesserung der Leistungsfähigkeit

Das EFQM-Modell bietet einen weit reichenden und überaus **anspruchsvollen Ansatz,** den Gedanken des umfassenden Qualitätsmanagements zu verwirklichen. Anspruchsvoll ist, dass es nicht um die Erfüllung vordefinierter Standards oder um die Einhaltung von überprüfbaren Mindestanforderungen geht. Vielmehr steht die Bearbeitung und Ausgestaltung bewusst offen gehaltener (Qualitätsmanagement-)Kriterien im Mittelpunkt. Das Modell selbst liefert lediglich Anhaltspunkte, keine abschließenden oder erschöpfenden Verhaltensregeln oder Erfolgsrezepte. Es bleibt jeder Organisation überlassen, die Kriterien in einer organisationstypischen Weise mit Inhalten zu füllen und so Qualitätsmanagement lebendig werden zu lassen. Die Deutsche Gesellschaft für Qualität e. V. (DGQ) fasst das große **Potenzial** des Qualitätsmodells nach EFQM folgendermaßen zusammen: Es unterstützt dabei

- moderne Führungsthemen zu benennen und ganzheitlich zu verknüpfen und somit ein gemeinsames Führungsverständnis zu fördern („Qualitätsmanagement als Führungsstrategie"),
- einen didaktischen Rahmen und Entwicklungsszenarien für die lernende Organisation zu bieten („Methodischer Rahmen für Qualitätsverbesserung und Qualitätsentwicklung") sowie
- Qualitätsmanagemententwicklung als Organisationsentwicklung zu verstehen und auszugestalten („Qualitätsmanagement und Qualitätsverbesserung als systemischer Managementansatz").

Da durch das EFQM-Modell in erster Linie ein **Managementansatz** vertreten wird, ist grundsätzlich auch *keine Zertifizierung* wie bei Qualitätsmanagementsystemen möglich. Allerdings steht ein modellspezifisches Bewertungsverfahren zur Verfügung, mit dem in objektivierbarer Weise ein Nachweis über die eigenen Qualitätsbemühungen und erlangten Erfolge bereit gestellt werden kann (Kap. 12). Darüber hinaus können Organisationen, die sich am EFQM-Modell orientieren, an Wettbewerben teilnehmen und sich um nationale und internationale Qualitätspreise bewerben. Seit 1992 wird von der EFQM der European Quality Award (EQA) verliehen, der im Jahr 2006 in **EFQM Excellence Award** (EEA) umbenannt wurde und seit 2020 nunmehr **EFQM Global Award (EGA)** heißt. An diesem Wettbewerb können sich seit 1996 auch Non-Profit-Einrichtungen wie öffentliche Verwaltungen, Sozial- und Gesundheitseinrichtungen oder Bildungseinrichtungen beteiligen. Mit dem Preis werden Unternehmen und

Organisationen ausgezeichnet, die in der Umsetzung von TQM bzw. Unternehmensqualität Hervorragendes geleistet haben. Ein deutsches Pendant im Sinne eines „deutschen Excellence Preises" ist der **Ludwig-Erhard-Preis** (LEP). In Österreich wird als offizielle nationale Auszeichnung für die erfolgreiche Umsetzung der EFQM-Excellence-Kriterien der **Staatspreis Unternehmensqualität** (vormals: Austrian Quality Award) verliehen; in der Schweiz und Liechtenstein wiederum der **ESPRIX Swiss Award for Excellence.**

Im Gesundheitswesen gibt es viele Beispiele für Einrichtungen, die erfolgreich Qualitätsmanagement nach EFQM betreiben, von der Zahnarztpraxis über Fachkliniken bis hin zu großen Pflegekonzernen. Oft wird innerhalb von Gesundheitseinrichtungen das EFQM-Qualitätsmodell von anderen Qualitätsmanagementmodellen oder Zertifizierungen wie der DIN EN ISO 9001 oder der KTQ® flankiert. Durch eine derartige „Doppelstrategie" können einerseits Mindestanforderungen und Zertifizierungspflichten erfüllt („Pflicht"), andererseits der eigene Managementansatz in Richtung umfassendes Qualitätsmanagement weiterentwickelt werden („Kür").

4.2.3 Das KTQ-Verfahren

Das KTQ-Modell ist nach eigenem Verständnis kein Qualitätsmanagementmodell, sondern in erster Linie ein Zertifizierungsverfahren. Im Vordergrund steht ein Bewertungsverfahren, zu dem erst zu einem viel späteren Zeitpunkt das sog. **KTQ-Modell** quasi nachgeliefert wurde. Ursprünglich als „Kooperation für Transparenz und Qualität im Krankenhaus" gegründet, steht KTQ® heute für „Kooperation für Transparenz und Qualität im Gesundheitswesen".

Dahinter steht eine Organisation, die im Jahr 2001 mit dem Ziel gegründet wurde, ein für Krankenhäuser freiwilliges **Zertifizierungsverfahren** anzubieten, um damit die Qualität der Gesundheitsversorgung zu bewerten und deren kontinuierliche Verbesserung im Rahmen des internen Qualitätsmanagements zu fördern (Thüsing 2005). Der Gedanke der „Kooperation" wird sichtbar durch die Vielzahl der eingebundenen Interessenvertretungen aus dem Gesundheitswesen. Als Beirat der KTQ-GmbH fungieren die Bundesärztekammer (BÄK), die Deutsche Krankenhausgesellschaft e. V. (DKG) und der Deutsche Pflegerat e. V. (DPR). Darüber hinaus wird ein Dialog mit Institutionen der Selbstverwaltung sowie mit Fachgesellschaften und Berufsverbänden im Gesundheitswesen geführt, um die fachliche Anbindung, die Aktualität wie auch die Legitimation der Verfahrensinhalte zu sichern.

Das KTQ-Verfahren steht seit 2003 für Krankenhäuser im Regelbetrieb zur Verfügung. Im Laufe der Zeit wurde das KTQ-Verfahren auch für andere Gesundheitseinrichtungen weiter entwickelt und angepasst. Mittlerweile werden **fünf Zertifizierungsverfahren** und verschiedene Zertifizierungsvarianten angeboten, die alle auf dem KTQ-Modell basieren: Neben Krankenhäusern gibt es Angebote für Rehabilitationskliniken, Rettungsdienste, Arzt- und Zahnarztpraxen, psychotherapeutische Praxen und Medizinische Versorgungszentren sowie Praxen und Institute für Pathologie, stationäre und teilstationäre Pflegeeinrichtungen, ambulante Pflegedienste, Hospize und alternative Wohnformen.

Mit dem KTQ-Verfahren sollen die Leistungen und die Qualität der Einrichtungen bzw. betrachteten Einheiten transparent und nachvollziehbar gemacht werden (Organisationsanalyse). Die geforderte Transparenz wird unter anderem durch die verpflichtende Veröffentlichung des **KTQ-Qualitätsberichts** deutlich. Der auf der Homepage der KTQ® veröffentlichte Bericht soll allen Interessierten einen Einblick in das Qualitätsmanagement jeder teilnehmenden Einrichtung vermitteln.

Im Rahmen des Verfahrens wird bewertet, ob und inwieweit die jeweilige Gesundheitseinrichtung den **Kriterienkatalog** des Verfahrens berücksichtigt, um daraus dann Verbesserungen zu ermöglichen. Der Kriterienkatalog entspricht insgesamt eher einem **fachlichen Anforderungskatalog** an die Gesundheitseinrichtung und darf nicht mit einem Managementansatz wie dem EFQM Excellence Modell oder einem Normenwerk zur Darlegung der Qualitätsfähigkeit von Qualitätsmanagementsystemen verwechselt werden. Der Kriterienkatalog beinhaltet sechs übergeordnete **Kategorien**, die in ihrer Gesamtheit das „KTQ-Modell" repräsentieren (Abb. 4.5).

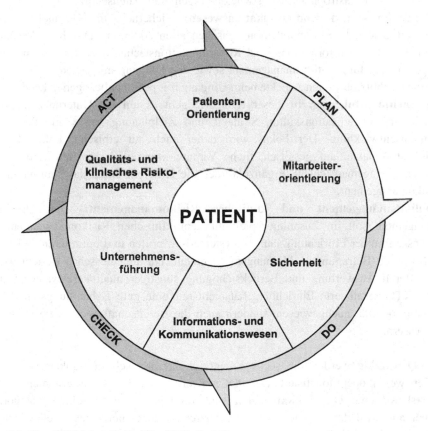

Abb. 4.5   Das KTQ-Modell. (Quelle: KTQ-GmbH)

Die Inhalte der sechs **KTQ-Kategorien** werden von KTQ-Arbeitsgruppen mit Fachleuten aus der Praxis erarbeitet und kontinuierlich weiterentwickelt:

1. **Patientenorientierung:** Im KTQ-Modell stehen die Patientinnen und Patienten im Mittelpunkt. Besonders sicherheitsrelevante Bestandteile dieser zentralen KTQ-Kategorie sind die strukturierte Erstversorgung, eine adäquate Information und Aufklärung, eine den Leitlinien der Fachgesellschaften entsprechende Behandlung und eine professionelle Planung der Entlassung.
2. **Mitarbeiterorientierung:** Die Behandlungs- und Versorgungsqualität im Gesundheitswesen hängt wesentlich von den Mitarbeitenden, ihrer Qualifikation und Motivation ab. Im KTQ-Verfahren werden deshalb die Einarbeitung, Qualifizierung und Fort-/Weiterbildung ebenso geprüft wie der Umgang mit Ideen und Beschwerden.
3. **Sicherheit:** Diese Kategorie beinhaltet die Prüfung von behandlungsfallbezogenen Risiken, die u. a. medizinisches Notfallmanagement, Organisation der Hygiene oder Arzneimitteltherapiesicherheit umfassen. Zur Kategorie Sicherheit gehören aber auch Schutz- und Sicherheitskonzepte, wie beispielsweise Arbeits- und Brandschutz, Umwelt- und Katastrophenschutz sowie der allgemeine Datenschutz.
4. **Informations- und Kommunikationswesen:** Sicherheit im Gesundheitswesen erfordert eine gute Kommunikation zwischen allen Akteuren. Das KTQ-Verfahren prüft deshalb die Informations- und Kommunikationstechnologie, die Informationswege und das Informationsmanagement sowie den Umgang mit Daten, insbesondere die datenschutzrelevanten Aspekte beim Umgang mit personenbezogenen Daten.
5. **Unternehmensführung:** In dieser Kategorie geht es um die Unternehmensphilosophie und Organisationskultur, Strategie und Zielplanung sowie um die Unternehmensentwicklung. Der Fokus wird dabei auch auf ethische, kulturelle und religiöse Aspekte, auf gesellschaftliche Verantwortung und das Innovations- und Wissensmanagement gelegt. Ergänzt werden die Kriterien durch das kaufmännische Risikomanagement.
6. **Qualitätsmanagement und klinisches Risikomanagement:** Das Qualitätsmanagement soll im Zusammenspiel mit dem klinischen Risikomanagement die Prozesse in einer Einrichtung laufend systematisch prüfen und optimieren, beispielsweise durch Befragungen, Meinungsmanagement, ein angemessenes Berichtswesen oder durch Auswertung und Berücksichtigung sonstiger qualitätsrelevanter Daten. Eine KTQ-zertifizierte Einrichtung hat nicht nur eine gute Behandlungs- und Versorgungsqualität nachgewiesen, sondern auch die Bereitschaft, sich stetig weiter zu verbessern.

Im **KTQ-Katalog** werden die sechs Kategorien hierarchisch in Subkategorien und Kriterien weiter operationalisiert. Der PDCA-Kreis bildet den Analyserahmen für die Qualitätsbewertung. Die **Subkategorien** sind Teilgebiete der einzelnen Kategorien. Von hier aus wird die nächste Ebene der **Kriterien** abgeleitet. Diese stellen den zu bewertenden Sachverhalt bei der Qualitätsbewertung dar. Zu jedem Kriterium wiederum sind die zu bearbeitenden Themen/Anforderungen entsprechend den einzelnen Schritten des PDCA-Kreises zugeordnet. Im KTQ-Katalog für Krankenhäuser (KTQ Manual Version 2021) werden 19 Subkategorien und 48 Kriterien gebildet (Tab. 4.4).

4.2.4   Die JCAHO/JCI-Standards

Das Qualitätsmanagementmodell der JCAHO soll ebenfalls Erwähnung finden, auch wenn es im deutschsprachigen Raum nur eine untergeordnete Rolle spielt. Das Bewertungsverfahren nach JCAHO ist *weltweit* aber eines der renommiertesten Zertifizierungsverfahren im Gesundheitswesen und ist in dieser Rolle auch Vorbild für das deutsche KTQ-Verfahren. Das Modell der JCAHO ist – vergleichbar mit dem KTQ-Verfahren – ebenfalls kein Qualitätsmanagementmodell im engeren Sinne, sondern in erster Linie ein **Verfahren der Qualitätsbewertung** von Gesundheitseinrichtungen.

Der Kern dieser Verfahren, die historisch als „genuin-medizinische Zertifizierungsverfahren" (Glück und Selbmann 2000) oder international als „Healthcare Accreditation Programs" (Greenfield et al. 2012) bezeichnet werden, ist jeweils ein Katalog von **Kriterien** oder **Standards,** die Vorgaben für eine „gute Qualität" in Gesundheitseinrichtungen liefern (fachliche Anforderungskataloge). An diesen Standards müssen sich die an den Verfahren teilnehmenden Einrichtungen messen lassen. Sie können aber auch als grundsätzliche Empfehlungen für eigene Qualitätsverbesserungen angesehen werden.

Tab. 4.4 Gliederungslogik (Beispiel) des KTQ-Katalogs. (Quelle: KTQ 2021)

Gliederung	Inhalt
Kategorie	Patientenorientierung (1)
Subkategorie	Rahmenbedingungen der Patientenversorgung (1.1)
Kriterium	Erreichbarkeit und Aufnahmeplanung (1.1.1)
Anforderungen	Erreichbarkeit des Krankenhauses, Parkplatzsituation (einschließlich Behinderten-Parkplätze), öffentlicher Nahverkehr und örtliche Ausschilderung
	Beschilderung und Wegeleitsystem auf dem Krankenhausgelände und innerhalb der Einrichtung (z. B. Piktogramme, Sehkraft eingeschränkte Personen, internationale Symbole)
	Elektive Aufnahmeplanung, elektronische Anmeldeverfahren Aufnahmevorbereitung, Abstimmung mit einweisenden Ärzten, strukturiertes Patientenaufnahmesystem
	Aufnahmeplanung für Patienten mit akuter Einweisungsgrundlage, z. B. psychiatrische Notfälle, Intoxikationen; ggf. Abstimmung mit Justizbehörden
	Information der Patienten und ihrer Angehörigen/Bezugsperson zur Vorbereitung der Aufnahme
	Abteilungsübergreifendes Belegungsmanagement für elektive Aufnahmen und Notfälle

Die Grundzüge aller genuin-medizinischen Bewertungskataloge sind im Wesentlichen durch die Begriffe und Konzepte „Patientinnen- und Patientenorientierung", „Integration der kontinuierlichen Qualitätsverbesserung" sowie „Grundsätze der modernen Unternehmensführung" charakterisiert (Abb. 4.6).

Im Rahmen des JCAHO-Verfahrens sprechen wir aber nicht von einem Zertifizierungsverfahren im Sinne der Zertifizierungsnorm DIN EN ISO 9001, sondern von einem sogenannten **Akkreditierungsverfahren**, das die „Qualität" bzw. die Kompetenz und die Leistung von Gesundheitseinrichtungen bewertet. Die nähere Charakterisierung des Zertifizierungsbegriffs und die Unterscheidung zur „verwandten" Akkreditierung werden zu einem späteren Zeitpunkt ausführlicher behandelt (Kap. 12).

Die Bezeichnung **JCAHO** steht für „Joint Commission on Accreditation of Healthcare Organizations". Die JCAHO ist eine unabhängige US-amerikanische Organisation, die 1951 als „Joint Commission on Accredition of Hospitals" (JCAH) gegründet wurde und sich 1987 in „Healthcare Organizations" umbenannt hat. Basierend auf den amerikanischen Erfahrungen wurden im Jahr 1998 international anwendbare Standards entwickelt, die so konzipiert wurden, dass sie mit den regionalen Gegebenheiten in Bezug auf Gesundheitspolitik, Wirtschaft und Kultur der unterschiedlichen Länder weitgehend vereinbar scheinen. Dies hat mitunter aber auch zu einer gewissen Verallgemeinerung der Standards beigetragen (vgl. Asché 2000). Mit dem internationalen „Ableger", der sogenannten JCI-A (**Joint Commission International Accreditation**) bzw. **JCI** sind seit dem Jahr 2000 auch außerhalb der USA Akkreditierungen möglich (Donahue und van Ostenberg 2000). In Deutschland haben bisher nur einige wenige Krankenhäuser davon Gebrauch gemacht (Fleßa 2003, S. 258).

Zusätzlich zu den Verfahren für Akutkrankenhäuser wurden auch Akkreditierungsverfahren für klinische Labors, ambulante Versorgung, Organisationen für den medizinischen Transport und für die kontinuierliche pflegerische Betreuung („Care Continuum": d. h. häusliche Betreuung, betreutes Wohnen, Langzeitbetreuung, Hospizbetreuung) entwickelt. Darüber hinaus bietet die JCI auch Zertifizierungsinitiativen für

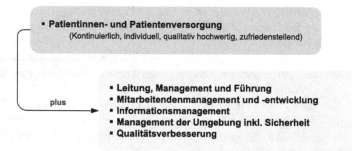

Abb. 4.6 Allgemeine Struktur der Anforderungs- und Bewertungskataloge genuin-medizinischer Zertifizierungsverfahren. (Quelle: Glück und Selbmann 2000, S. 661)

krankheits- bzw. zustandsspezifische Betreuungsprogramme an (z. B. Betreuung von Schlaganfallbetroffenen oder Herzerkrankten).

Im Rahmen des Bewertungsverfahrens wird geprüft, ob und inwieweit die Standards der JCAHO/JCI von der Organisation erfüllt werden. Die **Standards** (Anforderungen) bildeten in früheren Jahren eher Strukturen und Prozesse in Gesundheitseinrichtungen ab; im Zuge der Weiterentwicklung des Verfahrens verschob sich der Schwerpunkt zunehmend in Richtung **Ergebnisqualität.** Das Besondere ist, dass bei bestimmten Qualitätsdefiziten (u. a. massive Patientenbeschwerden oder Verstöße gegen bestimmte Bestimmungen der JCI) eine erfolgreiche Akkreditierung bzw. der entsprechende Nachweis aberkannt werden kann. Darüber hinaus müssen Indikatoren der Ergebnisqualität bzw. zu Leistungsergebnissen (z. B. Infektionsraten, Mortalitäten) in eine zentrale Datenbank (ORYX-Initiative) eingetragen werden (Lee et al. 2000).

Die **Standards der JCI** für Krankenhäuser gliedern sich in „Patientenorientierte Standards" (eher fachliche Anforderungen) und „Organisationsorientierte Standards für Gesundheitseinrichtungen" (eher Anforderungen an das Qualitätsmanagement) sowie mit einer der neuesten Überarbeitungen auch spezielle „Standards für Universitätskliniken" (JCI 2014):

Patientenorientierte Standards
- Internationale Patientensicherheitsziele (International Patient Safety Goals, IPSG)
- Zugang zur und Kontinuität der Behandlung (Access to Care and Continuity of care, ACC)
- Patienten- und Familienrechte (Patient and Family Rights, PFR)
- Assessment von Patienten (Assessment Of Patients, AOP)
- Behandlung von Patienten (Care Of Patients, COP)
- Anästhesie und operative Behandlung (Anesthesia and Surgical Care, ASC)
- Management und Gebrauch von Medikamenten (Medication Management and Use, MMU)
- Aufklärung von Patienten und deren Angehörigen (Patient and Family Education, PFE)

Organisationsorientierte Standards für Gesundheitseinrichtungen
- Qualitätsverbesserung und Patientensicherheit (Quality Improvement and Patient Safety, QPS)
- Prävention und Kontrolle von Infektionen (Prevention and Control of Infections, PCI)
- Aufsicht, Führung und Leitung (Governance, Leadership and Direction, GLD)
- Facility-Management und Sicherheit (Facility Management and Safety, FMS)
- Qualifikation und Weiterbildung der Mitarbeitenden (Staff Qualification and Education, SQE)
- Informationsmanagement (Management Of Informations, MOI)

Standards für Universitätskliniken
- Medizinische Berufsausbildung (Medical Professional Education, MPE)
- Programme zur Forschung am Menschen (Human Subjects Research Programs, HRP)

Im Katalog der JCI-Standards werden die einzeln zu berücksichtigenden Anforderungen detailliert aufgeführt. Neben den Standards müssen seitens der Einrichtung im Rahmen des JCI-Verfahrens **spezielle Teilnahmeanforderungen** für die Aufrechterhaltung der Akkreditierung *durchgängig erfüllt* und *nachgewiesen* werden. Diese Accreditation Participation Requirements (APR) stellen eine Art notwendige Grundbedingung für die Qualitätsbewertung dar (z. B. zeitnahe Anzeigepflichten, Bereitschaft zur umfassenden Unterstützung der Begutachtung oder Schaffung einer Fehler- und Sicherheitskultur in der Einrichtung). Diese Anforderungen sollen eine bestimmte „Teilnahmequalität" in den Einrichtungen sicherstellen.

Die im JCI-Katalog aufgeführten **Standards** und **Substandards** definieren dann im Einzelnen die Anforderungen hinsichtlich der Leistungen, Strukturen und Prozesse, die eine Gesundheitseinrichtung aufweisen muss, um von der JCI akkreditiert zu werden. Einige Standards sind als „Internationale Patientensicherheitsziele" (IPSG) formuliert, die früher gesondert aufgeführt waren, mittlerweile im Kanon der „Patientenorientierten Standards" geführt werden. Die in den Standards jeweils aufgeführte **Absichtsbeschreibung** begründet den Zweck des Standards, erläutert die Bedeutung des Standards im Gesamtprogramm, legt bestimmte Parameter fest und stellt weitere Informationen zu den Anforderungen und Zielen bereit.

Auf der nachgeordneten Ebene eines Standards geben **Messbare Elemente (ME)** an, was im Rahmen der Qualitätsbewertung im Einzelnen überprüft wird. Die ME's sollen den Beteiligten Klarheit über die Standards verschaffen, der Einrichtung einen vollständigen Einblick in die Anforderungen bieten, Führungskräfte und Mitarbeitenden im Gesundheitswesen über die Standards informieren und der Einrichtung bei der Vorbereitung der Akkreditierung als Orientierungshilfe dienen (JCI 2014). Die ME's jedes Standards legen die konkreten Anforderungen für die vollständige Einhaltung des Standards dar (Tab. 4.5).

Tab. 4.5 Gliederungslogik (Beispiel) des JCI-Verfahrens. (JCI 2014)

Gliederung	Inhalt
Standard	Es gibt ein Verfahren zur Integration und Koordination der Behandlung jedes Patienten (COP.2)
(Sub-)Standard	Die durchgeführten Verfahren werden in der Patientenakte dokumentiert (COP.2.3)
Absichtsbeschreibungen	Sowohl Durchführung als auch Ergebnis aller diagnostischen und anderen Verfahren werden in der Patientenakte dokumentiert. Diese Verfahren umfassen auch Endoskopie, Herzkatheteruntersuchung, sonstige invasive oder nicht invasive Diagnostik und Behandlung
Messbare Elemente (ME)	Die durchgeführten Verfahren werden in der Patientenakte dokumentiert
	Die Ergebnisse der durchgeführten Verfahren werden in der Patientenakte dokumentiert

4.3 Übungsfragen

1. Definieren Sie den Begriff „Qualitätsanforderung" und übertragen Sie Ihre erworbenen Kenntnisse zu diesem Begriff auf den Kontext dieses Kapitels! Lösung Kap. 1

2. Nennen Sie die Rechtsquellen für die Anforderungen an ein einrichtungsinternes Qualitätsmanagement in den hier vorgestellten Versorgungsbereichen! Lösung Abschn. 4.1

3. Vergleichen Sie die (gesetzlichen und untergesetzlichen) Anforderungen an ein einrichtungsinternes Qualitätsmanagement in den hier vorgestellten Versorgungsbereichen. Arbeiten Sie grundsätzliche Gemeinsamkeiten und Unterschiede heraus! Lösung Abschn. 4.1

4. Erläutern Sie den Unterschied zwischen einem „Qualitätsmanagementmodell" und einem „Qualitätsmanagementsystem"! Lösung Abschn. 4.2

5. Unterscheiden Sie branchenneutrale und branchenspezifische Qualitätsmanagementmodelle und nennen Beispiele! Lösung Abschn. 4.2

6. Erarbeiten Sie sich das Prozessmodell des Qualitätsmanagements nach DIN EN ISO 9001 und skizzieren Sie den Unterschied zwischen innerer und äußerer Betrachtungsebene dieses Modells! Lösung Abschn. 4.2.1.1

7. Skizzieren Sie die wesentlichen Unterschiede zwischen den Normen DIN EN ISO 9000, DIN EN ISO 9001 und DIN EN ISO 9004! Lösung Abschn. 4.2.1.1

8. Erläutern Sie den Unterschied zwischen „Befähiger-Kriterien" und „Ergebnis-Kriterien" des europäischen Qualitätsmanagementmodells „EFQM Excellence Modell"! Lösung Abschn. 4.2.2

9. Erläutern Sie das Wesen und die typischen Charakteristika von genuin-medizinischen Zertifizierungsverfahren! Lösung Abschn. 4.2.4

10. Machen Sie sich mit der Gliederungslogik der vier vorgestellten Qualitätsmanagementmodelle vertraut. Arbeiten Sie grundsätzliche Gemeinsamkeiten und Unterschiede heraus! Lösung Abschn. 4.2

Literatur

Asché P (2000) Akkreditierung von Krankenhäusern in den USA nach den Standards der Joint Commission on Accreditation of Healthcare Organizations (JCAHO). Überlegungen zur Übertragbarkeit des Verfahrens auf Deutschland. Z Ärztl Fortbild Qual sich (ZaeFQ) 94:665–668

Brugger-Gebhardt S (2016) Die DIN EN ISO 9001:2015 verstehen. Die Norm sicher interpretieren und sinnvoll umsetzen, 2. Aufl. Springer Gabler, Wiesbaden

DIN Deutsches Institut für Normung e. V. (2015a) DIN EN ISO 9000: Qualitätsmanagementsysteme – Grundlagen und Begriffe (ISO 9000:2015). Beuth, Berlin

DIN Deutsches Institut für Normung e. V. (2015b) DIN EN ISO 9001: Qualitätsmanagementsysteme – Anforderungen (ISO 9001:2015). Beuth, Berlin

DIN Deutsches Institut für Normung e. V. (2017) Qualitätsmanagementsysteme – EN ISO 9001:2015 für die Gesundheitsversorgung (EN 15224:2016). Beuth, Berlin

DIN Deutsches Institut für Normung e. V. (2018a) DIN EN ISO 9004: Qualitätsmanagement – Qualität einer Organisation – Anleitung zum Erreichen nachhaltigen Erfolgs (ISO 9004:2018). Beuth, Berlin

DIN Deutsches Institut für Normung e. V. (2018b) DIN EN ISO 19011: Leitfaden zur Auditierung von Managementsystemen (ISO 19011:2018). Beuth, Berlin

Donahue KT, van Ostenberg P (2000) Joint Commission International Accreditation: relationship to four models of evaluation. Int J Qual Health Care 12(3):243–246

EFQM European Foundation for Quality Management (2019) EFQM Publications: Das EFQM Modell 2020. EFQM, Brüssel

Fleßa S (2003) Grundzüge der Krankenhausbetriebslehre – Bd. 1, 3. Aufl. Oldenbourg, München

Glück D, Selbmann HK (2000) Genuin-medizinische Zertifizierungsverfahren in ausländischen Krankenhäusern. Z ärztl Fortbild Qual sich (ZaeFQ) 94:659–664

Greenfield D, Pawsey M, Hinchcliff R, Moldovan M, Braithwaite J (2012) The standard of healthcare accreditation standards: a review of empirical research underpinning their development and impact. BMC Health Serv Res 12:329

Hinsch M (2015) Die neue ISO 9001:2015 – Ein Praxis-Ratgeber für die Normenumstellung, 2. Aufl. Springer Vieweg, Berlin

JCI Joint Commission International (2014) Akkreditierungsstandards für Krankenhäuser, 5. Aufl. Joint Commission Resources, USA

KTQ (2021) KTQ-Manual. KTQ-Katalog Krankenhaus Version 2021. KTQ-GmbH, Berlin

Lee KY, Loeb JM, Nadzam DM, Hanold LS (2000) An overview of the joint commission's ORYX initiative and proposed statistical methods. Health Serv Outcomes Res Methodol 1(1):63–73

Moll A (2013a) Excellence - Die Entwicklung in Deutschland seit 1995. In: Moll A, Kohler G (Hrsg) Excellence-Handbuch Grundlagen und Anwendung des EFQM Excellence Modells, 2. Aufl. Symposion, Düsseldorf, S 29–36

Moll A (2013b) Die Grundkonzepte der Excellence. In: Moll A, Kohler G (Hrsg) Excellence-Handbuch Grundlagen und Anwendung des EFQM Excellence Modells, 2. Aufl. Symposion, Düsseldorf, S 37–45

Moll A (2019a) Die Neuerungen des EFQM Modells 2020. In: Moll A, Khayati S (Hrsg) Excellence-Handbuch. Grundlagen und Anwendung des EFQM Modells 2020, WEKA MEDIA, Kissing, S 101–108

Moll A (2019b) Das Kriterienmodell 2020. In: Moll A, Khayati S (Hrsg) Excellence-Handbuch. Grundlagen und Anwendung des EFQM Modells 2020, WEKA MEDIA, Kissing, S 57–84

Paschen U (2013) Qualitätsmanagement in der Gesundheitsversorgung nach DIN EN 15224 und DIN EN ISO 9001. Beuth, Berlin

Pfitzinger E (2011) Qualitätsmanagement nach DIN EN ISO 9000 ff. im Gesundheitswesen. Beuth, Berlin

Pfitzinger E (2016) Projekt DIN EN ISO 9001:2015. Vorgehensmodell zur Implementierung eines Qualitätsmanagementsystems, 3. Aufl. Beuth, Berlin

QM-RL (2020) Richtlinie des Gemeinsamen Bundesausschusses über grundsätzliche Anforderungen an ein einrichtungsinternes Qualitätsmanagement für Vertragsärztinnen und Vertragsärzte, Vertragspsychotherapeutinnen und Vertragspsychotherapeuten, medizinische Versorgungszentren, Vertragszahnärztinnen und Vertragszahnärzte sowie zugelassene Krankenhäuser (Qualitätsmanagement-Richtlinie/QM-RL) in der Fassung vom 17. September 2020

Thüsing C (2005) Qualitätsmanagement im Krankenhaus. Relevanz von KTQ. Med Klin 100:149–153

Qualitätsplanung und Qualitätsorganisation

5

Zusammenfassung

In diesem Kapitel stehen Aspekte der Planung und Organisation im Qualitäts-management im Mittelpunkt. In einem ersten Teil werden Elemente der Quali-tätspolitik, die Ermittlung von Anforderungen, die Ausbildung eines einheitlichen Qualitätsverständnisses sowie die Ableitung und Formulierung von Qualitätszielen behandelt. Darauf aufbauend werden in einem zweiten Teil Strukturprinzipien der Organisationsgestaltung erläutert, grundsätzliche Organisationsformen des Qualitäts-managements vorgestellt und typische Merkmalsdimensionen für die Analyse und Gestaltung einer Qualitätsorganisation herausgearbeitet.

5.1 Qualitätsplanung

Die Qualitätsplanung kann als Ausgangspunkt des tätigkeitsbezogenen Qualitäts-managements („Plan") verstanden werden. Sie ist (nicht-delegierbare) Aufgabe der Unternehmensleitung und Gegenstand der normativ und strategischen Management-ebene; ihre Wirkungen entfaltet sie auf der operativen Ebene. Qualitätsplanung heißt nicht, dass irgendeine „Qualität" geplant wird. Qualitätsplanung heißt vielmehr, dass im Rahmen einer qualitätsorientierten Organisationsverfassung und auf Grundlage eines einrichtungsinternen „Könnens" und „Sollens" qualitätsbezogene Ziele geplant und festgelegt werden (vgl. Herrmann und Fritz 2011, S. 15). Nach Jurans Qualitätskonzept werden die folgenden Elemente dem Aufgabenbereich der Qualitätsplanung zugeordnet. Die Aufzählung ist auch unter der Bezeichnung **Roadmap der Qualitätsplanung** bekannt geworden (Juran 1993; Zollondz 2011):

© Springer Fachmedien Wiesbaden GmbH, ein Teil von Springer Nature 2022   157
P. Hensen, *Qualitätsmanagement im Gesundheitswesen,*
https://doi.org/10.1007/978-3-658-38299-5_5

- Festlegung von Qualitätszielen
- Identifizierung der Kunden- und Anspruchsgruppen
- Bestimmung der Kundenbedürfnisse
- Entwicklung von Produkteigenschaften, die den Kundenbedürfnissen entsprechen
- Entwicklung von Prozessen zur Produktion dieses Produkteigenschaften
- Einführung von Prozesskontrollen und Übergabe der daraus resultierenden Pläne

In der Literatur sind die Vorstellungen darüber uneins, welche dieser Elemente tatsächlich zum Aufgaben- und Tätigkeitsbereich der Qualitätsplanung gehören bzw. welche Elemente bereits der Prozessgestaltung (Prozessebene) oder sogar der Leistungserstellung (Produktebene) und damit im weiteren Sinne dem Aufgaben- und Tätigkeitsbereich der Qualitätslenkung und -steuerung zugeordnet werden. Die Ermittlung von Anforderungen, die Spezifikation von Produkten und Dienstleistungen und die Festlegung von Prozessen sind aber untrennbar als Planungsaufgaben der Unternehmensleitung zu verstehen. Die Übergänge von der strategischen Planung in eine operative Gestaltung sind naturgemäß fließend und werden von der Größe und dem formalen Strukturgefüge der Organisation bestimmt. Schwerpunkte der folgenden Ausführungen sind die Ausprägung und Gestaltung der Qualitätspolitik, die Ermittlung und Analyse der relevanten Qualitätsanforderungen und die Transformation von Qualitätspolitik und Qualitätsanforderungen in eine geeignete Zielplanung.

▶ **Qualitätsplanung** Teil des Qualitätsmanagements, der auf das Festlegen der Qualitätsziele und der notwendigen Ausführungsprozesse sowie der zugehörigen Ressourcen zum Erreichen der Qualitätsziele gerichtet ist (DIN 2015).

Grundsätzlich ist die **Führung** bzw. die oberste Leitung eines Unternehmens („Top Management") für die Schaffung von Rahmenbedingungen (Voraussetzungen der Gestaltung) verantwortlich, die geeignet sind, die Qualität der Produkte und Dienstleistungen zu sichern und kontinuierlich zu verbessern. Die **Rahmenbedingungen** bzw. die damit verbundene Ressourcenbereitstellung sind Voraussetzungen dafür, dass die geplanten Ausführungen überhaupt umgesetzt und die Qualitätsziele erreicht werden können (vgl. Zink 1994, S. 31 ff.):

Personelle Rahmenbedingungen
- Aneignung und regelmäßige Aktualisierung der Kenntnisse, Fähigkeiten und Fertigkeiten zur Ausführung der vorgesehenen Tätigkeiten (z. B. Verrichtung der Arbeitsroutine) und in der Anwendung von Methoden des Qualitätsmanagements (z. B. Moderation eines Qualitätszirkel);
- Einbeziehung der Mitarbeitenden in die Qualitätsverantwortung und neue Befugnisse durch einen angemessenen Führungsstil (z. B. kooperativ, partizipativ und delegativ). Alle Mitarbeitenden sollen Teil des Qualitätsmanagements werden, d. h. die Qualitätsarbeit „hängt" nicht allein am Qualitätsmanagementbeauftragten;

- Erhöhung der Motivation der Mitarbeitenden durch geeignete Maßnahmen (z. B. Anreizsysteme, Wirken als Vorbild), die das „Wollen", „Können", „Dürfen" und „Wagen" der Mitarbeitenden fördern.

Organisatorische Rahmenbedingungen
- Betriebliche Abläufe strukturieren und darin Verfahrensschritte oder Entscheidungspunkte für die Durchführung von qualitätssichernden Aufgaben definieren und transparent machen;
- Verantwortlichkeiten und Zuständigen widerspruchsfrei und eindeutig festlegen;
- Querschnittsaufgaben und die Zusammenarbeit verschiedener Berufsgruppen und Professionen gestalten und hinsichtlich ihrer Wirksamkeit überwachen;
- Schnittstellen zwischen Bereichen, Abteilungen oder Funktionen definieren und absichern.

Technische Rahmenbedingungen
- Ausreichende und angemessene Betriebsmittel (z. B. Materialien, Instrumente, Hilfsmittel) bereitstellen, die auf die Erfüllung der Qualitätsanforderungen gerichtet sind;
- Die Beschaffung, Verwaltung und Pflege von Produktions- und Prüfmitteln aufrechterhalten;
- Einsatz und Wartung gezielter Informationstechnologien und Instrumente des Wissensmanagements für die Anforderungserfüllung.

5.1.1 Qualitätspolitik

Die Qualitätspolitik kann als die „Qualitätsverfassung" einer Organisation verstanden werden. Sie trifft Aussagen zur grundsätzlichen **Qualitätsmanagementphilosophie** und legt für einen längeren (mittel- bis langfristigen) Zeitraum die **Vision** und die **Mission** der Organisation fest. Die Qualitätsmanagementphilosophie bildet auf der normativen Managementebene den übergeordneten Werterahmen für die Ableitung von Qualitätszielen und den weiteren strategischen Handlungsoptionen (Abb. 5.1).

Für die Qualitätspolitik tragen die **Leitungs- und Führungskräfte** (oberste Leitung) die Verantwortung. Obwohl diese Verantwortung niemals delegiert werden kann, sollte sich in ihr gleichzeitig ein geeignetes Maß an Partizipation und Beteiligung der Organisationsmitglieder abbilden, um möglichst breite Akzeptanz für die Inhalte zu finden. Sie definiert unter anderem:

- Das (Qualitäts-)Anspruchsniveau und die Qualitätskultur der Organisation
- Die Verantwortlichkeiten und Festlegungen zur Erreichung dieses Niveaus
- Den Weg zur Umsetzung der Qualitätspolitik

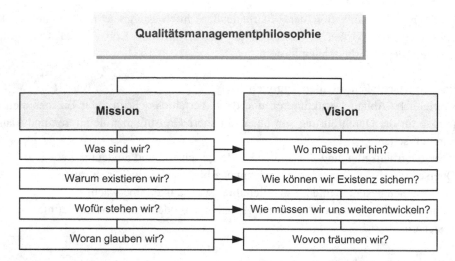

Abb. 5.1 Die Qualitätsmanagementphilosophie bildet den übergeordneten Werterahmen für alle Aktivitäten der Einrichtung

Qualitätspolitik im Ganzen darf sich nicht auf allgemein gehaltene Bekenntnisse und Aussagen zum Organisations- oder Unternehmenszweck beschränken. Es werden vielmehr möglichst konkrete Formulierungen benötigt, aus denen sich verwertbare Ziele ableiten lassen. Die *Konkretisierung* erhöht die Wahrscheinlichkeit, dass die Qualitätspolitik von den Mitgliedern der Organisation akzeptiert und in wirksames Qualitätshandeln umgewandelt wird. Gestaltungsformen und Ausprägungen der Qualitätspolitik sind das **Leitbild** (Kurzfassung und Ausformulierung des Selbstverständnisses bzw. der Qualitätsmanagementphilosophie) und die **Organisationskultur** (zeitlich stabiles System von erwünschten Werten und Einstellungen innerhalb der Organisation).

5.1.1.1 Leitbild

Die Erarbeitung und Veröffentlichung eines Leitbildes bzw. Qualitätsleitbilds ist häufig der Ausgangspunkt für die Planungs- und Gestaltungsprozesse der *Qualitätsplanung*. Leitbilder gelten mittlerweile als selbstverständlich und finden sich nahezu in jeder Organisation bzw. Einrichtung des Gesundheitswesens. In der Regel werden sie für Mitarbeitende und Außenstehende gut sichtbar in der Einrichtung platziert und über elektronische Medien veröffentlicht.

▶   Mit einem Leitbild werden die grundsätzlichen Aussagen zum Zweck und Auftrag einer Organisation (Mission), zu den langfristigen Entwicklungszielen (Vision) sowie zum spezifischen Selbstverständnis der Professionsangehörigen und Berufsausübenden bzw. zu den Werthaltungen gegenüber Kundinnen und Kunden und allen relevanten Anspruchsgruppen (Qualitätsmanagementphilosophie) kodifiziert.

Inhaltlich werden mit einem Leitbild Aspekte des **Innenverhältnisses** (z. B. interne Kommunikation, Information, Organisationskultur, interne Prozessqualität) wie des **Außenverhältnisses** adressiert (z. B. Kundinnen- und Kundenorientierung, Kompetenz, Innovation, Bedeutung der Einrichtung für die Gesellschaft). In Leitbildern von Gesundheitseinrichtungen finden sich naturgemäß vielfältige Aussagen zur Patientinnen- und Patientenorientierung, zum medizinischen und pflegerischen Versorgungsauftrag, zu den angewendeten Qualitätsstandards, zur Mitarbeitendenorientierung, zur Rolle als Ausbildungs- oder Forschungseinrichtung oder zum Umweltbewusstsein und zur gesellschaftlichen Verantwortung. Inhaltliche Überschneidungen zu anderen Instrumenten der Qualitätspolitik sind denkbar und grundsätzlich zulässig (z. B. Pflegeleitbilder, Abteilungsleitbilder, Unternehmensphilosophie, Verhaltenskodex), sofern sie konsistent und widerspruchsfrei formuliert sind.

Leitbildentwicklung ist eine nicht delegierbare Führungsaufgabe. Ein Leitbild ist aber auch das Ergebnis eines längeren Diskussions-, Reflexions- und Entscheidungsprozesses, an dem möglichst viele Mitglieder der Organisation beteiligt werden. Zentrale Elemente eines Leitbildes sollten zunächst von Mitgliedern der obersten Leitung erstellt bzw. vorbereitet werden. Im Sinne eines *„Top-down – Bottom-up"-Ansatzes* werden die Arbeitsergebnisse von den Mitarbeitenden ergänzt und kommentiert. Die Kommentare liefern wiederum die Vorlage für eine weitere Ausarbeitungsrunde auf Ebene der obersten Leitung. Zu einem in dieser Weise erstellten Leitbildentwurf sollten wiederum die beteiligten Mitglieder der Organisation erneut Stellung nehmen und Änderungsvorschläge einbringen können. Je nach Größe der Einrichtung können auch mehrere solcher „Feedback-Schleifen" eingebaut werden. Auf dieser Basis werden von den zuständigen Führungskräften die letzten Überarbeitungen vorgenommen, bevor das Leitbild schlussendlich veröffentlicht werden kann. Ein solches „Top-down – Bottom-up"-Vorgehen wird auch **Gegenstromverfahren** genannt. Es ist allgemein gebräuchlich in der Unternehmensplanung, unter anderem auch bei der Entwicklung von Unternehmenszielen.

> **Wichtige Erfolgsfaktoren der Leitbildentwicklung**
> - Für feste Verankerung des Leitbildes in der Organisation sorgen, damit es jedem Mitglied bekannt ist und dieses sich damit identifizieren kann;
> - Glaubwürdigkeit in der Kommunikation nach innen und nach außen bieten durch Vorleben der Qualitätsmanagementphilosophie durch die Führungskräfte;
> - Engagement in der Umsetzung durch die Führungskräfte zeigen, aber auch Teilnahme aller Organisationsmitglieder an der Entwicklung ermöglichen;
> - Getroffene Aussagen sollten zwar weit in die Zukunft gerichtet sein, andererseits sollten sie realistisch und nachvollziehbar bleiben;
> - Trotz der langfristigen Orientierung sollten die getroffenen Aussagen noch so konkret und spezifisch sein, dass sie nicht austauschbar und wirkungslos erscheinen;

- Einbindung der Leitbildentwicklung in den strategischen Managementprozess und Implementierung in die Handlungsebene.

Mit der Veröffentlichung des Leitbildes beginnt der **Implementierungsprozess.** Entscheidend für die Wirkung bzw. den Erfolg des Leitbildes ist, dass es auch tatsächlich die Wertebasis der Organisation reflektiert (Identifikations- und Motivationsfunktion). Damit kann es einen Beitrag zur „Sinnfindung" leisten, insbesondere wenn darin Fragen der Verantwortung gegenüber den Kunden- und Stakeholdergruppen angemessen zum Ausdruck kommen. Leitbilder können profilbildend wirken und dazu beitragen, sich nach außen sichtbar von anderen Einrichtungen abzugrenzen (Differenzierungsfunktion). Mit der Festlegung gewünschter Einstellungen und Verhaltensweisen können sie überdies auch die Rolle eines „Kompasses" für die Mitglieder der Organisation übernehmen (Orientierungsfunktion). Eine der wichtigsten Funktionen eines Leitbildes im Kontext der Qualitätsplanung ist die Schaffung einer Grundlage für die nachfolgende Qualitätslenkung (Koordinierungsfunktion). Hierzu müssen in der Folge weitergehende Entscheidungen und konkrete Maßnahmen auch tatsächlich aus den Leitbildinhalten abgeleitet werden. Die Potenziale eines Leitbilds entfalten sich erst dann vollumfänglich, wenn Klarheit darüber herrscht, welche Funktionen es tatsächlich erfüllen soll, welche Themen und Zielgruppen zu adressieren sind und wie die darin getroffenen Aussagen im Weiteren auf die Arbeits- und Ausführungsebenen herunter gebrochen werden können.

5.1.1.2 Organisationskultur

Die Organisationskultur (auch: Unternehmenskultur) ist die Gesamtheit aller organisationsinternen Ausprägungen der **normativen Orientierung.** In ihr spiegelt sich die personelle Dimension des normativen Managements und der Qualitätspolitik wider.

▶ Eine Organisationskultur besteht aus kollektiven Überzeugungen, die das Denken, Handeln und Empfinden der Organisationsmitglieder maßgeblich beeinflussen und sich auf Normen, Regeln und Werte der Organisation beziehen.

Diese **kollektiven Überzeugungen** sind jeweils typisch für die Organisation, bilden die Grundlage für das verbale/nonverbale Verhalten und beinhalten *Spielregeln* für die Mitglieder, um miteinander auszukommen und Aufgaben zu erledigen (vgl. Sackmann 2004; Weh und Meifert 2010). Nach Schein ist Organisationskultur ein „Muster grundlegender Annahmen und Überzeugungen", die ausmachen, wie die Organisation sich selbst und ihre Umwelt sieht. „Diese Annahmen sind gelernt, werden von den Organisationsmitgliedern geteilt und werden im Laufe der Zeit zur Selbstverständlichkeit" (Schein 2010, S. 18).

Organisationskultur ist facettenreich. Sie drückt sich einerseits durch das gelebte und sichtbare Werte- und Normensystem einer Gesundheitseinrichtung aus. Ihr größerer

Anteil zeigt sich aber eher unbewusst oder ist oft nur teilweise sichtbar und in hohem Maße interpretationsbedürftig. Nach Schein manifestiert sich eine Organisationskultur in drei Schichten oder Ebenen (**Three-Levels-of-Culture-Modell**): die Symbolebene, die Werte- und Normenebene und die Ebene der Grundannahmen (Schein 2010, S. 24; Tab. 5.1).

Der Begriff der Organisationskultur ist eng verwandt, aber nicht gleichzusetzen mit den Begriffen Corporate Identity und Betriebsklima. **Corporate Identity** ist eher als eine bewusst herausgearbeitete Ausdrucksform der Organisationskultur im Sinne eines angestrebten „Selbstbilds" zu verstehen. Sie ist geprägt durch eine einheitliche Form der Selbstdarstellung *(Corporate Design)*, der Verhaltensweisen *(Corporate Behaviour)* und der Kommunikation nach innen und außen *(Corporate Communications)*. Unter dem Begriff **Betriebsklima** wird hingegen eher die Erfüllung bestimmter Erwartungen und Bedürfnisse der Organisationsmitglieder bzw. Beschäftigten hinsichtlich der Arbeitsatmosphäre verstanden (Mühlbauer 2005, S. 320).

Organisationskultur ist stets „gelernt" und wird von allen Mitgliedern der Organisation „geteilt" (Schein). Sie steht damit in direkter Wechselbeziehung zum gelebten **Führungsverhalten** und kann hierüber auch direkt oder indirekt beeinflusst bzw. gestaltet werden (Kap. 10). Kühl (2018) sieht in ihr die „informale Seite" einer Organisation, die mit formalen Elementen der Organisation (z. B. Programme, Regelwerke, Kommunikationswege, Personalentscheidungen) in Beziehung steht. Die Ver-

Tab. 5.1 Ebenen der Organisationskultur. (Quelle: „Three levels of culture" nach Schein 2010, S. 24; erg. und mod. von Steinle et al. 1994; Mühlbauer 2005, S. 320)

Ebene	Kennzeichen	Inhalte (Beispiele)
Artefakte und Symbole	Sichtbar, aber interpretationsbedürftig	Architektur, Bürogestaltung, Kleidung, Sprache, Jargon, Anekdoten, Legenden, Witze, Geschichten, Rituale, Zeremonien, Sitten, Gewohnheiten, Prämien, Titel, Helden, Produkte, Dokumente, Firmenwagen, Tabus
Werte und Normen	Teilweise sichtbar, teilweise unbewusst	Unternehmens- und Führungsgrundsätze, Verhaltensvorschriften, Regeln, Prinzipien, Moral, Ethik, Handlungsmaximen, Einstellungen, Richtlinien
Grundannahmen	Unsichtbar, oft unbewusst, selbstverständlich	Beziehung zur Umwelt, Wahrnehmung von Realität, Zeit und Raum, Menschenbild, Weltinterpretation, Hintergrundüberzeugungen

änderung der Organisationskultur gelingt hiernach vor allem über das Management bzw. Gestaltung dieser „formalen Seite" der Organisation (Kühl 2018, S. 20 ff.).

Gestaltung von Organisationskulturen (Quelle: Bleicher 1991, S. 742 f.):

- Sinnvermittelnde Maßnahmen (Qualitäts-/Qualitätsmanagementphilosophie, Mission und Vision für jeden Mitarbeitenden begreifbar verdeutlichen, z. B. durch eine Leitbildentwicklung)
- Unterstützende Maßnahmen (Aufbau einer starken nach innen und nach außen wirkenden Corporate Identity, die durch viele Rückkopplungen mit Externen und Internen entstanden ist)
- Strukturelle Überlagerung der formalen Organisationsstruktur (zeitlich befristete interdisziplinäre Organisationsformen z. B. Projektgruppenarbeit, die horizontal und vertikal in der Organisation angelegt ist und die Verständnis für die Andersartigkeiten der Subkulturen durch Kooperation weckt)
- Personalpolitische Ansätze (z. B. Ausrichtung von Anreizsystemen auf die Belohnung von Verhalten, das dem Gesamtunternehmen dient, gezielte Personalentwicklung oder Rotationssysteme von Trägern unterschiedlicher Wert- und Normstrukturen)

Organisationskulturen werden darüber hinaus durch bestimmte **Subkulturen** geprägt, die sich in einzelnen Abteilungen, Funktionseinheiten oder Berufsgruppen (z. B. Innere Medizin vs. Chirurgie, Physikalische Therapie vs. Klinische Sozialarbeit, Pflege vs. Therapieberufe) ausbilden. Sie werden durch die jeweiligen Organisationsstrukturen vorgeformt, können aber auch in der individuellen Zugehörigkeitsdauer zur Einrichtung oder in professionsbezogenen Netzwerken außerhalb der Einrichtung begründet sein. Ziel der Qualitätspolitik ist es nicht, eine möglichst genaue Passung und Harmonisierung der Vielzahl möglicher Subkulturen in einer Organisation herzustellen, sondern eine **Qualitätskultur** auszubilden, die von allen ihren Mitgliedern gemeinsam getragen wird und ein mehr oder weniger einheitliches Qualitätsverständnis spiegelt.

▶ **Qualitätskultur** Ausprägungsform der Organisationskultur, die sich auf die Erfüllung von Anforderungen bezieht und durch die Qualitätspolitik, die Strukturen und Prozesse der Organisation sowie den eingesetzten Mitteln und Methoden des Qualitätsmanagements geformt wird.

Das programmatische Fundament der Qualitätskultur wird durch die Qualitätspolitik und die Formulierungen von Mission und Vision gelegt. Jedoch bleibt Qualitätskultur untrennbar mit den Strukturen und Prozessen (organisationale Dimension) sowie den Methoden und Instrumenten des Qualitätsmanagements (technische Dimension) verwoben und wird durch deren Wechselwirkungen maßgeblich mitbestimmt (Abb. 5.2).

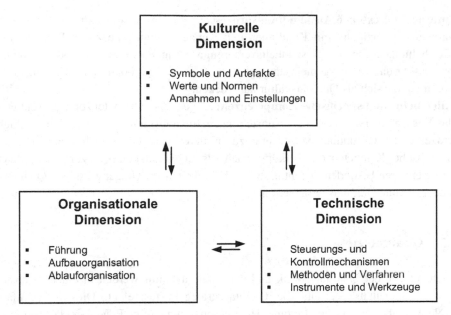

Abb. 5.2 Dimensionen der Ausprägung und Gestaltung der organisationsspezifischen Qualitätskultur

Sattler und Sonntag (2017) beschreiben das Phänomen Qualitätskultur als Wechselwirkung von organisationspsychologisch-kulturellen Elementen (Werte, Überzeugungen, Commitment) mit struktural-formalen Elementen (Strukturen, Prozesse, Handlungskonzepte).

Qualitätskultur ist somit als *Ausprägungsform* der Organisationskultur zu verstehen. Gleichzeitig ist sie auch eine *Gestaltungsform,* um gewünschte Einstellungen und Werthaltungen zeitlich stabil erzeugen zu können. Kulturen sind allerdings niemals allein durch Hierarchie- und Machtstrukturen durchsetzbar (vgl. Ehlers 2009). Sie entstehen im wechselseitigen Austausch, durch gegenseitiges Vertrauen und in gemeinsamen Überzeugungen. Zu den wichtigsten Stellgrößen der Gestaltung gehören geeignete Information, offene Kommunikation und gelebte Partizipation. Ehlers (2016, S. 27 f.) identifizierte darüber hinaus konkrete **Unterstützungsfaktoren** (Enabling Factors), die förderlich auf die Qualitätskultur wirken können:

- **Individuelles und kollektives Engagement:** Identifikation mit den Organisations- und Qualitätszielen, Leistungsprozessen und Arbeitsaufgaben. Dazu gehört das Gefühl von Eingebundenheit und Zugehörigkeit (Ownership) und die Gewissheit, einen wichtigen Beitrag für die Organisation und die Erfüllung des Unternehmenszwecks zu leisten.

- **Interne und externe Aushandlungsprozesse:** Gemeinsam mit anderen bzw. inter-aktiv und partizipativ mit Kundinnen und Kunden entwickelte Ziele, Prozesse und Werthaltungen für die Gesundheitsversorgung (Angebotsprodukte und Leistungs-prozesse), um so zu gemeinsam geteilten Werten, Symbolen und Haltungen zu kommen, die sich als Qualitätskultur ausdrücken.
- **Allgemeine und spezifische Kompetenzen:** Allgemeine Kompetenzen repräsentieren das Wissen, die Fähigkeiten und Einstellungen, die notwendig sind, um die Leistungs-prozesse der Gesundheitsversorgung zu initiieren und erfolgreich durchzuführen. Spezifische Kompetenzen, verkürzt auch als „Qualitätskompetenzen" bezeichnet, repräsentieren besondere Kenntnisse und Fähigkeiten im Umgang mit der Qualitäts-sicherung und Qualitätsverbesserung.

5.1.2 Qualitätsziele

Ausgehend von der Qualitätspolitik und der Qualitätskultur werden in einem nächsten Schritt die Qualitätsziele und die Qualitätsstrategien festgelegt. Dies ist ebenfalls zentrale Aufgabe der obersten Leitung. Hierbei müssen wichtige Fragen geklärt werden:

- Wer sind meine Kundinnen und Kunden bzw. relevanten Kundengruppen?
- Welche Anforderungen und Bedürfnisse haben meine Kundinnen und Kunden bzw. relevanten Kundengruppen?
- Wie fließen diese Erkenntnisse in die Ziel- und Strategieplanung ein?

5.1.2.1 Kunden- und Anforderungsanalyse

Organisationen und Einrichtungen stehen mit ihren Kundengruppen (Personen und Organisationen) in intensiven Austauschbeziehungen (Kunden-Lieferanten-Beziehungen). Grundsätzlich werden interne und externe Kundengruppen unter-schieden. **Interne Kundengruppen** sind einrichtungsinterne Bereiche, Abteilungen oder bestimmte Gruppen von Mitarbeitenden, die in unterschiedlichem Maße an der Erstellung der Gesundheitsleistung beteiligt sind (z. B. Stationsbereiche im Kranken-haus, Funktionsabteilungen). Sie prägen den Begriff der „internen Kunden-Lieferanten-Beziehungen" (siehe Kap. 8). **Externe Kundengruppen** sind diejenigen Personen und Organisationen, die als Zielgruppen, Adressaten oder Leistungsempfänger der eigenen Wertschöpfung bzw. Geschäftstätigkeit außerhalb der Einrichtung (oder eines Leistungs-systems) identifiziert werden (Abb. 5.3).

Das grundsätzliche Anliegen einer Einrichtung der Gesundheitsversorgung ist es, **fremde Bedürfnisse** zu befriedigen und einen **fremden Bedarf** (objektivierbarer Mangel) zu decken. Im Gesundheitswesen kommen zu der Bedarfsdeckung im gegenseitigen Aus-tausch (externe Kunden-Lieferanten-Beziehung) zusätzlich auch Fragen der einseitigen Bedürfnisbefriedigung hinzu, etwa wenn Bedarfe nicht geäußert werden oder das Maß an Freiwilligkeit und Entscheidungskompetenz bei der Gestaltung der Austauschverhältnisse

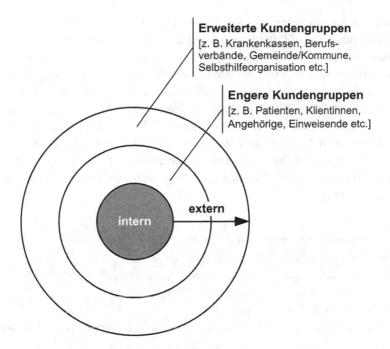

Abb. 5.3 Interner und externer Kundenbegriff im Qualitätsmanagement

entsprechend gering ist (z. B. Notfallbehandlung, Fremdbestimmung der Einrichtungs-wahl durch Krankenkassen). Wenn eine Person in diesem Sinne die Kunden-Lieferanten-Beziehung nicht selber oder nur eingeschränkt gestalten kann, bedarf es einer *Vertretung,* die die Bedürfnisbefriedigung steuert. Eine solche **Vertretungsfunktion** können u. a. staatliche oder nachgelagerte Institutionen, die Leistungserbringer (Gesundheitsein-richtung) oder auch die Angehörigen der Gesundheitsberufe ausüben.

Leistungserbringer sind in der Regel eingebunden in ein umfangreiches Netzwerk aus unterschiedlichen Kundengruppen. Diese werden übergeordnet und zusammenfassend als **Stakeholder** (auch: Anspruchsgruppen, interessierte Parteien) bezeichnet. Der Stake-holder-Begriff umfasst die Vielzahl und Pluralität aller Individuen und Institutionen, die ein aktuelles Interesse an der Organisation bzw. Einrichtung haben und diese ggf. beeinflussen (Kap. 1). Dieser Ansatz geht über das Verständnis der direkten Abnahme oder Nutzung von Leistungen hinaus (enger Kundenbegriff) und versteht sich als eine **Erweiterung des Kundenbegriffs** auf die umweltliche Komplexität, in die die jeweilige Organisation eingebunden ist („Kunden-Stakeholder-Komplex").

Sinngemäß wird ein Handeln, das auf die Interessen und Bedürfnisse aller Anspruchs-gruppen ausgerichtet ist, als **Stakeholder-Value-Ansatz** bezeichnet. Damit kommt die sozialethische Werthaltung im Gesundheits- und Sozialwesen zum Ausdruck, dass nicht die Vermögensvermehrung eines Eigenkapitals (Shareholder-Value-Ansatz) Sinn und Zweck der Unternehmensführung ist, sondern der Interessenausgleich unter den Anspruchsgruppen und die Befriedigung gesellschaftlicher Bedürfnisse (Tab. 5.2).

Der Phase der Qualitätsplanung obliegt die Aufgabe, die vielfältigen Anspruchs- und Kundengruppen zu identifizieren und deren Anforderungen zu ermitteln. Für die Identifizierung und Bewertung von Kundengruppen kann eine **Stakeholder-Analyse** durchgeführt werden. Mit ihrer Hilfe wird die Bedeutung und Wichtigkeit von relevanten Kundengruppen für die eigene Einrichtung bewertet. Die Analyse kann auch Methoden der *Segmentierung* in Kunden- oder Zielgruppen (Kap. 8) mit einschließen. Es sollte jedoch stets Klarheit über die Segmentierungskriterien (z. B. soziodemografisch, ökonomisch) und Kongruenz mit der Qualitätspolitik herrschen (z. B. „Umsatzstärke" vs. „Bedürfnisorientierung").

Aufgaben und Fragestellungen im Rahmen einer Stakeholder-Analyse:

1. Stakeholder-Identifikation:
   - Was sind die internen und externen Kundengruppen der Organisation?
   - Lassen sich einzelne Kundengruppen abgrenzen?
2. Stakeholder-Analyse im engeren Sinne:
   - Was sind ihre wesentlichen Ziele, Interessen, Erwartungen und Strategien dieser Kundengruppen?
   - Welchen Einfluss haben die Kundengruppen auf die Organisation?
   - Welche Einflussmöglichkeiten hat die Organisation auf die Kundengruppen?
3. Stakeholder-Bewertung:
   - Lassen sich relevante und weniger relevante Kundengruppen unterscheiden?
   - Welche Konsequenzen ergeben sich daraus für die Organisation?
4. Qualitätsaussage/Strategieformulierung:
   - Wie können die Ergebnisse in die Qualitätsplanung einfließen?
   - Sind Vorhersagen überhaupt möglich?

Tab. 5.2 Gegenüberstellung „Shareholder-" und „Stakeholder-Value-Ansatz"

Shareholder-Value-Ansatz	Stakeholder-Value-Ansatz
Unternehmensziel besteht allein in der Steigerung des Marktwertes der Beteiligung	Unternehmen ist kein Instrument zur Gewinnmaximierung sondern ein sozioökonomisches System
Die Eigenkapitalgebenden beanspruchen die uneingeschränkte Kompetenz zur Unternehmensführung	In diesem System finden sich verschiedene Gruppen mit unterschiedlichen Interessen zusammen
Wird die Führung nicht von Eigenkapitalgebenden wahrgenommen, wird sie von Führungskräften übernommen, die ausschließlich die Interessen der Eigenkapitalgebenden vertreten	Aufgabe der Führung ist es, die Interessengegensätze der verschiedenen Gruppen zum Ausgleich zu bringen

In den meisten Fällen ist es ausreichend und pragmatisch, die relevanten Kundengruppen entlang eines „engen" und eines „erweiterten" Kundenbegriffs einzuordnen (Abb. 5.3) Für die Ermittlung der **Kundenbezogenen Qualitätsanforderungen** (Kap. 1) ist allein schon aus Gründen der oft begrenzten Mittelverfügbarkeit zunächst die Betrachtung der *engeren Kundengruppen* sinnvoll. Die übergeordneten Anspruchsgruppen und Stakeholder sollten aber nicht gänzlich unberücksichtigt bleiben. Zur Ermittlung der Anforderungen der übergeordneten Anspruchsgruppen könnten zum Beispiel Dialoge mit der Politik, der Wissenschaft oder mit regionalen Netzwerken und Verbünden geführt werden, um Informationen für die längerfristig ausgerichtete Qualitätsplanung zu erlangen. In dieser Weise könnten Kommunikationswege mit Selbsthilfeorganisationen oder anderen übergeordneten Patientenvertretungen (z. B. Verbraucherverbände, Patientenbeauftragte) etabliert werden.

Als **engere Kundengruppen** im Bereich der Gesundheitsversorgung kommen in erster Linie Patientinnen und Patienten (bzw. Klientinnen und Klienten) und ihre Angehörigen sowie die unmittelbar kooperierenden Einrichtungen (z. B. einweisende ärztliche Praxen, mitbehandelnde Therapiepraxen, nachbehandelnde Reha-Kliniken) in Betracht. Methodisch stehen für die Ermittlung der kundenbezogenen Bedürfnisse bzw. *Wünsche und Erwartungen* qualitative (z. B. Beschwerdemanagement, ereignis-orientierte Verfahren) und quantitative Verfahren (z. B. systematische Befragungen, Frequenz-Relevanz-Analyse) zur Verfügung, die im Kapitel „Kundinnen- und Kunden-orientierung" näher beschrieben werden (Kap. 9).

Für die Ermittlung der **Managementbezogenen Qualitätsanforderungen** spielen Führungskräfte und Mitarbeitende eine große Rolle. Deren Kenntnisse und Erfahrungen sowie die Kreativitäts- und Gestaltungspotenziale können mithilfe von qualitativen (z. B. Innerbetriebliches Vorschlagswesen) oder quantitativen Verfahren (z. B. systematische Befragungen der Mitarbeitenden) nutzbar gemacht werden. Wichtige Gestaltungsansätze werden im Kapitel „Mitarbeitendenorientierung" vertieft (Kap. 10).

Die Perspektive der **Professionsbezogenen Qualität** hat in Einrichtungen der Gesundheitsversorgung den höchsten Stellenwert, da die Prozesse und Ergebnisse der Leistungserstellung im Wesentlichen durch die Gesundheits- und Pflegeberufe (Professionen) initiiert und ausgeführt werden (Tab. 5.3). Detaillierte Ausführungen zur Prozessgestaltung folgen im Kapitel „Prozessorientierung" (Kap. 8); die Wissensquellen beruflichen Handelns und die Systematik evidenzbasierten Handelns werden im Kapitel „Versorgungsqualität und Versorgungssicherheit" behandelt (Kap. 13).

Tab. 5.3 Quellen für die Ermittlung von Qualitätsanforderungen (Beispiele)

Perspektive	Anforderungen	Objektive Quellen	Subjektive Quellen
Kundenbezogene Qualität	Bedürfnisse, Wünsche und Erwartungen der Kundinnen und Kunden	Interne Kenn-zahlen, Planungs-daten, Studiendaten, Expertinnen- und Experten-beobachtungen	Ereignisorientierte, merkmalsorientierte und problemorientierte Befragungen
Professionsbezogene Qualität	Auswahl und Anwendung von Methoden und Mitteln, um den Bedürfnissen am besten entsprechen zu können	Evidenzbasierte Quellen, HTA-Berichte, Wissen-schaftliche Publikationen, Lehr-bücher, Leitlinien, Standards	Erfahrungs- und Überlieferungswissen, Heilkunst, Berufs-kultur, Intuition, logisches Denken
Managementbezogene Qualität	Effektive und effiziente Ressourcennutzung und Organisations-gestaltung im Rahmen der gesetzlichen Anforderungen	Gesetzliche Anforderungen, Vergütungs- und Finanzierungsregeln, Qualitätskosten	Erfahrungs- und Fach-wissen, Organisations-kultur, Befragung der Mitarbeitenden, Ideenwettbewerb

5.1.2.2 Ziel- und Strategieplanung

Qualitätsziele konkretisieren bzw. operationalisieren die Qualitätspolitik. Während die ermittelten Anforderungen die Erfordernisse und Erwartungen seitens der Kundengruppen und Interessenpartner repräsentieren, präzisieren Qualitätsziele den gewünschten Zielerreichungsgrad (vgl. Sens et al. 2018). Sie bieten konkrete Aussagen über **angestrebte Zustände** (Ergebnisse), die durch unternehmerische Maßnahmen erreicht werden sollen. In der Regel werden Qualitätsziele im Rahmen eines *Zielplanungsprozesses* erstellt, der im günstigsten Fall in die strategische Gesamtplanung einer Einrichtung eingebunden ist. Wir unterscheiden Zielobjekte, Zielarten und Zielebenen.

Grundlegende Funktionen von Zielen im Qualitätsmanagement

- Selektionsfunktion: Auswahl zwischen verschiedenen Handlungsalternativen
- Orientierungsfunktion: Ausrichtung der Handlungen und Entscheidungen aller an den festgesetzten Zielen
- Steuerungsfunktion: Setzen von „Soll"-Größen (Output-Orientierung)
- Koordinierungsfunktion: Aktivitäten einzelner Personen und Stellen in der Organisation können anhand von Zielvorgaben aufeinander abgestimmt werden

- Kontrollfunktion: Analyse und Kontrolle von „Soll-Ist"-Abweichung (Führung von Organisationen)
- Legitimation: Begründung und Rechtfertigung von Maßnahmen gegenüber internen und externen Interessenpartnern

Zielobjekte

Ziele können sich grundsätzlich auf Produkte und Dienstleistungen beziehen. Für die Qualitätssteuerung ist es notwendig, dass die Leistungen, für die Qualitätsziele festgelegt werden sollen, definiert und benannt werden. Zielobjekte lassen sich anhand von drei Dimensionen spezifizieren:

- **Funktion** („Was?"): Festlegung einer Nutzen stiftenden Leistung, für die Nachfrage besteht (z. B. stationäre Krankenhausleistungen, ambulante therapeutische Leistungen, Pflegeleistungen in der stationären Langzeitpflege)
- **Zielgruppen** („Für wen?"): Definition der Leistung für bestimmte Kundengruppen (z. B. Dringlichkeit: Notfallpatienten oder elektive Behandlungen; Vergütung: Versicherte oder Selbstzahlende)
- **Technologien** („Wie?" bzw. „Womit?"): Spezifizierung der definierten Leistung anhand der verwendeten Technologien und Mittel (z. B. Versorgungsform: stationär, teilstationär oder ambulant)

Zielarten

Zusätzlich zu den Zielobjekten werden drei Zielarten unterschieden. Diese können sowohl in die gleiche Richtung als auch gegensätzlich wirken. Die Zielarten müssen daher im Rahmen des Zielplanungsprozesses aufeinander abgestimmt und gegeneinander abgewogen werden (z. B. Verlängerung von Konsultationszeiten bei gleichzeitig knappen Personalressourcen). Im Ergebnis ist oft nur die Optimierung einiger weniger oder einzelner Zielarten möglich:

- **Qualitätsziele im engeren Sinne:** Entwicklung von Produkten und Leistungen, deren Eigenschaften (Qualitätsmerkmale) in hohem Maße den Kundenbedürfnissen (Qualitätsanforderungen) entsprechen. Hierunter lassen sich auch strategische Zielgrößen wie Differenzierungs- und Innovationsvorteile fassen, also Merkmale, die die Einrichtung oder bestimmte „Zielobjekte" von anderen Mitbewerbern im Marktumfeld unterscheidet (z. B. außergewöhnliche Serviceleistungen bei elektiven Operationen)
- **Kostenziele:** Herstellung von Produkten und Erbringung von Dienstleistungen zu minimalen Kosten. Eine niedrige Kostenposition ermöglicht einen niedrigen Preis. Bei gleichen Preisen – wie in vielen Bereichen der Gesundheitsversorgung beobachtbar – bietet die Mobilisierung von Wirtschaftlichkeitsreserven Möglichkeiten der Qualitätsverbesserung (z. B. Erweiterung von Kontaktzeiten).

- **Zeitziele:** Produktion und Erbringung der Leistungen unter optimierten Bedingungen. Zeitziele können die Reduktion von Leerlaufzeiten oder unnötigen Wartezeiten sein (z. B. Senkung der stationären Verweildauer) oder die Reaktionsschnelligkeit bei dringlichen und wichtigen Kundenanfragen sein (z. B. Informationsbedarfe seitens der Patientinnen und Patienten, Erreichbarkeit zwecks Terminvereinbarung).

Zielebenen

Qualitätsziele lassen sich entlang der bekannten Managementebenen im Sinne einer „Zielpyramide" ableiten. Ausgehend von der normativen Ebene, auf der die Grundsätze zum Qualitätsverständnis und die Werthaltung der Einrichtung verankert sind, werden die Qualitätsziele schrittweise näher konkretisiert. Die Verortung dieser Aufgaben ist nicht immer trennscharf einer Ebene zuzuordnen. Die Ziele unterscheiden sich in ihrem **Planungshorizont** (Zeitraum) und **Zielbezug** (Größe der Bereiche, auf die sich die Zielplanung bezieht). Während Leitziele sich oft auf die gesamte Organisation oder Abteilungen beziehen, sollten taktische oder operative Ziele so vereinbart werden, dass sie von einzelnen Bereichen oder dort tätigen Personen umgesetzt werden können (Abb. 5.4):

- **Strategische Ziele:** Der Prozess der Strategischen Planung endet mit der strategischen Zielplanung. Diese ist Ausgangspunkt für die weitergehenden

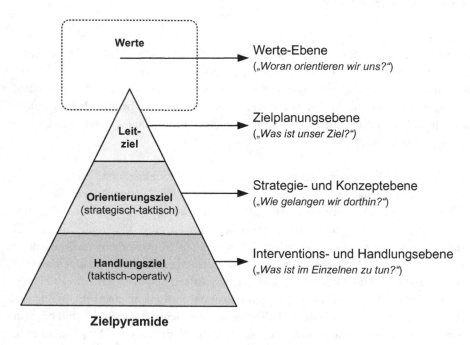

Abb. 5.4 Zielpyramide: Konkretisierung von Qualitätszielen

Konkretisierungen auf den nachgeordneten Ebenen. Zunächst werden übergeordnete *Leitziele* entwickelt, die sich an Werthaltungen orientieren (z. B. Leitbildaussagen). In der Regel handelt es bei diesen Leitzielen um sog. Wirkungsziele, die einen erreichbaren und messbaren Endzustand in Form von Soll-Größen definieren (z. B. zur Werthaltung „Kundinnen- und Kundenorientierung" kann als Leitziel „Verkürzung der Wartezeiten in den Klinikambulanzen" formuliert werden).

- **Taktische Ziele:** Auf dieser Ebene werden die Leit- oder Wirkungsziele in *Orientierungsziele* weiter konkretisiert. Hier geht es um die Festlegung der „Leitplanken", die sich in Konzepten oder Ausführungsprogrammen niederschlagen. Sie haben eine Art Vermittlerrolle zwischen Leitzielen und den nachfolgenden Handlungszielen. Überdies weisen sie einen höheren Konkretisierungsgrad als die strategischen Ziele auf, beinhalten jedoch noch keine definierten Arbeitspakete für die ausführenden Akteure (z. B. Erstellung eines Konzeptes zur „Umorganisation ambulanter Leistungsbereiche").
- **Operative Ziele:** Auf dieser Ebene werden die taktischen Ziele (Konzepte und Ausführungsprogramme) in konkrete Arbeitsaufgaben operationalisiert. In der Regel handelt es sich bei operativen Zielen um *Handlungsziele,* d. h. der einzelne Bereich bzw. die Mitarbeitenden sollten Zielvorgaben erhalten, die unmittelbar bzw. in einem überschaubaren Zeitraum umsetzbar sind (z. B. „Einführung eines neuen Bestellsystems in der Poliklinik für Neurochirurgie").

Qualitätsziele sollten methodisch bestimmte Grundanforderungen erfüllen (Zieldimensionen). Die **Zieldimensionen** unterstützen den Zielplanungsprozess, indem sie Kriterien für die Konkretisierung der Qualitätsziele bereitstellen. Darüber hinaus erleichtern sie die Überprüfung der Zielerreichung (Soll-Ist-Analyse, Phase der Qualitätsbewertung). Wichtige Zieldimensionen sind:

- **Zielraum** („Wo?"): Der Zielraum spezifiziert den Ort, für den das Qualitätsziel formuliert werden soll. Hier kann oftmals erst im Verlauf des Zielplanungsprozesses eine Konkretisierung in Form von Handlungszielen auf der operativen Ebene stattfinden (z. B. Labor, Physikalische Therapie, Ambulanz).
- **Zielträger** („Wer?"): Die Zielträger bzw. Zielpersonen definieren diejenigen Mitarbeitenden oder auch Kundinnen und Kunden, die von den Qualitätszielen betroffen sind. Diese können, müssen aber nicht unbedingt an der Umsetzung beteiligt sein. Ziele können Einzelpersonen oder eine einzelne Arbeitskraft betreffen (Individualziele). Es können aber auch Personengruppen oder Abteilungen betroffen sein, für die gemeinschaftlich Qualitätsziele formuliert werden (Kollektivziele).
- **Zielperiode** („Wann?"): Die Zielperiode spezifiziert den Zeitpunkt oder den Zeitraum, an oder in dem das formulierte Qualitätsziel umgesetzt und die Zielerreichung gemessen werden soll. Je nach Zielebene fällt der Planungshorizont unterschiedlich aus. So kann beispielsweise das Leitziel „Wartezeiten verkürzen" auf eine Zielperiode von drei bis fünf Jahren festgelegt werden, das daraus abgeleitete Handlungsziel der

Einführung einer konkreten Maßnahme wiederum auf einen begrenzteren Zeitraum von 12 Monaten.

- **Zielausmaß** („Wie viel?"): Das Zielausmaß beschreibt den Umfang dessen, was durch die Qualitätsziele verändert werden soll. Es werden konkrete Angaben gefordert, die nach Abschluss der Zielperiode messbar und nachvollziehbar sein sollen. Das Leitziel „Verkürzung von Wartezeiten" kann beispielsweise mit dem relativen Zielausmaß „Reduktion um 10 %" oder dem absoluten Zielausmaß „Reduktion um durchschnittlich 5 Minuten" ausgestattet werden. Welche Form der Konkretisierung gewählt wird, hängt von der Zielebene ab, d. h. es können für unterschiedliche Leistungsbereiche unterschiedliche Zielvorgaben gelten.

- **Zielinhalt** („Was?"): Der Zielinhalt spezifiziert den Gegenstand, auf den sich die Qualitätsziele beziehen. Abhängig von der Zielebene können Zielinhalte unterschiedlich ausformuliert sein. Das Leitziel „Verkürzung der Wartezeiten" beispielsweise wird in der weiteren Abstufung näher konkretisiert (z. B. Wartezeiten bei stationärer Aufnahme, im Vorfeld von Untersuchungen oder bei Erstkontakt mit der Einrichtung). Die Zielinhalte sollten auf der operativen Ebene auch den jeweiligen Vor-Ort-Bedingungen entsprechen, d. h. ggf. orts- und personenabhängig angepasst sein.

Grundsätzlich gilt, je konkreter und präziser die Zieldimensionen im Zielplanungsprozess berücksichtigt werden, desto nachvollziehbarer und messbarer fallen letztendlich die Ergebnisse aus. Qualitätsziele sind kein Selbstzweck, sondern ein wichtiges

Tab. 5.4 Konkretisierung von Qualitätszielen (Beispiele)

Zielebene	Zielplanung		
Werthaltungen (normativ)	Prozessorientierung	Kundinnen- und Kundenorientierung	Mitarbeitendeno-rientierung
Leitziele (normativ-strategisch)	Verkürzung der durchschnittlichen Patientenwartezeiten in den Ambulanzen um 10 % in den nächsten 2 Jahren	Steigerung der Rate komplikationsloser Behandlungsverläufe im operativen Bereich um 15 % pro Jahr	Steigerung der Mitarbeitendenmotivation in den nächsten 5 Jahren um 0,5 Punkte (Motivationsscore)
Orientierungsziele (strategisch-taktisch)	Konzept zur Umorganisation ambulanter Leistungsbereiche	Überarbeitung und Optimierung der Hygieneregeln	Entwicklung von familiengerechten Arbeitszeitmodellen
Handlungsziele (taktisch-operativ)	Einführung eines Termin-Bestellsystems in der neurochirurgischen Ambulanz	Realisierung der Hygieneregeln in der zentralen OP-Abteilung durch Definition von Hygienestandards	Einführung flexibler Arbeitszeitkonten in der Abteilung Radiologie

Instrumentarium der Qualitätsplanung, das im Sinne eines „Transmissionsriemens" die ermittelten Qualitätsanforderungen in das Qualitätsmanagement überträgt (Tab. 5.4).

Qualitätsziele führen gelegentlich auch zu *Zielkonflikten*, die entsprechend koordiniert werden müssen. Es werden vertikale von horizontalen Zielkonflikten unterschieden. **Vertikale Zielkonflikte** treten zwischen den Zielebenen auf, wenn z. B. die Konkretisierung eines Leitziels sich nicht auf die ausführende Ebene übertragen lässt. Dies kann beispielsweise vorkommen, wenn in einzelnen Bereichen bestimmte Bedingungen vorherrschen, die eine Umsetzung verhindern, oder aber für die geplante Zielerfüllung kein Spielraum mehr besteht, weil alle Optimierungspotenziale ausgeschöpft wurden. In einem solchen Fall sollte die Zielplanung überprüft und angepasst werden.

Häufiger sind **horizontale Zielkonflikte,** die zwischen einzelnen Mitarbeitenden bzw. Bereichen oder zwischen verschiedenen Zieltypen auftreten. Widersprüchliche Ziele müssen in einem solchen Fall koordiniert werden, was nichts anderes bedeutet, als einen Interessenausgleich herzustellen. Dies erfordert ein hohes Maß an Transparenz und verdeutlicht die Notwendigkeit konsistenter und aufeinander abgestimmte Zielsysteme.

Darüber hinaus ist von jedem Einzelnen die Übernahme von **Verantwortung** für die Gestaltung und die Ergebnisse des eigenen Arbeitsbereichs zu verlangen. Verantwortung, die auch über die Interessen des eigenen Arbeitsbereichs hinausgeht und sich an den Zielen der Organisation orientiert. Rechtzeitige Information, wertschätzende Kommunikation und gelebte Partizipation sind wichtige Stellgrößen, die als Mediatoren der *Qualitätskultur* bereits Erwähnung fanden.

Qualitätsziele sollten nicht losgelöst von anderen Unternehmens- oder Einrichtungszielen existieren, sondern Bestandteil eines zusammenhängenden und einheitlichen **Zielsystems** sein. Qualitätsmanagement ist keine „Parallelveranstaltung" zur Erfüllung der Hauptaufgaben einer Einrichtung sondern deren grundlegender Handlungsrahmen. Eingebettet in ein kontinuierliches Verbesserungsdenken („Qualitätsverbesserung") müssen die Ergebnisse bzw. die Erreichung der Qualitätsziele stetig überprüft und die Ziele im Sinne einer Strategiekontrolle ggf. angepasst oder neu formuliert werden (Abb. 5.5).

5.2 Qualitätsorganisation

5.2.1 Organisation und Führung

Ähnlich vielfältig wie der Managementbegriff ist auch der Organisationsbegriff. Die Bezeichnung Organisation wird in einem **institutionellen Sinne** gebraucht, wenn der Fokus auf ein *soziales System* oder ein Ordnungsgefüge von Verantwortungen, Befugnissen und Beziehungen gelegt wird (vgl. Schreyögg und Geiger 2016, S. 9). Ein solches soziales System erfüllt dauerhaft ein bestimmtes Ziel (z. B. Ziele der Gesundheitsversorgung), grenzt sich nach außen wahrnehmbar ab (z. B. räumliche und

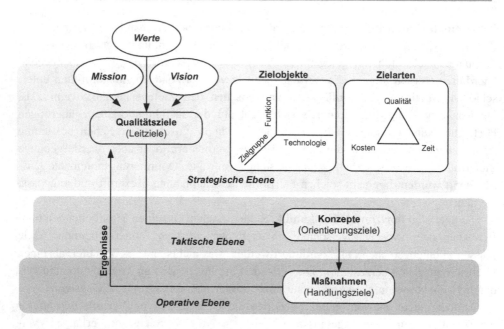

Abb. 5.5 Grundkonzeption: Qualitätsplanung und die Ableitung von Qualitätszielen

aufgabenbezogene Grenzen) und verfügt über spezifische Regeln der Rollen- und Aufgabenverteilung (eigene Funktion oder Verwaltung).

Organisation in einem **instrumentellen Sinne** (oder funktionalen Sinne) versteht den Organisationsbegriff dagegen als *Mittel,* um eine effektive und effiziente Erfüllung von komplexen und mehr oder weniger umfangreichen Aufgaben, die die Kapazitäten von Einzelpersonen übersteigen, sicherzustellen. Dieser Organisationsbegriff konstituiert sich als eine Funktion der Unternehmensführung bzw. des Managements, ähnlich wie Planung, Führung und Kontrolle im Modell des klassischen Managementkreislaufs (Kap. 2). Bei diesem funktionalen Verständnis geht es im Wesentlichen um die Erstellung von Regelungen zur Aufgabenverteilung und zu Weisungs- und Unterschriftsbefugnissen, die Koordination von Einzelaktivitäten und zeitlichen Abläufen sowie das Zusammenführen der erzielten Ergebnisse. Darin eingeschlossen sind aber auch Mechanismen, die die Einhaltung der Regelungen fördern (vgl. Nerdinger 2014, S. 44).

Die Bezeichnung *Organisation* dient häufig als **Sammelbegriff** für jede Art von Unternehmen oder Einrichtung, um möglichst neutral das institutionelle Wirk- und Handlungsgefüge einer bestimmten Zweck- und Aufgabenerfüllung zu beschreiben. Eine neutrale Bezeichnung ist vor allem im Gesundheitswesen vorteilhaft, da *Unternehmen* alltagssprachlich oft als Wirtschaftsbetriebe mit Gewinnerzielungsabsicht wahrgenommen werden; *Einrichtungen* dagegen eher als staatliche oder zivilgesellschaftliche Institutionen, die „eingerichtet" sind, um gemeinwohlorientierte Aufgaben zu erfüllen. Im Kontext des Qualitätsmanagements wird *Organisation* überwiegend in diesem institutionell-verallgemeinernden Sinne verwendet, was immer dann missverständlich ist, wenn der funktionale Charakter des Organisationsbegriffs hervorgehoben werden soll („Organisation der Organisation"). Nicht nur ganze Einrichtungen und Unternehmen, auch einzelne Abteilungen, Unterabteilungen oder Einheiten können in dieser Form als Organisationen bezeichnet werden, sofern sie über ein *eigenes* Ordnungsgefüge mit Verantwortlichkeiten, Befugnissen und Beziehungen verfügen und/oder eine bestimmte Funktion oder abgrenzbare Aufgaben erfüllen. Intention und Bedeutung des Organisationsbegriffs sind daher stets kontextabhängig.

Wird dieses Grundverständnis nun auf die Organisation des Qualitätsmanagements und die Organisation im Qualitätsmanagement übertragen, wäre *Qualitätsmanagement* einerseits ein **Organisationsgefüge,** das in das unternehmerische Organisationsgefüge eingebettet ist und beispielsweise als Qualitätsmanagementsystem sichtbar wird oder im Sinne eines fortgeschrittenen TQM-Verständnisses in diesem ganzheitlich aufgeht. Qualitätsmanagement hat andererseits aber auch **Organisationsfunktion,** die darin besteht, ein tätigkeitsbezogenes Qualitätsmanagement zu realisieren bzw. die Elemente der kulturellen und methodisch-technischen Dimension auf- und miteinander abzustimmen.

Organisation *des* Qualitätsmanagements und Organisation *im* Qualitätsmanagement entsteht aber nicht aus sich selbst heraus. Sie beruht, wie die Unternehmensorganisation, auf einer aktiven **Organisationsgestaltung,** die in eine formale Strukturbildung mündet. Diese drückt sich wiederum durch zwei Gestaltungsperspektiven aus: die *strukturelle* Gestaltung (Aufbauorganisation) und die *prozessuale* Gestaltung (Ablauforganisation). In der praktischen Umsetzung bzw. lebensweltlichen Realität sind die aufbau- und ablauforganisatorischen Aspekte der Organisationsgestaltung jedoch eng verflochten und einer getrennten Betrachtung kaum zugänglich (vgl. Schulte-Zurhausen 2014, S. 14). Die Verantwortung für die Übereinstimmung von Zweck und Ausrichtung der Organisation, und damit auch für die organisatorische Ausrichtung bzw. Verankerung des Qualitätsmanagements im Unternehmensgefüge lässt sich als Gestaltungsperspektive der Führung (Verantwortung der obersten Leitung) ausdrücken (Abb. 5.6).

5.2.1.1 Führung

Der Führung bzw. den Verantwortung tragenden Führungskräften kommt im Qualitätsmanagement und seiner Konzipierung eine Schlüsselrolle zu. Führungskräfte haben die Aufgabe, ein internes Umfeld zu schaffen und zu erhalten, in dem sich Personen voll und ganz für die Erreichung der Ziele der Organisation einsetzen können. Von den Führungskräften wird der gesamte Prozess der Qualitätsplanung und Qualitätsorganisation verantwortet.

Gesundheitseinrichtungen sind Wissens- und Expertenorganisationen. Die darin handelnden Personen, insbesondere die Angehörigen der Gesundheitsberufe, haben aufgrund ihrer berufsfachlichen Expertise und Professionszugehörigkeit in der Regel ein hohes **Autonomiebedürfnis** hinsichtlich der Gestaltung und Steuerung der Prozesse, insbesondere der wertschöpfenden Interaktionsprozesse. Führung in Gesundheitsein-

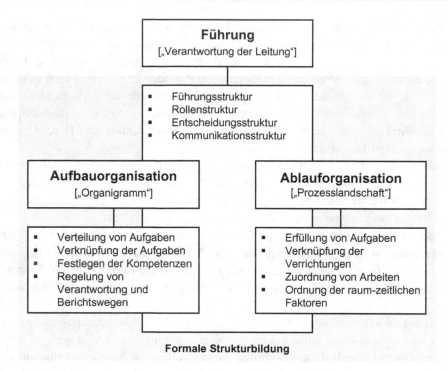

Abb. 5.6 Organisationsgestaltung durch formale Strukturbildung

richtungen erfordert ein hohes Maß an **Kommunikations- und Delegationsbereitschaft** und erschöpft sich nicht in der Strukturierung von Aufgaben und der Koordination von Verrichtungsarbeiten.

Hinsichtlich der **formalen Strukturbildung** von Organisation, insbesondere hinsichtlich des Zusammenspiels von Aufbau- und Ablauforganisation, sind nach Merchel (2015) die folgenden Strukturelemente durch die Führung bzw. oberste Leitung zu regeln (vgl. Merchel 2015, S. 129):

- Rollenstruktur: Sie legt fest, von wem was in welcher Position erwartet wird, und die damit einhergehende Aufgabenzuweisungen;
- Führungsstruktur: Sie regelt die Verteilung formaler Macht innerhalb der Organisation, u. a. Kontrolle von Rollenvorschriften und Sanktionierung von Regelverstößen;
- Entscheidungsstruktur (als ein Element innerhalb der Führungsstruktur): Sie sagt aus, wer in welchen Kommunikationszusammenhängen Entscheidungen treffen darf;
- Kommunikationsstruktur: Sie regelt die Wege (horizontal, vertikal) und die Formen (mündlich, schriftlich, etc.) der Kommunikation innerhalb der Organisation.

Führungskräfte sind über die formale Strukturbildung hinaus gefordert, durch ihre Entscheidungen, Handlungen und Aktivitäten gegenüber den Mitarbeitenden und Interessenpartnern den Qualitätsgedanken vorzuleben und eine Qualitätskultur zu entwickeln (Vorbildfunktion). Grundsätze einer **kulturellen Vorbildfunktion** von Führungskräften könnten sein (vgl. Bruhn 2016, S. 332):

- Kundenorientierte Grundsätze: Verpflichtung der Führungskräfte zur Erbringung qualitativ hochwertiger Leistungen; empathisches und entgegenkommendes Verhalten der Führungskräfte bei Tätigkeit im direkten Kontakt mit Kundinnen und Kunden;
- Personenorientierte Grundsätze: Offene Anerkennung der einzelnen Mitarbeitenden als wichtiger Bestandteil der Leistungserbringung; eine „Politik der offenen Tür";
- Leistungsorientierte Grundsätze: Empfänglichkeit der Führungskräfte der Einrichtung für Verbesserungsvorschläge der Mitarbeitenden; erkennbare Veränderungsbereitschaft; Flexibilität der Führungskräfte.

5.2.1.2 Aufbauorganisation

Unter Aufbauorganisation versteht man das *statische System* der organisatorischen Einheiten einer Einrichtung, das die Zuständigkeiten für die arbeitsteilige Erfüllung der Unternehmungsaufgabe(n) regelt. Die Aufbauorganisation bildet das **Struktur- und Beziehungsgefüge** und ist vor allem auf institutionale Probleme und Bestandsphänomene gerichtet (Kosiol 1976, S. 32). Sie legt die Aufgaben entweder nach Verrichtung (Funktion) oder nach Objekt (Leistungseinheit) fest (Aspekt der Spezialisierung). Darüber hinaus bestimmt sie den Rang innerhalb des Aufgabengefüges (Aspekt der Kompetenzabgrenzung) und verknüpft die Handlungsbeziehungen miteinander (Aspekt der Koordination). Je nach Art der in dieser Form vorgenommenen Differenzierung und nachfolgenden Integration von Aufgaben ergeben sich daraus unterschiedliche Organisationsstrukturen (Leitungssysteme). Die Aufbauorganisation bildet sich nach innen und außen sichtbar in einem Organigramm ab und beinhaltet folgende grundlegende Aufgaben (vgl. Bea und Göbel 2010, S. 251):

- Bestimmung der Unternehmensaufgabe (Gesamtaufgabe),
- Analyse und Zerlegung der Gesamtaufgabe in Teilaufgaben,
- Synthese und Bildung von Aufgabenkomplexen sowie
- Aufgabenverteilung und Zuordnung von Aufgabenkomplexen zu Personen.

5.2.1.3 Ablauforganisation

Im Gegensatz zur Aufbauorganisation, welche die Organisationsstrukturen, Verantwortlichkeiten und Aufgabenverteilung beschreibt, legt die Ablauforganisation fest, in welcher **Art und Weise** die Aufgaben erfüllt und mit welchen **Mitteln** die Ziele erreicht werden sollen. Im Rahmen der Ablauforganisation werden die Abläufe und Prozesse unter Berücksichtigung von Raum, Zeit, Sachmitteln und Personen sinnvoll und zweckgerichtet zusammengeführt, damit ein optimales Ergebnis bzw. letztendlich optimale Qualität erzielt werden kann. Im Gegensatz zum statischen System der Aufbauorganisation bestimmt sie das *prozessuale Geschehen* und bildet sich nach innen und außen sichtbar in der Prozesslandschaft (auch: Prozesslandkarte) ab. Sie beinhaltet folgende grundlegende Aufgaben:

- Arbeitsgänge bestimmen und zu Arbeitsgangfolgen zusammenfassen,
- zeitliche Belastungen von Mitarbeitenden und kürzeste Durchlaufwege und -zeiten ermitteln sowie
- Leistungen sinnvoll aufeinander abstimmen.

Die Gestaltung der Ablauforganisation ist letztendlich auf die **Beherrschung von Handlungskomplexität** gerichtet (z. B. durch Standardisierung). Dabei werden verschiedenartige, mitunter auch konfligierende Zielsetzungen verfolgt:

- Maximierung der Kapazitätsauslastung (z. B. Bettenbelegung),
- Verringerung der Durchlauf-, Warte- und Leerzeiten (z. B. OP-Wartezeiten),
- Reduktion der Kosten der Vorgangsbearbeitung (z. B. konsequentes Entlassungsmanagement),
- Qualitätssteigerung der Vorgangsbearbeitung und der Arbeitsbedingungen (z. B. Prozessmodellierung, Behandlungspfade) oder
- Optimierung der Arbeitsplatzanordnung (z. B. räumliche Zusammenlegung von Tätigkeiten).

5.2.2 Allgemeine Prinzipien der Organisationsgestaltung

Die Organisation des Qualitätsmanagements baut auf allgemeinen Prinzipien der Organisationsgestaltung auf. Die für das Qualitätsmanagement relevanten Prinzipien werden im Folgenden kurz skizziert. Weiterführende und vertiefende Kenntnisse zu Organisationsmodellen und -prinzipien sind den einschlägigen Lehrbüchern der Organisationslehre zu entnehmen.

5.2.2.1 Spezialisierung nach Funktion und Objekt

Die Aufgabenverteilung orientiert sich zunächst an drei Grundtypen. Eine Spezialisierung nach der *Verrichtung* führt zu Organisationseinheiten, die für spezifische Funktionen (z. B. Personal, Finanzverwaltung, Bettenabteilungen, Funktionsbereiche) zuständig sind. Dies wird als **Funktionale Organisation** bezeichnet, wenn ab der zweiten Managementebene gleichartige Verrichtungen zusammengefasst werden. In jedem Bereich ist Fachkompetenz gebündelt. Daraus ergibt sich als typische Stärke eine hohe Professionalität der einzelnen Funktionsbereiche.

Eine Spezialisierung nach *Objekten* liegt vor, wenn auf der zweitobersten Managementebene Organisationseinheiten nach relevanten Produkten und Dienstleistungen, Leistungseinheiten oder Kundengruppen (z. B. inhaltlich abgrenzbare Leistungseinheiten wie Innere Medizin, Herzchirurgie, Urologie u. a. im Krankenhaus) gebildet werden. Eine Organisation, die in dieser Weise gegliedert ist, wird als **Divisionale Organisation** bezeichnet. Die meisten hierfür notwendigen Funktionsbereiche sind zusammengefasst und entsprechend dezentralisiert. Andere Bezeichnungen für dieses Organisationsmodell hierfür wären Spartenorganisation, Geschäftsbereichsorganisation oder Objektorganisation (vgl. Maier und Meyer 2013, S. 207 f.).

Wenn bei einer divisionalen Organisationsform zentrale Abteilungen gebildet werden, die für alle Sparten oder Geschäftseinheiten (Objekte) gelten, oder Funktionsbereiche gleichberechtigt neben den Leistungseinheiten ihre Aufgaben erfüllen, entsteht ein dritter Grundtyp, der als **Matrixorganisation** bezeichnet wird. Eine Matrixorganisation zeichnet sich dadurch aus, dass Objekt- und Funktionsorientierung in komplexer Weise zusammengeführt und vermascht sind. Die durch die Vermaschung entstehenden Schnittstellen bilden die „aufgabenbezogenen Organisationseinheiten". In allen größeren Einrichtungen im Gesundheitswesen, vor allem in Krankenhäusern und großen Pflege- und Reha-Einrichtungen, finden sich Organisationsstrukturen, die dem Grundtyp der Matrixorganisation entsprechen (Abb. 5.7).

5.2.2.2 Vertikale und horizontale Koordination

Hinsichtlich der Koordination der verteilten Aufgaben und zugewiesenen Stellen werden drei Konfigurationstypen unterschieden. Hierfür werden die Über- und Unterordnungsprinzipien der einzelnen Stellen jeweils nach Rang betrachtet, was auch klassischerweise als *Hierarchie* bezeichnet wird (vgl. Schreyögg und Geiger 2016, S. 68 ff.). Das **Einliniensystem** ist dadurch charakterisiert, dass für eine Stelle bzw. eine stelleninhabende Person jeweils nur eine ständige vorgesetzte Führungskraft verantwortlich ist.

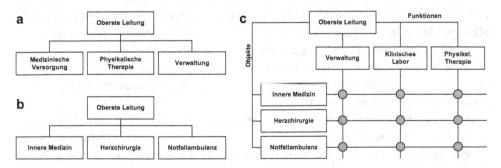

Abb. 5.7 Prinzip der Spezialisierung: **a** Funktionale Organisation; **b** Divisionale Organisation; **c** Matrixorganisation

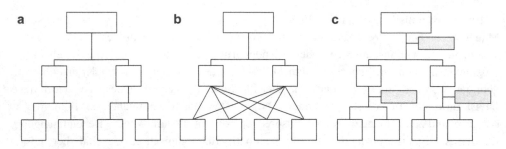

Abb. 5.8 Prinzip der Koordination: **a** Einliniensystem; **b** Mehrliniensystem; **c** Stabliniensystem

Informations- und Abstimmungswege verlaufen in beiden Richtungen jeweils entlang dieser festgelegten Linie.

Bei einem **Mehrliniensystem** kann eine Stelle oder eine stelleninhabende Person Weisungen von mehreren vorgesetzten Führungskräften erhalten. Eine derartige Arbeitsteilung kann beispielsweise durch getrennte disziplinarische und fachliche Leitungsfunktionen vollzogen werden (z. B. stelleninhabende Person in der Verwaltung, die Aufgaben innerhalb der medizinischen Leistungserstellung erfüllt).

Ein **Stabliniensystem** ergänzt ein Ein- oder Mehrliniensystem, indem die oberste Managementebene zusätzlich durch Einheiten mit einer bestimmten Fachexpertise unterstützt wird. Solche Einheiten können einzelne Personen oder Personengruppen sein. Mitarbeitende in „Stäben" oder „Stabsstellen" unterliegen nicht dem Liniensystem und sind fachlich wie disziplinarisch direkt der obersten Leitungsebene untergliedert (z. B. Stabsstelle Qualitätsmanagement, Stabsstelle Informationsmanagement). In großen Einrichtungen können derartige Stabsstellen auch nachgeordnete Einheiten betreiben, die wiederum als Stabsstellen von nachgeordneten Leitungsebenen eingerichtet sind. Wir sprechen dann von einem *gemischten Stab-Mehrliniensystem* (Abb. 5.8).

5.2.2.3 Primär- und Sekundärorganisation

Die Unterscheidung von Primärorganisation und Sekundärorganisation fokussiert nicht die Wichtigkeit einer bestimmten Aufgabenerfüllung, sondern die Beziehung der Aufgabenverrichtung innerhalb des Organisationsgefüges zum eigentlichen Wertschöpfungsprozess (Tab. 5.5). Eine **Primärorganisation** ist grundsätzlich für die Routineaufgaben zuständig. Ihre Mitglieder arbeiten ständig zusammen. Es handelt sich dabei um dauerhafte Organisationseinheiten, die durch hierarchische Beziehungen miteinander verbunden sind (Schulte-Zurhausen 2014, S. 263).

Als **Sekundärorganisation** können alle hierarchieergänzenden und hierarchieübergreifenden Organisationsstrukturen bezeichnet werden (Schulte-Zurhausen 2014, S. 306), die ergänzende oder besondere Aufgaben erledigen (z. B. Sekundärgruppen zur Lösung von Schnittstellenproblemen, Förderung neuer Ideen). Ihre Mitglieder haben

Tab. 5.5 Gegenüberstellung von Merkmalen einer Primär- und Sekundärorganisation. (Quelle: mod. und erg. nach Osterloh und Frost 1996, S. 252; Kasper 1990, S. 29)

Primärorganisation	Sekundärorganisation
Ziel ist primär auf Leistungserstellung gerichtet	Ziel ist auf Organisation ausgerichtet
Feste Stellenbeschreibungen	Flexible, rotierende Aufgabenzuweisung
Zielbildung normalerweise „Top-down"	Zielbildung auch „Bottom-up"
In der Regel funktionale oder divisionale Spezialisierung	Diagonale Verknüpfungen von Aufgaben und ergänzende Stäbe
Führung aufgrund hierarchischer Stellung	Häufig keine hierarchisch bedingte Führung

oft auch Stellen in der Primärorganisation inne. Eine wichtige Ausprägungsform von Sekundärorganisation ist die Projektorganisation (Maier und Meyer 2013, S. 211). Die Bildung von sekundären Organisationsstrukturen wird vor allem von vier *Prinzipien* bestimmt, die sich häufig auch untereinander und mit Strukturen der Primärorganisation überschneiden (Schulte-Zurhausen 2014, S. 308):

- **Stabsprinzip:** Stäbe und Stabsstellen sind bestimmten Leitungsstellen der Primärorganisation zugeordnet. Als „ergänzende Systeme mit spezifischer Fachexpertise" betreiben sie eine intensive Informationssammlung und Wissensverarbeitung und entlasten hierüber das Liniensystem. Sie erfüllen dadurch eine zusätzliche Koordinations- und Integrationsfunktion.
- **Matrixprinzip:** Erfordern Problemstellungen die gleichzeitige Behandlung aus unterschiedlichen Richtungen und Standpunkten, werden Strukturen nach dem Matrixprinzip gebildet. Die durch die Vermaschung entstehenden Schnittstellen bilden das zu bearbeitende „gemeinsame Problemfeld". Matrixstrukturen zeichnen sich durch Kompetenzüberschneidungen aus, die über eine geordnete Auseinandersetzung und Abstimmung zu konstruktiven Lösungen führen sollen.
- **Ausgliederungsprinzip:** Problemrelevante Komponenten können auch vollständig aus dem Liniensystem der Primärorganisation zu „autonomen Einheiten" ausgegliedert werden. Die Einheiten verfügen alle zur Aufgabenerfüllung benötigten Kompetenzen und Ressourcen. Es kommt somit nicht zu Kompetenzüberschneidungen (Matrixprinzip) oder Kompetenzabgrenzungsproblemen (Stabsprinzip).
- **Arbeitsgruppenprinzip:** Hierbei werden Aufgaben und Entscheidungsbefugnisse auf einzelne hierarchieübergreifende Arbeitsgruppen übertragen. Die Mitglieder bringen ihre eigene Sicht, Standpunkte und Ideen in den Problemlösungsprozess ein. Die unmittelbare Tätigkeit in einer „Sekundärgruppe" hat in der Regel nur vorübergehenden Charakter (z. B. intervallartige Gruppenarbeit, befristete Projekte).

5.2.3 Prinzipien der qualitätsbezogenen Organisation

In Ergänzung zu den allgemeinen Prinzipien werden im Folgenden besondere Prinzipien der qualitätsbezogenen Organisation vorgestellt. Diese Prinzipien haben in ihrer bipolaren Dimensionierung den Charakter von Ordnungskriterien und können für die organisationsbezogene Analyse und Gestaltung des einrichtungsinternen Qualitätsmanagements herangezogen werden. Aufgrund der Vielgestaltigkeit von Organisation im Allgemeinen, der Vielzahl unterschiedlicher Einrichtungsformen im Gesundheitswesen und der jeweils einrichtungstypischen Integration von Qualitätsmanagement und einrichtungsübergreifenden Qualitätssicherungsanforderungen sind die Prinzipien in der Praxis oft nur unvollständig und uneinheitlich zu beobachten (Abb. 5.9).

5.2.3.1 Einfache und umfassende Qualitätsorganisation

In einer grundlegenden Betrachtung lässt sich eine „einfache" von einer „umfassenden" Qualitätsorganisation unterscheiden (Tab. 5.6). Die **einfache Qualitätsorganisation** orientiert sich an der Vorstellung, Qualitätsmanagement als Organisationseinheit in der Einrichtung zu etablieren. Sie liefert das Gerüst desjenigen Organisationsaufbaus, der zuständig dafür ist, die Produkte und Dienstleistungen der Gesamtorganisation oder die Prozesse und Verfahren eines Teilbereichs in der Art und Weise zu erstellen, wie sie den Anforderungen der Kunden und Anspruchsgruppen entsprechen. Für die Anforderungserfüllung stellt sie Eindeutigkeit und Nachvollziehbarkeit sicher und orientiert sich am zu erbringenden Nachweis, dass „etwas richtig gemacht" wird. In diesem Verständnis ist Qualitätsmanagement eine Teilaufgabe des Gesamtmanagements (z. B. neben Finanzmanagement, Öffentlichkeitsarbeit u. a.), die sich an Mindestanforderungen der Qualitätssicherung orientiert bzw. an der Idee, Qualitäts-

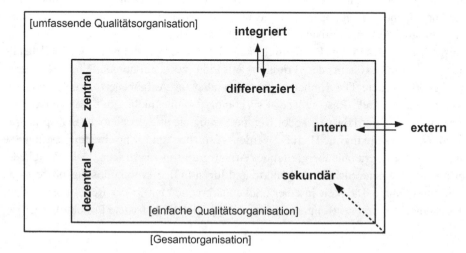

Abb. 5.9 Spezielle Prinzipien der qualitätsbezogenen Organisationsgestaltung

Tab. 5.6 Merkmale einfacher und umfassender Qualitätsorganisation

Einfache Qualitätsorganisation	Umfassende Qualitätsorganisation
Qualitätswesen als Organisationseinheit (differenzierte Qualitätsorganisation)	Qualitätswesen geht in Gesamtorganisation auf (integrierte Qualitätsorganisation)
„Qualitätsorganisation" ist Sekundärorganisation	Verfügt über Elemente sekundärer „Qualitätsorganisation"
Notwendigkeit von speziell ausgebildeten „Qualitätsfachleuten"	Alle Mitarbeitende und Führungskräfte sind „Qualitätsfachleute"
Trennung von Aufgabenerfüllung und „Qualitätsarbeit"	Aufgabenerfüllung ist „Qualitätsarbeit"
„Qualitätsmanagement" als Verpflichtung und Aufgabe	„Qualitätsmanagement" als Überzeugung und Auftrag
Spezifisches „Qualitätsvokabular"	Verzicht auf „Qualitätsvokabular"

management als Qualitätssicherungsmanagement oder als Qualitätsmanagementsystem zu betreiben (Qualitätsmanagement ∈ Management).

Die einfache Qualitätsorganisation beinhaltet Festlegungen von Verantwortlichen, Rollen und Aufgaben (Aufbauorganisation), Festlegungen von qualitätsrelevanten Abläufen (Ablauforganisation) und Regelungen zur qualitätsbezogenen Dokumentation (vgl. Brüggemann und Bremer 2015, S. 130). Zu den Mindestanforderungen gehören beispielsweise (vgl. Schulte-Zurhausen 2014, S. 324 f.):

- Formulierung von Qualitätszielen und Ausarbeitung von leistungs- bzw. produktbezogenen Qualitätskonzepten und Qualitätsmanagementplänen (Qualitätsplanung);
- Entwicklung, Einführung und Überwachung von Systemen, Methoden und Verfahren der Qualitätssicherung;
- Koordination und Überwachung aller qualitätssichernden Aufgaben und Aktivitäten bezüglich der Produkt- und Prozessqualität in den einzelnen Leistungseinheiten;
- Qualitätsbezogene Schulung und Motivation der Führungskräfte und Mitarbeitenden;
- Aufbau eines übergreifenden Informations- und Kommunikationssystems inklusive Aufbau und Aktualisierung von Qualitätsmanagementhandbüchern;
- Durchführung von internen Audits und Sicherstellung, dass die Anforderungen zum Qualitätsmanagement bzw. an das Qualitätsmanagementsystem berücksichtigt werden.

Im Gegensatz dazu stehen umfassende Qualitätskonzepte bzw. der Ansatz des Total Quality Managements (TQM) für die Idee und den Rahmen einer **umfassenden Qualitätsorganisation** (Abb. 5.10). In dieser Vorstellung wird Qualitätsmanagement als Ansatz der Unternehmensführung und ganzheitlichen Organisationsgestaltung

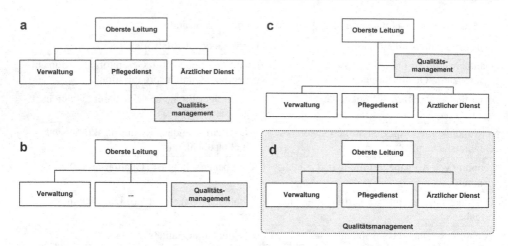

Abb. 5.10 Gestaltung des Qualitätsmanagement innerhalb der Aufbauorganisation: **a** als Teilfunktion einer Verrichtungseinheit; **b** als Funktion oder Verrichtungseinheit der Gesamtorganisation; **c** als Stabsstelle im Rahmen eines Stabliniensystems; **d** als umfassende Qualitätsorganisation

verstanden. In dieser Rahmung wird Qualitätsmanagement nicht als eigene „Organisationseinheit" konzipiert; es geht gewissermaßen in der Gesamtorganisation auf (Qualitätsmanagement = Management). Im Unterschied zur klassischen Konzipierung einer benennbaren Qualitätssicherung bzw. gegenüber der einfachen Qualitätsorganisation kann auf ein abgrenzbares „Qualitätsvokabular" und qualitätsbezogene Strukturen und Prozesse verzichtet werden. Die umfassende Qualitätsorganisation orientiert sich daran, nicht nur „etwas richtig zu machen", sondern hinsichtlich der Bedürfnisse und Belange aller (relevanten) Kundengruppen und Stakeholder „stets das Richtige (richtig) zu machen". Die Grundzüge lassen sich in Analogie zur TQM-Philosophie wie folgt beschreiben (vgl. Feigenbaum 1987):

- Qualität bezieht sich nicht nur auf Produkte und Dienstleistungen, sondern umfasst auch Prozesse, Tätigkeiten und Arbeitsbedingungen (Innenperspektive) sowie Aspekte der Umweltorientierung und gesellschaftlichen Verantwortung (Außenperspektive);
- Qualität ist keine rein technische Funktion oder Abteilung (traditioneller Qualitätsbegriff), sondern ein systematischer Prozess, der das gesamte Unternehmen durchdringt (Begriff der Unternehmensqualität);
- Qualität braucht einen organisatorischen Rahmen, der sowohl die Qualität der Aufgabenerfüllung als auch die der Zusammenarbeit zwischen allen Abteilungen und Bereichen, auch über Unternehmensgrenzen hinaus, sicherstellt;
- Die Idee einer kontinuierlichen Qualitätsverbesserung darf nicht nur auf die Produktion beschränkt bleiben, sondern muss alle Bereiche einer Organisation erfassen (unternehmensweite Qualitätsentwicklung);

- Die Bedürfnisse und Wünsche der Kundinnen und Kunden bzw. der relevanten Kundengruppen sind der alleinige Maßstab für Qualität – nicht die Interessen des Marketings oder der Produktion;
- Umfassende Qualitätsverbesserungen sind nur durch die Anstrengungen aller Mitarbeitenden und Führungskräfte und nicht nur durch die Anstrengungen einiger weniger Spezialisten und Qualitätsfachleute zu erreichen (Qualität als nicht delegierbare Aufgabe).

5.2.3.2 Externe und interne Qualitätsorganisation

Im Qualitätsmanagement kommen vielfältige Tätigkeiten und Maßnahmen der Qualitätssicherung und Qualitätsverbesserung zum Einsatz. Die Anforderungen an die Anwendung der damit im Zusammenhang stehenden Qualitätsmethoden oder die Festlegung von Qualitätsmaßstäben können sowohl von der Einrichtung selber oder von Stellen außerhalb der Einrichtung vorgenommen werden. Im einrichtungsinternen Qualitätsmanagement ergänzen sich interne und externe Perspektiven.

Bei Formen der **externen Qualitätsorganisation** werden Qualitätsanforderungen durch Personen oder Institutionen *außerhalb der eigenen Einrichtung* definiert (und ggf. auch ge- und überprüft) und Verfahren der einrichtungsübergreifenden Qualitätssicherung veranlasst (und ggf. das einrichtungsinterne Qualitätsmanagement integriert). Festlegungen von zu berücksichtigenden Qualitätskriterien und anzuwendenden Maßnahmen der Qualitätssicherung werden u. a. durch staatliche Stellen, nachgelagerte Institutionen der Selbstverwaltung oder durch berufsständische Vertretungen und Fachgesellschaften festgelegt. Beispielhaft wären Formen der sektorenübergreifenden Qualitätssicherung, die gesetzliche Qualitätsberichterstattung oder die Umsetzung von Richtlinien der Bundesärztekammer zu nennen. Sie können aber auch auf Basis freiwilliger Kooperation mit externen Partnern, Fach- oder Laienorganisationen oder anderen Leistungsanbietern konsentiert und initiiert werden (z. B. durch einrichtungsübergreifende Peer-Review-Verfahren, Qualitätswettbewerbe).

Tab. 5.7 Gegenüberstellung externer und interner Qualitätsorganisation (Beispiele)

Externe Qualitätsorganisation	Interne Qualitätsorganisation
Sektorenübergreifende Qualitätssicherung	Einrichtungsinternes Qualitätsmanagement
Externe Laborkontrollen durch Ringversuche	Interne Laborkontrollen mit Kontrollproben
Medizinische Leitlinien	Klinische Behandlungspfade
Expertenstandards	Hausinterne Pflegestandards
Richtlinien des G-BA	Verfahrens- und Arbeitsanweisungen
Zertifizierung und Akkreditierung	Qualitätsaudits und Managementbewertung
Gesetzliche Qualitätsberichterstattung	Freiwillige Qualitätsberichterstattung
Vertragsärztliche Qualitätszirkel	Qualitätszirkel im Qualitätsmanagement

Formen der **internen Qualitätsorganisation** sind dadurch gekennzeichnet, dass sowohl die Formulierung der Qualitätskriterien (Anforderungen) als auch deren Überwachung und Einhaltung durch die Gesundheitsberufe (Professionen) und Leitungskräfte (Management) *innerhalb der eigenen Einrichtungen* selber vorgenommen werden. Standards und Kriterien (z. B. Qualitätsziele, Qualitätsstandards) sowie Maßnahmen der Qualitätssicherung (z. B. Fallkonferenzen, Verfahrens- und Arbeitsanweisungen) werden durch die Fach- und Leitungspersonen der Einrichtung festgelegt und vor Ort auch umgesetzt (Tab. 5.7). Im Qualitätsmanagement müssen hierfür die notwendigen Entwicklungskonzepte für die Mitarbeitenden und geeignete Bedingungen für die Realisierung geschaffen werden (vgl. Baartmans und Geng 2006, S. 51).

5.2.3.3 Zentrale und dezentrale Qualitätsorganisation

Ähnlich wie die Dimensionierung in extern und intern stellt auch die zentrale und dezentrale Qualitätsorganisation die Frage nach dem Ort der Festlegung der Qualitätsanforderungen und deren Überwachung und Erfüllung. Die Einteilung ist abhängig davon, auf welcher Ebene **innerhalb der Organisation** die Qualitätsanforderungen formuliert werden. Zentralisierung als Prinzip der Organisationsgestaltung beschreibt grundsätzlich, wie Entscheidungskompetenzen auf die unterschiedlichen Hierarchieebenen verteilt sind.

Eine (hohe) **Zentralisierung** liegt vor, wenn Mitglieder der obersten Leitung bzw. der Geschäftsführung oder ihnen zugeordnete Expertinnen und Experten die Verantwortung für die Entwicklung und Überwachung der Qualitätsanforderungen haben. Eine zentrale Ausrichtung verfolgt u. a. das Ziel der Normierung von bestimmten Tätigkeiten und Ausführungen, die von der Einrichtung bzw. Einrichtungsleitung als wichtig erachtet werden (Realisierung eines „gemeinsamen Qualitätsverständnisses"). Eine niedrige

Tab. 5.8 Merkmale zentraler und dezentraler Qualitätsorganisation. (Quelle: mod. und erg. nach Baartmans und Geng 2006, S. 52)

Zentrale Qualitätsorganisation	Dezentrale Qualitätsorganisation
Leistungsprozesse werden in ihrer Gesamtheit gesehen und erfasst	Leistungsprozesse werden oft nur in Ausschnitten auf der Arbeitsebene gesehen und erfasst
Qualitätsanforderungen werden aus Sicht der obersten Leitung spezifiziert	Qualitätsanforderungen werden durch die Gesundheitsberufe „vor Ort" formuliert
Qualitätsprüfungen gehen von einem zentralen Punkt aus	Qualitätsprüfungen werden selber organisiert
Art und Weise der Prüfverfahren wird von der obersten Leitung festgelegt	Art und Weise der Prüfverfahren werden themenspezifisch „vor Ort" festgelegt
Überprüfung findet durch eigens dafür ausgebildete Fachleute statt	Betroffene Mitarbeitende sind in die Qualitätsprüfung und -überwachung einbezogen
Expertensystem (Methodenkompetenz)	Anwendungssystem (Fachkompetenz)

Zentralisierung bzw. **Dezentralisierung** liegt vor, wenn die Verantwortung und Ausführung von Mitarbeitenden der ausführenden Ebene(n) übernommen werden. Eine dezentral ausgerichtete Qualitätsorganisation unterstützt die Eigenverantwortlichkeit (Realisierung der „individuellen Qualitätsverantwortung") und nutzt die aufgaben- und arbeitsplatzbezogene Fachkompetenz der Mitarbeitenden im jeweiligen Tätigkeitsumfeld (Tab. 5.8).

5.2.4 Organisation des Qualitätsmanagements

Wie Qualitätsmanagement einrichtungsintern institutionalisiert und (funktional) organisiert wird, hängt in hohem Maße von der Größe und den Leistungsangeboten der jeweiligen Einrichtung ab (z. B. Therapiepraxis vs. Universitätsklinik). Die Möglichkeiten der Verwirklichung sind so vielfältig wie die Inhalte und Aufgaben, die dem Qualitätsmanagement zugeschrieben werden können. Die Realisierung spiegelt u. a. die Bedeutung des zugrunde liegenden Qualitätsverständnisses wider. Die Integration in das organisatorische Gesamtgefüge bzw. die unternehmensweite Durchdringung von Qualitätsmanagement können dabei als Maß für den Stand der Entwicklung des Qualitätsgedankens („Qualitätsmanagement als Verpflichtung" oder „Qualitätsmanagement als Überzeugung") und den Reifegrad des damit verbundenen Organisationsentwicklungsprozesses („Qualitätsmanagement als Erfüllung von Mindestanforderungen" oder „Qualitätsmanagement als Gestaltung von Unternehmensaufgaben") herangezogen werden.

▶   Es gibt keinen „best way" der Qualitätsorganisation. Die Organisationsgestaltung hängt von der Zielsetzung und Konfiguration jeder einzelnen Einrichtung ab, aber auch von der jeweils zugeschriebenen Bedeutung des Qualitätsgedankens bzw. der zugedachten Rolle des Qualitätsmanagements in der Gesamtorganisation.

In der Praxis kann Qualitätsmanagement als eigene „Organisationseinheit" konzipiert werden (institutionalisiertes Qualitätswesen) oder in der Gesamtorganisation ganzheitlich aufgehen (Organisation als Qualitätswesen). Es kann sich an strukturellen Minimalanforderungen der Qualitätssicherung orientieren oder weitreichend und tief greifend alle Arbeitsbereiche der Organisation durchdringen. Es kann eher zentral („expertokratisch") oder eher dezentral („ausführungsorientiert") organisiert werden; und dabei in einrichtungstypischer Weise interne Ziele und Qualitätsmaßstäbe mit externen Festlegungen und Verbindlichkeiten integrieren.

Wird Qualitätsmanagement als **Organisationseinheit** konzipiert („institutionalisiertes Qualitätswesen"), sind sämtliche Ausprägungen formaler Strukturbildung denkbar (Abb. 5.10). In kleineren und mittleren Einrichtungen wird Qualitätsmanagement häufig als **Funktionsbereich** konzipiert (vgl. Macharzina und Wolf 2018, S. 782). Je nach Entwicklung des Qualitätsgedankens ist eine solche funktionale Qualitätsorganisation entweder einer Unternehmensfunktion (z. B. Produktion) zugeordnet. Für diese Funktions- oder Verrichtungseinheit werden dann Aufgaben der Qualitätssicherung erfüllt (z. B. Qualitätssicherung in der Pflege). Sie kann aber auch als eigenständige Unternehmensfunktion gleichberechtigt neben allen anderen Funktionsbereichen wie Verwaltung und Produktion verankert sein. Die Aufgaben der Qualitätssicherung und des Qualitätsmanagements werden dann quer zu den anderen Funktionen wahrgenommen. Damit Qualitätsmanagement in dieser Weise wirksam werden kann, müssen die Verantwortlichen mit hohen Weisungskompetenzen gegenüber den Abteilungen und Arbeitsbereichen ausgestattet sein. Es sind auch Mischformen denkbar, in denen ein zentral verankertes Qualitätswesen das funktionsübergreifende Qualitätsmanagement verantwortet und die qualitätssichernden Aufgaben in den dezentralen Arbeitsbereichen koordiniert und überwacht.

Häufig wird Qualitätsmanagement als Stabsabteilung konzipiert und folgt sekundärorganisatorischen Prinzipien. Ein als **Stabsabteilung** eingerichtetes Qualitätsmanagement ergänzt und überlagert die Funktionen, Abteilungen und Aufgaben der Primärorganisation, ist unmittelbar der obersten Leitung unterstellt und übernimmt koordinierende und entscheidungsvorbereitende Aufgaben. Je nach Größe und Personalbestand kann eine solche „Stabsstelle Qualitätsmanagement" aus einer Person (oder einem Stellenanteil) oder aus einer Gruppe von Personen mit eigener formaler Aufbauorganisation bestehen. Die personelle Wahrnehmung von Sonderaufgaben mit hoher Expertise nach dem Stabsprinzip wird auch als *Beauftragtenwesen* bezeichnet (Kap. 10). Ob und inwieweit neben der geforderten Expertise den Beauftragten auch Weisungskompetenz für die Aufgabenwahrnehmung eingeräumt werden muss, hängt von der organisationstypischen Anbindung der personellen Beauftragung an die Verantwortungsträger ab.

Im Qualitätsmanagement hat sich die Rolle der oder des **Qualitätsmanagementbeauftragten** (QMB) als koordinierende, für das Qualitätsmanagement zuständige Person etabliert. Qualitätsmanagementbeauftragte sind entweder zentrale Führungskräfte („Beauftragte der obersten Leitung"), die sui generis über formale Weisungskompetenzen verfügen (zentrale Funktion der Leistungsebene). Sie können aber auch der obersten Leitung im Sinne einer „personellen Stabsstelle" unterstellt sein. In dieser Funktion würden sie über spezielle qualitätsbezogene Fachkompetenzen verfügen und eher mit Aufgaben der Informationssammlung und Wissensverarbeitung beauftragt sein (ergänzende und zuarbeitende Aufgaben für die Leistungsebene). Die Weisungskompetenz würde in diesem Fall allein von den Führungskräften im Liniensystem ausgeübt. Mischformen hinsichtlich der personellen und stellenbezogenen Ausstattung mit Fach- und Machtfaktoren sind einrichtungsspezifisch möglich. In früheren Versionen der DIN EN ISO 9001 war beispielsweise eine Führungskraft als Qualitätsmanagementbeauftragte noch explizit zu benennen; heute ist die Benennung lediglich eine Gestaltungsoption unter vielen, wenngleich die damit verbundenen Aufgaben erhalten geblieben sind. Mit dem Wegfall der verpflichtenden Benennung soll vor allem deutlich gemacht werden, dass die Verantwortung für das Qualitätsmanagement nicht delegierbar ist und von allen (obersten) Führungskräften getragen werden muss. Eine zentrale, gesondert für das Qualitätsmanagement zu benennende Führungsperson hat grundsätzlich den Vorteil, dass sie als „Linking Pin" für die nachgeordneten Leitungs- und Ausführungsebenen fungieren kann. Zudem kann einer solchen, für das Qualitätsmanagement verantwortlichen Führungskraft wiederum eine Organisationseinheit zugeordnet werden, die ergänzende und unterstützende Aufgaben übernimmt, und als Stabsabteilung an das primäre Liniensystem angebunden wird.

Rollen, Verantwortlichkeiten und Befugnisse gemäß DIN EN ISO 9001:

Die oberste Leitung muss die Verantwortlichkeit und Befugnis zuweisen für:

- das Sicherstellen, dass das Qualitätsmanagementsystem die Anforderungen erfüllt;
- das Sicherstellen, dass die Prozesse die beabsichtigten Ergebnisse liefert;
- das Berichten über die Leistung des Qualitätsmanagementsystems und über Verbesserungsmöglichkeiten, insbesondere an die oberste Leitung;
- das Sicherstellen der Förderung der Kundenorientierung innerhalb der gesamten Organisation;
- das Sicherstellen, dass die Integrität des Qualitätsmanagementsystems aufrechterhalten bleibt, wenn Änderungen am Qualitätsmanagementsystem geplant und umgesetzt werden.

Größere Einrichtungen (z. B. Krankenhäuser, Pflegeheime) oder komplex strukturierte Großunternehmen (z. B. Universitätskliniken, Klinikkonzerne) verfügen meist über ein differenziertes Bündel von personellen oder strukturellen Einheiten qualitätsbezogener Organisation. Häufig sind Elemente der **primären Organisation** (dauerhaft und/oder leistungsbezogen) mit Elementen der **sekundären Organisation** (temporär und/oder organisationsbezogen) vermascht. Eine zentrale Abteilung „Qualitätswesen" oder eine zentrale Führungskraft als „Qualitätsmanagementverantwortliche" wird häufig mit übergeordneten Koordinierungs-, Planungs- und Überwachungsaufgaben beauftragt. Die Organisation des Qualitätsmanagements wird abhängig von der Größe und Komplexität der Einrichtung nachgeordnet durch eine Vielzahl von Leitungsverantwortlichen der zentralen (z. B. Chefärztin, Pflegedienstleitung) und dezentralen (z. B. Stationsarzt, Stationsleitung) Primärorganisation wahrgenommen. Ergänzt und überlagert wird das Liniensystem durch Stabsabteilungen und Qualitätsbeauftragte, die innerhalb der hiermit angelegten Sekundärorganisation wiederum untereinander als „Gespannstruktur" oder gemischtes Stabliniensystem mit eigenen Unter- und Überordnungsverhältnissen eingegliedert sind. In Ergänzung dazu werden innerhalb der Sekundärorganisation qualitätsbezogene Team- und Arbeitsgruppenkonzepte (z. B. Qualitätszirkelarbeit, KVP-Teams) konzipiert (Kap. 7).

In der **Einführungsphase** von Qualitätsmanagementsystemen ist der Aufbau von Sekundärstrukturen in der Regel notwendig. Insbesondere der Aufbau und „parallele Betrieb" von qualitätsbezogenen Lenkungs- und Steuerungsgruppen, in denen auf zentraler Ebene Entscheidungen für das Qualitätsmanagement getroffen und Aufgaben verteilt werden, ist weit verbreitet (vgl. Vomberg 2010, S. 218 f.). Von den Mitgliedern dieser Gruppenstrukturen werden die einzelnen Verantwortlichkeiten und Befugnisse auf Personen, Stellen und Abteilungen verteilt.

Um die Entwicklung der qualitätsbezogenen Organisation insgesamt zu stützen und ggf. die Einführungsphase von Qualitätsmanagementsystem abzusichern, erscheint zumindest eine **strukturelle Minimallösung** sinnvoll (Abb. 5.11). Gestaltungselemente einer solchen Minimallösung können sein:

- ein Lenkungs- und Steuerungskreis, der die oberste Leitung der Organisation und die Verantwortung für das Qualitätsmanagement repräsentiert (Führungsebene),
- eine (zentrale) Qualitätsmanagementkoordination, die übergeordnete Vorbereitungs-, Koordinations- und Kommunikationsaufgaben übernimmt (Beauftragtenebene) und
- dezentrale Strukturen in Form von Team- und Arbeitsgruppen, in denen die Aufgaben der Qualitätssicherung und Qualitätsverbesserung umgesetzt werden (Mitarbeitendenebene).

Als verbindende Elemente („Linking Pin"-Elemente) dieser drei Ebenen können übergeordnete Qualitätsverantwortliche der Führungsebene („Beauftragte der obersten Leitung") und untergeordnete Qualitätsbeauftragte der Mitarbeitendenebene agieren. Die *Qualitätsverantwortlichen* übernehmen die leitenden und lenkenden Durchsetzungsaufgaben des Qualitätsmanagements, die *Qualitätsbeauftragten* ausführenden Koordinierungs- und Fachaufgaben des Qualitätsmanagements.

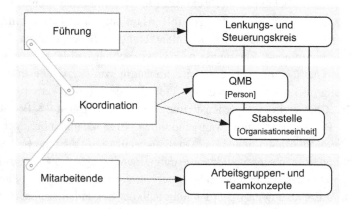

Abb. 5.11 Strukturelle Minimallösung einer einfachen Qualitätsorganisation (QMB: Qualitätsmanagementbeauftragte)

Für die **langfristige Integration** des Qualitätsmanagementsystems in die Unternehmensstruktur bzw. das Verfolgen des (visionären) Ansatzes einer „umfassenden Qualitätsorganisation" sollten möglichst viele Funktionen des ausführenden Qualitätsmanagements auf das primäre Linienmanagement (Primärorganisation) übertragen und eine schnittstellenreiche „Parallelorganisation" weitgehend vermieden werden. Qualitätsarbeit muss aus einer Entwicklungsperspektive zunehmend Gegenstand und Bestandteil der täglichen Arbeit werden. Auf der anderen Seite ziehen einige Elemente (z. B. Qualitätszirkel, Projektgruppen) gerade ihren gestalterischen Wert daraus, dass sie unabhängig vom Liniensystem agieren (Sekundärorganisation) und so unterschiedliche Perspektiven und Kompetenzen zusammenzuführen. Team- und Arbeitsgruppenkonzepten haben daher als Elemente einer sogenannten „sekundären Qualitätsorganisation" auch in der Vorstellung einer „umfassenden Qualitätsorganisation" ihren Platz und ihre Berechtigung. Sie würden im Gegensatz zur „einfachen Qualitätsorganisation" nur intensiver als „Organisation der Gesamtaufgabe" und weniger als Einheiten oder Tätigkeiten eines separat organisierten Qualitätsmanagements wahrgenommen werden.

5.3 Übungsfragen

1. Erläutern Sie die Bedeutung und die Funktionen eines Leitbilds, insbesondere im Rahmen der Qualitätsplanung! Lösung Abschn. 5.1.1.1
2. Erläutern Sie die Bedeutung der Organisationskultur und benennen Sie grundsätzliche Ansätze für die Gestaltung einer Organisationskultur! Lösung Abschn. 5.1.1.2
3. Machen Sie sich mit dem Stakeholder-Begriff im Gesundheitswesen vertraut und arbeiten Sie die Bedeutung einer Stakeholder-Analyse im Qualitätsmanagement heraus! Abschn. 5.1.2.1
4. Nennen und skizzieren Sie grundsätzliche Funktionen von Zielen, insbesondere die Funktion von Qualitätszielen im Qualitätsmanagement! Lösung Abschn. 5.1.2.2
5. Bei der Entwicklung von Qualitätszielen werden drei Zielarten unterschieden. Erläutern Sie das besondere Verhältnis dieser Zielarten zueinander und ihre Bedeutung im Qualitätsmanagement! Lösung Abschn. 5.1.2.2
6. Unterscheiden Sie die Begriffe Ablauforganisation und Aufbauorganisation voneinander! Lösung Abschn. 5.2.1
7. Erläutern sie die Unterscheidung und das dahinter stehende Verständnis einer einfachen von einer umfassenden Qualitätsorganisation! Lösung Abschn. 5.2.3.1
8. Stellen Sie Vorteile und Nachteile einer zentral ausgerichteten und dezentral ausgerichteten Qualitätsorganisation gegenüber! Lösung Abschn. 5.2.3.3
9. Arbeiten Sie die Merkmale einer „Sekundärorganisation" und ihre Bedeutung im Qualitätsmanagement heraus! Lösung Abschn. 5.2.2.3 und 5.2.4
10. Beschreiben Sie die zur Stützung der qualitätsbezogenen Organisation insbesondere in der Einführungsphase eines Qualitätsmanagementsystems mindestens notwendig erscheinende „strukturelle Minimallösung!" Lösung Abschn. 5.2.4

Literatur

Baartmans PCM, Geng V (2006) Qualität nach Maß. Entwicklung und Implementierung von Qualitätsverbesserungen im Gesundheitswesen, 2. Aufl. Huber, Bern

Bea FX, Göbel E (2010) Organisation. Theorie und Gestaltung, 4. Aufl. Lucius & Lucius, Stuttgart

Bleicher K (1991) Organisation: Strategien – strukturen – kulturen, 2. Aufl. Gabler, Wiesbaden

Bruhn M (2016) Qualitätsmanagement für Dienstleistungen. Handbuch für ein erfolgreiches Qualitätsmanagement. Grundlagen – konzepte – methoden, 10. Aufl. Springer Gabler, Wiesbaden

Brüggemann H, Bremer P (2015) Grundlagen Qualitätsmanagement. Von den Werkzeugen über Methoden zum TQM, 2. Aufl. Springer Vieweg, Wiesbaden

DIN Deutsches Institut für Normung e. V. (2015) DIN EN ISO 9000: Qualitätsmanagementsysteme – grundlagen und Begriffe (ISO 9000:2015). Beuth, Berlin

Ehlers UD (2009) Understanding quality culture. Qual Assur Educ 17(4):343–363

Ehlers DU (2016) Qualitätskultur an der Hochschule. In: AQ Austria (Hrsg) Qualitätskultur. Ein Blick in die gelebte Praxis der Hochschulen. Beiträge zur 4. AQ Austria Jahrestagung 2016. Facultas, Wien, S 22–34

Feigenbaum AV (1987) Total quality developments into the 1990's – an international perspective. In: European Organisation for Quality Control (EOQC) (Hrsg) Qualität – herausforderung und Chance, Bd 31, EOQC annual conference. Deutsche Gesellschaft für Qualität, München, S 59–70

Juran JM (1993) Der neue Juran. Qualität von Anfang an. Moderne Industrie, Landsberg

Herrmann J, Fritz H (2011) Qualitätsmanagement. Lehrbuch für Studium und Praxis. Hanser, München

Kasper H (1990) Die Handhabung des Neuen in organisierten Sozialsystemen. Springer, Berlin

Kosiol E (1976) Organisation der Unternehmung, 2. Aufl. Gabler, Wiesbaden

Kühl S (2018) Organisationskulturen beeinflussen. Eine sehr kurze Einführung. Springer VS, Wiesbaden

Macharzina K, Wolf J (2018) Unternehmensführung. Das internationale Managementwissen. Konzepte – methoden – praxis, 10. Aufl. Springer Gabler, Wiesbaden

Maier F, Meyer M (2013) Organisation von NPOs. In: Simsa R, Meyer M, Badelt C (Hrsg) Handbuch der Nonprofit-Organisation. Strukturen und Management, 5. Aufl. Schäffer-Poeschel, Stuttgart, S 205–225

Merchel J (2015) Management in Organisationen der Sozialen Arbeit. Beltz Juventa, Weinheim

Mühlbauer BH (2005) Unternehmenskultur im Krankenhaus zwischen Ethik und Ökonomie. In: Kerres A, Seeberger B (Hrsg) Gesamtlehrbuch Pflegemanagement. Springer, Berlin, S 315–336

Nerdinger FW (2014) Organisationstheorien. In: Nerdinger FW, Blickle G, Schaper N (Hrsg) Arbeits- und Organisationspsychologie, 3. Aufl. Springer, Berlin, S 43–53

Osterloh M, Frost J (1996) Prozessmanagement als Kernkompetenz: wie Sie Business Reengineering strategisch nutzen können. Gabler, Wiesbaden

Sackmann S (2004) Erfolgsfaktor Unternehmenskultur. Bertelsmann Stiftung, Gütersloh

Sattler C, Sonntag KH (2017) Qualitätskultur. In: Wirtz MA (Hrsg) Dorsch – lexikon der Psychologie 18. Hogrefe, Bern

Schein EH (2010) Organizational culture and leadership, 4. Aufl. Wiley, New York

Schreyögg G, Geiger D (2016) Organisation – grundlagen moderner Organisationsgestaltung. Mit Fallstudien, 6. Aufl. Gabler, Wiesbaden

Schulte-Zurhausen M (2014) Organisation, 6. Aufl. Vahlen, München

Sens B, Pietsch B, Fischer B et al (2018) Begriffe und Konzepte des Qualitätsmanagements – 4. Auflage. GMS Med Inform Biom Epidemiol 14(1):Doc04

Steinle C, Eggers B, ter Hell A (1994) Gestaltungsmöglichkeiten und -grenzen von Unternehmungskulturen. J Betr 44(3/4):129–148

Vomberg E (2010) Praktisches Qualitätsmanagement. Ein Leitfaden für kleinere und mittlere Soziale Einrichtungen. Kohlhammer, Stuttgart

Weh SM, Meifert MT (2010) Etappe 8 – kulturmanagement. In: Meifert MT (Hrsg) Strategische Personalentwicklung. Ein Programm in acht Etappen. Springer, Heidelberg, S 314–329

Zink KJ (1994) Total quality management. In: Zink KJ (Hrsg) Qualität als Managementaufgabe, 3. Aufl. Verlag Moderne Industrie, Landsberg, S 9–52

Zollondz HD (2011) Grundlagen Qualitätsmanagement. Einführung in Geschichte, Begriffe, Systeme und Konzepte. Oldenbourg, München

Qualitätsbestimmung und Qualitätsbewertung

6

Zusammenfassung

In diesem Kapitel werden Grundlagen auf den Qualitätsbestimmung und der Qualitätsbewertung vermittelt. Hierzu wird zunächst der Stellenwert der Messung und Ermittlung von qualitätsrelevanten Merkmalen im Qualitätsmanagement eingegangen. Darauf aufbauend werden Verfahren und Tätigkeiten der Datenerhebung und die Bedeutung von qualitätsrelevanten Kennzahlen und Indikatoren herausgearbeitet. Besonderes Augenmerk wird auf die Entwicklung von Qualitätsindikatoren in der Gesundheitsversorgung gelegt. Im zweiten Teil dieses Kapitels werden Prinzipien der Qualitätsevaluation und Verfahren der Qualitätsbewertung im einrichtungsinternen Qualitätsmanagement (Selbstbewertung und Qualitätsaudit) vorgestellt.

6.1 Grundlagen der Qualitätsbestimmung

Qualitätsaussagen orientieren sich an Merkmalen und den zugehörigen Merkmalswerten einer betrachteten Einheit. Als wertneutraler Oberbegriff für die damit im Zusammenhang stehenden Tätigkeiten hat sich in jüngster Zeit der Begriff *Qualitätsbestimmung* verbreitet. Dieser wird im Gegensatz zum bekannteren und häufiger gebrauchten Begriff der „Qualitätsmessung" dem Konstruktcharakter von Qualität und der Relativität der Bewertungsmaßstäbe besser gerecht (vgl. Geraedts et al. 2017). Der Qualitätsbestimmungsbegriff geht zurück auf die überarbeitete Terminologie der Revisionsnorm DIN EN ISO 9001:2015 (DIN 2015). Darin werden „bestimmungsbezogene Begriffe" des Qualitätsmanagements (neu) definiert und dem Oberbegriff „Bestimmung" zugeordnet (Abb. 6.1). Für die im Qualitätsmanagement vorzunehmende Bestimmung *qualitätsrelevanter Merkmale* bzw. ihrer *Merkmalswerte* lässt sich daraus der Begriff Qualitätsbestimmung ableiten.

© Springer Fachmedien Wiesbaden GmbH, ein Teil von Springer Nature 2022   197
P. Hensen, *Qualitätsmanagement im Gesundheitswesen*,
https://doi.org/10.1007/978-3-658-38299-5_6

Abb. 6.1 Der Bestimmungsbegriff und bestimmungsbezogene Begriffe des Qualitätsmanagements. (Quelle: DIN EN ISO 9000:2015)

Qualitätsbestimmung (Quality Determination) kann über die Beschaffenheit einer Einheit sowie über die Erfüllung, den Erfüllungsgrad oder aber die Nicht-Erfüllung von Qualitätsanforderungen Auskunft geben. Sie stellt gewissermaßen die methodische Grundlage der Auseinandersetzung mit dem Fachbegriff „Qualität". Im Begriff der Qualitätsbestimmung bilden sich grundsätzlich **zwei Perspektiven** ab: Sie bezeichnet sowohl die *Ermittlung und Festlegung* von Qualitätsanforderungen (Definition „Soll"-Konzept) als auch die *Ermittlung und Feststellung* der Ausprägung interessierender Qualitätsmerkmale (Bestimmung „Ist"-Konzept). Der begriffliche Verwendungs-zusammenhang ergibt sich aus dem jeweiligen Kontext.

Im Verständnis eines tätigkeitsbezogenen Qualitätsmanagements, das sich am Quali-tätskreislauf orientiert, wären die mit der Qualitätsbestimmung zusammenhängenden Tätigkeiten zunächst der Phase der **Qualitätsprüfung** („Check") zuzuordnen. Die mit der Qualitätsprüfung verbundenen Tätigkeiten der Qualitätsbestimmung bilden jedoch eine viel grundsätzlichere *Handlungsebene,* die auf alle Phasen des Qualitätskreislaufs ausstrahlt, d. h. Tätigkeiten der Qualitätsbestimmung werden mit anderen Aufgaben des Qualitätsmanagements kombiniert. Die Qualitätsbestimmung liefert (vgl. Bruhn 2013, S. 65):

- in der **Analyse- und Planungsphase** des Qualitätsmanagements wichtige Daten und Informationen über den Zustand der eigenen Leistungsqualität („Ist"-Situation) sowie über die Erwartungen und Wünsche der Kunden- und Anspruchsgruppen zur Ableitung der „Soll"-Anforderungen (Qualitätsplanung).
- In der **Durchführungs- und Steuerungsphase** des Qualitätsmanagements die erforderlichen Daten und Informationen, um während der Leistungserstellung den Erfüllungsgrad der Qualitätsanforderungen realisieren, aufrechterhalten und steuern zu können (Qualitätslenkung).
- In der **Kontroll- und Bewertungsphase** des Qualitätsmanagements (Qualitäts-bewertung und Qualitätsmanagementdarlegung) Aussagen darüber, ob und inwieweit qualitätsbezogene Maßnahmen tatsächlich zum gewünschten Ergebnis (Qualitäts-niveau) geführt haben („Soll-Ist"-Abgleich).

6.1.1 Ermittlung und Messung von qualitätsrelevanten Daten

Qualitätsbestimmung ist hinsichtlich der darin zum Ausdruck gebrachten „Bestimmung" insofern einheitlich definiert, als damit jede Form von Tätigkeit zur Ermittlung eines oder mehrerer (qualitätsrelevanter) Merkmale und ihrer Merkmalswerte beschrieben werden kann (vgl. DIN 2015). In einem weit gefassten Verständnis beschreibt sie das Sammeln, Aufzeichnen und Verarbeiten von qualitätsrelevanten *Daten* sowie das gezielte Analysieren und Verdichten dieser Daten zu verwertbaren *Informationen*. In einem engeren Begriffsverständnis bedeutet Qualitätsbestimmung, den Betrag oder den Umfang eines qualitätsrelevanten Sachverhaltes – im engeren Sinne eines Qualitätsmerkmals – in reproduzierbarer Weise und aus einer möglichst neutralen Position heraus zu ermitteln. In diesem Verständnis nähert sie sich dem Begriff der *Messung* an. Qualitätsbestimmung und Qualitätsmessung werden ohne weitere Differenzierung oft auch gleichbedeutend als Sammel- und Oberbegriff für das Ermitteln und Messen von qualitätsrelevanten Daten verwendet (vgl. Hensen 2018, S. 8 f.).

Eine **Qualitätsbeurteilung** geht über das Ermitteln und Messen von Merkmalsausprägungen und Sachverhalten hinaus. Sie ist immer kontextbezogen und interessengeleitet, d. h. sie hängt davon ab, welche Messverfahren ausgewählt und angewendet werden, welche Normen, Kriterien und Standards als Maßstäbe herangezogen werden oder für welche Nutzerinnen und Nutzer(-gruppen) die Beurteilung vorgenommen wird. Die Qualitätsbestimmung gilt hiernach als notwendige Bedingung für das Abfassen eines Qualitätsurteils.

Die **Datenerhebung** ist der Teil der Qualitätsbestimmung, in dem die entsprechenden Datenquellen identifiziert und in dem sich mithilfe einer bestimmen Methodik Zugang zu diesen verschafft werden. Unter den Oberbegriff „Datenerhebung" lassen sich quantitative und/oder qualitative Verfahrensweisen des wissenschaftlichen Methodenrepertoires fassen (vgl. Øvretveit 2002, S. 212):

- **Beobachtung:** non-invasive Beobachtung, teilnehmende Beobachtung oder Selbstbeobachtung;
- **Interviews/Befragungen:** strukturiert (z. B. durch Fragestellung), halb-strukturiert, offen; Einzel- oder Gruppeninterviews; ereignis-, themen- oder problembezogen (z. B. Experteninterview, Fokusgruppen);
- **Fragebogen/Erhebung:** systematische Stichproben- oder Vollerhebung, mit oder ohne Skalierung, ereignis- oder merkmalsorientiert (z. B. Zufriedenheitsbefragungen);
- **Messverfahren/Scoring-Systeme:** biophysikalische Messung, funktionale Messung individueller Reaktionen mithilfe standardisierter Messinstrumente (z. B. gesundheitsbezogene oder krankheitsspezifische Lebensqualität);
- **Sekundär-/Routinedaten:** für andere Zwecke erhobene Daten (z. B. durch die einzelne Einrichtung für Abrechnungszwecke, durch Regierungsstellen im Rahmen des Gesundheitsmonitorings), Studiendaten oder Fallbeispiele anderer Einrichtungen oder Sachverhalte.

Zu den **quantitativen Verfahrensweisen** werden üblicherweise Methoden gezählt, bei denen Zahlenwerte bestimmten Einheiten zugeordnet werden und der Wert eines Merkmals in Zahlen ausdrückt wird. Dieser Vorgang wird auch als *Quantifizierung* bezeichnet; die Bestimmung eines quantifizierbaren Größenwerts auch als *Messen*. Bei quantitativen Verfahren werden die zu quantifizierenden Kategorien vor der eigentlichen Datenerhebung festgelegt (z. B. Bildung einer Zufriedenheitsskala).

Tätigkeiten zum Bestimmen eines Wertes umfassen
- **Zählen:** Eine Anzahl von Einheiten (Objekte, Ereignisse oder Episoden) zählen;
- **Maßstäbe anlegen:** Einen Maßstab verwenden, der eine objektiv spezifizierbare Eigenschaft (z. B. Länge, Gewicht, Temperatur, Zeit) einer Einheit misst;
- **Einschätzungen, Beurteilungen und Präferenzen erfassen:** Abgabe einer subjektiven Einschätzung, Beurteilung oder Präferenz bezüglich einer Einheit, die von Person zu Person bzw. bei der gleichen Person zu verschiedenen Zeitpunkten unterschiedlich ist;
- **Kennzahlen- und Indikatorenbildung:** Statistische Verarbeitung und Verdichtung der gewonnen Daten zu aussagefähigen Kenngrößen.

Darüber hinaus gibt es grundsätzlich vier Möglichkeiten, die ermittelten Zahlenwerte einem Skalentyp zuzuordnen. Jeder Skalentyp steht für ein bestimmtes **Skalen- oder Messniveau,** das den Informationsgehalt eines Merkmalswertes widerspiegelt. Je höher das Skalen- und Messniveau, desto höhere Rechenoperationen sind möglich (vgl. Bortz und Döring 2006, S. 67 ff.; Øvretveit 2002, S. 235):

- **Klassifikationen** (Nominalskala): Eine Nominalskala ordnet einen Sachverhalt einer Kategorie zu und der Kategorie einen Zahlenwert (z. B. Kodierung von Untergruppen einer Befragung). Die Zuordnung erfolgt anhand eines oder mehrerer Merkmale des zu kategorisierenden Gegenstands (z. B. Krankheitsklassifikationen, Geschlecht). Es gibt keine numerischen Beziehungen zwischen den Zahlenwerten, lediglich eine Aussage, ob etwas gleich oder verschieden, ob etwas vorhanden oder nicht-vorhanden ist. Kategorienbildung und Klassifikationen spielen auch bei *qualitativen* Verfahrensweisen eine große Rolle.
- **Rangfolge** (Ordinalskala): Eine Ordinalskala bringt Dinge anhand von bestimmten Merkmalen in eine Rangfolge (z. B. Einschätzungen zum Gesundheitszustand auf einer mehrstufigen Skala von „sehr schlecht" bis „sehr gut"). Es sind lediglich Aussagen im Sinne einer „Größer-Kleiner"-Relation möglich. Die Abstände zwischen den Merkmalsprägungen sind nicht quantifiziert.
- **Intervallskala:** Intervallskalen sind mit Ordinalskalen vergleichbar, jedoch sind die Unterschiede bzw. die Abstände zwischen den Merkmalsausprägungen quantifiziert

(z. B. Gleichheit von Differenzen auf einer Temperaturskala). Daten auf einer Intervallskala lassen sich mit statistischen Verfahren verarbeiten (z. B. Bildung von Mittelwerten, Standardabweichungen).

- **Verhältnisskala** (Ratioskala): Die Verhältnisskala verfügt anders als die Intervallskala über einen absoluten Nullpunkt und erlaubt daher multiplikative und
  dividierende Operationen (z. B. Alter, Größe, Gewicht, Glukosespiegel). Werden auf
  diese Weise Zahlenwerte generiert, dann lässt sich unter Umständen sagen, dass eine
  Sache halb oder doppelt so groß ist wie eine andere (z. B. in der Längenmessung,
  Gewichtsmessung).

Bei den **qualitativen Verfahrensweisen** handelt es sich um Methoden für die Aufzeichnung und das Verständnis von subjektbezogenen Erfahrungen, Wahrnehmungen,
Wünschen und Erwartungen sowie der Bedeutung, die Menschen Ereignissen, Verhalten
oder Sachverhalten zuschreiben. Qualitative Verfahrensweisen haben im Gegensatz zu
quantitativen Verfahren eher *induktiven Charakter,* d. h. es können Kriterien und Kategorien aus den gewonnenen Daten gebildet werden.

Bei der Verarbeitung und Auswertung von in dieser Weise gewonnenen Daten
sind die Übergänge von „qualitativ" zu „quantitativ" oft fließend. Im Rahmen einer
hermeneutischen Analyse von Bedeutungszusammenhängen werden subjektbezogene
Gründe, Motive und Erklärungsmuster qualitativ „bestimmt" und in der ihr vorliegenden
Form weiterverarbeitet (z. B. bei einer explorativen Bedarfsanalyse). Werden inhaltsanalytisch aber **Kategorien** gebildet und Daten klassifiziert, bildet sich der Informationsgehalt dieser Daten auf einem kategorialen Skalenniveau ab. Qualitative Merkmale treten
dann beispielsweise nominal skaliert in Erscheinung; sie können aber auch **Rangfolgen**
bilden und als Rangmerkmale bezeichnet werden (Kap. 1).

Mit vielen Verfahrensweisen, auch wenn sie als „quantitativ" oder „qualitativ" gelten,
können sowohl quantitative als auch qualitative (nicht-quantitative) Daten ermittelt
werden. So kann ein eher quantitativ angelegter Fragebogen neben geschlossenen,
skalierten Fragebogenitems auch offene Fragen zu Einstellungen oder Erfahrungen von
Personen beinhalten. Ebenso können in Interviewsituationen die Befragten aufgefordert
werden, eine Einstufung auf einer Skala vorzunehmen, die während des Interviews näher
erläutert wird. Sowohl die gewonnenen *Daten* als auch die unterschiedlichen *Methoden
der Datenerhebung* (Verfahrensweisen) können mit den Attributen quantitativ und
qualitativ beschrieben werden.

6.1.2 Instrumente der Qualitätsbestimmung

Zu den Instrumenten der quantitativen Datenerhebung im Gesundheitswesen zählen
Kennzahlen und Indikatoren. Bei der Ermittlung von qualitätsrelevanten Daten
sprechen wir von Qualitätsindikatoren und Qualitätskennzahlen. In der Gesundheitsversorgung stehen Qualitätsindikatoren häufig auch verallgemeinernd für jede Form der
quantitativen Darstellung und Erfassung von qualitätsrelevanten Daten.

Ein **Indikator** ist eine Kenngröße, mit deren Hilfe unmittelbar nicht wahrnehmbare Zusammenhänge und Komplexe *ausschnittsweise* und *stellvertretend* abgebildet werden können. Es besteht eine „hypothetische Beziehung" zwischen dem Indikator (z. B. Anzahl aufgetretener Stürze) und einer abzubildenden Variable (z. B. Sicherheit als Kriterium der Pflegequalität) bzw. einem übergeordneten Konstrukt (z. B. Versorgungsqualität). Je höher das Abstraktionsniveau der mit dem Indikator abzubildenden Variable, desto hypothetischer bleibt die Beziehung zwischen beiden. In dieser Weise entsteht lediglich ein **indirektes Bild** von dem jeweils betrachteten Sachverhalt.

Indikatoren bilden in der Regel **Teilaspekte** des Leistungsgeschehens ab und ermöglichen Qualitätsaussagen zu einem bestimmten Versorgungsausschnitt (z. B. Merkmale der Strukturqualität in Gesundheitseinrichtungen). Die Annäherung an ein komplexes Konstrukt (z. B. Pflegequalität einer Pflegeeinrichtung) im Sinne einer Gesamtbetrachtung ist nur durch die Verwendung mehrerer, nebeneinander zu betrachtender Indikatoren möglich (z. B. durch Indikatorprofile). Dennoch ist Qualität nicht die Gesamtheit aller nebeneinander gereihten Elemente. Sie geht aufgrund der vielfältigen Perspektiven und Interpretationsmöglichkeiten, der unzähligen Darstellungs- und Bestimmungsverfahren sowie der Vielzahl noch nicht oder nur ungenügend ausgeleuchteter Qualitätsaspekte deutlich über eine simple Summenbetrachtung der gemessenen Merkmalsausprägungen hinaus. Auch wenn Ereignisse und Merkmale des Leistungs- und Versorgungsgeschehens üblicherweise mithilfe von Indikatoren quantifiziert werden, bleiben sie gewissermaßen nur **Hilfsgrößen** der Qualitätsbestimmung (JCAHO 1991; Idvall et al. 1997; ÄZQ 2002).

▶ **Indikator** Quantitatives Maß, das zur Qualitäts- oder Leistungsbewertung herangezogen wird und die Qualität bzw. Leistung einer Einheit durch Zahlen bzw. Zahlenverhältnisse indirekt abbildet.

In einem eher betriebswirtschaftlichen Kontext, insbesondere im Controlling von Gesundheitseinrichtungen, wird überwiegend mit **Kennzahlen** gearbeitet, um das betriebliche bzw. unternehmerische Geschehen quantitativ abzubilden. Traditionell werden Kennzahlen für die Darstellung finanzwirtschaftlicher Aspekte herangezogen (Greiling 2009, S. 87 ff.). Es können jedoch sämtliche betriebliche Sachverhalte quantifiziert und zu Kennzahlen verdichtet werden. Mit ihnen ist es möglich, große Datenmengen und unterschiedliche Informationen über Einzelvorgänge überschaubar zu halten.

▶ **Kennzahlen** Zahlen bzw. Messgrößen, die einen Überblick über quantitativ erfassbare Leistungen der Organisation oder ihrer Teilbereiche verschaffen.

In der Regel sind Kennzahlen eingebettet in komplexe **Kennzahlensysteme** und bilden darin sowohl die Kosten- und Aufwandsseite (z. B. Betriebsaufwände, Deckungsbeiträge, innerbetriebliche Verrechnungspreise) als auch die Leistungs- und Ertragsseite

(z. B. Behandlungszahlen, Belegungszahlen, Erlöszahlen) des Einrichtungs- und Unternehmensgeschehens ab. Jede Form der Objektivierung, Quantifizierung und Verdichtung von betrieblichen Sachverhalten ist allerdings auch mit methodischen Problemen behaftet, die für Kennzahlen und Indikatoren gleichermaßen gelten (Abb. 6.2).

Werden Kennzahlen und Indikatoren als **Instrumente des Qualitätsmanagements** und der **Unternehmensführung** vergleichend gegenübergestellt, finden sich hinsichtlich Aufbau, Methodik und Funktion viele Gemeinsamkeiten. Beide bilden Sachverhalte in einer Maßzahl ab. Mit einer solchen Maßzahl können sowohl **Feststellungen** getroffen als auch **Hinweise** gewonnen werden. Ihre Unterscheidbarkeit liegt weniger in den strukturellen Aspekten ihrer Bildung bzw. ihres Aufbaus als in der vorgesehenen Gebrauchsabsicht bzw. im zugrunde liegenden Verwendungszweck.

Nach heutigem Verständnis ist die Mehrdimensionalität ganzheitlicher Unternehmensführung nur durch umfassende Messsysteme zu fassen, die sämtliche Unternehmensaktivitäten in ein einheitliches, organisationsumspannendes Kennzahlensystem zusammenführen und unter dem Namen **Performance Measurement** populär geworden sind. Kennzahlen bilden darin sowohl (vergangenheitsorientiert) die Kosten- und Leistungsseite als auch (zukunftsweisend) strategische Positionen und unternehmerische Absichten ab. Innerhalb dieser Ansätze lässt sich eine Differenzierung im begrifflichen Gebrauch von „Kennzahlen" und „Indikatoren" dahin gehend feststellen, dass Kennzahlen häufig als erfolgsorientierte Endkenngrößen („finanzwirtschaftlicher Unternehmenserfolg") und Indikatoren als vorgelagerte Hinweisgrößen („leistungs- und qualitätsbezogene Zwischenergebnisse") verstanden werden. Ein bekanntes und für das Qualitätsmanagement relevantes Beispiel für die Realisierung von *Performance Measurement* ist das Excellence Modell der EFQM (Kap. 4).

Es bleibt aber oft eine **Definitions- und Kontextfrage,** welche messtheoretischen Begriffe verwendet und bevorzugt werden. Betriebliche Leistungszahlen und betriebswirtschaftliche Frühindikatoren ließen sich beispielsweise hinsichtlich der hiermit abgebildeten Sachverhalte von Qualitätskennzahlen und Qualitätsindikatoren

Vorteile:	Nachteile:
• **Komplexitätsreduktion:** Zusammenhänge werden in kurzer, prägnanter Form dargestellt	• **Unzulässige Verkürzung:** Informationen und Sachverhalte werden verfälscht oder verzerrt
• **Objektivierbarkeit:** Leistungsgeschehen und Kostenentwicklung werden nachvollziehbar und steuerbar	• **Validitätsproblem:** Aussagekraft hängt von der Auswahl und Bildung geeigneter Kennzahlen und Indikatoren ab
• **Motivation** und **Kontrolle:** Nutzung der Sichtbarmachung von Leistungsdaten	• **Interpretationsfehler:** Unterschiedliche Nutzer, Ergebnisse und Konsequenzen

Abb. 6.2 Vor- und Nachteile beim Gebrauch von Kennzahlen und Indikatoren

unterscheiden. Dennoch ist ihr Anwendungsbezug oft gleichartig. Die dargestellten Merkmalswerte dienen entweder der (retrospektiven) **Bewertung,** ihre Verwendung als Hinweisgrößen wiederum der (prospektiven) **Frühaufklärung** oder der näherungsweisen **Bestimmung** eines Konstrukts. Als übereinstimmend ließe sich die Absicht formulieren, Qualitäts- und Leistungsaussagen zu treffen, um handlungsrelevante Schlussfolgerungen zu ziehen. Kennzahlen und Indikatoren sind daher nicht als ein Gegensatzpaar zu verstehen, sondern eher als gleichartige Konzepte, die kontextabhängig unterscheidbare Akzente und Schwerpunkte aufweisen (Tab. 6.1). Sie vereint als gemeinsame **Zielrichtung** (vgl. Herrmann und Fritz 2011, S. 98):

- Merkmale des Leistungsgeschehens bzw. Qualitätsmerkmale zu quantifizieren;
- Veränderungen – zum Besseren oder Schlechteren – erkennbar und messbar werden zu lassen;
- ein zielgerichtetes Eingreifen in das Leistungsgeschehen zu ermöglichen, entweder zur Korrektur unbefriedigender Zustände oder zur Verbesserung.

Wenn in bestimmten Kontexten der **Gesundheitsversorgung** teilweise von Qualitätskennzahlen statt von Qualitätsindikatoren gesprochen wird, steht dahinter kein anderes Konzept. Qualitätskennzahlen werden gelegentlich auch als Unterformen von Qualitätsindikatoren bezeichnet, beispielsweise um eine Betrachtungseinheit näher zu spezifizieren oder zu gliedern (z. B. Bildung bestimmter Subgruppen eines Patientenkollektivs). Ohne Spezifizierung eines konkreten Verwendungszusammenhangs dürfen Qualitätsindikatoren, Qualitätskennzahlen oder qualitätsbezogene Kennzahlen grundsätzlich synonym verwendet werden oder zusammenfassend als *qualitätsrelevante Kenngrößen* bezeichnet werden. Es ließe sich jedoch die Forderung formulieren, dass mit dem Gebrauch des Zusatzes „Qualität" immer auch eine Bewertungsperspektive

Tab. 6.1 Akzente und Schwerpunkte von Kennzahlen und Indikatoren

	Kennzahlen	Indikatoren
Konstrukt	Leistung	Qualität
Herkunft	Betriebswirtschaftliches Controlling	Qualitäts- und Risikomanagement
Einsatzgebiete	Management und Betriebswirtschaft	Forschung und Qualitätsentwicklung
Perspektive	Managementperspektive	Professionsbezogene Perspektive
Qualitätsfokus	Unternehmensqualität	Versorgungsqualität
Dimensionen	Kosten, Leistungen, Erfolg	Strukturen, Prozesse, Ergebnisse
Interne Analyse	(strategische) Endkenngrößen	(operative) vorgelagerte Kenngrößen
Externe Analyse	(Kompetitives) Benchmarking	(Öffentliche) Qualitätsvergleiche
Darlegungsformen	Geschäftsberichte	Qualitätsberichte

eingenommen wird, die Vergleichsmaßstäbe bzw. Referenzgrößen („Soll"-Konzepte) erforderlich macht (Fachbegriff „Qualität").

Der Nutzen und die Aussagekraft von Kennzahlen und Indikatoren hängen stets vom dahinter stehenden **Erkenntnisinteresse** (z. B. Vorhersage von Qualitätsproblemen durch Indikatoren oder Qualitätsbewertung anhand von qualitätsbezogenen Kennzahlen) und den **methodologischen Voraussetzungen** (z. B. Erhebung von komplexen Primärdaten oder Monitoring von leicht erfassbaren Routinedaten) ab. Für das Gesundheitswesen lassen sich allgemein gültige Messansätze bzw. Einsatzbereiche für Kennzahlen und Indikatoren formulieren (siehe Tab. 6.2).

6.1.3   Bildung von Kennzahlen und Indikatoren

Hinsichtlich ihrer Stellung als quantitative Größenwerte setzen Kennzahlen und Indikatoren in der Regel *metrische Eigenschaften* voraus und bilden einen Zahlenwert (Mainz 2004). Im einfachsten Fall entspricht dieser Zahlenwert einer einzigen **Maßzahl,** die durch Zählen, Messen oder einer subjektiven Einschätzung eines Sachverhalts quantifiziert wird.

Einfache Maßzahlen (auch: Grundzahlen) haben den Charakter von **absoluten Kennzahlen,** da die ermittelten Werte nicht in Bezug zu anderen Werten stehen. Die Mengen- oder Wertgrößen von Grundzahlen werden in der Regel als Summe (z. B. Anzahl), Differenz (z. B. Fehlbetrag) oder auch als Mittelwert dargestellt. In der Regel verfügen sie über eine zugeordnete *Berichtsperiode* (z. B. Anzahl pro Jahr) oder einen *Berichtszeitpunkt* (z. B. Anzahl zum Stichtag). Absolute Zahlen haben den Nachteil, dass sie

Tab. 6.2 Ermittlung und Messung von qualitätsrelevanten Kenngrößen im Gesundheitswesen: verfahrenstechnische Ansätze und Anwendungsbereiche

Messansätze und -verfahren (nach Schrappe 2017a, S. 8)	Haupteinsatz- und Anwendungsbereiche (nach Geraedts 2009, S. 5)
Quantitative Messungen: Erfassung und Analyse von Daten definierter (unerwünschter) Ereignisse	Evaluation: Messung des Zielerreichungsgrads gegenüber vorgenannten Sollwerten (Qualitätsbewertung)
Monitoring durch Indikatoren: Vorhersage von Problemen in der Gesundheitsversorgung	Monitoring: Messung von Veränderungen beim Zielerreichungsgrad über die Zeit
Analytisch generierende Verfahren: Identifizierung bisher noch unbekannter Faktoren	Alarmfunktion: Messung von Situationen, die ein direktes Eingreifen erfordern („Rote-Flagge"-Indikatoren).
Komplexe Messungen zur wissenschaftlichen Evaluation: z. B. Veränderung klinisch-pflegerischer Outcomes (gesundheitliche Zustände, individuelles Verhalten, Lebensqualität etc.)	Unterstützung externer Entscheidungsfindung: Wahlentscheidungen durch Nutzer, Zulassungsentscheidungen durch Behörden, Vergabe von Vergütungskomponenten etc.

zwar Auskunft über das tatsächliche Ausmaß des zu messenden Merkmals geben. Aufgrund unterschiedlicher Bezugsgrößen entziehen sie sich häufig der Vergleichbarkeit (z. B. mit anderen Einrichtungen oder im Zeitverlauf). Der Vergleich von Größenwerten ist aber eine wichtige Voraussetzung, um Qualitätsaussagen zu treffen. Daher werden häufig relative Kennzahlen gebildet, die Vergleichen grundsätzlich besser zugänglich sind.

Wir sprechen von **relativen Kennzahlen,** wenn zwei Maßzahlen durch Quotientenbildung miteinander verknüpft werden. Relative Kennzahlen sind auch als *Verhältniszahlen* bekannt. Verhältniszahlen sollen die Vergleichbarkeit statistischer Informationen ermöglichen. Sie werden in Gliederungszahlen und Beziehungszahlen unterschieden (Tab. 6.3).

Bei **Gliederungszahlen** wird eine Teilgröße ins Verhältnis zur Gesamtgröße gesetzt („Teil eines Ganzen"). Damit wird der Anteil eines Merkmals bezüglich einer Grundgesamtheit abgebildet. Derartige Indikatoren sind dimensionslos, die Darstellung als Prozentwert ist aber zulässig. Sie lassen sich auch als **prozentuierte Indikatoren** bezeichnen, da sie relative Häufigkeiten des Auftretens bestimmter Ausprägungen des Qualitätsindikators beschreiben. Die Indikator-Logik fordert das zu messende Merkmal als *Zähler,* die Grundgesamtheit als *Nenner* ein (z. B. Anteil Wundinfektionen nach Operation im Verhältnis zur Gesamtzahl durchgeführter Operationen).

Gliederungszahlen lassen sich je nach Zeitbezug und Ausprägung des Qualitätsindikators weiter unterteilen. Wir unterscheiden eine Rate von einer Quote. Eine **Rate** (auch: Ziffer) ist ein Quotient zwischen der Anzahl neu auftretender *Ereignisse* in einem *Zeitraum* bezogen auf eine Grundgesamtheit oder definierte Gruppengröße (z. B. Geburtenrate, Komplikationsrate in einer bestimmten Jahresperiode). Eine **Quote** ist ein Quotient zwischen der Gesamtzahl von bestimmten *Merkmalen,* die zu einem bestimmten *Zeitpunkt* vorhanden sind, wiederum bezogen auf eine definierte Grundgesamtheit oder Gruppengröße (z. B. Frauenquote, Erwerbsquote zu einem bestimmten Stichtag bzw. Erhebungszeitpunkt).

Demgegenüber sprechen wir von **Beziehungszahlen,** wenn inhaltlich zwei ungleiche Daten miteinander ins Verhältnis gesetzt werden. Dabei wird entweder eine Verbindung zwischen zwei unterschiedlichen Merkmalen hergestellt (z. B. Pflegefachkräfte pro Bettenanzahl). Eine solche Verhältniszahl wird dann als **Ratio** bezeichnet. Oder es werden gleiche Merkmale oder Ereignisse zu unterschiedlichen Zeitpunkten oder in unterschiedlichen Zeiträumen gemessen und zueinander in Beziehung gesetzt. Dann wird wieder eine Ratio gebildet, jedoch unterscheiden sich in einem solchen Fall nicht die Merkmale, sondern die Bezugsgrößen und Berichtsperioden voneinander (z. B. Bildung einer „Rate Ratio").

Immer dann, wenn unterschiedliche Merkmalsdaten oder Verhältnismaße miteinander verknüpft werden, lösen wir uns von der Vorstellung einer „einfachen Kennzahl" oder eines „einfachen Indikators". Aufgrund der vorgenommenen Verknüpfung ungleicher Daten müsste eigentlich von einer *Indexzahl* gesprochen werden. Eine Ratio wäre hiernach die rechnerische Beschreibung für eine *einfache Indexzahl.* Die bekannteste

Tab. 6.3 Bildung von Kennzahlen und Indikatoren in Gesundheitseinrichtungen (Beispiele)

Zahlenart	Indikator/Kennzahl	Maßzahl	Qualitätsdimension
Absolute Kennzahlen			
Grundzahlen	Anzahl Intensivbetten	Summe: [Anzahl n]	Strukturqualität
	Anzahl Wundinfektionen pro Jahr	Häufigkeit: [Summe pro Zeiteinheit]	Ergebnisqualität
	Durchschnittliche Wartezeit	(Arithmetischer) Mittelwert aus Einzelmesswerten: [x̄ Einheit]	Prozessqualität
Relative Kennzahlen			
Gliederungszahlen	Sterblichkeitsrate im Krankenhaus: Zähler: Anzahl verstorbener Patienten der Einrichtung; Nenner: Alle Patienten der Einrichtung; pro Jahr	Rate: Ereignis [n]/ Bezugsgröße [n] pro Zeitraum	Ergebnisqualität
	Einzelzimmerquote im Pflegeheim: Zähler: Anzahl vorhandener Einzelzimmer; Nenner: alle belegbaren Zimmer der Einrichtung; zum Stichtag	Quote: Merkmal [n]/ Bezugsgröße [n] zu einem Zeitpunkt	Strukturqualität
Beziehungszahlen	Personalstärke pro Einheit: Zähler: Anzahl Fachpflegekräfte pro Einheit; Nenner: Anzahl Patienten pro Einheit	Ratio: Merkmal A [n]/ Beobachtungseinheit/Merkmal B [n]/ Beobachtungseinheit	Strukturqualität
	Wiederaufnahmeindex: Zähler: Anzahl Wiederaufnahmen/Jahr; Nenner: Anzahl Wiederaufnahmen/Vorjahr	Rate Ratio: (Rate im Beobachtungszeitraum)/ (Rate im Referenzzeitraum)	Ergebnisqualität
Index	Arbeitszufriedenheitsindex: Indikator 1 „Arbeitsplatzsicherheit", Indikator 2 „Arbeitsbedingungen", Indikator 3 „Mitbestimmung"	Additiver gewichteter Index: (Indikatorenwert 1 * Faktor a) + (Indikatorenwert 2 * Faktor b) + (Indikatorenwert 3 * Faktor c)	Ergebnisqualität

einfache Indexzahl ist sicherlich der Body-Mass-Index (BMI). Mit dem BMI wird das Merkmal *Körpermasse* (Gewicht in Kilogramm) mit dem Quadrat des Merkmals *Körpergröße* (Länge in Meter) rechnerisch in Beziehung gebracht. Das Ergebnis einer einfachen Indexzahl ist in jedem Fall ein dimensionsloser Quotient. Prozentwerte sind unzulässig.

Werden mehrere Indikatoren bzw. Indikatorenwerte mit- und untereinander in Bezug gesetzt, sprechen wir von einem *zusammengesetzten Index*. Ein **Index** verknüpft rechnerisch die einzelnen Indikatorinformationen und fasst sie zu einer Gesamtzahl zusammen. Je nach verwendeter Rechenoperation sprechen wir von einem *additiven Index*, wenn Summen oder Mittelwerte aus den Variablen gebildet werden (z. B. Summenscores in Fragebögen) oder einem *multiplikativen Index*, wenn aus den einzelnen Indikatorwerten ein Produkt gebildet wird. Daneben kann ein Index gewichtet werden, wenn die zu verrechnenden Variablen (Merkmale) mit unterschiedlicher Bedeutung in das Endergebnis einfließen sollen. In dem Fall müssen multiplikativ sog. *Gewichtungsfaktoren* mit in die Berechnung eingebaut werden. Die Verknüpfung von Indikatoren durch Rechenoperationen setzt allerdings stets ein höheres Skalenniveau (Intervall- oder Verhältnisskala) voraus. Bekannte Beispiele für hochkomplexe Indizes sind der Konsumgüterindex, der Deutsche Aktienindex oder der Kundenzufriedenheitsindex.

▶ **Index** Ein Index ist ein Messwert für ein komplexes Merkmal, der aus den Messwerten mehrerer Indikatorvariablen zusammengesetzt wird. (Bortz und Döring 2006, S. 143)

Die Verwendung von Indexzahlen und Indizes ist weitverbreitet, aber in vielen Situationen kritisch zu hinterfragen. Sie können oft nur eine **Orientierung** liefern. Mit dem bekannten Body-Mass-Index (BMI) sind beispielsweise nur sehr eingeschränkt Schlussfolgerungen möglich, da das Geschlecht oder die individuelle Fett- und Muskelverteilung in dieser einfachen Indexzahl nicht abgebildet werden. Dagegen verdichten komplexe Indexzahlen wie beispielsweise der Zufriedenheitsindex viele unterschiedliche Informationen zu einer relevanten Kenngröße. Welche Dimensionen jedoch im Einzelnen bestimmt wurden und welche Ausprägung die einzelnen Merkmale haben, ist allein der Indexzahl nicht zu entnehmen.

Diese simplen Beispiele verdeutlichen, dass mit jeder Indexbildung eine **Aggregation** von Daten bzw. von Informationen erfolgt. Eine solche Aggregation kann sinnvoll sein, um wenig bedeutsame Detailinformationen auszublenden. Dies ist beispielsweise für Managemententscheidungen oder die Entwicklung politischer Programme unerlässlich. Man muss sich aber bewusst machen, dass mit jeder Aggregationsstufe immer auch Informationen verloren gehen und die Aussagekraft des Index zugleich auch von der Herkunft und (methodischen) Qualität der einzelnen Indikatordaten bzw. von den zugrunde gelegten Rechenoperationen abhängig ist.

Qualitätsmanagement in Gesundheitsrichtungen ist notwendigerweise auf die Messung und Bestimmung von Qualitätsmerkmalen angewiesen. Nur so kann geprüft werden, ob und inwieweit die Qualitätsanforderungen erfüllt werden. Allein aus der Tatsache aber, dass ein Sachverhalt bzw. ein Merkmal durch eine Kennzahl oder einen Indikator ausgedrückt werden *kann,* darf nicht der Schluss gezogen werden, dass dies auch für jedes erdenkliche Merkmal des Leistungs- und Versorgungsgeschehens auch erfolgen *muss.* Qualitätsbestimmung orientiert sich an **qualitätsrelevanten Merkmalen** und nicht an jedem erdenklichen Merkmal oder an sämtlichen grundsätzlich darstellbaren Sachverhalten der Leistungserstellung. Im nächsten Abschnitt werden Bedingungen für die Bildung von *qualitätsrelevanten Kenngrößen* im Gesundheitswesen konkretisiert.

6.2 Bestimmung qualitätsrelevanter Kenngrößen

Die einfachste Art der Qualitätsbestimmung mit Kennzahlen und Indikatoren ist das bloße Sammeln und Auflisten von Struktur- und Leistungsmerkmalen (z. B. Personalbestand, Anzahl versorgter Personen). Komplexer wird sie, wenn Merkmale der Prozess- und Ergebnisqualität ermittelt werden (Nakrem et al. 2009), methodisch höchst anspruchsvoll sogar, wenn Qualitätsaussagen für Steuerungsentscheidungen getroffen werden sollen. Qualitätsbestimmung im Gesundheitswesen und die ihr aufliegende Qualitätsbeurteilung ist stets an eine Reihe methodischer Bedingungen und Voraussetzungen gebunden. Dazu gehört die *Fokussierung* auf qualitätsrelevante Aspekte und Merkmale des Versorgungsgeschehens, aber auch die Auswahl einer geeigneten *Methodik* der Datenerhebung und Datenauswertung.

6.2.1 Bezugspunkte und Wertmaßstäbe

Ausgangspunkt der Qualitätsbestimmung ist die Festlegung der Betrachtungseinheit, deren Merkmale für die Leistungserbringung und Versorgung im Gesundheitswesen relevant erscheint. Hierzu sollte der **Versorgungsbereich** (z. B. stationäre Langzeitpflege, akutstationäre Krankenhausbehandlung) und der für diesen Versorgungsbereich relevante **Versorgungsaspekt** (z. B. Unterstützung bei der Körperpflege, Arzneimittelgabe, Indikations- und Diagnosestellung) festgelegt werden. Der Begriff Versorgungsaspekt geht zurück auf das Modell „Klinischer Messgrößen" zur Messung von Qualitätsmerkmalen der Gesundheitsversorgung (ÄZQ 2002).

Mit der Festlegung des Versorgungsaspekts wird der unmittelbar relevante **Bezugspunkt** für die Qualitätsbestimmung näher charakterisiert („Welcher Bereich bzw. Aspekt der gesundheitlichen Versorgung soll bestimmt werden?"). Der ausgewählte Versorgungsaspekt fasst eine Symptomen-, Diagnose- oder anderweitig definierte Kundengruppe und bildet sich in einem oder mehreren Merkmalen ab. Ein Versorgungsaspekt lässt sich häufig einer der drei bekannten Qualitätsdimensionen (Struktur-, Prozess- und Ergebnisqualität) zuordnen und bildet einen spezifisch formulierten **Ausschnitt der Leistungserstellung** ab (z. B. Diagnostik bestimmter Symptomenkomplexe). Für die Auswahl der Versorgungsaspekte können folgende Kriterien herangezogen werden (vgl. ÄZQ 2002):

- Hohe Frequenz (High Volume), hohes Risiko (High Risk) für die Kundengruppe, oft mit Problemen behafteter Aspekt (Problem Prone);
- Aspekte mit hoher Versorgungsvariabilität (High Variability), Aspekte, deren Versorgung sich kürzlich stark verändert haben oder deren finanzielle Bedeutung hoch ist (High Cost);
- Aspekte, bei denen prinzipiell ein sehr geringes Risiko vorhanden ist und eine Absenkung des Risikos auf nahe Null angestrebt wird (Low Risk);
- praktikable Erwägungen wie grundsätzliche Messbarkeit und Veränderbarkeit; große Akzeptanz durch die Gruppe Betroffener (Usability and Acceptance);
- vorhandene Möglichkeit und Fähigkeit, die Versorgung tatsächlich verbessern zu können (Improvability) oder bestimmte Ereignisse vermeiden zu können (Avoidability);
- oder auch Aspekte, bei denen prinzipiell eine „Über-, Unter oder Fehlversorgung" vermutet wird.

In einem nächsten Schritt geht es darum, Maßstäbe und Versorgungsziele für den Versorgungsaspekt festzulegen. Qualitätsbestimmung setzt idealerweise auf einem grundgelegten **Qualitätsverständnis** und einer akzeptierten Bewertungsgrundlage auf. Ausgangspunkt sind modellhafte Vorstellungen über die inhaltlichen Aspekte der darzustellenden Qualität bzw. deren Ziele und Wertmaßstäbe (Kap. 1). Hochaggregierte Wertaussagen zur Versorgungsqualität (z. B. Effektivität oder Angemessenheit der Versorgung) müssen für den ausgewählten Versorgungsaspekt auf konkrete Bewertungsmaßstäbe heruntergebrochen werden (z. B. Richtigkeit der Ausführung von Tätigkeiten, Rechtzeitigkeit einer Pflegehandlung, Vollständigkeit der Dokumentation). Derart konkretisierte Wertaussagen zur Beurteilung der Qualität werden allgemein als *Kriterien* (auch: Qualitätskriterium) bezeichnet.

Der Begriff **Kriterium** ist nicht einheitlich definiert (vgl. Donabedian 1981). Ein Qualitätskriterium formuliert einen *Bewertungsmaßstab,* anhand dessen eine Qualitätsaussage vorgenommen werden kann (vgl. Merchel 2013, S. 221). Kriterien vereinen die theoretischen Konzepte von „Anforderung" und „Merkmal", indem sie die zu bestimmenden Eigenschaften und die an sie gestellten Anforderungen benennen („Welche Anforderungen werden an den Versorgungsaspekt gestellt?"). Ihr Abstraktions- und Konkretisierungsgrad ist allerdings variabel. Als Kriterien werden häufig *allgemeine Anforderungen* an eine gute Versorgung bezeichnet (z. B. Sicherheit, Zugänglichkeit, Patientenorientierung); gleichermaßen aber auch *formal umschriebene Anforderungen,* die sich konkret auf messbare Merkmale des Leistungs- und Versorgungsgeschehens beziehen. Beispielhaft sind zu nennen:

- Rechtzeitigkeit von Prozessen (z. B. Dauer der Schnellschnittdiagnostik)
- Richtigkeit von Prozessergebnissen (z. B. Richtigkeit von Histologiebefunden)
- Zuverlässigkeit von Prozessen (z. B. Unversehrtheit eines Probentransports)
- Vollständigkeit von Arbeitsmitteln (z. B. Ausstattung des Notfallkoffers)
- Keimfreiheit von Arbeitsmitteln (z. B. Keimzahl bei Sterilgut)

Qualitätskriterien verdeutlichen bereits begrifflich, dass im Rahmen der Qualitätsbestimmung nicht jedes erdenkliche, beliebig zu wählende oder messtheoretisch besonders leicht zu erfassende Merkmal als Kenngröße zu bestimmen ist, sondern immer nur jene, die sich unmittelbar auf ein festgelegtes „Soll"-Konzept in Gestalt eines formulierten Qualitätskriteriums beziehen und dieses in geeigneter Weise auch abbilden. Merkmale, die problemlos erfüllt werden und aufgrund ihres fehlenden oder nur schwachen Bezugs zum Qualitätskriterium nicht qualitätsrelevant sind, brauchen im Rahmen der Qualitätsbestimmung in der Regel auch nicht ermittelt zu werden (z. B. Vorhandensein notwendiger Strukturmerkmale wie Patientenzimmer oder Therapieraum; Prozessmerkmale wie die Anfertigung von Entlassungs- und Überleitungsdokumenten).

▶ Kriterien gelten als „Eigenschaften, deren Erfüllung typischerweise bei einer qualitativ hochwertigen Versorgung erwartet wird" (Geraedts et al. 2002).

Kriterien können normativ aus Qualitäts- und Praxisstandards (z. B. Expertenstandards), etablierten Qualitätsmodellen, Zertifizierungs- und Akkreditierungsstandards (z. B. patientenbezogene Akkreditierungsstandards der JCI) oder anderen vorgängigen Wissensquellen abgeleitet werden. Zudem ist es auch möglich, sie für einen bestimmten Einsatz- und Versorgungsbereich selbstständig zu entwickeln und festzulegen (professions- und organisationsbezogen). Der Konkretisierungsgrad eines Kriteriums in der „Bestimmungspraxis" hängt von der Herkunft und der jeweiligen Gebrauchsabsicht ab.

In einem enger gefassten Verständnis geht mit dem Begriff Kriterium also nicht nur eine allgemeine Wertaussage (z. B. Patientenorientierung, Sicherheit), sondern auch ein konkreter **Wertmaßstab** für die Ableitung eines definierten Zielausmaßes (Referenzgröße) des zu erfüllenden Qualitätsmerkmals einher. Nur mithilfe eines festgelegten Zielausmaßes sind letztendlich Aussagen darüber möglich, ob und wann die zu beurteilende Tätigkeit oder das Ergebnis als „richtig", „rechtzeitig" oder „vollständig" im Sinne einer qualitativ hochwertigen Versorgung zu bezeichnen ist. Die Erfüllung der qualitätsrelevanten Merkmale hinsichtlich des festgelegten Kriteriums wird mithilfe von **qualitätsrelevanten Kenngrößen** (Kennzahlen und Indikatoren) sichtbar gemacht. Die Zusammenhänge werden in einem einfachen Modell der Qualitätsbestimmung skizziert (Abb. 6.3). Darin bilden Perspektiven, Anforderungen („Soll"-Konzept) und Merkmale

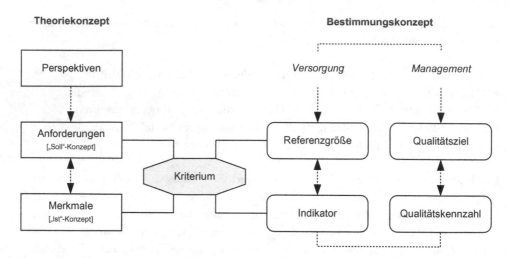

Abb. 6.3 Einfaches Modell der Qualitätsbestimmung mit qualitätsrelevanten Kenngrößen

(„Ist"-Konzept) das Theoriekonzept für den Fachbegriff „Qualität". Für die Bestimmung werden die „Arbeitsbegriffe" Kriterien (auch: Qualitätskriterien), Kennzahlen (auch: Qualitätskennzahlen) und Indikatoren (auch: Qualitätsindikatoren) herangezogen.

6.2.2 Methodisches Vorgehen

Um die Ausprägung der qualitätsrelevanten Merkmale bestimmen zu können, bedarf es zuvor der Auswahl der richtigen **Datenquellen** (z. B. Nutzung von Routine- und Registerdaten, Erhebung von Primärdaten) und von geeigneten **Dokumentations- und Messverfahren** (z. B. Zeitmessung, Zählkontrollen, Regelkarten). Die hierüber erzeugten Kenngrößen geben zunächst aber nur Auskunft über den Ist-Zustand bzw. den Größenwert eines messbaren Merkmals des Leistungs- und Versorgungsgeschehens (deskriptiver Ansatz). Allein die Darstellung von messbaren „Ist"-Zuständen sagt aber noch nicht viel über die tatsächliche (oder prognostizierte) Qualität aus. Erst die Hinzuziehung eines Wertmaßstabs bzw. einer **Referenzgröße** ermöglicht eine Aussage über die Erfüllung der an das Merkmal gestellten Anforderung (evaluativer Ansatz).

Referenzgrößen sind quantitative Vergleichsmaßstäbe, die eine Beurteilung der ermittelten „Ist"-Zustände bzw. der bestimmten Merkmalsausprägungen erlauben. Sie beziehen sich direkt auf das festgelegte Kriterium bzw. leiten sich aus diesem ab. Referenzgrößen bilden sich in Form von Referenzwerten bzw. Referenzbereichen ab. Ein **Referenzbereich** wird definiert als das Intervall, innerhalb dessen die Ausprägung eines Qualitätsindikators als „unauffällig" definiert wird. Ein **Referenzwert** ist ein Referenzbereich, dessen Unter- und Obergrenze zusammenfallen (ÄZQ 2002; Sens et al. 2018, S. 47).

▶   Ohne Vergleichsmaßstäbe erschöpft sich die Qualitätsbestimmung in ihrer
    beschreibenden Funktion. Die Qualitätsbeurteilung setzt notwendigerweise
    Referenzgrößen voraus.

Im einrichtungsinternen Qualitätsmanagement werden Vergleichsmaßstäbe für den „Soll-
Ist"-Vergleich typischerweise „festgelegt" und haben den Charakter von (operativen)
Qualitätszielen oder (quantifizierten) **Qualitätsstandards.** Sie können aus übergeordneten Qualitätsaussagen *normativ* abgeleitet (z. B. Leitlinien, Expertengremien,
Qualitätsverständnis) oder durch empirische Analysen *statistisch* ermittelt werden.
Fehlen normative Vorgaben oder empirische Daten, müssen die Referenzwerte/-bereiche
durch die Anwender auf der Handlungsebene festgelegt werden (lokales professionsbezogenes Erfahrungswissen) oder *funktional* aus der Beobachtung des Zeitverlaufs
gewonnen werden. Eine optimal gewählte Referenzgröße wäre hypothetisch in der Lage,
möglichst alle Qualitätsprobleme zu detektieren (hohe Sensitivität), ohne dabei zu viele
„Fehlalarme" zu produzieren (hohe Spezifität).

Qualitätsbestimmung baut in der Regel auf diese Form der Datenerhebung und -ana-
lyse auf. Dabei ist die Qualitätsbeurteilung methodisch stets an einen *Vergleich* mit den
vorher definierten Zielen, Maßstäben und Referenzgrößen (Anforderungen) gebunden.
Hinsichtlich des abgebildeten Skalentyps werden qualitätsrelevante Kenn- und
Referenzgrößen entweder als quantitativ oder qualitativ bezeichnet. Der Vergleich einzelner Kenn- mit Referenzgrößen ist nur auf demselben Skalenniveau möglich.

Quantitative Kenngrößen lassen sich aufgrund ihrer metrischen Eigenschaften gut
mit Sollvorgaben vergleichen (z. B. gemessene Zeit, ermittelte Anzahl Keime). Messwerte
von Einzelfällen können aggregiert und beispielsweise als Mittelwerte oder Gliederungszahlen ausgedrückt werden (Aggregate-Data-Indicator). Quantitative Kenngrößen sind
geeignet, im Verlauf *Veränderungen* durch Über- oder Unterschreiten von Referenzgrößen
anzuzeigen (z. B. Häufigkeit von Komplikationen, Veränderung von Belegungszahlen,
Überschreiten von Keimzahlen). **Qualitative Kenngrößen** drücken dagegen das Vorhandensein oder die Abwesenheit eines bestimmten Merkmalswerts bzw. das Auftreten
oder Ausbleiben eines kritischen Ereignisses („Rote-Flagge"-Indikatoren oder „Sentinel-
Event"-Indikator) aus. Mit Hilfe von sog. „Rote-Flagge"-Indikatoren (Red-Flag-Indicator)
können problematische Situationen erkannt werden (z. B. unerwartet schwere Infektion
mit hochgefährlichen Keimen), die dann in der Regel eine sofortige Problemanalyse
und außerordentliche Untersuchungsmaßnahmen zur Folge haben. Ziel der Analyse von
„Rote-Flagge"-Indikatoren ist, Faktoren zu identifizieren, die zu einer Vermeidung des
Ereignisses beitragen (vgl. JCAHO 1989).

Quantitative Kenngrößen können auch in qualitative Kenngrößen überführt werden.
Dies ist beispielsweise dann der Fall, wenn die zugrunde gelegte Anforderung kategorial
angelegt ist (z. B. Rechtzeitigkeit des Probentransports), die Messung der Kennzahl aber
metrisch erfolgt (z. B. Messung der Zeiten zwischen Probenentnahme und Eintreffen im
Labor). Die Kennzahl bzw. das messbare Merkmal drückt die Dauer des Probentransports quantitativ als gemessene Zeit aus. Der Indikator wiederum lässt eine qualitative

Aussage zur dichotomen Ausprägung „rechtzeitig" oder „nicht-rechtzeitig" zu. Darüber hinaus können auch Merkmalsausprägungen oder Ereignishäufigkeiten eines niedrigen Skalenniveaus aggregiert und als quantitative Maßzahl ausgedrückt werden. Dies ist beispielsweise immer dann der Fall, wenn diskrete Merkmalswerte durch Zählung erhoben (z. B. Anzahl Wundinfektionen, Wiederaufnahmen) und zu einer Gliederungszahl aggregiert werden.

Bei der praktischen Qualitätsbestimmung müssen daher *Einzelfallanalysen* von *kumulierten Analysen* unterschieden werden. Anhand von Einzelfallanalysen werden individuelle (personen- bzw. einzelfallbezogen), anhand von kumulierten Analysen institutionelle (räumlich-zeitliche Datenaggregation) Qualitätsaussagen getroffen (Abb. 6.4).

In der **Einzelfallanalyse** wird zunächst die Ausprägung (Größenwert) des ausgewählten messbaren Merkmals (Kenngröße) ermittelt und mit der vorher festgelegten Referenzgröße verglichen (z. B. Zeitmessung innerhalb eines definierten Zeitfensters). Der Indikator der Einzelfallanalyse zeigt – als metrische oder kategoriale Kennzahl – an, ob oder in welchem Maße die umschrieben gestellte Anforderung (z. B. Rechtzeitigkeit des Probentransports) erfüllt ist, eine vorher definierte kritische Abweichung vorliegt (z. B. Überschreiten von Kontaminationsgrenzwerten) oder ein besonders folgenschweres Ereignis (z. B. unerwartete Todesfolge) eintrat. **Kumulierte Analysen** aggregieren Einzelfalldaten auf die Ebene definierter Leistungs- und Versorgungsbereiche (z. B. Abteilung,

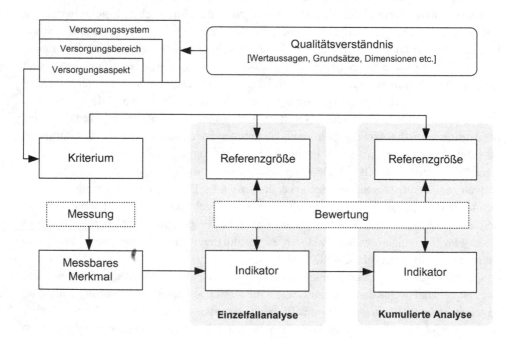

Abb. 6.4 Messtheoretisches Grundmodell der Qualitätsbestimmung zur Unterscheidung von Einzelfallanalysen und kumulierten Analysen. (Quelle: Hensen 2018, S. 11)

Gesamtorganisation). Als Indikatoren werden dann häufig Gliederungszahlen gebildet, die als *Rate* das Auftreten bestimmter Ereignisse innerhalb eines bestimmten Zeitraums (z. B. Rate der Nichterfüllung, Komplikationsrate) oder als *Quote* den Anteil eines bestimmten Merkmals zu einem bestimmten Zeitpunkt (z. B. Fachkraftquote, Belegungsquote) abbilden.

Beispiel für die Qualitätsbestimmung mit Qualitätsindikatoren:

- Versorgungsaspekt: Therapiebeginn bei Patienten mit Myokardinfarkt.
- Kriterium: Rechtzeitigkeit des Therapiebeginns bei Patienten mit Myokardinfarkt.
- Messbares Merkmal: Zeit (in Minuten) zwischen medizinischem Erstkontakt und Therapiebeginn.
- Indikator „Einzelfallanalyse": Gemessene Zeit (Dauer) zwischen medizinischem Erstkontakt und Therapiebeginn (z. B. 64 min.).
- Referenzgröße „Einzelfallanalyse": definiertes Zeitfenster zwischen medizinischem Erstkontakt und Therapiebeginn (z. B. ≤90 min.)
- Indikator „kumulierte Analyse": Anzahl [n] behandelter Patienten mit Myokard-infarkt (z. B. in einer Klinik), deren Therapiebeginn innerhalb eines definierten Zeitfensters zwischen medizinischem Erstkontakt und Therapiebeginn (z. B. ≤90 min.) erfolgte/Anzahl [n] aller Patienten mit Myokardinfarkt, die in derselben Klinik behandelt wurden (Rate).
- Referenzgröße „kumulierte Analyse": definierte Gliederungszahl (z. B. Rate >90 %). ◄

6.2.3 Bedeutung von Qualitätsindikatoren

Qualitätsindikatoren gelten als Grundlage jeder Qualitätsverbesserung, da sie über den Erfüllungsgrad der gestellten Qualitätsanforderungen Auskunft geben und eine Beurteilung von „guter" und „schlechter" Qualität erlauben (**Evaluationsfunktion**). Mit ihrer Hilfe werden aber auch im Zeitverlauf kritische Merkmale beobachtet, sodass sie im Sinne einer Vorhersagefunktion gravierende Probleme der Versorgung aufdecken können (**Monitoringfunktion**). Für die Beurteilung von Qualität und zur Frühaufklärung haben sich Qualitätsindikatoren als tragfähiges Konzept der internen und externen Qualitätssicherung im Gesundheitswesen etabliert. Darüber hinaus haben sie inner-halb der Gesundheitsversorgung auch Bedeutung für Leitlinienprogramme und in der Versorgungsforschung (Kap. 13) sowie für die öffentliche Berichterstattung (Kap. 14). Sie unterscheiden sich hinsichtlich ihrer Auswertungsperspektive (organisational vs. regional) und ihres Aggregationsniveaus (individuell vs. institutionell).

Qualitätsindikatoren sind in der Fachwelt weitgehend akzeptiert. Sie gelten als Hilfs-mittel, die **Hinweise auf das Versorgungsniveau** durch Individuen und Institutionen geben. Gesundheitsversorgung ist jedoch weder umfänglich noch erschöpfend über

messbare Kenngrößen erfassbar und darstellbar. Sie beinhaltet auch Versorgungsaspekte, die sich einer Quantifizierung und objektivierbaren Merkmalserhebung weitgehend entziehen (z. B. Vertrauen, Wertschätzung, Würde, Zwischenmenschlichkeit).
Darüber hinaus geben auch **methodische Probleme** Anlass, sich kritisch mit Nachteilen
von Qualitätsindikatoren auseinanderzusetzen (Kötter et al. 2011). Hinsichtlich eines
institutionellen *Gestaltungsanspruchs* und eines gesamtgesellschaftlichen *Legitimations-*
verständnisses gelten sie jedoch als unverzichtbar. Die Gestaltung, Steuerung und Entwicklung von Qualität – individuell und institutionell – ist untrennbar an die Ermittlung,
Darstellung und Beurteilung von Qualitätsmerkmalen gekoppelt (Tab. 6.4).

Aufgrund ihrer großen Bedeutung müssen an die **methodische Qualität** von Qualitätsindikatoren hohe Anforderungen gestellt werden. Ob ein Qualitätsindikator überhaupt
über die nötige Aussagekraft verfügt bzw. seine Zielsetzung, *gute* von *schlechter* Qualität zu unterscheiden oder auf Probleme im Versorgungsgeschehen hinzuweisen, erfüllen
kann, hängt von der Qualität der Datenerfassung und der Qualität der für den Einsatzzweck geeigneten Kenngrößenbildung ab.

Tab. 6.4 Vor- und Nachteile von Qualitätsindikatoren der Gesundheitsversorgung. (Quelle:
Schneider et al. 2003; AQUA 2013, S. 18)

Nutzen bzw. Vorteile von Qualitätsindikatoren	Probleme bzw. Nachteile von Qualitäts-indikatoren
Grundlage oder Voraussetzung für Steuerungs-prozesse und Entscheidungsfindungen	Begünstigung einer fragmentierten und/oder einseitigen Betrachtung der Versorgung (Engsichtigkeit)
Ermöglichen Vergleiche zwischen Leistungsan-bietern – im zeitlichen Verlauf oder gegenüber einem „Goldstandard" (Benchmarking)	Einbeziehung nur leicht messbarer Aspekte der Versorgung und Außerachtlassen von eher subjektiven und schwerer messbaren Aspekte
Aufdeckung von Schwächen der Versorgung und Aufzeigen von konkreten Verbesserungs-potenzialen	Schwierige Interpretierbarkeit, wenn z. B. scheinbare Versorgungsunterschiede mit zufälligen Schwankungen oder willkürlichen Fallverteilungen („Casemix") zusammen-hängen, sodass sie keine wirklichen Unter-schiede in der Qualität der Versorgung aufzeigen (Interpretationsspielraum)
Messen und Belegen des Erfolgs von Umstrukturierung oder Ablaufänderungen	Entwicklung und Erhebung kann kost-spielig und zeitaufwendig sein (Frage nach der Effizienz und der ökonomischen Recht-fertigung)
Anregen einer Diskussion über die Qualität der Versorgung und den effektiven Einsatz von Ressourcen	Förderung von Schuldzuweisungen, was die Motivation in den Gesundheitsberufen senkt
Vertrauensbildung und -förderung durch erhöhte Transparenz	Verleiten, sich auf gemessene Aspekte der Versorgung zu stützen und deswegen eher kurz-fristige Ziele zu verfolgen, als eine Langzeit-strategie zu entwickeln

Für die Bewertung eines Indikators ist zuvorderst ein inhaltliches Verständnis für die Strukturen und Prozesse, die seine Ausprägung determinieren, notwendig (Kazandjian 1991). Die erforderliche Kenntnis und das notwendige Verständnis für das Leistungsgeschehen in der Gesundheitsversorgung kann im ausreichenden Maße nur von den **Angehörigen der Gesundheitsberufe** ausgehen, die damit eine besondere Verantwortung für den Gebrauch geeigneter Messverfahren und den Einsatz aussagekräftiger Qualitätsindikatoren haben. Qualitätsbestimmung in der Gesundheitsversorgung ist nur durch Festlegungen und beratende Unterstützung von Fachvertretungen und Berufsangehörigen („Expertensystem") sinnvoll und kann nicht fachfremd verordnet werden.

Hinsichtlich der methodischen Anforderungen an Qualitätsindikatoren und Qualitätskennzahlen und ihrer Einsatzbedingungen in der Gesundheitsversorgung wurde international bereits intensiv Forschungs- und Entwicklungsarbeit geleistet. Die weitgehend konsensfähigen Erkenntnisse liefern Empfehlungen und Anforderungskataloge für den Umgang mit Qualitätsindikatoren (vgl. Geraedts et al. 2002). Ein Beispiel für international formulierte **Mindestanforderungen** an klinische Messgrößen stammt vom Australian Council on Healthcare Standards (ACHS) (ÄZQ 2002): Demnach müssen bzw. muss:

* die Daten für (klinische) Messgrößen einfach zu erheben sein;
* eine nachgewiesene Beziehung zwischen der (klinischen) Messgröße und der Qualität der Gesundheitsversorgung existieren;
* die (klinischen) Messgrößen eine möglichst genaue Information über die Qualität der Gesundheitsversorgung vermitteln;
* die Ergebnisse der Programme zur Qualitätsbeurteilung mit Hilfe von Messgrößen im Wesentlichen unbeeinflussbar von subjektiven Bewertungen (Bias-Problem) sein;
* die Daten der (klinischen) Messgrößen hinsichtlich möglicher Einflussgrößen, die keinen Bezug zur Qualität der Gesundheitsversorgung haben, adjustiert werden können;
* für jede (klinische) Messgröße und das darauf aufbauende Programm zur Qualitätsbeurteilung klare Ziele definiert sein (Jäckel 2009).

Zusammenfassend lässt sich die Vielzahl der mittlerweile bekannten und verfügbaren methodischen Anforderungen auf drei **Grunddimensionen der Indikatorqualität** verdichten (vgl. Schyve 1995; McGlynn 2003; Groene 2006; Reiter et al. 2008; Lüngen und Rath 2011; Schmitt et al. 2013). Die in der „Bestimmungspraxis" vorzunehmende Konkretisierung und Festlegung dieser Anforderungen orientiert sich am vorgesehenen Einsatzbereich der Indikatoren und am gewählten Messansatz. Beispielsweise sollten Indikatoren je nach Ansatz und Anwendungsbereich unterschiedlich in der Lage sein, entweder alle problematischen Fälle zu erfassen und falsch-negative Ergebnisse zu vermeiden (hohe Sensitivität), wie dies beim *Monitoring-Ansatz* verfolgt wird, oder „gute" von „schlechter" Qualität unterscheiden zu können und dabei falsch-positive Befunde vermeiden (hohe Spezifität), wie dies beim *Evaluations-Ansatz* beabsichtigt ist (vgl. Schrappe 2017b). Als Grunddimensionen gelten zusammenfassend:

- **Relevanz und Nutzen für die Qualitätsverbesserung** (Importance and Information for Action): Hierbei geht es um die Frage, ob und inwieweit der Indikator in der Lage ist, einen Betreuungs- oder Versorgungsaspekt bzw. betrieblichen Leistungsaspekt ausreichend zu beschreiben, der einen angemessenen und ausreichenden Nutzen für die jeweilige Einrichtung bzw. den Patienten aufweisen kann. Indikatoren dürfen niemals Selbstzweck sein, sondern sollten Verbesserungspotenziale aufdecken und Qualitätsverbesserungen ermöglichen. Daher sollten Indikatoren in der Lage sein, Merkmale zu erfassen, die einerseits das Leistungsgeschehen in seiner tatsächlichen Ausprägung abbilden, dieses andererseits aber auch beeinflussbar werden lassen.
- **Wissenschaftlichkeit und Unterscheidungsfähigkeit** (Scientific Acceptability): Hierbei geht es u. a. um die Reliabilitäts- und Validitätsaspekte bei der Auswahl und Interpretation von Indikatoren. Ein Indikator sollte in der Lage sein, den zu messenden und letztendlich zu steuernden Versorgungsaspekt inhaltlich sachgerecht (Validität) und zuverlässig (Reliabilität) abzubilden. Darüber hinaus müssen neben der Spezifität (Rate mit welcher die Messgröße das zu messende Problem abbildet und bei tatsächlichen Unterschieden auch anschlägt) auch die Aspekte der Sensitivität (Rate mit der Qualitätsunterschiede aufgezeigt werden können) berücksichtigt werden. In diesen Zusammenhang muss auch die Diskriminationsfähigkeit gestellt werden. Sie ist die Fähigkeit des Indikators, eine abweichende Qualität auch bei geringen Unterschieden nachweisen zu können.
- **Durchführbarkeit und Praktikabilität** (Feasibility and Usability): Die Durchführbarkeit zielt auf die praktische Handhabung. Indikatoren sollten eindeutig und klar formulierbar sein, d. h. sich auf einen bestimmten Versorgungs- und Leistungsaspekt beziehen, dem sie eindeutig zuzuordnen sind. Gleichzeitig sollten die zu erhebenden Daten ohne größeren Aufwand verfügbar bzw. messbar sein, damit sie für den Routineeinsatz überhaupt infrage kommen. Damit Qualität bzw. die mit der Indikatorbildung beabsichtigte Aussage für alle Nutzerinnen- und Nutzergruppen verstehbar wird und die gewonnenen Daten keine unerwünschten Steuerungswirkungen entfalten, sollten darüber hinaus die Aspekte Verständlichkeit und Interpretierbarkeit für Außenstehende und Anwendende Beachtung finden.

6.3 Qualitätsbewertung und Qualitätsevaluation

Die Qualitätsbewertung ist der Teil des Qualitätsmanagements, der sich mit der Beurteilung der im Rahmen der Qualitätsbestimmung gewonnenen und analysierten Daten beschäftigt. Eine andere, inhaltlich identische Bezeichnung für Qualitätsbewertung ist **Qualitätsevaluation** (lat.: *valere* = Wert sein). Qualitätsevaluation ist begrifflich vor allem in wissenschaftlichen (z. B. Evaluation von Qualitätsprogrammen) und professionsbezogenen

Kontexten (z. B. Evaluation von Handlungskonzepten) verankert. Der Begriff betont die Perspektive des „Fachlichen" und eine Beurteilung durch „Expertinnen und Experten" (als Evaluierende). Mit ihm werden in materieller Weise bestimmte Methoden und Verfahrensweisen in Verbindung gebracht. Dagegen hat **Qualitätsbewertung** eher den Stellenwert eines Denk- und Handlungsprinzips, das sich in bestimmten Methoden des Qualitätsmanagements ausdrückt (z. B. Audit, Selbstbewertung, Managementbewertung). Im Kontext des Qualitätsmanagements wären beide Begriffe aber auch austauschbar.

Würde analog zur eingangs vorgenommenen Einordnung der Qualitätsbestimmung auch für die Qualitätsbewertung eine Einordnung in den Qualitätskreislauf verlangt, markierte die Qualitätsbewertung einen Übergangsbereich von der Phase der Qualitätsprüfung („Check") zur Phase der Qualitätsdarlegung bzw. Qualitätsmanagementdarlegung („Act"). Die Beurteilung von Qualität bzw. die Abgrenzung von „guter" und „schlechter" Qualität ist unmittelbare Voraussetzung für die nachfolgend zu tätigen Schlussfolgerungen und ihre Übersetzung in Handlungen („Act"). Die Qualitätsbewertung könnte streng genommen als ein eigenständiger Schritt im Qualitätskreislauf oder ein die Qualitätsbestimmung erweiternder oder rahmender Ansatz verstanden werden. Sie stellt den übergeordneten **Bezugsrahmen** dafür, welche Messverfahren verwendet, welche Daten erhoben und welche Kriterien (Maßstäbe) angelegt werden. Dabei bleibt sie untrennbar mit der Ermittlung und Messung von qualitätsrelevanten Daten und Informationen („Check") verknüpft.

▶   Qualitätsbestimmung (Ermittlung und Messung von qualitätsrelevanten Daten) ist eine notwendige Bedingung der Qualitätsbewertung (Beurteilung des „Werts" ermittelter Daten, Größenwerte und Informationen).

Die enge Verknüpfung von Qualitätsbestimmung und Qualitätsbewertung wird in besonderer Weise in der Phase der **Qualitätslenkung** deutlich. Im Rahmen der Steuerung und Aufrechterhaltung des Prozessgeschehens werden Daten zu verschiedenen Zeiten und in verschiedenen Stufen ermittelt und analysiert (z. B. Zählkontrollen zur Vermeidung von Fremdkörpern im Operationsgebiet, Prüfung der Keimfreiheit von Sterilgut). Bei der Realisierung der Leistungsprozesse und dem Aufrechterhalten des angestrebten Qualitäts- und Leistungsniveaus werden die ermittelten Daten zugleich auch beurteilt (z. B. Über- oder Unterschreiten von Zielvorgaben oder Anforderungen) und ggf. Konsequenzen zur Fehlerbehebung eingeleitet (z. B. Fremdkörpersuche, Materialaustausch). Die in dieser Weise regelmäßig durchgeführten Mess- und Prüfverfahren werden methodisch nicht als Qualitätsbewertung, sondern eher als Qualitätskontrolle oder Qualitätsüberwachung bezeichnet und können überordnend den Maßnahmen der Qualitätssicherung zugerechnet werden. Die Qualitätsbewertung hat hierbei den Stellenwert einer rahmengebenden Maßstabs- und Urteilsfindung.

Methoden der Qualitätsbewertung werden im Kontext des Qualitätsmanagements dann als solche bezeichnet, wenn sie gezielt und planerisch eingesetzt werden, beispielsweise um sich ein Bild über die Erfüllung von Prozessanforderungen zu machen

(z. B. Einhaltung von regelmäßigen Zählkontrollen oder Sterilgutprüfungen), um die Eignung von Qualitätssicherungsmaßnahmen zu untersuchen (z. B. Erforderlichkeit der Aufzeichnung bestimmter Tätigkeiten) oder um die Funktion und Wirksamkeit eines Qualitätsmanagementsystems oder einzelner Organisations- und Management-aspekte beurteilen zu können. In einem solchen Anwendungsrahmen werden zwar stets auch Daten gewonnen und Sachverhalte aufgeklärt; der Aspekt der „wertsetzenden" Beurteilung steht aber deutlich im Vordergrund.

Um Methoden der Qualitätsbewertung bzw. der Qualitätsevaluation taxonomisch zu gliedern, werden zunächst *interne* (einrichtungs- bzw. organisationsinterne) von *externen* Methoden abgegrenzt. Bei externen Methoden wird die Qualitätsbeurteilung durch Personen oder Organisationen außerhalb der eigenen Einrichtung bzw. des leistungs-erstellenden Organisationsgefüges vorgenommen. Steht bei der Qualitätsbeurteilung die professionsbezogene Fachlichkeit im Vordergrund, können diese als Selbst- oder Fremd-evaluation bezeichnet werden. Methoden der *Selbstevaluation* werden bezogen auf die personenbezogene Handlungspraxis durch Berufs- und Professionsangehörige inner-halb einer Organisation vorgenommen. Bei der *Fremdevaluation* spielt die fachliche und professionsbezogene Perspektive ebenfalls eine Rolle; die Qualitätsbeurteilung wird allerdings von „anderen" Fachpersonen mit Blick von außerhalb der Einrichtung bzw. der eigenen Handlungspraxis vorgenommen (Abb. 6.5). Im Rahmen dieses Kapitels

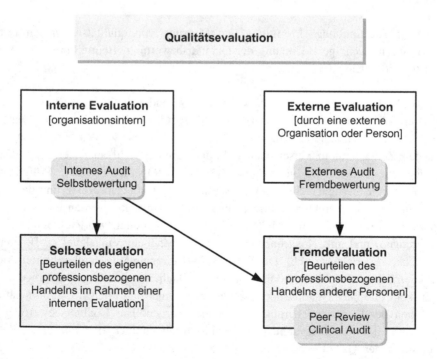

Abb. 6.5 Methoden der Qualitätsevaluation im Kontext des Qualitätsmanagements. (Mod. nach König 2009)

werden nachfolgend zunächst die zentralen Methoden der internen Qualitätsevaluation bzw. -bewertung vorgestellt; Methoden der externen Qualitätsevaluation werden im Rahmen von Zertifizierungs- und Akkreditierungsverfahren gesondert behandelt (Kap. 12).

Sämtliche Methoden und Verfahren der Qualitätsbewertung bauen auf einem gleichartigen Prinzip auf. Ihr zentrales Paradigma ist der **Vergleich.** Nur mit einem Vergleich kann einem Sachverhalt, einer Einheit oder einem Merkmal ein Wert zugewiesen werden. Dieser Zusammenhang liegt bereits dem Fachbegriff „Qualität" zugrunde, der sich nicht durch die realisierte Beschaffenheit konstituiert, sondern aus dem Verhältnis von geforderter und realisierter Beschaffenheit (Kap. 1). In Analogie zu dieser Grundauffassung von Qualität ist die methodisch geleitete Qualitätsbewertung im Qualitätsmanagement notwendigerweise an die folgenden drei **Grundschritte** gebunden:

1. Es muss ein „Soll"-Konzept ermittelt und festgelegt sein.
2. Es muss eine entsprechende „Ist"-Situation bestimmt werden.
3. Es muss ein Vergleich zwischen „Soll"-Konzept und „Ist"-Situation vorgenommen werden und eine Wertzuweisung erfolgen (Qualitätsbewertung im engeren Sinne).

Unterscheidet man grundlegende Arten von durchzuführenden Vergleichen, anhand derer eine Wertzuweisung im Rahmen der methodisch geleiteten Qualitätsbewertung erfolgen kann, lassen sich vier **Grundprinzipien des Qualitätsvergleichs** mit Bedeutung für das Qualitätsmanagement voneinander abgrenzen (Tab. 6.5).

Tab. 6.5 Grundprinzipien des Qualitätsvergleichs

Vergleichsart	Vergleichsgegenstand	Vergleichsmethode
Strategische Zielerreichung	Vergleich der Qualitätsziele (einer Einrichtung) mit der Qualität, die tatsächlich realisiert wurde	z. B. Selbstbewertung, Managementbewertung
Operative Zielerreichung	Vergleich von Qualitätsanforderungen mit den tatsächlichen Aktivitäten (der Einrichtung)	z. B. Compliance-Evaluationen wie Qualitätsaudits, Qualitätscontrolling
Querschnittvergleiche	Vergleich der in einer Einrichtung erreichten Qualität mit der Qualität anderer Einrichtungen	z. B. öffentliche Qualitätsvergleiche, Qualitätsberichte, Benchmarking
Längsschnittvergleiche	Vergleich der Veränderung der Qualität in der gleichen Einrichtung zwischen verschiedenen Zeitpunkten	z. B. Qualitätsmonitoring, Qualitätsstatistiken

6.3.1 Selbstbewertung

Ähnlich wie das Qualitätsaudit (Abschn. 6.3.2) ist die Selbstbewertung eine breit etablierte **Methode der Qualitätsbewertung.** Der Begriff „Selbstbewertung" wurde im deutschsprachigen Raum insbesondere durch das Bewertungsverfahren des EFQM Excellence Modells geprägt (Kap. 12). Die Bezeichnung *Selbstbewertung* ist mittlerweile auch andernorts verbreitet. Begrifflich hat sie beispielsweise Eingang in das branchen-spezifische KTQ-Zertifizierungsverfahren gefunden. Durch eine Selbstbewertung wird im Vorfeld einer KTQ-Zertifizierung formalisiert geprüft, ob und inwieweit die geforderten Qualitätskriterien einrichtungsintern umgesetzt sind. Eine solche KTQ-Selbstbewertung dient gewissermaßen der Vorbereitung auf eine nachfolgende Fremdbe-wertung (Zertifizierung von Gesundheitsorganisation). Selbstbewertung ist überdies auch Gegenstand von Peer-Review-Verfahren im Gesundheitswesen. Im Vorbereitung auf die Peer-Besuche werden ausgewählte Kriterien der Struktur-, Prozess- und Ergebnisqualität im berufsfachlichen Umfeld analysiert (professionsbezogene Qualitätsentwicklung). Im Rahmen externer Qualitätsevaluation hat sie verallgemeinernd eine zertifizierungs- oder fremdbewertungsvorbereitende Funktion. Entwickelt wurde sie ursprünglich aber als *Managementmethode* mit einer viel weitreichenderen, strategischen Bedeutung für die Organisation. Begrifflich betont der Begriff „Selbstbewertung" jedoch stets und nach-drücklich, dass in hohem Maße die **Eigenregie** der Organisation gefragt ist.

In ihrem Wesen und Ursprung ist die Selbstbewertung vor allem eine **Management-methode** zur systematischen und regelmäßigen Analyse und Beurteilung eines *Leistungsstands* („Ist"-Analyse der Tätigkeiten und Ergebnisse) und des *Reifegrads* einer Organisation (Organisationsanalyse). Darüber hinaus dient sie der Identifikation von Bereichen für *Verbesserungen* und *Innovationen*. Mit der Selbstbewertung kann eine Organisation ihre Stärken und Verbesserungspotenziale erkennen sowie den Fortschritt und die Wirksamkeit eingeleiteter Verbesserungsmaßnahmen verfolgen. In diesem Sinne wird sie im EFQM-Modell als **zentrale Bewertungsmethode** (EFQM 2011), aber auch von der Empfehlungsnorm DIN EN ISO 9004 als **erweiterte Bewertungsmethode** gegenüber dem Audit verstanden (DIN 2018).

▶ **Selbstbewertung** (Self-Assessment) ist eine umfassende, regelmäßige und systematische Überprüfung und Bewertung von Tätigkeiten und Ergebnissen einer Organisation anhand eines Qualitätsmodells oder einer selbst gewählten Referenz.

Eine Selbstbewertung umfasst die gesamte Organisation im Sinne einer ganzheitlichen Unternehmensbewertung, was den Charakter des TQM-Managementansatzes gegen-über einem QMS unterstreicht (**organisationsweite „Ist"-Analyse**). Grundsätzlich wären aber auch Selbstbewertungen in Organisationseinheiten denkbar und möglich. Die zu bewertende Einheit sollte aber mindestens so groß sein, dass sie Einfluss auf alle zu bewertenden Elemente oder Kriterien hat. Für kleine Gesundheitseinrichtungen (z. B.

therapeutische oder ärztliche Praxen, MVZ, regionale ambulante Pflegedienste) sollte eine Bewertung grundsätzlich auf Ebene der Gesamtorganisation angestrebt werden, da bei der Bewertung zu kleiner Schnittstellen Einheiten entstehen, die die Bewertung insgesamt erschweren.

6.3.1.1 Der Selbstbewertungsprozess

Der Selbstbewertungsprozess nach dem EFQM-Modell lässt sich grundsätzlich in zwei „Arbeitsbereiche" unterteilen. Die **Selbstbewertung im engeren Sinne** umfasst alle Maßnahmen der Datenerhebung, Datendokumentation und Datenbewertung inklusive der dazugehörigen Ergebnisaufbereitung. Die Selbstbewertung kann *quantitativ* mit Bewertungspunkten (metrisch), beispielsweise entlang der EFQM-Bewertungssystematik, durchgeführt werden (Kap. 12). Eine umfassende Analyse der „Ist"-Situation mit nachfolgender Bewertung von Stärken und Schwächen kann aber auch rein *qualitativ* erfolgen. Vor allem beim Einstieg in die Methode oder bei der ersten Orientierung ist eine qualitative Analyse zu bevorzugen, da die Bewertung mit Punktwerten einiges an Erfahrung und methodisches Know-how abverlangt.

Im Ergebnis sollte aber immer ein sog. **Selbstbewertungsbericht** angefertigt werden. Dieser enthält Aussagen zur Vorgehensweise und zur Bestandsanalyse, mindestens aber eine Gegenüberstellung von Stärken und Verbesserungsbereichen. Hieran schließt sich der zweite Arbeitsbereich an, der sich mit der Umsetzung von Qualitätsverbesserungs maßnahmen, die direkt aus der Selbstbewertung abgeleitet werden, befasst. Beide Arbeitsbereiche lassen sich zusammenfassend auch als **Selbstbewertung im erweiterten Sinne** bezeichnen. Der gesamte Selbstbewertungsprozess kann in acht Stufen abgebildet werden (Abb. 6.6). Der Arbeitsbereich von Stufe 1 bis Stufe 5 entspricht einer „Selbstbewertung im engeren Sinne".

In den Stufen 1 bis 4 geht es im Wesentlichen um die **Implementierung der Selbstbewertung** in die Qualitätsplanung und die dazugehörige Qualitätskultur sowie um die konkrete Durchführungsplanung. In die Selbstbewertung müssen Führungskräfte der obersten Leitung eingebunden werden, die nicht nur „irgendwie dabei" sein, sondern die

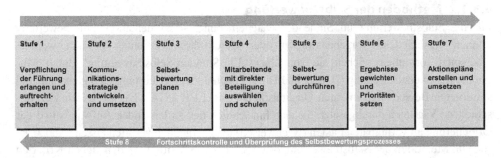

Abb. 6.6 Stufen eines Selbstbewertungsprozesses: Selbstbewertung im erweiterten Sinne. (Quelle: EFQM 2011)

sich als Initiatoren und Promotoren der Selbstbewertung verstehen sollten (Stufe 1). In einem nächsten Schritt geht es darum, eine Kommunikationsstrategie zu entwickeln und anzuwenden, um die Botschaft und die Inhalte einer Selbstbewertung in der gesamten Organisation angemessen zu verbreiten (Stufe 2). Darauf folgt die konkrete Planung des Methodeneinsatzes und des Einsatzortes (Stufe 3). Steht das methodische und organisatorische Gerüst, müssen Organisationsmitglieder für die konkrete Durchführung der Selbstbewertung ausgewählt, beworben und geschult werden (Stufe 4). Hierbei ist auf die Verteilung von möglichen Rollen im Selbstbewertungsprozess zu achten (z. B. Teamleitende, Moderierende, Datensammelnde).

In Stufe 5 geht es um die **konkrete Durchführung,** in der Stärken und Verbesserungsbereiche der Organisation ermittelt werden. Wird die Bewertung entlang des EFQM-Kriterienmodells vorgenommen, müssen die Ergebnisse aller sieben Kriterien inklusive der darin geteilten Teilkriterien aufbereitet und gewichtet werden. Da nicht alle identifizierten Verbesserungsbereiche direkt in eine Aktionsplanung münden können, muss zunächst eine Priorisierung von möglichen Verbesserungsmaßnahmen vorgenommen werden (Stufe 6). Für die in systematischer Weise ausgewählten Verbesserungsmaßnahmen gilt es nun, Aktionspläne zu erstellen und die geplanten Verbesserungen umzusetzen. Hierbei sind Methoden des Projektmanagements sinnvoll zu integrieren (Kap. 11). Nach Abschluss der Projekte sollten die Ergebnisse und erzielten Verbesserungen möglichst allen Mitgliedern der Organisation gespiegelt werden (Stufe 7).

Der eigentliche **Selbstbewertungsprozess** (Organisationsanalyse) und die sich daran anschließende **Aktionsphase** (Durchführung von Verbesserungsmaßnahmen) sollten zeitnah aufeinander folgen. Auch wenn dies eine straffe Führung durch die Verantwortlichen erfordert, wird nur durch eine zeitnahe Kopplung beider Arbeitsbereiche der logische Zusammenhang von analytischer Bewertung und konsekutivem „Qualitätshandeln" für alle Beteiligten deutlich. Im weiteren Verlauf gilt es, die einmal angestoßene Dynamik der „Selbstbewertungskultur" zu erhalten und die strategische Bedeutung der Selbstbewertung als Instrument der Qualitätsplanung und Erfolgskontrolle dauerhaft zu etablieren. Hierzu sind regelmäßige *Fortschrittskontrollen* und *Managementbewertungen* erforderlich (Stufe 8).

6.3.1.2 Methoden der Selbstbewertung

Für die Selbstbewertung im Sinne der Datenerhebung, -dokumentation und -bewertung können verschiedene Vorgehensweisen oder Durchführungsvarianten gewählt werden. Überspitzt formuliert reichen sie von einer „Ein-Stunden-Selbstbewertung" durch Mitglieder der obersten Leitung („Quick and Dirty") bis hin zu einer umfangreich geplanten und simulierten Bewerbung um einen Qualitätspreis (z. B. LEP, EGA). Es haben sich vier verschiedene Varianten durchgesetzt, die sich hinsichtlich des zu leistenden Aufwands und der Orientierung an verfügbaren Fakten (Nachweisen) unterschiedlich verorten lassen (Abb. 6.7).

Alle Methoden der Selbstbewertung orientieren sich inhaltlich an den sieben Kriterien des EFQM-Modells, weisen aber unterschiedliche Vorteile und Risiken auf (vgl. EFQM 2003, 2011):

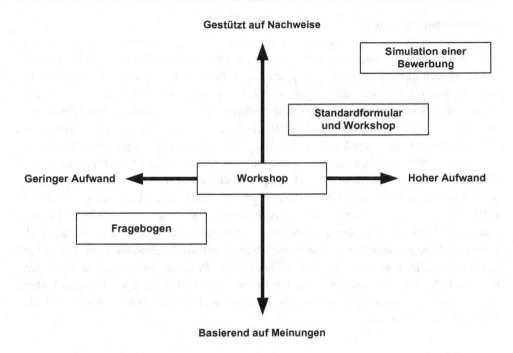

Abb. 6.7   Varianten der Selbstsmethodenbewertung nach EFQM

Fragebogenmethode

Die Verwendung von Fragebögen ist die am wenigsten aufwendige Methode und kann sehr schnell abgeschlossen werden. Die Fragebögen können von nur wenigen Führungskräften („Expertenbewertung") oder von möglichst vielen bis allen Mitgliedern der Organisation („Mitarbeitendenbewertung") ausgefüllt werden, je nach dem welcher Zeithorizont zur Verfügung steht und welche Zielsetzung mit der Selbstbewertung verfolgt wird. Es können einfache Ja/Nein-Antworten oder komplexe Bewertungsskalen zum Einsatz kommen. Bei Bewertungsskalen ist zu beachten, dass die Daten und Skalenwerte nicht den Bewertungspunkten einer quantitativen Selbstbewertung entsprechen, sondern lediglich orientierenden Charakter haben. Die Organisation erhält durch die Einbindung möglichst vieler Teilnehmender ein breites Organisations-Feedback. Ein solches Vorgehen kann allerdings auch zu Überforderung führen, insbesondere wenn der Umgang mit den Instrumenten wenig vertraut ist. Auch wenn der Fragebogen grundsätzlich auf die besonderen Belange der eigenen Organisation zugeschnitten werden kann, liefert jeder Fragebogen immer nur Ergebnisse zu den „vorgedachten" Items und Fragestellungen. Diesen Nachteil kann man aber ausgleichen, in dem man den Fragebogen zusätzlich oder in Verbindung mit der Workshop-Methode einsetzt.

Bewertungsworkshop

Ein Workshop ist eine Veranstaltung, bei dem sich die Mitglieder eines Teams in einem überschaubaren Zeitraum mit verschiedenen Themen (z. B. Teilkriterien) beschäftigen. Dabei werden auch Entscheidungen getroffen (z. B. Bewertung von geeigneten Nachweisen) und ein Konsens über Stärken und Verbesserungsbereiche erzielt. In einem Workshop arbeiten Organisationsmitglieder unterschiedlicher Bereiche und Hierarchiestufen zusammen, die zunächst qualitativ über die Inhalte der Kriterien und Teilkriterien beraten und anschließend Stärken und Verbesserungsbereiche formulieren. Ergänzend oder ersetzend ist aber auch eine quantitative Punktbewertung nach der EFQM-Bewertungssystematik möglich (Kap. 12). Diese hängt jedoch von der Erfahrung der Teilnehmenden mit dem EFQM-Modell ab. Wenn möglich, übernehmen Führungskräfte die Verantwortlichkeit für das zu bearbeitende Kriterium und übernehmen gleichzeitig eine Moderationsfunktion. Trotz der verbreiterten Sichtweise und der methodisch geleiteten Auseinandersetzung können aber auch unrealistische Einschätzungen getroffen werden. Gleichsam können sich gruppendynamische Prozesse und verdeckte Absichten bei den Teilnehmenden ungünstig auf das Ergebnis auswirken. Auf jeden Fall erfordert die Workshop-Methode eine geschulte Moderation und im EFQM-Modell ausgebildete Kriteriumsverantwortliche.

Standardformulare

Die Anwendung von Standardformularen ist weniger eine eigenständige Arbeitsmethode als eine Möglichkeit der standardisierten Datendokumentation im Rahmen der Selbstbewertung. Daher sollte methodisch auch besser von „Workshop mit Standardformularen" gesprochen werden. In den aktuelleren EFQM-Publikationen wird die Standardformularmethode nicht mehr als einzelne Methode explizit aufgeführt (vgl. EFQM 2011). Sie ist aufgrund ihres systematischen Vorgehens insbesondere als Einstieg in das EFQM-Bewertungsverfahren empfehlenswert und ermöglicht eine inhaltliche Annäherung an die Themenwelt umfassender Qualitätskonzepte. Im Rahmen eines Bewertungsworkshops werden zu jedem Teilkriterium die zu beurteilenden Aspekte diskutiert, die erforderlichen Daten zusammengetragen und im Konsensverfahren bewertet. Die erarbeiteten Ergebnisse werden anschließend in systematischer Form in ein „standardisiertes" Formular (Standardformular) eingetragen. Diese Methode verbindet die Vorteile der qualitativen Datenbearbeitung im Team mit einer möglichst standardisierten Vorgehensweise bei der Datenerhebung und -bewertung. Sie ist besonders geeignet, um Stärken und Verbesserungsbereiche zu identifizieren (vgl. Hensen et al. 2005). Die von verschiedenen Selbstbewertungsteams erarbeiteten Ergebnisse, d. h. die ausgearbeiteten Standardformulare zu allen Teilkriterien, werden dann in einen Selbstbewertungsbericht einheitlich zusammengeführt und ggf. (semi-)quantitativ weiter ausgewertet.

Mögliche Inhalte eines Standardformulars:

- Nennung des Kriteriums
- Nennung des Teilkriteriums
- Liste der Orientierungspunkte
- Qualitative Ausführungen mit Bezug zu den Orientierungspunkten
- Aufzählung von Stärken der Organisation/Einheit
- Aufzählung von Verbesserungsbereichen der Organisation/Einheit
- Aufzählung der Nachweise und Quellenangaben
- [ggf. Einsatz der EFQM-Bewertungsmatrix]

Simulation der Bewerbung um einen Qualitätspreis

Bei dieser Vorgehensweise wird ein vollständiges Bewerbungsdokument für die Organisation oder die zu bewertende Organisationseinheit nach den Regeln eines Qualitätspreises (z. B. LEP, EGA) erstellt. Bei einem solchen Bewerbungsdokument wird eine einheitliche Bewertungslogik herangezogen (z. B. RADAR-Logik), damit Vergleiche mit anderen Organisationen möglich werden. Die quantitative Bewertung mit Punkten ermöglicht eine genauere Analyse des Leistungsstands und des Reifegrads einer Organisation. Mit der Simulationsmethode wird die Selbstbewertung einrichtungsintern „professionalisiert" und die Organisation hinsichtlich des ausgewählten Qualitätsmodells zunehmend wettbewerbsfähig. Ein wichtiger Vorteil dieser Methode ist die Möglichkeit, den Blick auf die selbst erhobenen Daten durch einen Prozess der „internen Fremdbewertung" durch geschulte und qualifizierte Personen (EFQM-Assessoren) zu ergänzen. Dabei werden der Selbstbewertungsbericht oder Teile davon fremdbewertet und Vor-Ort-Besuche durchgeführt. Die Assessoren können der Organisation angehören, dabei aber beispielsweise in anderen Abteilungen beschäftigt sein („interne Fremdbewertung"). Die probeweisen Bewertungsläufe und Vor-Ort-Besuche können auch von externen Assessoren durchgeführt werden („externe Fremdbewertung"). Da es sich um eine sehr anspruchsvolle und ressourcenintensive Vorgehensweise handelt, ist die Bewerbungssimulation eher für erfahrende Organisationen geeignet (Tab. 6.6).

6.3.2 Qualitätsaudit

Qualitätsaudit und Selbstverwertung sind eng verwandt. Beide Methoden werden üblicherweise regelmäßig eingesetzt und sind systematisch in das einrichtungsinterne Qualitätsmanagement eingebettet. Bei beiden Methoden werden Daten und Informationen über das Leistungsgeschehen und zur Qualität einer Einrichtung gesammelt. Beide Methoden gehen dabei über die Ermittlung und Messung von Qualitätsdaten hinaus und nehmen eine Qualitätsbewertung entlang eines gewählten Bezugsrahmens vor. Im Gegensatz zur strategischen Bedeutung der (eher organisationsweit

Tab. 6.6 Auswahlkriterien für die Wahl der Selbstbewertungsmethode. (Quelle: mod. nach EFQM 2003, 2011)

Methode	Modellkenntnis erforderlich	Vor-Ort-Besuche	Stärken und Verbesserungsbereiche	Genauigkeit der Bewertung
Fragebogen	Nein	Nein	Nein/Bedingt	Niedrig
Workshop	Ja	Ja	Ja	Mittel
Workshop und Standardformular	Ja	Nein/Optional	Ja	Mittel/Hoch
Simulation einer Bewerbung	Ja	Ja/Optional	Ja	Hoch

angelegten) Selbstbewertung ist das Qualitätsaudit eine **Methode der Qualitätsbewertung,** die eher im operativen Qualitätsmanagement ihren Platz findet.

▶ **Audit** Systematische und objektive Prüfung und Bewertung des Erfüllungsgrades von Anforderungen bezüglich einer Betrachtungseinheit (Produkt, Dienstleistung, Prozess, Organisation, System).

Die Begriff Audit (lat.: *audire* = hören) ist eng mit dem Qualitätsmanagementmodell der DIN EN ISO 9001 verknüpft und bezieht sich darin auf das Funktionieren eines Qualitätsmanagementsystems oder Teilen davon. Mit Hilfe von Qualitätsaudits (kurz: Audits) können Schwachstellen im Qualitätsmanagement aufgedeckt, Anregungen zur Verbesserung gegeben und eingeleitete Qualitätsmaßnahmen evaluiert werden. Audits werden in der Regel durch qualifizierte Fachpersonen durchgeführt (Auditoren), die *unvoreingenommen* und *unabhängig* die Rolle eines „ermittelnden Zeugen" einnehmen und die Tatsachenbeweise und Belege (auch: objektive Nachweise) liefern. *Unabhängig* bedeutet, dass auditierende Personen ihre eigene Tätigkeit oder ihren eigenen Arbeitsplatz nicht selbst auditieren dürfen. *Unvoreingenommen* bedeutet, dass die Bestimmung und Bewertung der Daten und Informationen aus einer neutralen Position heraus erfolgen soll.

Merkmale von Qualitätsaudits
- Systematische Vorgehensweise
- Dokumentation der Ergebnisse nach Durchführung des Audits
- Gemeinsames Durchsprechen der Ergebnisse mit den beteiligten Personen
- Diskussion von Ursachen und Festlegung von Maßnahmen
- Festlegung von Terminen zur Umsetzung der Maßnahmen
- Überwachung der eingeleiteten Verbesserungsmaßnahmen

6.3.2.1 Auditarten

Die verschiedenen Arten und Formen von Audits lassen sich nach verschiedenen Gesichtspunkten gliedern. Grundsätzlich werden interne von externen Audits unterschieden. Bei einem **externen Audit** werden Audittätigkeiten von außenstehenden Personen bzw. von organisationsexternen Institutionen durchgeführt (z. B. im Rahmen eines Zertifizierungsaudits). Im Rahmen eines **internen Audits** werden innerhalb einer Einrichtung bzw. definierter Organisationsgrenzen Audittätigkeiten durchgeführt. Beispielsweise kann in Vorbereitung auf eine Zertifizierung geprüft werden, ob und inwieweit das eingeführte Qualitätsmanagementsystem (oder Teile davon) normengerecht und wunschgemäß aufrechterhalten wird und wirkt (Beurteilung der eigenen Qualitätsfähigkeit). Ein internes Audit wird in der Regel von einem Mitglied der Organisation bzw. einer für diesen Zweck zusammengestellten Gruppe durchgeführt (auditleitende Person und Auditteam). Abhängig vom Gegenstand der Prüfung werden im Umfeld des Qualitätsmanagements folgende Auditarten unterscheiden (vgl. Herrmann und Fritz 2011, S. 225 ff.; Schmitt und Pfeiffer 2015, S. 309 f.):

- **Systemaudit:** Hierbei wird stichprobenartig das Qualitätsmanagementsystem auf Konformität mit den Anforderungen des Normenwerks geprüft. Das Ziel ist die Feststellung, ob das System (QMS) dem geforderten Zustand entspricht („Ist das Qualitätsmanagementsystem konform mit den Anforderungen?"). Beurteilt wird hinsichtlich Vollständigkeit, Zweckmäßigkeit, tatsächlicher Umsetzung und Dokumentation. Sonderformen des Systemaudits sind das Zertifizierungsaudit und das Lieferantenaudit.
- **Prozess- oder Verfahrensaudit:** Hierbei werden einzelne Verfahren oder Prozesse auf Einhaltung und Zweckmäßigkeit geprüft (z. B. Umgang mit Betäubungsmitteln, Einhaltung von Datenschutzbestimmungen bei der Aufnahme von Patienten). Das Ziel ist die Feststellung, inwieweit der Prozess das geforderte Ergebnis zuverlässig liefert bzw. die für das Ergebnis notwendigerweise vorgesehenen Tätigkeiten umgesetzt und Verfahren eingehalten werden („Wird gemacht, was gemacht werden soll?"). In einem erweiterten Sinne wird untersucht, unter welchen Bedingungen und mit welchem Ergebnis ein Prozess abläuft, sodass vor allem bei Dienstleistungen die Übergänge zum nachfolgend genannten Produktaudit fließend sein können.
- **Produktaudit:** Hierbei werden im Allgemeinen die Ergebnisse von Fertigungs- oder Realisierungsprozessen (Produkte) dahin gehend untersucht, ob und inwieweit diese mit den geforderten Qualitätsmerkmalen übereinstimmen. Der Produktbegriff steht bei Gesundheitsleistungen unter einem gewissen Definitionsvorbehalt (Kap. 1). Im engeren Sinne kann bei einem Produktaudit das Dienstleistungsergebnis Gegenstand der Betrachtung sein („Entsprechen die Ergebnisse der erstellten Dienstleistung den Merkmalen, die vorgesehen und beabsichtigt waren?"). Werden in einem erweiterten Sinne Dienstleistungen ganzheitlich als „Produkte" (Potenzial-, Prozess- und Ergebnisphase der Dienstleistung) verstanden, können Produktaudits dahin gehend prüfen,

ob die Spezifikationen anforderungsgerecht sind oder die ermittelten Merkmale (z. B. Fehlerfreiheit, Angemessenheit, Wirksamkeit) der tatsächlich erbrachten Leistungen den angestrebten Qualitätszielen entsprechen („Entsprechen die Dienstleistungen den Merkmalen, die vorgesehen und beabsichtigt waren?").

Darüber hinaus gibt es noch viele andere Auditarten, die abhängig vom Prüfgegenstand als *Compliance-Audit* (Prüfung auf Konformität mit Vorschriften, Regelungen oder Vereinbarungen), *Performance-Audit* (Prüfung der Art und Weise einer Zielerreichung beispielsweise hinsichtlich des vorgenommenen Mitteleinsatzes) oder *Projekt-Audit* (Prüfung des Projektstatus oder der Durchführungsqualität von Projekten) bezeichnet werden (vgl. Ertl-Wagner et al. 2013, S. 168; Brauweiler et al. 2015). Finden Audits in einem festgelegten Turnus statt und sind sie in einem Auditprogramm bzw. Auditjahresplan festgelegt, spricht man von einem **planmäßigen Audit**. Ähnlich dem Modell einer Qualitätsspirale (Idee der kontinuierlichen Qualitätsverbesserung) können planmäßig durchgeführte Audits bei korrekter und regelmäßiger Anwendung zu einem kontinuierlichen Anstieg des Qualitätsniveaus führen. Dies wird auch als positiver „Sägezahneffekt" bezeichnet. In der täglichen Routine schleichen sich zwangsläufig Fehler oder Arten „nicht anforderungsgerechter Qualität" ein. Aufgrund der Periodizität der Audittätigkeiten können diese sich aber nicht durchsetzen, d. h. mit jedem durchgeführten Audit lassen sich Fehlerhäufungen vermeiden (Abb. 6.8).

Neben einer planmäßigen Auditfolge können Audits auch **außerplanmäßig** stattfinden. Dies kommt vor, wenn gravierende Qualitätsprobleme sichtbar geworden sind („Rote-Flagge"-Indikatoren) oder substanzielle Eingriffe in das Leistungsgeschehen vorgenommen wurden. Außerplanmäßige Audits werden auch als Spontanaudit oder Problemaudit bezeichnet.

Abb. 6.8 Positiver „Sägezahneffekt" durch planmäßige Audits

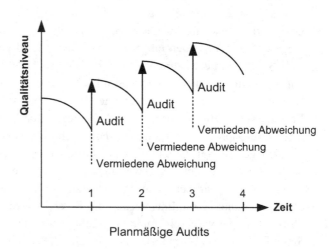

6.3.2.2 Audittätigkeiten

Audits werden nach vorgegebenen Kriterien oder Standards durchgeführt und orientieren sich naturgemäß an den Zielen des Auditauftraggebers (z. B. Konformität von Prozessen, Funktionsfähigkeit des Managementsystems, Einhaltung gesetzlicher und behördlicher Anforderungen, Umsetzung von Politiken). Jedes Audit beginnt mit seiner Veranlassung und endet mit einer Auswertung (Abb. 6.9).

Im Zuge der Audittätigkeiten werden **Auditfeststellungen** (Befundlage und Bewertung) und **Auditschlussfolgerungen** (Konsequenzen und Empfehlungen) getroffen. Formales Ziel des Audits ist schließlich der *Auditbericht,* der die vorgeschriebene

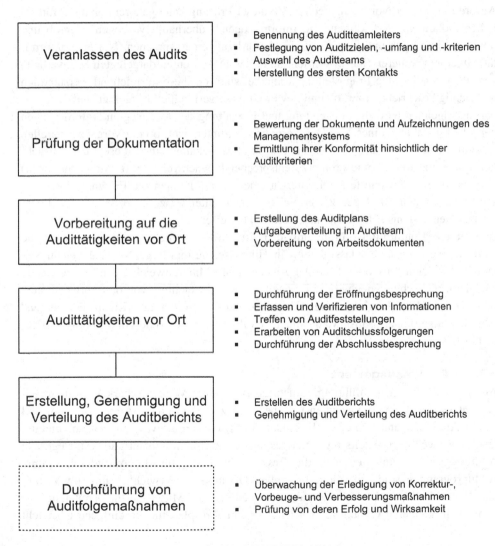

Abb. 6.9 Typische Audittätigkeiten. (Quelle: DIN EN ISO 19011)

Durchführung und die Auswertung des Audits nachweist. Der **Auditbericht** wird an alle zuständigen Stellen, insbesondere aber an die oberste Leitung geleitet, damit die Ergebnisse in die *Managementbewertung* einfließen können.

Art und **Umfang** eines Audits sowie die **Auditkriterien** werden gemeinsam durch die oberste Leitung bzw. die für das Qualitätsmanagement verantwortlichen Führungskräfte und die Auditleitung festgelegt. Im Rahmen eines Audits wird auf Konformität bzw. Nicht-Konformität mit den Auditkriterien geprüft **(Konformitätsprüfung).** Dazu werden in einem ersten Schritt für die zu auditierende Einheit die relevanten *Vorgabedokumente* gesichtet (z. B. Qualitätsmanagementhandbuch, Verfahrensanweisungen, Anforderungskataloge) und daraufhin untersucht, ob und inwieweit sie den Anforderungen der Norm entsprechen. Zu dieser Prüfung kann gehören, ob die erforderlichen Dokumente („dokumentierte Informationen") überhaupt vorliegen oder ob und inwieweit ihre Form und Systematik den Anforderungen entsprechen (Normenkonformität). In einem weiteren Schritt werden die in den Dokumenten dargelegten Sachverhalte geprüft. Grundlegende Fragestellungen hierbei sind, ob diese ausreichend, verständlich und richtig beschrieben bzw. ob und inwieweit diese verbindlich festgelegt sind.

Im Folgenden wird die Anwendung und Einhaltung der festgelegten Anforderungen geprüft. Im Rahmen eines **Vor-Ort-Besuchs** wird untersucht, ob die Vorgaben bei allen Beteiligten (z. B. Mitarbeitende, Führungskräfte) bekannt sind, diese auch tatsächlich umgesetzt werden und ob hierzu entsprechende Nachweise (z. B. Aufzeichnungen) vorhanden sind. Erweiterte Auditkriterien eines Audits können die Eignung, die Wirksamkeit oder den Grad der Zielerreichung bestimmter Prozesse bzw. des Qualitätsmanagementsystems (Managementbewertung) betreffen.

Fällt die Konformitätsprüfung mit den Auditkriterien nicht positiv aus, kann die **Auditauswertung** eine Klassifikation in Hinweise, geringfügige Nebenabweichungen (Minorabweichungen) oder kritische Abweichung (Majorabweichungen) vorsehen, je nachdem, wie schwerwiegend die Feststellung der Abweichung von den Vorgaben ausfällt. Die **Auditschlussfolgerungen** kommen dann entweder zu „Kann-Maßnahmen" (Empfehlungen) oder „Muss-Maßnahmen" (Auflagen) führen (Gietl und Lobinger 2012, S. 131 f.).

6.3.2.3 Auditmanagement

Audits und ihre Durchführung, Ausführbarkeit und Wiederholbarkeit sollten gut geplant werden (Auditmanagement). Dabei wird zwischen einem Auditprogramm und einem Auditplan unterschieden. In einem **Auditprogramm** wird die Anzahl und der jeweilige Zweck von Audits für einen bestimmten Zeitraum geplant und festgelegt. Ein Auditprogramm beinhaltet auch die Ressourcenplanung für die Auditdurchführung. Auditprogramme sind vor allem in großen Organisationen wichtig, um die Vielfalt und Vielzahl aller Audittätigkeiten abzustimmen und die Mittel hierfür bereitstellen zu können. In kleineren Organisationen ist ein Auditjahresplan für die einfache Übersicht oft ausreichend. Das Management eines Auditprogramms lässt sich anhand des bekannten Regelkreises wieder dem PDCA-Zyklus zuordnen (vgl. DIN 2011):

- **Festlegung des Auditprogramms** (Plan): die Zielsetzung und den Umfang des Auditprogramms festlegen; die Verantwortlichkeiten, benötigten Ressourcen und Verfahren bestimmen.
- **Umsetzung des Auditprogramms** (Do): die Umsetzung des Auditprogramms sicherstellen; Beurteilen der auditierenden Personen, Zuordnung von Auditteams, Leitung der Audittätigkeiten, Aufzeichnungen der Audits.
- **Überwachung und Bewertung des Auditprogramms** (Check): das Auditprogramm überwachen, bewerten und verbessern; sicherstellen, dass angemessene Aufzeichnungen zum Auditprogramm geführt werden.
- **Verbesserung des Auditprogramms** (Act): Schlussfolgerungen und Ableitung von Konsequenzen aus den Aufzeichnungen im Rahmen einer Managementbewertung.

Dagegen umfasst ein **Auditplan** die Beschreibungen der Tätigkeiten und Vorkehrungen für ein einzelnes Audit. In einem Auditplan wird der operative Vollzug des Audits, insbesondere der vorgesehene Vor-Ort-Besuch, festgelegt.

Erstellen eines Auditplans
- Wer? (auditleitende und auditierende Personen, auditierte Bereiche)
- Was? (Auditart, welche Qualitätsmanagement-Elemente oder Einheiten)
- Warum? (Hinweis auf Anforderungen, frühere Auditergebnisse)
- Wie? (Bezug zu Auditzielen und Auditkriterien)
- Womit? (Hilfsmittel, Materialien)
- Willst du? (Termin, zeitlicher Ablauf)
- Wo? (Ort, Räumlichkeiten)

Qualitätsaudits, insbesondere Produktaudits dürfen nicht mit den (routinemäßig) eingesetzten Prüf- und Überwachungsmaßnahmen der Qualitätssicherung und Qualitätslenkung verwechselt werden, die im Zuge der Leistungserstellung notwendig sind (z. B. Prüfung auf Vollständigkeit der Patientenvorbereitung, Zählkontrollen von Arbeitsmitteln, Mehraugenprinzip bei Chef- oder Oberarztvisiten). Audits haben immer **Stichprobencharakter** und sollten zusätzlich und nebeneinander zu anderen in der Qualitätssicherung bzw. Qualitätslenkung eingesetzten „Prüfmitteln" eingesetzt werden, um Schwachstellen und Fehler in der Leistungserstellung erkennen zu können, aber auch um Eignung, Funktionsweise und Wirkung des Qualitätsmanagementsystems beurteilen zu können.

6.4   Übungsfragen

1. Qualitätsbestimmung ist elementarer Bestandteil der Qualitätsprüfung. Skizzieren Sie die Bedeutung der Qualitätsbestimmung für die Phasen eines tätigkeitsbezogenen Qualitätsmanagements bzw. des Qualitätskreises! Lösung Abschn. 6.1
2. Nennen Sie wichtige Datenerhebungs- und Messverfahren und illustrieren diese mit einem Beispiel! Lösung Abschn. 6.1.1
3. Kennzahlen und Indikatoren werden zusammengefasst als qualitätsrelevante Kenngrößen bezeichnet. Erläutern Sie Unterschiede und Gemeinsamkeiten beider Begriffe! Lösung Abschn. 6.1.2
4. Machen Sie sich mit der Bildung von Kennzahlen und Indikatoren vertraut. Definieren Sie absolute Zahlen, Gliederungszahlen, Beziehungszahlen und Indexzahlen! Finden Sie jeweils ein Beispiel! Lösung Abschn. 6.1.3
5. Erläutern Sie den Begriff des Kriteriums und seine Bedeutung im Kontext der Qualitätsbestimmung! Lösung Abschn. 6.2.1
6. Nennen Sie die drei „Grunddimensionen der Indikatorqualität" und skizzieren Sie beispielhaft ihre Bedeutung für die Gesundheitsversorgung! Lösung Abschn. 6.2.3
7. Erläutern Sie die Unterscheidung und inhaltliche Verknüpfung der Begriffe Qualitätsbestimmung und Qualitätsbewertung! Lösung Abschn. 6.3
8. Definieren Sie den Begriff „Selbstbewertung" und erläutern ihre Aufgaben im Rahmen des Qualitätsmanagements! Lösung Abschn. 6.3.1
9. Unterscheiden Sie inhaltlich zwischen einer „Selbstbewertung im engeren Sinne" und einer „Selbstbewertung im erweiterten Sinne"! Lösung Abschn. 6.3.1.1
10. Definieren Sie den Begriff „Qualitätsaudit" und unterscheiden drei Arten von Audits im Qualitätsmanagement (Auditarten)! Lösung Abschn. 6.3.2

Literatur

AQUA – Institut für angewandte Qualitätsförderung und Forschung im Gesundheitswesen GmbH (2013) Allgemeine Methoden im Rahmen der sektorenübergreifenden Qualitätssicherung im Gesundheitswesen nach § 137a SGB V. Version 3.0. Göttingen

ÄZQ Ärztliches Zentrum für Qualität in der Medizin (Hrsg) (2002) Beurteilung klinischer Messgrößen des Qualitätsmanagements – qualitätskriterien und -indikatoren in der Gesundheitsversorgung. Konsenspapier von BÄK, KBV und AWMF. Z ärztl Fortbild Qual sich (ZaeFQ) 96(5):2–15

Bortz J, Döring N (2006) Forschungsmethoden und Evaluation, 4. Aufl. Springer Medizin, Heidelberg

Brauweiler J, Will M, Zenker-Hoffmann A (2015) Auditierung und Zertifizierung von Managementsystemen. Grundwissen für Praktiker. Springer Gabler, Wiesbaden

Bruhn M (2013) Qualitätsmanagement für Nonprofit-Organisationen. Grundlagen – planung – umsetzung – kontrolle. Springer Gabler, Wiesbaden

DIN Deutsches Institut für Normung e. V. V. (2018) DIN EN ISO 9004: Qualitätsmanagement – qualität einer Organisation – anleitung zum Erreichen nachhaltigen Erfolgs (ISO 9004:2018). Beuth, Berlin

DIN Deutsches Institut für Normung e. V. V. (2011) DIN EN ISO 19011: Leitfaden zur Auditierung von Managementsystemen. Beuth, Berlin

DIN Deutsches Institut für Normung e. V. V. (2015) DIN EN ISO 9000: Qualitätsmanagementsysteme – grundlagen und Begriffe (ISO 9000:2015). Beuth, Berlin

Donabedian A (1981) Kriterien, Normen und Qualitätsstandards: was bedeuten sie? Am J Öffentliche Gesundheit 71(4):409–412

EFQM European Foundation for Quality Management (2003) EFQM Publications: excellence bewerten. Eine praktische Anleitung für erfolgreiche Entwicklung, Umsetzung und Review einer Selbstbewertungsstrategie für Ihre Organisation. EFQM, Brüssel

EFQM European Foundation for Quality Management (2011) EFQM Publikationen: excellence beurteilen. Ein praktischer Ratgeber für die erfolgreiche Entwicklung, Umsetzung und Hinterfragung einer Assessmentstrategie in Ihrer Organisation. EFQM, Brüssel

Ertl-Wagner B, Steinbrucker S, Wagmer BC (2013) Qualitätsmanagement und Zertifizierung. Praktische Umsetzung in Krankenhäusern, Reha-Kliniken, stationären Pflegeeinrichtungen, 2. Aufl. Springer, Berlin

Geraedts M (2009) Einsatz von Qualitätsindikatoren. In: ÄZQ Ärztliches Zentrum für Qualität in der Medizin (Hrsg) Programm für Nationale Versorgungsleitlinien von BÄK, KBV und AWMF. Qualitätsindikatoren – manual für Autoren. Verlag Make a Book, Neukirchen, S 5–7

Geraedts M, Selbmann HK, Ollenschläger G (2002) Beurteilung der methodischen Qualität klinischer Messgrößen. Z ärztl Fortbild Qual sich (ZaeFQ) 96(2):91–96

Geraedts M, Drösler SE, Döbler K et al (2017) DNVF-Memorandum III „Methoden für die Versorgungsforschung", Teil 3: methoden der Qualitäts- und Patientensicherheitsforschung. Gesundheitswesen 79:e95–e124

Gietl G, Lobinger W (2012) Leitfaden für Qualitätsauditoren: planung und Durchführung von Audits nach ISO 9001:2008, 4. Aufl. Hanser, München

Greiling D (2009) Leistungsmessung in Nonprofit-Organisationen. Gabler, Wiesbaden

Groene O (2006) Vorschläge der WHO zur umfassenden Leistungsbewertung von Krankenhäusern. Gesundh ökon Qual manag 11:226–233

Hensen P, Juhra C, Rausch A, Wollert S, Luger TA, Roeder N (2005) Einstieg ins Qualitätsmanagement mit der EFQM-Selbstbewertung. Anwendung und Erfahrung in einer dermatologischen Universitätsklinik. Z ärztl Fortbild Qual Gesundh wes 99:531–536

Hensen P (2018) Qualität und Qualitätsmessung in der Pflege – theoretische Grundlagen und methodische Zugänge. In: Jacobs K, Kuhlmey A, Greß S, Klauber J, Schwinger A (Hrsg) Pflege-Report 2018: Qualität in der Pflege. Springer, Berlin, S 3–14

Herrmann J, Fritz H (2011) Qualitätsmanagement. Lehrbuch für Studium und Praxis. Hanser, München

Idvall E, Rooke L, Hamrin E (1997) Qualitätsindikatoren in der klinischen Pflege: eine Überprüfung der Literatur. J Adv Nurs 25(1):6–17

Jäckel WH (2009) Anforderungen an Qualitätsindikatoren. In: ÄZQ Ärztliches Zentrum für Qualität in der Medizin (Hrsg) Programm für Nationale Versorgungsleitlinien von BÄK, KBV und AWMF. Qualitätsindikatoren – manual für Autoren. Verlag Make a Book, Neukirchen, S 8–11

JCAHO Joint Commission on Accreditation of Healthcare Organizations (1989) Merkmale klinischer Indikatoren. Quality Rev Bull 15:330–339

JCAHO Joint Commission on Accreditation of Healthcare Organizations (1991) Einführung in die Entwicklung und Anwendung von Indikatoren. Qualität im Gesundheitswesen messen. Gemeinsame Kommission für die Akkreditierung von Gesundheitsorganisationen, Oakbrook Terrace

Kazandjian VA (1991) Leistungsindikatoren: zeigehunde in Verkleidung – Ein Kommentar. J Am Med Rec Assoc 62(9):34–36

König J (2009) Selbstevaluation in der Gesundheitsförderung: Perspektiven und Methode. In: Kolip P, Müller VE (Hrsg) Qualität von Gesundheitsförderung und Prävention. Huber, Bern, S 295–311

Kötter T, Schaefer F, Blozik E, Scherer M (2011) Die Entwicklung von Qualitätsindikatoren – hintergrund, Methoden und Probleme. Z Evid Fortbild Qual Gesundh wesen (ZEFQ) 105:7–12

Lüngen M, Rath T (2011) Analyse und Evaluierung des QUALIFY Instruments zur Bewertung von Qualitätsindikatoren anhand eines strukturierten qualitativen Interviews. Z Evid Fortbild Qual Gesundh wesen 105(1):38–43

Mainz J (2004) Qualitätsindikatoren: wesentlich für die Qualitätsverbesserung. Int J Qual Health Care 16(Suppl 1):i1–i2

McGlynn EA (2003) Auswahl gemeinsamer Qualitätsmaße und Systemleistung. Med Care 41(1 Suppl):I39–I47

Merchel J (2013) Qualitätsmanagement in der Sozialen Arbeit. Eine Einführung, 4. Aufl. Beltz Juventa, Weinheim

Nakrem S, Vinsnes AG, Harkless GE, Paulsen B, Seim A (2009) Nursing sensitive quality indicators for nursing home care: international review of literature, policy and practice. Int J Nurs Stud 46(6):848–857

Øvretveit J (2002) Evaluation gesundheitsbezogener Interventionen. Huber, Bern

Reiter A, Fischer B, Kötting J, Geraedts M, Jäckel WH, Döbler K (2008) QUALIFY: Ein Instrument zur Bewertung von Qualitätsindikatoren. Z ärztl Fortbild Qual sich (ZaeFQ) 101:683–688

Schmitt J, Petzold T, Eberlein-Gonska M, Neugebauer EA (2013) Anforderungsprofil an Qualitätsindikatoren. Relevanz aktueller Entwicklungen der Outcomes Forschung für das Qualitätsmanagement. Z Evid Fortbild Qual Gesundh wesen 107(8):516–522

Schmitt R, Pfeiffer T (2015) Qualitätsmanagement. Strategien – methoden – techniken, 5. Aufl. Hanser, München

Schneider A, Broge B, Szecsenyi J (2003) Müssen wir messen, um (noch) besser werden zu können? Die Bedeutung von Qualitätsindikatoren in strukturierten Behandlungsprogrammen und Qualitätsmanagement. Z Allg Med 79:547–552

Schrappe M (2017a) Pay for Performance – aktueller Stand und Perspektiven. In: Dormann F, Klauber J (Hrsg) Qualitätsmonitor 2017. Medizinisch Wissenschaftliche Verlagsgesellschaft, Berlin, S 3–14

Schrappe M (2017b) Das Methodenpapier des IQTIG: keine Kursänderung in Sicht. Die ex post-Qualitätskontrolle bleibt die vorherrschende Doktrin. Monit Versorgungsforschung 10(2):41–45

Schyve P (1995) Modelle für die Beziehung zu Leistungsmessung und Akkreditierung. Int J Health Plann Mgmt 10:231–241

Sens B, Pietsch B, Fischer B et al (2018) Begriffe und Konzepte des Qualitätsmanagements – 4. Auflage. GMS Med Inform Biom Epidemiol 14(1):D oc04 Ertl-wagner 2013

Methoden und Instrumente des Qualitätsmanagements

7

Zusammenfassung

In diesem Kapitel werden spezielle Methoden und Instrumente des Qualitätsmanagements behandelt. Nach einer begrifflichen Einordnung des Methodenbegriffs erfolgt zunächst eine kurze Einführung in die traditionellen Qualitätstechniken der Qualitätssicherung. Die Schwerpunkte dieses Kapitels liegen jedoch auf Methoden der Qualitätsdokumentation bzw. dem Umgang mit dokumentierten Informationen und der Systematisierung von Problemlösungs- und Verbesserungsaktivitäten im Rahmen von Gruppenarbeit. Hierzu werden Konzepte der themenbezogenen Gruppenarbeit vorgestellt und spezielle Methoden und Techniken der Problembearbeitung und Kreativitätsförderung erläutert.

7.1 Begriffsverständnis

Methoden und Techniken können allgemein als **Wege** (und Mittel) zur Zielerreichung bezeichnet werden. In der Regel konkretisieren sie die Art und Weise eines bestimmten Vorgehens und liefern das zu benötigte Handwerkszeug.

Methoden können vordergründig in **wissenschaftliche Methoden** (z. B. quantitative und qualitative Forschungsmethoden) und **klassische Managementmethoden** (z. B. Arbeitsorganisation, Buchführung, Auditverfahren) unterschieden werden. Zwischen beiden gibt es jedoch keinen scharfen Trennlinienverlauf. Die Erfüllung von Managementaufgaben ist geradezu auf die Anwendung von wissenschaftlichen Methoden angewiesen (z. B. systematische Patientenbefragung, qualitative Anforderungsanalyse). Gleichsam sind klassische Managementmethoden nicht grundsätzlich unwissenschaftlich, nur weil ihr Erkenntnisgewinn – wie bei Anwendung von wissenschaftlichen Methoden im Forschungskontext üblich – keiner generalisierbaren

© Springer Fachmedien Wiesbaden GmbH, ein Teil von Springer Nature 2022
P. Hensen, *Qualitätsmanagement im Gesundheitswesen*,
https://doi.org/10.1007/978-3-658-38299-5_7

Wahrheitsfindung dient, sondern auf die Lösung von Praxis- und Einzelfallproblemen ausgerichtet ist. Im Qualitätsmanagement, insbesondere bei der Bestimmung und Gestaltung von Qualität, werden beide Grundausrichtungen gleichberechtigt miteinander verbunden.

Qualitätsmanagement ist zuvorderst eine **Managementpraxis,** die programmatische Zielsetzungen in Tätigkeiten und Handlungen übersetzt (z. B. Sicherung und Verbesserung der Qualität im Gesundheitswesen). Um diese Ziele zu erreichen, kommen verschiedene Arten von Methoden und Techniken zum Einsatz. Einige davon wurden bereits vorgestellt: die Leitbildentwicklung als Methode der Qualitätsplanung, der PDCA-Zyklus als Methode der Qualitätsverbesserung oder die Selbstbewertung als Methode der Qualitätsbewertung. Dabei wurde auch deutlich, dass Methoden oftmals nur einen **Handlungsrahmen** vorgeben, der situations- und aufgabenspezifisch an die vorhandenen Gegebenheiten angepasst werden muss. Methoden beinhalten somit eine gewisse **Formbarkeit** in ihrer konkreten Ausführung.

Mit dem Methodenbegriff lassen sich in vielfältiger Weise ganz unterschiedliche Herangehens- und Verfahrensweisen zur Beantwortung der Frage nach dem „Wie?" der Zielerreichung zusammenfassen. Eine einfache Differenzierung lässt die folgende hierarchische Einordnung zu: Auf einer übergeordneten Ebene werden zunächst rein inhaltsorientiert Ideen und Programme entwickelt und zu Zielen (Qualitätsziele) verdichtet. Für deren Umsetzung werden bestimmte Gestaltungs- und Vorgehensweisen herangezogen und erstellt, die zunächst den Charakter von übergeordneten Handlungsstrategien oder Handlungsprinzipien haben. Diese **Konzeptebene** bildet einen relativ „breiten Handlungskorridor", denen nachgeordnet und zunehmend handlungsorientiert mehr oder weniger konkret beschreibbare Methoden und Verfahrensweisen zugeordnet werden können. Auf einer solchen **Methodenebene** wird aus einem vorformulierten Handlungskorridor ein Bündel von „beschreitbaren Wegen". Auf der unteren Stufe dieses Gedankenmodells bilden sich Hilfsmittel und Werkzeuge auf der **Instrumentenebene** ab. Bei Instrumenten und Werkzeugen handelt es sich um konkrete und „greifbare" Mittel, die für die Handlungs- und Prozessausführung benötigt werden (Abb. 7.1).

Dieses vertikale (hierarchisierende) Gliederungsmodell liefert eine **kategoriale Grundstruktur,** mit der methodisch geleitetes Handeln im Qualitätsmanagement ebenenspezifisch eingeordnet werden kann. In einer Gesundheitseinrichtung kann beispielsweise die „Ermittlung von Wünschen und die Messung der Zufriedenheit einzelner Kundengruppen" als eine übergeordnete strategische Handlungsweise im Sinne der Qualitätsverbesserung aufgefasst werden (Konzeptebene). Auf der hier so genannten Methodenebene kommen dann einzelne Verfahrensweisen und Techniken zum Einsatz (z. B. systematische Patientinnen- und Patientenbefragung, Sequenzielle Ereignismethode), für die nachgeordnet wiederum bestimmte Instrumente und Werkzeuge benötigt werden (z. B. Fragebogen, Blueprints).

Dennoch gelingt die Zuordnung einzelner Vorgehensweisen oder Ausführungsmitteln zu einer dieser Gliederungsebenen nicht immer eindeutig und trennscharf. Dort, wo eine kategoriale Einordnung nicht möglich (oder sinnvoll) erscheint, ist der

[Programmebene]

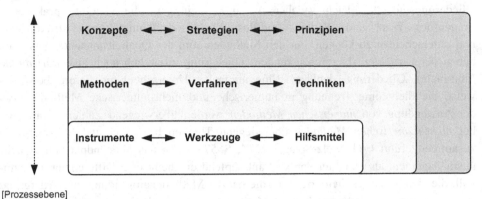

[Prozessebene]

Abb. 7.1 Hierarchisierung des Methodenbegriffs zwischen Programm- und Prozessebene

Methodenbegriff (und sämtliche mit ihm in Verbindung gebrachten „Wege und Mittel zur Zielerreichung") immer auch als **Kontinuum** denkbar, das den Übergang von der Ideen- zur Instrumentenebene, von der Programm- zur Prozessebene oder von der Werte- zur Werkzeugebene ausfüllt.

Als spezieller Methodenbegriff wird im Umfeld des Qualitätsmanagements häufig der Begriff „Technik" bzw. „Managementtechnik" verwendet. Mit **Technik** wird in der Regel eine konkret beschreibbare Arbeits- oder Vorgehensweise bezeichnet, die unter bestimmten Voraussetzungen zu einem erwartbaren Ergebnis führt. Diesem Verständnis nach liegt einer Technik eine mehr oder weniger vorhersehbare „Anwendungs-Wirkungs-Beziehung" zugrunde. Insgesamt mangelt es der begrifflichen Unterscheidung von Methoden und Techniken aber an definitorischer Stringenz und Einheitlichkeit, sodass im Qualitätsmanagement praktisch beide Begriffe auch synonym verwendet werden dürfen.

In vergleichbarer Weise werden **Methoden** und **Instrumente** ebenfalls oft gleichbedeutend gebraucht, obwohl ihre Unterscheidung deutlich einfacher gelänge: die Methode markiert die Vorgehensweise, das Instrument das benötigte Hilfsmittel. Unberücksichtigt der hierarchischen Beziehung zueinander, beziehen sich beide Begriffe unmittelbar aufeinander bzw. leisten einen zusammenhängenden Beitrag zur Beantwortung der Frage nach dem „Wie?" der Zielerreichung. Es ist wie so oft eine Frage der Perspektive, welcher Begriff den Vorzug erhält. Bei der Anwendung von Qualitätsindikatoren wird beispielsweise häufig von der „Indikatorenmethode" gesprochen, jedoch werden Indikatoren auch als „Instrumente der Qualitätsbestimmung" bezeichnet. Der PDCA-Zyklus wiederum kann ein „Denkmodell für die Qualitätsverbesserung" sein, gleichzeitig aber auch ein „Instrument des Qualitätsmanagements". Qualitätsberichterstattung ist eine „Methode der Qualitätsdarlegung", zugleich aber auch ein „Instrument der Qualitätssicherung" im Gesundheitswesen. Trotz der hier beschriebenen **Dehnbarkeit** und **Variabilität** des Methodenbegriffs können Gliederungsmodelle gleich welcher Art dazu beitragen, die handlungspraktischen Fragen des „Was?" und „Warum?" und des „Wie?" und „Womit?" besser strukturieren und unterscheiden zu können. Für den Methodenraum des Qualitätsmanagements wäre neben der *vertikalen* (hierarchisierenden) Gliederung zusätzlich auch eine *horizontale* (nominale) Gliederung denkbar. Eine einfache Unterscheidung liefert beispiels- weise die dichotome Trennung in numerische und nicht-numerische Methoden. Bei der Anwendung von *numerischen Methoden* werden überwiegend Zahlen verarbeitet, bei *nicht-numerischen Methoden* überwiegend Themen bearbeitet und Informationen zusammengeführt (vgl. Welz-Spiegel 2014, S. 57 f.). An das Verständnis von „Quali- tätsmanagement als Handlungspraxis" anknüpfend erscheint eine Differenzierung sinn- voll, die sich an Tätigkeiten orientiert, die bei der Methodenanwendung im Vordergrund stehen. Je nach Schwerpunkt können Methoden hiernach eine messverfahrenbezogene, dokumentationsbezogene oder interaktionsbezogene (bzw. personenbezogene) Prägung oder Akzentuierung aufweisen. Eine solche **Gliederung nach Tätigkeitsschwerpunkt** orientiert sich an der bisher getroffenen Unterscheidung von Qualitätssicherungsver- fahren im Gesundheitswesen (Kap. 3). Die Fülle und Vielfalt aller verfügbaren (und anwendungstauglichen) Methoden lässt aber auch bei dieser Gliederungslogik die üblichen Überschneidungen bei ihrer Klassifikation zu (Abb. 7.2).

Abb. 7.2 Gliederung von Qualitätsmanagementmethoden nach Tätigkeitsschwerpunkt

7.2   Traditionelle Qualitätstechniken

Die geschichtliche Entwicklung des Qualitätswesens im industriellen bzw. produzierenden Sektor und ihre zahlreichen Wegbereiter und Vordenker brachten eine bunte Vielfalt an Qualitätstechniken hervor. Ishikawa entwickelte in Japan beispielsweise nicht nur sein berühmt gewordenes Qualitätszirkelkonzept. Er begründete und verbreitete auch die weltweit als **Seven Tools of Quality** (Q7) bekannten „Sieben Qualitätstechniken" (Ishikawa 1986), die auch heute noch als unerlässlich bei der Analyse und Bearbeitung von Qualitätsproblemen im Produktionsumfeld gelten. Sie helfen bei der Identifikation von Problemen und tragen zu deren Lösung bei (Brunner 2017, S. 13). Ihr Blick ist allerdings sehr stark auf die Bearbeitung von (numerischen) Problemen der Qualitätslenkung und Prozessgestaltung gerichtet, was ihnen den Charakter von (traditionellen) Qualitätssicherungstechniken verleiht. Dem aufkommenden Managementdenken im Qualitätswesen Rechnung tragend wurden die Qualitätssicherungstechniken in der Folge durch „Sieben Managementwerkzeuge" ergänzt (Mizuno 1988). Diese **Seven Management and Planning Tools** (M7) lassen sich gegenüber den Q7-Werkzeugen mehrheitlich dem nicht-numerischen Methodenspektrum zuordnen und richten ihren Fokus verstärkt auf die Qualitäts- und Entwicklungsplanung bzw. die damit einhergehenden Managementprozesse (Tab. 7.1).

Mit dem Bedeutungszuwachs des Dienstleistungssektors im vorigen Jahrhundert und der Ausarbeitung eines zur „Produktqualität" korrespondierenden Konzepts für „Dienstleistungsqualität" in den 1980er Jahren etablierten sich auch für diesen Sektor spezielle Qualitätstechniken. Eine Kompilation von diesbezüglichen Methoden ist unter der Bezeichnung **Sieben Qualitätstechniken für Dienstleistungen** (D7) bekannt geworden (Zollondz 2001; Hoeth und Schwarz 1997), die in den Kapiteln „Kundinnen- und Kundenorientierung" (Kap. 9) und „Integrierte Managementansätze" (Kap. 11) vorgestellt bzw. näher erläutert werden. Die oben genannten traditionellen Qualitätstechniken und Managementwerkzeuge werden in späteren Kapiteln dieses Buches näher behandelt: Das Flussdiagramm (Q7) wird im Kapitel „Prozessorientierung" (Kap. 8)

Tab. 7.1 Traditionelle Qualitätstechniken und „neuere" qualitätsbezogene Managementwerkzeuge

Sieben Qualitätswerkzeuge (Q7)	Sieben Managementwerkzeuge (M7)
Fehlersammelliste	Affinitätsdiagramm
Flussdiagramm	Relationendiagramm
Histogramm	Baumdiagramm
Pareto-Diagramm	Matrixdiagramm
Korrelationsdiagramm	Portfoliodiagramm
Ursache-Wirkungs-Diagramm	Problementscheidungsplan
Qualitätsregelkarte	Netzplan

erläutert, der Netzplan (M7) findet im Kapitel „Integrierte Managementkonzepte" (Kap. 11) Erwähnung und das Portfoliodiagramm (M7) wiederum ist Bestandteil des Kapitels „Kundinnen- und Kundenorientierung" (Kap. 10). Das Ursache-Wirkungs-Diagramm (Q7) wird in im Verlauf dieses Methodenkapitels unter „Problemlösungs- und Kreativitätstechniken" vorgestellt.

Von den traditionellen Q7-Techniken werden im Folgenden die fünf numerisch ausgerichteten **Mess-** und **Darstellungsmethoden** kurz illustriert, da sie den Umgang mit Messdaten, Indikatoren und Kennzahlen auch in Gesundheitseinrichtungen sinnvoll unterstützen können. Sie dienen in erster Linie der Darstellung, Aufbereitung und Analyse von Messdaten („Arbeiten mit Zahlen") und sind daher in ihrer Prägung eher den messverfahrenbezogenen Methoden zuzuordnen. Ihr Potenzial liegt vor allem in der **kombinierten Anwendung** insbesondere in Verbindung mit Problemlösungs- und Kreativitätstechniken.

Fehlersammelliste (Check Sheet)
Eine Fehlersammelliste ist eine sehr einfache Methode. Im Kern handelt es sich um ein **Formular,** das der Sammlung und Darstellung von **aufgetretenen Fehlern** dient. Diese werden im Verlauf der Leistungserstellung regelmäßig und möglichst vollständig erfasst und nach **Art** und **Anzahl** aufgelistet. Die Fehlersammelliste kann offen gehalten werden und durch die Definition von Kategorien bzw. Fehlerarten vorstrukturiert werden (z. B. Technik, Interaktion). Dabei sollte aber unbedingt eine Kategorie „Sonstiges" mitgeführt werden, um bisher unbekannte Fehlerarten aufdecken zu können oder nicht zuordenbare Fehler dokumentierbar zu halten. Werden sämtliche Mitglieder einer Organisation in die Datenerfassung mit Fehlersammellisten eingebunden, können große Mengen problembezogener „Echtdaten" für das Qualitäts- und Risikomanagement erzeugt werden (Abb. 7.3).

Fehler bei Übergabe eines Patienten in den OP				
Häufigkeit: Anzahl (n) pro Zeiteinheit				
Fehlerkategorie	**März**	**April**	**[…]**	**Gesamt**
Fehlende Dokumente	‖‖‖	‖‖‖	‖‖‖	12
Unvollständige Dokumente	‖‖‖ ‖	‖‖	‖‖‖‖	14
Verspätete Einschleusung	‖‖	‖‖‖	‖‖	7
Nicht eindeutige Identifikation	‖	‖‖	‖	4
Sonstiges	...	...	...	...

Abb. 7.3 Fehlersammelliste (Beispiel)

Histogramm (Histogram)

Das Histogramm ist im Wesentlichen eine **Visualisierung von Häufigkeitsverteilungen.** Die Intervalle oder Klassen einer gewählten Messskala (z. B. Visuelle Analogskala, Altersklassen) werden auf der x-Achse, die dazu ermittelten Messwerte (Häufigkeiten bestimmter Merkmalsausprägungen) auf der y-Achse abgebildet. So entsteht ein **Säulendiagramm**, das Auskunft über die Merkmalsverteilung gibt und in welchen Bereichen die meisten Messwerte anfallen. Damit erhält man eine Übersicht, ob sich Werte innerhalb bestimmter Toleranzgrenzen befinden oder aber eine Normalverteilung vorliegt und Mittelwertbildung sinnvoll ist. Bei stetigen Merkmalen werden die Klassen bzw. wird die Intervallbreite mithilfe von Statistikprogrammen ermittelt (Abb. 7.4).

Pareto-Diagramm (Pareto Chart)

Das Pareto-Diagramm basiert auf der von Vilfredo Pareto getroffenen Annahme, dass sich 80 % der Probleme auf 20 % aller Ursachen zurückführen lassen (80/20-Regel). Es ist ähnlich dem Histogramm ein **Säulendiagramm,** das die Häufigkeiten

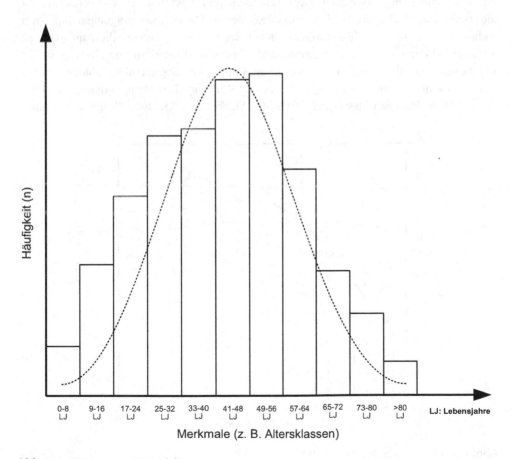

Abb. 7.4 Histogramm (Beispiel)

(Auswirkungen) zuvor definierter oder gemessener Merkmalsklassen (z. B. Fehlerarten oder Problemursachen) grafisch darstellt. Die Daten können einer zuvor erstellten
Fehlersammelliste entnommen oder aber in anderer Weise (primär) erhoben werden
(z. B. Messwerte im Rahmen eines Qualitätsverbesserungsprojekts). Im Pareto-
Diagramm werden die **Merkmalsklassen** nach absteigender Häufigkeit bzw. Fall-
zahl auf der x-Achse sortiert. In einer zweiten Dimension (Sekundärebene) werden
die Häufigkeiten (Anteile) kumuliert und in eine **Summenkurve** eingetragen. Auf der
Summenkurve lässt sich leicht anhand des kumulierten 80 %-Werts ablesen, welche auf
der x-Achse dargestellten Merkmalsklassen (z. B. Fehlerarten oder Problemursachen)
besonders bedeutsam sind und in der Folge besondere Aufmerksamkeit verdienen.
Das Pareto-Diagramm dient damit nicht nur der **Visualisierung,** sondern auch der
Priorisierung von Maßnahmen zur Problemlösung bzw. Fehlerbeseitigung (Abb. 7.5).

Korrelationsdiagramm (Scatter Diagram)

Das Korrelationsdiagramm (auch „Streudiagramm") ist eine grafische Darstellung
des Zusammenhangs zwischen zwei veränderlichen Faktoren. Eine Korrelation ist
die Beziehung zwischen **zwei Merkmalen,** deren Merkmalsausprägungen auf zwei
Achsen (xy-Achsen) abgebildet werden. In der Regel wird die vermeintlich unabhängige
Variable auf der x-Achse abgetragen. Kausale Zusammenhänge (im Sinne von „x erklärt
y") lassen sich aus einem Korrelationsdiagramm grundsätzlich nicht ableiten. Auch
starke Zusammenhänge beweisen keine Ursache-Wirkungs-Beziehung, können aber Hinweise geben. Dagegen lassen sich Intensität (Stärke) und Richtung (Vorzeichen) eines

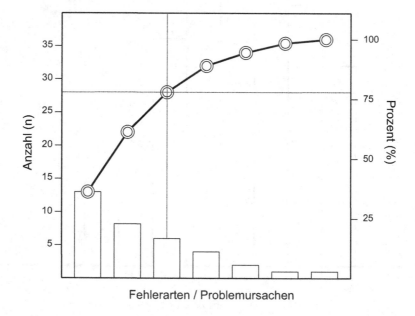

Abb. 7.5 Pareto-Diagramm (Beispiel)

linearen Zusammenhangs zwischen zwei Variablen gut darstellen. Die Stärke der Korrelation gibt der Korrelationskoeffizient [r] an, der aus der Kovarianz der Merkmalspaare und den Standardabweichungen der Einzelmerkmale (nach Pearson) errechnet wird. Der Korrelationskoeffizient kann Werte von -1 bis $+1$ annehmen **(Stärke).** Grob orientierend sprechen Werte zwischen 0,1 und 0,3 für eine schwache, Werte zwischen 0,3 und 0,7 für eine mittlere und Werte größer als 0,7 für eine starke Korrelation. Negative Vorzeichen zeigen negative, positive Vorzeichen positive Korrelationen an **(Richtung).** Wobei mit „positiver Korrelation" gemeint ist, dass die Zunahme eines Merkmals mit der Zunahme des anderen Merkmals einhergeht. Beobachtet man gegenläufige Zusammenhänge, spricht man von negativer Korrelation (Abb. 7.6).

Qualitätsregelkarte (Control Chart)
Die Qualitätsregelkarte ist im Wesentlichen eine grafische Darstellung von Messwerten bzw. daraus errechneten Kennzahlen und zu erreichenden Zielwerten. Sie dient als statistische Methode zur **Überwachung** von laufenden Prozessen. Im Rahmen von Stichprobenmessungen werden die in dem Prozess erzeugten Merkmalsausprägungen (Prozesskennzahlen) erhoben und in ihrem zeitlichen Verlauf in die Regelkarte eingetragen. Eine Regelkarte verfügt über ein Koordinatensystem, in dem Lageparameter wie Mittelwert und Standardabweichung eingetragen sind. Auf der x-Achse wird die **Zeitinformation,** auf der y-Achse der **Merkmalswert** abgetragen. Somit kann für den gemessenen Prozess bestimmt werden, ob Abweichungen auftreten, die entweder

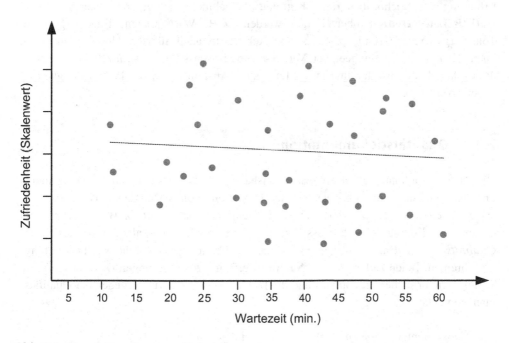

Abb. 7.6 Korrelationsdiagramm (Beispiel)

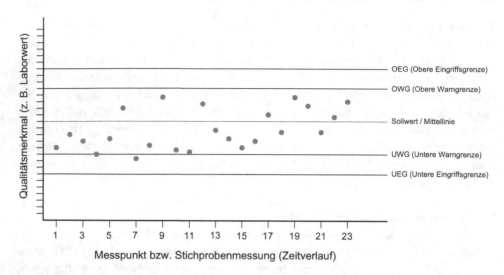

Abb. 7.7 Qualitätsregelkarte (Beispiel)

zufälligen (Erhöhung der Streuung) oder systematischen Charakter (Veränderung der Lage des Mittelwerts der Stichprobe) haben. In diesem Sinne funktioniert eine Qualitätsregelkarte wie eine Art **Frühwarnsystem,** mit dem auf Abweichungen im Betriebsablauf sofort reagiert werden kann. Die zu erfolgende Maßnahme (z. B. Beobachtung, Erhöhung der Stichprobengröße, Korrekturmaßnahmen) richtet sich danach, welche **statistischen Grenzen** überschritten werden (z. B. Warngrenzen, Eingriffsgrenzen, Toleranzgrenzen). Grundsätzlich ist die Regelkarte auch für die Überwachung von Dienstleistungsprozessen geeignet. Voraussetzung ist, dass Prozesskennzahlen existieren, die exakt erhoben werden und in der Lage sind, Auskunft über die Prozessfähigkeit zu geben (Abb. 7.7).

7.3   Qualitätsdokumentation

Die Qualitätsdokumentation ist das „Basishandwerkzeug" des Qualitätsmanagements und der Qualitätssicherung. Die mit der Dokumentation verbundenen Handlungsaufträge lassen sich als *Dokumentation im Qualitätsmanagement* (z. B. Ausfüllen von Checklisten, Eintragen von Prozesskennzahlen in Formulare) und als *Dokumentation des Qualitätsmanagements* (z. B. Qualitätsmanagementhandbuch, Qualitätsberichterstattung) umschreiben. Beide zielen auf den **Nachweis** erfüllter Anforderungen (z. B. ausgeführte Tätigkeiten, erreichte Ergebnisse) und die **Darlegung** des zugrunde liegenden Qualitätsmanagements.

▶   Dokumentation macht Qualität sichtbar und gestaltbar.

Die Festlegung von **Anforderungen** an die Dokumentation bzw. an Regelungen zum Umgang mit Qualitätsdokumenten sind traditionell fester Bestandteil von Qualitätsmanagementsystemen (z. B. nach DIN EN ISO 9001). Hinweise zur Qualitätsdokumentation finden sich aber auch in zahlreichen anderen Qualitätsmanagementmodellen und Anforderungskatalogen. Im Wesentlichen soll die Dokumentation grundsätzlich im notwendigen Umfang angeben, „Wer?", „Was?", „Wo?", „Wann?", „Warum?" und „Wie?" innerhalb einer Organisation macht oder gemacht hat. Art, Umfang und Detaillierungsgrad der Dokumentation sollte immer zwischen den Polen einer „absolut notwendigen" und „maximal möglichen" Dokumentation ausbalanciert werden. Hierüber entscheidet jede Einrichtung bzw. Organisation letztendlich aber selbstständig. Dabei gilt zu bedenken, dass mit zunehmender Kleinteiligkeit nicht notwendigerweise auch eine bessere Steuerung der Abläufe erreicht wird.

Der **Umfang der Dokumentation** wird bestimmt von der Größe und Art der Organisation, der Komplexität und Wechselwirkung der Prozesse, also dessen, was die konkrete Leistungserstellung in der Einrichtung ausmacht (Geschäftstätigkeit), und nicht zuletzt auch von der Kompetenz der Beschäftigten und Organisationsmitglieder (Pfitzinger 2011, S. 114). Ebenso muss die **Form der Dokumentation** den Organisationsbedingungen angepasst sein (z. B. papier- und/oder IT-gestützt). Wichtig ist, ein einheitliches Verfahren zum Umgang mit Dokumenten zu entwickeln und dabei sicherzustellen, dass die notwendigen Zugriffs- und Zugangsmöglichkeiten für alle Organisationsmitglieder bestehen.

7.3.1 Dokumente

Ein Dokument ist – rein technisch formuliert – eine **Information** (Daten mit Bedeutung) einschließlich ihres **Trägermediums** (DIN 2015). In Qualitätsmanagementsystemen werden klassischerweise folgende Dokumente unterschieden:

- Dokumente, die Planungen für bestimmte Abläufe vorsehen (**Pläne**)
- Dokumente, die Anforderungen enthalten (**Spezifikation**)
- Dokumente, die Empfehlungen oder Vorschläge enthalten (**Leitfäden**)
- Dokumente, die beschreiben, wie bestimmte Tätigkeiten und Prozesse konsistent auszuüben bzw. durchzuführen sind (**Anweisungen**)
- Dokumente, die einen objektiven Nachweis über ausgeübte Tätigkeiten oder erreichte Ergebnisse liefern (**Aufzeichnungen**)

Die gebräuchliche Terminologie zur qualitätsbezogenen Dokumentation bzw. zur Dokumentation eines Qualitätsmanagementsystems wird im Wesentlichen durch die DIN EN ISO 9000er-Normenreihe geprägt. Diese bot lange Zeit eine ausgefeilte Systematik zu Dokumentenarten und ihrem sachgerechten Umgang. Mit der Revision der DIN EN ISO 9001 im Jahr 2015 wurde die bisherige Dokumentensystematik verlassen, um den

Organisationen mehr Freiheiten und Spielräume bei der Handhabung ihrer Dokumentation zu lassen. Die in der Vergangenheit verwendeten Dokumentenarten werden nunmehr unter dem Begriff **„dokumentierte Information"** zusammengefasst. Gemäß der Begriffsdefinition handelt es sich dabei um eine „Information, die von einer Organisation gelenkt und aufrechterhalten werden muss, und das Medium, auf dem sie enthalten ist" (DIN 2015). Mit diesem Sammelbegriff wird vor allem klargestellt, dass dokumentierte Informationen in jeglichem Format oder Medium vorliegen können bzw. aus jeglicher Quelle stammen können. Mit der neuen Begrifflichkeit wird aber auch in besonderer Weise betont, dass jede Organisation ihre eigene Dokumentenstruktur finden und den Umgang damit regeln muss. Die *inhaltlichen Anforderungen* an die Dokumentation bzw. an dokumentierte Informationen bleiben mit der Normenrevision allerdings weiterhin erhalten, beispielsweise als „Aufrechterhalten dokumentierter Information" oder als „Aufbewahrung dokumentierter Information" (Abb. 7.8). Welche Struktur die Dokumentation jeweils im Einzelnen aufweist und welche Bezeichnungen sie trägt, ist unerheblich. Sie muss sich im Umgang und in der Praxis bewähren und kann auch an bestehenden Systematiken festhalten.

7.3.1.1 Dokumentenarten

In der traditionellen Systematik werden zwar die Begriffe „Dokumente" und „Aufzeichnungen" voneinander abgegrenzt. Aufzeichnungen bilden jedoch eine besondere Dokumentenart, die sich durch ihren Nachweischarakter, beispielsweise über ausgeführte Tätigkeiten oder erreichte Ergebnisse, auszeichnet. Daher soll vorzugsweise in Vorgabe- und Nachweisdokumente unterschieden werden.

Vorgabedokumente dienen der Darlegung der Planung, Durchführung und Lenkung von Prozessen und Verfahren. Diese umfassen alle Arten von Anweisungen (z. B. Verfahrensanweisung), Plänen (z. B. Auditplan) und Spezifikationen (z. B. Produktspezifikation) einschließlich der Darlegung der Qualitätspolitik und der Qualitätsziele. **Nachweisdokumente** sind alle Arten von Dokumenten, die der Darlegung von Aufzeichnungen dienen. Sie werden im Rahmen der direkten Leistungserstellung als *Prozessaufzeichnungen* geführt (z. B. Patientenakte, Untersuchungsbefunde, ausgefüllte Checklisten, Entlassbriefe) oder im Rahmen des Qualitätsmanagements als *Managementaufzeichnungen* (z. B. Audit- und Managementberichte, Befragungsergebnisse, Qualitätsstatistiken). Ein Vorgabedokument kann auch in ein Nachweisdokument transformiert werden: Ein leeres Aufklärungsformular ist ein Vorgabedokument, das ausgefüllte und unterschriebene Aufklärungsformular hingegen eine Aufzeichnung (vgl. Ertl-Wagner 2009, S. 113).

Darüber hinaus wird zwischen internen und externen Dokumenten unterschieden (Tab. 7.2). **Interne Dokumente** werden von einer Einrichtung im Rahmen des Qualitätsmanagements bzw. innerhalb der Grenzen eines Qualitätsmanagementsystems selber erstellt und eingesetzt (z. B. hausinterne Verfahrensanweisungen). **Externe Dokumente** hingegen haben ihren Ursprung außerhalb der Grenzen des Qualitätsmanagementsystems bzw. der jeweiligen Einrichtung (z. B. Gesetzestexte), sind aber für

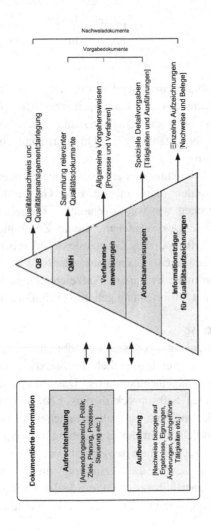

Abb. 7.8 Klassische Hierarchie der Qualitätsdokumentation (Dokumentationspyramide) im Verhältnis zum Begriff der „dokumentierten Information". (QB: Qualitätsbericht; QMH: Qualitätsmanagementhandbuch)

Tab. 7.2 Dokumente im Qualitätsmanagement (Beispiele)

Interne Dokumente	Externe Dokumente
Formulare, Checklisten	Gesetzestexte, Verordnungen
Merkblätter, Leitfäden	Verträge, Vereinbarungen
Verfahrens-, Arbeits- und Dienstanweisungen	Richtlinien, Leitlinien, Expertenstandards
Stellenbeschreibungen	Übergeordnete Regelungen (z. B. in Konzernen)
Organigramme	Zentrales Berichtswesen (z. B. in Konzernen)
Qualitätsmanagementhandbuch	Fachliteratur, Datenbanken

das (einrichtungsinterne) Qualitätsmanagement von unmittelbarer Relevanz. Eine Unterscheidung zwischen „intern" und „extern" kann auch innerhalb größerer Einrichtungen vorgenommen werden, wenn sich das Qualitätsmanagement nur auf Teilbereiche, Abteilungen oder Standorte beschränkt (z. B. Qualitätsmanagementsystem in einer Klinik eines größeren Klinikums).

Wird innerhalb von internen Dokumenten auf andere interne oder externe Dokumente (Quellen) verwiesen und werden diese Inhalte zum Gegenstand oder Bestandteil der jeweiligen Vorgabe, sprechen wir von sogenannten **mitgeltenden Dokumenten**. Darunter versteht man jegliche Dokumentenart, die in Zusammenhang mit der entsprechenden Tätigkeit steht. Oft sind dies Gesetzestexte oder berufsgruppenbezogene Qualitätsstandards (z. B. Leitlinien, Expertenstandards). Zu den mitgeltenden Dokumenten können aber sämtliche Formulare, Aufzeichnungen, Prozesse, Verfahrensanweisungen oder Checklisten der Einrichtung gehören (Schmidt 2005, S. 83 ff.).

7.3.1.2 Dokumentenlenkung

Dokumente, insbesondere Aufzeichnungen, sind Grundbausteine der Messung und Analyse von Prozessen und determinieren letztendlich das Funktionieren und die Wirksamkeit des gesamten Qualitätsmanagement(system)s. Das Führen von Aufzeichnungen darf niemals einem ausufernden Selbstzweck dienen. Ebenso wenig dürfen Vorgabedokumente keine schwer oder mühsam zu realisierenden Wunschlisten sein, sondern sie müssen die Leistungswirklichkeit in der Einrichtung widerspiegeln. Eine brauchbare Dokumentation ist nur die, die auch umgesetzt und gelebt wird. Daher sollten Dokumentationsanforderungen sowie die Erstellung und Aufrechterhaltung der Dokumentation sich nicht an unerfüllbaren Planungsidealen orientieren, sondern immer auch die Anwendbarkeit, Nützlichkeit und Tauglichkeit der Dokumentation im Betriebsalltag im Blick behalten.

Für den sachgerechten Umgang mit der Qualitätsdokumentation innerhalb einer Einrichtung stellt beispielsweise die DIN EN ISO 9001 (DIN 2015) bestimmte Anforderungen (Prinzipien) an die Dokumentation bzw. den Umgang mit dokumentierten Informationen. Hinsichtlich ihrer Gestaltung und Systematik existieren jedoch keine expliziten Regeln. Wichtig ist die Aufforderung, die Qualitätsdokumentation den Anforderungen der Organisation anzupassen und insgesamt so schlank wie möglich zu gestalten.

Erstellen und Aktualisieren von Dokumenten:
Gemäß DIN EN ISO 9001 müssen dokumentierte Informationen:

- über eine angemessene Kennzeichnung und Beschreibung verfügen. Sie müssen identifizierbar und zuordenbar sein (Titel, Datum, Autor und Referenznummer etc.),
- ein angemessenes Format (Sprache, Softwarekompatibilität und Grafiken) und Medium (Papier oder elektronisch) haben,
- einer angemessenen Überprüfung und Genehmigung im Hinblick auf Eignung und Angemessenheit unterliegen.

Dokumentenlenkung ist als übergeordneter Begriff für den Umgang mit Vorgabedokumenten und Nachweisdokumenten (Aufzeichnungen) verwendbar. Eine Organisation muss Verfahren entwickeln und festlegen, die den sachgerechten Umgang mit der Dokumentation und den Dokumenten regeln. Im Prinzip sollen die von der Organisation zu treffenden **Regelungen** zur Dokumentenlenkung sicherstellen, dass das richtige Dokument zur richtigen Zeit am richtigen Ort verfügbar ist und für die Verwendung an dem Ort und zu der Zeit geeignet ist, an dem und zu der es benötigt wird. Darüber hinaus muss sichergestellt werden, dass das Dokument bzw. die dokumentierte Information angemessen geschützt wird (z. B. vor Verlust der Vertraulichkeit, unsachgemäßem Gebrauch und Verlust der Integrität). Im Qualitätsmanagement sollten Verfahren diesbezüglich *festgelegt* (z. B. von der obersten Leitung), *dokumentiert* (z. B. im Qualitätsmanagementhandbuch), *verwirklicht* (d. h. von den Mitarbeitenden auch umgesetzt) und *aufrechterhalten* (z. B. durch Audits überprüft) werden.

Grundsätze der Lenkung von Dokumenten:
Tätigkeiten zur Lenkung dokumentierter Informationen gemäß DIN EN ISO 9001:

- Verteilung, Zugriff, Auffindung und Verwendung,
- Ablage/Speicherung und Erhaltung, einschließlich der Erhaltung der Lesbarkeit,
- Überwachung von Änderungen (z. B. Versionskontrolle) einschließlich Schutz vor unbeabsichtigten Änderungen (z. B. bei Konformitätsnachweisen),
- Aufbewahrung und Verfügung über den weiteren Verbleib (z. B. Aufbewahrungsfristen, Zuständigkeiten),
- angemessene Kennzeichnung (und Lenkung) externer Dokumente.

Für den Umgang mit **Vorgabedokumenten** (z. B. Bedienungsanleitung eines Sterilisators, Verfahrensanweisung zur Aufnahme eines Patienten) muss eine Gesundheitseinrichtung beispielsweise die folgenden Punkten regeln und sicherstellen:

- Genehmigung der Dokumente bevor sie verteilt werden
- Regelmäßige Überprüfung und bei Bedarf Aktualisierung inklusive erneuter Genehmigung
- Kennzeichnung von Änderungen einschließlich des aktuellen Versionsstandes
- Verfügbarkeit der Dokumente überall dort, wo sie benötigt werden
- Lesbarkeit und Erkennbarkeit der Dokumente
- Kennzeichnung und Verteilung externer Dokumente
- Vernichtung oder Kennzeichnung veralteter Dokumente, um eine unbeabsichtigte Verwendung zu verhindern.

Für den Umgang mit **Aufzeichnungen** sollte Sorge getragen werden, dass für wichtige Unterlagen festgelegt ist, wie sie, von wem und wie lange aufbewahrt werden, sodass sie wieder auffindbar und lesbar bleiben. Die Ablage von Aufzeichnungen wäre auch durch ein gesondertes Verfahren im Sinne einer „Verfahrensanweisung zu Ablage wichtiger Unterlagen" lenkbar. Für die allermeisten Aufzeichnungen existieren bereits zahlreiche gesetzliche Anforderungen (z. B. Aufbewahrung von Röntgenbildern, Umgang mit Patienteninformationen). Für den Umgang mit Aufzeichnungen muss eine Gesundheitseinrichtung beispielsweise die folgenden Punkten regeln und sicherstellen:

- Kennzeichnung (z. B. Personenidentifikation, Pseudonymisierung)
- Aufbewahrung (z. B. Archivierung, Mikroverfilmung, Datenspeicherung)
- Schutz (z. B. Datenschutz, Datensicherung, Datenkonservierung)
- Wiederauffindbarkeit (z. B. Ablageordnung, Archivierungsverfahren)
- Aufbewahrungsfrist (z. B. Röntgenbilder, Patientenakten, Arztbriefe)
- Beseitigung (z. B. Aktenvernichtung, Sondermüll)
- Lesbarkeit und Erkennbarkeit (z. B. Sprache, Symbole, Abkürzungen)

7.3.2 Qualitätsmanagementhandbuch

Die Sammlung und Zusammenstellung aller qualitätsrelevanten Dokumente (in der Regel Vorgabedokumente), die Auskunft über die Anordnungen und Vorgänge innerhalb der Organisation geben, wird in der Regel Qualitätsmanagementhandbuch (QMH) genannt. Ein solches Handbuch war in den Vorgängerversionen der DIN EN ISO 9001 stets verpflichtend zu führen. Im Zuge der Normenrevision wurde auf ein Qualitätsmanagementhandbuch als formale Anforderung verzichtet; die inhaltlichen Anforderungen an die Dokumentation bleiben allerdings forthin erhalten. Es obliegt nunmehr jeder Organisation selber zu entscheiden, weiterhin ein Qualitätsmanagementhandbuch zu führen, wenn sie es für sinnvoll und zweckmäßig hält.

Ein Qualitätsmanagementhandbuch ist grundsätzlich als „lebendes Dokument" gedacht und soll allen Organisationsmitgliedern (intern) als **Arbeitsunterlage** dienen. Ebenso kann es in Gesundheitseinrichtungen gegenüber den relevanten Kundengruppen (extern) als Qualitätsbeschreibung dienen und im Sinne eines **Kommunikations-instruments** helfen, den Informations- und Transparenzbedürfnissen aller Anspruchs-gruppen Rechnung zu tragen. Dabei können schützenswerte Inhalte ggf. in nachgeordneten Dokumenten organisiert werden. Jedoch leidet bei komplizierten Ver-schachtelungen der Dokumentenstruktur die Praktikabilität und Anwendbarkeit, sodass eher größtmögliche Offenheit im Umgang mit der eigenen Qualität empfehlenswert ist. Im Wesentlichen umfasst ein QMH mindestens die folgenden **Inhalte:**

- Darstellungen der unternehmerischen Zielsetzungen in puncto Qualität (Qualitäts-ziele) und die Darlegungen des Stellenwerts der Qualität im Wertegefüge der Ein-richtung (Qualitätspolitik),
- Beschreibungen der Aufbau- und Ablauforganisation inklusive der Führungsstruktur und -prozesse,
- Festlegungen von Verantwortlichkeiten, Rollen und Befugnissen sowie
- Ausführungen zu der Organisation von Einzeltätigkeiten und bereichsübergreifenden Arbeiten.

Auch wenn der Aufbau und das Führen eines Qualitätsmanagementhandbuchs zunächst großen Arbeitsaufwand bedeutet und ein QMH eher der Logik und Steuerung von Quali-tätsmanagementsystemen entspricht, stiften Qualitätsmanagementhandbücher viel-fältigen **Nutzen,** von denen auch und vor allem Gesundheitseinrichtungen profitieren können:

- Die Einarbeitung und Einweisung neuer und versetzter Mitarbeitender wird verein-facht und beschleunigt.
- Bei Haftungsfällen ist die Wahrnehmung der erforderlichen Sorgfaltspflichten leichter nachweisbar.
- Die Führungs- und Organisationselemente sind für jeden übersichtlich und trans-parent erkennbar.
- Bereichsübergreifende Aufgaben in berufsgruppenübergreifenden Teams werden durch überprüfbare Verantwortlichkeiten und Befugnisse erleichtert.

▶   Ein Qualitätsmanagementhandbuch (QMH) ist das zentrale Dokument und Weg-weiser eines Qualitätsmanagementsystems.

An die Art und Weise der Ausgestaltung gibt es keine allgemein gültigen Vorgaben. Trotzdem ist es sinnvoll, das QMH nach bestimmten Aspekten zu gliedern. Der Aufbau des Handbuchs sollte den grundlegenden **Aufbau des Qualitätsmanagementsystems** erkennbar werden lassen. Es kann beispielsweise in drei Teile aufgebaut werden:

1. Angaben zur Organisation, zum Gebrauch, zur Herausgabe und Pflege des Handbuchs,
2. Ausführungen zu den Inhalten des Qualitätsmanagements bzw. zu den einzelnen Elementen des zugrunde liegenden Qualitätsmanagementmodells (z. B. DIN EN ISO: Normkapitel; EFQM: Kriterien; KTQ-Verfahren: Kategorien; JCI-Verfahren: Standards),
3. Organisation der Anlagen (z. B. Verfahrens- und Arbeitsanweisungen, Belege, Formblätter, mitgeltende Dokumente, Auflistung der zitierten externen Dokumente etc.).

Die ersten beiden Teile können und sollten allen Mitarbeitenden, Führungskräften und auch externen Kundengruppen zugänglich gemacht werden. Die Dokumente des dritten Teils enthalten in der Regel präzise Angaben zu Abläufen und technischen Verfahren und können innerhalb großer Organisationen variabel für unterschiedliche Personen- und Beschäftigtengruppen (z. B. Gesundheitsberufe) oder Arbeits- und Aufgabenbereiche (z. B. Polikliniken, Funktionsabteilungen) zusammengestellt werden. Damit kann das Handbuch auf das jeweils Wesentliche reduziert werden. Eine derartige Aufteilung würde auch gestatten, schützenswerte Inhalte im dritten Teil zu sammeln, der dann eventuell nicht veröffentlicht wird.

Mit zu den wichtigsten Dokumenten innerhalb des Qualitätsmanagementhandbuchs gehören die **Verfahrens-** und **Arbeitsanweisungen.** Diese Bezeichnungen sind der Terminologie der DIN EN ISO 9000er-Normenreihe entnommen, können aber in jedem angewendeten Qualitätsmanagementmodell eingesetzt werden. Aufgrund ihrer großen Bedeutung und weiten Verbreitung sollen sie kurz vorgestellt werden (vgl. Pfizinger 2011, S. 117):

Verfahrensanweisungen sind organisationsweit gültige Beschreibungen von Verfahren und Prozessen. Jede Verfahrensanweisung sollte einen Hauptverantwortlichen (Eigner) haben, der für das Verfahren bzw. dargelegten Prozess verantwortlich ist. Verfahrensanweisungen können für bestimmte *Teilleistungsprozesse* (z. B. Patientenaufnahme, Operationsvorbereitung) oder für *Managementprozesse* (z. B. Dokumentenlenkung, interne Audits) erstellt werden. Oftmals werden sie in Form von Flussdiagrammen (Flow Charts) visualisiert, die neben den einzelnen Prozessschritten und den Verweisen auch die direkten Zuständigkeiten ausweisen. Gleichsam sind Verfahrensanweisungen in reiner Textform denkbar und gebräuchlich. Sie beinhalten üblicherweise Angaben darüber, welche Tätigkeiten, auf welche Weise, unter welcher Zuständigkeit, in welchem Fall, unter Verwendung welcher Ressourcen und zu welchem Zeitpunkt zu erfolgen haben (Schmitt und Pfeiffer 2015, S. 308). Aufbau und Inhalt werden aber grundsätzlich von jeder Einrichtung selber bestimmt.

▶   Eine Verfahrensanweisung regelt im Wesentlichen, *was* zu tun ist.

Gegenüber der Verfahrensanweisung hat eine **Arbeitsanweisung** einen höheren Detaillierungsgrad. Sie enthält alle erforderlichen Angaben, die zur Beschreibung von Prozessen oder Prozessbestandteilen erforderlich sind. Arbeitsanweisungen beschreiben und regeln somit eindeutig die Arbeitstätigkeiten am entsprechenden Arbeitsplatz. Üblicherweise geben sie an, für welchen Arbeitsbereich sie gültig sind. Arbeitsanweisungen können beispielsweise für hoch spezialisierte diagnostische Arbeitsabläufe (z. B. Testverfahren der Allergologie, Andrologie) oder bestimmte Therapiestandards (z. B. Verabreichung von Biologika, Chemotherapeutika) erstellt werden, genauso aber auch, um einheitliche Prozessstandards für die gesamte Einrichtung festzulegen (z. B. Schreiben von OP-Berichten, Entlassungsbriefen oder Rezepten).

▶ Eine Arbeitsanweisung regelt im Einzelnen, *wie* Arbeitstätigkeiten am Arbeitsplatz auszuführen sind.

Es besteht aber keine Notwendigkeit, sich bei den eigenen Prozess- und Ablaufbeschreibungen an diesen Bezeichnungen zu orientieren. Vor allem dann nicht, wenn bereits andere Bezeichnungen einrichtungsintern hierfür etabliert sind (z. B. Handlungsanweisung, Verfahrensordnung, Operating Procedures). Darüber hinaus kann es sein, dass in kleineren Einrichtungen (z. B. Therapiepraxen), in denen es weniger Regelungsbedarf gibt, die Unterteilung in Verfahrens- und Arbeitsanweisungen weniger sinnvoll erscheint und eine einheitliche Dokumentenart für sämtliche Abläufe geführt wird.

Jede Organisation muss letztendlich den Weg der Qualitätsdokumentation auswählen und beschreiten, den sie für geeignet und zweckmäßig hält. Strukturell folgt der Aufbau der Qualitätsdokumentation zumeist einer hierarchischen Logik, deren Fundament die zahlreichen Informationsträger der Einrichtung sind, deren Rückgrat durch die Organisation der Dokumentenstruktur gebildet wird und die letztendlich in den Nachweis bzw. in der Darlegung der eigenen Qualität durch Qualitätsberichte mündet (Abb. 7.8).

7.4 Gruppenarbeit im Qualitätsmanagement

Qualitätsmanagement ist Aufgabe aller Organisationsmitglieder. Darin sind sich alle neueren Qualitätsmanagementansätze einig. Für die Einbindung, Beteiligung und Mitwirkung möglichst vieler Mitarbeitender gelten Gruppenarbeit und Teamkonzepte heutzutage als unverzichtbar. *Gruppenarbeit* lässt sich soziologisch weit fassen, vor allem wenn zum Ausdruck gebracht werden soll, dass komplexe Aufgaben und menschliche Bedürfnisse nur im menschlichen Miteinander und Füreinander gestaltet werden können. Sozialpsychologische Ansätze stellen Gruppenarbeit in Organisationen u. a. in einen lerntheoretischen und persönlichkeitsbildenden Zusammenhang (vgl. Asselmeyer 2018, S. 620), was sie insbesondere für die kontinuierliche Qualitätsverbesserung und die personen- und professionsbezogene Qualitätsentwicklung besonders relevant erscheinen lässt.

In einem sehr weiten Verständnis ist Gruppenarbeit die zeitlich abgrenzbare, themenbezogene und strukturierte **Zusammenarbeit von Personen,** die in engem und direktem Kontakt stehen und miteinander agieren. Unter Gruppenarbeit in einem engeren Sinne versteht man, dass die strukturierte Zusammenarbeit im Rahmen einer begrenzten (überschaubaren) Anzahl von Personen erfolgt und dass die Aufgabenerfüllung so weit wie möglich eigenverantwortlich und selbst organisiert wahrgenommen wird (vgl. Nerdinger 2014, S. 120; Bea und Göbel 2010, S. 273). Eine solche Gruppenarbeit wird auch als Kleingruppenarbeit oder Teamarbeit, die Gruppen als solche als Arbeitsgruppen oder Teams bezeichnet.

Die **Arbeitsorganisation** in (größeren) Gesundheitseinrichtungen ist so gestaltet, dass in vielfältiger Weise in formellen und informellen Arbeitsgruppen oder Teams zusammengearbeitet wird. Wir kennen berufsgruppenübergreifende Arbeitsgruppen (z. B. Stationsteams aus Ärztinnen, Pflegenden und Therapeuten auf Krankenstationen) oder berufsgruppenspezifische Teamarbeit (z. B. Pflegeteam einer Frühschicht, Therapieteam einer Klinik). Diese Arbeitsgruppen sind Teil der *Primärorganisation*, da sie als dauerhafte Organisationseinheiten grundsätzlich die Routineaufgaben (Geschäftstätigkeit der Einrichtung) erledigen bzw. auf die Leitungserstellung gerichtet sind (Kap. 5).

Dagegen ist die **Gruppenarbeit im Qualitätsmanagement** häufig ergänzend zur primären Arbeitsausführung als *Sekundärorganisation* angelegt, d. h. sie ist nicht auf die Leistungserstellung, sondern auf die Organisation selbst gerichtet. Auch wenn es das langfristige Ziel des Qualitätsmanagements ist, möglichst viel „Qualitätsarbeit" dort zu leisten, wo Menschen bereits zusammenarbeiten und Routineaufgaben erledigt werden, sind Gruppenkonzepte im Qualitätsmanagement wichtig, um neben der primären Arbeitsausführung *Sonderaufgaben* zu erfüllen, insbesondere zur Qualitätsverbesserung und -entwicklung.

Zu den konstitutiven Merkmalen von Gruppenarbeit im Qualitätsmanagement zählen organisatorische Geschlossenheit, strukturierte Interaktion sowie ein unmittelbarer Themenbezug. Eine solche (sekundäre) Gruppenarbeit, die Sonderaufgaben neben der primären Arbeitsausführung erfüllt, lässt sich auch als **themenbezogene Gruppenarbeit im Qualitätsmanagement** bezeichnen. Sie wird inhaltlich vom Gedanken der Partizipation und Verantwortung aller Organisationsmitglieder getragen, ist strategisch auf die Entwicklung und Verbesserung der Leistungen und des Qualitätsmanagements gerichtet und wirkt organisatorisch auf die Ermöglichung des kommunikativen Austauschs und der Absicherung des gemeinsamen Lernens (Tab. 7.3).

Steht der personenbezogene Wissens- und Meinungstausch im Vordergrund, wird themenbezogene Gruppenarbeit im Qualitätsmanagement als Workshop und Konferenz konzipiert. Bei beiden Formen handelt es sich um organisierte Treffen, die wiederholt oder einmalig stattfinden, insgesamt aber eine längere Zeitdauer als herkömmliche Gruppentreffen haben und größeren Vorbereitungsaufwand beinhalten (vgl. Schulte-Zurhausen 2014, S. 452). **Workshops** dienen vor allem der zeitlich eingegrenzten und inhaltlich fokussierten Strukturierung und Aufarbeitung von Themen durch eine begrenzte Anzahl von Teilnehmenden (z. B. Strategie-Workshop für die Erstellung eines Qualitätsentwicklungsplans). **Konferenzen** sind zeitlich und inhaltlich ähnlich eingegrenzt

Tab. 7.3 Themenbezogene Gruppenarbeit im Qualitätsmanagement

	Workshop	Konferenzen	Kommissionen	Projektgruppen	Qualitätszirkel
Ziele	Wissensaustausch, Strukturierung von Themen, Lernen	Informationsaustausch, Meinungs- und Konsensbildung	Koordination, Überwachung, Entscheidung	Problembearbeitung und -lösung	Problemidentifikation, -bearbeitung und -lösung
Laufzeit	Temporär	Permanent/temporär	Permanent	Temporär	Permanent
Zusammensetzung	Hierarchie-/bereichsübergreifend	Hierarchie-/bereichsübergreifend	Verantwortlichen- und Beauftragtenebene	Hierarchie-/bereichsübergreifend	Hierarchie-/bereichsintern
Teilnahme	Freiwillig/verpflichtend	Freiwillig/verpflichtend	Verpflichtend	Freiwillig/verpflichtend	Freiwillig
Teilnehmerzahl	Gering	Hoch	Gering	Gering	Gering
Themenwahl	Teilnehmerorientiert	Veranstalterorientiert	Aufgabenorientiert	Auftraggeberorientiert	Problemorientiert
Beispiele	Strategie-Workshop, Selbstbewertungsworkshop	Qualitätskonferenzen, Kick-Off-Konferenzen	Steuerkreis, Qualitätskommission	Implementationsgruppe, Evaluationsgruppe	Abteilungszirkel, Verwaltungszirkel

und fokussiert wie Workshops. Die Zahl der Teilnehmenden ist jedoch deutlich größer (z. B. Mitarbeitende einer Abteilung oder gesamte Belegschaft). Die Zielsetzung ist hier vor allem auf Informations- und Wissenstransfer gerichtet (z. B. jährliche Qualitäts-konferenzen zum Austausch über qualitätsrelevante Erfolge und anstehende Aktivitäten).

Zur themenbezogenen Gruppenarbeit im Qualitätsmanagement gehören darüber hinaus fest in das Organisationsgefüge verankerte **Kommissionen** und **Ausschüsse**, in denen vor allem Qualitätsverantwortliche und Beauftragte qualitätsrelevante Koordinations-, Überwachungs- und Entscheidungsaufgaben übernehmen (z. B. Quali-tätskommission für die Koordination der laufenden Verbesserungsprojekte, Quali-tätssteuerkreis für die Entscheidung qualitätsrelevanter Aktivitäten). Diese Form der Gruppenarbeit ist sehr variantenreich, hängt in hohem Maße von der zugrunde liegenden Qualitätsorganisation ab und kann auch informelle Formen der Gruppenarbeit beinhalten (z. B. anlassbezogene Treffen von Qualitätsbeauftragten zur Methodenbewertung).

Themenbezogene Gruppenarbeit umfasst weiterhin in großem Umfang bestimmte **Teamkonzepte,** die auch unter dem Begriff **Problemlösungsgruppen** zusammengefasst werden. Im Qualitätsmanagement sind insbesondere die *Projektgruppenarbeit* und die *Qualitätszirkelarbeit* relevant und weit verbreitet. Teamkonzepte, Problemlösungs-gruppen und problemlösungsorientierte Gruppenarbeit werden im folgenden Abschnitt näher thematisiert.

7.4.1　Teamkonzepte

In organisationssoziologischen Kontexten werden Unterscheidungen von Teams von Gruppen vorgenommen (vgl. Weinert 2004, S. 440). Obwohl eine saubere Trennlinie kaum zu ziehen ist, wird mit der Unterscheidung vor allem der Charakter von Klein-gruppenarbeit gegenüber einem allzu weit gefassten Gruppenbegriff betont. Schwierig ist vor allem die Abgrenzung von Teams gegenüber klassischen Gruppenkonzepten. Hierzu werden Merkmale herangezogen, die bei Teams gegenüber klassischen (Klein-)Gruppen in besonderer Weise ausgeprägt sein sollen. Dazu gehören beispielsweise hohe Identi-fikation mit „gemeinsamer Sache", gegenseitige Verbindlichkeit, enger Zusammenhalt oder intensiver Erlebnisgehalt der Zusammenarbeit (vgl. Asselmeyer 2018, S. 622 f.). In Folgenden sollen die Begriffe Team und Gruppe aber insofern synonym verwendet werden, als ihnen ein kleingruppenorientiertes Organisationsdesign und ein gruppen-orientierter Arbeitsstil gemein sind.

Allgemeine Gründe für Teamarbeit in Organisationen
1. Bündeln von Kräften und Wissen
2. Aktivieren ruhender Ressourcen
3. Förderung von Selbst-/Eigenverantwortung
4. Reduktion betrieblicher Komplexität

5. Entwickeln von Initiative
6. Finden kreativer Problemlösungen
7. Differenziertes Analysieren von Fehlern
8. Gemeinsames Lernen in der Gruppe
9. Steigern der Akzeptanz von Entscheidungen
10. Schaffung von Transparenz

Teamarbeit im Qualitätsmanagement ist artenreich und vielgestaltig. Es existieren hierzu allerdings eher idealtypische Vorstellungen als verbindliche Definitionen. In der Praxis sind vielfach Teamkonzepte zu beobachten, die sich voneinander unterscheiden, oft aber den gleichen Namen tragen (z. B. Qualitätszirkel). Ebenso oft bestehen gleichartige Konzepte, die wiederum unterschiedliche Bezeichnungen (Projektgruppe, Task-Force-Gruppe, Action Team) tragen. Dies ist nicht weiter problematisch, solange alle Beteiligten wissen, was gemeint und was zu tun ist.

Teamkonzepte müssen in die jeweilige Organisation passen, in der sie umgesetzt sind. Daher können und sollen sie auch passgenau geformt werden und dürfen individuelle Bezeichnungen tragen. Es lassen sich aber **universelle Merkmale** oder **grundsätzliche Anforderungen** an Teamarbeit im Qualitätsmanagement formulieren (vgl. Zink und Schick 1987; Antoni 1994):

- Die Gruppen sind in die bestehende Organisation eingebunden (organisatorische Verankerung).
- Die Gruppensitzungen finden regelmäßig statt (zeitlicher Bestand).
- Gruppenarbeit wird moderiert (Leitung der Gruppe durch Moderatorin).
- Die Gruppenarbeit findet während der Arbeitszeit statt.
- Es findet eine direkte Interaktion innerhalb der Gruppe statt (Anwesenheit).
- Die Größe der Gruppe ist begrenzt und der Aufgabe/Problembearbeitung angepasst.
- Die Gruppe als Ganzes ist für das Ergebnis verantwortlich.
- Es existieren gemeinsame Ziele, Werte, Spielregeln und Normen.
- Es besteht ein Grad an Gruppenkohäsion (innerer Zusammenhalt von Gruppen).
- In der Gruppe wird eine Rollenverteilung festgelegt (aufgabenorientierte und situative Rollen).

Das Zusammenarbeiten in einem Team macht aber noch lange keine gute Teamarbeit aus. Daher lassen sich für eine gut funktionierende Teamarbeit vier Charakteristika formulieren, die als positive **Grundhaltungen** von Teamarbeit zu verstehen sind (Koch 1983, S. 32 f.):

- **Miteinander arbeiten:** Ein Team bildet eine produktive Einheit. Die Teammitglieder sind in der Lage, Einzelinteressen den Herausforderungen der Gruppenaufgabe unterzuordnen. Sie arbeiten trotz etwaiger Differenzen nicht gegeneinander, sondern miteinander.

- **Wille zum Konsens:** Die Teammitglieder bemühen sich, in Konfliktfällen eine von allen tragbare Problemlösung auszuhandeln. Dabei können zugrunde liegende Werthaltungen und Einstellungen, genauso wie Ansprüche und Erwartungen thematisiert und ausgehandelt werden.
- **Eigenverantwortung:** Das Team trägt die Verantwortung für eine eigenständige Planung ihrer Ziele und Zielerreichungsstrategien. Wo dies möglich ist, werden auf Basis gemeinsamer Beschlüsse übergeordnete Vorgaben umgesetzt bzw. angepasst.
- **Mut zur Entscheidung:** Ein gut funktionierendes Team verfügt über Mut, seine Entscheidungen auch in praktisches Handeln umzusetzen und gemeinsam für die Resultate einzustehen. Irrtümer animieren zu gemeinsamen Lerneffekten und Verbesserung der Teamarbeit.

7.4.1.1 Problemlösungsgruppen

Themenbezogene Kleingruppenarbeit innerhalb der Sekundärorganisation (**Sekundärgruppenarbeit**) trägt viele Namen, man kann sie aber sehr gut unter den Begriff der „Problemlösungsgruppen" zusammenfassen. Je nach Zielsetzung, Arbeitsweise und Zusammensetzung der Gruppe lassen sich hierunter *klassische Ansätze* zur konkreten Aufgabenbearbeitung (z. B. traditionelle Projektgruppenarbeit, Task Force-Gruppen) oder *modernere Ansätze* zur Aneignung von Lerninhalten bzw. zur Lösung von Qualifizierungsproblemen (z. B. Lerngruppen, Lernstattzirkel) sowie zur Schwachstellenanalyse und Problembeseitigung im unmittelbaren Arbeitsumfeld (z. B. Qualitätszirkel, KVP-Gruppen) subsumieren.

Problemlösungsgruppen als **Gestaltungselement des Qualitätsmanagements** und die damit verbundene systematische Beteiligung der Mitarbeitenden haben ihren Ursprung im Gedankengut japanischer Qualitätskonzepte Mitte des letzten Jahrhunderts. Die Einbeziehung von Mitarbeitenden der ausführenden Ebene sollte sich nicht mehr nur ausschließlich auf Elemente der Qualitätsprüfung und Fehlerbeseitigung konzentrieren, sondern auch die Identifikation und Analyse potenzieller Fehlerursachen mit einschließen (Kap. 2). So entstand das Konzept der japanischen *Quality Circles,* das später in Europa ergänzt wurde durch *skandinavische Arbeitsgruppenkonzepte* (mehr Mitsprache bei der Arbeitsorganisation) und *deutsche Lernstattkonzepte* (bessere Verständigung und Zusammenarbeit) und zu einem festen Bestandteil des Kaizen-Gedankens, der Qualitätsverbesserung in kleinen Schritten (Kap. 3), geworden ist (vgl. Engel 1986).

▶ Problemlösungsgruppen kombinieren die Idee der Gruppenarbeit mit dem Gedanken der Qualitätsverbesserung.

Aufgrund der vielgestaltigen Ausformungen von Gruppenarbeit sollen zwei Teamkonzepte idealtypisch gegenübergestellt werden: Die Arbeit in **Projektgruppen** und die **Qualitätszirkelarbeit.** Beide Teamkonzepte sind in Organisationen sehr weit verbreitet, man muss aber immer ganz genau hinschauen, wie ihre Umsetzung in der jeweiligen Organisation benannt und realisiert wird. Unterschiede in der Ausgestaltung bestehen vor allem in der Themenwahl (Vorgabe von außen vs. Definition durch Gruppe selbst) und in der Dauer ihres „Betriebs" (unbefristet vs. befristet bis Problemlösung). Es gibt aber auch zahlreiche Möglichkeiten des Zusammenwirkens beider Gruppenkonzepte. So können im Rahmen von Projektgruppenarbeit für spezielle Fragenstellungen zeitlich befristete Untergruppen für die „Problembearbeitung" gegründet werden. Ebenso kann Projektgruppenarbeit durch Qualitätszirkelarbeit angeregt werden, wenn bestimmte Fragestellungen erarbeitet oder Ergebnisse umgesetzt werden sollen, die in der existierenden Gruppenkonstellation nicht beherrschbar sind.

7.4.1.1.1 Qualitätszirkel

Die Idee der *Qualitätszirkel* hat ihren Ausgangspunkt in der Feststellung, dass Probleme am besten dort erkannt und behoben werden, wo sie entstehen. Die Gruppen bestehen daher aus Mitarbeitenden der ausführenden Ebene. Die Mitglieder treffen sich freiwillig, regelmäßig und analysieren und bearbeiten Themen aus ihrem unmittelbaren Arbeitsumfeld. Das Ziel der Qualitätszirkelarbeit ist die kontinuierliche Verbesserung verschiedener **Aspekte der Arbeitsorganisation** (Weinert 2004, S. 443):

- Konkrete Arbeitsergebnisse: z. B. Leistungsmerkmale des Behandlungsprozesses
- Verfahren und Abläufe: z. B. angewandte Methoden, Kontrollverfahren
- Eingesetzte Technik: z. B. Werkzeuge, Instrumente, Maschinen, Material
- Soziales Gefüge: z. B. Teamfähigkeit, Einstellung zur Arbeit, Führungsverhalten

---

Definition eines Qualitätszirkels (Deppe 1992, S. 44)

- Ein Qualitätszirkel ist eine auf Dauer angelegte Kleingruppe einer hierarchischen Ebene in einer Organisation oder Institution.
- Die Gruppenmitglieder verfügen in der Regel über eine gemeinsame Erfahrungsgrundlage (z. B. durch gemeinsame Arbeit innerhalb eines Prozesses bzw. Teilprozesses).
- Die Gruppe trifft sich in regelmäßigen Abständen und kommt auf freiwilliger Basis zusammen.
- Es werden Themen und Aufgaben des eigenen Arbeits- und Verantwortungsbereiches analysiert und mithilfe spezieller, erlernter Problemlösungs- und Kreativitätstechniken Lösungsvorschläge erarbeitet und präsentiert.
- Die vom Qualitätszirkel erarbeiteten Lösungsvorschläge werden selbstständig umgesetzt und es wird eine Ergebniskontrolle vorgenommen.

Dauerhaft angelegte Gruppenarbeit muss fest in der Organisation des Qualitätsmanagements verankert sein. Vor allem bei den Qualitätszirkeln sollte über die personelle Gruppenleitung bzw. Qualitätszirkelmoderation eine Anbindung an die oberste Leitung sichergestellt werden. Dies sichert nicht nur die Akzeptanz und den Wirkungsgrad der Gruppenarbeit, sondern entspricht auch einem **systematischen Qualitätsmanagementansatz,** der „Insellösungen" vermeidet.

Der **Qualitätszirkelmoderator** (oder KVP-Gruppenleitung) leitet die Gruppenarbeit und organisiert die Gruppentreffen. Das Team erarbeitet dann gemeinsam Lösungen. Es können fallweise Expertinnen und Experten für die Beantwortung fachspezifischer Fragen hinzugezogen werden. Die Moderatoren wiederum sind in einem Koordinationsteam vernetzt und organisiert. Das **Koordinationsteam** unterstützt sich durch gegenseitige fachliche und methodische Beratung und stellt Kontakte zu Dienststellen, Abteilungen oder Vorgesetzten her, die im Zusammenhang mit einer Problemanalyse oder -lösung von Bedeutung sind. In diesem Gremium werden auch alle Gruppenergebnisse zusammengetragen, dokumentiert und weitergeleitet. Hier erfolgt die Abstimmung und Koordination der operativen Gruppenarbeit. Für die Leitungsebene ist das Koordinationsteam direkter Ansprechpartner für die Gruppenergebnisse bzw. deren Umsetzung, aber auch für die Ermittlung von Unterstützungsbedarfen. Die **Steuerungsgruppe** wiederum ist aus Mitgliedern der obersten Leitung zusammengesetzt. Hier werden normative und strategische Festlegungen und Zielvorgaben für die Einrichtung getroffen. Für die operative Gruppenarbeit werden die benötigten Ressourcen (z. B.

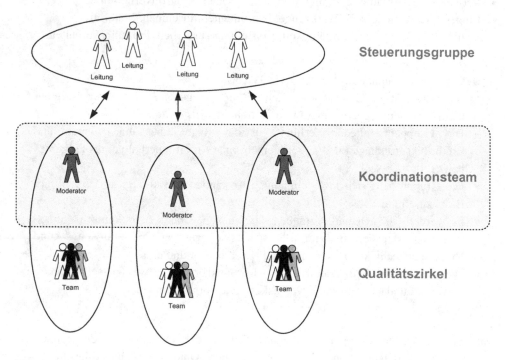

Abb. 7.9   Einbindung von Qualitätszirkeln in die Aufbauorganisation

Arbeitsmaterialien, Arbeitszeiten) bereitgestellt und Schulungsmaßnahmen ermöglicht und ideelle Führungsarbeit (z. B. Motivation, Vorbildfunktion) geleistet (Abb. 7.9).

7.4.1.1.2 Projektgruppen

Eine *Projektgruppe* hingegen wird überwiegend nach fachlichen Gesichtspunkten zusammengesetzt und ist daher nur bedingt freiwillig. Die zu bearbeitende Aufgabe ist in der Regel vorgegeben (z. B. durch die Einrichtungsleitung) bzw. als Auftrag an die Gruppe formuliert. Je nach Aufgabe oder Problemstellung gehören die Gruppenmitglieder verschiedenen Bereichen oder Hierarchiestufen an. Bei sogenannten Task Force-Gruppen werden im Gegensatz zu traditionellen Projektgruppen überwiegend Mitarbeitende der ausführenden Ebene einbezogen. Die Arbeit in Projektgruppen kann verschiedene Zielsetzungen im Sinne einer „Problemlösung" haben, von denen auch mehrere gleichzeitig zur Arbeitsaufgabe gehören können:

- Entwicklung neuer Produkte, Prozesse, Methoden oder Instrumente (Innovation);
- Umsetzung, Einführung und Erprobung von Konzepten und Maßnahmen (Implementierung);
- Messung und Bewertung von Organisationen oder deren Einheiten (Evaluation).

Definition einer Projektgruppe (Englich und Fisch 2003, S. 157 f.)

- Ein Projekt ist eine zeitlich befristete, klar umrissene Aufgabe. Hierbei handelt es sich zumeist um einmalige oder zumindest unregelmäßig anstehende Arbeiten, also nicht um Routineaufgaben.
- Ein Projekt kann von einer Gruppe bearbeitet werden. Besonders geeignet scheinen Projektgruppen zur Bearbeitung von neuartigen, komplexen Aufgaben. Diese Aufgaben betreffen oft mehrere Organisationseinheiten.
- Projektaufgaben werden von der übergeordneten Führungsebene gestellt. Projektgruppen wählen also nicht selbst ihre Themen aus (im Gegensatz zu Qualitätszirkeln). Ihre Aufgaben werden vorgegeben.
- Sie setzen sich aus Expertinnen und Experten verschiedener Arbeitsbereiche zusammen, die normalerweise nicht zusammen arbeiten (interdisziplinäre und hierarchieübergreifende Zusammenarbeit).
- Projektgruppen können weitgehend ihre Arbeitsweise selbst bestimmen und gestalten.
- Eine Projektgruppe kann lediglich in der Planung tätig sein, sie kann aber je nach Arbeitsauftrag auch die Projektabwicklung überwachen oder gar durchführen.
- Projektgruppen werden eigens zur Erledigung einer Aufgabe gebildet und lösen sich nach Bearbeitung des Projektes wieder auf.

7.4.1.2 Problemlösungsprozess

In der Kleingruppe findet die Problembearbeitung in mehr oder weniger gleichartigen Prozessschritten statt. Im Wesentlichen orientiert sich die Gruppenarbeit immer am **Qualitätskreis** (Kap. 3), in dem zunächst eine Analyse, Zielfestlegung und Planung erfolgt. Nach der sich anschließenden Durchführungsphase muss anhand von zuvor festgelegten Messpunkten das Ergebnis gemessen und bewertet werden, woraufhin weitere Handlungsentscheidungen folgen. Je nach Gruppenkonzept können die Schwerpunkte der *Problembearbeitung* oft sehr unterschiedlich ausfallen: Es wird entweder ein vorgegebener Projektauftrag bearbeitet (Projektgruppe) oder ein Qualitätsproblem im näheren Arbeitsumfeld identifiziert und analysiert (Qualitätszirkel). Ebenso möglich sind: Es soll eine neue Maßnahme eingeführt und deren Erfolg bewertet werden (Implementierungs- und Evaluationsgruppe) oder es soll zunächst erst einmal eine Lösungsstrategie entwickelt werden (Innovationsgruppe). Die Einstiegspunkte und die Schwerpunktlegung im Bearbeitungsprozess mögen sehr unterschiedlich ausfallen. Dennoch lässt sich der gesamte **Problembearbeitungsprozess** inklusive der Problemidentifikation idealtypisch in zehn Schritte fassen (Abb. 7.10):

Problemidentifikation

Bei der Qualitätszirkelarbeit sammelt die Gruppe selbstständig Probleme und Schwachstellen im eigenen Arbeitsbereich. Dies soll nicht ausschließen, dass auch Vorschläge von außerhalb der Gruppe an diese herangetragen werden können. Dabei sollte jedoch darauf geachtet werden, dass ein direkter Bezug zur Arbeit der Gruppenmitglieder vorhanden ist, da nur diese auch der eigenen Problemlösung zugänglich sind. Methodisch kann die **Problemsammlung** bzw. Problemidentifikation mit Problemsammlungstechniken (z. B.

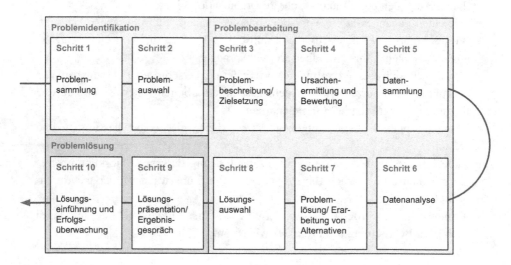

Abb. 7.10 Idealtypischer Problembearbeitungsprozess

Brainstorming, Brainwriting) erfolgen oder die Bearbeitung von organisationsinternen Daten beinhalten (z. B. Qualitätsstatistiken). Damit Themen und Punkte nicht verloren gehen, empfiehlt es sich, einen *Themenspeicher* anzulegen (Dokumentation).

Falls die Aufgabe nicht von außen vorgegeben wird (z. B. Projektauftrag), muss die Gruppe nach der Problemsammlung zu einer Entscheidung gelangen, welches Problem im Folgenden angegangen bzw. bearbeitet werden soll. Für die **Problemauswahl** (Priorisierung) bieten sich unterschiedliche Wege an. Zunächst kann versucht werden, in einem Diskussionsprozess eine Konsensentscheidung zu treffen. Ist dies nicht möglich, kommen verschiedene Abstimmungsmethoden in Betracht: Von Handzeichen über systematische Punktbewertung nach Wichtigkeit bis hin zu rechnergestützte Entscheidungsfindung. Instrumente hierbei wären die Pareto-Analyse oder die Entwicklung einer Bewertungs-/Kriterienmatrix.

Problembearbeitung

Nach der Auswahl des *Problemthemas* gilt es, dieses präzise zu beschreiben und zu formulieren, damit alle Gruppenmitglieder ein einheitliches Verständnis als Basis für die Problembearbeitung entwickeln. Daraus lassen sich Ziele für die nachfolgende Arbeit ableiten, die gemäß der Logik von **Qualitätszielen** eindeutig, erreichbar und vor allem auch messbar sein sollten (Kap. 5). Daran schließt sich die Aufstellung eines Aktionsplans mit Aufgabenverteilung unter den Gruppenmitgliedern an.

Die nun folgende **Problembearbeitung im engeren Sinne** verläuft in der Regel nicht linear, sondern ist eher von zahlreichen Parallelaktivitäten geprägt. Methodisch kommen an dieser Stelle Kreativitäts- und Problemlösungstechniken zum Einsatz. Im Rahmen der *Problemanalyse* werden die Ursachen ermittelt und analysiert (z. B. mit Hilfe von Ursache-Wirkungs-Diagrammen) und anschließend systematisch bewertet. Hierzu müssen mitunter Daten zusammengetragen werden, die weitere Bearbeitungsschritte erfordern. Ist das Problem in seinen wesentlichen Merkmalen erfasst, müssen *Problemlösungen* gesucht und gefunden werden. Auf der Suche nach Ideen oder neuen Ansätzen kommen Kreativitätstechniken zum Einsatz (intuitiv-kreativer Ansatz) oder es erfolgen Rückgriffe auf bestehende Projekterfahrungen (logisch-empirischer Ansatz).

Konnten Lösungsmöglichkeiten und Alternativen erarbeitet werden, müssen wiederum Bewertungskriterien für die Auswahl des geeignetsten Lösungswegs aufgestellt werden. Diese können sich an Wirksamkeit, Zeitaufwand oder Ressourcenbedarf orientieren. Methodisch stehen für die **Lösungsauswahl** (Priorisierung) grundsätzlich die gleichen Verfahren zur Verfügung wie bei der Problemauswahl.

Problemlösung

Konnte die Gruppe auf einen geeigneten Lösungsweg einigen, folgt nun die Phase der **Umsetzung.** Je nach Gruppenstruktur und -auftrag ist mit der Präsentation des Ergebnisses der Problemlösungsprozess beendet (Planungs- oder Innovationsgruppe). Ein und dieselbe Gruppe kann aber für die praktische Umsetzung und Ergebniskontrolle verantwortlich sein (Innovations-, Implementierungs- und Evaluationsgruppe).

Im Rahmen von Qualitätszirkeln werden die selbstständig erarbeiteten Lösungswege direkt, aber zunächst versuchsweise eingeführt und umgesetzt. Die **dauerhafte Implementation** erfolgt erst, wenn die Umsetzung nachweislich erfolgreich ist bzw. zu einer Verbesserung der Qualität geführt hat. Hierbei macht es sich bezahlt, wenn die Ziele und Messgrößen eingangs präzise formuliert wurden. Bei den Vergleichsmessungen sollten vergleichbare Bedingungen herrschen und auch die gleichen Daten erhoben werden, um belastbare Aussagen über den Erfolg zu erhalten. Bei umfangreichen Veränderungsprozessen bedarf es der Genehmigung der obersten Leitung, vor allem dann, wenn die Lösungsvorschläge mit Kosten verbunden sind oder Strategien und Wertmaßstäbe der Unternehmensführung berührt werden. Daher ist eine saubere und nachvollziehbare Dokumentation der Problembearbeitung und Lösungsauswahl unabdingbar. Über die Veränderung bzw. Implementation der Problemlösung hinaus sollten im Sinne eines **Qualitätscontrollings** (Qualitätsüberwachung) auch Überlegungen angestellt werden, mit welchen Maßnahmen oder Methoden der Erfolg dauerhaft überwacht und aufrechterhalten werden kann.

7.4.2   Problemlösungs- und Kreativitätstechniken

Kreativitäts- und Problemlösungstechniken kommen bei Gruppenarbeit jedweder Art und während des gesamten Problemlösungsprozesses zur Anwendung. Sie helfen, im Rahmen des Gruppenprozesses die Elemente der kreativen **Ideenfindung,** strukturierten **Problemanalyse** und kriteriengeleiteten **Problemlösung** zu systematisieren. Verallgemeinernd können *intuitiv-kreative Techniken,* die mehr auf eine freie Gedankenentwicklung ausgerichtet sind, von *analytisch-systematischen Methoden,* die für einen strukturierten Ablauf sorgen, unterschieden werden (vgl. Geschka 1986). Aus der in der Literatur umfangreich beschriebenen Methodenvielfalt werden im Folgenden einige Methoden vorgestellt, die jeder moderierenden Person bzw. Leitung von Problemlösungsgruppen bekannt sein sollten.

7.4.2.1 Moderationstechnik

Gruppenarbeit sollte stets moderiert werden. Moderation ist eine **Interaktionsmethode,** die einen komplexen Lern-, Problemlösungs- und Planungsprozess innerhalb von Gruppen ermöglicht und das Erfahrungs- und Ideenpotenzial der Gruppenmitglieder nutzt (Meier 1995). Durch Moderation wird die Kommunikation innerhalb der Gruppe so gestaltet, dass sämtliche Mitglieder aktiv und zielorientiert in einen Diskussions- und Entscheidungsprozess einbezogen werden. Die wichtigsten Merkmale der Moderationstechnik sind:

- **Visualisierung:** Die Darstellung und Sichtbarmachung von Ideen, Meinungen, Stimmungen, Abläufen etc. systematisiert den Gruppenprozess und gewährleistet, dass jeder Beitrag der Mitglieder erhalten bleibt. Überdies bietet sie jedem Teilnehmenden die Möglichkeit sich aktiv einzubringen.

- **Frage- und Impulstechniken:** Hiermit werden die Teilnehmenden aktiv einbezogen. Der Einsatz unterschiedlicher Techniken wie Kartenabfrage, Punktbewertung, Brainstorming etc. unterstützen die Kreativität, Urteilsfähigkeit sowie die Kooperation und Strukturierung des Gruppenprozesses.
- **Wechsel von Plenum und Gruppenarbeit:** Austausch und Ideensammlung kann abwechselnd in Einzel- oder Kleinstgruppenarbeit und innerhalb des Gesamtgruppe erfolgen. Dies eröffnet die Möglichkeit der gegenseitigen Ergänzung und inhaltlichen Vertiefung und erweitert die Diskussion.

Der Erfolg jeglicher Gruppenarbeit hängt ganz wesentlich vom **Geschick** (soziale und methodische Kompetenz) und vom **Einsatz** (Motivation und Engagement) der moderierenden Person ab. Diese ist geschult in der Moderationstechnik und sollte eine möglichst neutrale Position zum Inhaltlichen einnehmen. Im Gruppenprozess verzichtet sie auf jede Beurteilung oder Bewertung von Meinungsäußerungen, Vorschlägen oder Verhaltensweisen einzelner Gruppenmitglieder. Ebenso hält sie sich mit Äußerungen zurück, die in Richtung Zustimmung oder Ablehnung gedeutet werden könnten. Sie verfügt über eine methodische Expertise zur Moderation, mit deren Hilfe die Gruppe zum Ziel geführt wird. Eine fachliche Expertise zum Gegenstand der Betrachtung oder Auseinandersetzung ist nicht unbedingt erforderlich. Ein Moderater oder eine Moderatorin leitet die Gruppe ohne zu bestimmen.

Ein Moderator oder eine Moderatorin
- bereitet Sitzungen vor, sorgt für geeignete Rahmenbedingungen (z. B. Raum, Material) und präsentiert die Aufgabenstellung;
- regt die Gruppe zu aufgabenbezogenen Beiträgen an;
- hört zu und lässt die Gruppenmitglieder reden;
- aktiviert die Gruppenarbeit durch gezieltes Nachfragen;
- schlägt mögliche Ziele vor und gibt methodische Hilfestellung;
- hält den Gruppenprozess mit Hilfe von Fragen und Impulsen in Gang;
- gestaltet den Fortgang durch Zusammenfassungen und Paraphrasierung, Bilanzierungen und „Blitzlichtern" sowie „Feedback-" und „Feedforward-Techniken";
- regt eine laufende, prozessnahe Evaluation der erzielten Ergebnisse an;
- achtet auf die Einhaltung eines Zeitplans und Bearbeitung des Aktionsplans.

7.4.2.2 Mind Mapping

Mind Mapping (Gedankenkartentechnik) ist eine **Form der bildhaften Darstellung** des sprachlichen Denkens, die als strukturierende Dokumentationstechnik ebenso wie zur Ideenfindung eingesetzt werden kann (Buzan 2002). Sie ist sowohl für Einzelpersonen als auch als Arbeitstechnik in der Gruppe geeignet. Eingesetzt wird sie beispielsweise

Tab. 7.4 Vor- und Nachteile der Methode „Mind Mapping"

Vorteile	Nachteile
Visualisierung und Strukturierung von wichtigen Informationen und ihrer Wechselwirkungen	Begrenztes Platzangebot bei komplexen Themenstellungen und Wechselwirkungen
Kompakte Darstellung und Konzentration auf das Wesentliche	Stetige Strukturierung des Gedankengangs kann Kreativität hemmen
Strukturierung von Ideen erfolgt bereits während der Sammelphase	Einsatz erfordert Übung und Erfahrung im Clustering
Neue Informationen und Gedanken können nachträglich eingefügt werden	
Mind Maps sind anschlussfähig und integrierbar an und in viele weitere Methoden	

in der Projektplanung, bei der Problemanalyse oder auch bei der Findung von neuen Lösungsansätzen. **Mind Maps** (Gedächtnislandkarten) sind eine besondere Form der Visualisierung und Strukturierung von Ideenflüssen bei kreativen Denkprozessen (Tab. 7.4). Sie sind daher auch sehr gut mit der allgemein bekannten Methode *Brainstorming* kombinierbar. Beim Brainstorming wird in freien Assoziationen ein Überfluss an Ideen, Anregungen und Denkanstößen produziert („Quantität vor Qualität").

Bei der Erstellung einer Mind Map wird zunächst ein Hauptthema (z. B. Problemstellung, Idee) in der Mitte eines Blatt Papiers oder einer elektronischen Schreibvorlage prägnant platziert. Die zuvor gefundenen Ideen werden zunächst verschiedenen Überschriften zugeordnet (Clustering). Vom zentral platzierten Hauptthema ausgehend werden die zu dieser Problemstellung gehörenden Informationen entlang verschiedener Äste und Abzweigungen bzw. Unteräste hierarchisch geordnet. Die zuvor gefundenen Überschriften können bereits als erste Äste einer Mind Map dienen. Informationen von untergeordneter Bedeutung werden als Zweige dargestellt, die mit Ästen höherer Ordnung verbunden werden. Erlaubt sind auch Querverbindungen zwischen den Zweigen, die als *Assoziationen* kenntlich gemacht werden (Abb. 7.11).

7.4.2.3 Brainwriting

Brainwriting (auch „635-Methode") ist eine Abwandlung des *Brainstorming* und gehört ebenso zu den **intuitiv-kreativen Kreativitätstechniken,** die neue Ideen, Vorschläge und innovative Lösungsansätze durch freie Gedankenentwicklung hervorbringen (Rohrbach 1969). Ähnlich wie beim Brainstorming werden mit dem Brainwriting so viele Ideen wie möglich gesammelt („Quantität vor Qualität"). Im Gegensatz zum Brainstorming werden diese jedoch nicht in der Gruppe verbal geäußert, sondern einzeln niedergeschrieben und reihum erweitert.

Die Vorgehensweise ist nach der **„635"-Regel** formalisiert: *Sechs Teilnehmer* in der Gruppe schreiben jeweils *drei Ideen* auf ein Blatt Papier bzw. Formular. Nach *fünf*

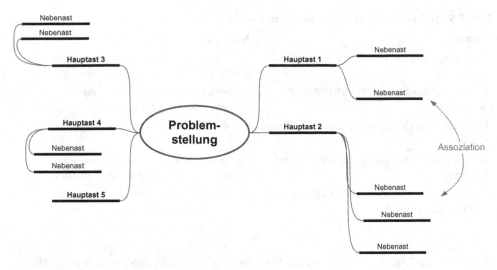

Abb. 7.11 Beispielraster für eine Mind Map

Minuten werden die Blätter an ein anderes Gruppenmitglied weitergereicht. Die bereits vorgeschriebenen Ideen werden durch die Teilnehmer gedanklich ergänzt und weiterentwickelt, sodass im besten Fall drei neue Ideen entstehen. Die neuen Ideen werden auf dem vorliegenden Blatt Papier neben die bereits vorhandenen Ideen niedergeschrieben. Das Blatt Papier wird nun alle fünf Minuten weitergereicht, bis jeder sechsmal drei Vorschläge entwickelt hat (Abb. 7.12). In kurzer Zeit können so bis zu 108 Ideen oder Lösungsansätze erarbeitet werden. Hierbei gibt es aber keinen Zwang zur Vollständigkeit und es können auch weniger als sechs Personen mit der Methode arbeiten (Tab. 7.5).

Problemstellung: Blatt Nr.		Datum:	
	Idee 1	Idee 2	Idee 3
Teilnehmer 1			
Teilnehmer 2			
Teilnehmer 3			
Teilnehmer 4			
Teilnehmer 5			
Teilnehmer 6			

Abb. 7.12 Beispiel für ein „635-Formular" im Rahmen der Brainwriting-Methode

Tab. 7.5 Vor- und Nachteile der Methode „Brainwriting"

Vorteile	Nachteile
Es werden viele Ideen in relativ kurzer Zeit produziert	Nicht geeignet, wenn einzelne Teilnehmer ein deutlich höheres Fachwissen haben
Es wird nicht unbedingt eine Moderation benötigt	Determinierung der Ergebnisse durch Zusammensetzung der Gruppe
Dominanz von Gruppenmitgliedern wird unterbunden	Gefahr der Wiederholung von Ideen
Aufwand der Vorbereitung und Durchführung ist gering	Aufwand der Nachbearbeitung aufgrund unstrukturierter Menge an Ideen ist hoch
Niedrige Hürden für individuelle Meinungs- und Ideenäußerungen	Spontaneität und Kreativität wird durch Schriftform eingeschränkt

Für die abschließende Auswertung der Ideenfindung sollten die Inhalte aller ausgefüllten Formulare auch allen Teilnehmern vorliegen.

Eine Sonderform der 635-Methode ist die Methode **Collective-Notebook** . Hierbei treffen sich die beteiligten Personen jedoch nicht „vor Ort" zur gemeinsamen Ideensammlung. Vielmehr erhalten die Teilnehmer die Problemstellung schriftlich bzw. elektronisch übermittelt. Die Ideen müssen dann in einem vorgegebenen Zeitraum notiert werden. Die Niederschriften werden gesammelt und an die anderen Personen weitergeleitet. Da dieses Vorgehen erheblich länger dauert als der Gruppenprozess „vor Ort", wird der Ideenfindungsprozess in der Regel auf wenige Austauschrunden reduziert.

7.4.2.4 Ursache-Wirkungs-Diagramm

Kaum eine andere Methode ist so bekannt und so unmittelbar mit dem Begriff des Qualitätsmanagements verbunden wie das Ursache-Wirkungs-Diagramm (Ishikawa 1986). Eigentlich müssten wir von „Ursache-Wirkungs-Analyse" sprechen, da es sich um eine **analytisch-systematische Methode** der Ermittlung von Ursache-Wirkungs-Beziehungen handelt. Die Bezeichnung „Diagramm" ist aber nicht falsch, da hierüber in erster Linie eine Visualisierung von Wechselwirkungen vorgenommen wird. Andere bekannte Bezeichnungen zielen auf die Darstellungsform („Fischgrätendiagramm") oder gehen auf den Entwickler zurück („Ishikawa-Diagramm"). Im Wesentlichen geht es bei dieser Methode darum, nach den Ursachen einer Problemstellung zu suchen, indem sogenannte Hauptursachen so lange in ihre Einzelteile (Nebenursachen) zerlegt werden, wie es möglich und sinnvoll ist. Die Methode kann als Einzelanalyse oder Gruppenarbeit durchgeführt werden (Tab. 7.6). Initial werden unter Verwendung von Kreativitätstechniken potenzielle Problemursachen gesammelt. Durch die systematische und umfangreiche Ermittlung von Problemursachen und deren Visualisierung ist eine Analyse von Prozessen möglich (Abb. 7.13).

Tab. 7.6 Vor- und Nachteile der Methode „Ursache-Wirkungs-Diagramm"

Vorteile	Nachteile
Richtet den Blick auf die Ursachen und nicht auf die Symptome von Problemen	Unübersichtlichkeit bei komplexen Problemen und umfangreichen Themen
Visualisierung von Ursachenzusammenhängen innerhalb von Prozessen	Vernetzung und Wechselwirkungen zwischen Hauptursachen ist nicht möglich
Entscheidungen können auf Faktenbasis getroffen werden	Zeitliche Dimensionen finden keine Berücksichtigung
Erkennung von positiven Einflussmöglichkeiten	Keine systematische Methode zur Ursachenbewertung
Ursachenanalyse schafft Akzeptanz für darauf aufbauende Lösungen	Ergebnisse hängen von der Zusammensetzung und Motivation der Gruppe ab

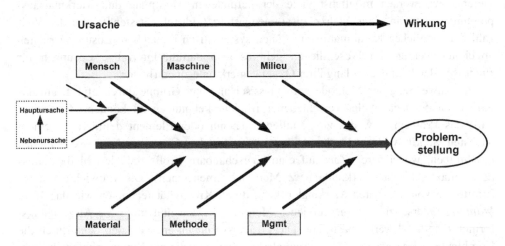

Abb. 7.13 Beispielraster für ein Ursache-Wirkungs-Diagramm. („Fischgrätendiagramm", „Ishikawa-Diagramm")

Als *Hauptursachen* (Hauptkategorien) eines Problems kommen in der Regel die Einflussgrößen Mensch, Material, Maschine (Technik), Methode, Milieu (Mit-/Umwelt) und Management infrage („6-M's"). Diese sind aber nicht für alle Problemstellungen verbindlich und eindeutig so vorgegeben. Die Hauptursachen dürfen je nach Problemstellung und dem Ergebnis der vorher stattgefundenen Ideensammlung unterschiedlich ausfallen. Hierüber sollte im Rahmen einer Gruppenarbeit aber zuvor Konsens hergestellt werden. In einem weiteren Schritt werden alle möglichen Neben- und Einzelursachen in das Diagramm eingetragen, die in Form einer Verästelung den Pfeilen der Hauptursachen hierarchisch zugeordnet werden. In ihrer einfachen Anwendung endet die Methode in der Visualisierung der heraus gearbeiteten Ursache-Wirkungs-Beziehungen.

Im eigentlichen Problembearbeitungsprozess sollten die ermittelten Haupt- und Neben-ursachen aber auch hinsichtlich ihrer Bedeutung gewichtet und bewertet werden, sodass über Lösungen nachgedacht und Problemlösungen gefunden werden können (Abschn. 7.4.1.2).

7.4.2.5 Morphologischer Kasten

Der Morphologische Kasten (auch „Morphologische Matrix", „Zwicky-Box") gehört wie das Ursache-Wirkungs-Diagramm zu den **analytisch-systematischen Methoden,** jedoch zielt sie weniger auf eine Problembearbeitung im Sinne einer Problemanalyse, sondern eher auf die Erarbeitung von **Lösungsmöglichkeiten** für komplexe Probleme (Zwicky 1966). Methodisch wird die untersuchte Problemstellung (z. B. Prozesse, Maßnahmen, Produkte) einerseits in *Merkmalsdimensionen,* andererseits in ihre *Aus-prägungen* zergliedert (vgl. Herrmann und Huber 2009, S. 151 f.). Mithilfe möglichst vieler Ideen werden möglichst viele der gefundenen Merkmale und Merkmalsaus-prägungen dann in einer Matrix zusammengestellt („Ideenbaukasten"). Aus der Viel-zahl der möglichen Kombinationen können systematisch brauchbare Lösungsvarianten abgeleitet werden. Im Wesentlichen geht es also darum, innovative Lösungen für *Prozesse* oder *Produkte* entlang ihrer Qualitätsmerkmale zu erarbeiten.

Die Anwendung der Methode wird klassisch in einer Gruppe durchgeführt, um das Kreativitätspotenzial vieler verschiedener Blickwinkel nutzen zu können. Zu Beginn wird das Problem bzw. das zu gestaltende Thema oder Element definiert. In einem nächsten Schritt werden Merkmale bestimmt, die den Gegenstand im Wesentlichen beschreiben, wobei deren Zahl auf eine überschaubare Größe reduziert bleiben muss (z. B. maximal zehn Merkmale bzw. Merkmalsdimensionen). Die Entwicklung bzw. Ermittlung von relevanten Merkmalen kann durch Kreativitätstechniken wie das *Mind Mapping* unterstützt werden. Für jedes Merkmal werden nun mögliche Ausprägungs-formen (Merkmalswerte) bestimmt. Die Lösungsvarianten ergeben sich dann durch die Kombination der verschiedenen Merkmalsausprägungen, die mit Linien miteinander ver-bunden werden können (Abb. 7.14). Neue „Problemlösungen" sind dabei nicht bekannte oder noch nicht realisierte Kombinationen innerhalb des morphologischen Kastens (Tab. 7.7).

7.4.2.6 Entscheidungstechniken

Die Anwendung von Kreativitäts- und Problemlösungstechniken verlangt regelmäßig die Frage nach einer Entscheidung. Zur Komplexitätsreduktion werden in der Regel alle Einzelaspekte (z. B. Ideen, Ursachen) analysiert und in Kategorien zusammen-gefasst (Clustering). Dies geschieht im Verlauf des Gruppenprozesses in der Regel durch gegenseitige Verständigung. Häufig müssen aber auch Auswahlentscheidungen getroffen werden, beispielsweise um festzulegen, welche Probleme (vorrangig) zu bearbeiten sind oder welche Lösungsalternative aus Sicht der Gruppe als die geeignetste erscheint und somit den Vorzug bei der Ergebnispräsentation oder der Implementation erhalten soll.

Problem/Thema: Planung und Durchführung einer Mitarbeiterbefragung (MAB)					
Merkmale	Ausprägung	Ausprägung	Ausprägung	Ausprägung	Ausprägung
Ziele der MAB					
Inhalte					
Erfassungsform					
Reichweite					
Verbindlichkeit					
Häufigkeit					

Abb. 7.14 Beispielraster für einen Morphologischen Kasten

Tab. 7.7 Vor- und Nachteile der Methode „Morphologischer Kasten"

Vorteile	Nachteile
Übersichtliche Darstellung einer Vielzahl von Lösungsmöglichkeiten eines komplexen Problems	Der Ideenfluss kann durch das systematische Vorgehen begrenzt werden
Alle Aspekte des Problems werden in die Suche nach Lösungsalternativen einbezogen	Die Lösungsmöglichkeiten sind durch die Kombinationsmöglichkeiten der Elemente vorgegeben
Schwächen von Lösungsalternativen werden durch den direkten Vergleich erkennbar	Unübersichtlichkeit durch zu viele Kombinationsmöglichkeiten
Durch die systematische Herangehensweise werden Lösungen sichtbar, die nicht offensichtlich waren	Zu viel Fachwissen bei den Gruppenmitgliedern verengt Vielfalt der Merkmalsausprägungen

Die Entscheidungsfindung in Gruppenprozessen wird durch die moderierende Person gesteuert.

Die einfachste Form der Entscheidungsfindung ist der **informelle Konsens**. Hierbei wird ein gegenseitiges Einvernehmen über die Auswahlentscheidung hergestellt. Sie kann das Ergebnis einer (intensiven) diskursiven Verständigung sein. Bei der Bearbeitung können sich aber auch einzelne Auswahlalternativen bereits als derart „zwingend" herausgestellt haben, dass allgemeine Übereinstimmung bei der Auswahlentscheidung herrscht. Informelle Konsensfindung kann in Einzelfällen ein zulässiger

Weg der Entscheidungsfindung sein; ihr liegt jedoch ein hohes Maß an Subjektivität und Intransparenz auf, die den Prozess und das Ergebnis der Entscheidungsfindung für Dritte nicht nachvollziehbar erscheinen lässt. Qualitätsmanagement ist untrennbar mit Prinzipien der Systematisierung und Strukturierung von Handlungen behaftet. Daher sollten auch bei der Entscheidungsfindung geeignete Wege gefunden bzw. genutzt werden, die Entscheidungsfindung zu formalisieren und nachvollziehbar zu halten.

Zu den **formalen Methoden** der Entscheidungsfindung in Gruppenprozessen zählen die Stimmabgabe (Voting) und die Entscheidungsmatrix (Bewertungs-/Kriterienmatrix). Beiden methodischen Ansätzen ist gemeinsam, dass die Entscheidungsfindung strukturiert und nachvollziehbar verläuft, dass alle Gruppenmitglieder gleichberechtigt einbezogen werden und dass der Auswahlentscheidung eine bestimmte Anzahl von Kriterien zugrunde gelegt werden müssen.

▶ Entscheidungen in Gruppenprozessen werden gemeinschaftlich und kriteriengeleitet getroffen. Formale Methoden reduzieren Willkür und Beliebigkeit bei der Entscheidungsfindung.

Die **Stimmabgabe** (Voting) ist ein „ad hoc"-Verfahren, das schnell und einfach durchzuführen ist. Gebräuchlich sind Punktvergaben oder Stimmzettelverfahren. Die Kriterien für die Auswahlentscheidung sollten vorher allen Gruppenmitgliedern bekannt gemacht werden. Oft bleiben sie aber im Verlauf der persönlichen Stimmabgabe implizit. Es können grundsätzlich drei Vorgehensweisen unterschieden werden, bei denen alle Stimmen gleichberechtigt und gleichgewichtet abgegeben werden (vgl. Baartmans und Geng 2006, S. 147 f.):

- **Einfache Stimmabgabe:** Jedes Gruppenmitglied hat eine Stimme, die für eine der aufgelisteten Alternativen abgegeben wird.
- **Mehrfache Stimmabgabe:** Jedes Gruppenmitglied hat mehrere Stimmen (z. B. 3 Stimmen), die für mehrere der aufgelisteten Alternativen abgegeben wird. Hierbei ist zu beachten, dass für jede einzelne Alternative jeweils nur eine Stimme abgegeben werden darf.
- **Gewichtete Stimmabgabe:** Jedes Gruppenmitglied hat mehrere Stimmen (z. B. 3 Stimmen), die für mehrere der aufgelisteten Alternativen abgegeben wird. Hierbei dürfen jedoch für jede Alternative mehrere Stimmen abgegeben werden. Die Gewichtung erfolgt über die Kumulation von gleichgewichteten Einzelstimmen.

Die Arbeit mit der **Entscheidungsmatrix** ist etwas komplexer als die Stimmabgabe. Im Gegensatz zur Stimmabgabe werden bei der Entscheidungsmatrix keine summativ gebildeten Einzelstimmen für (oder gegen) bestimmte Alternativen abgegeben. Vielmehr wird für jede der Alternativen die Ausprägung der grundgelegten Auswahlkriterien numerisch mit Punktwerten (Ausprägungen) bewertet, sodass durch die Gegenüberstellung von Alternativen und Kriterien eine zweidimensionale Bewertungs-/Kriterien-

a Problemauswahl: Bewertung von Problemursachen			
Kriterien	**Alternative 1**	**Alternative 2**	**Alternative 3**
K_1 [Auswirkung]	[0,5,10 Pkt.]	[0,5,10 Pkt.]	[0,5,10 Pkt.]
K_2 [Häufigkeit]	[0,5,10 Pkt.]	[0,5,10 Pkt.]	[0,5,10 Pkt.]
K_3 [Erkennbarkeit]	[0,5,10 Pkt.]	[0,5,10 Pkt.]	[0,5,10 Pkt.]
Ergebnis	$\sum_{i=1}^{n} K_i$	$\sum_{i=1}^{n} K_i$	$\sum_{i=1}^{n} K_i$

b Lösungsauswahl: Bewertung von Verbesserungsmaßnahmen			
Kriterien	**Alternative 1**	**Alternative 2**	**Alternative 3**
K_1 [Nutzen]	[Pkt. * GF]	[Pkt. * GF]	[Pkt. * GF]
K_2 [Realisierbarkeit]	[Pkt. * GF]	[Pkt. * GF]	[Pkt. * GF]
K_3 [Dringlichkeit]	[Pkt. * GF]	[Pkt. * GF]	[Pkt. * GF]
Ergebnis	$\sum_{i=1}^{n} K_i$	$\sum_{i=1}^{n} K_i$	$\sum_{i=1}^{n} K_i$

Abb. 7.15 Entscheidungsmatrix (Beispiele): **a** einfache und **b** gewichtete Entscheidungsmatrix

matrix entsteht. Mit der Entscheidungsmatrix wird die Bewertung der Alternativen transparenter und für Dritte nachvollziehbarer. Der Bewertungsprozess ist in der Regel begleitet von einem gegenseitigen Meinungsaustausch, der den Prozess der Entscheidungsfindung argumentativ leitet. Es können grundsätzlich zwei Vorgehensweisen unterschieden werden (Abb. 7.15):

- **Einfache Entscheidungsmatrix:** Jedes Gruppenmitglied gibt hinsichtlich der Frage, ob und inwieweit das jeweilige Kriterium (oder Teilkriterium) für jede Alternative erfüllt wird, zu jedem Kriterium einen gestaffelten Punktwert (z. B. 0, 5 oder 10 Punkte) ab. Als Variante dieses Vorgehens kann die Ausprägung jedes Kriteriums, d. h. der abzugebende Punktwert, auch durch die Gruppe diskursiv und einvernehmlich festgelegt werden. Wichtig ist jedoch, dass für jede Alternative eine Bewertung der Kriterien erfolgt. Über die Anzahl der Kriterien wird für jede Alternative ein einfacher Summenwert ermittelt.
- **Gewichtete Entscheidungsmatrix:** Aufbau und Vorgehensweise entspricht im Wesentlichen der einfachen Entscheidungsmatrix. Die einzelnen Kriterien werden jedoch zuvor Ihrer Bedeutung mit Gewichtungsfaktoren (GF) gewichtet. Die fest-

gelegte Ausprägung jedes Kriteriums, d. h. der abgegebene Punktwert, wird für jedes Kriterium zusätzlich mit dem zuvor festgelegten Gewichtungsfaktor multipliziert. Über die Anzahl der Kriterien wird für jede Alternative der Summenwert aller rechnerischen Produkte (Ausprägung * Gewichtungsfaktor) ermittelt.

Die formalen Methoden der Entscheidungsfindung strukturieren und systematisieren den Entscheidungsfindungsprozess, ersetzen aber nicht die zu treffende Entscheidung. Die quantifizierten Ausprägungen (Stimmenanteile oder Punktwerte) jeder Alternative werden sowohl bei der Stimmabgabe als auch bei der Entscheidungsmatrix vergleichend gegenübergestellt. In der Regel wird anhand der Ausprägungsunterschiede eine Auswahlentscheidung getroffen. Problematisch wird die Entscheidungsfindung bei „Gleichstand" oder wenn die Unterschiede sehr gering sind. Dann müssten ggf. weitere, bisher nicht berücksichtigte Kriterien hinzugezogen werden oder die Entscheidungsfindung ggf. „unter neuen Vorzeichen" wiederholt werden. Als Entscheidung kann letztendlich entweder ein dichotomes Ergebnis („ja "oder „nein") vorliegen oder es wird eine Rangbildung von Alternativen (Priorisierung) vorgenommen.

7.5   Übungsfragen

1. Definieren Sie für sich den Methodenbegriff und erläutern Sie Gesichtspunkte, um Methoden des Qualitätsmanagements zu gliedern! Lösung Abschn. 7.1
2. Erläutern Sie die Unterscheidung von Vorgabe- und Nachweisdokumenten und finden Sie Beispiele! Lösung Abschn. 7.3.1.1
3. Definieren Sie die Bezeichnung „Lenkung von Dokumenten" und nennen damit zusammenhängende grundsätzliche Tätigkeiten! Lösung Abschn. 7.3.1.2
4. Arbeiten Sie die grundsätzliche und veränderte Bedeutung eines Qualitätsmanagementhandbuchs heraus! Lösung Abschn. 7.3.2
5. Unterscheiden Sie Verfahrens- und Arbeitsanweisungen und finden Sie Beispiele! Lösung Abschn. 7.3.2
6. Teamarbeit ist ein wichtiges Element im Qualitätsmanagement. Nennen Sie grundsätzliche Anforderungen, die an Teamarbeit gestellt werden können! Lösung Abschn. 7.4.1
7. Nennen Sie die wesentlichen Unterscheidungsmerkmale von Projektgruppenarbeit und Qualitätszirkelarbeit! Lösung Abschn. 7.4.1.1
8. Beschreiben Sie die grundlegenden Schritte eines Problemlösungsprozesses anhand eines Beispiels! Lösung Abschn. 7.4.1.2
9. Erläutern Sie den Nutzen der Moderationstechnik und nennen Sie Aufgaben der moderierenden Person! Lösung Abschn. 7.4.2.1
10. Beschreiben Sie in eigenen Worten die Funktionsweise eines Ursache-Wirkungs-Diagramms! Lösung Abschn. 7.4.2.4

Literatur

Antoni CH (1994) Gruppenarbeit in Unternehmen. Konzepte, Erfahrungen, Perspektiven. Beltz PVU, Weinheim

Asselmeyer H (2018) Teamentwicklung als Gegenstand der Organisationspädagogik. In: Göhlich M, Schröer A, Weber SM (Hrsg) Handbuch Organisationspädagogik. Springer VS, Wiesbaden

Baartmans PCM, Geng V (2006) Qualität nach Maß. Entwicklung und Implementierung von Qualitätsverbesserungen im Gesundheitswesen, 2. Aufl. Huber, Bern

Bea FX, Göbel E (2010) Organisation. Theorie und Gestaltung, 4. Aufl. Lucius & Lucius, Stuttgart

Brunner FJ (2017) Japanische Erfolgskonzepte, 4. Aufl. Hanser, München

Buzan T (2002) Das Mind-Map-Buch. Die beste Methode zur Steigerung Ihres geistigen Potenzials, 5. Aufl. MVG Verlag, Heidelberg

Deppe J (1992) Quality Circle und Lernstatt. Ein integrativer Ansatz, 3. Aufl. Gabler, Wiesbaden

DIN Deutsches Institut für Normung e. V. (2015) DIN EN ISO 9000: Qualitätsmanagementsysteme – grundlagen und Begriffe (ISO 9000:2015). Beuth, Berlin

Engel P (1986) Japanische Organisationsprinzipien. Verbesserung der Produktivität durch Qualitätszirkel. Moderne Industrie, Landsberg

Englich B, Fisch R (2003) Projektgruppen als Instrument für nachhaltige Entwicklung in einer modernen Verwaltung. In: Kopatz M (Hrsg) Reformziel Nachhaltigkeit: kommunen als Mitgestalter einer nachhaltigen Entwicklung. Edition Sigma, Berlin, S 157–173

Ertl-Wagner B, Steinbrucker S, Wagner BC (2009) Qualitätsmanagement & Zertifizierung. Praktische Umsetzung in Krankenhäusern, Reha-Kliniken und stationären Pflegeeinrichtungen. Springer Medizin, Heidelberg

Geschka H (1986) Kreativitätstechniken. In: Staudt E (Hrsg) Das Management von Innovationen. Frankfurter Allgemeine Zeitungsverlag, Frankfurt a. M., S 147–160

Herrmann A, Huber F (2009) Produktmanagement. Grundlagen – methoden – beispiele, 2. Aufl. Gabler, Wiesbaden

Hoeth U, Schwarz W (1997) Qualitätstechniken für die Dienstleistung: die D7. Hanser, München

Ishikawa K (1986) Guide to quality control, 2. Aufl. Asian Productivity Organization, Tokio

Koch U (1983) Teamentwicklung im Unternehmen. Ansätze, Prozesse und Probleme eines gruppenorientierten Lernkonzeptes. Lang, Frankfurt a. M.

Meier H (1995) Handwörterbuch der Aus- und Weiterbildung. 425 Methoden und Konzepte des betrieblichen Lernens mit Praxisbeispielen und Checklisten. Herrmann Luchterhand, Neuwied

Mizuno S (1988) Management for quality improvement: the 7 new quality control tools. Productivity Press, Cambridge

Nerdinger FW (2014) Teamarbeit. In: Nerdinger FW, Blickle G, Schaper N (Hrsg) Arbeits- und Organisationspsychologie, 3. Aufl. Springer, Heidelberg, S 103–118

Pfitzinger E (2011) Qualitätsmanagement nach DIN EN ISO 9000ff. im Gesundheitswesen. Beuth, Berlin

Rohrbach B (1969) Kreativ nach Regeln – methode 635, eine neue Technik zum Lösen von Problemen. Absatzwirtschaft 12(12):73–76

Schmidt S (2005) Das QM-Handbuch. Qualitätsmanagement für die ambulante Pflege. Springer Medizin, Heidelberg

Schmitt R, Pfeiffer T (2015) Qualitätsmanagement. Strategien – methoden – techniken, 5. Aufl. Hanser, München

Schulte-Zurhausen M (2014) Organisation, 6. Aufl. Vahlen, München

Weinert AB (2004) Organisations- und Personalpsychologie, 5. Aufl. Beltz PVU, Weinheim

Welz-Spiegel C (2014) Kundenorientierte Angebotsentwicklung im Gesundheitswesen. Mit der adaptierten QFD-Methode und Risikomanagement die Marktposition stärken. Kohlhammer, Stuttgart

Zink KJ, Schick G (1987) Quality circles. Teil: 1. Grundlagen. Hanser, München

Zollondz HD (2001) Lexikon Qualitätsmanagement: handbuch des modernen Managements auf der Basis des Qualitätsmanagements. Oldenbourg, München

Zwicky F (1966) Entdecken, Erfinden, Forschen im morphologischen Weltbild. Droemer Knaur, München

Teil II
Spezieller Teil

Prozessorientierung im Qualitätsmanagement

8

Zusammenfassung

Dieses Kapitel widmet sich dem besonderen Stellenwert der Prozesse im Qualitätsmanagement. Nach einer begrifflichen Einordnung des Prozessbegriffs wird ein Verständnis von Prozessorganisation entwickelt und die damit in Verbindung stehenden Gestaltungsoptionen behandelt. Hieran schließen sich Grundzüge und zentrale Aufgabenstellungen des Prozessmanagements an. Dabei wird der Schwerpunkt auf die Prozessidentifikation, Prozessgestaltung und Prozesslenkung gelegt. Ergänzend dazu werden spezielle Methoden der Prozessorientierung, ein klinischer Prozessansatz für die Gesundheitsversorgung und das Konzept der klinischen Behandlungspfade vorgestellt.

8.1 Grundlagen der Prozessorientierung

Prozesse bilden das Rückgrat jeder Geschäftstätigkeit. Sie liefern Leistungen und Ergebnisse. Aufgabe des Qualitätsmanagements ist es, nicht nur die Ergebnisse von Prozessen zu prüfen (produktorientiertes Qualitätsverständnis), sondern diese Prozesse bzw. ihr Zusammenwirken zielgerichtet, wirksam und fehlerfrei zu gestalten (prozessorientiertes Qualitätsverständnis). Das „Denken in Prozessen", die „Einbettung der Prozesse in die Gesamtorganisation" und das zielgerichtete „Management der Prozesse" hat strategische Bedeutung für die Verwirklichung der Unternehmensziele und ist fester Bestandteil jedes Qualitätsmanagementansatzes, insbesondere der TQM-Philosophie (Pfitzinger 2011, S. 24).

Der im Qualitätsmanagement als **Grundsatz** definierte „Prozessorientierte Ansatz" (Kap. 2) umfasst die systematische Festlegung und Steuerung von Prozessen und deren Wechselwirkungen, sodass die angestrebten Ergebnisse mit der Qualitätspolitik und der

© Springer Fachmedien Wiesbaden GmbH, ein Teil von Springer Nature 2022
P. Hensen, *Qualitätsmanagement im Gesundheitswesen,*
https://doi.org/10.1007/978-3-658-38299-5_8

strategischen Ausrichtung der Organisation übereinstimmen (DIN 2017). Die Steuerung der einzelnen Prozesse und des Gesamtsystems aller Prozesse orientiert sich in der Regel an der Logik des PDCA-Zyklus. Prozessorientierung im Qualitätsmanagement beschreibt darüber hinaus aber auch eine **Grundhaltung,** die Wertschöpfung bzw. die wertschöpfenden Leistungsprozesse der Organisation in den Mittelpunkt zu stellen und sich nicht an den Bedingungen einer vorgefundenen Bereichs- und Funktionslogik auszurichten. Prozessorientierung im Qualitätsmanagement bedeutet zusammengefasst:

- Verstehen der Anforderungen und deren fortlaufende Einhaltung (Kennen und verstehen von externen und internen Anforderungen an die Leistungserstellung);
- Betrachten der Prozesse im Hinblick auf die Wertschöpfung (Konsequente Ausrichtung der Prozesse an den Wünschen und Bedürfnissen der relevanten Kundengruppen);
- Erreichen einer wirksamen Prozessleistung (Aufbau und Aufrechterhaltung geeigneter Prozessstrukturen und Prozessbedingungen);
- Verbesserung von Prozessen basierend auf der Bewertung von Daten und Informationen (Optimierung und Entwicklung der Prozesse entlang des PDCA-Zyklus).

8.1.1 Prozessbegriff

8.1.1.1 Prozessdefinition

Trotz der Menge und Vielfalt teils sehr unterschiedlicher Definitionen in der Literatur lässt sich das Wesen von Prozessen (im Qualitätsmanagement) verallgemeinernd mit der zielgerichteten und wirkungsvollen **Strukturierung von Abläufen** einzelner Tätigkeiten und Verrichtungen (z. B. Aufnahmegespräch, OP-Vorbereitung, Entlassung) umschreiben.

Die Begriffe **Tätigkeiten** und **Verrichtungen** haben viele Gemeinsamkeiten. Beide betonen die technische Natur des *gerichteten Vollzugs* (Ablauf) eines Geschehens zur Erfüllung einer bestimmten Aufgabe. Der Konkretisierungsgrad ist in der Regel hoch, d. h. der Aufgabenvollzug ist gut beschreibbar. Im Kontext der klassischen Betriebswirtschaftslehre wird häufiger von Verrichtungen, im Kontext der Organisationslehre bzw. des Qualitätsmanagements dagegen eher von Tätigkeiten gesprochen. In Modellen der Arbeitspsychologie haben Verrichtungen operationalen Ausführungscharakter und bilden untergeordnete Bestandteile (Einzelelemente) von Tätigkeiten (Sonntag et al. 2012, S. 65). Für den Gebrauch im Qualitäts- und Prozessmanagement können die Begriffe Verrichtungen und Tätigkeiten in der Regel synonym verwendet werden.

Inhaltlich relevanter erscheint die Abgrenzung zum Begriff der **Handlung.** Im Gegensatz zu Tätigkeiten haben Handlungen einen eher *ganzheitlichen Charakter.* Sie verfügen über einen intentionalen („Was soll erreicht werden?") als auch operationalen („Wie soll das Ziel erreicht werden?") Aspekt. Handlungen umfassen meist ein Bündel von gegeneinander abgrenzbaren Arbeitsvollzügen oder Einzelverrichtungen und fügen diese zielgerichtet und sinnvoll zusammen (z. B. Pflegehandlung, therapeutische Behandlung). Darüber hinaus haben Handlungen einen *subjektbezogenen Charakter.* Sie werden durch die sie ausführenden Personen initiiert, gestaltet und verwirklicht. Sie berücksichtigen psychosoziale Faktoren aufseiten der handelnden Personen ebenso wie Kontextfaktoren, die durch die Situativität und Situiertheit des Handlungsgeschehens bzw. der Handlungsbedingungen bestimmt werden. Der Handlungsbegriff wird eher im Zusammenhang mit beruflicher bzw. professionsbezogener Arbeitsausführung verwendet. Tätigkeiten und Verrichtungen sind vor allem als technische Begriffe der betriebswirtschaftlich geprägten und organisationsbezogen Aufgabenerfüllung geläufig.

Der Prozessbegriff liefert einen **systemtheoretischen Zugang** zur Gestaltung der Ablauforganisation (Kap. 5). Ihm können kontextbezogen verschiedenen Ausführungsbegriffe zugrunde liegen. Charakteristisch für Prozesse (im Qualitätsmanagement) ist jedoch, dass ihre Existenz und ihr Vollzug niemals zweckfrei oder beliebig sind. Prozesse verfolgen stets ein Ziel und sehen ein **Ergebnis** vor (z. B. Heilung, Wiederherstellung von Lebensfunktionen, Erhöhung von Lebensqualität). Dabei sind sie auf **Eingaben** in Form von *Anforderungen* (z. B. Kundenanforderungen) und dem Vorhandensein von geeigneten *Strukturmerkmalen* (z. B. Pflegepersonal, OP-Saal, Verbrauchsmaterial) angewiesen.

▶ **Prozess** Ein Prozess ist ein System von Tätigkeiten, das Eingaben (Inputvariablen) in Ergebnisse (Outputvariablen) umgestaltet (vgl. Geiger 1998, S. 89).

Die hier zitierte, bewusst einfach gehaltene Prozessdefinition orientiert sich am **Input-Transformations-Output-Modell** der Prozessorientierung. Die für einen Prozess erforderlichen Eingaben werden bestimmten Eingabequellen (z. B. Lieferanten, Kundengruppen) entnommen und durch den Prozess (bzw. das damit beschriebene „System von Tätigkeiten") in bestimmte Ergebnisse transformiert (Abb. 8.1). Dieses einfache Prozessmodell orientiert sich in seinen Grundzügen an den bereits bekannten Bedingungs- und Wirkungszusammenhängen von Strukturen, Prozessen und Ergebnissen (Kap. 1) und zeigt grundlegende Gestaltungs- und Steuerungselemente für die Arbeit mit Prozessen im Qualitätsmanagement auf.

Bedeutung der Inputvariablen

Eingaben bzw. Inputvariablen sind notwendige Bedingungen von Prozessen. Zu den Prozesseingaben gehören zunächst all diejenigen *Ressourcen* und *Materialien* (z. B. chirurgische Instrumente, geeignete Fachkräfte), die für eine beabsichtigte Tätigkeitsfolge erforderlich sind (z. B. Durchführung einer Operation oder Behandlung). Neben den strukturellen Elementen zählen auch *Anforderungen* zu den Prozesseingaben, d. h. Anforderungen an die Ressourcen und Materialien, an die Prozessergebnisse (z. B. Operationsziel) und die Art und Weise, wie die Tätigkeiten ausgeführt werden (z. B. richtige und richtig ausgeführte Operationstechnik). Das übergeordnete bzw. primäre

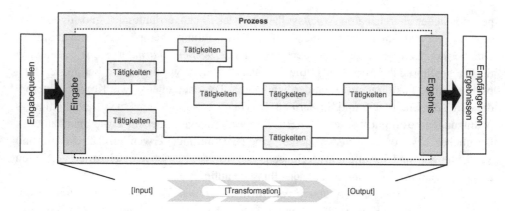

Abb. 8.1 Input-Transformations-Output-Modell der Prozessorientierung

Ziel von Prozessen der Gesundheitsversorgung ist in der Regel die Veränderung eines personenbezogenen Gesundheitszustands. Der initiale und durch den Prozess zu transformierende Gesundheitsstatus einer Person wird in diesem Kontext dann als **Primäreingabe** bezeichnet, die zur Ausführung der Leistungsprozesse eingebrachten Ressourcen und Materialien als untergeordnete oder **sekundäre Eingaben** (vgl. DIN 2017).

Eingaben zur unmittelbaren Ausführung von Tätigkeiten werden als **Eingaben der Ausführungsebene** (Low-Level-Input, operative Eingaben) bezeichnet. Sie werden auf einer höher abstrahierten Ebene um die Fragen nach dem Unternehmenszweck und dem konkreten Leistungsauftrag erweitert. Mit Blick auf die zugrunde liegende Geschäftstätigkeit der Organisation haben die Kenntnis und das Verstehen der wesentlichen Qualitätsanforderungen (z. B. die grundlegenden Bedürfnisse der Kundengruppen) sowie die Verfügbarkeit der elementaren Produktionsfaktoren (z. B. bautechnische Ressourcen) entsprechende Bedeutung für die Qualitätsplanung und die Konzeption der Leistungsangebote. Eingaben der übergeordneten Bereitstellung von Leistungsangeboten werden dann als **Eingaben der Organisationsebene** (High-Level-Input, strategische Eingaben) bezeichnet.

Bedeutung der Kunden-Lieferanten-Beziehungen

Sämtliche Prozesse einer Organisation stehen untereinander in Wechselbeziehung und zueinander in Wechselwirkung. Die Leistungsprozesse der Organisation werden durch die externen *Kundenanforderungen* bestimmt und von der Organisation als *Lieferant* erbracht (externe Kunden-Lieferanten-Beziehung). In der Vorstellung einer zusammenhängenden Prozessverkettung bildet sich der Zusammenhang von Anforderungen und Leistungserbringung wiederum in allen internen Prozessen ab (interne Kunden-Lieferanten-Beziehung). Die Ergebnisse (Produkte) der Leistungsprozesse werden durch eine Vielzahl zusammenhängender bzw. vorangegangener Prozesse determiniert. Für jeden einzelnen dieser Prozesse bilden die Ergebnisse der vorangegangenen Prozesse jeweils die Prozesseingaben der nachfolgenden Prozesse: Ein **interner Lieferant** (Eingabequelle) liefert ein Ergebnis, das von einem **internen Kunden** (Empfänger eines Ergebnisses) entgegengenommen wird. Dieser liefert wiederum als Lieferant seine Ergebnisse an andere Empfänger (Abb. 8.2).

Ausbleibende, fehlerhafte oder verspätete Eingaben haben in der Regel Auswirkungen auf das gesamte Prozessgefüge und gefährden das gewünschte Ergebnis. Wenn beispielsweise die Indikationsstellung (z. B. vor einer Operation) eine bildgebende Untersuchung voraussetzt, kann die vorgesehene Operation nur dann durchgeführt werden, wenn die entsprechenden Befunde vorliegen. In diesem Fall ist der von der radiologischen Abteilung (Lieferant) zu erstellende Befund das *Ergebnis* des Bildgebungsprozesses, welches an die chirurgische Abteilung (Kunde) geliefert werden müsste. Das *Ergebnis* des Bildgebungsprozesses wäre dann wiederum die *Eingabe* des Prozesses der Indikationsstellung. Die Leistungsprozesse einer Organisation bauen darauf auf, dass sich Arbeitsbereiche und ergebnisliefernde Personen zueinander wie Kunden und Lieferanten verhalten („Next process is your customer"-Prinzip) genauso wie die Organisation sich als Lieferant zu ihren externen Kunden verhält.

Bedeutung der Outputvariablen
Die (externen) Kundenanforderungen und Lieferantenleistungen bestimmen die Ergebnisse der Prozesse der zugrunde liegenden Geschäftstätigkeit (Kernprozesse). Die Eingaben (Primär- und Sekundäreingaben) werden durch die Leistungsprozesse transformiert, d. h. in die gewünschten Ergebnisse umgewandelt. Die Leistungsprozesse des Einzelfalls bilden sich als Prozessvarianten ab, die den Bedingungen der Eingaben

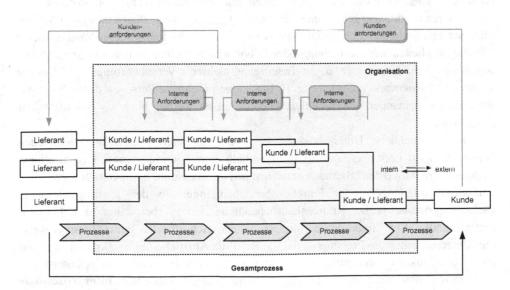

Abb. 8.2 Kunden-Lieferanten-Beziehungen im Prozessgefüge

und Eingabequellen (z. B. Gesundheitsstatus der Person, verfügbare Ressourcen und Materialien) entsprechen. Der ermittelte **Output** (Ausgabe eines Prozesses) stellt zunächst das erbrachte und beschreibbare Leistungsergebnis dar („Was wurde gemacht und durch den Prozess verändert?"). Ein Output kann beispielsweise eine „behandelte Patientin" oder eine „ausgefüllte Krankenakte" sein. Mit diesem Begriff wird prozesstheoretisch die Transformation (sekundärer) Eingaben in Ausgaben beschrieben.

Ein Prozess verfolgt als Grundbedingung jedoch stets ein bestimmtes Ziel. Daher darf die Prozessausgabe sich nicht allein in der Darstellung der stattgehabten Veränderung erschöpfen. Sie muss um die Frage erweitert werden, ob durch den Prozess das *vorgesehene Ergebnis* (Ziel) auch erreicht werden konnte. Die Bedeutung der Zielerreichung wird auch in der neueren Prozessdefinition nach DIN EN ISO 9000:2015 deutlich: Eingaben werden darin „zum Erzielen eines vorgesehenen Ergebnisses" (DIN 2015) verwendet und nicht zur Transformation in eine unbestimmte Ausgabe. Die Bewertung eines solchen Ergebnisses hängt immer vom Bewertungsrahmen und der Bewertungsperspektive ab. Die Bewertung der Prozessausgabe hinsichtlich ihrer Zielerfüllung, ihres Zielerreichungsgrades und des erfüllten Kundennutzens („Welche Qualität wurde erreicht?") ist häufig mit dem Begriff **Outcome** belegt. In diesem Begriff bildet sich der eigentliche Zweck der Leistungsprozesse im Gesundheitswesen ab, nämlich die Erfüllung der Kundenanforderungen hinsichtlich der gezielten Veränderung von Primäreingaben (Veränderung eines Gesundheitszustands).

Bedeutung der Schnittstellen

Das mit der vorangestellten Prozessdefinition ausgedrückte „System von Tätigkeiten" beschreibt die Komplexität von zusammenhängenden Ausführungsschritten bei Einzelprozessen, aber auch das Zusammenwirken und die Verankerung von Prozessen in einem Organisationsgefüge. Innerhalb von Organisationen überschreiten Prozesse oft Grenzen. Es ließen sich *funktionale Grenzen* (z. B. die Inanspruchnahme mehrerer Funktionseinheiten wie Bildgebung oder Labor während eines Behandlungsprozesses), *organisatorische Grenzen* (z. B. die Beteiligung mehrerer Verantwortungs- und Liniensysteme) oder *personelle Grenzen* (z. B. Einbindung mehrerer Personen durch Wechselschichten) voneinander unterscheiden. Diese Grenzen werden auch als **Schnittstellen** bezeichnet.

Eine gebräuchliche Unterscheidung in intra- und interprozessuale Schnittstellen bezieht sich auf Leistungsprozesse, die innerhalb eines (geschlossenen) Organisationsgefüges erbracht werden. Hiernach entstehen **intraprozessuale Schnittstellen** zwischen Personen, Abteilungen oder Funktionsbereichen innerhalb der leistungsrelevanten Geschäftsprozesse (z. B. Krankenhausbehandlung zur Verbesserung des Gesundheitszustands). Eine funktionale, intraprozessuale Schnittstelle bildet beispielsweise die Untersuchung von Probenmaterial (z. B. Blut, Abstriche, Flüssigkeiten), das auf einer Krankenstation gewonnen wurde und in einem Labor bzw. von spezialisierten Fachkräften untersucht wird. In dieser Betrachtung beschreiben **interprozessuale Schnittstellen** wiederum die Übergänge der Leistungserstellung zu Versorgungsbereichen außerhalb des leistungserbringenden Organisationsgefüges. Beispielsweise endet der Behandlungsprozess eines Patienten aus Sicht eines akutstationären Krankenhauses (z. B. bei Schlaganfallbehandlung) mit seiner Entlassung und Verlegung in eine Rehabilitationsklinik. Hier entstehen Schnittstellen am Übergang von zwei unabhängigen Leistungssystemen. Die begriffliche Unterscheidung von intra- und interprozessualen Schnittstellen variiert abhängig vom gewählten Bezugssystem der Betrachtung, d. h. sie hängt davon ab, wo die Grenzen eines logisch geschlossenen Prozess- und Organisationsgefüges gezogen werden.

Schnittstellenprobleme entstehen häufig durch unvollständige oder mangelhafte *Ergebnisse* bzw. fehlende Materialien, Daten oder Informationen, die als *Eingaben* für die nachfolgende Prozessbearbeitung benötigt werden. Prozessmanagement bzw. die Gestaltung, Optimierung und Aufrechterhaltung von Prozessen ist daher in vielerlei Hinsicht oft nichts anderes als **Schnittstellenmanagement.**

▶ Schnittstellen (Nahtstellen) entstehen überall dort, wo komplexe Aufgaben im Zusammenwirken verschiedener Abteilungen bzw. Bereiche bearbeitet werden (horizontal und vertikal).

8.1.1.2 Prozessarten

Prozesse in Organisationen können allgemein nach ihrer Aufgabe und Verankerung im Organisationsgefüge (horizontale Gliederung) oder nach ihrer vertikalen Gliederungstiefe unterschieden werden (vgl. Zapp et al. 2014, S. 149 ff.). In der Literatur existieren jedoch unterschiedliche Ansätze, Prozesse hinsichtlich ihrer Eigenschaften zu gliedern und zu bezeichnen. Relativ allgemeingültig werden Prozesse, die unmittelbar oder mittelbar das Leistungsgeschehen bestimmen, als **Geschäftsprozesse** (Kern-, Teil- und Supportprozesse) bezeichnet, übergeordnete Prozesse hingegen, die der Unternehmensleitung oder Betriebsführung zuzuordnen sind, als **Managementprozesse**. Hinsichtlich einer solchen *aufgabenbezogenen Gliederung* des Ablaufgeschehens hat sich allgemein die folgende Unterteilung als sinnvoll erwiesen (Abb. 8.3):

- **Kernprozesse** (auch: primäre Geschäftsprozesse, Leistungsprozesse, Hauptprozesse, Schlüsselprozesse, Unternehmensprozesse): Es handelt sich hierbei um die Prozesse der unmittelbaren Wertschöpfung, d. h. Kernprozesse wandeln Kundenanforderungen (z. B. von Patientinnen, Klienten, Angehörigen) in Dienstleistungen bzw. Dienstleistungsergebnisse (Gesundheitsdienstleistungen). Kernprozesse leiten sich aus den Kernkompetenzen einer Einrichtung ab und repräsentieren deren primäre Geschäftstätigkeit (z. B. klinische Prozesse, Forschungs- oder Ausbildungsprozesse für die Gesundheitsversorgung). Sie richten sich im Gegensatz zu Support- und Managementprozesse an externe Kundengruppen. Kernprozesse haben für die Organisation hohe strategische Bedeutung und sind in der Regel organisationsspezifisch, d. h. sie sind durch die vorliegenden Bedingungen und die typische Nutzung der Ressourcen nur schwer imitierbar und ersetzbar (Osterloh und Frost 1996, S. 34).

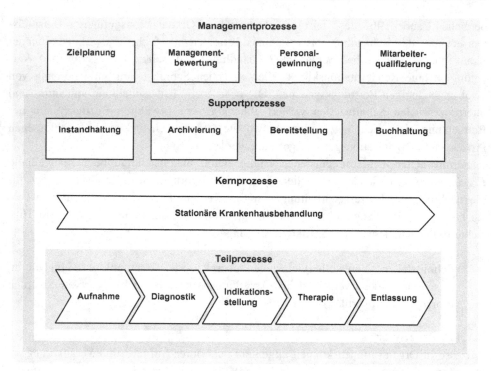

Abb. 8.3 Aufgabenbezogene Gliederung der Prozessarten als „Zwiebelschalenmodell"

- **Teilprozesse** (auch: Subprozesse): Sie sind Bestandteile bzw. Elemente der Kernprozesse. Sie dienen ebenso der Wertschöpfung und sind ähnlich den Kernprozessen organisationsspezifisch. Ein Teilprozess alleine ist jedoch nicht wertschöpfend, da seine Prozessaktivität logisch geschlossen ist (z. B. Aufnahme einer Patientin, Indikationsstellung zur OP). Erst ein Bündel von Teilprozessen, die als Abfolge und/oder Parallelaktivität zusammenwirken, bildet den wertschöpfenden Kernprozess. In manchen Systematiken und Nomenklaturen werden Teilprozesse nicht als eigenständige Prozessart gefasst.
- **Supportprozesse** (auch: sekundäre Geschäftsprozesse, Stütz- oder Halteprozesse): Es handelt sich hierbei um organisationsinterne Prozesse, deren Ergebnisse (Produkte) ausschließlich an interne Kunden (z. B. Leistungsstellen, Mitarbeitende) bzw. auf die Organisation gerichtet sind. Sie werden für die Erstellung der Leistungen benötigt (z. B. Bereitstellung von Material, Instandhaltung von Geräten, Archivierung von Akten), haben aber keinen direkten Anteil an der Wertschöpfung bzw. am Wertschöpfungsergebnis. Supportprozesse sind organisationsbezogen, d. h. auf die Organisation gerichtet, aber nicht organisationsspezifisch.
- **Managementprozesse** (auch: Führungsprozesse, Steuerungsprozesse, Leitungsprozesse): Sie sind übergeordnete Prozesse der Prozesssteuerung und Bestandteil

der Unternehmensführung bzw. Organisationsleitung. Managementprozesse legen den Rahmen für die Kern- und Supportprozesse fest. Sie beziehen sich entweder auf die Steuerung der gesamten Geschäftstätigkeit (z. B. Zielplanung, Managementbewertung, Personalmanagement) oder auf Teilbereiche des Managements (z. B. Projekt-, Umwelt- oder Risikomanagement).

Das Zusammenspiel der (organisationsspezifischen) Kernprozesse und einiger wichtiger Unterstützungs- und Führungsprozesse wird auf einer **Prozesslandkarte** (Process Map) abgebildet. Eine Prozesslandkarte stellt gewissermaßen die oberste Darstellungsebene von Geschäftsprozessen dar (Schmelzer und Sesselmann 2013, S. 73). Es gibt jedoch kein einheitliches Verständnis darüber, was und in welcher Detaillierung darin abzubilden ist. Prozesslandkarten liefern oft nur eine grobe Übersicht über die als grundsätzlich relevant bezeichneten Prozesse einer Organisation. Der Abstraktionsgrad einer solchen Prozesslandkarte hängt von der Komplexität der Geschäftstätigkeit und der Pluralität der Leistungsangebote ab. Ein Universitätsklinikum würde auf einer hohen Abstraktionsebene zunächst Prozesse der Gesundheitsversorgung, der Ausbildung und der Forschung als strategisch relevante Kernprozesse voneinander abgrenzen wollen; eine Therapiepraxis ggf. spezifischer die einzelnen dort angebotenen Behandlungsverfahren.

Prozesslandkarten können aber auch für **Teil- und Funktionsbereiche** (z. B. Beschaffung, Therapie, Labor) erstellt werden, um die in diesen Teil- und Funktionsbereichen vorhandenen Prozesslandschaften bzw. relevanten Kunden-Lieferanten-Beziehungen aufzuklären und zu visualisieren. Die relevanten Wirkungsweisen werden in Form von Illustrationen oder (ggf. ergänzend) in Textform beschrieben (vgl. Hinsch 2015, S. 29). Je nach Gebrauchsabsicht können Prozesslandkarten auch weitergehende Prozessanteile, insbesondere für Zwecke des operativen Prozessmanagements, sichtbar machen (z. B. Kennzahlen, Messpunkte, Materialien).

Neben dieser horizontalen bzw. grundsätzlich nominellen Gliederung von Prozessen stellt sich die Frage nach der Gliederungstiefe der Kernprozesse (Abb. 8.4). Kernprozesse können hinsichtlich ihrer **vertikalen Gliederung** zu jedem gewünschten Granulierungsgrad schrittweise in immer kleinere *Prozessschritte*, *Arbeitsschritte* oder *Aktivitäten* zerlegt werden (vgl. Schmelzer und Sesselmann 2013, S. 169). Dieses Vorgehen, mit dem Prozesse in immer kleiner werdende Einheiten und Maßstäbe aufgebrochen werden und dadurch theoretisch unendlich „nach innen" wachsen können, wird auch als **Dekomposition** von Prozessen bezeichnet. Je kleinteiliger allerdings Einzelprozesse identifiziert bzw. Prozesselemente definiert werden, desto unüberschaubarer wird auch die hierüber erstellte Prozessstruktur (auch: Prozessarchitektur).

Orientierungsmaßstab für die Wahl der Darstellungsform und die vorzunehmende Freilegung von Einzelprozessen ist immer die dahinter stehende Gebrauchsabsicht bzw. die mit der Darstellung und Freilegung verbundene Zielsetzung. Soll lediglich eine Übersicht über die grundlegende Geschäftstätigkeit gegeben werden, reicht häufig eine „grob gezeichnete" Prozesslandkarte aus (Orientierungs- und Darlegungsfunktion). Die

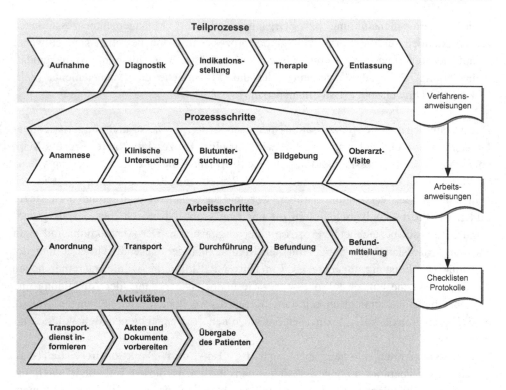

Abb. 8.4 Vertikale Gliederung der Prozessarten. (Quelle: mod. nach Bretschneider und Bohnet-Joschko 2007)

Aufgaben der Prozesslenkung und Prozessoptimierung erfordern dagegen eine feingliedrige Prozessstruktur, um einzelne Elemente mit Methoden des Prozessmanagements bearbeiten zu können (Gestaltungs- und Steuerungsfunktion).

Die **Detaillierung der Prozesstiefe** sollte nur bis zu dem Grad erfolgen, in dem sie der sinnvollen Erkennbarkeit und Bearbeitbarkeit des Prozesses gerade noch dient. Als praktische Hilfestellung können *Funktionsgrenzen* gezogen und *Prozessverantwortlichkeiten* abgefragt bzw. zugewiesen werden. Lassen sich innerhalb eines Teilprozesses, Prozess- oder Arbeitsschrittes keine weiteren funktionalen Grenzen (Schnittstellen) identifizieren, die eine tiefere Gliederung erforderlich machen, und gibt es einen zuschreibbaren Hauptverantwortlichen für die dargelegte Tätigkeitsfolge, ist häufig die Ebene der Aufgaben erreicht, für die keine tiefer gehende Detaillierung mehr notwendig erscheint.

Die Gliederungsstufen lassen sich mit **Instrumenten der Prozessdokumentation** bzw. des Prozessmanagements darstellen. Für die Organisation und Darlegung von Teilprozessen und/oder Prozessschritten eigenen sich *Verfahrensanweisungen* („Was wird in welcher Abfolge gemacht?"), für die Ebene der Prozessschritte und/oder Arbeitsschritte wiederum *Arbeitsanweisungen* („Wie und womit wird es konkret gemacht?").

Für einzelne Aktivitäten können – sofern erforderlich – Checklisten, Protokolle oder Erinnerungshilfen als *unterstützende Instrumente* herangezogen werden („Wird an alles Wichtige bei der Arbeitsausführung gedacht?").

8.1.2 Prozessorganisation

8.1.2.1 Funktions- und Prozessorientierung

Prozesse bilden die Elemente der **Ablauforganisation;** sie werden klassischerweise jedoch durch die Aufbauorganisation geprägt. Jede Abteilung bzw. jeder Funktionsbereich des Organigramms trägt einen größeren oder kleineren Beitrag zur Leistungserstellung bei. Während eines stationären Krankenhausaufenthaltes müssen Termine gemacht werden, das Patientenzimmer gerichtet, die unmittelbare Leistungserstellung organisiert, ggf. Fahrdienste geordert, Rechnungen gestellt oder mit Kostenträgern korrespondiert werden. In all diesen Teilbereichen, die unmittelbar an der Leistungserstellung (d. h. am Kern- oder Leistungsprozess) beteiligt sind, wird im Rahmen der zugeordneten Verantwortlichkeit für einen reibungslosen Ablauf gesorgt.

An jedem Übergang zwischen diesen Teil- bzw. Verantwortungsbereichen entstehen Schnittstellen, die Kompetenz- und Zuständigkeitsprobleme aufwerfen und Informationsverluste bedeuten können. Schnittstellenprobleme treten vor allem auf bei mangelnder Kenntnis der zugrundliegenden Prozessverantwortlichkeit und Zuständigkeit, bei geringem Verstehen der Prozessleistungen und ihrer Wirkzusammenhänge, bei Beharrung auf eigenen Funktions- und Kompetenzgrenzen oder wenn Fehler und Mängel innerhalb der Prozesskette unentdeckt „weitergereicht" werden.

Wenn Prozesse bzw. Formen der Prozessgestaltung im Wesentlichen durch die Belange der Aufbauorganisation bestimmt werden, kann dies als „funktionsorientierte Prozessorganisation" oder auch einfach als **Funktionsorientierung** bezeichnet werden. Die Verantwortung für den Gesamtprozess ist hierbei auf viele Funktionseinheiten verteilt und wird von diesen autonom wahrgenommen. Vorteile der Funktionsorientierung sind der hohe *Spezialisierungsgrad* der einzelnen Funktionsbereiche (Kompetenz und Expertise) und die Möglichkeit der Durchführung von *Parallelaktivitäten* während des Durchlaufs des Gesamtprozesses. Nachteilig sind die zum Teil schon angesprochenen Gefahren durch Informationsbrüche, lange Warte- und Wegezeiten („der Kunde folgt dem Prozess") oder redundante und überflüssige Tätigkeiten (z. B. Doppeluntersuchungen).

Einer funktionsorientierten Prozessorganisation steht die **Prozessorientierung** als Gegenkonzept gegenüber. Prozessorientierung versteht sich als Abkehr von der vertikalen funktionalen Organisation und als Hinwendung und horizontale Neuausrichtung der Organisation auf die **Geschäftsprozesse** („Denken in Prozessen" als Grundhaltung). In einer „prozessorientierten Prozessorganisation" stehen die Belange der wertschöpfenden Kernprozesse im Vordergrund, an denen sich die Aufbauorganisation zu orientieren hat (Abb. 8.5). Hierbei gibt es für jeden Prozess einen *Prozesseigner*

(Hauptverantwortlichen) und ein *Prozessteam*, die zusammen einen Prozess (oder eine Prozessvariante) bearbeiten. Entscheidungen werden gemeinsam im Prozessteam getroffen. Aus Sicht der Organisationslehre wären solche Prozessteams als **Teamkonzepte der Primärorganisation** (Primärgruppen)zu verstehen (siehe Kap. 5).

In der Idealvorstellung einer **umfassenden Prozessorientierung** wären alle Prozesse systematisch kundenorientiert gestaltet und sämtliche Querschnittsfunktionen darin einbezogen. Das gesamte betriebliche Geschehen wäre eine Kombination aufeinander abgestimmter Prozesse, die auf das Gelingen der Kernprozesse gerichtet sind. Funktionsabteilungen im klassischen Sinne existieren in dieser Vorstellung nicht mehr. Die konsequente Umsetzung dieses Ansatzes hätte jedoch den Nachteil, dass das Spezialistentum der Funktionsabteilungen verloren ginge. Demgegenüber lassen sich aber auch zahlreiche Vorteile aufzeigen.

Vorteile von Prozessorientierung im Allgemeinen

- Transparenz über den Gesamtprozess, sodass alle Mitarbeitende und Führungskräfte ihre Prozesse kennen und verstehen („Blick für das Ganze")
- Ausrichtung der Funktionsziele auf eine gemeinsame Zielsetzung („Der gemeinsame Wertschöpfungsprozess ist das Ziel")
- Die Erfüllung des Auftrags bestimmt die Leistungserstellung („Kundenanforderungen werden konsequent umgesetzt")
- Förderung von Selbstorganisation, Eigenverantwortung und bereichsübergreifende Zusammenarbeit („Engagement von Personen")
- Reduzierung von Schnittstellen, Organisationsbrüchen oder Engpässen („Nahtlose Organisation und Versorgungsketten")
- Flexibilisierung von Anpassungsprozessen („Prozess ist leichter formbar als Abteilungen")

Dass ein solches Konzept eher einem **Ideal** als einer in Reinform gelebten und möglichen Praxis in Gesundheitseinrichtungen entspricht, ist naheliegend. Prozessorientierung im Sinne der umfassenden Prozessorganisation ist in der Gesamtbetrachtung auch mehr als Idee oder **Denkansatz** zu verstehen, mit dem ein weites Feld von Gestaltungsformen und Möglichkeiten eröffnet wird. Funktionsorientierte Strukturen bleiben überall dort unverzichtbar, wo hochspezialisiertes Wissen, berufsfachliche Expertise oder besonderer Technikeinsatz gefragt ist, welches nicht so ohne weiteres von einem „Prozessteam" geteilt werden kann. Eine konsequentere Prozessorientierung wäre dagegen bei einem niedrigen Professionalisierungsgrad, hoher Prozesswiederholbarkeit und hoher Strukturierbarkeit der Prozesse denkbar (Zapp et al. 2014, S. 138). Gesundheitseinrichtungen in ihrer Eigenschaft als komplexe Wissens- und Expertensysteme mit hohem Professionalisierungs- und Spezialisierungsgrad sind daher immer auf funktionsorientierte Elemente und Strukturen angewiesen.

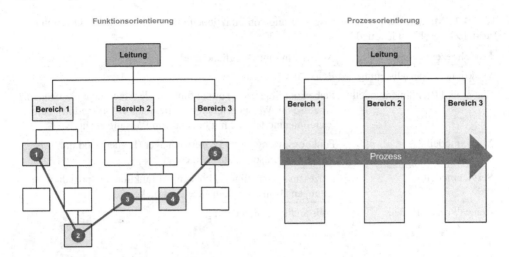

Abb. 8.5 Gegenüberstellung von Funktions- und Prozessorientierung. (Quelle: mod. nach Küttner 2014, S. 186 f.)

8.1.2.2 Organisationsformen

Funktionsorientierung und Prozessorientierung können modellhaft als **Gegensatzpaar** aufgefasst werden. In der praktischen Umsetzung zeigen sich immer Anteile beider Gestaltungsansätze. Folgt man dem Ansatz „so viel Prozessorientierung wie möglich" und „so wenig Funktionsorientierung wie nötig", stellt sich die Frage, wie sich die Aufbauorganisation dem Prozessdenken konkret unterordnen kann. Dabei wird es eher darum gehen, für die Realisierung der Idee „prozessorientierte Prozessorganisation" passgenaue **Zwischenformen** zu finden, die Funktionsbereiche in unterschiedlichem Maße ausklammern bzw. ausgliedern (Tab. 8.1).

Eine **funktionale Spezialisierung** trägt dazu bei, innerhalb von Organisationen eine einheitliche Linie zu verfolgen (z. B. Öffentlichkeitsarbeit, strategische Zielplanung) oder eine wirtschaftliche Auslastung zu erzielen (z. B. Rechtsabteilung, Personalmanagement). Sie wird daher in jeder Art von Organisation anzutreffen sein. In Gesundheitseinrichtungen kommt hinzu, dass die Vielzahl der unterschiedlichen *Prozessvarianten*, die von den individuellen Bedürfnissen und Wünschen der Patientinnen und Patienten ausgelöst werden, bzw. die bereits genannten Besonderheiten hochspezialisierter, beruflich ausdifferenzierter Leistungserbringung eine durchgängige Prozessorganisation limitieren.

So haben sich im Gesundheitswesen bereits Organisationsformen ausgebildet (z. B. Matrixorganisation in Krankenhäusern), die in einem weiteren Sinne als Zwischenform von Prozess- und Funktionsorientierung gelten können (Kap. 5). Die **Matrixorganisation** ist eine Weiterentwicklung der Funktionalen Organisation. In ihr wird die Steuerung des Gesamtprozesses (und der Grad an Prozessorientierung) im Wesentlichen

Tab. 8.1 Modelle der Ein- und Ausgliederung von Funktionen in Prozesse. (Quelle: Osterloh und Frost 1996, S. 130; Picot und Franck 1995, S. 30)

Modellbezeichnung	Art der Ein- und Ausgliederung
Funktionale Spezialisierung	Reine Ausgliederung
Stabs- und Richtlinienmodell	Stäbe koordinieren die durch funktionale Abteilungen laufenden Prozesse mit Weisungsrechten (horizontale Koordination); beim Richtlinienmodell nur mit begrenztem Weisungsrecht
Matrixmodell	Funktionsmanager und Prozessmanager (Eigner) sind nur gemeinsam entscheidungsberechtigt
Servicemodell	Prozessmanager (Eigner) können auf funktionale Spezialabteilungen als interne Dienstleister zurückgreifen
Reines Prozessmodell	Vollständige Eingliederung

durch die Verantwortlichen der Leistungsbereiche (z. B. bettenführende Hauptabteilung) vorgenommen. Die Idee der gemeinsamen Entscheidungsrechte von Funktions- und Prozessmanagern im Matrixmodell muss man sich so vorstellen, dass die eigenverantwortlich tätigen Funktionsabteilungen (z. B. bildgebende Diagnostik) über eine konstruktive **Schnittstellenarbeit** in die Kernprozesse integriert werden. Die Integration der funktionsorientierten Teilprozesse („Kompetenzkreuzungen") wird durch die folgenden drei Maßnahmen unterstützt (vgl. Blonski 2003, S. 18):

1. Leistungsvereinbarungen zwischen den Bereichen und der obersten Leitung treffen,
2. Prozesskennzahlen entwickeln und Messpunkte einrichten und den
3. Leistungstransfer regelmäßig prüfen bzw. die Einhaltung der Vereinbarungen überwachen.

Eine Weiterentwicklung der Matrixorganisation (Matrixmodell) in Richtung Prozessorganisation ist die **Modulare Organisation.** In ihr werden die Kernprozesse in kleine Einheiten (Module) mit einem überschaubaren und abgeschlossenen Aufgabenfeld zerlegt bzw. segmentiert (Abb. 8.6). Die Module verfügen über einen hohen Grad an *Selbstorganisation* und betrieblicher Autonomie. Der Unterschied zur Matrixorganisation ist der, dass die Module nicht aus einer divisionalen Organisationsstruktur (Aufbauorganisation) abgeleitet werden, sondern entlang den Anforderungen und Zielen der Leistungsprozesse entwickelt werden. Die **Koordination** zwischen den Modulen bzw. das Schnittstellenmanagement erfolgt über einrichtungsinterne Märkte (Verrechnungspreise), auf denen Leistungen angeboten und „verkauft" werden. Dies setzt allerdings eine gut entwickelte Kosten- und Leistungsrechnung (innerbetriebliche Leistungsverrechnung) voraus.

Andere Formen oder Möglichkeiten des **Schnittstellenmanagements** zwischen den Modulen wären übergeordnete *Regelwerke* (Treffen von Anordnungen unter Berück-

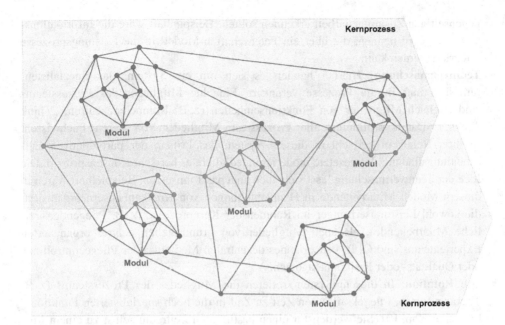

Abb. 8.6 Modulare Organisation mit strukturierter Vernetzung. (Quelle: mod. nach Osterloh und Frost 1996, S. 145)

sichtigung gemeinsamer Qualitätsziele), *Vereinbarungen* über Zielvereinbarungen mit dem Einrichtungsmanagement („Management by Objectives") oder die Bildung *überlappender Module,* in denen häufige und direkte Interaktionen stattfinden (z. B. gemeinsame Operations- oder Ambulanzbereiche). Merkmale einer „reifen" bzw. gut entwickelten Modularen Organisation wären kurze Kommunikationswege zwischen den Modulen und direkte gegenseitige Kommunikation, insgesamt weniger Schnittstellen und ein hoher Grad an Dezentralität und Selbstorganisation (vgl. Osterloh und Frost 1996, S. 141 ff.).

Weitere Formen der **Integration** von Spezialisierung und Kompetenzwissen (Funktionsorientierung) in Ausformungen einer Prozessorganisation sind das Patenschaften-Modell, die Teamvermaschung und die Methoden des Job Rotation (Osterloh und Frost 1996, S. 219 f.):

- **Patenschaften-Modell** (auch: „Götti-System"): Bei diesem Modell wird jedem Leistungsprozess (Kernprozess) ein „Pate" oder eine „Patin" (oder auch mehrere Paten) aus dem Funktionsbereich zur Seite gestellt, um sich mit ihrem Wissen und ihren Erfahrungen in den Prozess einbringen zu können. Die Paten haben beratende Funktion, die Entscheidungskompetenz für die Leistungserstellung verbleibt beim Prozesseigner bzw. Prozessteam. Die gegenseitige Aktivierung verläuft aber bidirektional, sodass Prozessverantwortliche genauso wie Paten die Erfordernisse der gegenseitigen Zusammenarbeit erkennen sollten. Beispielhaft wäre die Informations-technologie zu nennen, die über ein Patenschaften-Modell in die Leistungsprozesse integriert werden kann.

- **Teamvermaschung:** Hierbei handelt es sich um ein System, das Spezialisten-tum dauerhaft in die Prozesse verankert. Einzelne Mitglieder des Prozessteams sind zugleich Mitglieder von Funktionseinheiten (z. B. Kompetenzzentren, „Think Tanks"). Damit profitieren alle Prozessteam-Mitglieder von deren Fachwissen. In ihrer Reinform herrscht in diesem System das Prinzip der partizipativen Ent-scheidungsfindung: Vorgesetzte moderieren lediglich, es herrscht Konsensprinzip. Die Idee der Teamvermaschung lässt sich auch angepasst umsetzen. Beispielhaft wären in diesem Modell Mitarbeitende in Hauptabteilungen von Krankenhäusern organisiert, die sowohl Leistungserbringer im Rahmen der Kernprozesse (z. B. Pflegende, ärzt-liche Mitarbeitende), als auch Mitglieder von grundsätzlich zentral organisierten Expertenteams sind (z. B. Prinzip eines dezentralen Medizin- oder Pflegecontrollings oder Qualitäts- oder Risikomanagements)
- **Job Rotation:** In diesem System rotieren die Mitglieder des Prozessteams (z. B. Therapeutinnen, Pflegekräfte) von Zeit zu Zeit in die hoch spezialisierten Funktions-bereiche (Kap. 10). Sie werden für einen bestimmten Zeitraum selbst zu einem Mit-glied der Funktionsbereiche und dort entsprechend geschult. Demgemäß arbeiten Mitglieder der Funktionsbereiche dann auch für längere Zeit in den Prozessteams mit. Insgesamt ist dies die aufwendigste Methode, Expertenwissen (Funktionsabteilungen) in die Leistungsprozesse zu integrieren; sie ist aber auch die nachhaltigste Variante, vorausgesetzt die Mitarbeitenden bleiben über einen längeren Zeitraum der Ein-richtung erhalten (Mitarbeitendenbindung). Beispielhaft wären hier die Rotations-konzepte in der ärztlichen Weiterbildung oder die Integration der Kompetenzen zentraler Qualitätsmanagement-Abteilungen zu nennen.

8.2 Grundzüge der Prozessmanagements

Das allgemeine Anliegen des Prozessmanagements im Qualitätsmanagement ist es, die Abfolge der Tätigkeiten bzw. die Ablauforganisation so zu gestalten, dass nicht irgend-ein Ergebnis, sondern ein beabsichtigtes bzw. *vorgesehenes Ergebnis* erzeugt wird. Zu den Hauptaufgaben gehört die Bestimmung und Dokumentation der vorhandenen (und neu entwickelten) Prozesse (Prozessidentifikation), die systematische Analyse und Optimierung der Prozesse (Prozessgestaltung) und die ergebnisorientierte Lenkung und Steuerung der vorhandenen Prozesse (Prozesslenkung). Diese drei Aufgabenbereiche sind wiederum eingebettet in die für das Qualitätsmanagement typische Verbesserungs-und Entwicklungslogik des PDCA-Zyklus (Abb. 8.7).

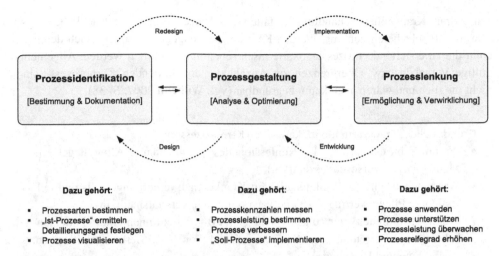

Abb. 8.7 Hauptaufgaben des Prozessmanagements im Kontext des Qualitätsmanagements

8.2.1 Prozessidentifikation

Ausgangspunkt des Managements von Prozessen ist die Bestimmung bzw. Identifikation eines „Ist"-Zustands der real existierenden Prozesslandschaft. Es mag aufwendig erscheinen, alle Prozesse in der eigenen Einrichtung, Abteilung oder des engeren Arbeitsumfelds aufschreiben und darstellen zu wollen. Es geht jedoch nicht darum, die Gesamtheit aller Abläufe in jedem erdenklichen Detaillierungsgrad abzubilden, sondern darum, die relevanten Tätigkeiten für die **Wertschöpfung** zu erkennen und einer systematischen Bearbeitung („Management") zuzuführen. Das (initiale) Herausarbeiten der relevanten Prozesse dient nicht nur dem Verstehen der gesamtunternehmerischen Geschäftstätigkeit („Welche Aufgabe erfüllt die Organisation?"), sondern auch der Darstellung der eigenen Leistungen („Welche Arbeit verrichtet der Einzelne?").

Die Identifikation von Prozessen muss allgemein als **Ausgangspunkt** für jegliche Veränderung und Verbesserung von Prozessen angesehen werden (Aspekt der Prozessgestaltung). Das Sichtbarmachen des Leistungsgeschehens ermöglicht die Entwicklung und Weiterentwicklung von Kennzahlen zur Lenkung und Steuerung der Prozesse (Aspekt der Prozesslenkung). Darüber hinaus bietet die Prozessdokumentation auch Möglichkeiten der Qualitätsdarlegung und Qualitätsberichterstattung gegenüber den verschiedenen Kunden- und Anspruchsgruppen (vgl. Sens 2010).

Von zentraler Bedeutung ist die Identifikation der **Kernprozesse** bzw. Leistungsprozesse, die für die zu betrachtende Einrichtung oder Organisationseinheit als relevant bzw. wertschöpfend eingestuft werden (z. B. stationäre Krankenhausbehandlung, stationäre Langzeitpflege, ambulante ärztliche Behandlung). Bei der Festlegung der Kernprozesse werden Überlegungen zum Abstraktionsgrad notwendig: Werden auf einem hohen Abstraktionsniveau nur wenige Kernprozesse definiert (z. B. „Prozess der stationären Krankenhausbehandlung"), fallen die Prozesse in der tatsächlichen Ausführung oft sehr heterogen aus. Werden Kernprozesse dagegen allzu zahlreich definiert, kann die zu erstellende Prozesslandkarte rasch sehr unübersichtlich werden. Allgemeingültige Vorgaben bzw. Obergrenzen zur Anzahl der abzubildenden Kernprozesse sind nicht möglich und wären auch kaum begründbar (vgl. Wilhelm 2007, S. 38).

Grundsätzliche Fragen zur Identifikation von Kernprozessen:

- Warum gibt es uns? (z. B. Konfessionelles Krankenhaus, Altenpflegeheim, Medizinisches Versorgungszentrum)
- Was machen wir? (z. B. akutstationäre Krankenhausversorgung, voll- und teilstationäre Pflege, vertragsärztliche Versorgung, Universitätsmedizin)
- Womit „verdienen wir unser Geld"? (z. B. Patientinnen und Patientenbehandlung, Betreuung von Seniorinnen und Senioren, Beratungsleistungen, Ausbildung und Forschung)
- Welches Ergebnis soll durch die ausgeübte Geschäftstätigkeit hervorgebracht werden? (z. B. Heilung, Linderung, Teilhabe, Wiederherstellung eines Funktionszustands, Verbesserung der Lebensqualität)
- Welche Mittel und Maßstäbe werden für die Beurteilung der Ergebnisse herangezogen? (z. B. Kennzahlen, Indikatoren, Qualitätsziele, Qualitätskriterien)

Ein pragmatisches Vorgehen zur Identifikation von Kernprozessen wäre, zu den zunächst abstrakt gehaltenen Kernprozessen passende **Prozessvarianten** auf einem niedrigeren Abstraktionslevel zu definieren. Diese Form der horizontalen Gliederung oder Kategorisierung von Kernprozessen wird auch als **Segmentierung** bezeichnet. Eine Segmentierung in Prozessvarianten kann anhand der folgenden Gruppen vorgenommen werden:

- **Behandlungsgruppen:** Hierbei stehen Symptome, Funktionszustände oder Aufnahmediagnosen von Patientinnen und Patienten bzw. die damit in Verbindung stehenden Therapieregime bzw. Angebotsstrukturen im Vordergrund. Im Krankenhausbereich käme beispielsweise eine Segmentierung nach medizinischen Hauptabteilungen (z. B. Innere Medizin, Viszeralchirurgie) oder Unterfachabteilungen (z. B. Kardiologie, Gastroenterologie, Gefäßchirurgie) in Betracht.
- **Technologien:** Ebenso denkbar wäre eine Segmentierung nach Einsatz bzw. Nutzung bestimmter Gesundheitstechnologien oder Verfahrensweisen bei bestimmtem Diagnosegruppen (z. B. operative oder konservative Behandlungsregime, Einbau oder Wechsel von Endoprothesen, laparoskopische oder offen chirurgische Operationsverfahren).
- **Komplexität:** Hierbei handelt es sich um die Segmentierung nach Problemgehalt. Im Bereich der Gesundheitsversorgung könnte nach Intensität und Umfang des

Versorgungsbedarfs gegliedert werden. In der Notfall- und Intensivmedizin sind Triage-Systeme bekannt, die Patientengruppen nach Dringlichkeit klassifizieren. Ebenso bilden Versorgungsstufen ein bekanntes Gliederungsprinzip bei der Klassifizierung von Akutkrankenhäusern. Innerhalb deutscher Krankenhäuser können Patientengruppen nach ihrem Versorgungsbedarf auf unterschiedlichen Leistungsstufen (z. B. Intensive Care-Unit, Intermediate Care-Unit, Low Care-Unit) oder dem zu erwartenden klinischen Verlauf segmentiert werden (z. B. Routinefälle, Wiederaufnahmen innerhalb bestimmter Zeitgrenzen, Überweisung aus anderem Krankenhaus).

- **Kundengruppen:** Lösen bestimmte Merkmale der Ziel- oder Kundengruppen unterschiedliche Vorgehensweisen oder Prozessvarianten aus, können diese in gleicher Weise als Gliederungskriterium herangezogen werden. Ziel- und Kundengruppen können beispielswiese nach ökonomischen Merkmalen (z. B. Inanspruchnahme von Wahlleistungen oder allgemeinen Krankenhausleistungen) oder nach Altersgruppen (z. B. Kinder oder Erwachsene) gebildet werden. Für das Prozessmanagement ist allerdings wichtig, dass aufgrund der Merkmalsausprägungen auch tatsächlich unterschiedliche Prozessvarianten auftreten.

Wurden die Kernprozesse definiert bzw. alle relevante Prozessvarianten kategorisiert, werden nun alle weiteren als wichtig erachteten (sekundären) Geschäftsprozesse ermittelt. Dabei ist ein durchgängiges Verständnis der Kunden-Lieferanten-Beziehungen (intern und extern) essenziell (siehe Abb. 8.2). Alle Prozesse werden zunächst in einer Liste zusammengestellt und jeweils die **Prozessaufgabe,** der **Input** (Eingabe) und das **Prozessergebnis** kurz beschrieben. Es folgt eine Zuordnung zu den verschiedenen Prozessarten. An dieser Stelle ist es wichtig, sich über die benötigte *vertikale Gliederungstiefe* der Prozesse Gedanken zu machen. Sind die Prozesse funktional organisiert, d. h. durchläuft der Prozess verschiedene Abteilungen oder Funktionsbereiche (z. B. Verwaltung, Apotheke, Labor), werden Teilprozesse oder Prozessschritte gebildet, die von den einzelnen Funktionsbereichen verantwortet werden. Aus der Perspektive dieser Funktionsbereiche bilden diese Teilprozesse oder Prozessschritte dann so etwas wie die eigenen „Hauptgeschäftsprozesse", deren Ergebnisse in der Regel an interne Kunden gerichtet sind (z. B. Medikamentenabgabe durch Krankenhausapotheke). Hier ist es wichtig, sich auf eine gemeinsame Sprache zu verständigen, die Prozessebenen (High-Level oder Low-Level) zu kennen und den Beitrag der einzelnen Prozesse an der Wertschöpfung zu kommunizieren.

Im Ergebnis sollten alle identifizierten Geschäftsprozesse möglichst ohne Lücke oder Überlappung voneinander abgrenzbar sein (Herrmann und Fritz 2011, S. 85). Die Gesamtheit dieser Prozesse wird in eine **Prozesslandschaft** (Prozesslandkarte) zusammengeführt, in der die Zusammenhänge der Prozesse untereinander anschaulich werden. Anders als für Flussdiagramme (Flow Charts) hat sich für die Darstellung einer Prozesslandschaft kein einheitlicher Standard entwickelt. Eine solche Prozesslandschaft ist für jede Organisation aufgrund ihres Zuschnitts auf ihre Kunden- und Lieferanten-gruppen sowie ihre Ressourcen und Limitationen hochspezifisch (Abschn. 8.1.1.2).

8.2.2 Prozessgestaltung

8.2.2.1 Prozessanalyse

Um einen Prozess gestalten zu können, müssen wir wissen, was ein Prozess leisten soll (Bestimmung der Prozessanforderungen) und was er tatsächlich leistet (Messung der Prozessmerkmale). Dazu werden Prozesskennzahlen oder Prozessindikatoren benötigt, die sich an den Qualitätszielen der Organisation orientieren. Je nach Zielsetzung lassen sich Prozesskennzahlen entlang der drei Dimensionen „Qualität", „Zeit" und „Kosten" festlegen bzw. entwickeln. Ihr Aggregations- bzw. Detaillierungsgrad ist abhängig von der zu messenden Prozessebene (z. B. Kernprozess oder Prozessschritt).

Beispiele für Prozesskennzahlen

- **Qualität im engeren Sinne:** Ergebnisse aus Befragungen (z. B. Mitarbeitenden-, Kunden- oder Einweiserbefragungen), Ergebniskennzahlen (z. B. Infektionsraten, Wiederaufnahmeraten, Komplikationsraten), Prozesskennzahlen (z. B. Anwendung von Leitlinien, geregelte Verantwortlichkeiten, Vollständigkeit der Prozessüber-gabe, Auslastung), Eingabe- bzw. Strukturmerkmale (z. B. Verfügbarkeit quali-fizierter Personen und geeigneter Materialien zur richtigen Zeit am richtigen Ort in ausreichender Menge) etc.
- **Zeitdimension:** Durchlaufzeiten, Patientenverweildauer, Transferzeiten, Bearbeitungszeiten, Prüfzeiten, Wartezeiten während der Prozesse (z. B. Warten auf Visite, Blutentnahmen), Wartezeiten vor Prozessen (z. B. Warten auf „freies Bett", freien Beratungstermin), Wartezeiten des Personals, Leerzeiten von Funktionsbereichen (z. B. OP, Labor, Bildgebung), Dauer der Wiederverfügbarkeit von Instrumenten (z. B. Sterilgut) oder Einheiten (z. B. durch Desinfektion von Räumen), Termintreue etc.
- **Kostendimension:** Personalkosten, Sachkosten, Kosten der Verschwendung von Ressourcen, leistungsmengenabhängige und leistungsmengenunabhängige Kosten-anteile, Prüfkosten, Fehlerkosten etc. ◄

Um **quantifizierbare Aussagen** über die Prozessfähigkeit oder die Art und Weise des Funktionierens von Prozessen (Prozessqualität) treffen zu können, wird ein Bewertungs-rahmen benötigt. Eine solche Aussage wird in einfacher Weise durch Gegenüberstellung von „Soll"-Größen (Anforderungen bzw. Qualitätsziele) und „Ist"-Größen (gemessene Prozesskennzahlen) getroffen. Beispielsweise kann die Pünktlichkeit eines Proben-transports zum Zentrallabor (Anforderung) anhand gemessener Abweichungen (Anzahl Proben, die nicht pünktlich an der Annahmestelle abgegeben wurden) quantifiziert werden.

Eine weitere Möglichkeit der Bewertung von Prozessbestandteilen im Rahmen der Prozessanalyse und -optimierung ist die **qualitative Bewertung** der Leistungsarten, die von dem untersuchten Teil des Prozesses ausgehen. Dabei werden vier **Leistungsarten** unterschieden (Stausberg 2003, S. 45 f.; Kamiske 2010, S. 48 f.):

- **Wirkleistung:** Der untersuchte Prozessbestandteil dient der Wertschöpfung (z. B. Durchführung von aktivierenden Pflegemaßnahmen, ärztliche Visite, Anfertigung einer Röntgenaufnahme).
- **Stützleistung:** Der untersuchte Prozessbestandteil ist für die Wertschöpfung erforderlich. Er unterstützt die Wirkleistung des Prozesses und trägt zur Wertschöpfung bei (z. B. Anforderung einer Röntgenuntersuchung, Transport eines Patienten, Zählung der Instrumente im OP).
- **Blindleistung:** Der untersuchte Prozessbestandteil hat keine Bedeutung und ist überflüssig. Seine Existenz oder sein Fehlen verändert aber nicht den Wert des Prozesses (z. B. Leerstände von Funktionsbereichen, unnötige Untersuchungsverfahren, nicht notwendige Verweildauer von Patienten).
- **Fehlleistung:** Der untersuchte Prozessbestandteil ist nicht erforderlich und verringert den Wert des Prozesses (z. B. Störungen des Wohlempfindens von Patienten, Nacharbeit durch „Untertherapie", Komplikationen durch „Übertherapie").

Zur Vereinfachung der Analyse kann auch eine Verdichtung der vier Leistungsarten zu zwei Leistungsarten erfolgen, nämlich in „wertschöpfend" (Wirk- und Stützleistung) und „nicht-wertschöpfend" (Blind- und Fehlleistung). Werden alle Teile eines Prozesses auf ihre wertschöpfende oder nicht-wertschöpfende Leistung hin untersucht, erhält man Ansatzpunkte, welche Teile im wörtlichen Sinne *wertvoll* für die Leistungserstellung sind und welche Teile ggf. aus dem Prozess eliminiert werden können. Dieses Vorgehen ist dem betriebswirtschaftlichen Wertschöpfungskettenmanagement entnommen, hier jedoch auf den qualitativen Anteil der **Klassifizierung** reduziert.

Würden für die untersuchten Teile Prozesskennzahlen erhoben wie Häufigkeit, Dauer oder Kosten, könnte auch eine **Quantifizierung** der analysierten Prozessbestandteile bzw. des gesamten Wertschöpfungsprozesses hinsichtlich des Wirkungsgrades erfolgen (vgl. Kamiske 2010, S. 52 ff.). Da diese Kennzahlen oftmals nicht oder nur sehr ungenau vorliegen, ist die qualitative Bewertung oftmals ausreichend, um Verbesserungs- bzw. Optimierungspotenziale von Prozessen zu erkennen („Methode des genauen Hinsehens").

8.2.2.2 Prozessoptimierung

Die während der Prozessanalyse gewonnenen Daten und Ergebnisse können nun für die Prozessgestaltung im engeren Sinne herangezogen werden. Treten Qualitätsprobleme oder Fehlerursachen zutage, müssen Lösungen erarbeitet werden. Prozesse können aber auch als „gut funktionierend" eingestuft und der kontinuierlichen Prozesssteuerung (Aufrechterhaltung von Prozessen) übergeben werden. Im Rahmen der Prozessoptimierung kommen die bereits bekannten Methoden der Problemlösung (siehe Kap. 7), insbesondere die themenbezogene Gruppenarbeit (z. B. Projektgruppen, Qualitätszirkelarbeit) sowie alle Arten von Problemlösungstechniken (z. B. Ursache-Wirkungs-Diagramm), Kreativitätstechniken (z. B. Mind Mapping) oder Priorisierungstechniken (z. B. Pareto-Diagramm, Entscheidungstechniken) in Betracht.

▶ „Den Bedarf an Prozessoptimierung erkennen wir an einem permanenten, systembedingten Nichterreichen der Ziele." (Herrmann und Fritz 2011, S. 92)

Prozessoptimierung im Rahmen der Prozessgestaltung heißt, im Sinne der Qualitätsverbesserung ein neues oder ein verändertes „Soll"-Konzept für Prozesse zu entwerfen. Hierzu kommen grundsätzlich verschiedene Verbesserungsregeln infrage (Tab. 8.2).

Neu erstellte oder optimierte Prozesse (Design oder Redesign von Prozessen) müssen in den Routinebetrieb überführt oder dort angepasst werden. Dabei kommt es auf den Umfang und die Art der vorgenommenen Veränderung an. Zu beachten sind die damit verbundenen Auswirkungen auf die bereits bestehende Ablauforganisation. Bei nur geringen Veränderungen von bestehenden „Ist-Prozessen" kann der Betrieb ohne Unterbrechung weiterlaufen. Umfangreiche Veränderungen dagegen oder gänzlich neu erstellte bzw. hinzugefügte Prozesse sollten den folgenden drei **Implementierungsschritten** folgen, damit aus „Soll-Prozessen" der theoretischen Überlegung auch „Ist-Prozesse" im Echtbetrieb werden können (Wagner 2013, S. 90):

- **Trockenlauf** (Dry Run): Der „Soll-Prozess" wird mit allen Beteiligten (Führungskräfte, Mitarbeitende vor Ort) vor der Einführung umfassend durchgesprochen. Die theoretische Vorabberatung mit Expertinnen und Experten aus der Praxis hilft, Schwachstellen und Verbesserungspotenziale im Vorfeld der Realisierung zu identifizieren.
- **Probelauf** (Wet Run): Der „Soll-Prozess" wird in einem abgegrenzten Bereich über einen begrenzten Zeitraum probeweise getestet. Prozessmessungen legen mögliche Abweichungen offen, die sich erst im Praxisbetrieb zeigen bzw. vorab nicht ermittelt

Tab. 8.2 Verbesserungsregeln für die Prozessoptimierung. (Quelle: nach Fließ 2006, S. 169; Herrmann und Fritz 2011, S. 92)

Verbesserungsregel	Ausführung
Verbessern	Prozessbestandteile abändern
Zusammenfassen	Prozessbestandteile zusammenlegen
Reihenfolge ändern	Vor- oder Nachlagerung von Prozessbestandteilen
Parallelisieren	Gleichzeitiges Ausführen von Prozessbestandteilen
Beschleunigen	Verbesserte Nutzung der Ressourcen
Standardisierung	Vereinheitlichung von Prozessbestandteilen
Hinzufügen	Ergänzen neuer Prozessbestandteile
Eliminierung	Entfernen bisheriger Prozessbestandteile

oder durchdacht werden konnten. Bevor der Prozess umfänglich eingeführt wird, sollten alle Schwachstellen beseitigt werden.

- **Installation:** Der „Soll-Prozess" wird schrittweise in den Routinebetrieb implementiert. Langfristig sind Prozessmessungen zur Aufrechterhaltung des Prozesses erforderlich.

In beiden Fällen, also nach erfolgreicher Installation von optimierten „Ist-Prozessen" (Redesign) oder neu erstellter „Soll-Prozesse" (Design), muss die Umsetzung, Wirkung und Leistungsfähigkeit der Prozesse kontinuierlich durch **regelmäßige Prozessmessungen** kontrolliert werden (Prozesssteuerung und -regelung). Die erforderlichen Messungen können beispielsweise stetig (z. B. Erfassen von quantitativen Maßzahlen) oder im Rahmen von Stichprobenprüfungen (z. B. regelmäßige Durchführung von Audits) erfolgen.

8.2.3   Prozesslenkung

Prozesslenkung hat im Gesamtkontext des Prozessmanagements eine besondere Stellung. Sie kann allgemein als das Management der Grundvoraussetzungen zur **Erfüllung** der Anforderungen und die regelhafte Unterstützung von Prozessen zur **Aufrechterhaltung** der Leistungserstellung bezeichnet werden. Die Prozesslenkung beinhaltet sowohl strategische Aspekte (Ermöglichen der Prozesse) als auch operative Aspekte (Verwirklichen der Prozesse). Die Übergänge von der Prozessgestaltung (Analyse und Optimierung von Prozessen) zur fortlaufenden Einhaltung der Anforderungen und Aufrechterhaltung des Routinebetriebs (Steuerung und Regelung von Prozessen) sind daher fließend. Die mit der Prozesslenkung zusammenhängenden Maßnahmen sind eng verbunden mit den Ideen und Aktivitäten der *Qualitätssicherung* („Sicherung und Darlegung der Qualitätsfähigkeit") und der *Qualitätslenkung* („Realisierung der Erfüllung von Qualitätsanforderungen"). Sie beinhalten Tätigkeiten der Prüfung und Überwachung sowie der Regelung und Anpassung.

Im Zentrum der Prozesslenkung stehen die **Kern- und Leistungsprozesse,** die durch eine Vielzahl von übergeordneten Prozessmanagementprozessen und untergeordneten Prozessunterstützungsprozessen ermöglicht, geleitet und gelenkt werden. Sowohl Prozessmanagement als auch Prozessunterstützung sind in strategische („Ermöglichungsebenen") und operative Grundebenen („Verwirklichungsebenen") unterteilt. Die Wirkungen und Zusammenhänge der *strategischen* und *operativen Grundebenen* können in einem einfachen Modell veranschaulicht werden (Abb. 8.8). Darin sind die Leistungs-Management- und Unterstützungsprozesse eng und durchgängig mit dem Finanz- und Informationsmanagement der Organisation verwoben. Das Informationsmanagement wiederum ist inhaltlich eng mit dem *Wissensmanagement* verknüpft. Wissenschaftliches und erfahrungsbedingtes Wissen wird in Form von „dokumentierten Informationen" dazu verwendet, die Abläufe in den Leistungsprozessen zu steuern. Dazu gehört aber

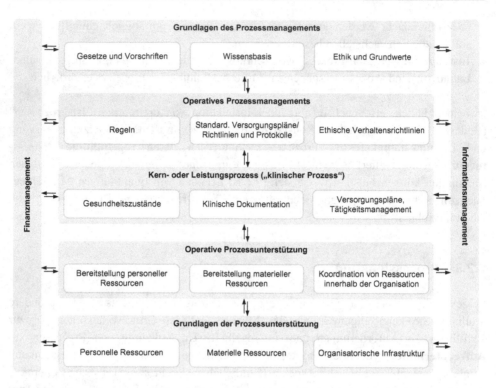

Abb. 8.8 Management- und Unterstützungsprozesse der Prozesslenkung. (Quelle: mod. nach DIN 2017, S. 84)

auch die Fähigkeit, die während der Leistungserstellung ermittelten Informationen in erforderlicher Weise mit dem „dokumentierten" Wissen zu verbinden.

Prozesslenkung im Rahmen eines **Qualitätsmanagementsystems** (z. B. nach DIN EN ISO 9001:2015) bedeutet, dass die Organisation eine hohe Prozessqualität sicherstellt. Hiernach müssen geeignete „betriebliche Prozesse" zur Planung, Verwirklichung und Steuerung der Leistungsprozesse geschaffen werden. Dies gelingt der Organisation, indem sie (vgl. DIN 2017, S. 43):

- Anforderungen an die Produkte und Dienstleistungen bestimmt, unter Berücksichtigung der relevanten Qualitätsaspekte;
- Kriterien für die Prozesse und die Annahme von Produkten und Dienstleistungen festlegt, unter Berücksichtigung der Qualitätsanforderungen;
- Ressourcen bestimmt, die benötigt werden, um die Konformität mit den Produkt- und Dienstleistungsanforderungen zu erreichen;
- Prozesse in Übereinstimmung mit den Kriterien steuert;
- in erforderlichem Umfang dokumentierte Informationen bestimmt, aufrechterhält und aufbewahrt, sodass darauf vertraut werden kann, dass die Prozesse wie geplant durch-

geführt wurden und um die Konformität von Produkten und Dienstleistungen mit ihren Anforderungen nachzuweisen;

- Risiken und Chancen bewertet, um Leistungsprozesse unter Berücksichtigung der Ergebnisse hinsichtlich der relevanten Qualitätsanforderungen zu gestalten.

Für die Prozesslenkung spielen neben den festgelegten Tätigkeiten (Reihenfolge, Schnittstellen, Übergabepunkte, Wechselwirkungen) vor allem die Verantwortlichkeiten und Befugnisse für die Prozesse sowie die Dokumentation und der Informationsfluss eine wichtige Rolle:

- Durchgängige und eindeutige Regelungen zu den *Prozessverantwortlichkeiten* (Kontroll- und Berichtspflichten) und *Zuständigkeiten* (Verpflichtungen von Personen oder Personengruppen, Aufgaben zu erfüllen bzw. Tätigkeiten auszuführen) sollten existieren und in geeigneter Form dokumentiert sein (z. B. in Verfahrensanweisungen oder im Qualitätsmanagementhandbuch).
- Für die richtige, präzise und vollständige *Dokumentation* von Arbeitsergebnissen (z. B. in Form von Aufzeichnungen) und ihre zeitgerechte Weitergabe und Aufbewahrung müssen eindeutige Festlegungen in den Prozessbeschreibungen vorgenommen werden. Ebenso sind (übergeordnete) Verfahren zur Lenkung von Aufzeichnungen bzw. Nachweisdokumenten erforderlich.
- Ein geregelter *Informationsfluss* (Übergabe von Prozessergebnissen in Form von Informationen und Daten sowie Vorhandensein erforderlicher Eingaben) hängt in hohem Maße von der Gestaltung und Anpassung geeigneter Informations- und Kommunikationstechnologien ab.

Zusammenfassend lassen sich entsprechend dem „prozessorientierten Ansatz" der DIN EN ISO 9001:2015 acht Kriterien und Anforderungen (auch: Qualitätsaspekte) an die **Prozessqualität** benennen. Prozesse mit einer hohen Prozessreife weisen zu jedem dieser acht Aspekte Qualitätsmerkmale auf, die Auskunft darüber geben, in welcher Weise und in welchem Umfang der jeweilige Qualitätsaspekt sich in dem Prozess niederschlägt. Angelehnt an die Schritte des PDCA-Zyklus lassen sich daraus acht Entwicklungsschritte für die Entwicklung der Prozessreife ableiten (Tab. 8.3).

Leistungsprozesse der Gesundheitsversorgung müssen stets unter besonderen Vorzeichen betrachtet werden. Sie konstituieren sich als „personenbezogene Dienstleistungen", die in „komplexen Experten- und Entscheidungssystemen" erbracht werden. Zu den großen Herausforderungen der Prozessarbeit in Gesundheitseinrichtungen zählt vor allem die Koordination von Tätigkeiten und Kompetenzen der unterschiedlichen Gesundheitsberufe bzw. die hieran gekoppelte Spezialisierung und Disziplinarität berufsfachlicher Leistungserbringung. Damit verbunden sind häufig ungeklärte bzw. schwierig zu klärende Fragen der Abstimmung und Regelung von Durchführungs- und Entscheidungsrechten bei der interprofessionellen Prozesssteuerung, der Gestaltung funktionaler Schnittstellen zugunsten eines konsequent durchgängigen Kunden-

Tab. 8.3 Acht Schritte zur Erreichung eines hohen Prozessreifegrads (DIN EN ISO 9001:2015)

PDCA-Schritt	Kriterien und Anforderungen	Methoden und Instrumente
Plan	Abfolge und Wechsel-wirkungen	Prozesslandkarte, Flussdia-gramm, Prozessanweisungen
	Eingabe und Ergebnisse	Prozessanweisungen, Flussdia-gramm, Prozesslandkarte
	Verantwortung und Befugnisse	Prozessanweisungen, Ver-antwortungsmatrix, Organi-gramm
	Verfügbarkeit und Ressourcen	Personaleinsatzplanung, Kompetenzmatrix, Qualitäts-kosten
	Risiken und Chancen	Risikoanalyse, FMEA, Risiko-matrix
Do	Wirksames Durchführen und Lenken	Prozessanweisungen, Standardisierung, Flussdia-gramm
Check	Überwachung und Messung	Datenanalyse, Indikatoren, Prozesskennzahlen
Act	Verbesserung (Prozesse und QMS)	Prozessanalyse, Audit, Quali-tätszirkel, Projektarbeit

Lieferanten-Prinzips (Verhalten der Beteiligten) und der Bewältigung personeller und organisatorischer Schnittstellen bei der Flexibilisierung von Arbeitsplatz- und Arbeits-zeitmodellen (Verhältnis des Zusammenwirkens).

8.2.4 Spezielle Methoden

8.2.4.1 Flussdiagramm

Methoden zur Visualisierung von Prozessen sind das **Flussdiagramm** (Flow Chart) und die begleitende **Flusstabelle** (Flow Table). Im Flussdiagramm wird die Abfolge der einzelnen Tätigkeiten und Ereignisse übersichtlich anhand von logischen Verknüpfungen dargestellt (Visualisierung der Abläufe und ihre Zusammenhänge). Daneben unter-stützt die Flusstabelle den Informationsgehalt durch Angabe von Verantwortlichkeiten, zu beachtende Dokumente und weiterer Informationen (Verweise und Bemerkungen). Beides findet häufig in einem Dokument übersichtlich nebeneinander Platz.

Das Flussdiagramm arbeitet mit **Symbolen** und **Verknüpfungen,** die den Vorteil bieten, nicht nur lineare Abfolgen, sondern auch Alternativen, Schleifen und Parallelbearbeitungen („UND" oder „ODER"-Verknüpfungen) gut darstellen zu können. Die Symbolik eines Flussdiagramms ist in der Regel an die Dokumentationstechnik der DIN 66001 (vgl. DIN 1983) angelehnt, um eine einheitliche Lesbarkeit zu gewährleisten (Abb. 8.9).

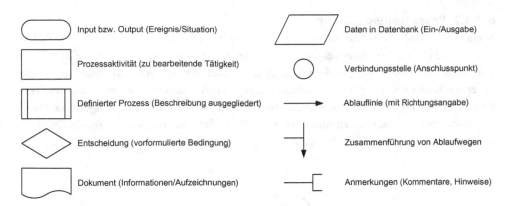

Abb. 8.9 Symbolik von Flussdiagrammen in Anlehnung an DIN 66001

Ein Prozess, der als Flussdiagramm dargestellt wird, beginnt und endet in der Regel mit einem Ereignis (Anfangs- und Endereignis), um Überlappungen mit andren Prozessen zu vermeiden (Herrmann und Fritz 2011, S. 142 f.). Der Unterschied zwischen Ereignissen und Tätigkeiten ist der, dass **Tätigkeiten** immer einen *Zeitraum* im Verlauf beanspruchen (z. B. Durchführen einer Pflegemaßnahme), wohingegen **Ereignisse** immer einen *Zeitpunkt* markieren (z. B. Verdacht auf Infektion).

Zu Beginn der **Erstellung eines Flussdiagramms** wird der Start- und Endpunkt des Prozesses festgelegt. Damit wird deutlich, welche Voraussetzungen für den Prozess vorliegen und welche Ergebnisse dieser produziert. Anschließend werden die Schritte festgelegt, die zum gewünschten Ergebnis führen. Die Aufeinanderfolge kann linear verlaufen oder mit Hilfe von Verknüpfungen. Darüber hinaus ist zu klären, welche Dokumente und/oder Daten verwendet werden und erzeugt werden. Abschließend sollen die zuständigen Organisationseinheiten und Verantwortlichkeiten geklärt werden. In der Darstellung unterstützt hier eine begleitende Flusstabelle, die zu jedem Symbol bzw. aufgeführten Prozessbestandteil einen Zeilentext mitführt (Abb. 8.10).

Bei der Erstellung von Flussdiagrammen stellt sich erneut die Frage nach dem **Detaillierungsgrad,** d. h. wie feingliederig der abzubildende Prozess in seine Prozesselemente zerlegt werden soll („Grundproblem des Prozessmanagements"). Allgemein gültige Aussagen lassen sich hierzu wiederum kaum formulieren. Auch hier sollte man sich immer an der Zielsetzung orientieren („Welchen Zweck erfüllt die Prozessdarstellung?" und „Welche Personen werden die Darstellung nutzen?"). Ein Mittelweg ist dahin gehend zu finden, den Adressaten ausreichend Informationen anzubieten, diese aber nicht mit einer übergenauen Darstellung zu verwirren. Praktische Empfehlungen bieten als Faustregeln an, nicht mehr als zwölf Schritte (Aktivitäten) in einem Diagramm zu bündeln und die Darstellung auf eine bis maximal zwei Seiten zu begrenzen (Wilhelm 2007, S. 57).

8.2.4.2 Prozessanweisungen

Verfahrens- und Arbeitsanweisungen wurden bereits im Rahmen der Qualitätsdokumentation als Prozessanweisungen (Vorgabedokumente) vorgestellt. Beide Methoden
sind schriftlich niedergelegte Regelungen zur Durchführung von Arbeitsabläufen, die
zu einer Konkretisierung und Standardisierung der Ablauforganisation beitragen. **Verfahrensanweisungen** regeln vor allem, *was* zu tun ist, **Arbeitsanweisungen** vor allem
wie etwas im Einzelnen auszuführen ist (Kap. 7). Verfahrensanweisungen regeln üblicherweise (Teil-)Prozesse oder höher gelagerte Prozessschritte, Arbeitsanweisungen dagegen

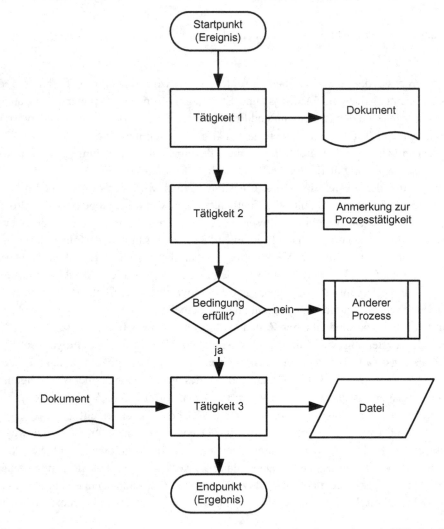

Abb. 8.10 Grundsätzlicher Aufbau eines Flussdiagramms. (Quelle: mod. nach Wilhelm 2007,
S. 46)

eher die Ausführung von beschreibbaren Tätigkeiten. Sie sind auch darin unterscheidbar, dass eine Verfahrensanweisung oftmals Entscheidungsmöglichkeiten und -alternativen bietet, während Arbeitsanweisungen diese Möglichkeiten in der Regel nicht oder nur sehr eingeschränkt bieten (Trost 2004, S. 48). Es wird aber nicht überall einheitlich zwischen Verfahrens- und Arbeitsanweisungen unterschieden.

Sprachlich sollten Prozessanweisungen leicht *verständlich* und logisch *nachvollziehbar* sein. Da sie die Abläufe in den unterschiedlichsten Leistungsbereichen von Gesundheitseinrichtungen definieren, bedienen sie sich naturgemäß der dort üblichen Sprache und gebräuchlichen Fachtermini. Daher ist gerade bei abteilungs- und berufsgruppenübergreifenden Anweisungen darauf zu achten, dass keine Sprach- oder Verständnisbarrieren aufgebaut werden.

Verfahrens- und Arbeitsanweisungen sind eigenständig entwickelte **Dokumente**, die durch Flussdiagramme oder Flusstabellen ergänzt werden. Sie können aber auch in reiner Textform erarbeitet werden. Häufig zu beobachten ist, dass Verfahrensanweisungen als Flussdiagramme dargestellt werden, Arbeitsanweisungen eher in Textform gehalten sind. Dazu gibt es aber keine verbindlichen Vorgaben. Zwecks Einheitlichkeit und Verständlichkeit sollten die verwendeten Symbole, Begrifflichkeiten und Abkürzungen ebenso wie die verwendete Systematik und Gliederungsstruktur in einer verbindlichen Verfahrensregelung (Dokumentenlenkung) definiert werden. Beispielhaft können Prozessanweisungen in Gesundheitseinrichtungen nach den folgenden Punkten gegliedert werden (Haeske-Seeberg 2001, S. 92 f.):

- **Formale Angaben:** z. B. Bezeichnung, Kodierung, Versionierung, Herausgabe, Unterschrift des Verantwortlichen, Inkrafttreten;
- **Ziel und Zweck** („Warum wollen wir diese Aufgaben regeln?"): z. B. betroffene Patientengruppe, Behandlungsziele aus Sicht der Beteiligten;
- **Anwendungsbereich** („Wen betrifft es?"): z. B. betroffene Abteilungen, Stationen, Funktionsbereiche, Ein- und Ausschlusskriterien, Indikationen und Kontraindikationen;
- **Ausführungsbeschreibung** („Worum geht es?"): z. B. Befunderhebung und Art der Entscheidungsfindung, Beteiligte, Ressourcen (Räume, Ausstattung, Materialien, Personal, Zeitbedarf usw.) nach Art, Menge und zeitgerechter Bereitstellung, Beschreibung der einzelnen Maßnahmen und Einzeltätigkeiten, Prüfverfahren, mögliche Fehlerursachen und Fehlervermeidungsstrategien, Merkmale für die Zielerreichung, Berichterstattung, Validierung;
- **Dokumentation:** z. B. im Prozess anfallende Dokumente, Lenkung der Dokumente („Wer erhält Original bzw. Kopien?" und „Wer sammelt und archiviert?");
- **Hinweise und Anmerkungen:** alles, was sonst zu keiner Überschrift passt, aber wichtig ist für das Verständnis sowie den ordnungsgemäßen Einsatz und Ablauf des Verfahrensbestandteils (z. B. Zeitbedarf für einzelne Verfahrensschritte oder alles, worauf zu achten ist);

- **Mitgeltende Unterlagen:** z. B. Verweis auf Gesetze, Verordnungen, nationale oder internationale Leitlinien, Literatur (z. B. Fachbücher);
- **Zuständigkeiten und Qualifikationen:** z. B. Verantwortlichkeiten und persönliche Voraussetzungen in Bezug auf die Qualifikation der Beteiligten;
- **Begriffe:** z. B. Definition der verwendeten Fachtermini, ggf. Verzeichnis der Abkürzungen;
- **Anlagen:** Musterformulare, Checklisten, Mustertexte;

Für den praktischen Gebrauch im Routinebetrieb haben sich **Ordnungssysteme** bewährt, mit deren Hilfe die verlangte Verfahrensanweisung jeweils auffindbar gemacht werden soll. Da die Verfahrensanweisungen bzw. die ihnen zugrunde liegenden Prozesse mit vor- und nachgelagerten Prozessen inhaltlich zusammenhängen, sollte diese Vernetzung auch formal in der Dokumentenstruktur (Verfahrensanweisungssystem) durch Nummerierungen oder alphanumerische Codes sichtbar gemacht werden. Auch sollten konsequent Querverweise zu anderen bzw. übergeordneten Abläufen die Wechselbeziehungen und die Einbettung der Verfahrensanweisung in die Gesamtprozesslandschaft anzeigen.

8.2.4.3 Qualitätskosten

Leistungserstellung gleich welcher Art verbraucht Ressourcen und verursacht Kosten. Die Zuordnung aller angefallenen Kosten (direkte und indirekte Kosten) zu den einrichtungsinternen Prozessen der Leistungserstellung ist Aufgabe der Prozesskostenrechnung. Im Qualitätsmanagement sprechen wir von Qualitätskosten. In einer klassischen Zuordnung werden als **Übereinstimmungskosten** (Konformitätskosten) jene Kosten verstanden, die zur Erfüllung von Kundenanforderungen anfallen und nötig sind („Kosten für Qualität"). Werden dagegen Anforderungen nicht erfüllt, weil beispielsweise Fehler im Leistungserstellungsprozess auftraten oder Qualitätsanforderungen nicht bekannt waren, fallen sogenannte **Abweichungskosten** an („Kosten für Nicht-Qualität"). Qualitätskosten sind also nicht allein „Produktionskosten" und Kosten, die im Rahmen des Qualitätsmanagements anfallen, sondern sie erfassen auch die Verluste, die durch Vernachlässigung von Qualitätsmanagementbemühungen entstehen.

Diese eher wirkungsorientierte Zweiteilung der Qualitätskosten wird durch eine traditionelle, eher tätigkeitsorientierte Dreiteilung der Qualitätskosten durch die DIN 55350 ergänzt (DIN 2008):

- Fehlerverhütungskosten (Prevention Costs),
- Prüfkosten (Appraisal Costs) und
- Fehler(folge)kosten (Failure Costs).

Fehlerverhütungskosten sind alle Kosten, die im Rahmen der präventiven Qualitätsarbeit anfallen. Darunter fallen Kosten der Einrichtung und Unterhaltung des einrichtungsinternen Qualitätsmanagements (z. B. Qualitätsplanung, Teamkonzepte, Qualitätssicherung im weiteren Sinne), Maßnahmen der qualitätsbezogenen Mitarbeitendenbeteiligung (z. B. Schulungen, Beauftragtenwesen) oder die Beteiligung an externen Qualitätsvergleichen und der Qualitätsberichterstattung. **Prüfkosten** sind alle Kosten, die durch Personen und Material im Rahmen von Qualitätsprüfungen und -kontrollen anfallen (z. B. Laborkontrollen, Qualitätsdokumentation, Prozessmessungen).

Fehlerkosten entstehen durch Nichterfüllung von Qualitätsanforderungen und werden in interne und externe Fehlerkosten unterteilt. *Interne Fehlerkosten* sind Kosten und Verluste, die durch Fehler innerhalb der Leistungserstellung entstehen und dort auch entdeckt werden (z. B. unerwünschte Ereignisse, Behandlungsfehler, Abweichungen von Mengen- oder Zeitvorgaben, Ausfallzeiten und Leerläufe). *Externe Fehlerkosten* sind Kosten und Verluste, die nach Beendigung der Leistungserstellung anfallen. Diese können konkret bezifferbar (z. B. Bearbeitung von Beschwerden, Wiederaufnahmen innerhalb bestimmter Zeiträume) oder nur implizit bis gar nicht erfassbar (z. B. Kundenabwanderung, schlechte Mund-zu-Mund-Propaganda) sein.

Die Modelle der Qualitätskosten gelten zwar als allgemein akzeptiert, ihre Anwendbarkeit ist aber umstritten, da üblicherweise keine direkte Anbindung an die Erfassung und Auswertung der Prozesskosten im klassischen Controlling erfolgt. Gleichsam problematisch ist, dass die Zuordnungen zu einer Qualitätskostenart nicht immer eindeutig und überschneidungsfrei gelingen bzw. diese abhängig von den Anwendenden unterschiedlich interpretiert werden. So werden Qualitätsaudits manchmal als Kosten für die Aufrechterhaltung des Qualitätsmanagementsystems verstanden oder auch als Kosten der Qualitätsprüfung. Die Modelle eignen sich aber dafür, die „qualitätsbezogenen Kosten" und ihre Wirkung hinsichtlich Übereinstimmung (Qualität) oder Abweichung zu analysieren. Hiernach führt eine Steigerung der Übereinstimmungskosten auch zu einer Qualitätssteigerung. Weiterhin können die Zusammenhänge von Prüf- und Fehlerverhütungskosten zu den Fehlerkosten als umgekehrt proportional angenommen werden. Ein Minimum der anfallenden Qualitätskosten wäre theoretisch erst bei rein annehmbaren, vollständig erfüllten Qualitätsanforderungen (100 % Übereinstimmung) denkbar (Abb. 8.11).

Derartige Überlegungen machen die Zusammenhänge von Kosten und Qualität zwar anschaulich, tragen aber wenig zur Kostensenkung bei. Ziel jedes wirtschaftlich orientierten Qualitätsmanagements sollte sein, Qualitätskosten bei mindestens gleich bleibender Qualität reduzieren zu können. Dies verdeutlicht den besonderen Stellenwert der (präventiv ausgerichteten) Prozessgestaltung, um interne und externe Fehlerkosten zu reduzieren („Do it right the first time"-Philosophie).

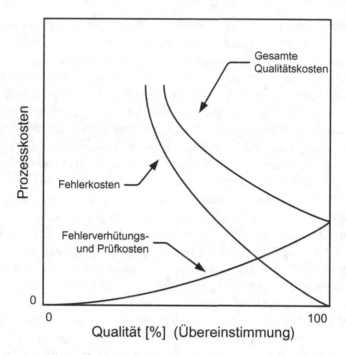

Abb. 8.11 Modell der optimalen Qualitätskosten. (Quelle: Gryna 1999, S. 8.22)

8.3 Klinisches Prozessmanagement

8.3.1 Prozessansatz für die Gesundheitsversorgung

Die Revisionsnorm DIN EN ISO 9001:2015 orientiert sich noch deutlicher als ihre Vorgängerversion am Gedanken des prozessorientierten Qualitätsmanagements (Kap. 4). Dieses Prinzip trägt sich in der Bereichsnorm für die Gesundheitsversorgung (DIN EN 15224:2016) nicht nur weiter fort, sondern wird dort auch auf die Belange und Bedingungen der Gesundheitsversorgung übertragen. In der Bereichsnorm wird ein Prozessmodell verfolgt, das sich an Konzepten und Begriffen der EN ISO 13940:2016 („Medizinische Informatik – Begriffssystem zur Unterstützung der Kontinuität der Versorgung") orientiert. Mit der einheitlichen Verwendung von Begriffen und der Referenzierung auf bereits vorhandene Konzepte in anderen Normenwerken wird eine Harmonisierung der ursprünglich unabhängig voneinander entstandenen Normen mit Bezug zum Gesundheitswesen erzielt.

8.3.1.1 Modell für klinische Prozesse

In dem von der DIN EN 15224:2016 verfolgten Prozessansatz bilden **klinische Prozesse** die Hauptart der Prozesse für die Gesundheitsversorgung. Sie stellen die *Kernprozesse* der Geschäftstätigkeit bzw. die *Leistungsprozesse* der Versorgung dar. Ein klinischer Prozess schließt alle Tätigkeiten der Gesundheitsversorgung und die Interaktionen zwischen dem Patienten und den Angehörigen der Gesundheitsberufe ein, von der ersten Nachfrage für eine Gesundheitsversorgung bis hin zur letzten Handlung in Bezug auf das festgelegte Gesundheitsproblem. Die klinischen Prozesse sind von der Einrichtung so zu gestalten, dass die für die *Qualitätsaspekte* (Kap. 4) aufgestellten Qualitätsziele und *Qualitätsanforderungen* erfüllt werden (vgl. DIN 2017).

Klinische Prozesse sind in Bezug auf bestimmte festgelegte **Gesundheitsprobleme** (z. B. Herzinfarkt, Diabetes) zu gestalten, zu entwickeln und zu steuern. Sie umfassen sämtliche Tätigkeiten für die Gesundheitsversorgung aus dem gesamten auf dieses Gesundheitsproblem bezogenen Kontinuum der Versorgung. Klinische Prozesse sind auf die jeweilige Organisation bezogen und für diese spezifisch (Kernprozesse), sie können die Grenzen der Organisation aber auch überschreiten. Wie alle Prozesse können auch klinische Prozesse in mehrere Teile bzw. Prozessbestandteile zerlegt werden.

▶ **Klinischer Prozess** Prozess für die Gesundheitsversorgung, der alle Tätigkeiten des Anbieters medizinischer Versorgungsleistungen und andere verordneten Tätigkeiten für die Gesundheitsversorgung, die ein identifiziertes oder festgelegtes Gesundheitsproblem behandeln, umfasst (DIN EN 15224:2016).

Die klinischen Prozesse bilden den Kern des klinischen Prozessansatzes des Qualitätsmanagementsystems nach DIN EN 15224. Sie müssen von der Organisation identifiziert und gelenkt werden. So wie alle Arten von Prozessen, sind auch klinische Prozesse von der Ermöglichung durch das Management und der Unterstützung durch Ressourcen abhängig. Innerhalb des klinischen Prozessansatzes folgen klinische Prozesse einem bestimmten Muster der Wertschöpfung bezogen auf einen Patienten mit gesundheitlichen Problemen. Dieses Muster wird in einem **Modell für klinische Prozesse** dargestellt, das der EN ISO 13940:2016 entnommen ist und in dem die verschiedenen Phasen oder Stufen der Wertschöpfung definiert sind (DIN 2016). Dieses Modell gilt als allgemeingültig für den Umgang mit allen Arten von gesundheitlichen Problemen. Es beschreibt, wie eine Person mit einem Gesundheitsproblem (häufig identifiziert als eine Gesundheitsbeschwerde) durch seinen Versorgungsbedarf einen klinischen Prozess einleitet. Die dazugehörigen Phasen erinnern an das Muster des „zyklischen Problemlösungshandelns" entlang des PDCA-Zyklus. Sie lassen sich wie folgt beschreiben (vgl. DIN 2017, S. 85):

- Angehörige von Gesundheitsberufen beurteilen den Bedarf an Untersuchungen der Gesundheitsversorgung;
- gesundheitliche Probleme werden im Rahmen von Untersuchungen des Gesundheitsversorgung geklärt;
- Angehörige von Gesundheitsberufen beurteilen den Bedarf an Behandlungsmaßnahmen der Gesundheitsversorgung;

- der Gesundheitsstatus (verkörpert durch die gesundheitlichen Probleme) wird durch die Behandlungsmaßnahmen der Gesundheitsversorgung beeinflusst;
- eine erneute Bewertung der Bedarfe wird nach der Behandlung durchgeführt und wenn keine weiteren Bedarfe festgestellt werden, ist der Prozess beendet.

Prozesstheoretisch beschreibt das *Modell für klinische Prozesse* die Wertschöpfung bezüglich des Gesundheitsstatus einer Person und die wertschöpfenden Tätigkeiten, die direkt (durch Behandlung) oder indirekt (durch Untersuchung) diese Mehrwerte erzielen (Abb. 8.12).

8.3.1.2 Analyse und Management von klinischen Prozessen

Die klinischen Prozesse einer Organisation werden in einem ersten Schritt anhand der Arten der behandelten gesundheitlichen Probleme identifiziert und kategorisiert („Segmentierung in Prozessvarianten"). Das Management klinischer Prozesse folgt dann dem Muster, das in dem Modell für klinische Prozesse beschrieben ist. Zum Management dieser Prozesse gehört sicherzustellen, dass das beste verfügbare Wissen angewendet wird. Dies setzt voraus, dass *Wissensmanagement* oder relevante Aspekte des Wissensmanagements in das klinische Prozessmanagement integriert sind. Hierzu gehört insbesondere die Frage, welche *Informationsbedarfe* bestehen und wie diese durch ein *Informationssystem* adressiert werden können (z. B. Datenverwertung zur sekundären Nutzung und für Verbesserungen). Die Prozessanalysen sollten auch beinhalten, wie auf Wissen gegründete Empfehlungen verfügbar gemacht und für

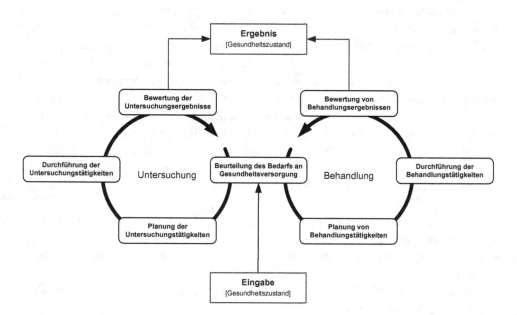

Abb. 8.12 Modell für klinische Prozesse. (Quelle: mod. nach EN ISO 13940:2016)

die Bereitstellung der Versorgung angewandt werden. Das Wissensmanagement von klinischen Prozesse zeichnet zwei wichtige **Wissensaspekte** aus, die analysiert und in allen Phasen des klinischen Prozesses, von der anfänglichen Bewertung bis hin zum Abschluss der Behandlung, angewandt werden sollten:

- Kriterien zur Identifizierung und Kategorisierung der Gesundheitszustände bzw. Gesundheitsprobleme, d. h. welche Symptome/Beobachtungen bekanntermaßen relevant für ein spezifisches betrachtetes Problem sind;
- Untersuchungen und Behandlungen, die bekanntermaßen durch das in Betracht gezogene/identifizierte gesundheitliche Problem durchgeführt werden, d. h. was die Inhalte eines standardisierten Versorgungsplans sind, der zur Anwendung für Personen mit dem gesundheitlichen Problem empfohlen wird.

Das Modell für klinische Prozesse kann die Grundlage liefern für ein *klinisches Prozessmanagement*, das in einem Qualitätsmanagementsystem für eine Organisation der Gesundheitsversorgung gefordert wird. Für die systematische Analyse von klinischen Prozessen werden durch die DIN EN 15224:2016 die folgenden Empfehlungen gegeben (DIN 2017, S. 87 f.):

1. **Identifizieren und Kategorisieren der Art des klinischen Prozesses:**
   - Erkennen, welche Art von gesundheitlichen Problemen der Prozess bewältigt;
   - Identifizieren der wissensbasierten Kriterien zur Beendigung des gesundheitlichen Problems.
2. **Die Analysen zum Versorgungsbedarf sollten umfassen:**
   - Den Grund für den Versorgungsbedarf aus Sicht des Patienten, z. B.:
     - übliche Symptome des gesundheitlichen Problems;
     - vermutete Risiken bezüglich des gesundheitlichen Problems (Risikozustand);
     - Sorge um die Konsequenzen eines in der Vergangenheit identifizierten gesundheitlichen Problems;
   - Eine persönliche Gesundheitsübersicht, einschließlich:
     - Soziale Situation;
     - Familiengeschichte;
     - Lebensgewohnheiten;
     - Bekannte gesundheitliche Probleme (frühere und aktuelle) und die erhaltene Gesundheitsversorgung für diese;
     - Liste derzeitig eingenommener Arzneimittel.
3. **Bewertung des Gesundheitsversorgungsbedarfs nach Untersuchungen der Gesundheitsversorgung sollte umfassen:**
   - nach welchen Kriterien oder Symptomen bezüglich eines gesundheitlichen Problems sollte gesucht werden;
   - welche Untersuchungen sind (wissensbasiert) bei dem vermuteten gesundheitlichen Problem indiziert.

4. **Planen, Durchführen und Bewerten von Untersuchungen für die Gesundheits-versorgung sollte umfassen:**
   - Ablauf der begründeten/indizierten Tätigkeiten, die in den Versorgungsplan aufzu-nehmen sind;
   - Auswahl der Methode und der Ressourcen, die zur Durchführung der Tätigkeiten benötigt werden;
   - Dringlichkeitsstufe für jede Tätigkeit;
   - Analyse klinischer Risiken;
   - Feststellen der alternativen, absehbaren Ergebnisse bezüglich der Identifikation des in Betracht gezogenen gesundheitlichen Problems.
5. **Bewertung des Gesundheitsversorgungsbedarfs für die Behandlungen der Gesundheitsversorgung sollte umfassen:**
   - Feststellung der wissensbasierten Behandlungsindikationen auf Grundlage des identifizierten gesundheitlichen Problems;
   - Mögliche Kontraindikationen in patientenspezifischen Situationen.
6. **Planen, Durchführen und Bewerten von Behandlungen sollte umfassen:**
   - Ablauf der indizierten Tätigkeiten, die in den Versorgungsplan aufzunehmen sind;
   - Auswahl der Methode und der Ressourcen, die zur Durchführung der Tätigkeiten benötigt werden;
   - Dringlichkeitsstufe für jede Tätigkeit;
   - Analyse klinischer Risiken;
   - Die alternativen, absehbaren Ergebnisse hinsichtlich der Verbesserung/Aufrecht-erhaltung des Gesundheitszustands eines Patienten, einschließlich der Identi-fizierung von Zielzuständen.
7. **Abschluss des Prozesses sollte umfassen:**
   - Welche Ergebnisse ab Phase 6 vertretbar für die begründete Feststellung sind, dass keine weiteren Gesundheitsversorgungsbedarfe für weitere Untersuchungen oder Behandlungsmaßnahmen bestehen.

8.3.2   Klinische Behandlungspfade

Ein international viel beachtetes Konzept des klinischen Prozessmanagements sind sogenannte Behandlungspfade (auch: Klinische Behandlungspfade, Clinical Pathways). Als Instrumente der Standardisierung und Optimierung von Versorgungsprozessen spielen sie vor allem in Ländern mit fallpauschalierten Vergütungsstrukturen eine große Rolle. Die Ursprünge von Behandlungspfaden liegen methodisch in der *Netzplantechnik* (Managementwerkzeug der „M7"), mit der Kosten und Zeit von größeren Projekten in der industriellen Fertigung geplant, überwacht und aktiv gesteuert werden können (Küttner und Roeder 17, S. 19 f.). Der Transfer in das Gesundheitswesen erfolgte gegen Ende des letzten Jahrhunderts und hat mit Einführung der fallpauschalierten Kranken-hausvergütung auch Deutschland erreicht.

8.3.2.1 Herkunft und Zielsetzung

In einem einfachen Netzplan wird die Abfolge aller Aktivitäten abgebildet, die notwendig sind, ein definiertes Ziel zu erreichen. Jede Aktivität wird mit einer Ziffer versehen, die angibt, wie viele Zeiteinheiten zur Fertigstellung der jeweiligen Einzelaktivität benötigt werden. Zwischen Start und Ende ergibt sich ein Netz aus vielen einzelnen Pfaden (Pathways). Für jeden dieser Pfade kann die benötigte Durchführungszeit berechnet werden. Der Pfad mit der meisten Durchführungszeit bestimmt die Gesamtdauer und wird als **Critical Pathway** bezeichnet. Jede Verzögerung einer einzelnen Aktivität auf diesem Pfad beeinflusst unmittelbar die Gesamtdauer und die Gesamtkosten, sodass über die Stellgrößen *Zeit* und *Kosten* der Pfad gesteuert werden kann. Betrachtet das Konzept der Critical Pathways allein die Steuerung der kritischen Teilpfade eines Gesamtprozesses, ist das Konzept der **Clinical Pathways** auf den gesamten Versorgungsprozess gerichtet und schließt damit alle vorhandenen multidisziplinären und interprofessionellen Aktivitäten mit ein (Abb. 8.13).

Bemerkenswert ist die bestehende Begriffs- und Konzeptvielfalt zu diesem Thema. Als Urbegriff gilt der *Critical Pathway*, der nach seinem Transfer ins Gesundheitswesen zu *Care Pathways* (überwiegend im Pflegebereich) und anschließend zu *Clinical Pathways* (gesamter Versorgungsbereich) abgewandelt wurde. Die Begrifflichkeiten sind aber nach wie vor sehr uneinheitlich definiert und anwenderabhängig ausgestaltet. Sie reichen von einer „Umetikettierung" bereits bestehender Prozessanweisungen in „Behandlungspfade" bis hin zur Entwicklung neuer Konzepte (z. B. geplante Behandlungsabläufe). Der Begriff und die Konzeption der Behandlungspfade ist jedoch von einer rein kostensenkenden oder Verweildauer reduzierenden Zielsetzung im stationären Krankenhaussektor loszulösen und grundsätzlich für verschiedene Versorgungsbereiche anwendbar. Insgesamt ist die Frage nach der begrifflichen Abgrenzung aber von geringer Bedeutung. Wichtiger sind die grundlegenden **Zielsetzungen,** die mit Behandlungspfaden verfolgt werden:

- Standardisierung und Optimierung der Behandlungsabläufe unter Verwendung Evidenz geleiteter Kriterien (z. B. medizinische Leitlinien, Pflegestandards),
- Einbeziehung aller am Behandlungsprozess Beteiligter (lokales Erfahrungs- und Anwendungswissen) und der verfügbaren Ressourcen
- Festlegung und Überprüfung von Behandlungszielen (Behandlungs- und Ergebnisqualität) sowie
- Kontinuierliche Verbesserung durch regelmäßige Abweichungsanalyse und Redesign des Behandlungspfades.

Ein Klinischer Behandlungspfad ist im Wesentlichen ein **„multidisziplinärer Versorgungsfahrplan",** der sich im Sinne einer „Best Clinical Practice" an den ausdrücklichen Bedürfnissen des Patienten und den zur Verfügung stehenden Ressourcen orientiert. Innerhalb eines klinischen Fall-Typs oder einer bestimmten Population

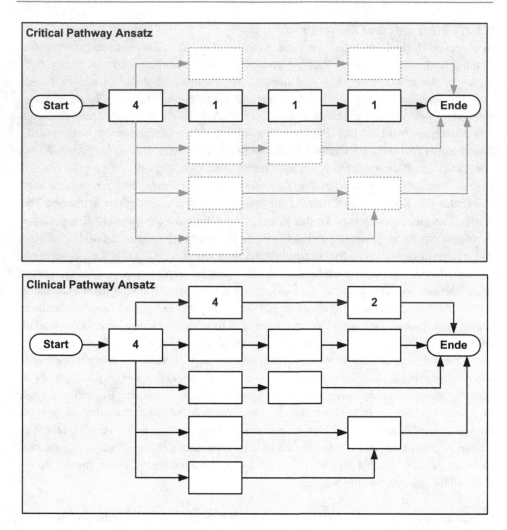

Abb. 8.13 Critical Pathway und Clinical Pathway Ansatz. (Quelle: Küttner und Roeder 2007, S. 25)

beschreibt er ein Behandlungsmuster für einen üblichen Patienten und repräsentiert somit den minimal notwendigen Versorgungsstandard, der sicherstellt, dass alle notwendigen Maßnahmen zeitgerecht durchgeführt werden (Cheah 1997). Abweichungen vom „Soll-Pfad" sind ausdrücklich möglich, sollten aber zur Abweichungsanalyse (kontinuierliche Evaluation des Pfadgeschehens) konsequent dokumentiert werden.

Ein Klinischer Behandlungspfad ist der im Behandlungsteam selbst gefundene berufsgruppen- und institutionsübergreifende Konsens bezüglich der besten Durchführung der Krankenhaus- und Gesamtbehandlung unter Wahrung festgelegter Behandlungsqualität und Berücksichtigung der notwendigen und verfügbaren Ressourcen sowie unter Festlegung der Aufgaben und der Durchführungs- und Ergebnisverantwortlichkeiten. Er steuert den Behandlungsprozess, ist gleichzeitig das behandlungsbegleitende Dokumentationsinstrument, und erlaubt die Kommentierung von der Norm zum Zwecke festgesetzter Evaluation und Verbesserung.

8.3.2.2 Merkmale der Prozessgestaltung

Ähnlich wie Prozessanweisungen sind Behandlungspfade Instrumente der Standardisierung, bei denen jedoch versorgungsrelevante, organisatorische und ökonomische Teilaspekte gleichermaßen von Bedeutung sind. Ihr Ansatz liefert nicht unbedingt neue Aspekte der klinischen Prozessgestaltung. Das entscheidende Hauptanliegen dieses Ansatzes ist jedoch das strukturierte Zusammenwirken aller Einzelkomponenten (z. B. Qualitätsverbesserung, Standardisierung, Mitarbeiterbeteiligung, Schnittstellenmanagement) in Form einer konsequenten Ausrichtung auf den Gesamtbehandlungsprozess unter Beteiligung aller ausführenden und verantwortlichen Mitarbeitenden. Die wesentlichen Charakteristika von Behandlungspfaden werden im Folgenden erläutert (vgl. Roeder und Hensen 2007, S. 10 ff.):

- **Berufsgruppen- und hierarchieübergreifender** bzw. **multidisziplinärer Ansatz:** Ein Behandlungspfad soll von einem Behandlungsteam genutzt werden und wird dort nur Akzeptanz und Anwendung finden, wenn dieses Team auch bei der Entwicklung maßgeblich beteiligt wird („Betroffene zu Beteiligten machen"). Auf diese Weise wird das hausinterne Abteilungs- und Erfahrungswissen aller beteiligten Berufsgruppen mit externen, möglichst wissenschaftlich belastbaren Erkenntnissen (z. B. evidenzbasierte Studien) zusammengeführt. Wenn alle Mitglieder gleichermaßen in die Anwendung und Weiterentwicklung involviert sind, wird durch die Anwendung von Pfaden langfristig die Zusammenarbeit und Kommunikation gefördert.
- **Definition einer Fallgruppe** oder **Patientengruppe:** Behandlungspfade werden für eine definierte Fall- oder Behandlungsgruppe entwickelt. Als Eingangsgrößen kommen Symptome, Befunde oder Diagnosegruppen infrage. Gleichzeitig sollten die zu berücksichtigenden Fallgruppen auch hinsichtlich ihrer Ausschlusskriterien (z. B. bestimmte Nebenerkrankungen, Kontraindikationen, soziale Faktoren) charakterisiert werden. Fallgruppen, die für Behandlungspfade besonders infrage kommen, sind in der Regel: häufige Fälle, hochpreisige Fälle, Fälle mit langer Behandlungsdauer und Fälle mit interdisziplinärem bzw. multiprofessionellem Behandlungsregime.

- **Festlegung von Prozessleistungen:** Das Ziel eines Pfades ist, den gesamten Behandlungsprozess inhaltlich zu beschreiben und dem gesamten Behandlungsteam transparent zu machen. Teilprozesse und Kriterien für die Übergänge in andere Teilprozesse und Prozessschritte werden definiert. Darüber hinaus werden Art und Verbrauch der Ressourcen (z. B. Arbeitsmittel, Röntgen und Labor, obligate und fakultative Behandlungsschritte) festgelegt, die für die als optimal angesehene Behandlung benötigt werden.

- **Definition der Zeitspannen und Terminierung:** Der gesamte Prozess wird auch hinsichtlich seiner Durchführungszeiten beschrieben. Dabei werden Zeitpunkte der einzelnen Teilprozesse und Ablaufschritte und – sofern möglich – die Zeitspanne für die Gesamtbehandlung definiert, damit Ressourcen optimal genutzt und Leerlaufzeiten vermieden werden können (z. B. Dauer einer Blutuntersuchung, durchschnittliche Operationsdauer). Die Festlegung von Reihenfolge und Zeitgrenzen muss verbindlich an den organisatorischen Möglichkeiten ausgerichtet werden.

- **Vorgabe festgelegter Ziele:** Der Gesamtbehandlungsprozess als auch bestimmte Teilprozesse müssen auf ein definiertes Ziel ausgerichtet sein (Orientierung an Prozess- und Ergebnisqualität). Diese sind Voraussetzung für eine nachfolgende Evaluation und Abweichungsanalyse. Der Individualität des jeweiligen Behandlungsfalls wird Rechnung getragen, indem Globalziele bei der Erstellung des Pfades festgelegt werden (z. B. durchschnittliches Zeitfenster bis Erkrankung erfolgreich behandelt ist). Andererseits werden Ziele für jeden Einzelfall definiert werden (z. B. klinischer Score nach bestimmter Anzahl von Behandlungstagen ausgehend vom individuellen Ausgangsbefund).

- **Dokumentationssparsamkeit:** Wird dem Behandlungspfad gefolgt, wird die erbrachte Leistung nur vereinfacht dokumentiert (z. B. Verwendung von Checkboxen). Wird von dem vorgegebenen Standard abgewichen (der Patient wird anders behandelt als der Behandlungspfad vorgibt), muss die Art der Abweichung mit entsprechender Begründung und Nennung des für die Abweichung Verantwortlichen festgehalten werden. Die Dokumentation der Abweichung kann als Freitext oder mit Codes entsprechend einer vorgegebenen Auswahlliste erfolgen. Abweichungen müssen nicht bedeuten, dass falsch gearbeitet wurde. Es kann aber bedeuten, dass der Pfad im Rahmen der kontinuierlichen Verbesserung angepasst werden muss (z. B. wenn häufige Komplikationen auftreten).

- **Evaluation:** Ein Behandlungspfad beinhaltet immer auch die Evaluation der erreichten Ziele und die Bestimmung des Zielerfüllungsgrads. Dabei ist die Auswahl geeigneter Kriterien und Indikatoren wichtig, gegen die die Leistung gemessen werden kann. Die systematische Messung und Bewertung klinischer und/oder medizinökonomischer Outcome-Parameter während und nach Abschluss des Behandlungsprozesses ist entscheidend für die Beurteilung der erreichten Qualität bzw. der Ziele. Der gesamte Behandlungsprozess wird über ein behandlungsbegleitendes Dokumentationsinstrument gesteuert, das gleichzeitig die Kommentierung von Abweichungen erlaubt, die wiederum für die Evaluation der Abweichungsanalyse heranzuziehen sind.

- **Kontinuierliche Qualitätsverbesserung:** Das Management von Behandlungspfaden ist zugleich kontinuierliche Qualitätsverbesserung. Dies drückt sich sowohl in der regelmäßigen Überprüfung der festgelegten Standards und der Adjustierung oder ggf. Neuausrichtung der Ziel- und Messgrößen aus. Dies schließt auch Überlegungen mit ein, wie anhand der gewonnenen Daten ein optimales Verhältnis der eingesetzten Ressourcen zum Behandlungsergebnis zu erzielen ist. Ein erstellter und in Anwendung befindlicher Pfad ist niemals vollkommen. Er gibt einen Handlungskorridor vor, der unter Nutzung der aus der Anwendung resultierenden Erfahrungen und regelmäßigen Abweichungsanalysen ständig verbessert werden muss.

- **Berücksichtigung vorhandener Ressourcen:** Eine effiziente Behandlung betrachtet immer die bestmögliche Wirksamkeit (Effektivität) einer Behandlung im Verhältnis zu den aufgebrachten Mitteln. Damit bei diesen Überlegungen nicht irgendein „Goldstandard" eines maximal vorstellbaren, aber „vor Ort" tatsächlich nicht erreichbaren Nutzens definiert wird, sollte von vorneherein festgehalten werden, welche Ressourcen überhaupt zur Verfügung stehen bzw. beschaffbar sind und ob bzw. inwieweit diese in die Pfadgestaltung einfließen können (Merkmale der Strukturqualität).

Für die Anwendung in der Praxis gilt, dass der Behandlungspfad letztendlich eine **strukturierte Handlungsempfehlung** für die tatsächliche Versorgung ist, da jeder Patient individuell behandelt werden muss. Das Folgen des Behandlungspfades braucht aber in der Regel nicht gesondert dokumentiert werden. Lediglich das Abweichen vom vorgeschlagenen Pfad muss aufgezeichnet werden, damit die Informationen für die **Abweichungsanalyse** zur Verfügung stehen. Dabei ist grundsätzlich jede Varianz als dokumentationswürdig zu betrachten, dennoch sollten hierbei Datensammlungen vermieden werden, die für die Evaluation der Patientenergebnisse ohne Bedeutung sind. Signifikant ist eine Abweichung aber, wenn sie einen unmittelbaren finanziellen oder qualitativen Einfluss auf die Gesamtbehandlung hat. Abweichungen vom Behandlungspfad könnten folgende Ursachen haben:

- Patienten-Präferenzen: Der Patient oder seine Angehörigen wünschen Veränderungen des Ablaufes oder notwendige Veränderungen werden durch das Verhalten des Patienten notwendig.
- Zustandsänderung des Patienten: Der Zustand war anders als zum Zeitpunkt der Aufnahme oder eine Änderung tritt während der Behandlung auf.
- Falsche Therapiesteuerung: Der Beteiligte entschied sich für Abweichungen aufgrund einer Fehlbewertung der patientenindividuellen Situation.
- Systemprobleme innerhalb der Einrichtung: Gründe bzw. Zwänge innerhalb oder durch die Einrichtung führen dazu, dass die vorgesehene Behandlung undurchführbar oder unerwünscht ist.
- Systemprobleme außerhalb der Einrichtung: Gründe bzw. Zwänge außerhalb der Einrichtung führen dazu, dass die vorgesehene Behandlung undurchführbar oder unerwünscht ist.
- Unvorhergesehene Ereignisse: Zufällige oder natürliche Variabilität des individuellen Behandlungsverlaufs.

8.4 Übungsfragen

1. Definieren Sie den Begriff Prozess und beschreiben Sie die Grundzüge eines einfachen Prozessmodells! Lösung Abschn. 8.1.1.1
2. Erläutern Sie die unterscheidbaren Prozessarten und finden Sie Beispiele für jede Prozessart! Lösung Abschn. 8.1.1.2
3. Schildern Sie die Ziele und Vorteile einer umfassenden Prozessorientierung gegenüber der herkömmlichen Funktionsorientierung! Lösung Abschn. 8.1.2.1
4. Nennen und erläutern Sie Methoden der Integration von Spezialisierung und Kompetenzwissen (Funktionsorientierung) in die Prozessorganisation! Lösung Abschn. 8.1.2.2
5. Benennen und beschreiben Sie Kriterien, mit denen Prozessvarianten gebildet bzw. Kernprozesse kategorisiert werden können! Lösung Abschn. 8.2.1
6. Eine Möglichkeit der Bewertung von Prozessbestandteilen im Rahmen der Prozessanalyse ist die Bewertung der Leistungsarten. Erläutern Sie vier Leistungsarten, die grundsätzlich unterschieden werden! Lösung Abschn. 8.2.2.1
7. Nennen Sie die grundlegenden Verbesserungsregeln für die Prozessoptimierung! Lösung Abschn. 8.2.2.2
8. Beschreiben Sie den Aufbau, Funktionsweise und Einsatzmöglichkeiten eines Flussdiagramms! Lösung Abschn. 8.2.4.1
9. Skizzieren Sie die bekannten Gliederungsmöglichkeiten von Qualitätskosten und ordnen Sie die Bedeutung der Qualitätskosten für das Prozessmanagement ein! Lösung Abschn. 8.2.4.3
10. Beschreiben Sie das Modell für klinische Prozesse im Rahmen des klinischen Prozessansatzes für die Gesundheitsversorgung! Lösung Abschn. 8.3.1

Literatur

Blonski H (2003) Von Burgen zu Flüssen. Prozessmanagement in Dienstleistungsorganisationen für Seniorinnen. In: Blonski H, Stausberg M (Hrsg) Prozessmanagement in Pflegeorganisationen. Grundlagen – Erfahrungen – Perspektiven. Schlütersche, Hannover, S 11–33

Bretschneider U, Bohnet-Joschko S (2007) Prozessmanagement im Krankenhaus durch Process Owner Communities. In: Bohnet-Joschko S (Hrsg) Wissensmanagement im Krankenhaus. Effizienz- und Qualitätssteigerungen durch versorgungsorientierte Organisation von Wissen und Prozessen. DUV Gabler Wissenschaft, Wiesbaden, S 31–48

Cheah TS (1997) Clinical pathways – a new paradigm in healthcare? Singapore Med J 38(11):467–468

DIN Deutsches Institut für Normung e. V. (1983) DIN 66001: Informationsverarbeitung; Sinnbilder und ihre Anwendung. Beuth, Berlin

DIN Deutsches Institut für Normung e. V. (2008) DIN 55350-11: Begriffe zum Qualitätsmanagement – Teil 11: Ergänzung zu DIN EN ISO 9000:2005. Beuth, Berlin

DIN Deutsches Institut für Normung e. V. (2015) DIN EN ISO 9000: Qualitätsmanagementsysteme – Grundlagen und Begriffe (ISO 9000:2015). Beuth, Berlin

DIN Deutsches Institut für Normung e. V. (2016) DIN EN ISO 13940:2016: Medizinische Informatik – Begriffssystem zur Unterstützung der Kontinuität der Versorgung (ISO 13940:2015). Beuth, Berlin

DIN Deutsches Institut für Normung e. V. (2017) Qualitätsmanagementsysteme – EN ISO 9001:2015 für die Gesundheitsversorgung (EN 15224:2016). Beuth, Berlin

Fließ S (2006) Prozessorganisation in Dienstleistungsunternehmen. Kohlhammer, Stuttgart

Geiger W (1998) Qualitätslehre. Einführung, Systematik, Terminologie, 3. Aufl. Vieweg, Braunschweig

Gryna FM (1999) Quality and cost. In: Juran JM, Godfrey AB (Hrsg) Juran's quality handbook, 5. Aufl. McGraw Hill, New York, S 8.1–8.25

Haeske-Seeberg H (2001) Handbuch Qualitätsmanagement im Krankenhaus. Strategien – Analysen – Konzepte. Kohlhammer, Stuttgart

Herrmann J, Fritz H (2011) Qualitätsmanagement. Lehrbuch für Studium und Praxis. Hanser, München

Hinsch M (2015) Die neue ISO 9001:2015 – Ein Praxis-Ratgeber für die Normenumstellung, 2. Aufl. Springer Vieweg, Berlin

Kamiske GF (2010) Effizienz und Qualität. Systematisch zum Erfolg. Symposion, Düsseldorf

Küttner T (2014) Prozessmanagement und Klinische Behandlungspfade. In: Roeder N, Hensen P, Franz D (Hrsg) Gesundheitsökonomie, Gesundheitssystem und öffentliche Gesundheitspflege. Ein praxisorientiertes Kurzlehrbuch, 2. Aufl. Deutscher Ärzte Verlag, Köln, S 109–120

Küttner T, Roeder N (2007) Definition Klinischer Behandlungspfade. In: Roeder N, Küttner T (Hrsg) Klinische Behandlungspfade. Mit Standards erfolgreicher arbeiten. Deutscher Ärzte Verlag, Köln, S 184–194

Osterloh M, Frost J (1996) Prozessmanagement als Kernkompetenz: Wie Sie Business Reengineering strategisch nutzen können. Gabler, Wiesbaden

Pfitzinger E (2011) Qualitätsmanagement nach DIN EN ISO 9000 ff. im Gesundheitswesen. Beuth, Berlin

Picot A, Franck E (1995) Prozessorganisation. Eine Bewertung der neuen Ansätze aus Sicht der Organisationslehre. In: Nippa M, Picot A (Hrsg) Prozeßmanagement und Reengineering: Die Praxis im deutschsprachigen Raum. Campus, Frankfurt a. M., S 13–38

Roeder N, Hensen P (2007) Konsequenzen aus der Einführung eines fallpauschalierten Vergütungssystems. In: Roeder N, Küttner T (Hrsg) Klinische Behandlungspfade. Mit Standards erfolgreicher arbeiten. Deutscher Ärzte Verlag, Köln, S 3–15

Schmelzer HJ, Sesselmann W (2013) Geschäftsprozessmanagement in der Praxis: Kunden zufrieden stellen – Produktivität steigern – Wert erhöhen, 8. Aufl. Hanser, München

Sens B (2010) Prozessorientierung als Instrument strategischer Unternehmensführung und integrierter Managementsysteme. Z Evid Fortbild Qual Gesundh wesen 104:447–453

Sonntag K, Frieling E, Stegmaier R (2012) Lehrbuch Arbeitspsychologie. Huber, Bern

Stausberg M (2003) Prozesscontrolling mit Kennzahlen. In: Blonski H, Stausberg M (Hrsg) Prozessmanagement in Pflegeorganisationen. Grundlagen – Erfahrungen – Perspektiven. Schlütersche, Hannover, S 34–50

Trost D (2004) Verfahrensanweisungen für stationäre Pflegeeinrichtungen. Schlütersche, Hannover

Wagner KW (2013) PQM – Prozessorientiertes Qualitätsmanagement. Leitfaden zur Umsetzung der ISO 9001, 6. Aufl. Hanser, München

Wilhelm R (2007) Prozessorganisation, 2. Aufl. Oldenbourg, München

Zapp W, Oswald J, Bettig U, Fuchs C (2014) Betriebswirtschaftliche Grundlagen im Krankenhaus. Kohlhammer, Stuttgart

Kundinnen- und Kundenorientierung im Qualitätsmanagement

9

Zusammenfassung

In diesem Kapitel werden spezielle Aspekte des Qualitätsmanagements im Hinblick auf die Kundinnen- und Kundenorientierung behandelt. Es wird zunächst eine begriffliche Einordnung des Kundenbegriffs im Qualitätsmanagement vorgenommen und auf dessen besonderen und erweiterten Bedingungen im Gesundheitswesen verwiesen. Darauf aufbauend werden Zufriedenheitsmodelle sowie allgemeine und spezielle Methoden der kundenbezogenen Qualitätsmessung vorgestellt. Drei methodische Ansätze prägen die kundenbezogene Qualitätsmessung im Qualitätsmanagement in besonderer Weise: a) die (eher) dem qualitativen Methodenspektrum zugehörigen Ereignismethoden, b) die methodisch (eher) quantitativ ausgerichteten systematischen Befragungen und Zufriedenheitsmessungen und c) das qualitativ bis semiquantitativ ausgerichtete und (eher) problembasierte Beschwerdemanagement.

9.1 Bedeutung der Kundinnen- und Kundenorientierung

Kundinnen- und Kundenorientierung im Qualitätsmanagement heißt kurz gefasst, die **Bedürfnisse, Wünsche** und **Erwartungen** der Kundinnen und Kunden zu kennen und die eigenen Produkte und Dienstleistungen – von der Planung bis zur Erstellung – konsequent an diesen auszurichten. Nicht allein das Erzeugen eines Produkts (bzw. eines Ergebnisses) oder die Bereitstellung und Aufrechterhaltung von Prozessen, sondern die daraus hervorgehende Wertschöpfung bzw. der geforderte, erzielte und erfahrene Mehrwert aus der Kundinnen- und Kundenperspektive stehen im Zentrum der Betrachtung (kundenorientierter Qualitätsbegriff).

Grundsätzlich kann unterschieden werden in eine **institutionelle** und eine **personelle Perspektive** der Kundinnen- und Kundenorientierung (vgl. Bruhn 2009, S. 38). Beide Perspektiven sind auch in der Gesundheitsversorgung von Bedeutung. Die *institutionelle Kundinnen- und Kundenorientierung* fokussiert die leistungserbringende Einrichtung oder das Unternehmen (Organisationsebene) und drückt sich in den darin ausgebildeten Strukturen, Prozessen, Systemen und Kulturen aus. *Personelle Kundinnen- und Kundenorientierung* adressiert das Verhalten der Mitarbeitenden im Rahmen der personenbezogenen Leistungserstellung (Interaktionsebene). Gemeinsam mit der Prozessorientierung hat insbesondere die institutionelle Kundinnen- und Kundenorientierung eine hohe strategische Bedeutung für das Qualitätsmanagement, der u. a. im Rahmen der Qualitätsplanung bei der Festlegung der Leistungsangebote („Welche Leistungen sollen erbracht werden?") und der Gestaltung der Leistungsprozesse („In welcher Art und Weise, Umfang und Intensität sollen diese erbracht werden?") Rechnung zu tragen ist. Die personelle Kundinnen- und Kundenorientierung ist vor allem Bestandteil der Leistungserstellung und Produktrealisierung („Wie werden die Leistungen tatsächlich erbracht?") im Rahmen der Qualitätslenkung bzw. Qualitätssteuerung.

9.1.1 Kundenbegriff im Qualitätsmanagement

Der Begriff „Kunde" entstammt der Handelssprache und bezeichnet Subjekte oder Kollektive (ebenso Organisationen oder Institutionen), die als nachfragende Personen oder institutionelle **Nachfrager einer Leistung** auf einem Markt auftreten. Die etymologische Herleitung aus dem Althochdeutschen (*kundo*=Bekannter) legt nahe, dass ein Kunde richtigerweise nur jemand sein kann, der bereits eine Leistung (Produkt oder Dienstleistung) erhalten hat (vgl. Müller-Martini 2008). Daher wird vor allem im Marketingmanagement zwischen *Kunden* (vergangenheitsorientiert) und *Interessenten* (zukunftsorientiert) unterschieden oder *Kunden* werden begrifflich von *potenziellen Kunden* abgegrenzt. Vereinfachend werden im Qualitätsmanagement beide Gruppen mit dem Kundenbegriff erfasst.

Die Bedeutung der Kundinnen- und Kundenorientierung und die im Qualitätsmanagement vorzunehmende Ausrichtung auf die unterschiedlichen Kundengruppen, einschließlich der Unterscheidung eines traditionell engen Kundenbegriffs (Leistungsempfänger bzw. Leistungsabnehmer) von einem erweiterten Kundenbegriff (Interessenpartner bzw. Stakeholder), wurde bereits in verschiedenen Zusammenhängen verdeutlicht:

- Kundenbezogene Qualitätsanforderungen (Kap. 1)
- Stakeholder als erweiterter Kundenbegriff (Kap. 1)
- Kundeninnen- und Kundenorientierung als Grundsatz des Qualitätsmanagements (Kap. 2)

- Kundinnen- und Kundenorientierung als zentrale Führungsaufgabe (Kap. 2)
- Externe Kundengruppen als Leistungsempfänger außerhalb der Einrichtung (Kap. 5)
- Interne Kundengruppen als Leistungsempfänger innerhalb der Einrichtung (Kap. 5)
- Kunden- und Stakeholder-Analyse im Rahmen der Qualitätsplanung (Kap. 5)
- Bedeutung der Kunden-Lieferanten-Beziehungen (Kap. 8)

Der **Stellenwert des Kundenbegriffs** hat im geschichtlichen Verlauf der letzten Jahrzehnte einen wichtigen Bedeutungswandel erfahren. Dieser ursprünglich aus dem Konsumgütermarkt oder anderen Dienstleistungsmärkten entliehene Begriff sah Kundinnen und Kunden anfangs nur als Endverbraucher jener Produkte, die von wenigen Herstellern und Verkäufern angeboten wurden (herstellungsorientierter Produktbegriff). Je intensiver sich allerdings Wettbewerbsmärkte herausbildeten, desto stärker rückten die Bedürfnisse und Wünsche der Kundinnen und Kunden in den Vordergrund der Angebotsgestaltung, was die Marktmacht immer mehr in Richtung der nachfragenden Personen und Institutionen verschob (kundenorientierter Produktbegriff). Das geflügelte Wort des „Kunden als König" drückt beispielhaft diesen Verständnis- und Bedeutungswandel von einem passiven Verbraucher auf konkurrenzarmen *Verkäufermärkten* hin zu einem mehr oder weniger souveränen und anspruchsberechtigten Kunden auf konkurrierenden *Käufermärkten* aus. Diese Entwicklungen sind zwar nur mit größter Zurückhaltung auf das Gesundheitswesen übertragbar, sie signalisieren aber einen veränderten gesellschaftlichen Umgang mit dem Kundenbegriff im Allgemeinen und der damit in Verbindung stehenden Berücksichtigung von Ansprüchen und Belangen.

9.1.2 Kundenbegriff im Gesundheitswesen

Die Verwendung des Kundenbegriffs im Gesundheitswesen stößt auch auf Widerstände. Dahinter stehen Befürchtungen, dass mit seiner Verwendung die sorgenden und helfenden Dimensionen der Gesundheitsversorgung ausgeblendet und Gesundheitsleistungen ausschließlich als nachfrageorientierte Angebotsprodukte wahrgenommen werden. Diese Befürchtungen fordern eine weiter gefasste Betrachtung:

Der Kundenbegriff im marktwirtschaftlichen Sinne umschließt grundsätzlich zwar ein **gleichberechtigtes Vertrauensverhältnis** zwischen anbietenden und nachfragenden Personen oder Parteien. Im Gesundheitswesen, insbesondere dann, wenn ein Zwangskontext oder eine Einschränkung der geistigen bzw. mentalen Fähigkeiten gegeben ist, kann von einer Person nicht in jedem Fall erwartet werden, dass sie kundinnen- und kundenorientierte Handlungsweisen im Sinne eines ökonomisch rationalen Wahlverhaltens zeigt (Kortendieck 2012, S. 82). Die mit der Begrifflichkeit „Kundin" oder „Kunde" implizierte Marktmacht und Kundensouveränität hat in der Gesundheitsversorgung somit in vielen Bereichen nur eingeschränkt Gültigkeit.

Eingeschränkte Kundensouveränität in der Gesundheitsversorgung

- **Zwangskontext:** Pflichtmitgliedschaft im Versicherungs- und Leistungssystem verhindert Vertragsfreiheit und fördert Überinanspruchnahme und Rationalitätenkonflikte.
- **Risiko „Krankheit":** Inanspruchnahme von Gesundheitsleistungen ist in der Regel nicht freiwillig oder geschieht gegen den Willen der Betroffenen.
- **Nachfrage:** Potenziell unendliche Nachfrage nach Gesundheitsleistungen ist möglich, da objektivierbare Sättigungsgrenzen fehlen.
- **Wahlmöglichkeiten:** Zugangshürden sowie Mengen- und Leistungsbegrenzungen schränken die freie Wahl von Leistungsanbietern sowie Art und Weise der Inanspruchnahme ein.
- **Informationsasymmetrien:** Mangelnde Sachkenntnis und/oder Einschränkungen der körperlichen/geistigen Fähigkeiten.
- **Fürsorgeprinzip:** Individuelles Wohlergehen und Ausmaß des Leistungsrahmens werden staatlich gesteuert.
- **Preisbildung:** Preise für Gesundheitsleistungen unterliegen staatlichen Reglementierungen oder sind das Ergebnis von Verhandlungen Einzelner.
- **Mängelfreiheit:** Leistungsanbieter können keine Gewährleistung oder Garantien für ihren Behandlungserfolg geben.

Andrerseits umschließt der **Kundenbegriff im Gesundheitswesen** vielfältige *Funktionen* und *Rollen,* die entsprechend ihrer Position auf einem ersten oder zweiten Gesundheitsmarkt, unterschiedliche Marktmachtstellungen und erweiterte wie besondere Kunden-Lieferanten-Beziehungen hervorbringen. So wie die Kundinnen- und Kundenorientierung als zentraler Denk- und Handlungsansatz des Qualitätsmanagements sowohl mit einer institutionellen als auch personellen Perspektive ausgestattet ist, muss auch der Kundenbegriff im Gesundheitswesen gleichzeitig institutionell und personell gefasst werden. Der *personelle Kundenbegriff* ist subjektbezogen und personengebunden (z. B. Patientin, Klient, Ratsuchende, Angehörige). Der *institutionelle Kundenbegriff* dagegen ist (personenunabhängig) durch nachfragende oder abnehmende Parteien (z. B. Krankenhäuser, Selbsthilfeorganisationen, Versicherungen, staatliche Institutionen) gekennzeichnet. Je nach Marktstellung oder Institutionenlogik sind auch wechselnde Rollen und Funktionen (z. B. einweisende und weiterbehandelnde Praxis oder Gleichzeitigkeit von Patientinnen- und Konsumentinnenrolle) bzw. das Zusammentreffen von personellem und institutionellem Kundenbegriff (z. B. Ein-Personen-Praxis) denkbar (Abb. 9.1).

Die vielen Überlegungen zur Übertragbarkeit des Kundenbegriffs auf das Gesundheitswesen führten in der Vergangenheit u. a. zu Bestrebungen, insbesondere für die Rollen- und Funktionsvielfalt des personellen Kundenbegriffs, eine neutrale Bezeichnung zu finden. Hierzu wurde der Begriff **Nutzer** vorgeschlagen, mit dem eine Person bezeichnet wird, die Zugang zum gesundheitlichen Versorgungssystem hat,

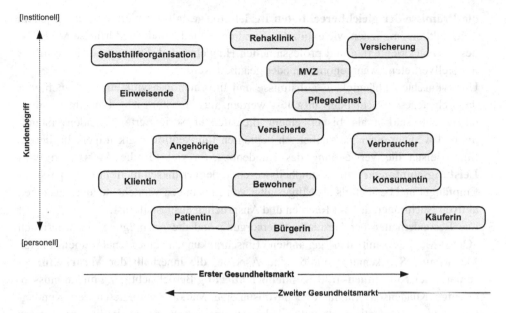

Abb. 9.1 Besonderer und erweiterter Kundenbegriff im Gesundheitswesen

ungeachtet dessen, ob dieser Zugang aktuell genutzt wird oder nur fakultativ besteht (SVR 2001). Ein in dieser Form gefasster Nutzerbegriff ist letztendlich aber auch nur eine Umetikettierung des Kundenbegriffs, was wiederum erklären könnte, warum sich der Begriff bis heute nur zaghaft und unvollständig in der Gesundheitsversorgung etablieren konnte.

Wir müssen die Überlegungen zur eingeschränkten Kundensouveränität und die Aspekte der Rollen- und Funktionsvielfalt in erster Linie als (besondere) Eigenschaften bzw. (erweiterte) Bedingungen des **Kundenbegriffs im Gesundheitswesen** verstehen und nicht als Argumente, den Kundenbegriff durch einen anderen Fachbegriff ersetzen zu müssen. Als Sammelbegriff bietet sich der Kundenbegriff im Qualitätsmanagement der Gesundheitsversorgung aus verschiedenen Gründen an:

1. Trotz der besonderen und erweiterten Kunden-Lieferanten-Beziehungen in der Gesundheitsversorgung, die in der Regel eine dritte Instanz in Form eines Leistungsträgers („Third Party Payer") bzw. weitere übergeordnete Anspruchsgruppen (Perspektive „Dritter") mit einschließen (Kap. 1), liegt auf der Interaktionsebene eine gleichberechtigte Beziehung zwischen „Kunde" und „Lieferant" vor. Der Leistungsempfänger, auch wenn er nicht Käufer oder Bezahler der Leistung ist, ist Bestandteil des Produktionsprozesses („externer Faktor") und entscheidet mit darüber, wie viel er im gemeinsamen Dienstleistungsprozess zum Gelingen beitragen will oder kann. Situationen, in denen derartige Entscheidungen nicht oder kaum möglich sind, heben

die **Prämisse der gleichberechtigten Beziehungsgestaltung** nicht auf, da zu jedem Zeitpunkt die impliziten wie expliziten Kundinnen- und Kundenbedürfnisse Maßstäbe des qualitätsorientierten und professionellen Handelns sind. Dies gilt auch, wenn sie nur stellvertretend wahrgenommen oder geäußert werden.

2. Unerwünschte Abhängigkeitsverhältnisse und Informationsasymmetrien können eher dadurch abgeschwächt oder aufgelöst werden, dass Leistungsangebote im Gesundheitswesen stärker als bisher einem dienstleistungsorientierten Kundenverständnis und weniger einer paternalistisch geprägten Interventionslogik folgen. In diesem Sinne leistet die Verwendung des Kundenbegriffs viel für die **Aufwertung des Leistungsempfängers** im Gesundheitswesen, indem er diesen nicht bloß als passiven Empfänger und bestenfalls als Mitgestalter von Leistungen versteht, sondern als einen aktiven Nachfrager, der mit Rechten und Ansprüchen ausgestattet ist.

3. Die Besonderheiten der Gesundheitsversorgung und die Ausprägung eines geringen „Quasi-Marktes" mit den genannten Einschränkungen eines mehrdimensionalen Macht- und Sachkenntnisgefälles sind Aspekte, die innerhalb der **Verarbeitungsschritte der Kundinnen- und Kundenorientierung** Berücksichtigung finden müssen. Geringe Kundensouveränität und unvollständige Märkte qualifizieren den Kundenbegriff nicht automatisch als untauglich oder ungeeignet, da die Bedingungen eines vollkommenen Marktes verbunden mit der Vorstellung einer vollständig ausgebildeten Kundensouveränität auch auf anderen Konsumgüter- oder Dienstleistungsmärkten nur eingeschränkt vorliegen oder gegeben bzw. realiter gar nicht erfüllbar sind.

4. Jede Wissenschaft und jede Praxis, und folglich auch die Qualitätslehre und das Qualitätsmanagement haben das Recht auf die Anwendungs- und Deutungshoheit ihrer Begrifflichkeiten. Der Kundenbegriff ist ein allgemein bekannter und branchenübergreifend akzeptierter **Terminus technicus des Qualitätsmanagements.** Er kann institutionell wie personenbezogen gefasst werden und schließt die vielfältigen Rollen und Funktionen des Kundenbegriffs im Gesundheitswesen mit ein (Abb. 9.1).

9.1.3   Regelkreis der Kundinnen- und Kundenorientierung

Aufgabe des Qualitätsmanagements, insbesondere im Rahmen der Qualitätsplanung ist es, sich mit der abstrakten Begrifflichkeit *Kunde* für die eigene Organisation auseinanderzusetzen, für sich zu klären, wer die relevanten Kundengruppen sind und ein entsprechendes Kundenverständnis zu entwickeln (Kap. 5). Wie eingangs bereits kurz gefasst, bedeutet Kundinnen- und Kundenorientierung, die Leistungserstellung auf die Bedürfnisse, Wünsche und Erwartungen der Kundinnen und Kunden auszurichten. Im methodischen Sinne geht es darum, die **„Stimme des Kunden"** (Voice of the Customer) einzufangen und diese in den Qualitätskreis bzw. das Qualitätsmanagement einzuspeisen:

Es werden Informationen in Form von **kundenbezogenen Qualitätsanforderungen** benötigt, die als (primäre) *Eingaben* in die Gestaltung und Erstellung der Leistungsprozesse einfließen (Kap. 8). Dazu werden mit Hilfe geeigneter Methoden der Qualitätsmessung (Kap. 6) bzw. mit Qualitätstechniken des Dienstleistungsmanagements (Kap. 11) die Bedürfnisse, Wünsche und Erwartungen eines engeren Kundenkreises ermittelt („Was der Kunde braucht und haben will"). Die Ergebnisse repräsentieren dann die kundenbezogene Qualitätsperspektive der im Rahmen der Qualitätsplanung zu erstellenden **„Soll"-Konzeption** der Leistungsangebote bzw. der Spezifikation der Leistungserstellungsprozesse.

- **Bedürfnisse:** Mangelerscheinungen (objektiv) oder Empfinden eines Mangels (subjektiv), der den Wunsch nach Behebung des Mangels nach sich zieht (z. B. Hunger, Krankheit, Armut). Bedürfnisse sind in der Regel individuell verschieden, von äußeren Faktoren abhängig, von unterschiedlicher Dringlichkeit, veränderlich (wandelbar) und dem Grunde nach unbegrenzt.
- **Wünsche:** Ausdruck oder Verlangen nach konkreter Befriedigung von Bedürfnissen. Wünsche sind individuell geäußerte Varianten der Bedürfnisbefriedigung (z. B. Behandlung durch einen bestimmten Arzt, Nahrungsaufnahme von bestimmten Gerichten). Sie können sich am Machbaren orientieren (erfüllbare Wünsche), aber auch unrealistisch sein (unerfüllbare Wünsche).
- **Erwartungen:** Annahmen von Personen darüber, wie ein Produkt oder eine Dienstleistung (oder Bestandteile davon) nach ihren Vorstellungen ausfallen wird (vorausschauende Erwartung) oder entlang eigener oder fremder Maßstäbe ausfallen soll (normative Erwartung).

Die Spezifikation bzw. Gestaltung (Design) der Leistungsprozesse wird im Rahmen der Qualitätslenkung auf der operativen Ebene unter Ein- und Mitwirkung der Kundin bzw. des Kunden umgesetzt und einzelfallbezogen angepasst. Hierzu wird nachfolgend ein Bild über die tatsächliche **Beschaffenheit** der Leistungsprozesse (z. B. Messung objektiv erfassbarer Prozessmerkmale) sowie über die aus Sicht der Kundinnen- und Kunden gemachten **Erfahrungen,** subjektiv wahrgenommenen **Ereignisse** und die eingeschätzte **Zufriedenheit** („Was die Kundin bzw. der Kunde aus ihrer bzw. seiner Sicht erhalten hat") benötigt **(„Ist"-Analyse).**

Die Verarbeitung und Bewertung der Daten (Qualitätsbewertung) gibt Aufschlüsse über die Qualität **(„Soll-Ist"-Vergleiche),** die einerseits im Rahmen der Qualitätslenkung für die Kontrolle und Anpassung der Leistungsprozesse („kleine" Feedback-Schleife) als auch in Form von Qualitätsstatistiken oder Qualitätsberichten in die Qualitätsplanung („große" Feedback-Schleife) einfließen (Regelkreissystem). Die Mess- und Bewertungsergebnisse werden im Sinne einer partnerschaftlich gestalteten Kunden-Lieferanten-Beziehung oder aufgrund externer Verpflichtungen (z. B. Qualitätsberichterstattung) darüber hinaus an die externen Kundengruppen kommuniziert (Qualitäts- und Qualitätsmanagementdarlegung). Die Rückkopplung der Ergebnisse kann Einfluss nehmen auf die Einstellungen und das Verhalten der Kundinnen und Kunden, was wiederum Auswirkungen auf die Formulierung von Wünschen und Erwartungen sowie gleichsam auf die Wahrnehmung der erhaltenen Leistungen haben kann (Abb. 9.2). Diese Zusammenhänge von Erwartung und Wahrnehmung bzw. die Bildung von subjektiven Qualitätsurteilen wird im Zusammenhang mit den Methoden des Dienstleistungsmanagements weiter vertieft (Kap. 11).

Das in dieser Weise konzipierte **Regelkreissystem** der Kundinnen- und Kundenorientierung kann seine Wirkung nur entfalten, wenn es von der Organisation bzw. den Führungskräften nachhaltig und glaubwürdig vertreten wird. Dies bedeutet, dass die hierfür benötigten Ressourcen bereitgestellt und geeignete Strukturen und Methoden entwickelt und umgesetzt werden müssen. Darüber hinaus ist auch ein **qualifizierter Umgang** mit den Ergebnissen der kundenbezogenen Qualitätsmessung unabdingbar. Die Ergebnisse sind allen Beteiligten transparent und verständlich zu kommunizieren und sollten Bestandteil der internen Berichtswesens und der externen Qualitätsberichterstattung sein. Aus den Ergebnissen müssen sodann Schlussfolgerungen gezogen, Konsequenzen abgeleitet und erforderliche Maßnahmen im Rahmen des Qualitätsmanagements auch eingeleitet werden (z. B. Verbesserungen formulieren, Maßnahmen priorisieren, Projektgruppen bilden).

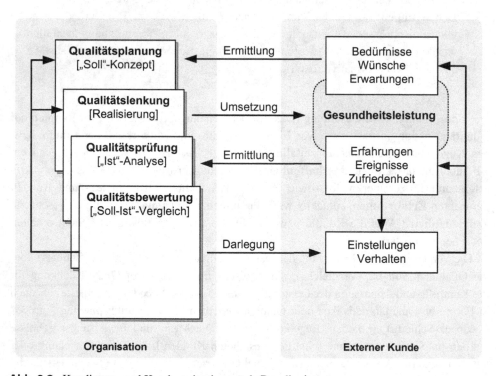

Abb. 9.2 Kundinnen- und Kundenorientierung als Regelkreissystem

9.2 Allgemeine Methoden der kundenbezogenen Qualitätsmessung

Ähnlich vielfältig wie die Gesamtheit der Methoden zur Messung und Ermittlung der „Stimme des Kunden" sind auch die Möglichkeiten ihrer Einteilung und systematischen Gliederung. Die im Rahmen dieses Kapitels getroffene Auswahl und vorgenommene Systematisierung erfüllt daher keineswegs den Anspruch auf Vollständigkeit oder Allgemeingültigkeit. Sämtliche Methoden lassen sich auf Datenerhebungs- und -verarbeitungsverfahren zurückführen, die bereits im Rahmen der allgemeinen Qualitätsbestimmung (Kap. 6) vorgestellt wurden.

Objektive Verfahren basieren in der Regel auf Kennzahlen und Indikatoren, die entweder für die Zwecke der Qualitätsmessung neu erhoben werden (Primärdatenanalyse) oder aber bereits für andere (Routine-)Zwecke erhoben wurden und entsprechend aufbereitet werden (Sekundärdatenanalyse). Notwendigerweise sollten die Daten der objektiven Verfahren einen Zusammenhang mit dem Konstrukt *Zufriedenheit* bzw. einem damit in Zusammenhang stehenden Verhalten aufseiten der Kundinnen und Kunden oder einen Zusammenhang mit einem vergleichbaren subjektiven Konstrukt der *kundenbezogenen Qualität* aufweisen. Da es sich häufig um hochaggregierte Kenngrößen handelt, sind diese Zusammenhänge oft nur auf Basis von Annahmen bzw. näherungsweise herstellbar. **Indirekte Verfahren** geben auf Basis bereits vorhandener Daten (Indikatormethode) Hinweise auf die Erfüllung kundenbezogener Qualitätsanforderungen (vgl. Schneider et al. 2008, S. 114). Bei den **direkten Verfahren** werden gezielt Daten hinsichtlich der kundenbezogenen Qualität erhoben bzw. Informationen gewonnen (extern und intern). Da diese Verfahren unter anderem auch durch Subjektivismen der prüfenden und testenden Personen geprägt sein können und Objektivität als methodischer Verfahrensanspruch immer nur bedingt realisierbar ist, sollte in diesem Zusammenhang besser von „objektivierbaren" Messverfahren gesprochen werden (Tab. 9.1).

Tab. 9.1 Objektive bzw. objektivierbare Messverfahren im Rahmen der Kundinnen- und Kundenorientierung

Indirekte Verfahren	Direkte Verfahren
Vorökonomische Erfolgsgrößen (z. B. Anmeldungen, Wiederkaufrate)	Zertifizierungen und Gütesiegel
Ökonomische Endgrößen (z. B. Umsatz, Marktanteil, Fallzahlen)	Expertinnen- und Expertenbeobachtung (z. B. Peer-Review-Verfahren)
Fehlerhinweisgrößen (z. B. Rücksendungen, Auftragsverluste)	Messung kundenspezifischer Qualitätsmerkmale (z. B. Termintreue, Wartezeiten)
Juristische Hinweisgrößen (z. B. Haftungsfälle, Klagen, vertragliche Streitfälle)	„Warentests" und Qualitätsvergleiche

Subjektive Verfahren dagegen messen direkt die psychischen Sachverhalte und die damit verbundenen Verhaltensweisen der Kunden (Matzler und Bailom 2009, S. 269 ff.). Sie sind insgesamt aussagekräftiger und haben im Rahmen der Kundinnen- und Kundenorientierung auch den größeren Stellenwert („auf die Stimme der Kundin bzw. des Kunden hören"). **Implizite Verfahren** liefern näherungsweise oder orientierende Angaben zur kundenbezogenen Qualität oder Hinweise zur Zufriedenheit. Generalisierbare Aussagen oder die Quantifizierung von Sachverhalten sind nicht oder nur eingeschränkt möglich, da die Daten überwiegend qualitativer Natur sind und mitunter explorativen Charakter haben. In der Regel handelt es sich um kundenseitige *Äußerungen,* die entweder durch die Mitarbeitenden direkt erfasst werden (z. B. Beschwerdemanagement oder Feedbackanalysen) oder um artikulierte *Einschätzungen,* die während des Kundenkontakts abgegeben werden. Derart gewonnene Daten werden in der Regel mit inhaltsanalytischen Methoden ausgewertet. **Explizite Verfahren** dagegen sind Befragungsmethoden, bei denen kundenseitige Aussagen und subjektive Angaben „ausdrücklich" (z. B. skalenbasiert) erfasst und verarbeitet werden. Sie haben zumeist quantitativen Charakter und werden mit statistischen Methoden ausgewertet.

Kundenseitige Aussagen bzw. subjektive Angaben können sowohl global als auch multiattributiv über Merkmalsdimensionen erfasst werden; sie können sich auf stattgefundene Ereignisse beziehen oder auf beobachtete Merkmale der Leistungserbringung; sie können Einstellungen oder Zufriedenheiten erfragen oder quantifizierbaren Berichts- oder Bewertungscharakter haben (Tab. 9.2). Je nach Zielsetzung bzw. Befragungsdesign werden entweder Wünsche und Erwartungen aufseiten der Kunden ermittelt (Qualitätsplanung) oder der Erfüllungsgrad von Erwartungen und Anforderungen in Form von Qualitäts- und Zufriedenheitsmessungen bestimmt (Qualitätsprüfung). Je differenzierter und treffender die Befragung auf die Erfassung kundenbezogener Qualitätsanforderungen abgestellt ist, desto brauchbarer können die Ergebnisse für Qualitätsverbesserungen herangezogen werden.

Tab. 9.2 Subjektive Messverfahren im Rahmen der Kundinnen -und Kundenorientierung

Implizite Verfahren	Explizite Verfahren
Beschwerden- und Reklamationsanalyse	Eindimensionale vs. Multiattributive Verfahren
Kundinnen- und Kundenfeedbackanalyse	Ereignis- und Merkmalsorientierte Befragungen
Fokusgruppenanalyse	Einstellungs- und Zufriedenheitsorientierte Befragungen
Sequenzielle und kritische Ereignisanalysen	Berichts- und Bewertungsorientierte Befragungen

9.2.1 Zufriedenheitsmodelle

Zufriedenheit bzw. Kundinnen- und Kundenzufriedenheit ist ähnlich wie Intelligenz oder Lebensqualität ein Konstrukt, dem ein komplexer intrapsychischer Informations-verarbeitungsprozess zugrunde liegt. Sie entsteht „in den Köpfen" der Kundinnen und Kunden und wird durch eine Fülle von Faktoren getragen und beeinflusst. Als ein **Konstrukt der Sozialforschung** können wir uns dem Begriff Zufriedenheit nur näherungsweise und modellhaft nähern. Die Zufriedenheitsforschung bietet für unsere Zwecke zwei brauchbare Modelle als Grundlage für Zufriedenheitsmessungen: Das „Grundmodell" der Kundinnen- und Kundenzufriedenheit (auch: Konfirmationsmodell) und das „Kano-Modell".

9.2.1.1 Grundmodell

Eine grundlegende Konzeptualisierung von Kundinnen- und Kundenzufriedenheit liefert das sogenannte **Konfirmations-/Diskonfirmations-Paradigma** (engl.: *Confirmation/Disconfirmation-Paradigm*, auch „C/D-Paradigma"). Es lässt sich als eine Art Grund-modell oder als Erklärungsansatz für die Entstehung von Zufriedenheit verstehen (Abb. 9.3). Dieses Modell orientiert sich am technisch-funktionalen Qualitätsbegriff („Grad der Erfüllung von Anforderungen") und betrachtet Zufriedenheit als das Ergeb-nis einer (subjektiven) **Bewertung** von Ist-Leistungen mit bestimmten Vergleichs-standards (Soll-Größen). Im Gegensatz zum Qualitätsbegriff ist Zufriedenheit jedoch ein ausschließlich subjektives Konstrukt, das durch die Wahrnehmung und Bewertung der Kundin bzw. des Kunden gebildet wird.

Zufriedenheit ist das Ergebnis eines *Vergleichsprozesses,* bei dem die **Erwartungen** der Kundin bzw. des Kunden (Soll-Größe) hinsichtlich des tatsächlich wahrgenommenen Erfüllungsgrads der erhaltenen Leistung (Ist-Größe) bewertet werden (Homburg et al. 1999). Entspricht die Wahrnehmung der erhaltenen Leistung dem zugrunde liegenden

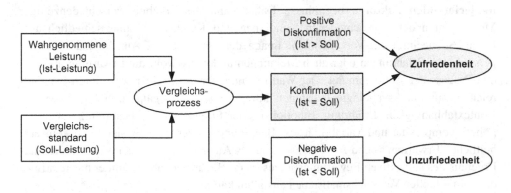

Abb. 9.3 Grundmodell des Konfirmations-/Diskonfirmations-Paradigmas. (Quelle: Homburg et al. 1999, S. 176)

Vergleichsstandard (Erwartung), so spricht man von **Konfirmation** (Bestätigung) als Grundlage von Zufriedenheit.

Hinsichtlich der Beurteilung positiver Diskonfirmation herrscht Uneinigkeit in der Literatur. Übertrifft die Ist-Leistung die Soll-Größe **(positive Diskonfirmation)**, resultiert in einigen Modellvorstellungen ebenfalls Zufriedenheit (Homburg et al. 1999). In einigen Modellen wird postuliert, dass bei Konfirmation (Bestätigung) lediglich ein Zustand der *Indifferenz* besteht und Zufriedenheit sich erst bei positiver Diskonfirmation ausbildet (vgl. Nerdinger und Neumann 2007, S. 129; Meffert und Bruhn 2009, S. 202). Darüber hinaus wird angenommen, dass sich der Zustand der Konfirmation nicht in einem dimensionslosen Umschlagpunkt manifestiert, sondern eher, dass eine Toleranz-zone bzw. ein Korridor zwischen Zufriedenheit und Unzufriedenheit besteht, in der ein indifferenter Zufriedenheitszustand herrscht, welcher erst bei sehr starker positiver Dis-konfirmation in *Begeisterung* umschlägt (Stauss 1999; vgl. Nerdinger und Neumann 2007, S. 129). Einigkeit herrscht dagegen darin, dass eine im Vergleich zur Soll-Größe zu geringe Ist-Leistung **(negative Diskonfirmation)** zu *Unzufriedenheit* führt.

Die meisten Erklärungsansätze der Zufriedenheitsforschung sehen den Bewertungs-prozess nicht allein als einen **kognitiv** gesteuerten Feststellungsprozess („Bildung einer Meinung"), sondern durch eine **emotionale** oder **affektive** Komponente ergänzt („Ein-beziehung der auftretenden Gefühle"). Wie stark der kognitive oder affektive Anteil bei der Zufriedenheitsbewertung des einzelnen Kunden jeweils ins Gewicht fällt, ist variabel und dynamisch veränderlich. Bei einigen Messinstrumenten kommt daher eine getrennte Erhebung von kognitiven und affektiven Komponenten zur Anwendung **(Mehr-komponentenansatz)**.

▶ **Kundenzufriedenheit** ist die kognitive und affektive Evaluierung der gesamten Erfahrungen mit einem bestimmten Anbieter und dessen Produkten (Homburg et al. 1999, S. 177).

Der zugrunde liegende Bewertungsprozess ist rein subjektiv und wird von zahlreichen **moderierenden Faktoren** beeinflusst. Daher kann das Ergebnis verschiedenzeitiger Messungen und bei verschiedenen Kundinnen und Kunden sehr unterschiedlich aus-fallen. So beeinflussen Vorannahmen, Image der Organisation, Anzahl und Intensität persönlicher Erfahrungen oder auch Meinungen anderer sowohl die Erwartung als auch den Prozess der Wahrnehmung. Der Wahrnehmungsprozess selber wird durch die zahl-reichen, aus der Psychologie bekannten intrapsychischen Organisationsprinzipien wie Kontextabhängigkeit, Erfahrung, Emotionen oder Filtereffekte mitbestimmt. Neben der hohen Komplexität und Variabilität des Bewertungsprozesses lässt sich auch kein ein-heitliches Erwartungs- und Anspruchsniveau als Ausgangsgröße bestimmen, sodass das Ergebnis des subjektiven Bewertungsprozesses (z. B. Zufriedenheit) immer nur relativ zu den individuellen Vergleichsmaßstäben ausfallen kann.

9.2.1.2 Kano-Modell

Das Kano-Modell ist nach seinem Entwickler Noriaki Kano benannt (Kano et al. 1984). Dem Modell liegt der Gedanke zugrunde, dass Zufriedenheit und Unzufriedenheit jeweils durch unterschiedliche Faktoren (ursprünglich: Anforderungen) ausgelöst werden (**Unabhängigkeitsmodell**). Nach dieser Annahme tragen Merkmale oder Eigenschaften von Leistungen unterschiedlich zur Gesamtzufriedenheit bei. Faktoren, die beispielsweise für Unzufriedenheit verantwortlich sind, führen bei Nicht-Erfüllung zu Unzufriedenheit. Werden diese Faktoren jedoch erfüllt, entsteht jedoch nicht „Zufriedenheit", sondern lediglich ein neutraler Zustand („Nicht-Unzufriedenheit"). Das Kano-Modell unterscheidet drei Arten von **Faktoren,** die unterschiedliche Zufriedenheitszustände hervorbringen können. Sie können nach der Stärke ihres Einflusses auf die Kundinnen- und Kundenzufriedenheit klassifiziert werden (Nerdinger und Neumann 2007, S. 133):

- **Basisfaktoren** (Must-be Quality Requirements): Faktoren oder Eigenschaften, die Kundinnen und Kunden als *selbstverständlich* voraussetzen. Bei Nichterfüllung entsteht Unzufriedenheit und bei Erfüllung ein neutraler Zustand der Nicht-Unzufriedenheit. Basisfaktoren tragen nicht zur Zufriedenheit bei, verhindern lediglich Unzufriedenheit.
- **Leistungsfaktoren** (One-dimensional Quality Requirements): Faktoren oder Eigenschaften, die von Kundinnen und Kunden erwartet werden. Dabei wird von einem linearen Zusammenhang zwischen dem Grad der Erfüllung und der Zufriedenheit ausgegangen. Leistungsfaktoren tragen sowohl zur Unzufriedenheit als auch zur Zufriedenheit bei. Sie werden in der Regel von Kundinnen und Kunden ausdrücklich verlangt.
- **Begeisterungsfaktoren** (Attractive Quality Requirements): Faktoren oder Eigenschaften, die von Kundinnen und Kunden als nicht selbstverständlich vorausgesetzt werden. Bei Erfüllung entsteht Zufriedenheit bzw. kann ein hohes Zufriedenheitsniveau erreicht werden, bei Nichterfüllung kann nur ein Zustand der „Nicht-Zufriedenheit" entstehen. Begeisterungsfaktoren werden von Kundinnen und Kunden nicht explizit formuliert und auch nicht erwartet.

Die Bestimmung, welche Produkt- oder Leistungsmerkmale im Einzelnen einer dieser drei Gruppen zuzuordnen wäre, ist methodisch sehr anspruchsvoll (vgl. Matzler et al. 2009). Eine solche Bestimmung wäre aber für den Einsatz dieser Drei-Faktoren-Typologie im Qualitätsmanagement methodisch als erster Schritt zu fordern, damit die dann im zweiten Schritt von den Kundinnen und Kunden ermittelten Befragungsergebnisse auch in die Gestaltung der Leistungsprozesse einfließen können. Welche Leistungsmerkmale jeweils als Basis-, Leistungs- oder Begeisterungsfaktoren zu betrachten sind, hängt wesentlich von den persönlichen Prädispositionen und Nutzenerwartungen der Kundinnen und Kunden ab und kann zwischen verschiedenen Branchen und Leistungsbereichen stark differieren. Auch verändert sich die Klassifizierung im Zeitverlauf, was eine regelmäßige Überprüfung der Einflussfaktoren auf die Zufriedenheit nach diesem Modell erforderlich macht (Matzler und Bailom 2009, S. 291; Richter et al. 2011) (Abb. 9.4).

9.2.2 Befragungsmethoden

Befragungen sind sicherlich die meist genutzte Methode im Qualitätsmanagement zur Ermittlung von Wünschen und Erwartungen oder zur Messung und Bestimmung von Zufriedenheit. In Gesundheitseinrichtungen sind **systematische Befragungen** mit der Fragebogenmethode weit verbreitet und werden zunehmend auch von branchenspezifischen Zertifizierungsverfahren (z. B. KTQ®) gefordert. Sie sind eher an die enger gefassten Kundenkreise gerichtet (z. B. als Patientinnen- und Patientenbefragungen), schließen aber, vor allem in größeren Einrichtungen (z. B. Krankenhäuser, Reha-Kliniken), die ein- und zuweisenden Kooperationspartner (z. B. vertragsärztliche Praxen, akutstationäre Einrichtungen) als weitere wichtige Kundengruppe mit ein (als sog. Einweiser- oder Zuweiserbefragungen). Neben schriftlichen Befragungen werden in letzter

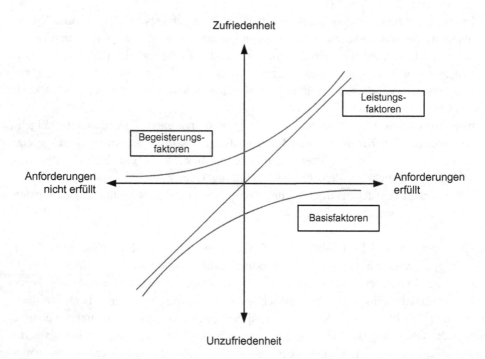

Abb. 9.4 Das Kano-Modell der Kundinnen- und Kundenzufriedenheit. (Quelle: Kano et al. 1984; Bailom et al. 1996)

Zeit Online-Befragungen zunehmend populärer. Persönliche Befragungen werden aus Zeit- und Kostengründen dagegen weniger eingesetzt (Tab. 9.3).

Die meisten Messverfahren, die im Rahmen der Kundinnen- und Kundenorientierung eingesetzt werden, werden alltagssprachlich oft als „Zufriedenheitsmessung" bezeichnet, auch wenn „Zufriedenheit" im engeren Sinne gar nicht gemessen wird oder diese nur implizit abgeleitet werden kann. Zur Klärung der Unterschiede werden abhängig vom Sachverhalt und den Bezugspunkten der Messung im Folgenden wichtige, überwiegend quantitative Verfahrensansätze kundenbezogener Qualitätsmessung vorgestellt (subjektive Messverfahren).

9.2.2.1 Ereignis- und merkmalsorientierte Messungen

Bei **ereignisorientierten Messungen** werden Kunden zu Ereignissen bei der Inanspruchnahme von Dienstleistungen befragt („Augenblicke der Wahrheit"). Die Befragungen finden im Rahmen von Interviewsituationen statt, d. h. die Datengewinnung hat klassischerweise qualitativen Charakter. Dabei geht es um die kundenseitige Beurteilung von bestimmten Kontaktpunkten im Dienstleistungsprozess. Im Vordergrund steht die Benennung und Schilderung von *Erlebnissen* und wahrgenommenen *Problemen,* die nachfolgend interpretiert bzw. mit qualitativen Auswertungsmethoden bearbeitet werden

Tab. 9.3 Vor- und Nachteile von Befragungsmethoden. (Quelle: Matzler und Bailom 2009, S. 292; vgl. Homburg und Kromer 2009)

	Persönliche Befragung	Telefonische Befragung	Schriftliche Befragung	Online-Befragung
Antwortrate	Hoch	Hoch	Tendenziell niedriger, aber beeinflussbar	Eher niedrig
Objektivität	Problematisch (Interviewer-Einfluss)	Problematisch (Interviewer-Einfluss)	Hoch	Keine
Flexibilität der Erhebung	Sehr hoch	Hoch	Gering	Gering
Erhebbare Datenmenge	Sehr groß	Eher gering	Mittel	Eher gering
Kosten pro Erhebungsfall	Hoch	Gering	Gering	Gering
Zeitbedarf	Groß	Mittel	Eher groß	Mittel
Externe Validität	Sehr hoch	Hoch	Gering bis hoch	Gering bis hoch
Interaktionsmöglichkeit	Sehr groß	Groß	Gering	Gering bis mittel
Durchführungsprobleme	Zahlreich	Gering	Gering	Gering bis mittel

müssen. Es kann aber auch standardisiert erfragt werden, ob bestimmte (qualitäts-relevante) Ereignisse eingetreten oder ausgeblieben sind. Bekannte qualitative Methoden der ereignisorientierten Messung sind die Sequenzielle Ereignismethode (SEM) und die Kritische Ereignismethode bzw. Critical Incident Technique (CIT).

Bei den **merkmalsorientierten Messungen** werden dagegen Merkmale der angebotenen und erhaltenen Leistung (Leistungs- oder Qualitätsattribute) hinsicht-lich ihrer Merkmalsausprägung von den Befragten bewertet. Eine merkmalsorientierte Patientenbefragung lässt sich grundsätzlich auf Basis aller genannten Befragungs-methoden durchführen (Tab. 9.3). Methodisch unterschieden wird zwischen *ein-dimensionalen Verfahren,* bei denen die Gesamtzufriedenheit oder eine allgemeine Zustimmung mit nur einer Frage ermittelt wird ("pauschales Kundenurteil"), und sogenannten *Multiattributivverfahren,* bei denen eine bestimmte Anzahl von Fragen (Items) vordefinierte Qualitäts- oder Zufriedenheitsdimensionen ("Teilqualitäten" oder "Teilzufriedenheiten") abbilden. Die Dimensionen können abhängig von der eingesetzten Fragebogenmethode auch zu einer Gesamtzufriedenheit oder einem zusammengefassten subjektiven Aussagewert metrisch verdichtet werden. Ein-dimensionale Verfahren sind undifferenziert, aber einfach in der Handhabung. Sie sollten nur ergänzend zu anderen Verfahren, d. h. zur groben Orientierung oder möglichen Vor-sortierung, eingesetzt werden. Merkmalsorientierte Messverfahren können weiter in zufriedenheits- und einstellungsorientierte Verfahren unterschieden werden.

9.2.2.2 Einstellungs- und zufriedenheitsorientierte Messungen

Der **einstellungsorientierten Messung** liegt die Annahme zugrunde, dass die Wahr-nehmung eine gelernte, eher dauerhafte, positive oder negative innere Haltung gegenüber dem zu beurteilenden Gegenstand oder Sachverhalt ist (Hentschel 1999). In dieser Weise können Einzelmerkmale, ein gesamter Leistungsprozess oder gar eine ganze Einrichtung bzw. Organisation beurteilt werden. Demgegenüber ist der Bezugspunkt der **zufrieden-heitsorientierten Messung** ein konkretes, klar abgegrenztes Konsumerlebnis. Der Begriff "Einstellung" hat gegenüber dem Begriff "Zufriedenheit" einen beständigeren, situationsunabhängigen Charakter. Einstellungen können auch dann erhoben werden, wenn die Befragten über keine unmittelbare Erfahrung mit der zu messenden Leistung oder Gesundheitseinrichtung verfügen. Die Ermittlung von Zufriedenheit bezieht sich dagegen immer auf eine konkrete Erfahrung bzw. ein stattgehabtes Erlebnis. Zufrieden-heit ist hiernach situationsgebunden, wandelbar und gegenüber der Einstellung weniger konsistent.

Die hier getroffene Unterscheidung (*Kundenzufriedenheit* als transaktionsspezifisches vs. *Einstellung* als transaktionsunabhängiges Phänomen) ist jedoch sehr theoretisch und nicht durchgängig trennscharf. Die Zufriedenheitsforschung geht davon aus, dass die Bewertung eines singulären Ereignisses im Rahmen einer zufriedenheitsorientierten Messung immer das Ergebnis sämtlicher Erfahrungen mit einem Leistungsanbieter ist (Homburg et al. 1999). Kundenzufriedenheit kann hiernach auch als Teil- oder Unter-form des Konzepts "Einstellung" verstanden werden. Sollen im Qualitätsmanagement eher Daten vorausschauend und explorativ (z. B. im Rahmen der Qualitätsplanung) erhoben werden, bieten sich einstellungsorientierte Verfahren an. Werden dagegen Qualitätsdaten im Rahmen der Qualitätsprüfung und der Qualitätsüberwachung benötigt, sollte vor allem auf die stattgehabte Inanspruchnahme der Gesundheitsleistung abgestellt und zufriedenheitsorientierte Verfahren gewählt werden (vgl. Meffert und Bruhn 2009, S. 201).

9.2.2.3 Berichts- und bewertungsorientierte Messungen

Die meisten bekannten Ansätze der Zufriedenheitsmessung in Gesundheitseinrichtungen haben *merkmalsorientierten Charakter,* d. h. sie fordern die Befragten auf, Einzelmerkmale (z. B. Freundlichkeit, Hygiene), eine bestimmte Teilleistung (z. B. Aufnahmeprozess, Pflegehandlung) oder eine Gesamtleistung (z. B. stationärer Aufenthalt, ambulante Reha) zu bewerten. Dazu wird in der Regel eine bestimmte Anzahl von Fragen (Items) mit metrischen Skalentypen gebildet, die der quantitativen Datenverarbeitung leicht zugänglich sind. Wenn mit der abgegebenen Antwort zu einem Item (z. B. Ankreuzen auf einer Skala) eine Bewertung vorgenommen wird bzw. die Befragten hierüber ein bestimmtes Werturteil fällen, sprechen wir von bewertungsorientierten bzw. **„Rating"-orientierten Messverfahren.** Derartige Befragungsinstrumente oder ihr Einsatz erreichen nicht immer ein ausreichend hohes methodisches Niveau, um Störeinflüsse wie beispielsweise soziale Erwünschtheit der Beantwortung, Dankbarkeit oder Anspruchsminderung zu minimieren (Lecher et al. 2002). Vor allem von Patientinnen- und Patientenbefragungen ist seit längerem bekannt, dass die Antworten meistens positiv ausfallen und allgemeine Zufriedenheit ausdrücken (Bruster et al. 1994). Die Ermittlung von Defiziten, Qualitätsmängeln bzw. geeigneten Verbesserungsbereichen ist unter diesen Bedingungen allerdings nur sehr eingeschränkt möglich.

Daher haben sich – in Rückgriff auf die Idee der *ereignisorientierten Verfahren,* welche klassischerweise eher qualitativen Charakter haben – in medizinischen Versorgungsbereichen berichtsorientierte oder **„Report"-orientierte Fragetypen** durchgesetzt. Bei diesem Ansatz werden Patienten zu Schlüsselthemen der Versorgung befragt, jedoch ohne von ihnen ein Werturteil zu fordern. Vielmehr wird zu konkreten, vorformulierten Einzelsituationen angegeben, ob bestimmte qualitätsrelevante Vorkommnisse eingetreten (oder ausgeblieben) sind oder speziell erwähnte Zustände vorlagen. Die Befragten werden dadurch in eine beobachtende Rolle („Zeugen" des Versorgungsprozesses) und nicht in eine bewertende bzw. über die erlebte Versorgung urteilende Rolle versetzt. Der Vorteil dieser berichtsorientierten Messverfahren liegt in der persönlichen und unabhängigen Ermittlung von kundenorientierten Qualitätsdefiziten (Jenkinson et al. 2002).

9.2.2.4 Verwendung von Skalen

Bei der quantitativen Messung von Zufriedenheit oder subjektiver Qualität werden Skalen gebildet. Dabei wird unterschieden zwischen **numerischen Skalen,** bei denen die

Skalenwerte und ihre Abstände durch Zahlen repräsentiert sind, und **verbalen Skalen,** die wörtliche Bezeichnungen der einzelnen Abstufungen auf der Skala beinhalten. Darüber hinaus gibt es **grafische** oder **visuelle Skalen,** bei denen die Antwortkategorien durch Zeichnungen oder Abbildungen vorgegeben werden (Matzler und Bailom 2009, S. 285).

Die Anzahl der **Antwortkategorien** (Skalenwerte) pro **Item** (Frage) sollte so gewählt sein, dass die Befragten nicht überfordert werden, andererseits aber auch die geforderte Informationsfülle noch abgefragt werden kann. Empfehlungen liegen bei 5 bis 7 Antwortkategorien pro Item. Häufig sind sog. **Likert-Skalen,** mit denen keine Fragen beantwortet, sondern auf denen Aussagen (Statements) vorgegeben werden. Die Befragten geben dann zu einer meist fünfstufigen Antwortvorgabe den Grad ihrer Zustimmung an (vgl. Bortz und Döring 2006, S. 224).

Bei der Verwendung von Skalen stellt sich gleichermaßen oft die Frage, ob *gerade* und *ungerade Skalen* verwendet werden sollen. Ungerade Skalen bieten in der Mitte der Skala eine neutrale Antwortmöglichkeit, die nicht immer eindeutig zu interpretieren ist. Gerade Skalen vermeiden die „Neutralmeinung" und fordern eine Festlegung vom Probanden. Ein zusätzliches Ankreuzfeld mit „Ich weiß nicht" oder „Keine Angabe" sollte zu jedem Item mitgeführt werden, unabhängig davon, ob eine gerade oder ungerade Skala gewählt wird.

In Fragebögen werden häufig bis zu drei verschiedene Fragenarten eingesetzt. Die **kognitive Komponente** der Zufriedenheit wird zumeist mit Fragen zur wahrgenommenen *Merkmalsausprägung* (Manifestation) abgefragt (direkte Messungen). Zusätzlich zu diesen Ausprägungsfragen können auch getrennt hiervon *Erwartungsfragen* gestellt werden (indirekte Messungen). In dem Fall sollten bei beiden Fragenarten der gleiche Skalentyp sowie die gleiche Anzahl der Antwortvorgaben zugrunde gelegt werden. Durch die gleichzeitige Abfrage von individuellen Erwartungen und der beurteilten Merkmalsausprägung lassen sich anhand der hieraus berechneten Differenzen die Konformität bzw. Diskonformität quantifizieren (Kap. 11).

Zur Erfassung der **affektiven (emotionalen) Komponente** der Zufriedenheit können affektive Skalen, die gezielt Stimmungen und Gefühlslagen in Bezug auf die Themen des Fragenbogens erfragen, eingesetzt werden. Weit verbreitet sind Fragen zur Wichtigkeit bzw. zur Bedeutsamkeit bestimmter Aspekte (**Wichtigkeitsfragen**), die allerdings eher als Hilfsgrößen zur Erfassung der affektiven Zufriedenheitskomponente angesehen werden sollten. Die Befragten geben auf einer von der Erwartungs- und der Ausprägungsfrage getrennten Skala an, wie wichtig ihnen das jeweilige Item oder der Themenkomplex ist (ratingorientierte Ermittlung der Komponente „Wichtigkeit"). Die Ermittlung von Wichtigkeiten im Zusammenhang mit der Messung von Zufriedenheit erweitert die Informationsbasis für das Qualitätsmanagement (Möglichkeit der Priorisierung von Verbesserungsbereichen). Allerdings ist oft nicht nachvollziehbar, wie die Antworten zustande gekommen sind (vgl. Homburg und Rudolph 1995). Gleichzeitig besteht die Gefahr der Überforderung, da Probanden mehrfach zwischen „Ausprägung" und „Wichtigkeit" zu gleichen oder ähnlichen Fragekomplexen differenzieren müssen. Dies erhöht nicht nur die Bearbeitungszeit durch den Befragten, sondern kann aufgrund von Wechselwirkungen zwischen „Ausprägung" und „Wichtigkeit" auch zu Nivellierungen und Verzerrungen der Ergebnisse führen. Neben den ratingorientierten Verfahren existieren noch andere Verfahren zur Ermittlung der Komponente „Wichtigkeit", von denen insbesondere der Paarvergleich, das Rangordnungsverfahren und das Konstantsummenverfahren gebräuchlich sind.

Methoden zur Ermittlung der Komponente „Wichtigkeit":

- **Paarvergleich** (Paired Comparison): Merkmale werden paarweise miteinander in einer Matrix verglichen und hinsichtlich ihrer Wichtigkeit bewertet (z. B. 2: ist wichtiger; 1: gleichwichtig, 0: weniger wichtig; ggf. auch Ausschluss der Bewertung „gleichwichtig" möglich); anschließend Summierung der Bewertungspunkte für jedes Merkmal und ggf. prozentuierte Abbildung von „Wichtigkeitswerten".
- **Rangordnungsverfahren** (Ranking): Gleichzeitige Beurteilung aller Merkmale, die in eine Rangordnung zu bringen sind. („Forced-Choice"-Format: keine Bewertung von „gleichwichtig" möglich; Ordinalskaleneigenschaft: in der Regel keine Erfassung der Abstände; auch Gefahr der kognitiven Überforderung); anschließend Transformation der ermittelten Rangfolge in „Wichtigkeitswerte" oder „Wichtigkeitskategorien".
- **Konstantsummenverfahren** (Constant-Sum Scaling): Eine bestimmte Anzahl von Punkten (z. B. 100 Punkte) ist je nach wahrgenommener Wichtigkeit den einzelnen Merkmalen zuzuordnen. (Intervallskaleneigenschaft: nicht nur Reihung nach Wichtigkeit, sondern auch Erfassung der Abstände der wahrgenommenen Wichtigkeit zwischen den einzelnen Merkmalen möglich).
- **Bewertungsskalen** (Rating): Messung anhand von vordefinierten Wichtigkeitsskalen für die einzelnen Merkmale (hoher Informationsgehalt: Aussagen über „absolute Wichtigkeit" möglich; einfache Durchführung; aber Gefahr der „Nicht-Differenzierung", wenn alle Merkmale als gleichwichtig bewertet werden).

9.3   Spezielle Methoden der kundenbezogenen Qualitätsmessung

Aus der großen Menge von Befragungsmethoden, die im Qualitätsmanagement grundsätzlich Anwendung finden können, werden im Folgenden drei *idealtypische Methoden* (oder methodische Ansätze) vorgestellt, die vor allem im Gesundheitseinrichtungen die Ziele der Kundinnen- und Kundenorientierung unterstützen: a) die (eher) dem qualitativen Methodenspektrum zugehörigen Ereignismethoden, b) die methodisch (eher) quantitativ ausgerichteten systematischen Befragungen und c) das qualitativ bis semiquantitativ ausgerichtete und (eher) problembasierte Beschwerdemanagement. Die Ansätze sind methodisch zwar sehr unterschiedlich verwurzelt (ereignisorientiert, merkmalsorientiert, problemorientiert), inhaltlich ergänzen sich alle drei aber zu einem **Methodendreiklang der Kundenorientierung.**

9.3.1 Qualitative Ereignismethoden

Im Mittelpunkt der qualitativen Ereignismethoden oder ereignisorientierten Messverfahren stehen die Erlebnisse der Kundinnen und Kunden während des Kontakts mit der Organisation bzw. Einrichtung. Es geht darum, übliche oder kritische Ereignisse im Verlauf der Leistungsprozesse zu erfassen und zu bewerten („Augenblicke der Wahrheit"). Hierfür werden in der Regel qualitative Befragungstechniken eingesetzt. Ausgangspunkt der qualitativen Befragungen ist die Ermittlung von *Kontaktpunkten,* die interaktionsbedingt im Rahmen der Leistungsprozesse entstehen und die von den Kundinnen und Kunden als solche wahrgenommen werden. Zur Identifikation von relevanten Kontaktpunkten wird üblicherweise das Verfahren des *Blueprinting* herangezogen. Blueprints dienten ursprünglich der Entwicklung neuer Dienstleistungen (Shostack 1984), haben sich aber auch als Instrumente des Prozessmanagements und der Qualitätsverbesserung bewährt. An den so ermittelten Kontaktpunkten wird nachfolgend mithilfe der *sequenziellen* und *kritischen Ereignismethode* ermittelt, was dort im Einzelnen geschieht bzw. wie das Geschehene von der Kundin bzw. vom Kunden erlebt und wahrgenommen wird.

9.3.1.1 Blueprinting

Das Blueprinting ist eine chronologische und grafische **Darstellung der Aktivitäten** eines gesamten Leistungsprozesses oder eines Ausschnitts daraus. Auf der horizontalen Achse werden die einzelnen Teilprozesse bzw. Prozessschritte dargestellt. Auf der vertikalen Achse werden die Aktivitäten bzw. Arbeitsschritte hinsichtlich ihrer Stellung im Wertschöpfungsprozess und ihrer Interaktion näher untergliedert. In seiner ursprünglichen und einfachsten Form kombiniert das Verfahren die Sichtweise von Leistungsanbieter bzw. Leistungserbringer und Kundin bzw. Kunde und trennt die für die Kundinnen und Kunden sichtbaren Elemente des Leistungserstellungssystems von den nicht sichtbaren durch eine sogenannte „Sichtbarkeitslinie" (**Line of visibility**). In einer weiter entwickelten Form werden sämtliche organisationsinternen Prozessschritte aufgezeichnet und durch Grenzlinien voneinander getrennt, um so die Wechselwirkungen und Wechselbeziehungen der einzelnen Prozesselemente zu verdeutlichen und zu verstehen (Fließ und Kleinalterkamp 2004):

- **Vorplanungslinie:** Sie trennt die Aktivitäten im Dienstleistungsprozess, die der *Prozessphase* zugehörig sind (Kundeninduzierte Tätigkeiten) von den Potenzialaktivitäten bzw. der *Potenzialphase* (Kap. 1).
- **Implementierungslinie:** Sie trennt innerhalb der Potenzialphase im Dienstleistungsprozess zwischen Preparation-Aktivitäten (Vorbereitung und Disposition der Leistungserstellung) und Facility-Aktivitäten (zeitliche vorgelagerte Dispositionen).
- **Linie der internen Interaktion:** Sie trennt Support-Aktivitäten (Unterstützungsleistungen zur Steuerung und Planung der eigenen Tätigkeit) von primären kundenbezogenen Aktivitäten (Tätigkeiten, die unmittelbar den Kundinnen und Kunden dienen).
- **Sichtbarkeitslinie:** Sie trennt die sichtbaren Aktivitäten (Onstage-Aktivitäten) von den für die Kundinnen und Kunden unsichtbaren Aktivitäten (Backstage-Aktivitäten) im Rahmen der unmittelbaren kundenbezogenen Prozesse.
- **Interaktionslinie:** Sie trennt die Aktivitäten, die von der Kundin bzw. vom Kunden selbstständig ausgeführt werden (Kunden-Aktivitäten), von den Aktivitäten des Leistungsanbieters bzw. Leistungserbringers.

Mit einem in dieser Weise erstellten Blueprint werden all die Stellen im Leistungsprozess offen gelegt, an denen Kundinnen und Kunden sowie Leistungserbringer miteinander interagieren (Abb. 9.5). Die Kontaktpunkte bilden eine Grundlage für die Ermittlung von kundenbezogenen Qualitätsmerkmalen. Das Blueprint ist auch generell als „Blaupause" für die Visualisierung und Optimierung von Leistungsprozessen im Rahmen des Prozessmanagements zu verwenden (Kap. 8). Im Unterschied zum klassischen Prozessmanagement können und sollen beim Blueprint auch potenzielle

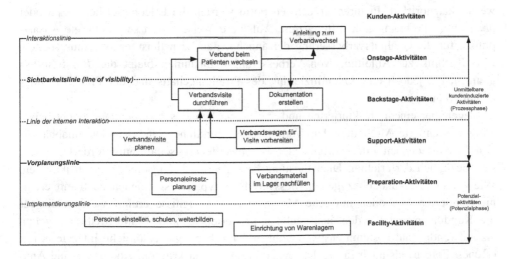

Abb. 9.5 Struktur eines Blueprint. (Quelle: vereinfacht nach Fließ et al. 2005, S. 406)

oder aktuelle Kundinnen und Kunden bei der Erstellung mitwirken (Hoeth und Schwarz 1997).

9.3.1.2 Sequenzielle und Kritische Ereignismethode

Ereignisorientierte Verfahren sind in der Regel qualitative Befragungsmethoden. Üblicherweise wird zwischen der *Sequenziellen Ereignismethode* (auch: Sequential Incident Technique) und der weitaus bekannteren *Kritischen Ereignismethode* (auch: Critical Incident Technique) unterschieden (vgl. Gelbrich 2007, S. 619 ff.).

Mithilfe der **Sequenziellen** Ereignismethode (SEM) werden sämtliche Erlebnisse entlang der im Blueprinting ermittelten Kontaktpunkte in ihrer korrekten zeitlichen Reihenfolge ermittelt. Dazu werden Kundinnen und Kunden zu jedem Kontaktpunkt in standardisierten, mündlichen Interviews befragt, welche Ereignisse sich dort zugetragen haben (offene Fragestellungen). Demgegenüber werden mit der **Critical Incident Technique** (CIT) nur die von der Kundin bzw. vom Kunden als „kritisch" oder außergewöhnlich bzw. angenehm oder unangenehm empfundenen Erlebnisse ermittelt. Hierzu werden ebenfalls (teil-)standardisierte Interviews durchgeführt, in denen die Probanden aufgefordert werden, besonders positive oder besonders negative Erlebnisse, an die sie sich erinnern, möglichst so genau wie möglich zu schildern. Der Blueprint dient hierbei als Vorlage, um die mitgeteilten Erlebnisse in einem späteren Schritt konkreten Aktivitäten im Gesamtablauf zuzuordnen. Beide Methoden werden in der Regel mit *Stichproben* durchgeführt.

Das Ziel beider Methoden ist es, kundenbezogene Qualitätsaussagen zu den angebotenen Leistungen zu erhalten. Einerseits kann eine Rückmeldung zur Zufriedenheit eingeholt, aber auch Angaben zu den Erwartungen und Wünschen der Kundinnen und Kunden gewonnen werden. Die jeweils geschilderten Erlebnisse werden in weiteren Verarbeitungsschritten inhaltsanalytisch ausgewertet und hinsichtlich ihres Aussagewertes kategorisiert. In ihrer einfachsten Form werden die Erlebnisse thematisch oder nach ihrem Problemgehalt differenziert. Auf diese Weise lassen sich konkrete Ansatzpunkte für die Qualitätsverbesserung der angebotenen Dienstleistungen herausarbeiten. Eine Technik zur Ableitung von Verbesserungsmaßnahmen bietet das **Portfoliodiagramm,** die jedoch eine Quantifizierung des Problemgehalts und der Problemhäufigkeiten voraussetzt.

Gegenüber einem strukturierten und systematischen Beschwerdemanagement haben ereignisorientierte Methoden den Vorteil, dass Kundinnen und Kunden unabhängig von Unzufriedenheit oder vorhandener Beschwerdebereitschaft aufgefordert werden, sich bezüglich der erlebten Dienstleistung bzw. Dienstleistungsqualität zu artikulieren. Wie es für alle kundenbezogenen Messverfahren typisch ist, können auch mit ereignisorientierten Methoden nur jene Momente oder Ereignisse eruiert werden, die für die Kundinnen und Kunden auch sichtbar und erlebbar sind. Beide Methoden gelten als aufwendig und kostenintensiv, sowohl in der Erhebung (persönliche Interviews mit offenen Fragen) als auch in der Datenauswertung (Transkription, Kodierung und Analyse der Interviewdaten). Sie können zu Validierungszwecken auch durch Methoden der Beobachtung ergänzt und kombiniert werden, was wiederum den Aufwand und das methodische Know-how deutlich erhöhen würde.

9.3.2   Systematische Befragungen

Systematische Befragungen sind ein elementarer Bestandteil des Qualitätsmanagements in Gesundheitseinrichtungen. Gegenüber alt bekannten „Kummerkästen", dem systematischen Beschwerdemanagement oder qualitativen Erhebungsmethoden behandeln systematische Befragungen keine Einzelmeinungen. Sie verfolgen in der Regel den Anspruch, eine bestimmte Kundengruppe oder *Grundgesamtheit* vollständig (Vollerhebung) oder repräsentativ mit Hilfe von *Stichproben* (Stichprobenerhebung) zu erfassen. Systematische Befragungen sollten möglichst regelmäßig, qualitätsgesichert und mit validierten Instrumenten durchgeführt werden. Der praktische Nutzen für das konkrete Qualitätsmanagement hängt aber nicht nur von der zugrunde liegenden Erhebungsmethodik, sondern vor allem von der (beabsichtigten) Zielsetzung und der (qualifizierten) Ergebnisverwertung ab. Die wichtigsten Schritte der Planung und Durchführung von systematischen Befragungen am Beispiel von Patientinnen- und Patientenbefragungen werden im Folgenden erläutert (Abb. 9.6):

1. **Zielsetzung:** Es gibt viele Gründe, Patientinnen- und Patientenbefragungen durchzuführen. Die Bandbreite reicht vom seriösen Einsatz mit dem Ziel der echten Verbesserung bis hin zu Befragungsattrappen allein zu Legitimations- oder Marketingzwecken. Die Überlegung, warum eine Befragung durchgeführt werden soll, determiniert im Wesentlichen die darauffolgenden Planungs- und Durchführungsschritte. Mögliche Zielsetzungen sind: Qualitätsverbesserung (Aufdeckung von Mängeln und Defiziten, Ermittlung von Verbesserungsvorschlägen), Kenntnis des Ausmaßes an Kundinnen- und Kundenzufriedenheit, Steigerung der Zufriedenheit (ggf. auch der Mitarbeitendenzufriedenheit), Rückmeldung und Möglichkeit der Selbsteinschätzung für die Mitarbeitenden, Benchmarking und Qualitätsvergleiche oder einfach nur Erhalt eines „Stimmungsbarometers" zur Orientierung.
2. **Voraussetzungen:** Je nach Zielsetzung werden Infrastruktur und Ressourcen benötigt, die von der Führung bereitgestellt werden müssen (z. B. Personal, externe Beratung, Methodeninventar). Zu den Voraussetzungen gehören im weiteren Sinne auch die ideelle Förderung und aktive Unterstützung der Rahmenbedingungen für die Erhebung, Sicherstellung einer unverzüglichen Auswertung und Ergebnisveröffentlichung (Transparenz) sowie die rechtzeitige Information und Einbindung der Mitarbeitenden (Partizipation). Eine hohe Motivation der Beteiligten, insbesondere die der Mitarbeitenden mit engem Patientinnen- und Patientenkontakt, erhöht die Rücklaufquote und erleichtert die Akzeptanz von angestrebten Verbesserungsmaßnahmen.
3. **Projektplanung:** Vor der erstmaligen Ein- bzw. Durchführung empfiehlt es sich, ein Projektplanungsteam zu bilden. Darüber hinaus müssen Verantwortlichkeiten (Auf-

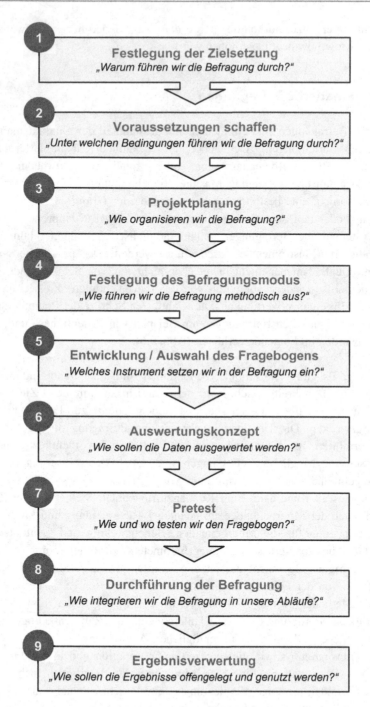

Abb. 9.6 Idealtypischer Ablauf der Planung und Durchführung von Befragungen

bauorganisation) und Verfahrensschritte (Ablauforganisation) festgelegt werden. Dies sollte verbindlich in Projektphasen fixiert werden bzw. geeignete Zeitpläne (Durchführungsphase, außergewöhnliche Ereignisse, saisonale Besonderheiten) und Kostenpläne (z. B. Kostenabschätzung, Kostenübernahme) erstellt werden (Kap. 11). Die Zeitpläne sind rechtzeitig allen Beteiligten zu kommunizieren. Eine genaue Projektplanung ist deshalb besonders wichtig, da der betriebene Aufwand auch verwertbare Ergebnisse (Verbesserungspotenziale) liefern soll und auf Basis der Ergebnisse ggf. weitreichende Entscheidungen getroffen werden.

4. **Befragungsmodus:** Eine der wichtigsten Planungsfragen ist, ob das Fragebogenkonzept selber entwickelt oder ob auf verfügbare Inventare zurückgegriffen werden soll. Für beide Alternativen gibt es gute Gründe. Kritisch sollte aber hinterfragt werden, ob innerhalb der eigenen Einrichtung überhaupt das erforderliche Knowhow vorhanden ist, um die Befragung auf ausreichend hohem methodischem Niveau durchzuführen. Damit die Befragung zuverlässige und verwertbare Daten für Qualitätsaussagen und Verbesserungen liefern kann, müssen insbesondere die Gütekriterien der empirischen Sozialforschung Aufmerksamkeit finden (Machbarkeit, Objektivität, Reliabilität, Validität). Wichtige weitere Fragen, die geklärt werden müssen, sind:
   - Wer wird befragt? (Zielpopulation, Ein- und Ausschlusskriterien, Vollerhebung oder Stichprobengröße)
   - Wie wird befragt? (Fragebogen oder Interviewform, geschlossene und/oder offene Fragen)
   - Wann wird befragt? (Befragungszeitpunkt oder -raum, Häufigkeit, Datenschutz)
   - Wer befragt? (persönlich durch Mitarbeitende, postalischer Versand, Einsatz von Erinnerungstechniken)

5. **Fragebogen:** Soll ein Fragebogen selber entwickelt werden, muss bei der *Themenwahl* eine Differenzierung vorgenommen werden von Aspekten, die von den Befragten beurteilbar sind und anderen, die aufgrund fehlenden fachlichen Hintergrundwissens (z. B. professionsbezogene Qualitätsmerkmale) oder grundsätzlicher „Nicht-Wahrnehmbarkeit" (sogenannte „Backstage"-Aktivitäten) nicht beurteilt werden können. Was von Patientinnen und Patienten in der Gesundheitsversorgung allgemein als wichtig anzusehen ist, kann aufgrund von Forschungsarbeiten als grundsätzlich geklärt verstanden werden. Es braucht daher nicht mit jeder Befragung ein weiteres Mal neu (explorativ) erarbeitet zu werden. *Primäre Qualitätsparameter* der Versorgung, insbesondere medizinisch-pflegerische oder berufsfachliche Aspekte, entziehen sich meist der direkten Beobachtung und Beurteilbarkeit durch Patientinnen und Patienten oder sind methodisch nur sehr anspruchsvoll und kostenintensiv zu erheben. Daher sollte der Fokus von Befragungen auf sog. *sekundären Qualitätsparametern* liegen, welche aus Sicht der Patientinnen und Patienten direkt wahrnehmbar und beurteilbar sind, gleichzeitig aber auch Einfluss auf den Behandlungsverlauf und -erfolg haben (Tab. 9.4). Die Themenkomplexe können je nach Zielsetzung oder Einrichtungsart und -größe variieren und besondere Aspekte ein- oder ausschließen (z. B. Geburtshilfe, Geriatrie). Je mehr Dimensionen erfasst werden sollen (Breite), desto

Tab. 9.4 Schwerpunktthemen für Patientinnen- und Patientenbefragungen. (Quelle: Cleary et al. 1991; Gerteis et al. 1993; Jenkinson et al. 2002)

Primäre Qualitätsparameter	Sekundäre Qualitätsparameter
Behandlungserfolg	Zugang zum System
Bewahrung und Steigerung der Lebensqualität	Rücksicht auf individuelle Präferenzen und Werte, respektvoller Umgang
Vermeidung jedweder Schädigung	Koordination
	Information, Kommunikation und Hilfestellung
	Emotionale Zuwendung und Unterstützung
	Leibliches Wohlbefinden, Service und Komfort
	Einbeziehung von Familie und Freunden
	Kontinuität der Behandlung

geringer wird die Tiefe ausfallen (weniger Items), die pro Dimension erfragt werden kann, da die Gesamtanzahl der Items ein für die Probanden handhabbares Maß nicht überschreiten darf. Für die Ausformulierung der Fragen zu den ausgewählten Themenkomplexen kann auch das bekannte Struktur-, Prozess- und Ergebnismodell als Strukturierungshilfe dienlich sein (Satzinger 2002). Anschließend muss eine Festlegung des *Messansatzes* (z. B. zufriedenheits- oder einstellungsorientiert) und der zu verwendenden *Skalen* (z. B. fünfstufige Likert-Skala) erfolgen.

6. **Auswertungskonzept:** Das Auswertungskonzept wird vorbestimmt durch die Wahl der Stichprobe, der Erhebungsart, des Durchführungsmodus, des Themenkatalogs sowie der Frage- und Antworttypen. Spätestens sobald die Daten erhoben sind, sollte Klarheit darüber herrschen, wie die Daten verarbeitet und an wen die Auswertungen weitergeleitet werden. Daher sollte bereits vor der Durchführung der Befragung ein Auswertungskonzept fixiert werden. Datenauswertung heißt nicht nur, die Antwortkategorien in quantifizierbare Daten zu transformieren und zu kodieren, sondern sich vor allem darüber Gedanken zu machen, auf welche Art und Weise die Informationen aus den Daten herausgelesen werden können und wie diese den relevanten *Adressaten* (z. B. Mitarbeitende, Führungskräfte, Kundengruppen) anschaulich visualisiert werden. Darüber hinaus ist der *Differenzierungs-* und *Aggregationsgrad* der Daten (z. B. stations-, abteilungs- oder klinikweite Auswertung) festzulegen sowie ob diese für interne oder externe Vergleiche (z. B. Benchmarking) aufbereitet werden sollen.

7. **Pretest:** Auch wenn der Fragebogen und das zugrunde liegende Befragungskonzept nach strengen sozialwissenschaftlich-empirischen Maßstäben erstellt wurden, ist es notwendig, einen Fragebogen im vorgesehenen Anwendungskontext zu testen. Dazu werden Personen der gewünschten Zielgruppe ausgewählt, die den Fragebogen probehalber ausfüllen. Im Rahmen solcher „Testläufe" können auch Gruppendiskussionen mit Probanden oder mehrstufige Verfahren mit unterschiedlichen Zielgruppen durchgeführt werden, um den Fragebogen und seine Inhalte zu untersuchen. Der Pretest soll letztendlich Mängel und Fehler der Fragengestaltung und der Fragebogenstruktur

aufdecken. Dazu gehören ungenaue, unbekannte und mehrdeutige Formulierungen, Stimmigkeit und Schlüssigkeit der Items, Adäquanz der Ansprache und Wortwahl und auch mögliche Suggestibilität. Um die Qualität und Akzeptanz der Befragung zu erhöhen, sollten die aufgedeckten Schwachstellen des Fragebogens vor dem Einsatz im „Echtbetrieb" beseitigt oder nachgebessert werden.

8. **Durchführung:** Bei der Durchführung der Befragung sollte der festgelegte Zeitplan beachtet und eine *größtmögliche Integration* in die vorhandenen Arbeitsabläufe erreicht werden. Häufig wird einer der folgenden Zeitpunkte gewählt, die Fragebögen der vorgesehenen Zielgruppe zukommen zu lassen: a) Zeitpunkt der Aufnahme in die Einrichtung, b) Zeitpunkt der Entlassung oder c) mit zeitlichem Abstand nach der Entlassung. Die Übergabe bzw. Aushändigung des Fragebogens hat großen Einfluss auf die Auswertung: Je geringer der räumliche und zeitliche Abstand zur beurteilenden Leistung (z. B. Krankenhausaufenthalt), desto stärker kann die Beantwortung durch situative und rollenspezifische Denk- und Verhaltensmuster beeinflusst sein. Je größer allerdings der Abstand zwischen Befragung und zu beurteilende Leistung ausfällt, desto geringer wird die Wahrscheinlichkeit der Beteiligung (Rücklaufquote). Hier ist ein Mittelweg anzustreben (z. B. postalischer Versand nach 7 bis 14 Tagen). Darüber hinaus können *systematische Verzerrungen* auftreten, denen durch Einhaltung und Abgrenzung der Zielgruppen, methodisch korrekte Fragebogenverteilung, Wahrung des Datenschutzes und Methoden der Maximierung der Rücklaufquote entgegengewirkt werden kann. *Unsystematische Fehler* können durch die Auswahl der Stichprobe und die Festlegung der Stichprobengröße verringert werden.

9. **Ergebnisverwertung:** Entscheidend ist zunächst, sich am erstellten Auswertungskonzept zu orientieren und die dort fixierte Datenverarbeitung und Ergebnispräsentation nachvollziehbar und konsequent einzuhalten. Die Interpretation, Berichterstattung und Nutzung der Ergebnisse für Qualitätsverbesserungen ist das wesentliche Anliegen dieses Schrittes, jedoch sollte eine Veröffentlichung und Weiterleitung der Ergebnisse nie ohne begleitende Einführung und ausreichende Erläuterung, insbesondere in den primär betroffenen Organisationseinheiten, erfolgen (vgl. Satzinger 2002). Ergänzend können zu den Befragungsergebnissen aus Kundinnen- und Kundensicht die gleichen qualitätsrelevanten Themenkomplexe auch aus Mitarbeitendensicht abgefragt werden, um vergleichende Einschätzungen zu erhalten. Den Ergebnissen sollten zeitnah gezielte, qualitätsorientierte Maßnahmen folgen. Auf keinen Fall dürfen die Ergebnisse unbeachtet und folgenlos bleiben.

Obwohl systematische Befragungen vielerorts fest in das Qualitätsmanagement integriert sind, werden sie mancherorts methodisch unzureichend ausgeführt oder sind aufgrund der Institutionen- und Themenvielfalt nur entsprechend selektiv nutzbar. Aufgrund der Komplexität des Konstrukts *Zufriedenheit* wird auch kein Fragebogen je in der Lage sein, Kundinnen- und Kundenzufriedenheit einheitlich und exakt zu messen. Vorzugsweise sollten testtheoretisch fundierte Instrumente verwendet und „Ad-hoc"-Fragebögen eher vermieden werden (Lecher et al. 2002). Es ist auch zu betonen, dass (subjektive) Zufriedenheit nicht notwendigerweise mit objektiv feststellbarer Qualität (Versorgungsqualität) oder den fachlichen Anforderungen professionsbezogener Qualität einhergeht. Kundenbezogene Qualitätsmessungen und Zufriedenheitsbefragungen können daher immer nur ergänzend bzw. als zusätzliches Kriterium für die Qualitätsbeurteilung in Gesundheitseinrichtungen herangezogen werden. Sie bilden Aspekte der „kundenbezogenen Qualität" ab (Kap. 1).

9.3.3 Beschwerdemanagement

Neben den weit verbreiteten Befragungen hat das Beschwerdemanagement große Bedeutung für die Kundinnen- und Kundenorientierung. Mit dem 2013 in Kraft getretenen Patientenrechtegesetz hat der Gesetzgeber die Durchführung eines patientenorientierten Beschwerdemanagements als Verpflichtung für die Krankenhäuser im Sozialgesetzbuch verankert (Kap. 4). In zahlreichen Bundesländern ist das Beschwerdemanagement darüber hinaus landesrechtlich geregelt. Ebenso prüfen gängige Zertifizierungsverfahren in Krankenhäusern das Beschwerdemanagement als Voraussetzung für die Zertifizierung ab. Im Pflegebereich haben Studien gezeigt, dass in der ambulanten und stationären Pflege bereits über 90 % der Einrichtungen Beschwerdemanagement betreiben (Farin et al. 2013).

Grundsätzliche **Aufgabe** des Beschwerdemanagements ist es, die *Sichtweise* und die *Erfahrungen* der Kundinnen und Kunden in das Qualitäts-, Risiko- und Fehlermanagement einer Gesundheitseinrichtung zu integrieren. Darunter können alle Managementmaßnahmen verstanden werden, die ein Leistungsanbieter im Zusammenhang mit kundenseitigen Beschwerden ergreift.

Beschwerden signalisieren Unzufriedenheit, die Kundinnen und Kunden gegenüber der Einrichtung bzw. der Organisation artikulieren. Ihr Fehlen bedeutet nicht notwendigerweise eine hohe Zufriedenheit. In der Regel machen sie auf ein subjektiv als schädigend wahrgenommenes Verhalten des Anbieters aufmerksam, sie sollen Wiedergutmachung für erlittene Beeinträchtigungen erreichen und/oder eine Änderung des kritisierten Verhaltens bewirken (vgl. Pepels 2008, S. 106). Die Beschwerdeäußerung gibt Kundinnen und Kunden die Möglichkeit, aktiv zu werden und der Einrichtung wiederum die Möglichkeit, etwas zu verändern.

▶ Jede Beschwerde ist für die Organisation eine kostenlose Beratung und potenzieller Ansatzpunkt für Qualitätsverbesserungen.

Die systematische Auseinandersetzung mit Beschwerden hat das **Ziel,** Zufriedenheit wieder herzustellen, die negativen Auswirkungen von Unzufriedenheit zu minimieren und die in den Beschwerden enthaltenen Hinweise auf betriebliche Schwächen und Ver-

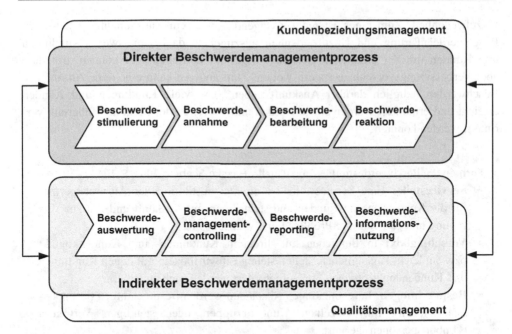

Abb. 9.7 Direkter und indirekter Beschwerdemanagementprozess. (Quelle: Stauss und Seidel 2014, S. 72)

besserungspotenziale zu nutzen. Beschwerdemanagement wird damit zu einem unverzichtbaren Element des Qualitätsmanagements (vgl. Stauss und Seidel 2014, S. 49 ff.).

Der **Beschwerdemanagementprozess** (Abb. 9.7) umfasst den gesamten Handlungsbereich, in dem die Artikulation von Unzufriedenheit angeregt, entgegengenommen, bearbeitet, beantwortet und im Hinblick auf Verbesserungspotenziale ausgewertet und verwertet wird (Stauss 2009, S. 347). Der gesamte Prozess kann wiederum unterteilt werden in einen *direkten Beschwerdemanagementprozess,* d. h. in einen Bereich, in dem die Beschwerdeführenden direkt involviert sind, und einen *indirekten Beschwerdemanagementprozess,* der dem Unternehmen dazu dient, die in den Beschwerden liegenden Informationen zu verarbeiten und für sich zu nutzen (Stauss und Seidel 2014, S. 67 ff.).

9.3.3.1 Direkter Beschwerdemanagementprozess

Der direkte Beschwerdemanagementprozess umfasst den gesamten *von den Kundinnen und Kunden erlebten* Beschwerdevorgang. Es sollten möglichst viele Beschwerden oder Rückmeldungen die Organisation über diesen „Kommunikationskanal" erreichen. Die **Beschwerdestimulierung** ist der erste Schritt im Beschwerdemanagement und soll die Kundinnen und Kunden dazu auffordern, die von ihnen wahrgenommenen Probleme, wichtigen Ereignisse oder mögliche Gründe für Unzufriedenheit zu artikulieren. Es soll eine möglichst große Anzahl von Kundinnen und Kunden erreicht und aktiviert werden, sich zu äußern. Wichtig ist zu verdeutlichen, dass Beschwerden ausdrücklich erwünscht sind. Die Anzahl von Beschwerden ist allerdings kein Indikator für Zufriedenheit oder

Unzufriedenheit. Zum einen ist nicht zwingend von einem Zusammenhang zwischen Beschwerdeäußerung und Unzufriedenheit auszugehen, da beispielsweise Kundinnen und Kunden mit der erhaltenen Leistung insgesamt zufrieden sein können, trotzdem aber Verbesserungsvorschläge äußern wollen. Zum anderen kann eine hohe Anzahl von Beschwerden lediglich darüber Auskunft geben, dass viele Kundinnen und Kunden erreicht und ermuntert wurden sowie Hürden und Barrieren der Meinungsäußerung verringert werden konnten.

Formen der Beschwerdestimulierung (Quelle: Haeske-Seeberg 2001, S. 104 f.):

- **Servicestelle:** Eine Servicestelle ist direkter institutioneller Ansprechpartner für die Kundinnen und Kunden und steht ihnen mit Auskunft und Rat zur Verfügung und geht auf ihre Probleme und Wünsche ein.
- **Vorschlagbox:** In Bereichen mit direktem Kundinnen- und Kundenkontakt bzw. an leicht zugänglichen Stellen stehen Einwurfboxen, mit denen Kundinnen und Kunden angesprochen und aufgefordert werden, sich zu äußern.
- **Besprechungen:** In regelmäßigen Abständen werden Besprechungen (Gruppendiskussionen) mit einzelnen Kundengruppen oder ständigen Vertretern (Ombudspersonen) geführt.
- **Fragebogen:** Diese können speziell für das Beschwerdemanagement entwickelt werden oder mit systematischen Befragungen kombiniert werden (z. B. durch zusätzliche offene Fragen).
- **Kontakt nach Entlassung:** Mit Kundinnen und Kunden wird nach Inanspruchnahme einer Leistung Kontakt aufgenommen und erfragt, was verbessert werden könnte.

Den Mitarbeitenden, die im direkten Kundinnen- und Kundenkontakt stehen, kommt bei der Stimulierung eine Schlüsselrolle zu, da sie die Hintergründe und Ziele des Beschwerdemanagements erläutern und aktiv motivierend zur Teilnahme aufrufen können. Hier greift auch die Bedeutung der *Mitarbeitendenorientierung* als zentrale Führungsaufgabe (Kap. 10). Das Erreichen einer hohen Mitarbeitendenzufriedenheit ist wichtige Voraussetzung für die Bereitschaft, sich mit den Problemen der Kundinnen und Kunden auseinander zu setzen.

Die **Beschwerdeannahme** ist der Prozess des unmittelbaren Kontakts der Einrichtung mit den Beschwerdeführenden (mündlich, schriftlich, telefonisch, online) inklusive der Entgegennahmen der Beschwerde und der Erfassung des Beschwerdeinhalts. Beschwerdestimulierung und Beschwerdeannahme fallen häufig auch zusammen, insbesondere bei persönlicher Stimulierung und aktiver Kontaktaufnahme. Alle Mitarbeitenden sollten über die vorgesehenen Beschwerde- und Bearbeitungswege in der Einrichtung informiert sein. Beim Prinzip des *Beschwerdeeigentümers* (Complaint Ownership) ist jeder Mitarbeitende, der eine Beschwerde entgegengenommen hat, bis zur endgültigen Bearbeitung für diese verantwortlich (Stauss und Seidel 2014, S. 128). Für die Annahme und Erfassung von Beschwerden haben sich standardisierte *Beschwerdeerfassungsbögen* etabliert.

Der Prozess der **Beschwerdebearbeitung** (und -reaktion) umfasst die gesamte Kommunikation mit den Beschwerdeführenden bezogen auf die problemrelevanten Aktivitäten und erarbeiteten Resultate. Die Vorgehensweise ist organisationsspezifisch, sie sollte jedoch standardisiert und qualifiziert durchgeführt werden. Wichtig ist die Dokumentation der Inhalte und des Umgangs mit der Beschwerde. Hierzu kann ein geeignetes *Klassifikationsschema* (Kategorien für Beschwerdeinhalte) entwickelt werden. Zu jeder geäußerten Beschwerde gehört eine angemessene **Beschwerdereaktion** gegenüber dem Kunden, auch wenn die Beschwerde aus Sicht der Einrichtung als unberechtigt eingestuft wird oder das geäußerte Problem nicht im Sinne der beschwerdeführenden Kundinnen und Kunden gelöst werden konnte.

9.3.3.2 Indirekter Beschwerdemanagementprozess

Der indirekte Beschwerdemanagementprozess umfasst alle Aktivitäten, die im Rahmen der Qualitätsverbesserung anfallen und *keinen direkten Bezug* mehr zu den Beschwerdeführenden haben. Neben der situativen und Einzelfall orientierten Beschwerdebearbeitung erfolgt nun die systematische Verwertung des Beschwerdeeingangs im Sinne einer Problemanalyse und Problemprävention.

Im Rahmen der **Beschwerdeauswertung** werden die dokumentierten Beschwerdedaten in regelmäßigen Abständen aufbereitet und analysiert. Im Gegensatz zu den eher quantitativ ausgerichteten Befragungsmethoden, liegen dem Beschwerdemanagement qualitative Daten („Beschwerdeäußerung") zugrunde. Für die Informationsverarbeitung werden *Problemkategorien* gebildet, denen die Beschwerdeinhalte zugeordnet werden (Klassifizierung). Anschließend lassen sich semiquantitativ *Häufigkeiten* bestimmter Probleme oder einzelner Problemaspekte bestimmen. Häufigkeitsmaße können auch mit zusätzlich erhobenen Daten zur *Wichtigkeit* oder mit organisationsinternen Festlegungen zur *Relevanz* bestimmter Problembereiche in Beziehung gesetzt werden (FRAP: Frequenz-Relevanz-Analyse von Problemen).

Das **Beschwerdemanagementcontrolling** umfasst die bekannten Managementfunktionen Planung, Steuerung und Überwachung des betrieblichen Ablaufs des Beschwerdemanagements. Dazu werden Kennzahlen und Indikatoren benötigt. Das *Evidenz-Controlling* ermittelt, inwieweit das Beschwerdemanagement in der Lage ist, den Grad an Unzufriedenheit unter den Kunden aufzudecken. Dabei geht es um nicht artikulierte Beschwerden oder artikulierte Beschwerden, die nicht erfasst bzw. verarbeitet worden sind. Das *Aufgaben-Controlling* ermittelt, inwieweit die Prozesse des Beschwerdemanagements an sich überhaupt umgesetzt werden konnten (Kennzahlen des direkten Beschwerdemanagementprozesses). Das *Kosten-Nutzen-Controlling* setzt sich mit Fragen der mehrdimensionalen Nutzengestaltung, den damit verbundenen Kosten, der Wirtschaftlichkeit und Rentabilität sowie dem Anteil des Beschwerdemanagements am Geschäftserfolg der Einrichtung auseinander (Stauss und Seidel 2014, S. 70).

Das **Beschwerdereporting** umfasst die regelmäßige Berichterstattung über alle Aktivitäten und Ergebnisse des Beschwerdemanagements. Adressaten sind in erster Linie die einrichtungsinternen Zielgruppen (z. B. Mitarbeitende, Abteilungen, Führungskräfte). Es sollten aber auch die externen Kundengruppen angesprochen werden, um für den Nutzen und die Wirkung des Beschwerdemanagements zu werben. Wie jede Form der Qualitätsberichterstattung kann auch das Beschwerdereporting dem Bereich der Qualitätsdarlegung bzw. Qualitätsmanagementdarlegung zugeordnet werden.

Das Beschwerdereporting ist Grundlage für die **Beschwerdeinformations-nutzung,** da die erzielten Informationen wichtige Eingaben für die weitergehende Qualitätsplanung und die Organisations- und Prozessgestaltung liefern („Regelkreis der Kundinnen- und Kundenorientierung", siehe Abb. 9.2). Aus den ermittelten Daten lassen sich Maßnahmen ableiten, die im Sinne der Qualitätsverbesserung zur Vermeidung der aufgezeigten Probleme (Grund der Beschwerde) beitragen („Methoden und Instrumente", siehe Kap. 7). Für diesen wichtigen Schritt der Ergebnisverwertung sollten Verfahrenswege und Verantwortlichkeiten standardisiert und systematisiert werden.

9.3.4 Datenverwertung und Strategieentwicklung

Obwohl sich die hier beschriebenen Methoden zur Erfassung der „Stimme des Kunden" unterscheiden, verfolgen sie gleichermaßen das Ziel, Aspekte der subjektiven bzw. kundenbezogenen Qualität zu ermitteln: Mit *qualitativen Ereignismethoden* werden Kunden an zuvor ermittelten Kontaktpunkten im Leistungserstellungsprozess zu ihren Erlebnissen und Erfahrungen befragt. Mit *systematischen Befragungen* werden Urteile und Einschätzungen zu Qualitätsmerkmalen der Leistungserstellung oder das Eintreten oder Auslassen qualitätsrelevanter Ereignisse quantitativ erfasst. Dabei werden häufig auch Möglichkeiten der frei formulierbaren Meinungsäußerung eingeräumt (z. B. durch Aufforderung oder offene Fragengestaltung). Das *Beschwerdemanagement* wiederum ermittelt in standardisierter Weise durch Kundinnen und Kunden wahrgenommene Qualitätsdefizite auf Grundlage artikulierter Unzufriedenheit.

▶ Kundenbezogene Qualitätsmessungen sind ohne eine angemessene Ergebnisverwertung sinnlos.

Daten, die implizit oder explizit Hinweise auf eine hohe Kundinnen- und Kundenzufriedenheit liefern, sind für die Organisation grundsätzlich erfreulich. Sie dürfen aufgrund der besonderen methodischen Limitationen der Zufriedenheitsmessung im Gesundheitswesen allerdings nur mit größter Vorsicht interpretiert und kommuniziert werden. In ihren Grenzen liefern Sie zu einem gewissen Grad **Bestätigung** („Erfüllung von Erwartungen") und können als **Erfolgsgrößen** kundenbezogener Qualität betrachtet werden („Wirksamkeit des Qualitätsmanagements").

Für die **Verbesserung** im Qualitätsmanagement sind dagegen vor allem jene Daten wertvoll, die direkt oder indirekt Hinweise auf Unzufriedenheit oder konkrete Verbesserungsmöglichkeiten liefern. Datenverwertung in diesem Kontext heißt, aus der Gesamtheit der im Rahmen der kundenbezogenen Qualitätsmessung ermittelten Daten nun die Verbesserungsbereiche zu identifizieren, die aus Kundensicht bedeutsam sind und die von der Organisation als umsetzbar und relevant erachtet werden. Um derartige Priorisierungsentscheidungen zu treffen und Strategien für die Qualitätsverbesserung abzuleiten, können Portfoliodiagramme eingesetzt werden.

Portfoliodiagramme (auch: Matrixdiagramme) sind universelle Entscheidungshilfen zur Priorisierung und Ableitung von Handlungsmaßnahmen im Qualitätsmanagement. Ihr Grundprinzip ist die Gegenüberstellung von zwei unabhängigen Komponenten (z. B. Ausprägungs- und Bedeutungskomponente) eines beliebigen Gegenstands (z. B. Problembereich, Versorgungsaspekt, Leistungsmerkmal) in einer zweidimensionalen Matrix. Die zu einem Gegenstand ermittelten Daten bzw. festgelegten Werte (z. B. Häufigkeit, Relevanz) werden auf einer metrisch skalierten x- und y-Achse abgetragen. So erhält jeder zu betrachtende Gegenstand eine relative Position in der zwei-dimensionalen Matrix (Abb. 9.8). Sollen für auf Basis von kundenbezogenen Quali-tätsmessungen ermittelte Problembereiche Entscheidungen getroffen bzw. Strategien entwickelt werden, können beispielsweise *Problemhäufigkeiten* auf der x-Achse (z. B. Daten aus Beschwerdeanalyse, Ereignismethode oder offene Fragen bei standardisierten Fragebogen) und die ermittelte oder von der Organisation festgelegte *Problembedeutung* auf der y-Achse (z. B. Relevanz, Wichtigkeit) abgebildet werden. Ein Portfoliodiagramm für diesen speziellen Einsatzzweck bzw. die damit einhergehende Analyse wird als **Frequenz-Relevanz-Analyse von Problemen** (FRAP) bezeichnet.

Werden dagegen im Rahmen von quantitativen Befragungen Merkmalsausprägungen oder Zufriedenheitsurteile zu kundenrelevanten Qualitätsaspekten ermittelt und deren Ausprägung zusammen mit der ermittelten Wichtigkeit in einem Portfoliodiagramm gegenübergestellt, wird dies als **Wichtigkeits-Zufriedenheits-Matrix** bezeichnet. In diesem Fall würde die Ausprägungskomponente (z. B. Zufriedenheit, Manifestation von Qualitätsmerkmalen) auf der x-Achse und die Bedeutungskomponente (z. B. Wichtig-keit) auf der y-Achse abgebildet werden. Die Darstellungs- und Vorgehensweise ist allerdings völlig identisch mit der einer Frequenz-Relevanz-Analyse von Problemen.

Daten zur Relevanz bzw. subjektiven Wichtigkeit können zusammen in ein und der-selben Befragung oder in getrennten Befragungen ermittelt werden. Bei letzterer Vor-gehensweise ist auf vergleichbare Probandenkollektive zu achten. Anhand der Position der Gegenstände (z. B. Qualitätsaspekt, Problembereich) in der zweidimensionalen Matrix lassen sich Problem- oder Themenbereiche mit höherem und geringerem Hand-lungsbedarf identifizieren (Abb. 9.8).

9.4 Übungsfragen

1. Nennen und skizzieren Sie Gründe für „eingeschränkte Kundensouveränität" im Gesundheitswesen! Lösung Abschn. 9.1
2. Nennen und skizzieren Sie Gründe für die Verwendung des Kundenbegriffs im Qualitätsmanagement! Lösung Abschn. 9.1.2

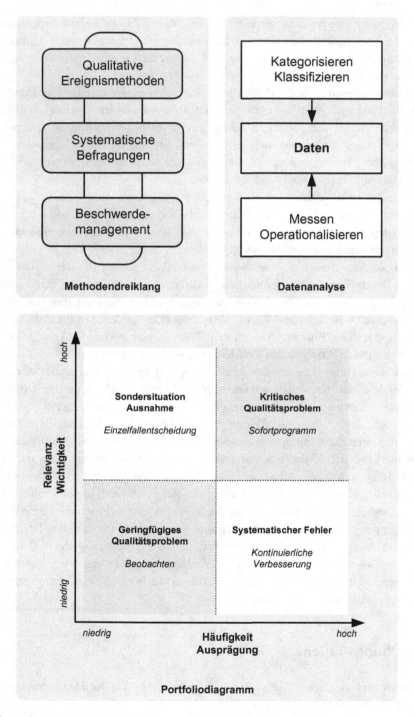

Abb. 9.8 Portfoliodiagramm: Ableitung von Handlungsmaßnahmen

3. Skizzieren Sie den „Regelkreis der Kundinnen- und Kundenorientierung" und erläutern das Zusammenspiel von „Organisation" und „externer Kunde"! Lösung Abschn. 9.1.3

4. Unterscheiden Sie zwischen objektiven und subjektiven Analyseverfahren der kundenbezogenen Qualitätsmessung anhand von Bespielen! Lösung Abschn. 9.2

5. Erläutern Sie das Grundmodell der Kundinnen- und Kundzufriedenheit („Konfirmations-/Diskonfirmations-Paradigma")! Lösung Abschn. 9.2.1.1

6. Erläutern Sie das Zufriedenheitsmodell nach Kano und charakterisieren Sie die drei Dimensionen der Kundinnen- und Kundenzufriedenheit! Lösung Abschn. 9.2.1.2

7. Unterscheiden Sie zwischen ereignisorientierten und merkmalsorientierten Messungen anhand von Beispielen! Lösung Abschn. 9.2.2.1

8. Beschreiben Sie in die Grundzüge eines Blueprint und seine Bedeutung für die kundenbezogene Qualitätsmessung! Lösung Abschn. 9.3.1.1

9. Skizzieren Sie den Stellenwert des Beschwerdemanagements und nennen die Bedeutung des direkten und indirekten Beschwerdemanagementprozesses! Lösung Abschn. 9.3.3

10. Nehmen Sie Stellung zu der Aussage „Je weniger Beschwerden wir erhalten, desto besser ist unsere Qualität"! Lösung Abschn. 9.3.3.1.

Literatur

Bailom F, Hinterhuber HH, Matzler K, Sauerwein E (1996) Das Kano-Modell der Kunden-zufriedenheit. Mark: Z Forsch Prax 18:117–126

Bortz J, Döring N (2006) Forschungsmethoden und Evaluation, 4. Aufl. Springer Medizin, Heidelberg

Bruhn M (2009) Das Konzept der kundenorientierten Unternehmensführung. In: Hinterhuber HH, Matzler K (Hrsg) Kundenorientierte Unternehmensführung. Kundenorientierung – Kunden-zufriedenheit – Kundenbindung, 6. Aufl. Gabler, Wiesbaden, S 33–68

Bruster S, Jarman B, Bosantquet N, Weston D, Erens R, Delbanco TL (1994) National survey of hospital patients. Br Med J 309:1542–1546

Cleary PD, Edgman-Levitan S, Roberts M, Moloney TW, McMullen W, Walker JD, Delbanco TL (1991) Patients evaluate their hospital care: a national survey. Health Aff 10(4):254–267

Farin E, Hauer J, Schmidt E, Kottner J, Jäckel WH (2013) Der aktuelle Stand des Qualitäts-managements in ambulanten und stationären Pflegeeinrichtungen. Gesundheitswesen 75:102–110

Fließ S, Kleinaltenkamp M (2004) Blueprinting the service company. Managing service processes efficiently. J Bus Res 57(4):392–404

Fließ S, Marra A, Reckenfelderbäumer M (2005) Betriebswirtschaftliche Aspekte des Pflege-managements. In: Kerres A, Seeberger B (Hrsg) Gesamtlehrbuch Pflegemanagement. Springer Medizin, Berlin, S 396–436

Gelbrich K (2007) Blueprinting, sequentielle Ereignismethode und Critical Incident Technique. In: Buber R, Holzmüller HH (Hrsg) Qualitative Marktforschung. Gabler, Wiesbaden, S 617–633

Gerteis M, Edgman-Levitan S, Daley J, Delbanco T (1993) Through the patient's eyes: understanding and promoting patient-centered care. Jossey Bass, San Francisco

Haeske-Seeberg H (2001) Handbuch Qualitätsmanagement im Krankenhaus. Strategien – Analysen – Konzepte. Kohlhammer, Stuttgart

Hentschel B (1999) Multiattributive Messung von Dienstleistungsqualität. In: Bruhn M, Stauss B (Hrsg) Dienstleistungsqualität. Konzepte, Methoden, Erfahrungen, 3. Aufl. Gabler, Wiesbaden, S 289–320

Hoeth U, Schwarz W (1997) Qualitätstechniken für die Dienstleistung: die D7. Hanser, München

Homburg C, Krohmer H (2009) Marketingmanagement. Strategie – Instrumente – Umsetzung – Unternehmensführung, 3. Aufl. Gabler, Wiesbaden

Homburg C, Rudolph B (1995) Theoretische Perspektiven zur Kundenzufriedenheit. In: Simon H, Homburg C (Hrsg) Kundenzufriedenheit. Konzepte – Methoden – Erfahrungen. Gabler, Wiesbaden, S 29–49

Homburg C, Giering A, Hentschel F (1999) Der Zusammenhang zwischen Kundenzufriedenheit und Kundenbindung. Betriebswirtschaft 59:174–195

Jenkinson C, Coulter A, Bruster S, Richards N, Chandola T (2002) Patients' experiences and satisfaction with health care: results of a questionnaire study of specific aspects of care. Qual Saf Health Care 11:335–339

Kano N, Seraku N, Takahashi F, Tsuji S (1984) Attractive quality and must-be quality. Hinshitsu: J Jpn Soc Qual Control 14:39–48

Kortendieck G (2012) Marketing. In: Hensen G, Hensen P (Hrsg) Gesundheits- und Sozialmanagement. Leitbegriffe und Grundlagen modernen Managements. Kohlhammer, Stuttgart, S 79–101

Lecher S, Satzinger W, Trojan A, Koch U (2002) Patientenorientierung durch Patientenbefragungen als ein Qualitätsmerkmal der Krankenversorgung. Bundesgesundheitsbl Gesundheitsforsch Gesundheitsschutz 45:3–12

Matzler K, Bailom F (2009) Messung von Kundenzufriedenheit. In: Hinterhuber HH, Matzler K (Hrsg) Kundenorientierte Unternehmensführung. Kundenorientierung – Kundenzufriedenheit – Kundenbindung. Gabler, Wiesbaden, S 268–297

Matzler K, Sauerwein E, Stark C (2009) Methoden zur Identifikation von Basis-, Leistungs- und Begeisterungsfaktoren. In: Hinterhuber HH, Matzler K (Hrsg) Kundenorientierte Unternehmensführung. Gabler, Wiesbaden, S 320–344

Meffert H, Bruhn M (2009) Dienstleistungsmarketing. Grundlagen – Konzepte – Methoden, 6. Aufl. Gabler, Wiesbaden

Müller-Martini M (2008) Kundenkompetenzen als Determinanten der Kundenbindung. Gabler, Wiesbaden

Nerdinger FW, Neumann C (2007) Kundenzufriedenheit und Kundenbindung. In: Moser K (Hrsg) Wirtschaftspsychologie. Springer Medizin, Heidelberg, S 128–146

Pepels W (2008) Grundzüge des Beschwerdemanagement. In: Helmke S, Uebel MF, Dangelmaier W (Hrsg) Effektives customer relationship management. Instrumente – Einführungskonzepte – Organisation, 4. Aufl. Gabler, Wiesbaden

Richter M, Schmid-Ott G, Muthny FA (2011) Subjektive Anforderungen an die psychosomatische Rehabilitation und ihr Einfluss auf die Patientenzufriedenheit – „Basis-, Leistungs- und Begeisterungsfaktoren" nach dem Kano-Modell. Gesundheitswesen 73:169–176

Satzinger W (2002) Informationen für das Qualitätsmanagement im Krankenhaus: zur Funktion und Methodik von Patienten- und Personalbefragungen. Med Klin 97:104–110

Schneider G, Geiger IK, Scheuring J (2008) Prozess- und Qualitätsmanagement: Grundlagen der Prozessgestaltung und Qualitätsverbesserung mit zahlreichen Beispielen, Repetitionsfragen und Antworten. Compendio Bildungsmedien, Zürich

Shostack GL (1984) Designing services that deliver. Harv Bus Rev 62:133–139

Stauss B (1999) Kundenzufriedenheit. Marketing: Z Forsch Prax 21:5–24

Stauss B (2009) Beschwerdemanagement als Instrument der Kundenbindung. In: Hinterhuber HH, Matzler K (Hrsg) Kundenorientierte Unternehmensführung. Kundenorientierung – Kunden-zufriedenheit – Kundenbindung. Gabler, Wiesbaden, S 346–365

Stauss B, Seidel W (2014) Beschwerdemanagement. Unzufriedene Kunden als profitable Ziel-gruppe, 5. Aufl. Hanser, München

SVR Sachverständigenrat für die Konzertierte Aktion im Gesundheitswesen (2001) Gutachten 2000/2001. Bedarfsgerechtigkeit und Wirtschaftlichkeit. Bd I. Zielbildung, Prävention, Nutzer-orientierung und Partizipation. Drucksache 14/5660, Bundesanzeiger, Bonn

Mitarbeitendenorientierung im Qualitätsmanagement

10

Zusammenfassung

In diesem Kapitel werden spezielle Aspekte des Qualitätsmanagements im Hinblick auf die Mitarbeitendenorientierung behandelt. Dabei geht es im Wesentlichen um jene Aktivitäten, die auf die Förderung und Einbeziehung von Personen gerichtet sind. Es wird zunächst der Stellenwert von Motivation und Arbeitszufriedenheit als Stell- und Zielgrößen der Mitarbeitendenorientierung verdeutlicht. Nachfolgend werden Ansatzpunkte und allgemeine Handlungsfelder der Mitarbeitendenorientierung in Organisationen (z. B. Führung, Personalentwicklung, Arbeitsgestaltung) aufgezeigt sowie spezielle Methoden der Beteiligung und Einbeziehung (z. B. Befragungen, Vorschlagswesen, Beauftragtenwesen) in den Kontext des Qualitätsmanagements gesetzt. Eine besondere Herausforderung für die Mitarbeitendenorientierung in Gesundheitseinrichtungen ist die Berücksichtigung und Integration der Professions- und Handlungsperspektive der Gesundheitsberufe (z. B. Selbstbestimmung, geteilte Entscheidungsvollmachten, Externalisierung beruflicher Identität).

10.1 Bedeutung der Mitarbeitendenorientierung

Mitarbeitendenorientierung (auch: personenbezogener Ansatz, Humanzentrierung) im Qualitätsmanagement umfasst alle Aktivitäten einer Organisation, die auf die Förderung und Einbeziehung ihrer Mitglieder ausgerichtet sind, um die *Effektivität* (Verwirklichung der Qualitätsziele) und *Effizienz* (zielgerichteter Ressourcenverbrauch) der gesamten Einrichtung zu steigern. Die **Bedeutung des Menschen** bzw. des Mitarbeitenden für die Erreichung der Organisations- und Qualitätsziele ist bei personenbezogenen bzw. beziehungsorientierten Dienstleistungen (Gesundheitsleistungen) eine besondere, da neben der technischen Arbeitsausführung vor allem die interpersonelle

Beziehung zwischen Leistungserbringer und Leistungsempfänger das Leistungsergebnis mitbestimmt (Kap. 1). Mitarbeitendenorientierung ist neben der Kunden- und
Prozessorientierung eine der zentralen **Grundsätze** und **Werthaltungen** des Qualitätsmanagements. Sie sollte fest in der Organisations- und Qualitätskultur der Einrichtung
verankert sein und sich in Qualitätszielen abbilden (Kap. 5).

Mitarbeitendenorientierung bedeutet, die Potenziale der Mitarbeiter für die **Zwecke
der Einrichtung** im Sinne des Werterhalts, der Qualitätsentwicklung und der Existenzsicherung zu erhalten und zu steigern *(sachbezogene Begründung)*. Sie steht damit in
direktem Zusammenhang mit dem Geschäftserfolg des Unternehmens. Gleichzeitig
bedeutet sie aber auch, Mitarbeitende nicht (allein) als Mittel einer bestimmten Zweckerfüllung anzusehen. sondern die Einrichtung und ihre Mitglieder als **Sinngemeinschaft** auszugestalten, in der sich jeder Mensch seinen Fähigkeiten und Bedürfnissen
entsprechend einbringen und entfalten kann, in der die Leistungen jedes Einzelnen
anerkannt und wertgeschätzt werden und die Zufriedenheit ihrer Mitglieder fester
Bestandteil der Organisationskultur ist *(personenbezogene Begründung)*. Aufgabe des
Managements und der obersten Leitung ist es, die Bedürfnisse sowohl des Unternehmens
als auch ihrer Mitglieder zu befriedigen und hierbei einen angemessenen Ausgleich von
Organisations- und persönlichen Zielen herzustellen.

▶   Jede Organisation ist nur so gut wie ihre Mitarbeitenden und jede Qualitätsver-
     besserung ist nur durch und über die Mitarbeitenden erreichbar.

Eine auf Fehlervermeidung und kontinuierliche Verbesserung ausgerichtete Qualitätskultur benötigt das **Engagement** aller Mitglieder, um Probleme rechtzeitig zu erkennen
und nachhaltig zu beseitigen, und um die Qualität der Leistungsangebote und Leistungserstellung erhalten und kontinuierlich steigern zu können (Kamiske und Brauer 2011,
S. 134). Die Mitarbeitenden – zugleich Gestalter und Ressource der Wertschöpfung –
müssen hierzu in angemessener Weise befähigt, beteiligt und motiviert werden. Dies gilt
in besonderem Maße für die Idee des umfassenden Qualitätsmanagements (TQM), das
von der Gesamtheit aller Mitarbeitenden getragen wird (Konecny 2011, S. 5).

Motivation und **Arbeitszufriedenheit** der Mitarbeitenden sind wichtige Voraussetzungen, um sich den Belangen der Kundinnen und Kunden eigeninitiativ zu öffnen
und auf diese angemessen einzugehen. Im Kontext personenbezogener Dienstleistungen
werden Motivation und Arbeitszufriedenheit der Mitarbeitenden unmittelbar von den
Kundinnen und Kunden wahrgenommen und fließen als Kriterien (direkt und indirekt)
in die Qualitätsbeurteilung mit ein (Kap. 11). Kundinnnen- und Kundenzufriedenheit
wiederum ist Ziel der Wertschöpfung, Basis des Unternehmenserfolgs und Erfolgsgröße
für das Qualitätsmanagement (Kap. 9).

Die Bedeutung der Mitarbeitendenorientierung für die Prozesse der Leistungserbringung und die Erreichung der angestrebten Unternehmens- bzw. Organisations-
ziele wurde bereits in den frühen Entwicklungsstufen des EFQM Excellence Modells

(Kap. 4) auf eine einfache Formel gebracht: *„Bessere Ergebnisse durch Einbindung aller Mitarbeitenden in die kontinuierliche Verbesserung ihrer Prozesse"* (Abb. 10.1). Mitarbeitendenorientierung kann daher auch als (notwendige) **Bedingung** der Kundinnen- und Kundenorientierung wie auch der Prozessorientierung verstanden werden, gewissermaßen als organisationsinterne **Stellgröße,** um Qualitäts- und Unternehmensziele erfolgreich umsetzen zu können.

Mitarbeitendenorientierung wird – nicht nur im angelsächsischen Sprachraum – begrifflich auch als **People Empowerment** gefasst und umfasst im Wesentlichen zwei Dimensionen: Die Steigerung der **Handlungsfähigkeit** (Wissen und Können) und die Stärkung der **Beteiligung** von Mitarbeitenden (Partizipation und Übertragung von Verantwortung). Der Begriff Empowerment verdeutlicht das Anliegen, Mitarbeitendenorientierung nicht allein als Grundsatz der Befähigung und Kompetenzförderung zu verstehen, beispielsweise um Aufgaben (im Qualitätsmanagement) möglichst selbstständig wahrnehmen zu können, sondern die Mitarbeitenden in gleichem Maße auch mit entsprechenden Beteiligungsmöglichkeiten und -rechten auszustatten.

▶ **Empowerment** (Ermächtigung, Kompetenz und Befugnis) Der Prozess, mit dem Mitarbeitende oder Teams in die Lage versetzt werden, Verantwortung für Entscheidungen zu übernehmen und bis zu einem gewissen Grad eigenverantwortlich zu handeln (EFQM 2012).

Innerhalb von Organisationen werden grundsätzlich drei Stufen bzw. Grade der Beteiligung unterschieden (Bowen und Lawler 1995):

- **Vorschlagsrechte** (Suggestion Involvement): Mitarbeitende erhalten Gelegenheit, sich in Form von Vorschlägen und Anregungen an der Organisationsentwicklung zu beteiligten (z. B. durch „Kummerkasten", „Wünschebuch", innerbetriebliches Vorschlagswesen, Befragungen). Über die Verwirklichung hingegen entscheidet ausschließlich die Unternehmensleitung.
- **Beteiligungsrechte** (Job Involvement): Mitarbeitende haben ein eingeschränktes Autonomierecht, ohne über umfassende Entscheidungsrechte zu verfügen. Sie werden an der Erarbeitung von Konzepten, der Vorbereitung von Entscheidungen,

Abb. 10.1 Traditioneller EFQM-Grundsatz. (Quelle: Zink 2004, S. 68)

der Problemanalyse und Lösungsfindung beteiligt und können sich damit aktiv in die Unternehmensgestaltung einbringen (z. B. durch Projektgruppen, Arbeitsgruppen). Entscheidungen werden jedoch weitgehend von übergeordneten Ebenen getroffen.

- **Entscheidungsrechte** (High Involvement): Die Mitarbeitenden besitzen in einem vereinbarten Rahmen Rechte, Entscheidungen selbst zu treffen und umzusetzen (z. B. im Rahmen von Steuergruppen, Qualitätszirkeln, Beauftragtenwesen). Für diese Stufe der Beteiligung ist ein hohes Maß an Eigenverantwortung und Selbstorganisation aufseiten der Mitarbeitenden und Berufsgruppen Voraussetzung, aber auch eine hoch entwickelte Kultur interprofessioneller und interdisziplinärer Zusammenarbeit.

Gesundheitseinrichtungen unterscheiden sich deutlich von gewerblichen Dienstleistungsbranchen oder Einrichtungen der öffentlichen Verwaltung. **Gesundheitsberufe** und ihre Angehörigen verfügen aufgrund ihres berufsfachlichen Status und ihrer Professionsautonomie bereits über besondere und eigene *Entscheidungsrechte*. Eine Fachkraft (Gesundheitsberufs- bzw. Professionsangehörige) handelt in Ausübung ihres Berufs immer auf Grundlage von und legitimiert durch ihre (in Studium und Ausbildung) erworbenen **spezifischen Kompetenzen** (Großmaß und Perko 2011, S. 129). Die damit verbundene Entscheidungsmacht innerhalb der beruflichen Interaktion mit Patientinnen und Patienten oder Klientinnen und Klienten („Kunden-Lieferanten-Beziehung") bedingt wechselseitig eine **persönliche Verantwortlichkeit** wie auch ein Einstehenmüssen für das eigene Handeln sowohl gegenüber den Kundinnen und Kunden (z. B. Behandlungsfehler, Pflegefehler) als auch gegenüber der Organisation (z. B. Fehler bei der Personalführung).

Die Professionslogik fordert ein hohes Maß an **organisationaler Selbstbestimmtheit.** Professionsbezogenes Handeln ist geprägt durch selbstständiges Planen, Durchführen und Kontrollieren der eigenen Arbeitsinhalte und beruflichen Alltagssituationen („vollständige Handlungen"). Damit verbunden ist die bei Professionen bzw. Angehörigen der Gesundheitsberufe beobachtbare **Externalisierung beruflicher Identität.** Dies bedeutet, dass für weite Teile der Kompetenzprägung und -entwicklung (Fort- und Weiterbildung, Definition von Handlungs- und Leistungsniveaus) die Verantwortung nicht in der Hand der Einrichtung selbst, sondern bei Institutionen außerhalb der Einrichtung liegt (z. B. Kammern, Berufsverbände, Fachgesellschaften). Die Organisation professionsgeführter Einrichtungen ist oftmals von getrennten Liniensystemen (z. B. Verwaltung, Pflege, ärztlicher Dienst) sowie korporativen Direktorien und Leitungsinstitutionen mit **geteilten Entscheidungsvollmachten** geprägt. Organisationale Selbstbestimmung und Externalisierung professionsbezogener Identität können auch konflikthaft zu der zweckfunktionalen Logik einer an bestimmten Einrichtungs- und Unternehmenszielen ausgerichteten Mitarbeitendenorientierung stehen. Einrichtungen im Gesundheitswesen müssen stets beide Perspektiven im Blick haben und einrichtungsinterne bzw. unternehmerische Belange mit den besonderen Ansprüchen und Bedingungen einer berufsfachlichen Professions- und Handlungslogik in Einklang bringen.

10.2   Allgemeine Methoden der Mitarbeitendenorientierung

10.2.1 Zufriedenheits- und Motivationsmodelle

Die Aufrechterhaltung und Steigerung von **Motivation** und **Arbeitszufriedenheit** sind Stell- und Zielgrößen der Mitarbeitendenorientierung. Ähnlich wie Kundinnen- und Kundenzufriedenheit sind auch Motivation und Arbeitszufriedenheit Konstrukte, denen komplexe intrapsychische Informationsverarbeitungsprozesse zugrunde liegen und die nur modellhaft und näherungsweise zu bestimmen sind. Erklärungsansätze hierzu liefern motivationstheoretische Modelle der Arbeits- und Organisationspsychologie.

Gängigen Vorstellungen liegt die Annahme zugrunde, dass menschliches Verhalten durch latente, zeitlich relativ stabile Bedürfnisse (auch: **Motive**) bestimmt wird, die durch innere und äußere Anreize aktiviert werden (Holtbrügge 2013, S. 13). Als Motive wären beispielhaft das Leistungsmotiv, das Machtmotiv oder das Anschlussmotiv zu nennen (Langens et al. 2005, S. 79). Motivation – ausgedrückt als die Bereitschaft zu zielgerichtetem Verhalten – ist an **Anreize** gebunden, Arbeitszufriedenheit an **Bedürfnisbefriedigung.** Arbeitszufriedenheit kann vereinfachend als das Ergebnis (positiver emotionaler Zustand) der individuellen Motivationsprozesse angesehen werden. Welche Faktoren positiv auf die Motivation und die Arbeitszufriedenheit wirken, soll im Folgenden an den beiden Motivationsmodellen von Herzberg sowie Porter und Lawler veranschaulicht werden.

10.2.1.1 Zwei-Faktoren-Theorie von Herzberg

Die **Zwei-Faktoren-Theorie** gehört zu den inhaltstheoretischen Motivationsmodellen, die Aussagen zur Ausprägung der Motivstruktur („Was bewirkt Verhalten?") zulassen, nicht aber zu den spezifischen Wirkzusammenhängen einzelner Faktoren untereinander. Die Theorie widmet sich der grundsätzlichen Frage, welche Bedürfnisse die Arbeitszufriedenheit (mit-)bestimmen und welche Verhaltensanreize am Arbeitsplatz wirkungsvoll sein können. In empirischen Untersuchungen fand Herzberg heraus, dass es bestimmte Faktoren gibt, die unabhängig auf die Arbeitszufriedenheit wirken. Zufriedenheit wird hiernach nicht eindimensional als Kontinuummodell, sondern zweidimensional als **Unabhängigkeitsmodell** konzipiert (Herzberg et al. 1959).

Danach werden Faktoren unterschieden, die *Unzufriedenheit* und *Nicht-Unzufriedenheit* zur Folge haben (Kontextfaktoren, extrinsische Faktoren), und solche Faktoren, die für die *Zufriedenheit* und *Nicht-Zufriedenheit* ausschlaggebend sind (Kontentfaktoren, intrinsische Faktoren). Einen ähnlichen mehrdimensionalen Ansatz haben wir bereits mit den Basis-, Leistungs- und Begeisterungsfaktoren der Kundinnen- und Kundenzufriedenheit von Kano kennengelernt, der seinen Ansatz auf den Theorien von Herzberg aufbaute (Kap. 9).

Da die Kontextfaktoren überwiegend für die Ausbildung von Unzufriedenheit verantwortlich sind und durch ihre Vermeidung „Nicht-Unzufriedenheit" produziert werden kann, werden diese als **Hygienefaktoren** – im Sinne von „zu vermeidenden Faktoren" entsprechend ihrer Bedeutung in Medizin und Gesundheitswissenschaft – bezeichnet. Faktoren, die die Zufriedenheit der Mitarbeitenden steigern können, werden in dem Modell als **Motivatoren** oder Motivationsfaktoren bezeichnet (Herzberg 1966). Auch wenn die Zwei-Faktoren-Theorie bisher nicht eindeutig empirisch untermauert werden konnte und einzelne Faktoren große Schnittmengen untereinander bilden, konnte das Modell in der historischen Betrachtung viel für das Verständnis von *Motivation* in Organisationskontexten beitragen. Es hat vor allem zu der Erkenntnis geführt, dass das ausgezahlte Gehalt bzw. monetäre Anreize keine nachhaltigen Wirkungen als Motivationsfaktoren entfalten, sondern vielmehr als Hygienefaktoren auf die Entstehung von Unzufriedenheit wirken (vgl. Nerdinger 2014, S. 422 f.; Holtbrügge 2013, S. 17).

Die Zwei-Faktoren-Theorie unterstreicht die Bedeutung *intrinsischer Faktoren* und die Bedeutung der *Tätigkeiten* auf die Arbeitszufriedenheit (Abb. 10.2), was in der Folge die Entwicklung neuer Ideen und Konzepte der Arbeitsgestaltung und -strukturierung anschob. Insbesondere die heute noch viel beachteten Konzepte der Erweiterung des Arbeits- bzw. Aufgabenfelds (Job Enlargement) oder der inhaltlichen Anreicherung von

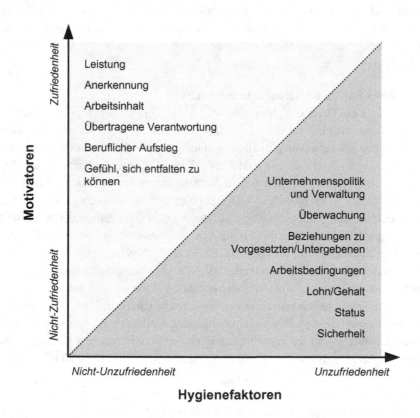

Abb. 10.2   Zwei-Faktoren-Theorie der Arbeitszufriedenheit. (Quelle: Herzberg 1966)

Arbeitsaufgaben (Job Enrichment) haben hier ihren Ursprung (Herzberg 1968; Ulich 2011, S. 213).

10.2.1.2 Motivationsmodell von Porter und Lawler

Das Motivationsmodell von Porter und Lawler gehört zu den prozesstheoretischen Ansätzen, die sich mit den Wirkzusammenhängen von Faktoren, die Motivation hervorrufen, auseinandersetzen („Wie wird Verhalten bewirkt"). Das **Motivationsmodell** (Abb. 10.3) beschreibt den Zusammenhang von Motivation, Anstrengung, Leistung und Zufriedenheit. Arbeitsleistung wird hierbei nicht als ein Ergebnis von hoher Arbeitszufriedenheit gesehen („Zufriedenheit führt zur guter Arbeitsleistung"). Vielmehr ist die **Arbeitsleistung** und die damit verbundene Belohnung eine der Voraussetzungen für die Entstehung von **Arbeitszufriedenheit** („Leistung führt zu Zufriedenheit"). Beide Faktoren stehen in Wechselwirkungen im Sinne eines Rückkopplungs- oder Zirkulationsmodells (Porter und Lawler 1968). Das Modell berücksichtigt im Einzelnen die folgenden Variablen (vgl. Weinert 2004, S. 208 f.):

- **Anstrengung:** Ausmaß an Energie, die eine Person zur Erfüllung einer Aufgabe anwendet. Sie wird beeinflusst durch die Wertigkeit der Belohnung und der wahrgenommenen Wahrscheinlichkeit, dass eine Belohnung auf die Anstrengung folgt.
- **Leistung:** Das messbare Ergebnis der Anstrengung (Output). Sie wird beeinflusst durch die Fähigkeiten und Persönlichkeitszüge (z. B. Intelligenz, psychomotorische Fähigkeiten) einer Person sowie ihrer Rollenwahrnehmung (Definition und Ausführung der Tätigkeiten).

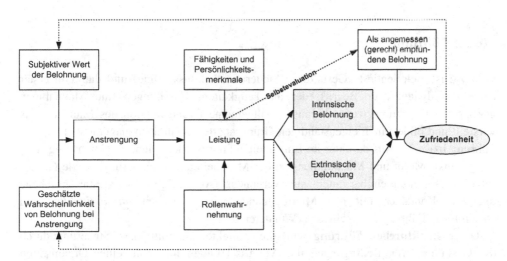

Abb. 10.3 Motivationsmodell nach Porter und Lawler. (Quelle: Porter und Lawler 1968, S. 165)

- **Belohnung:** Die gewährten Belohnungen können intrinsisch (z. B. Anerkennung, Erfolg) oder extrinsisch (z. B. Gehalt, Zulage) sein. Die Belohnung muss als gerecht empfunden werden.
- **Zufriedenheit:** Ergebnis des Motivationsprozesses. Zufriedenheit entsteht, wenn die Belohnung den persönlichen Vorstellungen entspricht oder diese übersteigt (Bewertung der Differenz zwischen erwarteter Belohnung und erhaltener Belohnung).

Das Modell bietet nachvollziehbare Erklärungsansätze für den komplexen Prozess der Motivation und beinhaltet auch *Rückkopplungsschleifen* für Lernprozesse. Die individuelle Motivation wird vor allem durch die angenommene Wahrscheinlichkeit beeinflusst, dass große Bemühungen auch zu verbesserter Arbeitsleistung führen (**Anstrengungserwartung**) und dass gute Arbeitsleistungen auch zu den gewünschten Zielen führen (**Konsequenzerwartung**). Es gilt aber nicht zuletzt aufgrund seiner fehlenden empirischen Überprüfung eher als Theoriemodell und weniger als Handlungsmodell (Holtbrügge 2013, S. 24).

Für die Handlungspraxis lässt sich aber dennoch schlussfolgern, dass ein elementarer **Ansatzpunkt** der Mitarbeitendenorientierung darin liegt, für eine gerechte Belohnung (intrinsisch *und* extrinsisch) der Anstrengungen oder Bemühungen von Mitarbeitenden zu sorgen. Dies setzt voraus, dass auf die unterschiedlichen Bedürfnisse der Mitarbeitenden eingegangen wird, was wiederum die Kenntnis und das Verstehen eben jener Bedürfnisse bedingt. Die Konsequenz muss daher sein, mit geeigneten Methoden und Instrumenten die **Bedürfnisse der Mitarbeitenden** zu identifizieren (z. B. durch regelmäßige Befragungen, strukturierte Gespräche, offene Vorschlags- und Beteiligungskanäle) und angemessen Rechnung zu tragen (z. B. durch Führungsverhalten, Personalentwicklungsmaßnahmen, Arbeitsgestaltung/-strukturierung, Anreizsysteme).

10.2.2 Führung

Führung ist zielorientierte Gestaltung (Steuerung, Einflussnahme) und damit in erster Linie ein dynamischer Begriff, der an Tätigkeiten, Handlungen und Maßnahmen gekoppelt ist. Führung wurde bereits als allgemeine Grundfunktion des Managements vorstellt und bildet einen eigenständigen Grundsatz des Qualitätsmanagements (Kap. 2). Führung bzw. das, was darunter im Einzelnen gefasst werden kann, ist gleichzeitig Ausgangspunkt, Motor und Machtdimension der Mitarbeitendenorientierung. Beide Grundsätze sind somit untrennbar miteinander verbunden. Abhängig von der Gestaltungsebene und den Kontakten mit den Mitarbeitenden wird zwischen *interaktioneller* und *struktureller* Führung unterschieden (Wunderer 1996).

Unter **struktureller Führung** wird die indirekte und mittelbare Steuerung durch die Gestaltung von Bedingungen und Voraussetzungen innerhalb einer Organisation verstanden („Führung durch Strukturen"). Dies ist der Aufgabenbereich der oberen Leitungsebenen bzw. der Unternehmensführung. Darunter fallen im Allgemeinen übergeordnete Gestaltungsaufgaben der Aufbau- und Ablauforganisation oder die Entwicklung und der Einsatz von Managementsystemen wie Anreiz- und Belohnungssysteme, Arbeitszeitsysteme oder Informations- und Kommunikationssysteme (vgl. Berthel und Becker 2010, S. 155 ff.).

Als **interaktionelle Führung** wird hingegen die direkte und unmittelbare Verhaltenssteuerung durch die Vorgesetzten bezeichnet (Gestaltung der Mikrostruktur). Diese ist für die Formung und Feinsteuerung der Arbeitsausführung erforderlich und wird auch als Mitarbeitendenführung oder als „Führung im engeren Sinne" verstanden („Führung durch Menschen"). Wesentliche Elemente der interaktionellen Führung sind *Führungsstile,* (im engeren Sinne das konkrete Führungsverhalten), *Führungstechniken* (Einsatz von Konzepten und Methoden) und *Führungsmittel* (Information und Kommunikation zwischen Vorgesetzten und Mitarbeitenden).

10.2.2.1 Führungsstile

Stellgröße der interaktionellen Führung (Mitarbeitendenführung) ist der vertretene Führungsstil bzw. das konkrete Führungsverhalten. Als **Führungsverhalten** wird die zielgerichtete Einflussnahme in einer ganz bestimmten, strukturierten Arbeitssituation verstanden (situative Führung). Zeigen Führungskräfte in bestimmten Situationen wiederholt bestimmte Verhaltensweisen, kann auf ein Verhaltensmuster geschlossen werden. Derartige Verhaltensmuster, die innerhalb einer bestimmten Schwankungsbreite typisch sind, lassen sich als **Führungsstile** bezeichnen (Berthel und Becker 2010, S. 163 ff.). In der Regel ist der Führungsstil auch Grundlage für die Wahl der Führungstechniken. Führungsstile unterscheiden sich ganz allgemein in der Art der Willensbildung bzw. der Einräumung von Gestaltungs- und Entscheidungsspielräumen. In der Führungsforschung haben sich zahlreiche Ansätze zur Typologie von Führungsstilen etabliert. Für unsere Zwecke soll der Blick auf die historisch bedeutsame Führungstypologie von Tannenbaum und Schmidt ausreichen, die unterschiedliche Führungsstile idealtypisch entlang eines bipolaren Kontinuums ordnet (Abb. 10.4).

Die Typologie zeigt, welcher Führungsstil mehr auf die Bedürfnisse und Erwartungen der Mitarbeitenden hinsichtlich der Entscheidungs- und Gestaltungsspielräume eingeht und welcher stärker auf die Interessen der Vorgesetzten ausgerichtet ist. Ein Führungsstil, der auf Beteiligung und Engagement baut und gleichzeitig die Verantwortungsübernahme durch die Mitarbeitenden im Blick hat, kann zur Ausbildung einer **qualitätsorientierten Organisationskultur** in Gesundheitseinrichtungen beitragen, insbesondere hinsichtlich der damit in Verbindung stehenden „Teil-"Kulturen, die üblicherweise als *Qualitätskultur* („Qualität ist Aufgabe aller Mitarbeitenden und Führungskräfte"), *Fehlerkultur* („Verständnis von Fehlern als Chance der Qualitätsverbesserung") oder *Sicherheitskultur* („Bewusstsein von Maßnahmen und ihren Wirkungen zur Erhöhung der Patientinnen- und Patientensicherheit") bezeichnet werden.

Im Qualitätsmanagement werden zunehmend **partizipative Führungsstile** gefordert. Wertaussagen hierzu finden sich in nahezu sämtlichen Unternehmensphilosophien und Leitbildern von Gesundheitseinrichtungen. Die Umsetzung und Konkretisierung

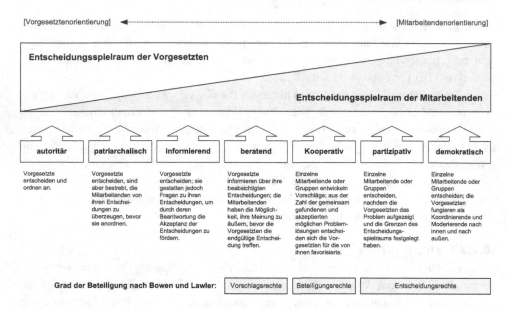

Abb. 10.4 Führungstypologien und Beteiligungsgrad. (Quelle: nach Tannenbaum und Schmidt 1958, S. 96)

einer partizipativer Führung wiederum erscheint ungleich schwieriger. Dies mag an der besonderen Situation uneinheitlich ausgebildeter *Liniensysteme* in Gesundheits-organisationen liegen, mitunter auch an historisch gewachsenen *Hierarchietraditionen* innerhalb der Gesundheitsberufe. Gleichzeitig können bestimmte Aufgaben, Hand-lungssituationen oder Ausführungssettings (z. B. OP-Team, Notfallaufnahme) autori-tär geprägtes oder informierendes Führungsverhalten geradezu erforderlich machen und die Ausbildung partizipativer Führungsstile erschweren. Wechselndes und selektives Führungsverhalten wiederum trägt zu Unsicherheiten bei Mitarbeitenden und zu Ängsten hinsichtlich der eigenen Glaubwürdigkeit aufseiten der Führungskräfte bei.

Führungsstile prägen die Organisationskultur in all ihren Facetten. Gleichzeitig sind sie Erscheinungsformen der zugrunde liegenden *Führungskultur*. Die Neuausrichtung von Kulturen erfordert Zeit, vor allem aber mehr als „guten Willen". Wer partizipatives Führungsverhalten selber nicht erfahren hat, für den ist es als Führungskraft ungleich schwerer, dieses Verhalten in die Praxis umzusetzen, auch wenn er von diesem Ansatz überzeugt ist. Die Benennung partizipativer Führung als eine **zentrale Wertaussage** trägt dazu bei, die Neuausrichtung einer gewünschten Führungskultur einzuleiten, aber auch, um dauerhaft auf gemeinsame Grundsätze verweisen zu können. Die Verankerung von partizipativer Führung muss vor allem durch strukturelle Maßnahmen (z. B. Arbeits-strukturierung, Gruppenarbeit, Teamkonzepte) und durch Mess- und Prüfmethoden (z. B. Indikatoren, Auditkriterien, Qualitätsziele) begleitet und unterstützt werden. Hilfestellungen bei der Umsetzung bieten einige der nachfolgend genannten Führungstechniken.

10.2.2.2 Führungstechniken

Die Vielzahl der Führungstechniken kann ganz allgemein in Führungskonzepte und klassische Führungstechniken unterteilt werden. **Führungskonzepte** sind allgemein als sogenannte „Management-by-Konzepte" bekannt und haben den Charakter von übergeordneten Handlungsstrategien. Sie legen bestimmte Verhaltensweisen des Führungshandelns fest und können daher Hilfestellungen in schwierigen Führungssituationen sein. Gleichzeitig bestehen aber auch Überlappungen, die eine eindeutige Abgrenzung voneinander nicht immer möglich machen. Für das Qualitätsmanagement relevante Konzepte sind:

- **Management by Objectives (MbO):** Der Führungsprozess ist gekennzeichnet durch die Formulierung möglichst konkreter Arbeitsziele, die aus den Organisations- und Qualitätszielen für die Mitarbeitenden abgeleitet werden (hierarchisches Zielsystem). Die Leistungsbeurteilung (formelle Rückmeldung) erfolgt auf Grundlage von Zielvorgaben oder Zielvereinbarungen (Kontrolle der Zielerreichung durch „Soll-Ist"-Vergleiche), die in regelmäßigen Abständen überprüft werden, meist im Rahmen von formalisierten Gesprächen. Darin können Aufgaben angepasst und persönliche Entwicklungsziele einbezogen werden. MbO setzt ein hohes Maß an Organisationsklarheit voraus (z. B. Verantwortlichkeiten, Stellenbeschreibungen), stellt aber auch hohe Anforderungen an die Klarheit bzw. Eindeutigkeit des einrichtungsinternen Zielsystems.
- **Management by Exception (MbE):** Der Führungsprozess beruht auf dem Prinzip des Ausnahmefalls. Die Mitarbeitenden handeln in ihren Arbeitsbereichen im Wesentlichen eigenverantwortlich, nur in außergewöhnlichen Fällen werden die Vorgesetzten eingeschaltet. Dies setzt voraus, dass „Normalfälle" gegenüber „Ausnahmefällen" abgegrenzt werden können (z. B. hinsichtlich Wichtigkeit, auftretende Abweichungen) und dass Führungskräfte erkennen können, ob das aufgetretene Problem von den Mitarbeitenden selbst oder die Unterstützung der Vorgesetzten bedarf.
- **Management by Delegation (MbD):** Der Führungsprozess ist gekennzeichnet durch das Prinzip der Delegation. Den Mitarbeitenden wird ein größtmöglicher Entscheidungsspielraum bei der Bearbeitung umfangreicher Arbeitspakete und Aufgaben eingeräumt. Die Gesamtverantwortung verbleibt zwar bei den Führungskräften; Entscheidungen des konkreten Arbeitsvollzugs werden jedoch dahin verlagert, wo sie sachlich kompetent und rasch erledigt werden können. In der Regel werden dabei verschiedene Ansätze miteinander kombiniert.

Das wohl bekannteste und umfangreichste dieser Konzepte ist der „Management by Objectives"-Ansatz (MbO), der auf die Ausbildung und Anwendung eines **organisationsweiten Zielsystems** ausgelegt ist. MbO erscheint als Führungskonzept besonders attraktiv, da das Setzen und Verfolgen von Zielen ein elementarer Bestandteil des gesamten Qualitätsmanagements ist. Die in der Qualitätsplanung definierten **Qualitätsziele** können hierüber spezifiziert und auf die verschiedenen Arbeitsbereiche heruntergebrochen werden.

Ein dem MbO nahe gelegenes Konzept ist das **Policy Deployment** (Goal Deployment, Hoshin Kanri) oder auch **Management by Policy (MbP).** Es stellt eine Erweiterung des MbO-Ansatzes dar, in dem es den hierarchischen Aufbau von MbO funktionsübergreifend weiterentwickelt. Wird beim MbO lediglich ein vertikaler Ziel-bildungsprozess verfolgt, in dem Unternehmensziele in Abteilungsziele und die wiederum in konkrete Mitarbeitendenziele abgeleitet werden (eindimensionaler Ansatz), wird durch das Policy Deployment der vertikale Ansatz durch eine horizontale Ziel-bildung ergänzt (zweidimensionaler Ansatz). Policy Deployment ist gegenüber MbO deutlich weitreichender, da nicht nur Ziele und Zielvorgaben bzw. Zielvereinbarungen getroffen, sondern darüber hinaus auf der strategischen Ebene Pläne und Konzepte inklusive der dafür benötigten Ressourcenverfügbarkeit für die Zielerreichung ent-wickelt werden. Policy Deployment ist nicht nur ein weitreichender, sondern auch ein anspruchsvoller Ansatz, der eine entsprechend ausgebildete *Organisationskultur* wie auch entsprechende *Lernerfahrungen* mit partizipativen Ansätzen erfordert. Der Policy-Deployment-Ansatz verfolgt den TQM-Gedanken der Realisierung von *Unternehmens-qualität* in beispielhafter Weise, jedoch führt die zu handhabende Komplexität leicht zu einer Überforderung aller Beteiligten und birgt damit die Gefahr des Scheiterns der gesamten TQM-Idee.

Neben diesen neueren, eher konzeptuellen Ansätzen beinhaltet Mitarbeitendenführung zahlreiche **traditionelle personenbezogene Führungstechniken** (z. B. Leistungsbe-urteilungsgespräch, Vorgesetztenbeurteilung, Stellen- und Funktionsbeschreibungen) als auch **gruppenorientierte Führungstechniken** (z. B. Qualitätszirkel, Teamentwicklung, Lernstatt-Konzepte), auf die mit Bezug zum Qualitätsmanagement im weiteren Verlauf dieses Kapitels noch eingegangen wird.

10.2.2.3 Führungsmittel

Führungsmittel beschreiben, wie und welche Informationen zwischen Vorgesetzten und Mitarbeitenden ausgetauscht werden. Informationen sind als einseitige Kommunikation im Rahmen der betrieblichen Gesamtkommunikation einzuordnen. Eine partizipative Führungskultur baut auf adäquate innerbetriebliche *Informations- und Kommunikations-strukturen* auf, die im Rahmen der strukturellen Führung bereit- und sichergestellt und im Rahmen der interaktionellen Führung zielgerichtet und angemessen ein-gesetzt werden. Informationen können in aufgabenbezogene Informationsbedarfe und individuelle Informationsbedürfnisse unterschieden werden. Die **aufgabenbezogenen Informationsbedarfe** umfassen all jene Informationen, die für eine zweckgerichtete und angemessene Aufgabenerfüllung benötigt werden. Sie lassen sich wie folgt als Qualitäts-anforderungen verallgemeinern:

- Ausreichende und richtige Informationen über die zu erledigende Arbeit, d. h. Bereit-stellung der informationellen Input-Variablen als Grundlage für sämtliche Ent-scheidungsprozesse im Arbeitsablauf („Management by Facts");

- Kenntnis und das Verständnis der Organisations- und Qualitätsziele sowie grundsätzlicher Handlungsmaximen und Unternehmensleitlinien (Orientierungsfunktion von Zielen und Strategien);
- Ziele und Strategien sollten nicht nur verstanden und eingeordnet werden; es sollte auch ein Bezug zur eigenen Arbeit hergestellt werden können (Verknüpfung der konkreten Aufgabenerfüllung mit übergeordneten Zielen).

Neben diesen allgemeinen Informationsanforderungen zur Aufgabenerfüllung verfügt jede Person auch über **individuelle Informationsbedürfnisse** (vgl. Richter 1989, S. 398):

- Bedürfnis nach Sicherheit: Informationen über die wirtschaftliche Lage der eigenen Einrichtungen oder über anstehende Veränderungen, die den eigenen Arbeitsplatz betreffen;
- Bedürfnis nach Kontakt: Gefühl des Eingebundenseins in eine Sinngemeinschaft, Informationen über Erlebnisse von Kolleginnen und Kollegen;
- Bedürfnis nach Bestätigung, Differenzierung und Einfluss: Information über Entwicklungen, allgemeine Ereignisse, freiwillige Zusatzinformationen über betriebliche und persönliche Erfolge, Rückmeldung von direkten Vorgesetzten.

Ansatzpunkte zur Verbesserung der Kommunikation und des Informationsflusses liegen in der Gestaltung der formellen und informellen Kommunikation innerhalb der Organisation. Die **formelle Kommunikation** beschreibt alle Elemente der institutionalisierten Kommunikationsstrukturen und -prozesse zur Aufgabenerfüllung. Sie findet in der Regel *geplant* statt (z. B. regelmäßige Termine, vorgegebene Inhalte), bedient sich *definierter Wege* (z. B. Leitungsrunde, E-Mail-Verteiler, Schwarzes Brett, Betriebszeitung) und ist im Sinne einer Informationskaskade von der obersten Leitung bis zur operativen Ebene *durchgängig* gestaltet (z. B. Berichtswesen, Stellenbeschreibungen).

Aufgabe der Führung ist es, den horizontalen (bereichsübergreifenden) und vertikalen (hierarchieübergreifenden) **Informationsfluss** („Top-down" und „Bottom-up") im Rahmen der formellen Kommunikation sicherzustellen. Dabei müssen durchlässige Kanäle geschaffen werden, die Informationen sachgerecht von den Führungskräften zu den Mitarbeitenden transportieren und von den Adressaten verstanden werden **(Abwärtskommunikation),** im Gegenzug aber auch Informationen von den Mitarbeitenden zu den Führungskräften leiten **(Aufwärtskommunikation)**. Eine auf dem Prinzip des Gegenstroms basierende Kommunikation (kombinierte Ab- und Aufwärtskommunikation) unterstützt die Einbindung und Beteiligung der Mitarbeitenden und erhöht die Entscheidungsqualität in Leitungsfragen.

Dagegen ist die **informelle Kommunikation** dadurch gekennzeichnet, dass nicht der Zweck der Aufgabenerfüllung im Vordergrund steht, sondern eher sozialpsychologische Kommunikationsbedürfnisse. Sie findet in der Regel *ungeplant* (bzw. zufällig) statt, hat *wechselnde* Teilnehmende und Themen und ist eher durch einen *direkten Dialog* gekenn-zeichnet. Es hat sich gezeigt, dass die informelle Kommunikation in weiten Teilen eine brauchbare Ergänzung zur formellen Kommunikation sein kann. Dort wo formell angelegte Informationskanäle die Adressaten nicht immer oder richtig erreichen, können informelle Gespräche oder Mitteilungen die nötige Ersatz- und Unterstützungsarbeit leisten.

Grundsätze der informellen Kommunikation (Doppler und Lauterburg 2005, S. 377):
- Informelle Kommunikation muss gezielt gefördert werden (z. B. durch geeignete Orte der Begegnung, Feste und Veranstaltungen).
- Formelle und informelle Kommunikation darf nicht im Widerspruch zu einander stehen (z. B. Kennen und Hören auf die „Stimme der Mitarbeitenden", lockere Gesprächsrunden).
- Informelle Kommunikation soll konsequent genutzt werden (z. B. bewusste Einspeisung von Themen und Problemen zur Diskussion durch Besuche und Telefonate).

10.2.3 Personalentwicklung

Personalentwicklung als Begriff und Konzept wird uneinheitlich definiert. Weiter gefasste Definitionen verstehen unter Personalentwicklung breit angelegte Struktur- und Gestaltungsansätze der Organisationsentwicklung als Aufgabe der Unternehmensleitung, enger gefasste Definitionen wiederum fokussieren eher auf die Qualifizierung, Förderung und Laufbahnentwicklung von Mitarbeitenden als Teilbereich der Personalpolitik. Einige Ansätze betonen den Bildungs- und Qualifizierungsaspekt (vgl. Mentzel 1997, S. 15), andere den systemischen Charakter der Personalentwicklung (Drosten 1996, S. 52). Im Kontext des umfassenden Qualitätsmanagements (TQM) hat Personalentwicklung den Stellenwert einer Unternehmensstrategie, die Mitarbeitende als wichtigste, wertvollste und sensitivste Ressource der Organisation versteht und deren Belange verfolgt (siehe Abschn. 10.1). Konzipiert wird sie in der Regel als Querschnittsfunktion, die alle Unter-nehmensbereiche und Managementebenen durchdringt.

▶ **Personalentwicklung** umfasst alle Maßnahmen der Bildung, der Förderung und der Organisationsentwicklung, die von einer Person oder Organisation zur Erreichung spezieller Zwecke zielgerichtet, systematisch und methodisch geplant, realisiert und evaluiert werden (Becker 2013, S. 5).

Um die Ziele der Mitarbeitendenorientierung (Befähigung und Beteiligung) erreichen zu können, widmet sich die Personalentwicklung in erster Linie den Aspekten der **Bildung** und **Qualifikation** im beruflichen und betrieblichen Umfeld sowie der dauerhaften **Förderung** von Mitarbeitenden unter Berücksichtigung der soziotechnischen Aspekte der Arbeits- und Organisationsgestaltung (Zusammenspiel von „Mensch" und „Maschine").

10.2.3.1 Qualifizierung von Mitarbeitenden

Die Begrifflichkeiten und Konzepte der betrieblichen (bzw. einrichtungsinternen) Qualifizierung sind aufgrund ihrer inhaltlichen Überschneidungen nur mit Mühe voneinander abzugrenzen. Unter dem Begriff **Qualifikation** werden eher aufgabenbezogene Aus-, Fort- und Weiterbildungsinhalte zur Erledigung eines vorgesehenen Arbeitsvollzugs verstanden. Diese Inhalte sind in der Regel konkret und spezifisch; als Lernziele werden hierfür Kenntnisse (Knowledge), Fähigkeiten (Abilities) und Fertigkeiten (Skills) formuliert.

Kenntnisse spiegeln vor allem das explizit erworbene *Wissen,* worunter in der Regel die Art und der Umfang des vorhandenen bzw. eines zu erwerbenden Fachwissens verstanden werden. Im Zusammenspiel mit prozessualen *Fertigkeiten* bildet es die Grundlage einer bestimmten Aufgabenerfüllung. Diesem traditionellen Verständnis von fachlicher Qualifikation sind im Laufe der Zeit sogenannte außerfachliche bzw. überfachliche Qualifikationen hinzugetreten, die zusammenfassend mit dem unscharf gefassten Begriff der **Schlüsselqualifikationen** bezeichnet werden. Hierbei handelt es sich um *Fähigkeiten,* konkrete Handlungen situationsgerecht neu zu generieren bzw. zu aktualisieren. Gelerntes soll auf neue Situationen und Anforderungen übertragbar gemacht und somit Selbstständigkeit bei der Problemlösungssuche erreicht werden (Tab. 10.1). Qualifikation führt in der Regel zu einem *formalen Leistungsnachweis,* der keine verlässliche Aussage darüber zulässt, ob und in welchem Umfang die oder der so Qualifizierte auch tatsächlich über neue Kenntnisse, tätigkeitsbezogenes Wissen oder Fertigkeiten oder über handlungsrelevante Fähigkeiten und damit im engeren Sinne über die geforderte Eignung verfügt.

Dagegen zielt **Bildung** über die konkrete aufgabenbezogene Qualifikation hinaus auch auf Veränderungen oder Festigung von Einstellungen und Werthaltungen oder von Motivation seitens der Lernenden. Der Bildungsbegriff im Kontext der betrieblichen bzw. organisationsinternen Qualifizierung erweitert den Begriff der Qualifikation um *persönlichkeitsbildende Elemente* und um Aspekte der Ausbildung und Entwicklung einer beruflichen (professionellen) *Haltung.*

Der Begriff der **Kompetenz** umschließt beide, den formalen Qualifikations- wie auch den subjektorientierten Bildungsbegriff. Er ist anschlussfähig an das situativ-handlungsorientierte Verständnis der qualifikationsbezogenen Fähigkeiten. Kompetenzen äußern sich ebenfalls in aufgabenbezogenen Kenntnissen, Fertigkeiten und Fähigkeiten, erweitern diese jedoch um selbstständige, reflexive und evaluative Elemente, deren Erwerb, Verwendung und Entwicklung sich auf die gesamte Lebenszeit eines Menschen beziehen (vgl. Dehnbostel et al. 2007, S. 16).

Die bildungs- und arbeitsmarktpolitischen Wurzeln des Kompetenzbegriffs reichen bis weit in die zweite Hälfte des letzten Jahrhunderts zurück. Heutzutage hat der

Tab. 10.1 Taxonomie von Schlüsselqualifikationen und -kompetenzen

Schlüsselqualifikationen (nach Mertens 1974)	Schlüsselkompetenzen (nach Reetz 1989)
Basisqualifikationen: Qualifikationen, die vor allem auf dem Gebiet der Denkschulung und des Transfers auf spezielle Anwendungsgebiete angesiedelt sind, z. B. selbstständiges, logisches und kritisches Denken	Fachkompetenzen (stoffbestimmte Inhalte): Aufgabenspezifische Kenntnisse, Fähigkeiten und Fertigkeiten, fachliches Engagement. Organisationsbewusstsein, Methodenbeherrschung
Horizontalqualifikationen: Qualifikationen, die weitgehend auf die Gewinnung, Verarbeitung und Sicherung von Informationen ausgerichtet sind, z. B. Umgang mit Suchsystemen, Informationsbeschaffung	Methodenkompetenzen (formale Fähigkeiten): Planungs-, Entscheidungs- und Analysefähigkeit, Problemlösungsfähigkeit, Informationsverarbeitung, Abstraktionsfähigkeit
Breitenelemente: berufsübergreifende, allgemeinbildende Kenntnisse und Fertigkeiten, z. B. Fremdsprachen, wirtschaftliche und soziale Allgemeinbildung, Kulturtechniken	Sozialkompetenzen (soziales Verhalten): Teamfähigkeit, Kooperationsfähigkeit, Flexibilität, Konfliktfähigkeit, kommunikatives Verhalten
Vintagefaktoren: Qualifikationen, die intergenerative Bildungsdifferenzen aufheben sollen, z. B. neu aufkommende Kenntnisse und Fertigkeiten der Informationstechnologie	Personale (emotionale) Kompetenzen (individuelles Verhalten): persönliches Engagement, Soziale und Eigenverantwortung, Selbstständiges Denken, demokratisches Handlungsbewusstsein

Kompetenzbegriff den Qualifikationsbegriff weiträumig abgelöst, auch wenn die damit zum Ausdruck kommende inhaltliche Anreicherung nicht immer erkennbar ist. So wurde beispielsweise mit der Überarbeitung der DIN EN ISO 9000er-Normenreihe (Anforderungen an Qualitätsmanagementsysteme) im Jahr 2005 der Qualifikationsbegriff durch den Kompetenzbegriff ersetzt (DIN 2005). Kompetenz ist dort seitdem mit einem personengebundenen Verständnis „anwendungsorientierter Fähigkeit" versehen (vgl. DIN 2015).

▶ **Kompetenz** Fähigkeit, Wissen und Fertigkeiten anzuwenden, um beabsichtigte Ergebnisse zu erzielen (DIN EN ISO 9000:2015).

Im Gegensatz zur Qualifikation zielt der Kompetenzbegriff stärker auf die Disposition des Einzelnen, die gewünschten und erforderlichen Leistungen hervorzubringen, und ist demnach – in Analogie zum Bildungsbegriff – vorrangig subjektzentriert (Arnold und Schüßler 2001). Kompetenzen gehen immer dann über Qualifikationen hinaus, wenn sie mit der integrierten *Fähigkeit der Selbstorganisation* verbunden sind, die (zuvor) als Schlüsselqualifikationen bezeichneten Einzelkomponenten handlungsorientiert zusammenzusetzen. Schlüsselqualifikationen als objektive Kategorie außer- und überfachlicher Qualifikation stehen **Schlüsselkompetenzen** (Tab. 10.1) gegenüber, die eher als Persönlichkeitspotenziale auf subjektiver Ebene zu verstehen sind, Werte und Einstellungen von Individuen repräsentieren und die situatives (berufliches) Handeln erst ermöglichen (Reetz 1989). Kompetenz ist hiernach ein Begriff, der am ehesten mit dem Befähigungs- und Beteiligungsanspruch der Mitarbeitendenorientierung korrespondiert.

Anforderungen zum Umgang mit Kompetenz im Qualitätsmanagement
Gemäß DIN EN ISO 9001 müssen Organisationen:

- für Personen, die unter ihrer Aufsicht Tätigkeiten verrichten, welche die Leistung und Wirksamkeit des Qualitätsmanagementsystems beeinflussen, die erforderliche Kompetenz bestimmen;
- sicherstellen, dass diese Personen auf Grundlage angemessener Ausbildung, Schulung oder Erfahrung kompetent sind;
- wo zutreffend, Maßnahmen einleiten, um die benötigte Kompetenz zu erwerben, und die Wirksamkeit der getroffenen Maßnahmen zu bewerten;
- angemessene dokumentierte Informationen als Nachweis der Kompetenz aufbewahren.

Von diesem schwer greifbaren und in verschiedenen Bildungskontexten unterschiedlich ausbuchstabierten Kompetenzbegriff wird in betriebspädagogischen Zusammenhängen der Begriff der **individuellen Handlungskompetenz** abgeleitet und als tauglich für die Definition von Weiterbildungs- und Befähigungszielen im Organisationskontext befunden. Individuelle Handlungskompetenz umfasst hiernach eine **individuelle Handlungsfähigkeit** („Können"), die als inhaltlicher Zusammenschluss von *explizitem Wissen*, das im Rahmen traditioneller Qualifikationsmaßnahmen vermittelt wird, *implizitem Wissen*, das auf individuellem Erfahrungs- und Beobachtungswissen beruht, sowie *Fertigkeiten*, die konkretes, bestimmbares Können einschließen, verstanden wird (vgl. Frank 2005).

Individuelle Handlungskompetenz bildet sich jedoch erst durch das Hinzutreten von **individueller Handlungsbereitschaft** („Wollen") aus und ist gleichermaßen auf das Vorhandensein von unterstützenden *organisatorischen* und *technischen Rahmenbedingungen* („Dürfen") angewiesen (Staudt und Kriegesmann 2000). Die Handlungsbereitschaft jedes Einzelnen hängt wiederum wechselseitig an der individuellen **Motiv- und Bedürfnisstruktur.** Maßnahmen der Qualifizierung müssen somit Aspekte der formalen Qualifikation mit bildungs- und kompetenzorientierten Qualifizierungszielen zusammenführen, d. h. auch methodische, sozialkommunikative sowie einstellungs-, verhaltens- und motivationsbildende Weiterbildungsinhalte berücksichtigen.

Zusammenfassend geht es darum, die vielfältigen Aspekte der berufs- und professionsbezogenen Aus- und Weiterbildung, der innerbetrieblichen Fort- und Weiterqualifizierung und der organisationsspezifischen Anforderungen an die individuelle Handlungsfähigkeit von Personen miteinander in Einklang zu bringen, bestenfalls miteinander zu verzahnen. Die Frage nach den einzusetzenden **Methoden der betrieblichen Qualifizierung** bzw. **internen Kompetenzentwicklung** hängt naturgemäß von den Bedingungen und Möglichkeiten der Einrichtung wie von den beabsichtigten Entwicklungszielen ab und muss naturgemäß situativ bzw. einrichtungsspezifisch entschieden werden. Nach Conradi (1983) lassen sich Qualifizierungsmaßnahmen bzw. Maßnahmen der Personalentwicklung ganz allgemein hinsichtlich ihrer zeitlichen und räumlichen Nähe zum Arbeitsplatz klassifizieren (Abb. 10.5).

Im spezifischen Kontext des **einrichtungsinternen Qualitätsmanagements** zielt die „organisierte Kompetenzentwicklung" der Mitarbeitenden vor allem auf die Mitwirkung und Beteiligung am Unternehmensgeschehen (Partizipation) sowie auf die Befähigung zur selbst organisierten Entwicklung des Qualitäts- und Leistungsgeschehens (Qualitätsentwicklung). Dabei sollten verschiedene Kompetenzbereiche möglichst integrativ gefördert werden. Inhalte und Ziele von **Qualifizierungsmaßnahmen** zur Kompetenzentwicklung im speziellen Kontext des Qualitätsmanagements lassen sich in drei Ebenen gliedern (Schildknecht 1992, S. 150):

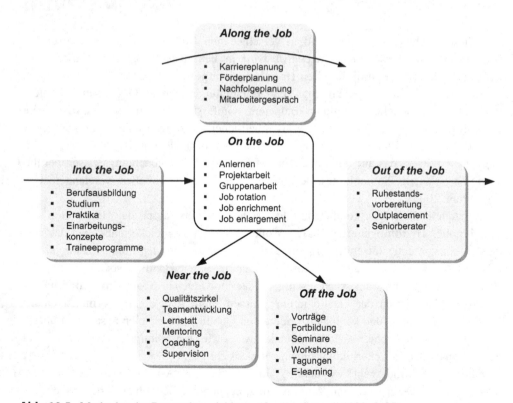

Abb. 10.5 Methoden der Personalentwicklung. (Quelle: Conradi 1983, S. 25)

- **Vermittlung von Sachwissen** (Knowledge): Kenntnis der Aufgaben und Ziele von Qualitätsmanagement, Kenntnis der organisationsspezifischen Elemente des Qualitätskonzepts bzw. der Qualitätsmanagementphilosophie, Kenntnisse über Rollen und Funktionen der Mitarbeitenden in einem institutionalisierten Qualitätsmanagement, Kenntnisse über Methoden und Qualitätstechniken;
- **Aneignung und Verbesserung von Fähigkeiten** (Skills): Fähigkeiten, erlernte Methoden und Techniken anzuwenden (z. B. Moderationstechniken, Kreativitätstechniken, Problemlösungstechniken, Audittechniken), Vertiefung spezieller Methodenkenntnisse (z. B. FMEA, FRAP), Vermittlung sozialer Fähigkeiten (z. B. durch Teamentwicklung, Gruppenkonzepte);
- **Vermittlung von bestimmten Einstellungen und Verhaltensmustern** (Attitudes): Verdeutlichung des Beitrags, den Qualitätsmanagement zur individuellen und organisationalen Zielerreichung leisten kann, Stärkung des Bewusstseins für Qualität und der Bedeutung des eigenen Handelns, Lernprozesse initiieren für einen schrittweisen Übergang von einer zentralen zu einer dezentralen Qualitätsorganisation bzw. von der Fremd- zur Selbstkontrolle.

10.2.3.2 Förderung von Mitarbeitenden

Die Förderung von Mitarbeitenden im Rahmen der Personalentwicklung ist ein dauerhafter Prozess, der mit dem Eintritt eines Mitarbeitenden in die Einrichtung beginnt und bis zu seinem Ausscheiden andauert. Darunter lässt sich allgemein fassen, die **Potenziale der Mitarbeitenden** zu bestimmen und diese im Rahmen der vorhandenen Möglichkeiten auszubauen. Ansatzpunkte der Förderung mit Bezug zum Qualitätsmanagement sind im Einzelnen (vgl. Becker 2013):

Einarbeitung neuer Mitarbeitender

Die systematische Einarbeitung neuer Mitarbeitender ist die erste betriebliche Förderungsmaßnahme nach Eintritt in das Unternehmen. Der systematische Einsatz von Einarbeitungskonzepten ist eine wichtige Maßnahme der *betrieblichen Sozialisation* des neuen Mitarbeitenden und unterstützt die *Mitarbeitendenbindung*. Eine geplante und umfassende Einarbeitung dient der vorausschauenden Fehlerreduktion und Fehlervermeidung in kritischen Arbeitsbereichen und des möglichst raschen vollwertigen Einsatzes der Arbeitskraft. Hilfreiche Elemente eines systematischen Einarbeitungskonzepts sind (DBfK o. J.): Entwicklung eines Stufenplans, Festlegung von Einarbeitungszeiträumen (z. B. vier Wochen, zwölf Wochen), Formulierung von Einarbeitungszielen (z. B. selbstständige Versorgung von Überwachungs- oder Intensivtherapiepatientinnen und -patienten) und Entwicklung von Einarbeitungsmaßnahmen (z. B. Einführungstage, Checklisten, Infomaterialien, Bezugspersonen, Anleitung, gezielte Unterweisung, Feedback, Einführungs-, Zwischen- und Abschlussgespräche).

Stellenbesetzung

Das Instrument der Stellenbesetzung umschließt die Einstellung, Versetzung und Beförderung von Mitarbeitenden entlang des erarbeiteten Stellenplans. Hierbei geht es darum, die *richtige Person* an der *richtigen Position* einzusetzen. Im Kontext des Qualitätsmanagements geht es nicht nur um die dauerhafte Besetzung von Stellen innerhalb der Primärorganisation, sondern auch um die zum Teil befristete Besetzung von Positionen innerhalb der qualitätsbezogenen Sekundärorganisation (z. B. Projektleitung, Beauftragte). Stellenbesetzungen orientieren sich immer an drei Voraussetzungen: a) die Stellenbeschreibung (stellenbezogene Aufgabenerfüllung und die ihr anhängende organisationale Zuordnung), b) das Anforderungsprofil (Konkretisierung von Anforderungsarten und Merkmalen für die Stelle) sowie c) das Qualifikationsprofil (Fähigkeiten und Fertigkeiten der aktuellen oder potenziellen Stelleninhabenden).

Leistungs- und Potenzialbeurteilung

Hierunter fallen sämtliche Formen der systematischen Einschätzung persönlichkeits-, verhaltens- und leistungsbezogener Faktoren von aktuellen oder zukünftigen Mitarbeitenden. Derartige Beurteilungen finden einheitlich und regelmäßig statt und werden in der Regel von den direkten Vorgesetzten durchgeführt. Die *Leistungsbeurteilung* gibt Aufschluss über die Leistung und das Verhalten der Mitarbeitenden im Beurteilungszeitraum, die *Potenzialbeurteilung* ermittelt deren Wachstums- und Entwicklungspotenziale, d. h. welche höherwertigen oder anderen Aufgaben diese wahrnehmen könnten. Die Leistungs- und Potenzialbeurteilung ist Grundlage für die Förder-, Nachfolge- und Karriereplanung. Eine besondere Form ist die *Vorgesetztenbeurteilung*, bei der Mitarbeitende ihre direkten Vorgesetzten bezüglich ihrer Leistung, ihres Verhaltens und ihrer sozialen Kompetenzen beurteilen.

Mitarbeitenden- bzw. Fördergespräche

Leistungs- und Potenzialbeurteilungen finden in der Regel im Rahmen von Mitarbeitendengesprächen statt. Es handelt sich hierbei um ein mehr oder weniger strukturiertes, in der Regel geplantes Gespräch zwischen Vorgesetzten und Mitarbeitenden. Gesprächsziel und -anlass leiten sich häufig aus bestimmten Gesprächssituationen ab (z. B. Konfliktgespräch, Kündigungsgespräch). Das geplante und regelmäßige (periodische) Gespräch dient neben der Leistungs- und Potenzialbeurteilung auch dem allgemeinen Informationsaustausch, vor allem hinsichtlich der gegenseitigen Erwartungen. Neben der *motivierenden Wirkung* können durch die Möglichkeit des offenen Meinungsaustausches Schwierigkeiten in der Zusammenarbeit benannt und Spannungen abgebaut werden. Die Mitarbeitenden erhalten somit ein Bild darüber, wo ihre *Stärken und Schwächen* liegen, die Vorgesetzten wiederum darüber, wie die *Selbsteinschätzung* der Mitarbeitenden ausfällt und was ihre *Zukunftsabsichten* sind. Mitarbeitenden- und Fördergespräche können auch der Ort für die Abstimmung und Anpassung von Zielvorgaben und -vereinbarungen sein.

Mentoring

Hierunter versteht man eine *gleichberechtigte Beziehung* zwischen einer beratenden (Mentorin oder Mentor) und einer ratsuchenden Person (Mentee). Organisationsintern kann eine Person beispielsweise bei der Übernahme eines neuen Arbeitsplatzes oder einer neuen Aufgabe beraten und unterstützt werden (z. B. Qualitätsmanagement- oder Hygienebeauftragter, Führungsaufgabe). Damit ist im Wesentlichen das Ziel verbunden, durch den *Begleitungsprozess* und das Weitergeben praktischer Erfahrungen persönliche, soziale und fachliche Kompetenzen des Mentee zu steigern. Mentoring im systematisierten Sinne erfordert eine bestimmte Qualifizierung. Alleinige Praxiserfahrung und die vorhandene Bereitschaft, eine beratende Aufgabe zu übernehmen, bringen nicht zwangsläufig geeignete Mentorinnen und Mentoren hervor. Darüber hinaus sollte nicht nur planungs- und absichtsvoll vorgegangen werden, sondern die damit in Verbindung stehenden Aktivitäten des Mentoring unbedingt auch evaluiert werden.

Coaching

Coaching ist ein systematisches *Beratungs- und Handlungskonzept,* das ursprünglich für Führungskräfte entwickelt wurde, aber ähnlich wie das Mentoring bei all jenen Personen Anwendung finden kann, die neue Aufgaben übernehmen oder übernommen haben. Auslöser für Coaching sind meist mehr oder weniger große (geplante wie vorhandene) Veränderungen in der Organisation oder der persönlichen Laufbahn. Coaching bezieht sich meist auf einzelne Personen, kann aber auch in Gruppen durchgeführt werden (sog. „Gruppen-Coaching"). Wesentliches Element sind Gespräche durch beratende Personen (Coach) und ratsuchende Mitarbeitende (Coachee), meist über einen längeren Zeitraum. Ein Coach hat die Aufgabe, ratsuchende Personen darin zu unterstützen, in neue Aufgaben und neue Rollen hineinzuwachsen bzw. aktuelle oder potenzielle berufliche oder persönliche Krisen zu bewältigen. Ganzheitliche Ansätze zielen im Rahmen eines längerfristig angelegten Vertrauensverhältnisses auf die gemeinsame Suche nach der Abstimmung von persönlichen und organisationalen Zielen.

10.2.3.3 Arbeitsstrukturierung

Methoden und Maßnahmen der Arbeitsstrukturierung (Job Redesign) gehören zu den neueren Formen der Arbeitsgestaltung und sind Bestandteil sämtlicher „neuerer" Managementansätze einschließlich des (umfassenden) Qualitätsmanagements. Sie beziehen sich auf die Gestaltung der **organisatorischen** und **sozialen Bedingungen** von Arbeit (Arbeitsgestaltung) und verknüpfen die Bedürfnisse, Interessen, Erwartungen, Fähigkeiten und Fertigkeiten der Mitarbeitenden mit den wertorientierten und wirtschaftlichen Zielen der Organisation.

Arbeitsgestaltung im Allgemeinen umfasst
- Zuschnitt von Arbeitsaufgaben und Arbeitsteilung zwischen den Menschen
- Festlegung von Formen der Zusammenarbeit
- Arbeitsteilung zwischen Mensch und Technik
- Optimierung von Informations- und Kommunikationsprozessen
- Regelungen zur Arbeitszeit
- Formen der Ent- und Belohnung

Traditionelle Arbeitsgestaltung ist dadurch gekennzeichnet, dass es für jede Tätigkeit oder Arbeitsausführung eine optimale Art und Weise der Bearbeitung gibt und diese von jeder ausführenden Person innerhalb bestimmter Schwankungsbreiten gleichartig erbracht werden kann. Die Stellenbesetzung dient hier allgemein als Instrument der Auswahl der geeigneten Person für die auszuführende Tätigkeit. Personenspezifische Merkmale wie individuelle Präferenzen, Persönlichkeitsentwicklungen und interindividuelle Motivation und Motivierbarkeit werden bei der traditionellen Arbeitsgestaltung kaum bis gar nicht berücksichtigt.

Gegenüber den traditionellen Formen der Arbeitsgestaltung orientieren sich die **neueren Formen der Arbeitsgestaltung,** insbesondere die Prinzipien der differenziellen und dynamischen Arbeitsgestaltung, intensiver an motivationalen bzw. persönlichkeits- und gesundheitsförderlichen Aspekten der Aufgabengestaltung (Tab. 10.2).

Das Prinzip der **differenziellen Arbeitsgestaltung** berücksichtigt die unterschiedlichen Bedürfnisse und Erwartungen, die Menschen in Bezug auf ihre Arbeit und ihren Arbeitsplatz haben (Zink 1981, S. 329 ff.). Dementsprechend muss ein Angebot von alternativen Arbeitsformen geschaffen werden, das auf die unterschiedlichen Bedürfnisse eingeht und aus dem die oder der Mitarbeitende auch wählen kann. Das Prinzip der **dynamischen Arbeitsgestaltung** ergänzt dieses Prinzip, indem es auf die Entwicklung der menschlichen Persönlichkeit und seine Lernfortschritte über die gesamte Lebensspanne hinweg abstellt (Ulich 2011, S. 285). Dementsprechend müssen die Formen der Arbeitsgestaltung auch auf die intraindividuellen Veränderungen eingehen können (z. B. durch Wechsel oder Schaffung neuer Arbeitstätigkeiten). Diese Prinzipien sind als *Orientierungsrichtlinien* für die Arbeitsgestaltung und -strukturierung anzusehen.

Einige der methodischen Ansätze der neueren Arbeitsgestaltung bzw. Arbeitsstrukturierung (z. B. Job Enrichment, Job Enlargement) gehen weit zurück auf motivationstheoretische Erkenntnisse des letzten Jahrhunderts und haben sich branchenübergreifend etabliert. Einzelne **Methoden der Arbeitsstrukturierung** können danach unterschieden werden, ob die Möglichkeiten zur Ausübung gleichartiger Tätigkeiten *erweitert* (quantitative Dimension) oder ob die Arbeitsinhalte *angereichert* werden durch zusätzliche Planungs-, Ausführungs- und Kontrollaufgaben (qualitative Dimension). Darüber hinaus lassen sie sich dahingehend unterscheiden, ob die dahinter stehenden Maßnahmen einen Arbeitsplatz (Individuum) oder mehrere Personen (Gruppen-

Tab. 10.2 Merkmale motivations-, persönlichkeits- und gesundheitsförderlicher Aufgabengestaltung (Ulich 2011, S. 206)

Gestaltungsmerkmal	Aufgabengestaltung
Ganzheitlichkeit	Aufgaben mit planenden, ausführenden und kontrollierenden Elementen und der Möglichkcit, Ergebnisse der eigenen Tätigkeit auf Übereinstimmung mit gestellten Anforderungen zu prüfen
Anforderungsvielfalt	Aufgaben mit unterschiedlichen Anforderungen an Körperfunktionen und Sinnesorgane
Möglichkeiten der sozialen Interaktion	Aufgaben, deren Bewältigung Kooperation nahelegt oder voraussetzt
Autonomie	Aufgaben mit Dispositions- und Entscheidungsmöglichkeiten
Lern- und Entwicklungsmöglichkeiten	Problemhaltige Aufgaben, zu deren Bewältigung vorhandene Qualifikationen eingesetzt und erweitert bzw. neue Qualifikationen angeeignet werden müssen
Zeitelastizität und stressfreie Regulierbarkeit	Schaffen von Zeitpuffern bei der Festlegung von Vorgabezeiten
Sinnhaftigkeit	Produkte, deren gesellschaftlicher Nutzen nicht infrage gestellt wird, sowie Produkte und Produktionsprozesse, deren ökologische Unbedenklichkeit überprüft und sichergestellt werden kann

arbeit) betreffen. Bei der praktischen Umsetzung können die einzelnen Ansätze und Maßnahmen aber auch ineinander übergehen bzw. miteinander verwoben werden (Abb. 10.6).

Arbeitserweiterung (Job Enlargement)
Hierbei werden inhaltlich ähnliche Aufgaben, die vorher auf mehrere Personen oder Arbeitsplätze verteilt waren, an einem Arbeitsplatz zusammengelegt. Das Konzept der Arbeitserweiterung führt zu einer Vergrößerung des Tätigkeits- und Handlungsspielraums, jedoch nicht zu einer Zunahme planerischer oder kontrollierender Tätigkeiten. Die Arbeitsorganisation bleibt weitestgehend unverändert und es werden keine neuen, anspruchsvolleren Tätigkeiten geschaffen. Zielsetzungen dieser Maßnahmen könnten sein: Qualifikation von Mitarbeitenden für zusätzliche Tätigkeiten, Ermöglichung eines flexibleren Arbeitseinsatzes sowie Verringerung einseitiger psychischer und physischer Belastungen.

Arbeitsbereicherung (Job Enrichment)
Hierbei werden strukturell verschiedenartige Aufgaben zu einer Gesamtaufgabe zusammengelegt. Dadurch vergrößert sich der Entscheidungs- und Kontrollspielraum.

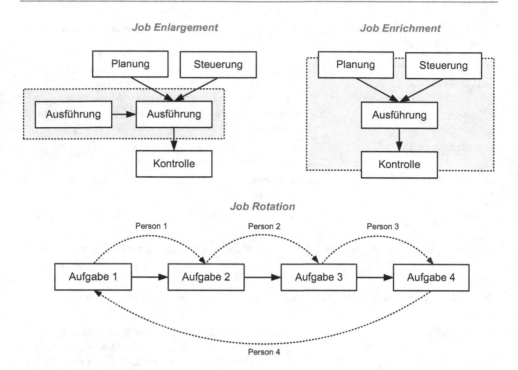

Abb. 10.6 Maßnahmen der Arbeitsstrukturierung: Merkmale von Job Enlargement, Job Enrichment und Job Rotation. (Quelle: Holtbrügge 2013, S. 162 f.)

Eine Person erhält in gewissen Grenzen die Möglichkeit, ihre Arbeit selber planen, ausführen und auch kontrollieren (regeln) zu können. Dadurch entstehen neue Handlungsspielräume und die Möglichkeit zur Selbstkontrolle. Zielsetzungen dieser Maßnahmen könnten sein: Steigerung der Arbeitsmotivation und -zufriedenheit, bessere Nutzung der vorhandenen Potenziale der Mitarbeitenden oder eine Steigerung der Arbeitsergebnisse. Arbeitsbereicherung erfordert zum Teil größere Investitionen in die Qualifikation und Kompetenzentwicklung der Mitarbeitenden. Es sollte daher ein ausgewogenes Maß von Qualifikationsniveau und Anforderungsprofil gefunden werden.

Systematischer Arbeitsplatzwechsel (Job Rotation)
Hierbei übernehmen Mitarbeitende in vorgeschriebener oder selbstgewählter Reihenfolge die Tätigkeit von Kolleginnen und Kollegen, was zu einem Rundumwechsel zwischen allen Arbeitskräften führen kann. Ein systematisch geplanter Arbeitsplatzwechsel bzw. Aufgabenwechsel ermöglicht den Mitarbeitenden, zusätzliche, fachlich erweiterte und vertiefte Kenntnisse zu erwerben, bereichsübergreifende Zusammenhänge kennen zu lernen und zu verstehen sowie durch den Umgang mit neuen Kolleginnen und Kollegen und Vorgesetzten Sozial- und Kommunikationskompetenzen auszubauen. In der Regel bleibt der Entscheidungs- und Kontrollspielraum des Einzelnen unberührt, da es sich lediglich um eine Erweiterung in horizontaler Richtung handelt. Die Zielsetzungen sind in erster Linie,

einseitige Formen von Belastungen zu verringern, aber auch das Einsatzpotenzial der Mitarbeitenden zu vergrößern. Die stetige Einarbeitung in neue Aufgaben ist grundsätzlich aber auch aufwendig und kann individuell als belastend empfunden werden.

Teilautonome Arbeitsgruppen (TAG)
Hierunter werden permanente Konzepte der Gruppenarbeit innerhalb der *Primärorganisation* verstanden, denen ein möglichst abgeschlossener Aufgabenbereich zur Erledigung in eigener Verantwortung übertragen wird. In Abhängigkeit davon, welche Entscheidungsbefugnisse den Gruppen übertragen werden, lassen sich unterschiedliche Autonomiegrade beobachten. Entscheidet die Gruppe selbstständig über die Ziele, Aufgabeninhalte und Vorgesetzte, ist der Autonomiegrad hoch; erfolgt eher eine interne Aufgabenverteilung und Autonomie bei der Mittelwahl, ist der Autonomiegrad niedriger. Die Gruppen bleiben aber immer in einen übergeordneten Zusammenhang (Unternehmenszweck, Abteilungs- und Bereichsziele) eingebettet, was den Charakter der Teilautonomie prägt. Teilautonome Arbeitsgruppen erhöhen durch die Übernahme von Verantwortung und Selbstregulation den Gestaltungsspielraum der Mitarbeitenden.

10.3   Spezielle Methoden der Mitarbeitendenbeteiligung

Mitarbeitendenbeteiligung ist facettenreich und kennt zahlreiche, sich gegenseitig sinnvoll ergänzende Maßnahmen und Methoden (Tab. 10.3). Beteiligung setzt *Befähigung* und *Ermächtigung* voraus, die als Gegenstand des Führungshandelns und der Personalentwicklung in den vorangegangenen Abschnitten vorgestellt wurden. Mitarbeitendenbeteiligung im Qualitätsmanagement kann vor allem durch drei Methoden oder methodische Ansätze sichtbar werden: durch a) die eher quantitativ ausgerichteten (systematischen) Befragungen, b) das eher qualitativ bis semiquantitativ ausgerichtete (betriebliche) Vorschlagswesen und seine Entfaltung als Ideenmanagement sowie c) das strukturierte Beauftragtenwesen. Diese Methoden tragen auf ganz unterschiedliche Weise dazu bei, die Mitarbeitenden substantiiert in das Unternehmensgeschehen und in das Qualitätsmanagement einzubinden: Beteiligung durch *Stimmabgabe* (Wahrnehmung von „Vorschlagsrechten"), Beteiligung durch *Verbesserungsvorschläge* (Wahrnehmung von „Beteiligungsrechten") und Beteiligung durch *Verantwortungsübernahme* (Wahrnehmung von „Entscheidungsrechten").

10.3.1 Mitarbeitendenbefragungen

Befragungen der Mitarbeitenden sind – ähnlich wie Kundinnen- und Kundenbefragungen – eine häufige und wichtige Methode der Qualitäts- und Zufriedenheitsmessung, gleichzeitig aber auch der Beteiligung im Qualitätsmanagement. Im engeren Sinne wird unter Mitarbeitendenbefragung eine systematische, anonyme und schriftliche Befragung aller Mitarbeitenden (oder abgrenzbarer Gruppen) mit *standardisierten Erhebungsinstrumenten*

Tab. 10.3 Formen der Mitarbeitendenbeteiligung im Qualitätsmanagement. (Quelle: nach Zink 2007, S. 66)

Formen	Aufgaben	Mitwirkende	Zeitliche Dimension
Mitarbeitendeninformation	Vermittlung handlungs- und verhaltensrelevanter Informationen	Alle Mitarbeitende Zielgruppenorientierung (z. B. Berufsgruppe)	Keine zeitliche Befristung
Betriebliches Vorschlagswesen	Lösung frei gewählter Probleme (ggf. nur außerhalb des eigenen Arbeitsbereichs)	Alle Mitarbeitende	Keine zeitliche Befristung
Mitarbeitendenbefragung	Systematisierung des Feedbackprozesses für alle relevanten Themen	Alle Mitarbeitende und Vorgesetzte	Regelmäßig ohne zeitliche Befristung
Qualitätsgespräche	Diskussion aktueller Qualitätsfragen, Analyse von Prozessen	Vorgesetzte und direkt unterstellte Mitarbeitende	Keine zeitliche Befristung
Mitarbeitendengespräche	Zielvereinbarungen und regelmäßiges strukturiertes Feedback	Vorgesetzter mit jeder bzw. jedem einzelnen Mitarbeitenden	Jährlich oder halbjährlich
Qualitätszirkel/KVP-Gruppe	Mitwirkung und Lösung frei gewählter Problemstellungen (i. A. des eigenen Arbeitsbereichs)	Mitarbeitende der ausführenden Ebene auf freiwilliger Basis	Keine zeitliche Befristung
Projektgruppe/Task force-Gruppe	Mitwirkung und Lösung vorgegebener Problemstellungen, Analyse bereichsübergreifender Prozesse	Mitarbeitende aus unterschiedlichen Arbeitsbereichen und Hierarchieebenen, nach fachlichen Aspekten zusammengesetzt	Auflösung der Gruppe nach Abschluss der Aufgabe
Beauftragte	Selbstständige Wahrnehmung von relevanten und kritischen Organisationsaufgaben	Mitarbeitende der ausführenden und leitenden Ebene	Befristete Zeiträume oder keine zeitliche Befristung

verstanden, die grundsätzlich von sämtlichen informellen Gesprächen abzugrenzen ist (Müller et al. 2007, S. 6). Es kommen zwar auch andere Formen von *formalen Befragungsmethoden* infrage (z. B. individuelle freie Interviews, Gruppendiskussionen). Die schriftliche und anonyme (systematische) Befragung ist jedoch gegenüber mündlichen oder individuellen Befragungen deutlich weniger aufwendig und ermöglicht, eine große Anzahl von Mitarbeitenden in verhältnismäßig kurzer Zeit zu befragen. Diese Form der Befragung bedarf eines organisierten und klar strukturierten Vorgehens, das vergleichbar ist mit systematischen Patientinnen- und Patientenbefragungen (Kap. 9).

10.3.1.1 Aufgaben und Funktion

Mitarbeitendenbefragungen sind stets im Einvernehmen mit allen Beteiligten, d. h. den zu befragenden Personen, betroffenen Leitungskräften und Arbeitnehmervertretungen durchzuführen. Es lassen sich grundsätzlich zwei Haupteinsatzbereiche bzw. Hauptfunktionen identifizieren (vgl. Domsch und Schneble 1993, S. 516 f.; Müller et al. 2007, S. 10 ff.):

- **Mitarbeitendenbefragungen als Diagnose- und Planungsinstrument:** Die Befragung dient primär der Gewinnung unternehmensinterner Daten im Sinne einer *Organisationsanalyse* (z. B. Erfassung von Arbeitszufriedenheit, Betriebsklima, Vorgesetztenverhalten) oder *Stärken- und Schwächenanalyse.* Sie ist ein Instrument der Informationsgewinnung, mit dem Einstellungen, Ansprüche, Absichten, Bedürfnisse und Erwartungen vorhandener und auch potenzieller Mitarbeitender ermittelt werden. Damit wird sie zu einer wichtigen Eingangsgröße einer mitarbeitendenorientierten Organisations- und Qualitätsplanung. Die gewonnenen Erkenntnisse können dazu genutzt werden, die Qualität zukünftiger Entscheidungen durch verstärkte Berücksichtigung der unterschiedlichen Perspektiven und letztendlich die Qualität der angebotenen Leistungen zu verbessern. Gleichzeitig ist sie aber auch ein Instrument, das *Kontroll- und Evaluationsfunktionen* ausüben kann (z. B. Überprüfung der Durchführung von Maßnahmen, Wirkungsmessung von Veränderungen).
- **Mitarbeitendenbefragungen als Beteiligungsinstrument:** Befragungen sind gleichzeitig eine Form der *immateriellen Mitarbeitendenbeteiligung.* Durch die Befragung zum aktuellen Unternehmensgeschehen erhalten Mitarbeitende die Möglichkeit, aktiv die Unternehmensentwicklung mit zu beeinflussen. Auf der Beziehungsebene wird eine Annäherung von Führungs- und Ausführungsebene erzielt, auf der Sachebene die vorhandenen Kreativitäts- und Gestaltungspotenziale nutzbar gemacht. Mitarbeitendenbefragungen bedeuten immer auch eine *Kommunikation* in Richtung der Befragten: Es wird signalisiert, dass die Anliegen der Mitarbeitenden wichtig sind, auf bestimmte Themen Wert gelegt wird und bestimmte Aktivitäten ernst genommen werden *(Interventionsfunktion).*

Die Festlegung der **Inhalte der Befragung** sollte sich eng an der zugrunde liegenden Zielsetzung orientieren (z. B. Zufriedenheitsmessung, Bedürfnis- und Erwartungsmessung). Bei der Themen- und Fragenauswahl sollte berücksichtigt werden, ob die Befragung eine *Einzelmaßnahme* ist oder ob sie längerfristig eingesetzt und *regelmäßige*

Wiederholungen aufweisen soll. In letzterem Fall sollte ein bestimmter Kernbestand (Set) an Fragen entwickelt werden, der bei regelmäßigem Einsatz kontinuierlich abgefragt werden kann (Monitoring). Für systematische Befragungen in Gesundheitseinrichtungen wären folgende Themenkomplexe denkbar (vgl. EFQM 2003, S. 22):

- **Arbeitssituation** der Mitarbeitenden (z. B. Umfeld der Arbeitsausführung, Arbeitsbedingungen, Arbeitsort, Tätigkeit und Arbeitsinhalte, Einrichtung, Gesundheits- und Sicherheitsvorkehrungen etc.);
- **Organisation** und **Führung** (z. B. Führungskultur, Führungsstrukturen, Zuständigkeits- und Verantwortungsempfinden, Vorgesetztenverhalten und gelebter Führungsstil etc.);
- **Information** und **Kommunikationsprozesse** (z. B. Kenntnisse der Unternehmenspolitik, Managementkonzepte, Informationen zur Bewältigung der eigenen Arbeitsaufgaben etc.);
- **Partizipation** der Mitarbeitenden (z. B. Beteiligung an Entscheidungsprozessen oder arbeitsorganisatorischen Umstrukturierungen, Verbesserungsmöglichkeiten, Teamaktivitäten etc.);
- **Qualifizierung** und **Entwicklungsmöglichkeiten** (z. B. angebotene und gewünschte Weiterbildungsangebote, Karrierechancen, Laufbahnentwicklung etc.);
- **Beurteilung, Anerkennung** und **Belohnung** (z. B. Entgelt und Sozialleistungen, Bewertung und praktische Umsetzung der eingesetzten Systeme);
- **Attraktivität** und **Image** der Organisation (z. B. Feedback des Unternehmensumfeldes, Umweltschutz, Identifikation und Verbundenheit mit dem Unternehmen etc.).

Für die festgelegten Themenkomplexe müssen spezifische Fragen (Items) entworfen werden, die möglichst eindeutig und adressatengerecht (verständlich) formuliert sind und keinen Suggestivcharakter aufweisen. Weiterhin sollte als Grundregel beachtet werden, dass mit einem Item tatsächlich nur ein einzelner Aspekt abgefragt bzw. erfasst wird, um zuordenbare und verwertbare Ergebnisse zu erhalten.

10.3.1.2 Durchführung und Ergebnisverwertung

Mitarbeitendenbefragungen sind häufig mit Unsicherheiten und Skepsis vergesellschaftet, vor allem wenn Umstrukturierungen anstehen. Furcht vor möglichen negativen Konsequenzen wie z. B. Entlassungen oder Beförderungsstopps, aber auch Mängel bei der Planung und Durchführung der Befragung selber können dazu beitragen, dass Meinungen nicht geäußert werden und die Ziele der Befragung letztendlich nicht erreicht werden.

Generelle Erfolgsfaktoren von Mitarbeitendenbefragungen

- Klare Zielsetzung, was mit der Befragung erreicht werden soll
- Möglichst alle Mitarbeitenden und alle Berufsgruppen in die Befragung(en) einbeziehen oder repräsentative Stichproben bilden
- Regelmäßige Durchführung, um Entwicklungen verfolgen zu können
- Anonymität zusichern und diese unbedingt einhalten
- Personalrat (bzw. Betriebsrat) und Vorgesetzte bei der Entwicklung des Erhebungsinstrumentariums einbeziehen
- Nicht zu viele, nicht zu spezielle, dafür eindeutige und leicht verständliche Fragen stellen
- Geschlossene (Items) und offene (freie Beantwortung) Fragen verwenden
- Transparenz aller Prozesse und Befunde herstellen
- Bereitschaft zur Veränderung und spürbaren Verbesserungen

Bei der **Auswertung** ist es ob der Fülle an statistischen Auswertungsmöglichkeiten empfehlenswert, auch im Hinblick auf die spätere „Lesbarkeit" der Ergebnisse, sich auf einfache Maßzahlen wie Mittelwerte und Prozentzahlen zu beschränken. Der Einsatz von „zu viel Statistik" birgt immer die Gefahr der Bildung von unproduktiver Scheingenauigkeit. Ähnlich wie bei Kundinnen- und Kundenbefragungen muss die **Interpretation** und **Schlussfolgerung** mit hoher Sorgfalt und größter Vorsicht vorgenommen werden. Wurde neben der Abfrage der einzelnen Items zusätzlich auch die Wichtigkeit, die einem Item oder Themenkomplex zugewiesen wird, abgefragt, können zur Verwertung der Ergebnisse auch *Portfoliodiagramme* (Kap. 9) oder *Entscheidungsmatrizes* (Kap. 7) zur Feststellung und Priorisierung von Handlungsmaßnahmen herangezogen werden.

Die **Rückmeldung** und **Präsentation** der Ergebnisse gegenüber den Mitarbeitenden ist ein wichtiger und sensibler Vorgang (Feedback). Befragungen von Mitarbeitenden weisen eine ganz andere Dynamik als beispielsweise (externe) Patientinnen- und Patientenbefragungen auf. Eine Patientin oder ein anderer externer Interessenpartner ist in der Regel nicht mehr in der Einrichtung, wenn die Ergebnisse der Befragung vorliegen, und die befragte Person erfährt eher seltener, ob und welche **Konsequenzen** sich daraus ergeben haben. Ganz anders ist die Situation bei einer (internen) Mitarbeitendenbefragung. Die Teilnehmenden setzen zum Teil große Hoffnungen in die Befragung und erwarten, dass ihre Meinungen und Bewertungen von der Leitung und den Vorgesetzten wahr- und ernst genommen werden.

Hier offenbart sich die Kongruenz mit der von der Führung intendierten Zielsetzung. Nur wenn die *Bereitschaft* und die *Ressourcen* vorhanden sind, den Ergebnissen auch **Handlungen** folgen zu lassen, kann eine Mitarbeitendenbefragung als Instrument des Qualitätsmanagements überhaupt glaubhaft und wirkungsvoll sein (Zinn und Schena 2002, S. 470). Kann dagegen nicht sichergestellt werden, dass die Befragungsergebnisse auch zu kurz- oder mittelfristigen (wahrnehmbaren) Verbesserungen führen, wird die Mitarbeitendenbefragung zu einem *gefährlichen Instrument.* Die Enttäuschung geweckter Erwartungen kann leicht zu Demotivation, Widerstandsbildung oder gar resignativen Tendenzen führen (Zink 2004). Wie jede Form der Qualitätsmessung, dürfen Mitarbeitendenbefragungen sich nicht allein in regelmäßig durchgeführten Messungen erschöpfen. Es müssen eine konstruktive Ergebnisverwertung und die Einbindung in die unternehmerische bzw. mitarbeitendenorientierte Qualitätsplanung folgen.

10.3.2 Betriebliches Vorschlagswesen

Das Betriebliche Vorschlagswesen (BVW) ist eine sinnvolle Ergänzung zu sämtlichen internen Befragungsansätzen. Es ist ein Instrument zur Förderung, Begutachtung, Anerkennung und Umsetzung von Verbesserungsvorschlägen der Mitarbeitenden. Idee und Konzept des Vorschlagswesens haben ihre Ursprünge bereits in frühen Zeiten der Industrialisierung. Seine Rahmenbedingungen sind im Wesentlichen im Betriebsverfassungsgesetz verankert, das u. a. die Zusammenarbeit von Arbeitgeber und Personalrat (Betriebsrat) regelt. Heute ist es branchenübergreifend in allen Produktions- und Dienstleistungsbereichen, insbesondere in zahlreichen Gesundheitseinrichtungen, als **partizipatives Optimierungsinstrument** fest etabliert.

Ähnlich dem Beschwerdemanagement ist das Vorschlagswesen ein eher qualitatives Verfahren der Qualitätsmessung, mit dem qualitätsrelevante Problemfelder in der Organisation bzw. im Leistungsgeschehen entdeckt werden können (vgl. Bruhn 2013, S. 261). Gleichzeitig ist es aber auch ein **Instrument der Beteiligung,** mit dem Mitarbeitende sich direkt in die Entwicklung der eigenen Organisation einbringen können (Wahrnehmung von Vorschlagsrechten). Mit der Einbettung in das Qualitätsmanagement und der systematischen Einspeisung der Ergebnisse in die kontinuierliche Qualitätsverbesserung (KVP) wird das Vorschlagswesen oftmals auch als **Ideenmanagement** bezeichnet.

Das klassische Vorschlagswesen ist so angelegt, dass Mitglieder einer Einrichtung (ggf. auch externe Mitglieder) der Unternehmensleitung **Verbesserungsvorschläge** unterbreiten. Vorschläge können von Einzelpersonen oder von Gruppen eingebracht werden. Damit ein Vorschlag als solcher anerkannt und verarbeitet werden kann, muss dieser bestimmte Voraussetzungen erfüllen.

Merkmale eines Verbesserungsvorschlags (Brinkmann und Simon 2003, S. 95)
- Eine freiwillig erbrachte Zusatzleistung, die über den Rahmen der übertragenen Arbeitsaufgaben hinausgeht und nach erfolgter Realisierung prämiert (bonifiziert) wird,
- keine schutzfähige Erfindung gemäß des Arbeitnehmererfindungsgesetz,

- eine eigenständige Idee zu einem selbst erkannten Problem mit dem dazugehörigen Lösungsweg,
- eine zeitgerechte Änderung eines Einsatzmittels (z. B. Technik, Geräte, Instrumente) oder organisatorischen Ablaufs (z. B. Bestellung, Überleitung, OP-Vorbereitung),
- klare Abgrenzung des Ausgangszustands (Ist) zum Verbesserungszustand (Soll) unter Bezugnahme auf den genannten Lösungsweg.

In der Regel werden die Verbesserungsvorschläge über eigens dafür entwickelte Formulare oder durch IT-Lösungen gesammelt und in regelmäßigen Abständen gesichtet. Die **Bewertung** der Vorschläge nimmt häufig eine Kommission vor, der neben den verantwortlichen Personen für die Durchführung des Vorschlagswesens (BVW-Beauftragte) eine Auswahl von Führungsverantwortlichen und Mitglieder der Arbeitnehmervertretung angehören (Begutachtungskommission). Diese Kommission entscheidet in der Regel auch, ob ein Vorschlag angenommen oder abgelehnt wird. Anerkannte Verbesserungsvorschläge werden von der Unternehmensleitung entsprechend ihres *Nutzens* prämiert. Häufig sind monetäre Prämien, deren Höhe an die quantifizierbare Einsparung bzw. Produktivitäts- oder Gewinnsteigerung angelehnt werden. Bei nicht quantifizierbarem Nutzen wird oftmals mithilfe eines Punktesystems die Höhe der Prämie festgelegt.

Die **Motivation zur Teilnahme** kann durch spezifische Anreize, beispielsweise durch die Vergabe von Mindestprämien oder geringwertige Sachprämien bei realisierten Bagatell-Vorschlägen, gesteigert werden. Ebenso ist denkbar, auch bei guten Vorschlägen, die nicht realisiert werden konnten, eine Art von (wahrnehmbarer) Anerkennung zu realisieren oder Sonderprämien unter allen eingereichten Verbesserungsvorschlägen zu verlosen. Darüber hinaus sollte die Bearbeitung zügig und die Umsetzung der Verbesserungsvorschläge sichtbar vorgenommen werden. Die Realisierung der Verbesserungen sowie deren Urheberinnen und Urheber sollte innerhalb der Einrichtung breit kommuniziert werden (z. B. E-Mail-Verteiler, Betriebs- oder Personalzeitung, Schwarzes Brett). Dies dient nicht nur der Glaubwürdigkeit und Akzeptanz des gesamten Vorschlagsverfahrens, sondern stellt auch einen wesentlichen nicht-materiellen Anreiz dar, sich in Zukunft ebenfalls oder nochmalig zu beteiligen.

Variationen des Vorschlagswesens unterscheiden sich hinsichtlich ihres Grades an *Zentralität* und hinsichtlich ihrer *Einbettung* in den kontinuierlichen Verbesserungsprozess (KVP). Ein zentrales Vorschlagswesen verfügt über zentrale Strukturen, in denen für die gesamte Einrichtung Verbesserungsvorschläge gesammelt und begutachtet werden, aber auch die Prämierung und Umsetzungsrealisierung in Verantwortung der obersten Leitungen erfolgt. Formen eines dezentralen Vorschlagswesens finden hingegen auf Abteilungs- oder Arbeitsgruppenebene statt. Die eingebrachten Vorschläge werden, z. B. im Zusammenwirken mit den direkten Vorgesetzten und auf kurzen Abstimmungswegen, vor Ort begutachtet und dort auch realisiert; es findet lediglich eine Information an die zentralen BVW-Strukturen bzw. Unternehmensleitung statt (Bruhn 2013, S. 188).

Daneben sollte im Sinne eines umfassenden Qualitätsmanagements ein starres oder gar konkurrierendes Nebeneinander von betrieblichem Vorschlagswesen und anderen, auf Veränderung und Verbesserung ausgelegten Initiativen und Methoden (z. B. Problemlösungsgruppen, KVP-Gruppenarbeit) vermieden werden. Grundsätzlich ergänzen sich die einzelnen Ansätze zwar (spontane vs. systematische Ideenfindung); unterschiedliche Anreizstrukturen (monetäre Prämien vs. nicht-monetäre Anerkennung) und mögliche Abgrenzungsprobleme (Zusatzleistung vs. Arbeitspflicht) könnten jedoch unproduktive Konkurrenzsituationen schaffen (Tab. 10.4). Hier gilt es, Brücken zwischen den methodischen Verbesserungsansätzen zu schlagen. So könnten beispielsweise unter dem Dach eines **Ideenmanagements** die über das Vorschlagswesen aufgezeigten Probleme und Lösungsvorschläge auch Gegenstand von KVP-Gruppen werden bzw. in die Qualitätszirkelarbeit eingespeist werden. Dort könnte der mit dem eingebrachten Vorschlag identifizierte Problembereich oder der mitgeteilte, bisher aber nicht realisierte Lösungsvorschlag näher untersucht, weiter ausgearbeitet oder andere Alternativen gesucht werden. Demgegenüber können auch Ergebnisse, die im Rahmen von Qualitätszirkel- bzw. KVP-Gruppenarbeit hervorgegangen sind, vergleichbar wie Einzelvorschläge prämiert werden, wenn sie über den Arbeits- und Aufgabenbereich der Teilnehmer hinausgehen (Neckel 2008, S. 15).

10.3.3 Beauftragtenwesen

Das strukturierte Beauftragtenwesen ist zunächst ein unverzichtbares Element der Betriebsführung und der Organisationsgestaltung (Kap. 5). Die (innerbetriebliche) Beauftragung

Tab. 10.4 Gegenüberstellung von BVW und KVP-Gruppenarbeit. (Quelle: Neckel 2008, S. 16)

Betriebliches Vorschlagswesen	KVP-Gruppenarbeit
Ideen entstehen spontan durch Einzelpersonen oder informelle Gruppen	Ideen entstehen systematisch durch institutionalisierte, moderierte Gruppen
Ideen können den eigenen Arbeitsbereich betreffen, sollen aber über die Arbeitsaufgabe hinausgehen	Ideen betreffen im Wesentlichen den eigenen Arbeitsbereich und liegen häufig im Bereich der eigenen Arbeitsaufgabe
Der Vorschlag wird von Vorgesetzten (oder Gutachtenden) bearbeitet	Der Vorschlag wird möglichst von der Gruppe bearbeitet
Die Umsetzung erfolgt durch andere, wobei die Einreichenden möglichst einbezogen werden	Die Umsetzung erfolgt überwiegend durch die Gruppe bzw. durch den Bereich
Die Einreichenden erhalten die Prämie (Anerkennung)	Die Gruppe (oder der Bereich) erhält die Prämie (Anerkennung)
Keine konkrete Zielvorgabe im Einzelnen	Die Gruppe setzt sich jeweils konkrete Ziele

von Personen verfolgt einhergehend zentrale Absichten der Mitarbeitendenorientierung, sodass das Beauftragtenwesen gleichzeitig in den Kontext des Qualitätsmanagements einzuordnen ist, nicht nur aufgrund der verbreitet anzutreffenden Qualitätsmanagementbeauftragten. Hinsichtlich seiner strukturellen Ausprägung gewinnt es vor allem mit der Größe und der Komplexität der Betriebs- und Qualitätsorganisation in Gesundheits- und Pflegeeinrichtungen an Bedeutung.

Im Rahmen des Beauftragtenwesens nehmen beauftragte Personen (auch: Beauftragte) in höchst unterschiedlichem Maße bestimmte **Kontroll-, Informations-** und sogenannte **Intuitivaufgaben** innerhalb der Ablauforganisation wahr und unterstützten auf diese Weise die Aufgabenerfüllung und das Leistungsgeschehen, insbesondere die Einhaltung behördlicher und gesetzlicher Vorgaben (Anforderungen). Die Ziele der *Beteiligung* werden dadurch erreicht, dass Mitarbeitende systematisch „in die Pflicht genommen" werden, d. h. eigenverantwortlich und selbstorganisiert relevante Aufgaben der Betriebsorganisation übernehmen (Verantwortungsübernahme), Unternehmensaufgaben kritisch hinterfragen bzw. mitgestalten und sich am Qualitätsmanagement und der Qualitätsverbesserung beteiligten (Partizipation).

10.3.3.1 Stellung, Funktion und Aufgaben von Beauftragten

Beauftragte sind Mitglieder der Organisation, die von der Unternehmensleitung für die Wahrnehmung und Ausübung bestimmter wichtiger Aufgaben ausgewählt und benannt werden **(Delegationsprinzip)**. Die Bestellung von Beauftragten erfolgt entweder auf Grundlage gesetzlicher oder behördlicher *Vorgaben,* insbesondere zur vorbeugenden Gefahrenabwehr (z. B. Transfusionsbeauftragte, Transplantationsbeauftragte) oder aufgrund organisatorischer *Belange* (z. B. Qualitätsbeauftragte, Risikomanagementbeauftragte).

Beauftragte können Mitarbeitende der ausführenden Ebene sein oder auch Führungskräfte des mittleren Managements, in Einzelfällen sind es auch Mitglieder der Leitungsebene (z. B. „Beauftragter der obersten Leitung" für das Qualitätsmanagementsystem). In jedem Fall sollten Beauftragte sowohl über die notwendige *Qualifikation* für die Aufgabenwahrnehmung als auch über die für die Aufgabenerfüllung notwendigen zeitlichen *Freiräume* und materiellen *Ressourcen* verfügen (Prinzip des Empowerment). Insbesondere zur Wahrnehmung von Sonderaufgaben auf gesetzlicher Grundlage sind Sach- und Fachkundenachweise, Zusatzausbildungen oder regelmäßige Fortbildungen häufig vorgeschrieben. Aber auch Sonderaufgaben, die aufgrund organisatorischer Belange ohne gesetzliche Grundlage von Beauftragten wahrgenommen werden, erfordern eine spezifische Befähigung zur Aufgabenerfüllung. Fehlt das spezifische Befähigungserfordernis, handelt es sich nicht um „Beauftragung" im Sinne des strukturierten Beauftragtenwesens, sondern um „Arbeitsgestaltung" im Sinne der Abstimmung von Arbeitsaufgaben und des Leistungsvollzugs.

▶   Beauftragte sind mit Fachwissen oder bestimmten Kompetenzen ausgestattete Personen oder Stellen, die Sonderfunktionen in Institutionen wahrnehmen und die durch die Wahrnehmung dieser Sonderfunktionen die Ablauforganisation dieser Institutionen entlasten.

Die **organisationale Verankerung** von Beauftragten ist grundsätzlich immer eine besondere: Beauftragte nehmen ihre Aufgaben weder als Führungskraft noch als Mitarbeitende wahr, sondern üben als *„Dritte Kraft"* eine Mittlerfunktion zwischen Leistungsebene und Leitungsebene aus (Abb. 10.7). Die Sonderaufgaben können auf Stellen bzw. Abteilungen innerhalb der Aufbauorganisation („Beauftragte mit fester Stellung im Organigramm") oder auf Einzelpersonen mit bestimmten Stellenanteilen („Beauftragte, die gesondert von der Aufbauorganisation bestellt werden") verteilt werden.

Beauftragte üben ihre Aufgabenbereiche **eigenverantwortlich** aus. Damit entlasten und koordinieren sie unmittelbar wichtige Bereiche der Ablauforganisation. Das konkrete Aufgabenfeld sowie die Rechte und Pflichten sollten möglichst exakt in **Stellen- und Funktionsbeschreibungen** definiert und gegenüber anderen Aufgaben und Personen abgegrenzt werden (vgl. Ertl-Wagner et al. 2009, S. 131). Dies ist vor allem dann notwendig, wenn für einen Bereich mehrere Beauftragte bestellt werden (z. B. im Rahmen von Vertretungsregelungen). Es ist grundsätzlich möglich und erlaubt, mehrere

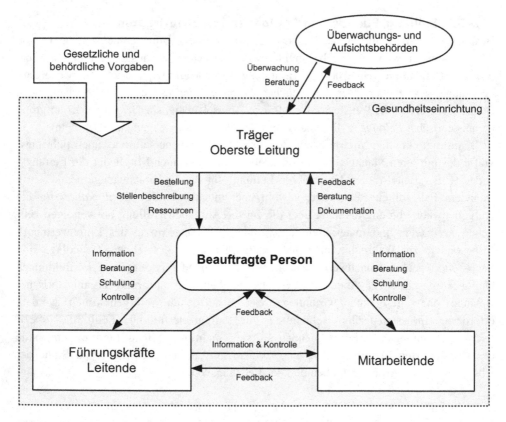

Abb. 10.7 Stellung, Funktion und Aufgaben beauftragter Personen in Gesundheitseinrichtungen. (Quelle: mod. nach Wegner-Bock und Gerstner 2012, S. 71)

Beauftragtentätigkeiten auf eine Person (bzw. Stelle) zu übertragen (**Mehrfachbeauftragung**). Die Mehrfachbeauftragung sollte auf inhaltlich eng verwandte Aufgabengebiete beschränkt bleiben (z. B. Datenschutzbeauftragte und IT-Beauftragte), um die betreffenden Personen (bzw. Stellen) nicht zu überfordern.

Einige Aufgabenbereiche machen ein **Über-/Unterordnungsverhältnis** mehrerer Beauftragter notwendig. Dann wird in der Regel unterschieden zwischen „Verantwortlichen" oder „Bevollmächtigten" einerseits (z. B. Strahlenschutzverantwortliche) und „Beauftragten" andererseits (z. B. Strahlenschutzbeauftragte). In Ausnahmefällen ist es auch möglich, das Über-/Unterordnungsverhältnis durch *Zusammenlegen* der Aufgaben zu vereinfachen. Meistens lassen aber gesetzliche Vorgaben diesbezüglich keinen Spielraum (vgl. Wegner-Bock und Gerstner 2012, S. 69) oder die Zusammenlegung ist wenig sinnvoll, wenn dadurch Kontrollinstanzen reduziert werden. Darüber hinaus sollte bei jeder Form der Beauftragung möglichen *Interessenkonflikten* zwischen der hauptamtlichen Tätigkeit und der Beauftragtenposition Rechnung getragen werden (z. B. Transplantationsbeauftragte in der Chirurgie).

Beauftragte haben in der Regel eine direkte **Dokumentations- und Berichtspflicht** gegenüber der Unternehmensleitung, welche sich wiederum gegenüber den übergeordneten Überwachungs- und Aufsichtsbehörden verantworten muss, sofern es sich um eine gesetzlich oder behördlich verpflichtende Beauftragung handelt. Je nach Aufgabenbereich bringen Beauftragte sich auch selbstständig in die Belange, Entscheidungen und Entwicklungsprozesse der Organisation ein (z. B. in Form von Stellungnahmen, Vorschlägen oder Gutachten) und üben damit direkt Vorschlags- und Beteiligungsrechte aus.

Aufgaben von Beauftragten in Gesundheitseinrichtungen
- Einhaltung von gesetzlichen und behördlichen Vorgaben
- Überwachung und Kontrolle von betrieblichen Prozessen
- Schulung, Beratung und Aufklärung von Mitgliedern der Organisation
- Initiative und Mitarbeit bei organisatorischen Veränderungen
- Mitteilungs- und Berichtspflicht gegenüber der Leitungsebene
- Ausüben von Vorschlags- und Beteiligungsrechten (und -pflichten)
- Repräsentieren gegenüber Einrichtungen, Behörden oder Öffentlichkeit

---

10.3.3.2 Beauftragung im Qualitätsmanagement

Eine besondere Bedeutung haben die **Beauftragten für das Qualitätsmanagement.** Für ihre Bestellung gibt es keine gesetzliche Grundlage oder anderweitige Verpflichtung. Es hat sich aber bewährt, mit der Beauftragung den damit in Verbindung stehenden Sachverstand zu bündeln und damit eine gewisse Handlungsfähigkeit zu sichern. Beauftragte für das Qualitätsmanagement tragen unterschiedliche Bezeichnungen (z. B. Qualitätsbeauftragte, Qualitätsmanagementkoordinatoren, TQM-Koordinator), von denen der Begriff des Qualitätsmanagementbeauftragten (QMB) verbreitet ist, konsensfähig erscheint und überdies auch anschlussfähig an die DIN EN ISO-Normenreihe ist. Qualitätsmanagementbeauftragte sind vielfältig in die Strukturen des Qualitätsmanagements (bzw. Qualitätsmanagementsystems) eingebettet und bilden selbstständig dazugehörige Strukturelemente. Abhängig von der Größe und Aufgabenvielfalt der Einrichtung erhalten die für die Aufgabenerfüllung vorgesehenen **Personen** (bzw. Gruppen) oder **Institutionen** (bzw. Abteilungen) einen festen Platz im Organigramm oder werden von der Aufbauorganisation gesondert bestellt („Strukturelle Minimallösung", siehe Kap. 5):

- Qualitätsbeauftragte auf Geschäftsleitungsebene, die für die Koordination und Überwachung des Qualitätsmanagements in der gesamten Einrichtung verantwortlich ist **(Beauftragte der obersten Leitung);**
- Zentrale „Stabsstelle Qualitätsmanagement", welche übergeordnete Vorbereitungs-, Koordinations- und Kommunikationsaufgaben übernimmt **(zentrale Qualitätsmanagementbeauftragte);**
- Ernennung und Schulung von Qualitätsmanagern und/oder Qualitätsbeauftragten in der Belegschaft **(dezentrale Qualitätsmanagementbeauftragte),** die auf der ausführenden Ebene Koordinierungs- und Fachaufgaben der Qualitätsdarlegung und Qualitätssteuerung übernehmen;
- Aufbau von Teamkonzepten (z. B. Qualitätszirkel, KVP-Gruppen, Projektgruppen), die mit der Bearbeitung von konkreten Qualitätsproblemen befasst sind **(QM-Moderatoren);**
- Ausbildung von Mitarbeitenden, die Audits oder andere Arten der Qualitätsbewertung in den verschiedenen Arbeitsbereichen der Organisation durchführen **(QM-Auditoren).**

Die Aufgaben, die „Beauftragte für das Qualitätsmanagement" wahrnehmen, sind abhängig vom zugrunde liegenden Managementansatz bzw. Qualitätsmanagementsystem, aber auch von der einrichtungsinternen Betriebsstruktur und Organisationskultur. Zu den **üblichen Aufgaben** gehören:

- Erstellen und Pflegen des Qualitätsmanagementhandbuchs und von Qualitätsstatistiken,
- Organisation und Durchführung interner Schulungen und Fortbildungen,
- Organisation und Koordination von Problemlösungsgruppen,
- Planen, Durchführen und Auswerten von internen Audits,
- der Geschäftsführung berichten und Verbesserungsvorschläge unterbreiten,
- Entwicklung, Planung und Einsatz von Instrumenten der Qualitätsmessung (z. B. Mitarbeitendenzufriedenheit),
- Mitarbeit bei der Erstellung von Qualitätsberichten.

Neben den Beauftragten für das Qualitätsmanagement gibt es eine Vielzahl unterschiedlichster **Beauftragte des Qualitätsmanagements** bzw. Beauftragte der Betriebsführung. Inhaltlich handelt sich dabei um Beauftragungen, die nicht der Entwicklung und Realisierung eines konzipierten Qualitätsmanagements, wohl aber im Rahmen des Qualitätsmanagements bzw. innerhalb der Betriebsführung auf eine Vermeidung oder zumindest Verminderung der betrieblichen Umweltauswirkungen sowie der Risiko- und Gefahrenquellen hinwirken sollen (z. B. Brandschutzbeauftragte, Datenschutzbeauftragte). Es sind dies vor allem *Beauftragungen auf gesetzlicher Grundlage,* für die jede Einrichtung einzeln prüfen muss, ob und in welcher Ausprägung sie diesen Verpflichtungen nachkommt (Tab. 10.5).

Tab. 10.5 Beauftragte des Qualitätsmanagements bzw. der Betriebsführung auf gesetzlicher Grundlage (Auswahl)

Beauftragter	Rechtsgrundlage	Qualifikation
Abfallbeauftragte (Betriebsbeauftragter für Abfall)	Kreislaufwirtschaftsgesetz (KrWG); Verordnung über Betriebsbeauftragte für Abfall (AbfBetrbV)	Fachkunde, Fortbildungspflicht
Beauftragte für Biologische Sicherheit	Gentechniksicherheitsverordnung (GenTSV); Verordnung über die Sicherheitsstufen und Sicherheitsmaßnahmen bei gentechnischen Arbeiten in gentechnischen Anlagen (GenTG)	Sachkunde
Beauftragte für den Datenschutz	Bundesdatenschutzgesetz (BDSG)	Fachkunde
Betriebsbeauftragte für Gewässerschutz	Wasserhaushaltsgesetz (WHG)	Fachkunde
Brandschutzbeauftragte (Fachkraft für Arbeitssicherheit im Brandschutz)	Arbeitssicherheitsgesetz (ASiG), Arbeitsschutzgesetz (ArbSchG)	Fachkunde, Ausbildung
Ersthelfende (Betriebssanitäter)	Arbeitsschutzgesetz (ArbSchG)	Ausbildung, Fortbildungspflicht
Gefahrgutbeauftragte	Gefahrgutbeauftragtenverordnung (GbV)	Sachkunde, Fortbildungspflicht
Hygienebeauftragte Ärzte/Ärztinnen	Infektionsschutzgesetz (IfSG); Krankenhaushygieneverordnungen der Bundesländer (MedHygV)	Ausbildung, Ltd. Position, Fachkunde

(Fortsetzung)

Tab. 10.5 (Fortsetzung)

Beauftragter	Rechtsgrundlage	Qualifikation
Hygienebeauftragte Pflegefach- kraft, Hygienische Fachkraft	Infektionsschutzgesetz (IfSG); Krankenhaushygieneve- ordnungen der Bundesländer (MedHygV)	Ausbildung, Berufs- erfahrung
Krankenhaushygieniker	Infektionsschutzgesetz (IfSG); Krankenhaushygieneve- ordnungen der Bundesländer (MedHygV)	Ausbildung, Weiterbildung, Fachkunde
Laserschutzbeauftragte	Berufsgenossenschaftliche Vor- schriften (BGV B2)	Sachkunde
Sachkundige für Leitern und Tritte	Berufsgenossenschaftliche Informationen (BGI 694)	(unternehmensspezifisch)
Sicherheitsbeauftragte	Siebtes Buch Sozialgesetzbuch (SGB VII); Berufsgenossen- schaftliche Vorschriften (BGV A1)	Ausbildung, Fortbildungs- pflicht
Sicherheitsbeauftragte für Medizinprodukte	Medizinproduktegesetz (MPG)	Sachkunde
Störfallbeauftragte	Bundes-Immissionsschutzgesetz (BImSchG); Verordnung zur Durchführung des BImSchG (BImSchV – Störfallverordnung)	Fachkunde, Fortbildungs- pflicht
Strahlenschutzverantwortliche/- beauftragte	Strahlenschutzverordnung (StrlSchV); Atomgesetz (AtG); Röntgenverordnung (RöV)	Fachkunde
Transfusionsverantwortliche/- beauftragte	Transfusionsgesetz (TFG); Hämotherapie-Richtlinien der BÄK	Ausbildung, Weiterbildung, Fachkunde
Ärzte/Ärztinnen als Qualitäts- beauftragte in der Transfusions- medizin	Transfusionsgesetz (TFG); Hämotherapie-Richtlinien der BÄK	Ausbildung, Weiterbildung, Fachkunde
Transplantationsbeauftragte	Transplantationsgesetz (TPG); Ausführungsverordnungen der Bundesländer	Ausbildung, Weiterbildung, Fachkunde

Beauftragte des Qualitätsmanagements können aber auch Personen oder Stellen sein, bei denen bestimmte Spezialkenntnisse und Fachkompetenzen gebündelt werden, die allein aus *organisatorischen Erfordernissen* bzw. einrichtungsinternen Belangen eingesetzt werden (z. B. IT-Beauftragte, DRG-Beauftragte, Budget-Beauftragte, Fort-bildungsbeauftragte). In bestimmten Fällen, beispielsweise bei fehlender Eignung oder mangelndem Interesse einzelner Mitarbeitender, können Sonderfunktionen vor allem bei geringer Größe der Einrichtung auch von Externen bzw. **Beauftragten außerhalb der Organisation** wahrgenommen werden („Outsourcing von Sonderaufgaben"). Voraussetzung für eine wirksame und effiziente Aufgabenerfüllung durch Externe ist jedoch, dass diese in den Betriebsablauf bzw. in das Organigramm integriert werden bzw. ihnen die erforderlichen Zutritts- und Informationsrechte eingeräumt werden.

10.4 Übungsfragen

1. Erläutern Sie Zielsetzung und Begründung für Mitarbeitendenorientierung im Allgemeinen bzw. im Rahmen des Qualitätsmanagements! Lösung Abschn. 10.1
2. Innerhalb von Organisationen können Mitarbeitende in unterschiedlichem Grad beteiligt und zu eigenverantwortlichem Handeln ermächtigt werden. Nennen und erläutern Sie die drei Stufen der Beteiligung! Lösung Abschn. 10.1
3. Skizzieren Sie das Zwei-Faktoren-Modell der Arbeitszufriedenheit nach Herzberg und heben die Bedeutung dieses historischen Modells für die Motivationsforschung im Organisationskontext hervor! Lösung Abschn. 10.2.1.1
4. Beschreiben Sie, was unter Führungskonzepten zu verstehen ist. Erläutern Sie die drei für das Qualitätsmanagement wichtigen „Management-by"-Konzepte! Lösung Abschn. 10.2.2.2
5. Beschreiben Sie drei Maßnahmen der Mitarbeitendenförderung und arbeiten die Bedeutung für das Qualitätsmanagement heraus! Abschn. 10.2.3.2
6. Nennen und erläutern Sie Merkmale motivations-, persönlichkeits- und gesundheitsförderlicher Aufgabengestaltung! Lösung Abschn. 10.2.3.3
7. Erläutern Sie die vier Ansätze der „neueren" Arbeitsgestaltung bzw. Arbeitsstrukturierung! Lösung Abschn. 10.2.3.3
8. Erläutern Sie die zwei Hauptfunktionen von systematischen Mitarbeitendenbefragungen und grenzen daran die Bedeutung von Mitarbeitendenbefragungen gegenüber Kundinnen- und Kundenbefragungen ab! Lösung Abschn. 10.3.1
9. Beschreiben Sie, was einen Verbesserungsvorschlag im Rahmen des Betrieblichen Vorschlagswesens kennzeichnet! Lösung Abschn. 10.3.2
10. Beschreiben und begründen Sie die besondere Bedeutung von „Beauftragten" für die Mitarbeitendenorientierung! Lösung Abschn. 10.3.3.1.

Literatur

Arnold R, Schüßler I (2001) Entwicklung des Kompetenzbegriffs und seine Bedeutung für die Berufsbildung und für die Berufsbildungsforschung. In: Franke G (Hrsg) Komplexität und Kompetenz. Ausgewählte Fragen der Kompetenzforschung. Bertelsmann, Bielefeld, S 52–74
Becker M (2013) Personalentwicklung: Bildung, Förderung und Organisationsentwicklung in Theorie und Praxis, 6. Aufl. Schäffer-Poeschel, Stuttgart

Berthel J, Becker FG (2010) Personal-Management. Grundzüge für Konzeptionen betrieblicher Personalarbeit, 9. Aufl. Schäffer-Poeschel, Stuttgart

Bowen ED, Lawler EE (1995) Empowering service employees. Sloan Manag Rev 36(4):73–84

Brinkmann E, Simon A (2003) Grundzüge des betrieblichen Vorschlagswesens. In: Hansen W, Kamiske GF (Hrsg) Qualitätsmanagement und Human Resources. Mitarbeiter einbinden, entwickeln und führen, 2. Aufl. Symposion, Düsseldorf, S 95–118

Bruhn M (2013) Qualitätsmanagement für Dienstleistungen. Handbuch für ein erfolgreiches Qualitätsmanagement. Grundlagen – Konzepte – Methoden, 9. Aufl. Springer, Berlin

Conradi W (1983) Personalentwicklung. Enke, Stuttgart

DBfK Deutscher Berufsverband für Pflegeberufe (DBfK) – Bundesverband e. V. (o. J.) Stufenmodell für die Einarbeitung neuer Mitarbeiterinnen und Mitarbeiter in die Intensivpflege. http://www.dbfk.de/baw/download/aui-einarbeitung-mitarbeiter.pdf. Zugegriffen: 16. Febr. 2015

Dehnbostel P, Elsholz U, Gillen J (2007) Konzeptionelle Begründungen und Eckpunkte einer arbeitnehmerorientierten Weiterbildung. In: Dehnbostel P, Elsholz U, Gillen J (Hrsg) Kompetenzerwerb in der Arbeit: Perspektiven arbeitnehmerorientierter Weiterbildung. Edition Sigma, Berlin

DIN Deutsches Institut für Normung e. V. (2005) DIN EN ISO 9000: Qualitätsmanagementsysteme – Grundlagen und Begriffe (ISO 9000:2005). Beuth, Berlin

DIN Deutsches Institut für Normung e. V. (2015) DIN EN ISO 9001: Qualitätsmanagementsysteme – Anforderungen (ISO 9001:2015). Beuth, Berlin

Domsch M, Schneble A (1993) Mitarbeiterbefragungen. In: L von Rosenstiel (Hrsg) Führung von Mitarbeitern: Handbuch für erfolgreiches Personalmanagement, 2. Aufl. Schäffer-Poeschel, Stuttgart, S 515–529

Doppler K, Lauterburg C (2005) Change Management: Den Unternehmenswandel gestalten, 12. Aufl. Campus, Frankfurt a. M.

Drosten S (1996) Integrierte Organisations- und Personalentwicklung in der Lernenden Unternehmung. Ein zukunftsweisendes Konzept auf der Basis einer Fallstudie. Bertelsmann, Bielefeld

EFQM European Foundation for Quality Management (2003) EFQM Publications: Version für Öffentlichen Dienst und soziale Einrichtungen. EFQM, Brüssel

EFQM European Foundation for Quality Management (2012) EFQM Publications: Das EFQM Excellence Modell 2013. EFQM, Brüssel

Ertl-Wagner B, Steinbrucker S, Wagner BC (2009) Qualitätsmanagement & Zertifizierung. Praktische Umsetzung in Krankenhäusern, Reha-Kliniken und stationären Pflegeeinrichtungen. Springer Medizin, Heidelberg

Frank I (2005) Reform des Prüfungswesens: Berufliche Handlungsfähigkeit liegt im Fokus. Berufsbild Wiss Prax 2:20–32

Großmaß R, Perko G (2011) Ethik für Soziale Berufe. Ferdinand Schöningh, Paderborn

Herzberg F (1966) Work and the nature of man. Crowell, New York

Herzberg F (1968) One more time: how do you motivate employees? Harv Bus Rev 46:53–62

Herzberg F, Mausner B, Snyderman BB (1959) The motivation to work. Wiley, New York

Holtbrügge D (2013) Personalmanagement, 5. Aufl. Springer Gabler, Wiesbaden

Kamiske GF, Brauer JP (2011) Qualitätsmanagement von A-Z: Wichtige Begriffe des Qualitätsmanagements und ihre Bedeutung. Hanser, München

Konecny PA (2011) Mitarbeiterorientierung in ganzheitlichen Qualitätsmanagementansätzen. Gabler, Wiesbaden

Langens T, Schmalt HD, Sokolowski K (2005) Motivmessung: Grundlagen und Anwendungen. In: Vollmeyer R, Brunstein J (Hrsg) Motivationspsychologie und ihre Anwendung, 3. Aufl. Kohlhammer, Stuttgart, S 72–91

Mentzel W (1997) Unternehmenssicherung durch Personalentwicklung, 7. Aufl. Haufe, Freiburg

Mertens D (1974) Schlüsselqualifikationen. Thesen zur Schulung für eine moderne Gesellschaft. Mitteilungen aus der Arbeitsmarkt- und Berufsforschung 7:36–43

Müller K, Bungard W, Jöns I (2007) Mitarbeiterbefragung – Begriff, Funktion, Form. In: Bungard W, Müller K, Niethammer C (Hrsg) Mitarbeiterbefragung – was dann…? MAB und Folgeprozesse erfolgreich gestalten. Springer Medizin, Heidelberg, S 6–12

Neckel H (2008) Modelle des Ideenmanagements. Intuition und Kreativität unternehmerisch nutzen. Schäffer-Poeschel, Stuttgart

Nerdinger FW (2014) Arbeitsmotivation und Arbeitszufriedenheit. In: Nerdinger FQ, Blickle G, Schaper N (Hrsg) Arbeits- und Organisationspsychologie, 3. Aufl. Springer, Berlin, S 419–440

Porter LW, Lawler EE (1968) Managerial attitudes and performance. Dorsey Press & Richard D. Irwin, Homewood

Reetz L (1989) Zum Konzept der Schlüsselqualifikationen der Berufsbildung, Teil 1 und 2. Berufsbildung in Wissenschaft und Praxis 5:3–10 und 6:24–30

Richter M (1989) Personalführung im Betrieb: Die theoretischen Grundlagen und ihre praktische Anwendung, 2. Aufl. Hanser, München

Schildknecht R (1992) Total quality management – konzeption und state of the art. Campus, New York

Staudt E, Kriegesmann B (2000) Weiterbildung: Ein Mythos zerbricht. Grundl Weiterbildung (GdWZ) 4:174–176

Tannenbaum R, Schmidt WII (1958) How to choose a leadership pattern. Harv Bus Rev 36(2):95–101

Ulich E (2011) Arbeitspsychologie, 7. Aufl. Schäffer-Poeschel, Stuttgart

Wegner-Bock B, Gerstner A (2012) Die Betriebsbeauftragten im Krankenhaus. Ein praxisorientierter Leitfaden für die Arbeit im Krankenhaus, 2. Aufl. Sonderpublikation der Bayerischen Krankenhausgesellschaft e. V., München

Weinert AB (2004) Organisations- und Personalpsychologie, 5. Aufl. Beltz PVU, Weinheim

Wunderer R (1996) Führung und Zusammenarbeit – Grundlagen innerorganisatorischer Beziehungsgestaltung. Z Personalforschung 10(4):385–408

Zink KJ (1981) Notwendigkeit einer „bedürfnisorientierten" Arbeitsstrukturierung. In: Kleinbeck U, Ernst G (Hrsg) Zur Psychologie der Arbeitsstrukturierung. Campus, Frankfurt a. M., S 329–343

Zink KJ (2004) TQM als integratives Managementkonzept: Das EFQM Excellence Modell und seine Umsetzung, 2. Aufl. Hanser, München

Zink KJ (2007) Mitarbeiterbeteiligung bei Verbesserungs- und Veränderungsprozessen: Basiswissen, Instrumente, Fallstudien. Hanser, München

Zinn W, Schena R (2002) Mitarbeiterbefragung – Mitarbeiterzufriedenheit. Krankenhaus 94(6):470–473

Integrierte Managementkonzepte

11

Zusammenfassung

In diesem Kapitel werden Auszüge bekannter Managementkonzepte betrachtet, die methodisch mit den Strategien und Grundsätzen des Qualitätsmanagements verbunden sind. Dazu gehören: a) das Dienstleistungsmanagement, dessen unmittelbare Nähe zum Qualitätsmanagement bereits durch die Auseinandersetzung mit dem Qualitätsbegriff im Gesundheitswesen, der Kundinnen- und Kundenorientierung sowie der Prozessorientierung deutlich wurde; b) das Risikomanagement, das die Grundsätze der Qualitätssicherung und der Qualitätsverbesserung durch eine Schwerpunktlegung auf Aspekte der Sicherheit, Vorbeugung und Fehlervermeidung erweitert; sowie c) das Projektmanagement, das auf Methodenkenntnisse der Gruppenarbeit, der strukturierten Problembearbeitung und der Organisationsgestaltung aufbaut.

11.1 Einführung

Trotz seiner unterschiedlichen Bedeutungen und institutionellen Ausprägungsformen ist Qualitätsmanagement nach heutigem Verständnis in erster Linie ein **ganzheitlicher Managementansatz.** Aus unternehmerischer Sicht bzw. aus der Perspektive einer Gesundheitseinrichtung ist dieser *Gestaltungsgrundlage* und *Ermöglichungsstrategie* für die Erstellung anforderungsgerechter Produkte und Dienstleistungen. In diesem Verständnis ist Qualitätsmanagement kein „Anhängsel" und auch kein „Ergänzungsprogramm" zu einem alternativen oder übergeordneten Management, sondern vielmehr *das* zentrale Management (und Führungssystem) der unternehmerischen und im Gesundheitswesen besonders zu betonenden berufsfachlich geprägten Zweckerfüllung.

© Springer Fachmedien Wiesbaden GmbH, ein Teil von Springer Nature 2022
P. Hensen, *Qualitätsmanagement im Gesundheitswesen,*
https://doi.org/10.1007/978-3-658-38299-5_11

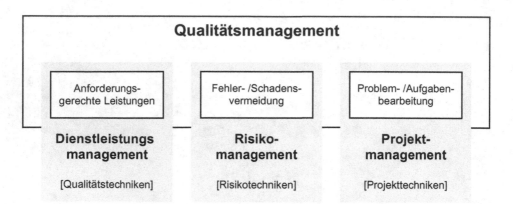

Abb. 11.1   Integration von ergänzenden Managementkonzepten in das Qualitätsmanagement

Management als Begriff wird heutzutage für eine Vielzahl von Konzepten und Methoden in nahezu inflationärem Ausmaß gebraucht, wodurch der Eindruck entstehen könnte, es agierten viele verschiedene „Managements" nebeneinander, die eine entsprechend eigene Aufbau- und Ablauforganisation benötigen. Sofern **Qualitätsmanagement** allerdings ganzheitlich für ein übergeordnetes **Management der Zweckerfüllung** steht, muss es in allen Bereichen einer Organisation wirken. Dabei muss es in der Lage sein, auch alternative und komplementäre Konzepte (bzw. Auszüge daraus) oder ggf. für spezielle Anwendungsbereiche entwickelte Methoden (bzw. methodische Ansätze oder Verfahrensweisen) in die einrichtungsspezifische Aufbau- und Ablauforganisation zu integrieren, wo dies zweckmäßig und erforderlich erscheint.

Im Folgenden werden drei voneinander unabhängig entwickelte **Managementkonzepte** (bzw. methodische Auszüge) betrachtet, die in ihrer Anwendung und Ausprägung nicht konkurrierend, sondern komplementär zum Qualitätsmanagement stehen. Geltung und Gültigkeit erlangen sie im Zusammenwirken ihrer jeweiligen Ziel- und Schwerpunktlegung innerhalb eines ganzheitlichen Managements, das Qualität zum übergeordneten Maßstab macht. Bei den folgenden Managementkonzepten handelt es sich um Gestaltungsansätze, die in das Qualitätsmanagement ergänzend und bereichernd *integriert* werden und dort *integrativ* den zur Verfügung stehenden Methodenraum erweitern (Abb. 11.1).

11.2   Dienstleistungsmanagement

Hinsichtlich der Einordnung und Abgrenzung von Dienstleistungen gibt es zwar keine einheitliche und geschlossene Theorie, wohl aber eine Vielzahl etablierter Gliederungsansätze (vgl. Haller 2010, S. 6 ff.; Corsten und Gössinger 2015, S. 26 ff.). Der **Dienstleistungsbegriff** wurde bereits – für die Zwecke dieses Lehrbuchs ausreichend – anhand der drei Ablauf- bzw. Wirkphasen (Potenzial-, Prozess- und Ergebnisorientierung) anschaulich gemacht (vgl. Meffert et al. 2015). Darüber hinaus existieren Definitionen und Modelle für die Herleitung und Erklärung des Begriffs **Dienstleistungsqualität** (Service Quality). Dienstleistungsqualität wird im internationalen Schrifttum häufig als subjektive Qualitätsbestimmung bzw. als Qualitätsbeurteilung aus Sicht von Kundinnen und Kunden („kundenbezogene Qualität") beschrieben (Grönroos 1984; Parasuraman et al. 1985) und einer als objektiv erscheinenden bzw. objektivierbaren Versorgungs- oder Behandlungsqualität (Quality of Care) gegenübergestellt (vgl. Dagger et al. 2007).

Die Konzepte und Modelle des (allgemeinen) Dienstleistungsmanagements unterstützen das Qualitätsmanagement im Gesundheitswesen in vielerlei Hinsicht. Auch wenn die verfügbaren Ansätze nicht explizit für die Bedingungen des Gesundheitswesens ausgearbeitet wurden, liefern sie eine grundsätzliche Orientierungshilfe für die *Analyse des Leistungsgeschehens*. Mit ihrer Hilfe können Zusammenhänge von beeinflussbaren und nicht beeinflussbaren Faktoren sichtbar gemacht und qualitätsrelevante „Fallstricke" für mögliche Verbesserungen aufgezeigt werden (Ghobadian et al. 1994; Seth et al. 2005). Darüber hinaus hat sich unter der Überschrift „Qualitätstechniken des Dienstleistungsmanagements" ein spezieller **Methodenraum** entwickelt, der das Methodenspektrum des Qualitätsmanagements substanziell bereichert.

11.2.1 GAP-Modell der Dienstleistungsqualität

Das wohl bekannteste und auch im Gesundheitsbereich breit rezipierte Modell für Dienstleistungsqualität ist das „GAP-Modell" (Parasuraman et al. 1985), das im Vergleich zu vielen anderen Managementmodellen und Theorien auf empirischen Analysen beruht. Das Modell baut auf der Annahme auf, dass Dienstleistungen in hohem Maße, wenn auch nicht allein von beeinflussbaren Faktoren auf der Leistungsanbieterseite bestimmt werden („Integration und Kooperation" des „externen Faktors"), die Qualität der Dienstleistungen dagegen ausschließlich durch die Kundinnen und Kunden beurteilt wird (kundenbezogene Qualitätsperspektive). Die für die Erbringung von Gesundheitsleistungen als zentral anzusehende professionsbezogene Qualitätsperspektive ist in dem Modell mittelbar im Gestaltungsansatz der Leistungsanbieterseite berücksichtigt. Das Modell liefert insgesamt einen methodischen Ansatz zur Gestaltung *kundenbezogener Qualität* und gibt wertvolle Hinweise und Ansatzpunkte zur Verbesserung des Leistungsgeschehens (Qualitätsverbesserung).

Das GAP-Modell ermöglicht eine Analyse des Leistungsgeschehens, in dem ähnlich dem Blueprint-Verfahren (Kap. 9) eine Kundenperspektive (z. B. Patient, Klientin) einer Leistungsanbieterperspektive (z. B. Gesundheitsorganisation) gegenübergestellt wird (Abb. 11.2). Qualität wird darin als eine Funktion von *Erwartungen* und *wahrgenommener Leistung* durch die Kundinnen und Kunden definiert (**subjektiveQualität).** Das Modell betrachtet im Gegensatz zum Blueprint allerdings keine Prozessdetails, sondern beleuchtet grundsätzliche Handlungsschritte und Aufgaben seitens des Anbieters

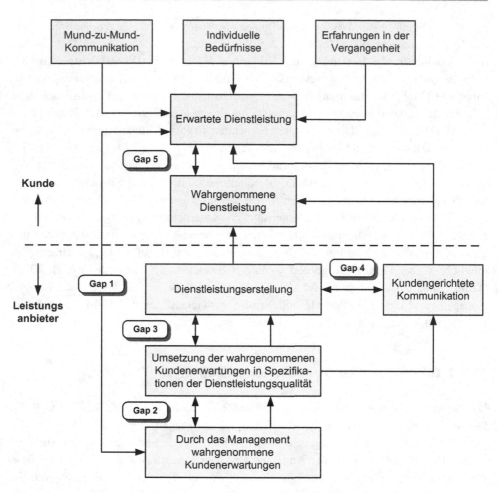

Abb. 11.2 GAP-Modell der Dienstleistungsqualität. (Quelle: Parasuraman et al. 1985, S. 44)

und stellt diese in Wirkbeziehungen zueinander bzw. zu den kundenseitigen Erwartungen und Wahrnehmungen. Methodisch können die Ergebnisse im Einzelfall mit dem detailreicheren Blueprinting kombiniert werden.

▶   Das GAP-Modell ist ein Analysemodell für die Identifikation von Verbesserungspotenzialen bei Dienstleistungen.

Im Zentrum dieses Modells steht die **systematische Überprüfung von „Lücken"** (Gaps) im Leistungsgeschehen, die Quellen für mögliche Qualitätsdefizite sein können. Auf Basis empirischer Studien konnten Einflussfaktoren auf die Lücken beschrieben werden, die als Orientierungspunkte für die Lückenanalyse dienlich sind (Zeithaml et al.

1988). Mit den Einflussfaktoren stehen gleichsam **Ansatzpunkte für Qualitätsver-besserungen** zur Verfügung (Abb. 11.3).

Die anzufertigende Lückenanalyse folgt weitgehend qualitativen Bearbeitungs-ansätzen, jedoch wird für „Gap 5" (Dienstleistungsqualität im engeren Sinne) ein methodischer Messansatz zur Quantifizierung angeboten (siehe: SERVQUAL). Die einzelnen Lücken und die Ansatzpunkte für das Qualitätsmanagement lassen sich wie folgt charakterisieren (vgl. Zeithaml et al. 1988):

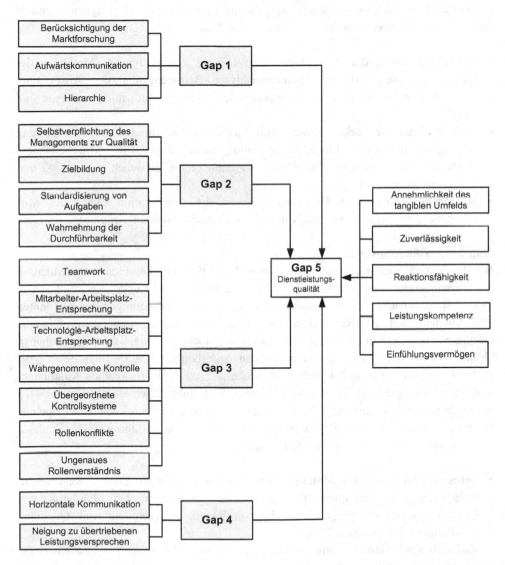

Abb. 11.3 Einflussfaktoren auf die Dienstleistungsqualität und Ansatzpunkte für das Qualitäts-management. (Quelle: Zeithaml et al. 1988, S. 46)

Gap 1 (Wahrnehmungslücke)

Die Wahrnehmungslücke gilt als die Abweichung der tatsächlich vorhandenen Kunden-erwartungen von der Wahrnehmung der Kundenerwartungen durch das Management. Die Lücke kann darauf zurückzuführen sein, dass die Erwartungen der Kunden nicht erfragt oder nicht erfasst wurden. Eine andere Ursache kann sein, dass die Erwartungen zwar erfragt und erfasst wurden, diese aber nicht bis zur Managementebene durch-gedrungen sind. Ebenfalls möglich wäre es, dass es zu Missverständnissen und Inter-pretationsfehlern auf verschiedenen Ebenen der Weiterleitung gekommen ist. Letzteres unterstreicht die Bedeutung, für jede Aufgabe auch die richtige und geeignete Methode auszuwählen. Einflussfaktoren und entsprechende Ansatzpunkte wären:

- **Berücksichtigung der Marktforschung:** Einsatz von geeigneten Methoden der Qualitätsplanung (Markt- und Situationsanalysen, Befragungsmethoden, Ausrichtung auf Wünsche und Bedürfnisse, Interaktion der Führungskräfte mit Kundinnen und Kunden)
- **Aufwärtskommunikation:** Einsatz von Methoden der Mitarbeitendenorientierung (Befragungsmethoden, Einbeziehung und Partizipation von Mitarbeitenden, Gestaltung der Art und Weise der Kommunikation zwischen Führungs- und Mitarbeitendenebene)
- **Hierarchie:** Abbau von Hierarchiestufen in der Organisation (Nähe der Mit-arbeitenden mit Kundinnen- und Kundenkontakt zu Entscheidungsträgern)

Gap 2 (Spezifikationslücke)

Bei der Spezifikationslücke liegt eine Abweichung der vorgenommenen Spezifikation der Dienstleistung von den zuvor (ermittelten) Kundinnen- und Kundenerwartungen vor. Diese Lücke entsteht bei der Leistungsplanung, wenn die Erwartungen der Kundinnen und Kunden zwar erhoben und bekannt sind, diese jedoch nicht konkret in die Gestaltung der Leistungsprozesse einfließen (Spezifikation des Leistungsgeschehens). Gründe hierfür liegen in einer ungenügenden Ausarbeitung von Qualitätszielen bzw. Zielsystemen oder aber in der Wahl inkongruenter Ziele (z. B. mangelnde Kundinnen- und Kundenorientierung). Der Lücke kann aber auch ganz allgemein ein Unvermögen zugrunde liegen, Erkenntnisse in Handlungspläne umzusetzen. Dies kann auf mangelnde Führungs-, Management- oder Methodenkenntnisse zurückzuführen sein. Einfluss-faktoren und entsprechende Ansatzpunkte wären:

- **Selbstverpflichtung des Managements zur Qualität:** Ausreichende Ressourcen-bereitstellung für konsequente Kundinnen- und Kundenorientierung, Förderung von Qualitätsverbesserungsprogrammen und -projekten, Anerkennung von Qualitäts-bemühungen innerhalb der Einrichtung
- **Zielbildung:** Systematisierung der Qualitätsplanung und Ableiten von Qualitätszielen aus Markt- und Situationsanalysen

- **Standardisierung von Aufgaben:** Erarbeitung von Prozessstandards in Zusammenarbeit mit den Mitarbeitenden (insbesondere Gesundheitsprofessionen), Einbeziehung und Förderung von Technologien
- **Wahrnehmung der Durchführbarkeit:** Möglichkeiten erhöhen, die Spezifikationen realisieren zu können (Steigerung der methodischen Fähigkeiten der Führungskräfte, Motivation und Empowerment der Führungskräfte)

Gap 3 (Durchführungslücke)
Bei der Durchführungslücke weicht die vorgenommene Spezifikation der Dienstleistung von der tatsächlich erbrachten Gesamtleistung inklusive aller damit zusammenhängenden Kontakte im Vorfeld oder im Nachgang ab. Eine Durchführungslücke im Leistungserstellungsprozess entsteht immer dann, wenn zwar bekannt ist, wie die Leistung zu erbringen wäre, diese jedoch tatsächlich in der vorgesehenen Form nicht erbracht wird. Einflussfaktoren und entsprechende Ansatzpunkte wären:

- **Teamwork:** Ausbildung eines konsequenten „internen Kunden-Lieferanten-Verständnisses", Steigerung der Wahrnehmung der Mitarbeitenden, dass sich Vorgesetzte um sie kümmern, Förderung von Kooperativität statt Wettbewerb innerhalb der Arbeitsabläufe, Schaffung von Partizipations- und Aktionsräume für Mitarbeitende
- **Mensch-Arbeitsplatz-Entsprechung:** Maßnahmen zur Qualifizierung und Arbeitsplatzorganisation, Qualifikationsgerechter Einsatz der Mitarbeitenden, Personalentwicklung
- **Technologie-Arbeitsplatz-Entsprechung:** Geeignete Geräte und Technologien zur Aufgabenerledigung entwickeln und/oder zur Verfügung stellen
- **Wahrgenommene Kontrolle:** Mitarbeitenden die Möglichkeit geben, Kontrolle über ihre Arbeit ausüben zu können und dies auch erfahrbar werden lassen, Einräumen von Entscheidungs- und Handlungsspielräumen
- **Übergeordnete Kontrollsysteme:** Einführung und Umsetzung von Maßnahmen der Steuerung und Kontrolle von Ergebnisstandards und Prozessstandards, Durchführung von Qualitätsaudits
- **Rollenkonflikte:** Erkennen von möglichen Konfliktpotenzialen zwischen wahrgenommenen Kundinnen- und Kundenerwartungen und Erwartungen der Organisation (z. B. zwischen Professionsverständnis der Gesundheitsberufe und unerfüllbaren Patientinnen- und Patientenwünschen, zwischen unvorhergesehenen Limitationen und grundsätzlich erfüllbaren Patientinnen- und Patientenwünschen), Aufbau einer geeigneten Qualitäts- und Organisationskultur
- **Ungenaues Rollenverständnis:** Klarheit der Bedeutung, Anwendung und Wirkung von Zielen, Maßnahmen der Zielerreichung (Management by Objectives, Policy Deployment), Aufbau einer Trainings- und Workshop-Kultur

Gap 4 (Kommunikationslücke)

Die Kommunikationslücke beschreibt die Abweichung der tatsächlich erstellten Dienstleistung von der an die Kunden gerichteten Kommunikation bezüglich dieser Leistung. Die Lücke zielt auf die Kommunikationsbearbeitung und -kanäle, mit denen die Kundinnen und Kunden über die Leistungsangebote und Leistungserstellungsprozesse informiert werden. Gründe für Abweichungen könnten sein, dass übermäßige Versprechungen gemacht werden, die grundsätzlich oder im Einzelfall nicht eingelöst werden können, und die entsprechenden Einfluss auf die Wahrnehmungen, aber auch die Erwartungen der Kundinnen und Kunden nehmen. Demgegenüber können Wahrnehmung und Erwartung auch durch negative oder schlechte Kommunikation geprägt sein. Einflussfaktoren und entsprechende Ansatzpunkte wären:

- **Horizontale Kommunikation:** Abstimmung der Unternehmenskommunikation und Öffentlichkeitsarbeit innerhalb der Einrichtung (z. B. zwischen Mitarbeitenden und Kundinnen und Kunden, zwischen Mitarbeitenden der Unternehmenskommunikation und Mitarbeitenden mit Kundinnen- und Kundenkontakt), Abstimmung gleichbleibender Leistungsniveaus in unterschiedlichen Abteilungen
- **Neigung zu übertriebenen Leistungsversprechen:** Abwägung der „Werbeaussage" und Ausbildung einer kundenorientierten Organisationskultur (Anpassung der Leistungsversprechen und Unternehmensaussagen an Möglichkeiten und Voraussetzungen der Organisation einerseits sowie den Erwartungen des Marktes und Angeboten der Mitbewerber andererseits)

Gap 5 (Qualitätslücke)

Die Qualitätslücke (Dienstleistungsqualität im engeren Sinne) beschreibt die Abweichung der *erwarteten* von der tatsächlich erlebten bzw. *wahrgenommenen* Leistung. Hierbei handelt es sich um die „Ergebnislücke", d. h. um die kundenseitig beurteilte Dienstleistungsqualität. Sie hängt jeweils vom Ausmaß und der Richtung aller vier beschriebenen Lücken ab und kann vereinfacht als Funktion dargestellt werden:

$$Gap5 = f(Gap1, Gap2, Gap3, Gap4)$$

Für die Messung bzw. quantitative Erfassung dieser Lücke wurde der SERVQUAL-Fragebogen (engl.: *SERV* = Service, *QUAL* = Quality) entwickelt (Parasuraman et al. 1988). Mithilfe dieses Instruments wird das Konstrukt der Dienstleistungsqualität als Differenzwert zwischen erwarteter und wahrgenommener Qualität gemessen. Die Operationalisierung erfolgt entlang der bereits im ersten Kapitel dieses Buches vorgestellten fünf Dimensionen der Dienstleistungsqualität (Kap. 1): Annehmlichkeit des tangiblen Umfeldes (Tangibles), Zuverlässigkeit (Reliability), Entgegenkommen (Responsiveness), Leistungskompetenz (Assurance) und Einfühlungsvermögen (Empathy).

11.2.2 Qualitätstechniken des Dienstleistungsmanagements

Für die Steigerung der Dienstleistungsqualität und Minimierung der „Qualitätslücke" stehen im Dienstleistungsmanagement verschiedene Methoden und Instrumente (Qualitätstechniken) zur Verfügung, die in Anlehnung an die sieben traditionellen Qualitäts- und Managementtechniken (Q7 und M7) als **Sieben Qualitätstechniken für Dienstleistungen** (oder „D7-Qualitätstechniken") bekannt geworden sind (Hoeth und Schwarz 1997; Zollondz 2001, S. 133). Von diesen Techniken wurden einige bereits vorgestellt (Tab. 11.1).

Die Methoden *Blueprint* und *Ereignismethode* werden als qualitative Erhebungsverfahren bei der Ermittlung und Bewertung von Qualitätsmerkmalen in Leistungsprozessen eingesetzt (Kap. 9). Zusammen mit den systematischen Befragungen und dem *Beschwerdemanagement* bilden sie den „Methodendreiklang der Kundinnen- und Kundenorientierung". Die *FRAP-Technik* ist eine Variante des Portfoliodiagramms, das bei der Auswertung von Daten im Rahmen der Kundinnen- und Kundenorientierung zur Anwendung kommt. Die *FMEA-Technik* ist vor allem Gegenstand des Risikomanagements und wird im entsprechenden Abschnitt behandelt (Abschn. 11.3). In den folgenden Unterabschnitten werden die *Vignettentechnik* und die Verfahren zur *Messung von Dienstleistungsqualität* (SERVQUAL, SERVPERF und SERVIMPERF) näher erläutert.

11.2.2.1 Vignettentechnik

Das Vignettenverfahren entspricht in seinen Grundzügen der Idee und dem Ansatz des Morphologischen Kastens, der als Kreativitäts- und Problemlösungstechnik im Rahmen von themenbezogener Gruppenarbeit Anwendung findet (Kap. 7). Im Kontext des Dienstleistungsmanagements steht bei der Vignettentechnik die **Entwicklung von (neuen) Dienstleistungen** (Leistungsangebote) im Mittelpunkt. Auf Grundlage kundenrelevanter Merkmale werden einzelne Szenarien bzw. fiktive Situationen (Vignetten) für Dienstleistungsangebote entworfen. Die Erarbeitung der Vignetten kann in Gruppen-

Tab. 11.1 D7-Qualitätstechniken. (Quelle: Zollondz 2001, S. 133)

Qualitätstechnik	Aufgaben im Qualitätsmanagement
Vignettentechnik	Entwicklung von Dienstleistungen
Service-Blueprint	Darstellung von Leistungsprozessen
Sequenzielle/Kritische Ereignismethode	Ermittlung von Qualitätsmerkmalen
SERVQUAL	Messung von Dienstleistungsqualität
Beschwerdemanagement	Ermittlung von Kundenreaktionen
Frequenz-Relevanz-Analyse von Problemen (FRAP)	Analyse von Qualitätsmerkmalen
Fehlermöglichkeits- und Einfluss-Analyse (FMEA)	Verbesserung und Vorbeugung

arbeit erfolgen. Im Gegensatz zum Morphologischen Kasten werden jedoch (externe) Kundengruppen hinsichtlich der gewünschten Leistungsmerkmale und zur Beurteilung der Dienstleitungsalternativen (Vignetten) befragt.

In mehreren Schritten werden zunächst die von Kunden erwünschten **Merkmale** der zu entwickelnden Dienstleistung ermittelt. Dazu können Fokusgruppen gebildet oder Einzelbefragungen durchgeführt werden. Die ermittelten Merkmale werden nach Häufigkeit sortiert und in Gruppenprozessen hinsichtlich der möglichen **Merkmalsausprägungen** näher ausgeformt. Die Kombination der verschiedenen Merkmale und ihrer Ausprägungen führen zu unterschiedlichen Szenarien bzw. Alternativen (Vignetten). Diese werden wiederum potenziellen Kundinnen und Kunden im Sinne von *Marktforschungsprozessen* zur Bewertung (z. B. durch Paarvergleich) vorgelegt. Anders als beim Morphologischen Kasten liegt bei der Vignettentechnik das Hauptaugenmerk auf der **Beurteilung der Szenarien** durch die Kundinnen und Kunden. Grundsätzlich kann die Vignettentechnik aber nicht nur für die Entwicklung von Leistungsangeboten, sondern auch für einzelne Prozessbestandteile (z. B. gewünschte Verhaltensweisen in bestimmten Handlungssituationen) eingesetzt werden.

11.2.2.2 Servqual

Der SERVQUAL-Ansatz ist ein **merkmalsorientiertesMultiattributivmessverfahren,** das die Wahrnehmung der Kunden (Ist-Leistung) mit ihren Erwartungen (Soll-Leistung) vergleicht. Hierzu wurden auf empirischer Basis entlang der fünf Dimensionen für Dienstleistungsqualität 22 Fragen entwickelt (Tangibles: 4 Items, Reliability: 5 Items, Responsiveness: 4 Items, Assurance: 4 Items und Empathy: 5 Items). Diese Fragen werden mit einem standardisierten Fragebogen bei den Kunden erhoben (Parasuraman et al. 1988, 1991). Der Fragebogen enthält für jedes Item eine Doppelskala, die eine getrennte Erhebung von *Erwartung* und *Wahrnehmung* ermöglicht, sodass jedem Probanden insgesamt 44 Fragen gestellt werden. Die Skalierung der Items erfolgt auf einer siebenstufigen Skala („7": völlige Zustimmung; „1": entschiedene Ablehnung).

Für die Auswertung werden die **Differenzen** zwischen den Skalen jedes Items errechnet und für jede Dimension der arithmetische Mittelwert bestimmt. Für jede Dimension erhält man so einen Differenzwert zwischen der von den Kundinnen und Kunden erwarteten und von ihnen wahrgenommenen Qualität. Die Dimensionen können als Teilqualitäten betrachtet werden oder zu einem Gesamturteil additiv verknüpft werden:

$$\text{Qualität} = \sum_{i=1}^{n} (\text{Wahrnehmung}_i - \text{Erwartung}_i)$$

Der Index $i = 1$ bezeichnet entweder die betrachteten Dimensionen (Teilqualitäten) oder die betrachteten Attribute (Items). Negative Werte weisen auf eine schlechte (Untererfüllung der Erwartungen), positive Werte auf eine gute Dienstleistungsqualität hin

(Übererfüllung der Erwartungen). Die so ermittelten *Soll-Ist-Diskrepanzen* können auf ihre Ursachen hin untersucht und im Zeitverlauf beobachtet werden.

Da für jede Branche, Versorgungssektor oder Leistungsbereich eine unterschiedliche **Gewichtung** der fünf **Dimensionen** anzunehmen ist, kann gleichzeitig mit der Befragung auch eine Merkmalsgewichtung durch die Befragten durchgeführt werden (z. B. Konstantsummenverfahren: Verteilung von Prozentpunkten auf die Dimensionen gemäß ihrer Bedeutung). Ist die Merkmalsgewichtung jeder Dimension für die zu untersuchende Branche bzw. den Versorgungssektor oder Leistungsbereich bekannt oder wurde empirisch ermittelt, fließen die Gewichtungsfaktoren in die Berechnung der Gesamtqualität mit ein (gewichteter arithmetischer Mittelwert über alle Dimensionen):

$$\text{Qualität} = \sum_{i=1}^{n} \text{Gewicht}_i \times (\text{Wahrnehmung}_i - \text{Erwartung}_i)$$

Zu beachten ist hierbei, dass die Ergebnisse keine Aussagen über das tatsächliche Qualitätsniveau zulassen. Vielmehr handelt es sich hierbei um Messergebnisse eines Konstrukts, das als **„subjektiveQualität"** bezeichnet wird. Dieses Konstrukt kann auch über andere Messinstrumente unterschiedlich operationalisiert werden und bleibt daher hochgradig interpretationsbedürftig. Es handelt sich hierbei immer um **relative Qualitätsbeurteilungen,** die auf individuellen Ansprüchen und Erwartungen beruhen. Das Fehlen eines absoluten oder einheitlichen Qualitäts- oder Anspruchsniveaus kann dazu führen, dass sich hinter scheinbar gleichen Qualitätsbeurteilungen ganz unterschiedliche Anspruchsniveaus und Bewertungen verbergen können. Ebenso können gleiche Leistungen von unterschiedlichen Kundinnen und Kunden ganz unterschiedlich wahrgenommen und bewertet werden. Problematisch bleibt die Operationalisierung des „Erwartungsbegriffs", der sowohl als erwarteter Idealzustand, allgemein wünschenswerter Soll-Zustand oder den eigenen Bedürfnissen und Wünschen entsprechender Soll-Zustand Ausdruck finden kann. Werden überwiegend wünschenswerte Idealzustände als Erwartung geäußert, wird ein positives Qualitätsurteil nur schwer zu erreichen sein.

11.2.2.3 SERVPERF und SERVIMPERF

Zwei dem SERVQUAL-Ansatz abgeleitete Verfahren zur Messung von Dienstleistungsqualität sind der SERVPERF-Ansatz (engl.: *SERV* = Service; *PERF* = Performance) und der SERVIMPERF-Ansatz (engl.: *SERV* = Service; *IM* = Importance; *PERF* = Performance), bei denen die Messung der Erwartungskomponenten ausgespart bleiben und ausschließlich die aus Sicht der Kundinnen und Kunden beurteilte *Leistung* gemessen wird. Es handelt sich dabei um direkte Verfahren der Qualitätsmessung.

Beim SERVPERF-Ansatz wird statt einer Doppelskala eine Einfachskala verwendet, die der Wahrnehmungsskala des SERVQUAL-Ansatzes entspricht. Das Urteil über die Leistungsqualität kann dann für jede Dimension einzeln oder als Gesamturteil additiv über alle Dimensionen ermittelt werden (Cronin und Taylor 1992):

$$\text{Qualität} = \sum_{i=1}^{n} \text{Beurteilung}_i$$

Im Gegensatz zum SERVQUAL-Ansatz, der auf dem Konfirmations-/Diskonfirmations-paradigma beruht und damit eher zufriedenheitsorientiert ausgerichtet ist, basiert der SERVPERF-Ansatz ausschließlich auf einem einstellungsorientierten Qualitätsbegriff.

Einstellungsorientierte Messungen auf Basis des SERVPERF-Ansatzes beinhalten Zufriedenheitskomponenten, schließen aber auch Vorerfahrungen und -annahmen mit ein und liefern gegenüber der Qualitätsmessung auf SERVQUAL-Basis das insgesamt stabilere Qualitätskonstrukt und den auf mehrere Branchen besser übertragbareren Mess-ansatz (Cronin und Taylor 1992, 1994). Die Auswertung basiert aber auf der Annahme, dass alle Qualitätsattribute für alle Befragten eine gleich hohe Bedeutung haben, was naturgemäß nicht der Fall sein kann.

Eine Erweiterung des SERVPERF-Ansatzes (Einkomponentenansatz) ist der **SERVIMPERF-Ansatz** (Zweikomponentenansatz), der als zusätzliche Komponente die *Wichtigkeit* (bzw. Bedeutung) ermittelt. Auf zwei Einfachskalen werden die beiden Komponenten „Leistung" und „Wichtigkeit" für jedes einzelne Item bei den Probanden erfragt. Dadurch ist dieser Ansatz insbesondere für die Ableitung von Handlungs- und Verbesserungsmaßnahmen relevant. Die beiden Komponenten können in ein Koordinatenkreuz (**„Wichtigkeits-Zufriedenheits-Diagramm"**) eingetragen werden und entsprechend der Logik eines *Portfoliodiagramms* ausgewertet werden (Kap. 9). Die Portfoliotechnik hat aus Sicht des Qualitätsmanagements sicherlich die größere Praxisnähe, da sich Norm- oder Handlungsstrategien aus den Portfoliofeldern ableiten lassen (z. B. hoher Analyse- und Verbesserungsbedarf). Es sind grundsätzlich aber auch Rechenoperationen möglich, deren Ergebnisse zum Beispiel zum Monitoring (Qualitäts-überwachung) oder Qualitätsvergleich (Benchmarking) herangezogen werden können:

$$\text{Qualität} = \sum_{i=1}^{n} (\text{Beurteilung}_i \times \text{Wichtigkeit}_i)$$

Eine solche Zusammenfassung von Teilqualitäten zu einer Gesamtqualitätszahl ist immer problematisch, da bereits in den vorliegenden Teilqualitäten immanent **Ungenauigkeiten** durch die Befragungstechnik und subjektive Wertunterschiede liegen. Darüber hinaus birgt die besondere Kunden-Lieferanten-Beziehung im Gesundheitswesen zahlreiche **Verzerrungsrisiken** (z. B. durch Antwortphänomene wie Dankbarkeitseffekte, Soziale Erwünschtheit oder Furcht vor Nachteilen). Ungenauigkeiten und Verzerrungen können sich bei multiplikativ oder additiv verknüpften Zahlenwerten potenzieren. Daher müssen Index-Werte von „Gesamtqualitäten" immer äußerst vorsichtig interpretiert werden (Kap. 6).

11.3 Risikomanagement

Risikomanagement ist seit Anfang der 2000er Jahre in Gesundheitseinrichtungen ein Thema mit wachsender Bedeutung. Spätestens mit dem Gesetz zur Kontrolle und Transparenz im Unternehmensbereich (KonTraG), das seit 1998 die Haftung von Unternehmensleitungen erweiterte und die Einführung von Risikofrüherkennungssystemen forderte, beschäftigten sich auch Gesundheitseinrichtungen verstärkt mit dem Thema. Die systematische Erkennung von Risiken und die Schaffung geeigneter Maßnahmen zur Prävention von Schadensereignissen und Unglücksfällen wurde für alle privatrechtlich geführten Betriebe zu einer elementaren Managementaufgabe, die entsprechend große Strahlkraft auch auf Gesundheitseinrichtungen aller Trägerschaften ausübte (vgl. Frodl 2010, S. 123). Mit dem 2013 in Kraft getretenen Patientenrechtegesetz hat der Gesetzgeber die Leistungserbringer im Gesundheitswesen dazu aufgefordert, ein **klinisches Risikomanagement** sowie **Fehlermeldesysteme** in den vorhandenen aufbau- und ablauforganisatorischen Rahmenbedingungen zu betreiben. Maßnahmen zur Verbesserung der Patientinnen- und Patientensicherheit, Festlegungen zu Mindeststandards für Risikomanagement- und Fehlermeldesysteme im einrichtungsinternen Qualitätsmanagement sowie Anforderungen an einrichtungsübergreifende Fehlermeldesysteme sind nachfolgend in die entsprechenden Richtlinien für die Krankenhausversorgung und vertrags- und vertragszahnärztliche Versorgung eingeflossen (Kap. 4).

Elemente und Begriffe des Risikomanagements finden sich mittlerweile in sämtlichen **Qualitätsmanagementmodellen** und branchenspezifischen **Zertifizierungsanforderungen.** Obwohl die Revisionsnorm DIN EN ISO 9001:2015 nicht explizit von einem Risikomanagement als eigenständige Anforderung spricht, ist insbesondere das „risikobasierte Denken" zu einem (neuen) Leitmotiv des Qualitätsmanagements nach dieser Norm geworden. Risikobasiertes Denken ist fürderhin eine Haltung, die das gesamte Normenwerk durchdringt und vorausschauendes Denken mit vorbeugenden Handeln verbindet. In der Bereichsnorm für die Gesundheitsversorgung (DIN EN 15224:2016) wird risikobasiertes Denken auf „klinische Risiken", die Auseinandersetzung mit Risiken auf „klinisches Risikomanagement" verdichtet (DIN 2017). In beiden Normen wird allerdings kein konkreter Risikomanagementprozess beschrieben oder die Implementierung eines Risikomanagementsystems gefordert, wohl aber die Auseinandersetzung mit Risiken und Risikofaktoren innerhalb des Qualitätsmanagementsystems, beispielsweise bei der Unternehmensplanung, der Prozessgestaltung oder bei internen Audits. Organisationen sind allerdings nicht nur aufgefordert, sich Gedanken über mögliche Risiken zu machen, sondern auch über grundsätzliche Chancen. Die strukturierte Erfassung von Risiken und Chancen markiert insgesamt mehr Dynamik und Zukunftsorientierung als es in der Vergangenheit das Konzept der „vorbeugenden Maßnahmen" vermochte (vgl. Pfitzinger 2016, S. 25).

In vergleichbar prominenter Weise bildet sich Risikomanagement bzw. das Erkennen und der Umgang mit Risiken auch in den für das Gesundheitswesen relevanten KTQ-Zertifizierungsverfahren ab. Insbesondere der sachgerechte Umgang mit patientinnen- und patientenbezogenen Risiken (klinisches Risikomanagement) und unternehmerischen Risiken (kaufmännisches Risikomanagement) wird darin anhand zahlreicher Kriterien gefordert und im Rahmen der KTQ-Zertifizierung umfassend geprüft.

11.3.1 Begriffsverständnis

Dem **Risikobegriff** liegt keine allgemein akzeptierte Begriffsdefinition zugrunde. In der Norm DIN EN ISO 9000:2015 wird Risiko ganz allgemein als „Auswirkung von Ungewissheit" bezeichnet. Auswirkung wird darin als Abweichung vom Erwarteten – in positiver wir in negativer Hinsicht – verstanden (DIN 2015). Dabei werden Risiken als mögliche *Ereignisse* und *Folgen* oder als Kombination beider charakterisiert. Allerdings werden Risiken häufig ausschließlich als negative Folgen, Chancen hingegen als positive Folgen möglicher Ereignisse beschrieben. Ereignisse und ihre Folgen werden sodann in Verbindung gebracht mit der *Wahrscheinlichkeit* ihres Auftretens (Abb. 11.4).

Nach dem ON-Regelwerk zum Risikomanagement der Austrian Standards International (ASI) wird Risiko als „Auswirkung von Unsicherheit auf Ziele, Tätigkeiten und Anforderungen" beschrieben. Ziele der Organisation erstrecken sich auf die strategische Entwicklung (z. B. Kundenbedürfnisse, Marktstellung); Tätigkeiten umfassen die operativen Aktivitäten; Anforderungen beziehen sich insbesondere auf Gesetze, Normen sowie weitere externe oder interne regulatorische Vorgaben, auch betreffend die Sicherheit von Menschen, Sachen und der Umwelt. Hiernach umfasst der Risikobegriff folgende **Aspekte** (ASI 2014):

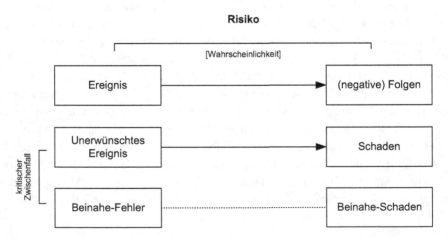

Abb. 11.4 Grundzüge des Risikobegriffs

- die Kombination von Wahrscheinlichkeit und Auswirkung,
- die Auswirkungen können positiv oder negativ sein,
- die Unsicherheit bzw. Ungewissheit wird mit Wahrscheinlichkeiten geschätzt bzw. ermittelt,
- Risiko ist eine Folge von Ereignissen oder von Entwicklungen.

Grundsätzlich lassen sich unterschiedliche **Arten von Risiken** unterscheiden (vgl. Wolter 2014, S. 196), die im Rahmen eines Risikomanagements bearbeitet werden können:

- **Technische Risiken:** Risiken durch Geräte, Materialien oder Anlagen (z. B. IT-Infrastruktur, fehlerhafte Software);
- **Finanzwirtschaftliche Risiken:** Risiken des finanzwirtschaftlichen Unternehmensbereichs (z. B. Investitionskosten, Beschaffungskosten, Nutzung von Fördermitteln);
- **Management- und Organisationsrisiken:** Risiken im Rahmen der Planung, Gestaltung und Steuerung von Einrichtungen (z. B. Festlegung von Unternehmenszielen, Personalführung, Einsatz von ungeeigneten Controllinginstrumenten);
- **Externe Risiken:** Risiken, die nicht intern durch das Unternehmen bedingt sind (z. B. Marktveränderungen, Eintreten von Naturkatastrophen oder Epidemien);
- **Klinische Risiken:** Risiken im Kontext und Verlauf der Gesundheitsversorgung (z. B. Behandlungsprozesse, Bildgebung, Operationen, Notfallmanagement).

Die Aufzählung verdeutlicht, dass das Thema Risikomanagement nicht allein auf den klinischen oder gesundheitlich-pflegerischen Bereich reduziert bleiben kann (vgl. Zenk et al. 2011; Cartes und Lützeler 2014). Dennoch liegt im Kontext der Gesundheitsversorgung zwangsläufig ein deutlicher Schwerpunkt auf der Identifizierung und Bewältigung von **klinischen Risiken** bzw. im Ausbau der Sicherheit für Patientinnen und Patienten sowie für alle Mitglieder einer Organisation.

Das Vorhandensein von Risiken ist immer eine Frage der Bewertung, die zu verschiedenen Zeitpunkten und an unterschiedlichen Orten bzw. für jeden Arbeits- und Leistungsbereich unterschiedlich ausfallen kann. Unsicherheit und folgenschwere Ereignisse in der strategischen Unternehmensplanung oder der operativen Prozesssteuerung haben in jeder Branche und in jeder Organisation naturgemäß andere Bedeutung. Der **Umgang mit Risiken** ist folglich abhängig vom jeweils gültigen Risikobegriff und dem dazugehörenden Verständnis, was ein Risiko für die jeweilige Betrachtungseinheit (z. B. Organisation, Leistungsbereich) im Einzelnen darstellt. Vergleichbar mit dem „Management von Qualität" kann auch das „Management von Risiken" nicht einheitlich und „für alle gleich" gestaltet sein. Ideen und Vorgaben dazu können lediglich ein Rahmenwerk aus Grundsätzen, Prinzipien und Methoden liefern, das auf die einrichtungs- und organisationsspezifischen Bedingungen und Bedarfe dann angepasst wird. In diesem Kontext ist **Risikomanagement** zu verstehen als eine Form der **Systematisierung** des einrichtungsinternen und organisationsspezifischen Umgangs mit Risiken, insbesondere mit folgenbelasteten Ereignissen.

▶ **Risikomanagement** Systematische Erfassung und Bewertung von Risiken sowie die Steuerung von Prozessen und Verhaltensweisen von festgestellten Risiken.

Mit dieser definitorischen Beschreibung wird auch die gemeinsame Blick- und Stoßrichtung von Qualitäts- und Risikomanagement deutlich. Beide verfolgen das Ziel, durch systematisches Handeln sicherzustellen, dass Aktivitäten so stattfinden, wie sie geplant wurden, und dass Probleme vorausschauend und vorbeugend vermieden werden (Kap. 3). Qualitäts- und Risikomanagement stehen somit nicht in Konkurrenz zueinander und sind methodisch eng miteinander verzahnt. Qualitätsmanagement bildet gewissermaßen die integrierende Klammer, die unterschiedliche Konzepte und Managementansätze verbindet und vereint. Risikomanagement ist darin ein besonderer Anwendungsbereich, der sich mit spezifischen Methoden der Fehlervermeidung, Schadensverhütung und Sicherheitssteigerung widmet (Tab. 11.2). Sicherheit bzw. das Vermeiden jedweder Schädigung wurde bereits als zentrales Kriterium eines für das Gesundheitswesen relevanten Qualitätsbegriffs benannt (siehe Abschn. 1.3.3). Die Erzeugung von Sicherheit kann gleichsam als ein notwendiger Bestandteil des Qualitätsmanagements interpretiert werden, da erst auf der Grundlage von sicheren Behandlungs- und Versorgungsprozessen qualitativ hochwertige Behandlungsergebnisse zu erzielen sind (Löber 2017, S. 35). Aufgrund ihres genuin integrativen Charakters und um Synergien durch gemeinsame Strategien und Handlungskonzepte zu erreichen, sind Parallelstrukturen bzw. ein „unproduktives Nebeneinander" von Qualitäts- und Risikomanagement möglichst zu vermeiden.

11.3.2 Fehlerkultur

Gesundheitsleistungen zählen zu den *wissensintensiven* bzw. *höherwertigen Dienstleistungen* (Professional Services), die sich durch komplexe Interaktionen zwischen Leistungserbringer und Leistungsempfänger, durch Einsatz und Vernetzung von

Tab. 11.2 Akzente und Schwerpunkte von Qualitäts- und Risikomanagement

	Qualitätsmanagement	Risikomanagement
Zielsetzung	Qualitätsmaximierung (Wertsteigerung)	Risikominimierung (Werterhaltung)
Leitgedanken	Erfüllung von Anforderungen	Vermeidung von Fehlern
Fokus	Qualität von Produkten und Dienstleistungen	Sicherheit von Prozessen und Systemen
Methodischer Rahmen	Qualitätsmanagementkreislauf	Risikomanagementprozess
Organisationskultur	Qualitätskultur	Fehlerkultur
Fehlerbegriff	Merkmalsorientiert	Ereignisorientiert
Fehlerfolgebegriff	Mangel	Schaden

Expertinnen- und Expertenwissen und durch Anwendung von Spitzentechnologien auszeichnen und demzufolge hochgradig fehleranfällig sind. Der Begriff des *Fehlers* ist ein zentraler im Risikomanagement. Reduktion von Risiken im klinischen Risikomanagement wird vorrangig durch Fehlervermeidung erreicht. Im weiteren Sinne kann Risikomanagement daher auch als „Fehlervermeidungsmanagement" verstanden werden.

Um Fehler und deren Entstehung analysieren und unerwünschte Folgen ggf. vermeiden zu können, ist es notwendig, sich zunächst mit dem **Fehlerbegriff** zu beschäftigen. Im Qualitätsmanagement wird als *Fehler* die Nichterfüllung von Anforderungen bezeichnet (merkmalsorientierter Fehlerbegriff). Die Folge eines Fehlers ist ein feststellbarer Mangel, d. h. ein Fehler beeinträchtigt die festgelegte und beabsichtigte Gebrauchsabsicht (Nutzung) von Produkten oder Dienstleistungen. Aus Sicht des Risikomanagements ist ein Fehler eine *Handlung* oder *Unterlassung,* die zu einem unerwünschten Resultat oder einer signifikant erhöhten Möglichkeit eines solchen führt (ereignisorientierter Fehlerbegriff). Die Folge einer solchen Handlung oder Unterlassung hat den Charakter eines Schadens oder eines vorstellbaren Beinahe-Schadens (Abb. 11.4). Gemeinsam ist beiden Perspektiven ein „Abweichen von einem Soll-Zustand".

Die bekannteste (ursachenbezogene) **Klassifikation des Fehlerbegriffs** im Risikomanagement baut auf der Vorstellung von *unsicheren Handlungen* und *abweichendem Verhalten* von Menschen auf, was im Ergebnis zu einer Verringerung von Sicherheit führt (vgl. Reason 1990). **Unsichere Handlungen** sind eingebettet in „unsichere Prozesse", die wiederum eingebettet sind in „unsichere Handlungssysteme". Die Entstehung eines Fehlers und seine Folge(n) sind oft in komplexer Weise miteinander verbunden (Ursache-Wirkungs-Ketten). Fehler, die auf übergeordneten Stufen beispielsweise durch Managemententscheidungen gemacht werden (z. B. fehlerhafter Dienstplan), zeigen ihre Folgen oft erst bei der unmittelbaren Handlungsausführung vor Ort (z. B. Behandlung in Notfallambulanz). Als „Systemfehler" bleiben sie oft lange Zeit unentdeckt; als „Personenfehler" treten sie unmittelbarer in Erscheinung. Fehler lassen sich hiernach in latente und aktive Fehler unterscheiden:

- **Latenter Fehler** (auch: latentes Versagen, Systemfehler): Durch fehlerhafte Entscheidungen geschaffene Voraussetzungen, unter denen unsichere Handlungen auftreten können; Systemmängel, die zu Fehlern oder unerwünschten Ereignissen führen.
- **Aktive Fehler** (auch: aktives Versagen, Personenfehler): Fehlerhafte oder unsichere Handlung einer oder mehrerer Personen; ein richtiges Vorhaben wird nicht wie geplant durchgeführt oder dem Geschehen liegt ein falscher Plan oder falsche Schlussfolgerungen im Denkprozess zugrunde.

Auf der Ebene der fehlerhaften Handlung werden weiterhin Planungsfehler und Ausführungsfehler unterschieden. **Planungsfehler** (Mistakes) bzw. Fehler bei der Planung einer Handlung entstehen, wenn Maßnahmen und Mittel gewählt werden, die nicht geeignet sind, das angestrebte Ziel zu erreichen („Der Handlung liegt ein falscher Plan zugrunde"). Ein unangemessener Plan kann beispielsweise auf fehlendem Wissen oder falschen Analysen bzw. Schlussfolgerungen beruhen (Knowledge-based Mistakes). Ihm kann auch die Nicht-Anwendung oder die falsche Anwendung von bekanntem Wissen genauso wie die Anwendung von falschem Wissen zugrunde liegen (Rule-based Mistakes). Planungsfehler bleiben oft lange unentdeckt, da das konsekutive Handeln (Ausführung) der vorausgehenden Handlungsabsicht (Planung) entspricht (vgl. Hofinger 2012, S. 53 f.).

Ausführungsfehler (Skill-based Errors) wiederum entstehen dann, wenn das richtige Mittel oder die richtige Maßnahme ausgewählt wurden, die Ausführung aber fehlerhaft ist und nicht zum angestrebten Ziel führt ("Ein richtiges Vorhaben wird nicht wie geplant durchgeführt"). Die fehlerhafte Ausführung kann auf einem **Umsetzungsfehler** bzw. einem „Ausrutscher" oder „Patzer" (Skill-based Slips) beruhen. Hierbei wird ein adäquater Plan verfolgt. Das Wissen und die Kenntnis um die regelkonforme Ausführung sind bei den Beteiligten ebenfalls vorhanden. Das Ziel wird jedoch aufgrund eines Umsetzungsversagens (z. B. fehlerhaftes Erkennen, Erfassen und Entscheiden in Handlungssituationen) nicht erreicht. Umsetzungsfehler treten auf, wenn automatisierte Handlungen in vertrauter Umgebung auftreten (z. B. durch Ablenkung, Vertauschung, Unterlassung, falsche Abfolge). Hiervon werden häufig noch eine besondere Art von Ausführungsfehlern abgegrenzt, die als **Achtsamkeitsfehler** oder **Gedächtnisfehler** bzw. als „Aussetzer" oder „Versehen" (Skill-based Lapses) bezeichnet werden. Trotz vorhandenen Wissens und Kenntnis der regelhaften Ausführung kommt es zu einem Vergessen bzw. zu fehlerhaftes Erinnern oder Abrufen von geplanten Ausführungsschritten oder einem anderen mentalen Defizit (z. B. Wahrnehmungs- oder Aufmerksamkeitsdefizit) während der Ausführung (vgl. Reason 1995).

Sowohl *Patzer* als auch *Versehen* treten bevorzugt in einem **Umfeld routinierten Handelns** auf, in dem beispielsweise vertraute Tätigkeiten wenig Aufmerksamkeit erfordern, mehrere Aufgaben gleichzeitig oder Arbeitsschritte in ihrer natürlichen Abfolge abweichend erledigt werden müssen oder vermeintlich leichten Aufgaben weniger Aufmerksamkeit geschenkt werden als vermeintlich bedeutungsvollen. Die Unterscheidung zwischen „Versehen" und „Patzer" ist allerdings wenig praxistauglich und selten konsistent. Zur Unterscheidung wird vorgeschlagen, dass der Patzer gegenüber dem Versehen als mentale (Fehl-)Leistung einer direkten Beobachtung zugänglich ist (Sens et al. 2018, S. 90). Bedeutsamer für die Fehler- und Risikoanalyse erscheint letztendlich die grundsätzliche Unterscheidung in Planungs- und Ausführungsfehler.

Stets abzugrenzen von diesen Fehlerbegriffen ist die **Zuwiderhandlung** oder der Regelverstoß (Violation). Ihr Unterschied liegt in der Intentionalität der Handlung. Gegenüber dem (unbeabsichtigten) Fehler ist die Zuwiderhandlung eine beabsichtigte Regelverletzung bzw. die willentliche (absichtliche) und missbräuchliche Schädigung von Patienten (Schrappe 2018, S. 238). Regelverstöße werden zwar absichtlich begangen. Sie haben aber außer im Fall der Sabotage nicht das Ziel, eine unsichere Handlung zu begehen oder einen Schaden herbeizuführen (vgl. Hofinger 2012, S. 54). Sie können von der handelnden Person beispielsweise als sinnvoll und in der Situation, in der sie begangen werden, als angemessen betrachtet werden. Führen Regelverstöße nicht zu unsicheren Handlungen oder Schäden, können sie sich auch zu **sukzessiven Abweichungen** oder Routineverstößen verstetigen. Bei der Analyse von Fehlern ergeben sich häufig Mischformen. Oftmals liegt eine sukzessive Abweichung von Sicherheitsmaßnahmen vor, die dann gepaart mit einem Denk- oder Ausführungsfehler und einer weiteren bewusstenRegelverletzung zu einer Schädigung oder einem katastrophalen Unfallführt.

Wichtige Begriffe im Kontext von Fehlern und Fehlerfolgen (Quelle: Thomeczek et al. 2004; Schrappe 2015)

- **Fehler:** Ein richtiges Vorhaben wird nicht wie geplant durchgeführt (Failure) oder dem Geschehen liegt ein falscher Plan zugrunde (Error).
- **Beinahe-Fehler** (Near Miss): Ein Fehler ohne Schaden, der zu einem Schaden hätte führen können. Der Begriff „Beinahe-Fehler" gilt als Fehlübersetzung und wird auch als Beinahe-Schaden bezeichnet.
- **Unerwünschtes Ereignis** (Adverse Event): Ein schädliches Vorkommnis, das eher auf der Behandlung denn auf der Erkrankung beruht. Es kann vermeidbar oder unvermeidbar sein.
- **Vermeidbares Unerwünschtes Ereignis** (Preventable Adverse Event): Ein unerwünschtes Ereignis, das vermeidbar ist und auf einen Fehler zurückzuführen ist.
- **Zwischenfall** (Incident, Event): Ein Ereignis, welches zu einer unbeabsichtigten und/oder unnötigen Schädigung einer Person oder zu einem Verlust hätte führen können oder geführt hat.
- **Kritisches Ereignis** (Critical Incident): Ein Ereignis, das zu einem unerwünschten Ereignis führen könnte oder dessen Wahrscheinlichkeit deutlich erhöht.

Fehler können durch Menschen verursacht werden; sie sind allerdings auch systemisch bedingt (Reason 2005). Das Zusammenspiel der verschiedenen Entscheidungs- und Handlungssphären und die Wechselwirkung der zugrunde liegenden Ursache-Wirkungs-Beziehungen in einer Organisation sind hochkomplex (Führungskräfte und Mitarbeitende, Management- und Leistungsprozesse, Verhältnisse und Verhalten). Das Erkennen von Fehlern bzw. der systematische Umgang mit Fehlern ist nicht nur auf *strukturfunktionale Aufgaben* begrenzt, sondern schließt auch *organisationskulturelle Aspekte* mit ein. Einstellungen und Überzeugungen prägen maßgeblich die Bereitschaft, Fehler oder Beinahe-Fehler als solche anzuerkennen. Beispielsweise führen Ängste vor juristischen Konsequenzen oder individuelle Schuldzuweisungen zu einer Kultur des Schweigens und des Wegsehens, die das Ziel der Identifikation und Vermeidung von Fehlern erschwert (Löber 2009). Die übergreifende Aufgabe des Risikomanagements

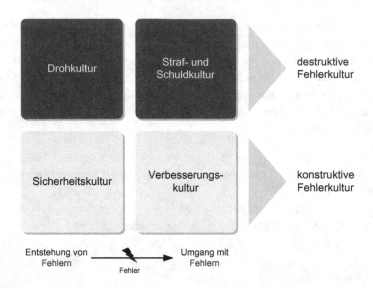

Abb. 11.5 Konstruktive und destruktive Fehlerkultur. (Quelle: Löber 2011, S. 232)

ist es daher, eine Kultur zu schaffen, die Fehler nicht reaktiv mit Strafandrohung und Schuldzuweisung begegnet (Droh- und Schuldkultur), sondern Fehler analytisch und pro-aktiv nutzt bzw. für einen konstruktiven Umgang mit gemachten Fehlern steht (konstruktive Fehlerkultur).

▶ **Fehlerkultur** Teilkonstrukt der Organisations- und Qualitätskultur, das durch das Ausmaß, die Art und die Tiefe der organisationalen Auseinandersetzung mit innerbetrieblichen Fehlern bestimmt wird.

Merkmale einer konstruktiven Fehlerkultur sind, dass Fehler konsequent als Chance des Lernens und der Verbesserung angesehen werden (Abb. 11.5). Dies beinhaltet, eine Atmosphäre zu schaffen, in der offen und angstfrei über Fehler berichtet wird. Fehler offenbaren auch jene Schwachstellen, die sich einer analytischen Systembetrachtung oftmals entziehen und erst dann sichtbar werden, wenn sie tatsächlich einmal eingetreten sind. Sie können durch ihr Auftreten auch viel schwerere Zwischenfälle oder Schäden voraussagen. Der Nutzen des Verbesserungsprozesses „Lernen aus Fehlern" kann daher nicht hoch genug eingestuft werden.

11.3.3 Risikomanagementprozess

Risikomanagement gilt allgemein als der systematische bzw. innerhalb des Qualitätsmanagements systematisierte Umgang mit Fehlern und Risiken. Es kann darüber hinaus auch systemisch als einrichtungsinternes **Risikomanagementsystem** angelegt werden. In Analogie zum Qualitätsmanagement, das durch ein Qualitätsmanagementsystem wirksam werden kann, liefert ein Risikomanagementsystem das entsprechender Regelwerk für die Realisierung eines einrichtungsinternen Risikomanagements. Einen Leitfaden für die Realisierung eines Risikomanagementsystems liefert beispielsweise das österreichische Normenwerk ÖNORM 4901 („Anforderungen an das Risikomanagementsystem"), das wiederum auf den *Leitlinien* der DIN ISO 31000:2018 („Risikomanagement – Leitlinien") aufbaut. Beide Normen bieten branchenübergreifend und in allgemeingültiger Weise Orientierung und Unterstützung für den systematischen Umgang mit Risiken bzw. für das Behandeln jeglicher Art von Risiko. Sie können auf alle Aktivitäten einschließlich der Entscheidungsfindung angewendet werden. Die vorzunehmende **Integration** in ein bereits bestehendes Managementsystem, insbesondere in das Qualitätsmanagement einer Organisation, wird dabei explizit als Erfolgsfaktor für das Risikomanagement benannt (DIN 2018). Risikomanagement soll demnach nicht isoliert und intervallartig durch gesondert von der Organisation bestellte „Risikobeauftragte" durchgeführt werden, sondern fester Bestandteil der Verantwortung aller Mitarbeitenden einschließlich der obersten Unternehmensleitung und der weiteren Führungskräfte sein (Herdmann 2018, S. 19).

Ein Risikomanagementsystem fügt sich in das bestehende Managementsystem bzw. zugrunde liegende Qualitätsmanagement ein. Entsprechend der Logik des integrierenden Qualitätsmanagements kann auch die Planung, Umsetzung, Bestimmung und die laufende Verbesserung des Risikomanagementsystems sich in den Schritten des **PDCA-Zyklus** vollziehen. Die *Planung* (Plan) umfasst die Verpflichtung der obersten Leitung und der Führungskräfte, die Rollen und Verantwortungen der Beteiligten sowie das Management spezieller Ressourcen für das Risikomanagement. Aus einer einrichtungsumfassenden Organisations- und Qualitätspolitik lassen sich vergleichbar mit der Formulierung von finanzwirtschaftlichen oder kundengerichteten Zielen und Maßnahmen auch Ziele und Maßnahmen zur Fehlervermeidung und Risikoreduktion ableiten (Risikopolitik und Risikoziele). Die *Umsetzung* (Do) umfasst die Realisierung des Risikomanagementprozesses und die Einbindung des Risikomanagements in die Entscheidungsprozesse der Organisation. Der Risikomanagementprozess umfasst die Tätigkeiten, die darauf ausgerichtet sind, eine Organisation bezüglich Risiken zu steuern und zu überwachen. Die *Bestimmung* (Check) der Wirksamkeit des Risikomanagementsystems durch die oberste Leitung erfolgt durch interne und externe Audits bzw. anhand der Ergebnisse des Risikomanagementprozesses. Die *Verbesserung* (Act) beinhaltet Korrektur- und Vorbeugemaßnahmen zur Optimierung des Risikomanagementsystems und der gesamten Organisation (vgl. ASI 2014).

Das Risikomanagementsystem schließt den **Risikomanagementprozess** ein (Abb. 11.6). Dieser besteht aus einem *zentralen* Managementprozess (Zusammenhang herstellen, Risiken identifizieren, Risiken analysieren und bewerten sowie Risiken bewältigen) und *begleitenden* Managementprozessen (Risiken überwachen und überprüfen sowie Risiken kommunizieren und dokumentieren). Auf der Ausführungsebene ist der Risikomanagementprozess mit seinen systematischen, sich kontinuierlich wieder-

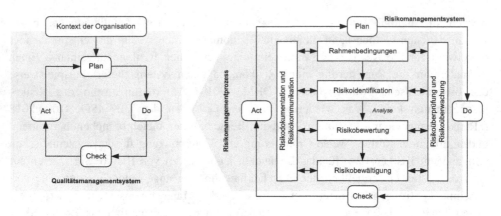

Abb. 11.6 Integrierter Risikomanagementprozess

holenden Maßnahmen in die bestehende Ablauforganisation eingebettet (Töpfer 2006, S. 549 ff.; Moos 2012, S. 147 ff.).

Risikoidentifikation

In der Phase der Risikoidentifikation geht es um die **Ermittlung** und **Erfassung** von potenziellen und relevanten Risiken in allen unternehmerischen Bereichen („Frühauf-klärung"). Im klinischen Risikomanagement sind die besonders kritischen Bereiche der Patientinnen- und Patientensicherheit in den Blick zu nehmen (z. B. Arzneimittel-therapie, operative Bereich, Geburtshilfe). Die Anzahl der betrachteten Problembereiche sollten aber eher weit gefasst werden, um nichts zu übersehen. Nach der strukturierten Erfassung von risikorelevanten Daten folgt eine möglichst vollständige und präzise **Informationsauswertung** in Form von Verdichtung und Kategorisierung des Daten-materials. Geeignete Datenquellen sind sämtliche interne Dokumente, Datenträger und Aufzeichnungen (z. B. Patientenakte), systematische Befragungen von Mitarbeitenden oder Kundinnen und Kunden, eigene Prozessanalysen, Daten aus internen Statistiken (z. B. Komplikationen, Arbeitsunfälle, Haftpflichtfälle) oder Fehlermeldesystemen (z. B. bereits eingetretene Zwischenfälle, kritische Ereignisse oder Behandlungsfehler), Überlastungsanzeigen von Mitarbeitenden ebenso wie sämtliche verfügbare externe Daten bzw. Publikationen über Risiken und Schäden (vgl. Middendorf 2006, S. 204 ff.). In gleicher Weise können auch Daten von internen Audits und Begehungen (Kap. 6), externen Begutachtungen und Zertifizierungen (Kap. 12), ebenso wie Ergebnisse von MDK-Prüfungen (Kap. 14) und des einrichtungsinternen Beschwerdemanagements (Kap. 9) hinzugenommen werden.

Risikobewertung

In der Phase der Risikobewertung werden die zuvor gesammelten Daten qualitativ und quantitativ **analysiert** und hinsichtlich ihres Risiko- oder Gefährdungspotenzials für die

Organisation **beurteilt.** Dazu werden in der Regel zweidimensional die *Eintrittswahrscheinlichkeit* eines Risikos und die *Auswirkung* im Falle des Eintretens des Risikos (Schaden oder Vermögensverlust) gegenübergestellt. Die quantitative Bewertung basiert häufig allerdings allein auf einfachen Annahmen. Zur Operationalisierung der Auswirkungsdimension können das erwartete *Schadensausmaß* und die *Schadenshäufigkeit* eingeschätzt und multiplikativ miteinander verknüpft werden. Hierzu können im Rahmen von Gruppenprozessen Bewertungsskalen (z. B. fünfstufige Ratingskalen) zur Quantifizierung verwendet werden. Die Dokumentation und Auswertung erfolgt entweder auf Risikoerfassungsbögen in Form von **Matrixdiagrammen** (Spalten: Bewertungsdimension; Zeilen: Ausprägung des ermittelten Risikos) oder mit Hilfe von **Portfoliodiagrammen** (Kap. 9), aus denen sich entsprechend des Gefährdungspotenzials Handlungsnotwendigkeiten (Normstrategien) ableiten lassen **(Risk-Map).** Die Art der Visualisierung mit einer Risk-Map (auch: Risiko-Matrix) eignet sich gleichzeitig zur Darstellung und Beobachtung von Veränderungen durch Maßnahmen der Risikobewältigung (Abb. 11.7).

Risikobewältigung
In dieser Phase der Risikobewältigung (auch: Risikosteuerung) geht es um die aktive Steuerung der identifizierten und bewerteten Risiken mit dem Ziel der Risikobeherrschung bzw. Begrenzung der Risiken auf einem bestimmtem Niveau. Abhängig von den Organisationszielen muss festgelegt werden, ob oder welche Maßnahmen

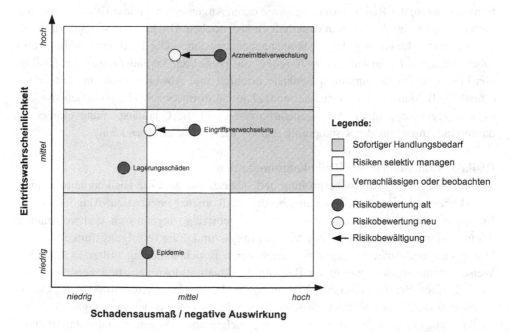

Abb. 11.7 Risk-Map (Risiko-Portfoliodiagramm)

zur Risikobewältigung durchgeführt werden. Grundsätzlich lassen sich hierbei vier unterschiedliche Strategien voneinander abgrenzen. Als *ursachenbezogen* gelten die Strategien der Risikovermeidung und Risikoverminderung. Bei der **Risikovermeidung** verzichtet die Einrichtung teilweise oder vollständig auf risikobehaftete Aktivitäten. Obwohl sie die effektivste Strategie ist, kann auf große Teile der Geschäftstätigkeit nicht verzichtet werden. Deshalb sollte sie nur selektiv Anwendung finden und sich auf Einzelaktivitäten oder Teilmaßnahmen beschränken. Die **Risikoverminderung** zielt auf die Reduzierung der Eintrittswahrscheinlichkeit und der Schadenshöhe des ermittelten Risikos. Bekannte risikobehaftete Aktivitäten werden weiter durchgeführt, jedoch auch geeignete Mittel (personell, technisch, organisatorisch) als Steuerungsmaßnahmen eingesetzt. Zu den *wirkungsbezogenen* Strategien zählen die Überwälzung und das Selbsttragen (Akzeptieren) des Risikos. Es wird davon ausgegangen, dass nicht alle Risiken abschaltbar oder reduzierbar sind und Wege gefunden werden müssen, mit ihnen umzugehen. Bei der **Risikoüberwälzung** wird das Risiko auf Dritte übertragen (z. B. Abschluss von Versicherungen, Vertragsgestaltung). Die vierte Option ist das Selbsttragen des Risikos bzw. die **Risikovorsorge.** Bezüglich des vorhandenen bzw. ermittelten Risikopotenzials werden entsprechende Vorkehrungen getroffen, um im Falle eines Schadens oder Verlustes einen Ausgleich herzustellen (z. B. durch Rückstellungen, Liquiditätsreserven, Eigenkapital).

Risikoüberprüfung und Risikoüberwachung
Die Risikoüberprüfung und -überwachung hat die Aufgabe, die Wirksamkeit und Funktionsweise der **Risikosteuerung** sowie deren Angemessenheit und Effizienz und die entwickelten Kontrollstrukturen dauerhaft zu überwachen. Die Ergebnisse münden in die übergeordnete Bewertung des Risikomanagementsystems. Die Risikoüberprüfung und -überwachung ist eine *dauerhafte Aufgabe,* die periodisch Veränderungen der **Risikostruktur** und der Gefährdungspotenziale ermittelt und Abweichungen im Zeitverlauf erfasst (z. B. durch Frühwarnindikatoren). Diese Informationen (Risikoberichtswesen) müssen regelmäßig in die Managementprozesse und die Qualitätsplanung einfließen, damit eine Anpassung der Risikopolitik und der Risikoziele erfolgen kann.

Risikodokumentation und Risikokommunikation
Ähnlich wie die die Risikoüberprüfung und -überwachung ist die Risikodokumentation und -kommunikation eine Daueraufgabe des Risikomanagements. Die Aktivitäten und Ergebnisse des Risikomanagements sollten regelmäßig, angemessen und vollständig dokumentiert werden (Nachweis-, Verbesserungs- und Rückverfolgungsfunktion). Die Dokumente und Aufzeichnungen wie die gesamte Berichterstattung sollten in ähnlicher Weise gelenkt werden, wie es im Rahmen der Qualitätsdokumentation vorgesehen ist (Kap. 7). Es sollte möglichst eine Einbindung in die Dokumentationsstruktur des Qualitätsmanagements vorgenommen werden, damit alle Mitarbeitenden im Umgang mit den Risikomanagementprozessen einheitlich und zielgerichtet vorgehen und damit Risikomanagement als wirksamer Bestandteil des Qualitätsmanagements wahrgenommen

wird. Gleichzeitig dient ein gut ausgearbeitetes **Risikoberichtswesen** der horizontalen Kommunikation innerhalb der Einrichtung als Grundlage für interne Diskussionen, Entwicklung von Verbesserungen oder für die Sensibilisierung der Mitarbeitenden im Umgang mit Risiken. Risikokommunikation kann aber auch die Aufgabe haben, im Sinne einer *vertikalen Kommunikation* Akteure oder Stakeholder außerhalb der Einrichtung in den Prozess der Risikoregulierung mit einzubeziehen (Carius und Renn 2003). So können Argumente und Werthaltungen von außerhalb integriert werden oder kommunizierte Risiken von anderen Institutionen weiterverarbeitet werden („Lernen von anderen").

11.3.4 Methoden des Risikomanagements

Im Rahmen des Risikomanagementprozesses sind vor allen die Früherkennung von Fehlern oder möglichen Fehlerursachen (Risikoidentifizierung) sowie die Analyse und Bewertung von Fehlern und Gefährdungspotenzialen (Risikobewertung) bedeutsam. Hierzu werden im Folgenden die Methodik von Fehlermeldesystemen (CIRS) und die Fehlermöglichkeits- und Einfluss-Analyse (FMEA) vorgestellt.

11.3.4.1 Critical Incident Reporting System (CIRS)

Als Critical Incident Reporting System (CIRS) wird ein **Meldesystem** (auch: Berichts- und Lernsystem, Fehlermeldesystem) zur Erfassung von kritischen Zwischenfällen (Critical Incidents), unerwünschten Ereignissen (Adverse Events) oder Beinahe-Fehlern (Near Misses) im Kontext des *klinischen Risikomanagements* bezeichnet. Die systematische Erfassung von kritischen Ereignissen in Gesundheitseinrichtungen hat ihre Wurzeln in der Critical Incident Technique (CIT), die als qualitative Ereignismethode bereits in den 1950er Jahren entwickelt wurde (Flanagan 1954) und heutzutage u. a. im Rahmen der Kundinnen- und Kundenorientierung Anwendung findet (Kap. 9).

▶   Ein CIRS ist ein Instrument der Risikofrüherkennung, dessen Erkenntnisse zur Risikoverminderung beitragen können.

Mithilfe eines CIRS (oder anderen Meldesystemen) können Informationen über Risiken schon im Vorfeld der Fehlerentstehung generiert und damit die Chancen der **Risikovermeidung** erhöht werden (Woloshynowych et al. 2005). Es bietet damit über die klassische und eher reaktiv-präventiv ausgerichtete Analyse bekannter Faktoren hinaus einen *proaktiv-präventiven Ansatz* der Fehlervermeidung, indem gefahrenträchtige Strukturen und Abläufe bzw. bisher unbekannte Faktoren der Fehlerentstehung im „laufenden Betrieb" des klinischen Alltag aufgespürt werden.

Ein CIRS kann einrichtungsintern bzw. als **geschlossenes Meldesystem** (z. B. in Krankenhäusern, Pflegeheimen) oder auch einrichtungsübergreifend als **offenes Meldesystem** (z. B. für einen definierten Versorgungsbereich) eingerichtet werden (vgl.

Hart und Becker-Schwarze 2007). Die Verfahren der Erfassung von Ereignissen sind methodisch uneinheitlich. In der Regel kommen spezielle Meldebögen oder -formulare (papier- oder IT-gestützt) zum Einsatz. Die **Erfassung von Meldungen** (Meldewesen) kann grundsätzlich auf dreierlei Wegen erfolgen: entweder standardisiert und regelmäßig wiederholend durch eine Fragebogenerhebung, aber auch stetig durch standardisierte Formulare, die bei einem Vorkommnis ausgefüllt und abgesendet werden, oder aber formlos und stetig, indem der jeweilige Vorfall niedergeschrieben und weitergeleitet wird. Von zentraler Bedeutung ist, dass das CIRS von allen Leitungsebenen des Unternehmens getragen wird und die Organisationsmitglieder ausreichend über die Ziele und die Verfahrensweisen des CIRS informiert und zur Teilnahme motiviert werden. Entscheidend ist vor allem der Aufbau einer Kultur des gegenseitigen Vertrauens (Bedeutung einer konstruktiven Fehlerkultur).

Das Verfahren sieht im Prinzip vor, dass jedes Mitglied der Einrichtung, d. h. Angehörige aller Berufsgruppen, die direkt oder indirekt an den Behandlungsprozessen beteiligt sind, sich an der Meldung von Zwischenfällen oder kritischen Ereignissen beteiligen können. Die Meldung erfolgt in der Regel **anonym** an eine zu diesem Zweck eingerichtete neutrale **Reporting-Stelle** (Meldestelle) unter Umgehung der Vorgesetzten oder Linienverantwortlichen. Vor allem in Krankenhäusern haben sich nahezu flächendeckend IT-Lösungen mit standardisierten Meldeformularen etabliert. Bei IT-gestützten Lösungen sollte allerdings bedacht werden, dass natürlich aufkommende Ängste bezüglich einer möglichen Rückverfolgbarkeit auf die meldende Einzelperson sich hemmend auf das Meldeverhalten auswirken können. Eine Kombination bzw. Wahlmöglichkeit von elektronischen und papiergestützten Erfassungsmethoden kann daher sinnvoll sein.

Die Meldungen werden in möglichst regelmäßigen Abständen von eigens dazu beauftragten und verantwortlichen Personen (**CIRS-Verantwortlichen**) zusammengetragen und in Berichtsform in die Managementkreisläufe eingespeist (z. B. Risikobewertung). Für die Bearbeitung (Auswertung und/oder Entwicklung von Verbesserungen) empfiehlt es sich, interprofessionelle Teams einzurichten (**CIRS-Gruppen**). Für die Integration in das Qualitätsmanagement sollten hierfür möglichst bereits vorhandene Strukturen genutzt werden (z. B. Kommissionen, KVP-Gruppen, Qualitätszirkel). Im Einzelnen hängt die Aufbau- und Ablauforganisation eines CIRS aber von der Größe der Einrichtung, d. h. ihren Bedingungen und Möglichkeiten ab. Zumeist liegt die Verantwortung eines CIRS-Verantwortlichen („neutraler Risikomanagementbeauftragter") im Wirkungskreis der Qualitäts- oder Qualitätsmanagementbeauftragten der Einrichtungen. Je intensiver die Verzahnung von Qualität- und Risikomanagement gelingt, desto weniger „Doppelstrukturen" werden benötigt. Die Etablierung eines CIRS oder ähnlichen Berichts- und Lernsystems sollte sich an **Grundsätzen** orientieren, die – im besten Fall schriftlich fixiert – als Wegweiser und Verpflichtung für alle Beteiligten gelten und die die Zusammenarbeit in diesem sensiblen Bereich erleichtern (Tab. 11.3).

Der Nutzen eines CIRS hängt vom qualifizierten Umgang mit den Meldungen ab. Ähnlich wie bei der Datenerhebung im Rahmen des Beschwerdemanagements oder bei Befragungen von Mitarbeitenden- und Kundengruppen muss auf die Phase der **Daten-**

Tab. 11.3 Grundsätze für die Implementierung eines CIRS bzw. von Berichts- und Lernsystemen. (Quelle: mod. nach APS 2018)

Freiwilligkeit	Berichte (Meldungen) erfolgen ohne Zwang; die Teilnahme ist grundsätzlich freiwillig
Anonymität	Es werden keinerlei personenbezogene Daten im Rahmen der Meldung abgefragt, gespeichert oder verarbeitet
Vertraulichkeit	Sofern personenbezogene Daten bekannt sein sollten, werden diese Informationen bei der Bearbeitung im Berichtswesen vertraulich behandelt und niemals an Dritte weitergegeben
Sanktionsfreiheit	Niemand erfährt Nachteile durch das Berichten von Ereignissen
Unabhängigkeit	Das Berichtssystem ist weitgehend unabhängig von jeglicher Autorität, die die berichtende Person oder den berichtenden Bereich bestrafen könnte (z. B. disziplinarische Sanktionen)
Klare Aufbau- und Ablaufstrukturen	Die Aufgaben, Zuständigkeiten und Strukturen des Berichts- und Lernsystems bzw. des CIRS sind definiert, bekannt und für alle zugänglich
Klare Definition der zu berichtenden Ereignisse	Es ist eindeutig definiert, was berichtet und was nicht berichtet werden soll. Die Definition ist allen bekannt
Einfaches Berichten	Das Berichts- und Lernsystem bzw. das CIRS ist einfach zugänglich und das Berichten erfordert wenig Zeit
Unmittelbarkeit	Die Berichte werden umgehend bewertet, um bei akuten Gefahren für die Sicherheit sofort tätig zu werden
Systematische Analyse	Berichte und Ereignisse werden mit entsprechender Fach- und Methodenkompetenz bzw. mit strukturierten Methoden analysiert
Systemorientierung	Die Analyse und die abgeleiteten Maßnahmen richten sich auf Veränderungen im System, von Prozessen oder Produkten (nicht auf Personen)
Umsetzung von Maßnahmen	Die abgeleiteten Maßnahmen werden zeitnah umgesetzt
Feedback	Meldungen, ihre Analyse und empfohlene und ergriffene Maßnahmen werden regelmäßig und umfassend kommuniziert

erfassung stets eine Phase der **Datenanalyse** und der **Datenverwertung** folgen, um als Methode wirksam und glaubwürdig zu sein, aber auch, um den dafür betriebenen Aufwand zu rechtfertigen. Für die Auswertung und Bewertung der eingegangenen Meldungen (Risikobewertung) stehen verschiedene Analysetechniken aus dem

Methodenrepertoire des Risikomanagements zur Verfügung: FMEA; Ursache-Wirkungs-Diagramm (Ishikawa-Diagramm), Root Cause Analysis oder Fehlerbaumanalyse.

11.3.4.2 Fehlermöglichkeits- und Einfluss-Analyse (FMEA)

Die Fehlermöglichkeits- und Einfluss-Analyse (FMEA; engl.: *Failure Mode and Effects Analysis*) oder auch „Auswirkungsanalyse" ist eine Methode zur Durchführung von Risikoanalysen im Rahmen der Risikobewertung. Entwickelt wurde diese **vorausschauende Analysemethode** in der Industrie, um Maschinenfehler frühzeitig oder rechtzeitig zu entdecken bzw. um die Folgen von Fehlern nicht erleben zu müssen. Mit der FMEA kann man *vorausdenken,* wie ein Prozess, Prozesselement oder eine Veränderung sich auswirken wird, um letztendlich möglichst fehlerfreie Prozesse und Ergebnisse zu erreichen.

▶   Das Ziel der FMEA ist die systematische Erfassung und Bewertung von Fehler- und Gefährdungspotenzialen zur Fehlervermeidung.

Das Verfahren ist sehr umfangreich und schließt die Phase der Risikoidentifizierung, Risikobewertung und Risikobewältigung mit ein. Im Kern ist die FEMA als **qualitative Analyse** der Zusammenhänge zwischen Fehlerarten und den entsprechenden Auswirkungen auf der Systemebene angelegt. Häufig ist damit auch eine **Quantifizierung** der Fehler und Fehlerauswirkungen verbunden. Für jeden *möglichen Fehler* werden die entsprechenden Auswirkungen (Effects) analysiert und bewertet, um kritische Stellen herauszufinden. Je nach Betrachtungsebene werden grundsätzlich drei Einsatzmöglichkeiten unterschieden, auch wenn die prinzipielle Vorgehensweise nahezu identisch ist (vgl. Göbel 2014):

- **System-FMEA:** Sie untersucht Teilsysteme (Funktionen und Abteilungen) und deren Zusammenwirken in einem übergeordneten Systemverbund (z. B. Krankenhaus) sowie das Zusammenwirken mehrerer Prozesse (Behandlungsabläufe) in einem komplexen System. Ziel ist die Identifikation potenzieller Schwachstellen (= Fehlerquellen), insbesondere an den Schnittstellen, die durch das Zusammenwirken der Funktionen und Abteilungen entstehen.
- **Design-FMEA:** Sie zielt auf die Bewertung eines neuen oder veränderten Produkts oder einer Dienstleistung (z. B. Einrichtung von Spezialambulanzen oder Entwicklung von Reha-Angeboten). Hier geht es darum, im Vorfeld oder in einem frühen Stadium von neuen Produktangeboten nach potenziellen Fehlerquellen zu fahnden und die Ergebnisse bei den Managemententscheidungen zu berücksichtigen. Aber auch wenn bestehende Leistungsprozesse verändert werden sollen (z. B. neue Behandlungsverfahren), kann es sein, dass die bereits bekannten Fehlerquellen und reduzierten Fehler bei den modifizierten Leistungsprozessen wieder auftreten (z. B. bei unterschiedlichen Operationstechniken). Die Design-FMEA hat ihren Haupteinsatz im Planungsbereich (z. B. Qualitätsplanung).

- **Prozess-FMEA:** Sie orientiert sich an den Merkmalen der vorhandenen Leistungsprozesse bzw. Produkte und hat das Ziel, bestehende Produkt- bzw. die Prozessfehler und Fehlerquellen zu eliminieren. Die Prozess-FMEA hat ihren Platz eher im Routinebetrieb der kontinuierlichen Verbesserung.

Die FMEA wird am besten in einer interprofessionell besetzten Arbeitsgruppe eingesetzt (z. B. CIRS-Gruppe, Qualitätszirkel), sodass fachlich bedingte einseitige Sichtweisen durch Gruppenmitglieder erkannt und durch die Gruppe korrigiert werden können. Die Methode umfasst im Wesentlichen fünf **FMEA-Schritte** (Abb. 11.8), wobei die Struktur- und Funktionsanalyse oft auch als *Systembeschreibung,* die Fehler-, Risiko- und Optimierungsanalyse als *Risikobeschreibung* zusammengefasst werden (Ertl-Wagner et al. 2009, S. 72):

- Schritt 1 (Strukturanalyse): Auswahl des Betrachtungsgegenstands und Erstellung einer Struktur von Funktionen und Fehlfunktionen aller Komponenten eines Systems oder Prozesses
- Schritt 2 (Funktionsanalyse): Definition von Funktionen der Betrachtungsgegenstände und Ermittlung der möglichen Ursachen, die zu Fehlfunktionen führen können
- Schritt 3 (Fehleranalyse): Analyse von möglichen Fehlern hinsichtlich Fehlerarten und -ursachen
- Schritt 4 (Risikoanalyse): Bewertung des Risikos in einem FMEA-Formblatt

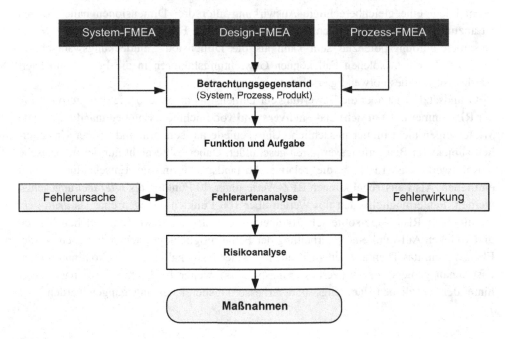

Abb. 11.8 FMEA im Verfahrensüberblick

- Schritt 5 (Optimierungsanalyse): Optimierung des Systems durch Vermeidungs-und Entdeckungsmaßnahmen gegenüber möglichen Fehlern

Zur Bewertung von Risiken möglicher Fehler bzw. deren Gefährdungspotenziale hat sich ein quantitatives **Bewertungsschema** bestehend aus drei Bewertungsdimensionen etabliert. Die Bewertung der drei Dimensionen erfolgt anhand von zehnstufigen Skalen, die möglichst eindeutig definiert und einheitlich angewendet werden müssen, um vergleichbare Ergebnisse zu erhalten:

- **(A)Auftretenswahrscheinlichkeit:** 10 Punkte (hoch, ständiger Fehler); 1 Punkt (gering, unwahrscheinliches Auftreten)
- **(B) Bedeutung eines Fehlers:** 10 Punkte (hoch, hohe Gefährdung); 1 Punkt (gering, keine Gefährdung)
- **(E)Entdeckungswahrscheinlichkeit:** 10 Punkte (gering, unwahrscheinliche Entdeckung); 1 Punkt (hoch, absolut sichere Entdeckung).

Aus den Einzelwerten wird für jede Fehlermöglichkeit multiplikativ die **Risikoprioritätszahl** (RPZ) berechnet, die Auskunft über das Fehler- bzw. Gefährdungspotenzial liefert:

$$RPZ = A \times B \times E$$

Je höher die Punktzahl, desto dringlicher ist die Beseitigung der *Fehlermöglichkeit*. Die Formel legt eine gleichberechtigte Auswirkung aller drei Dimensionen nahe. Jedoch ist anzunehmen, dass die Dimension „Bedeutung eines Fehlers" ggf. wichtiger für das Gesamtgefährdungspotenzial sein kann als die Dimension „Entdeckungswahrscheinlichkeit". In einem solchen Fall können Gewichtungsfaktoren in die Formel integriert werden, sofern dies notwendig erscheint.

Grundsätzlich ist aber die Bewertung der Dimensionen genauso wie die Interpretation der RPZ immer mit **Vorsicht** und **Sachverstand** vorzunehmen. Eng beieinander liegende Werte zeigen nicht immer tatsächliche Unterschiede an, sondern sind oft der Unsicherheit subjektiver Beurteilungsverfahren geschuldet. Daher sollte nicht nur der numerische Absolutwert, sondern auch die relative Abstandsgröße in die Entscheidungen mit einfließen. Als **Faustregel** können RPZ-Werte unter 40 Punkten als *tolerabel* angesehen werden, Fehlermöglichkeiten mit Werten über 100 Punkten dagegen eher als *dringlich*. Bei unklarer Risikolage sollte selektiv überlegt und diskutiert werden, welchen Nutzen und welchen Aufwand eine Bearbeitung der Fehlermöglichkeit nach sich ziehen würde. Ebenso kann das Thema in einem Themenspeicher festgehalten und im kontinuierlichen Risikomanagementprozess (Verbesserungsprozess) weiter beobachtet bzw. nachrangig hinter den dringlichen Handlungs- und Verbesserungsbereichen angegangen werden.

11.4 Projektmanagement

Qualitätsmanagement ist vielfältig von Elementen des Projektmanagements durchdrungen. Von der Implementierung eines Qualitätsmanagementsystems bis hin zum Routinebetrieb der Qualitätsverbesserung liefert Projektmanagement die methodische Rahmung für zielgerichtetes Arbeiten. Projektarbeit oder „Arbeiten in Projekten" findet überall dort statt, wo *inhaltliche Aufgaben* (z. B. professions- und sachbezogenes Arbeiten) mit *Managementaufgaben* verbunden werden müssen (Millner und Majer 2013, S. 337). Vergleichbar mit anderen Managementansätzen existiert auch für das Projektmanagement eine nahezu unüberschaubare Anzahl von Definitionen, die je nach Herkunft eigene Schwerpunkte setzen und allesamt wenig einzelverbindlich sind. **Projekte** sind in der Regel durch folgende Merkmale gekennzeichnet:

- Projekte sind zielgerichtete Vorhaben. Sie folgen einem Zweck oder Auftrag und haben in der Regel eine eindeutige und neu- oder einzigartige Aufgabenstellung.
- Projekte finden unter relativ einmaligen Bedingungen (keine Routine) statt. Die Ergebnisse können aber in Routinehandeln übergehen.
- Projekte sind gegenüber Routinetätigkeit mit einem höheren Grad an Ungewissheit (Risiko!) hinsichtlich des Ablaufs und der Ergebnisse vergesellschaftet.
- Projekte benötigen Ressourcen (zeitliche, finanzielle und personelle).
- Projekte sind oft funktions-, verantwortlichkeits- und berufsgruppenübergreifend.
- Projekte erfordern besondere, auf das Vorhaben abgestimmte Organisationsformen (z. B. sekundäre Projektgruppen, primäre Projektorganisation).
- Projekte sind zeitlich befristet („Unternehmen auf Zeit"); sie haben einen Start- und Endtermin.

Projektarbeit hat nicht nur strukturelle und methodische Komponenten (Sachebene). Da Projektarbeit sich zumeist in Form von Gruppenarbeit (Projektgruppen) vollzieht (siehe Kap. 7), spielen auch soziale und kommunikative Komponenten (z. B. Verständigung, Akzeptanz, Kooperation, Konfliktlösung) eine große Rolle (Beziehungsebene).

Als **Projektmanagement** können wiederum verallgemeinernd alle planenden, überwachenden und koordinierenden Aktivitäten zur zielgerichteten Lösung von Problemen bezeichnet werden. Es kommen drei übergeordnete **Zieldimensionen** zum Tragen, die in einer Dreieckbeziehung zueinander stehen („Projektmanagementdreieck") und wechselseitig voneinander abhängig sind (Ahne und Seeberger 2005, S. 295; Millner und Majer 2013, S. 341 f.):

- **Sachziele** (Funktionalität und Qualität): Was soll geplant und erreicht werden? Welche Funktionen sollen erfüllt werden? Welche Qualität (Art und Umfang) soll erreicht werden?

- **Kostenziele** (Personalbedarf und Sachaufwand): Was wird für das Projekt an Ressourcen benötigt? Was darf es insgesamt kosten?
- **Terminziele** (Zeit und Termintreue): Bis wann soll das Projektziel erreicht sein? Kann das Projekt in dem vorgesehen Zeitraum beendet werden?

11.4.1 Projektlebenszyklus

Die vielfältigen und komplexen Aufgaben, die im Rahmen eines Projektlebenszyklus bewältigt werden müssen, von der Ausgangsfragestellung bis zum erfolgreichen Projektabschluss, sollten systematisch und in sinnvoller Weise aufeinander abgestimmt werden. Um eine systematische Vorgehensweise und einen gewissen Grad an Standardisierung zu gewährleisten, werden Projekte zumeist in Abschnitte oder Projektphasen unterteilt. Die Untergliederung folgt in der Regel drei **Grundprinzipien** (Boy et al. 2001, S. 32 ff. 9):

- *Strukturierung in Phasen:* Die Anzahl von Projektphasen und der Grad an Formalismus im Rahmen der Projektabwicklung hängen von der Art, vom Umfang und den vorherrschenden Bedingungen ab. In der Literatur existieren unterschiedliche Vorschläge für idealtypische Projektphasen, die jedoch bei näherer Betrachtung in wichtigen Punkten vergleichbar sind. Gemeinsam sind ihnen die Managementfunktionen Planung, Realisierung, Steuerung und Verwendung (Nutzen).
- *Vom Groben zum Detail:* Planung und Steuerung sind wichtige Aufgaben, damit ein Projekt seinen gewünschten Weg nehmen kann. Dennoch verlaufen Projekte zumeist dynamisch und wenig vorhersehbar. Das Projektmanagement sollte daher nicht von vorneherein alle Phasen und Ablaufdetails vorwegdenken, sondern sich Schritt für Schritt an das Detail heranarbeiten.
- *Problemlösungszyklus:* Innerhalb von Projekten werden je nach Aufgabenstellung in einem sich wiederholenden Vorgang spezifische „Probleme" bearbeitet und nach Lösungen gesucht. Für die Problembearbeitung im Rahmen von Kleingruppenarbeit wurden im Methodenteil dieses Buches bereits ein Problemlösungsprozess in zehn Schritten vorgestellt (Kap. 7). Die im Problemlösungsprozess abgebildeten Schritte (Analyse der Ausgangslage, Probleme definieren, Ziele setzen, Lösungen sammeln, bewerten und auswählen sowie Maßnahmen planen) orientieren sich grundsätzlich am Qualitätskreis und können auf jede Lebensphase eines Projekts angewendet werden (Abb. 11.9).

Im Folgenden werden die Projektphasen des Phasenmodells nach Boy et al. (2001) kurz skizziert:

1. **Definitionsphase:** Sie ist die Voraussetzung für den Start des Projektes. Die Projektleitung klärt die Problemlage, markiert die Projektziele und prüft das Projekt auf Durchführbarkeit und Wirtschaftlichkeit. Das Ergebnis ist der vereinbarte und möglichst verschriftete Projektauftrag.

2. **Planungsphase:** In der Planungsphase werden Arbeitspakte sowie der zeitliche Ablauf, einzelne Tätigkeiten wie auch Verantwortlichkeiten und Zuständigkeiten festgelegt. Diese Phase liefert die Grundlage für die erfolgreiche Durchführung in der Realisierungsphase.

3. **Realisierungsphase:** Die Realisierungsphase umfasst vor allem die Umsetzung des vorher Geplanten. Gleichzeitig sollte aber auch kontinuierlich der Projektfortschritt anhand von Meilensteinen geprüft werden. Damit soll sichergestellt werden, dass sich das Projekt noch „auf der richtigen Schiene" befindet. Mögliche Zielabweichungen sind zu steuern und Ziele ggf. zu aktualisieren.

4. **Abschlussphase:** Die Abschlussphase ist geprägt durch die Abnahme der Projektergebnisse durch den Auftraggeber. In der Regel wird ein Abschluss- oder Ergebnisbericht erstellt. Ferner stehen in dieser Phase „Know-how-Sicherung" und die Re-Integration der Projektbeteiligten in die Stammorganisation im Vordergrund.

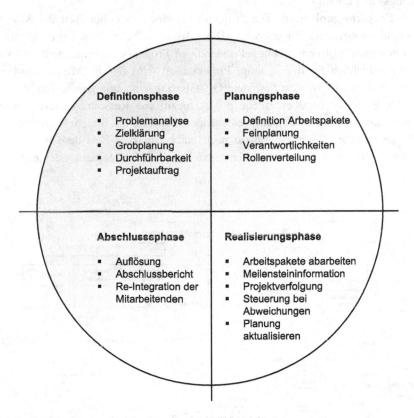

Abb. 11.9 Projektphasen. (Quelle: Boy et al. 2001, S. 35 f.)

11.4.2 Projektorganisation

Die organisatorische Verankerung von Projekten im Gesamtgefüge der Aufbau-organisation wird als Projektorganisation bezeichnet. Diese ist mit Ausnahme der „reinen Projektorganisation" als Sekundärorganisation angelegt. Es können drei **prinzipielle Organisationsformen** unterschieden werden (Abb. 11.10):

- **Projekt-Stabs-Organisation** (auch: Einfluss-Projektorganisation, Projektkoordina-tion): Die Projektaufgaben werden wie in einer Stabsstelle der Unternehmensleitung von einer Projektleitung koordiniert. Diese verfügt über keinen oder nur wenig formalen Einfluss, da sie gegenüber den Mitarbeitenden der Stammorganisation nicht weisungsbefugt ist. Entscheidungen werden ausschließlich in der Linienorganisation getroffen. Projektarbeit in dieser organisatorischen Ausprägung hat eher die Aufgabe, Informationen einzuholen, zu bearbeiten und Entscheidungen vorzubereiten (z. B. Planungs- und Entwicklungsarbeit).
- **Reine Projektorganisation:** Die Projektteams sind mit hoher formaler Macht und Entscheidungsbefugnis ausgestattet. Die Mitglieder der Projektgruppe sind für einen gewissen Zeitraum einem selbstständigen Projektbereich zugeteilt und werden dort ausschließlich für diesen tätig. Projektarbeit wird für die Mitarbeitenden zum „Tagesgeschäft". Es werden befristete Organisationseinheiten geschaffen, die für die Zeit der Projektarbeit über eigene projektspezifische Ressourcen verfügen. Diese Organisationsform bietet sich an, wenn größere Projekte mit hohem Komplexitätsgrad erarbeitet werden, deren Ergebnisse nach einer gewissen Zeit dem Routinebetrieb übergeben werden (z. B. Implementierungsarbeit von Managementsystemen).

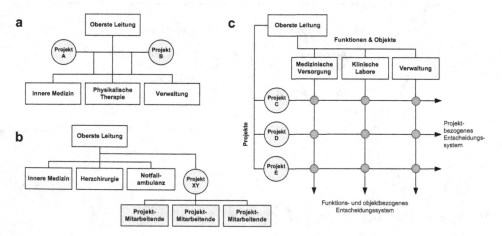

Abb. 11.10 Organisationsformen von Projekten: **a** Projekt-Stabs-Organisation; **b** reine Projekt-organisation; **c** Projekt-Matrix-Organisation

- **Projekt-Matrix-Organisation:** Hierbei werden die Projekte gleichberechtigt neben dem funktions- und objektbezogenen Entscheidungssystem hinzugefügt. Die Mitarbeitenden des Projektteams arbeiten gleichzeitig sowohl im Projekt- als auch im Leistungssystem und haben dementsprechend zwei Vorgesetzte. Linienvorgesetzte und Projektleitungen teilen sich die Entscheidungsbefugnisse, entweder durch eine Kompetenzaufteilung in permanente Routineaufgaben und anfallende Projektaufgaben oder durch Trennung von Fach- und Personalvorgesetzten. Hierdurch wird organisations- und fachbezogenes „Vor-Ort-Wissen" mit umsetzungsnaher Projektarbeit gebündelt. Projektarbeit in dieser organisationalen Ausprägungsform ist geeignet, wenn längerfristige und häufiger anfallende Projektarbeit ansteht, die ein Nebeneinander von Routine- und Projektaufgaben vorsehen (z. B. Analyse und Verbesserung im Sinne des KVP-Gedankens).

Je nach Bedeutung, Art und Umfang der geplanten Projektarbeit können die Organisationsformen der bereits vorhandenen Aufbauorganisation bzw. Qualitätsorganisation (Kap. 5) hinzugefügt werden. Die **Auswahl** der geeigneten Organisationsform kann sich an den Kompetenzen vorhandener Personen mit Projektleitungserfahrung, am Einsatz von Technologien oder auch am Zeitdruck ausrichten (Tab. 11.4). Für ein erfolgreiches Zusammenwirken von Projekt- und Unternehmensorganisation sollten vor allem aber Zuständigkeiten, Verantwortlichkeiten und Kompetenzen klar geregelt werden.

Tab. 11.4 Kriterien zum Einsatz einer bestimmten Projektorganisation. (Quelle: mod. nach Keßler und Winkelhofer 2004, S. 30)

Kriterium	Projekt-Stabs-Organisation	Reine Projektorganisation	Projekt-Matrix-Organisation
Bedeutung des Projekts	Gering	Groß/Sehr groß	Sehr groß
Umfang des Projekts	Gering	Groß/Sehr groß	Sehr groß
Unsicherheit bzgl. Zielerreichung	Gering	Groß	Sehr groß
Technologie	Standard	Kompliziert	Neu
Zeitdruck	Gering	Mittel	Hoch
Projektdauer	Kurz	Mittel	Lang
Komplexität	Gering	Mittel/Hoch	Hoch
Bedürfnis nach zentraler Steuerung	Mittel	Groß	Sehr groß
Einsatz der Projektmitglieder	Nebenamtlich	Teilzeit, Vollzeit	Vollamtlich
Projektleitungspersönlichkeit	Wenig relevant	Qualifizierte Projektleitung	Sehr fähige Projektleitung

11.4.3 Methoden des Projektmanagements

Methodisch können im Verlauf des Problemlösungsprozesses die bekannten Kreativitäts- und Problemlösungstechniken, letztendlich aber jede geeignete Qualitäts- und Managementtechnik genutzt werden. Aufgrund der prinzipiellen *Einzigartigkeit* von Projektarbeit gibt es methodisch wenig Allgemeingültiges. Wichtig ist vielmehr, über einen gut gefüllten „Methodenkoffer" zu verfügen, aus dem sich die Projektleitung nach Bedarf geeignete Methoden und Instrumente herausgreift. Für die **Systematisierung von Projekten** werden aber regelmäßig ein *Projektstrukturplan* und ein *Projektablaufplan* als Planungstechnik benötigt.

11.4.3.1 Projektstrukturplan

Die Erstellung eines Projektstrukturplans (PSP) gehört in den Aufgabenbereich der Grobgliederung (Definitionsphase) eines Projektes. Das Gesamtprojekt wird hierfür in überschaubare und abgrenzbare **Teilaufgaben** und **Arbeitspakete** aufgeteilt, denen Aufgabenträger nach fachlichen Gesichtspunkten (Zuständigkeiten) und Verantwortlichkeiten zugeordnet werden. Im Projektstrukturplan sollte vollständig abgebildet werden, *was* im Einzelnen während des Projektablaufs zu tun ist. Die Gliederungstiefe kann variieren, jedoch ist über die verschiedenen Phasen des Projekts hinweg dafür Sorge zu tragen, dass eine eindeutige Abgrenzung und eine zeitlich durchgängige Verantwortlichkeit durch die Aufgabenträger gewährleistet ist (vgl. Kuster et al. 2011, S. 126). Die Gliederung kann *objektorientiert* (inhalts-, ziel- oder produktorientiert) oder *ablauforientiert* (prozess-, tätigkeits- oder funktionsorientiert) oder auch gemischt vorgenommen werden.

Ein **Arbeitspaket** stellt die kleinste Gliederungsstufe des PSP dar. Es umfasst ein Bündel von exakt beschreibbaren Tätigkeiten, das in sich abgeschlossen, planbar und kontrollierbar sein muss. Arbeitspakete können auf zwei Arten zusammengestellt werden: Im „Top-down"-Verfahren wird mit viel Übersicht und Erfahrung der Projektleitung das ganze Projekt schrittweise in kleinere Einheiten zerlegt. Das „Bottom-up"-Verfahren sammelt dagegen in der Gruppe zunächst alle möglichen und sinnvoll zusammenhängenden Tätigkeiten, die anschließend in einer **Tätigkeitenliste** zusammengetragen und auf Vollständigkeit geprüft werden (Kuster et al. 2011, S. 126). Anschließend werden die Arbeitspakete durch eine hierarchische Gliederung zu einem Projektstrukturplan zusammengeführt. Die Visualisierung entspricht zumeist dem Prinzip eines **Baumdiagramms** (Abb. 11.11).

Die Erstellung eines PSP ist immer individuell und orientiert sich letztendlich am Projektthema, den Gegebenheiten vor Ort, der organisatorischen Einbettung in andere Organisationsstrukturen und den Vorstellungen und Erfahrungen der Projektleitung. Darüber hinaus ist der PSP in erster Linie ein *Entwurf,* für den im Verlauf des Projektes viele Feinplanungen und Abstimmungen erforderlich sind („vom Groben zum Detail").

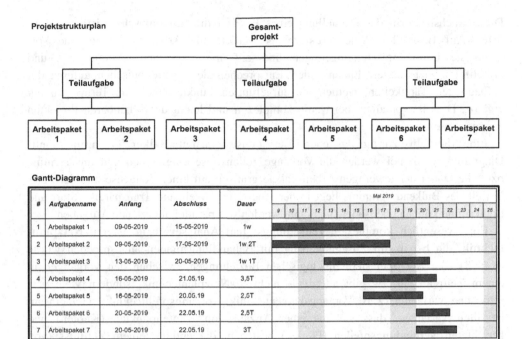

Abb. 11.11 Prinzip eines Projektstrukturplans und Balkendiagramms (Gantt-Diagramm)

11.4.3.2 Projektablaufplan

Ein PSP beschreibt vor allem, *was* gemacht werden soll. Dagegen widmet sich ein Projektablaufplan (PAP) der Frage, *wie* das Projekt und seine Teilaufgaben bzw. Arbeitspakete ablaufen sollen. Dabei geht es darum, eine **logische Reihenfolge** für die Ausführung der Arbeitspakete festzulegen, aber auch einzuschätzen, welche Arbeitspakete parallel bearbeitet werden können. Der Projektablaufplan und der darin enthaltene **Projektterminplan** gehören zu den Aufgaben der Feingliederung (Planungsphase). Da es um die Abstimmungs- und Zusammenarbeit aller Projektteilnehmer geht, sollte das gesamte Projektteam auch an der Erstellung des PAP mitwirken. Im PAP werden Anordnungsbeziehungen und Abhängigkeiten der Arbeitspakete untereinander verdeutlicht. Bei der sich anschließenden Terminplanung geht es im Einzelnen um:

- die Dauer der einzelnen Tätigkeiten (Arbeitspakete),
- die frühesten und spätesten Anfangs- und Endtermine für die einzelnen Arbeitspakete,
- die Gesamtdauer des Projekts,
- den Start- und Endtermin für das gesamte Projekt sowie
- das Einplanen von Zeitreserven.

Die einfachste Form der Darstellung eines PAP ist die **tabellarische Liste** (Terminliste). Auf Basis des Projektstrukturplans werden alle Arbeitspakete in eine Vorgangsliste chronologisch eingetragen und auf ihre einzelnen „Vorgänger-" und „Nachfolgerbeziehungen" hin analysiert. Entsprechen die Schritte logischen, aufeinander aufbauenden Tätigkeiten, werden die aufgeführten Punkte durch die Terminplanung ergänzt. Dies ist vor allem bei wenig komplexen und leicht überschaubaren Projekten ausreichend.

Eine Alternative zur tabellarischen Liste ist das sogenannte **Balkendiagramm** (Gantt-Diagramm) . Hierbei werden die Vorgänge zeilenweise eingetragen und die Termine bzw. die Dauer der jeweiligen Arbeitspakete grafisch auf einer Zeitachse markiert. Der Vorteil des Balkendiagramms liegt in der Übersichtlichkeit und Transparenz. Start und Endtermine können ebenso leicht erkannt werden wie parallel ablaufende Aufgaben.

Eine wesentlich komplexere Darstellungs- und Analysevariante ist die **Netzplantechnik,** die bereits im Zusammenhang mit Behandlungspfaden angesprochen wurde (Kap. 8). Ein Netzplan stellt die logischen Beziehungen zwischen den Vorgängen in einem Zeitplan dar. Es gibt allerdings nicht *die*Netzplantechnik, sondern viele verschiedene Varianten (z. B. Vorgangsknotentechnik, Vorgangspfeiltechnik). Gemeinsam ist allen Varianten, dass sie aus einer Anzahl von Knotenpunkten (Knoten) und gerichteten Verbindungspfeilen (Pfeilen) bestehen, die entlang einem Zeitfluss (von links nach rechts) angeordnet sind. Bei der *Vorgangsknotentechnik* (auch: Normalfolgenmethode) wird jeder Vorgang (Arbeitspaket) als Knoten (Vorgangskasten) dargestellt, in den die als wichtig erachten Informationen hineingeschrieben werden (z. B. Dauer des Vorgangs). Verbindungslinien zeigen die Verknüpfungen an. Bei der *Vorgangspfeiltechnik* wird ein Vorgang durch eine Pfeillinie grafisch dargestellt. Anfangs- und Endpunkt des Pfeils markieren Start- und Endtermine des Vorgangs (Kreissymbole). Hier können die wichtigen Informationen (z. B. Termindaten, Zuordnungsnummern) eingetragen werden. Diese Vorgangspfeile werden anschließend ebenfalls logisch miteinander verknüpft.

11.5   Übungsfragen

1. Erläutern Sie die Bedeutung des Modells für Dienstleistungsqualität (GAP-Modell) für das Qualitätsmanagement! Lösung Abschn. 11.2.1
2. Nennen Sie die „Sieben Qualitätstechniken des Dienstleistungsmanagements" (D7) und erläutern Sie deren Aufgaben im Qualitätsmanagement! Lösung Abschn. 11.2.2
3. Erläutern Sie die Bedeutung des SERVQUAL-Ansatzes und des SERVPERF-Ansatzes für die Messung des Konstrukts „Dienstleistungsqualität"! Lösung Abschn. 11.2.2.2 und 11.2.2.3
4. Definieren Sie den Begriff Risikomanagement und ordnen Sie seine Bedeutung in den Kontext des Qualitätsmanagements ein! Lösung Abschn. 11.3.1

5. Erläutern Sie den Begriff „Fehlerkultur" und seine Bedeutung für das Risikomanagement! Lösung Abschn. 11.3.2
6. Erläutern Sie die Stellung eines „CIRS" im Risikomanagementprozess und nennen dessen wesentlichen Charakteristika! Lösung Abschn. 11.3.4.1
7. Beschreiben Sie das „Projektmanagementdreieck" und skizzieren Sie kurz die darin enthaltenen Zieldimensionen! Lösung Abschn. 11.4
8. Benennen Sie die vier Phasen des Projektmanagements und skizzieren kurz deren Inhalte! Lösung Abschn. 11.4.1
9. Skizzieren Sie die drei grundsätzlichen Organisationsformen des Projektmanagements und nennen Kriterien, um sich im Bedarfsfall für eine dieser drei zu entscheiden! Lösung Abschn. 11.4.2
10. Beschreiben Sie in eigenen Worten die Funktion eines Projektstrukturplans und eines Projektablaufplans! Stellen Sie die Unterschiede dar! Lösung Abschn. 11.4.3.1 und 11.4.3.2

Literatur

Ahne M, Seeberger B (2005) Projektmanagement. In: Kerres A, Seeberger B (Hrsg) Gesamtlehrbuch Pflegemanagement. Springer, Berlin, S 291–313

APS Aktionsbündnis Patientensicherheit e. V., APS e. V. (2018) Handeln bevor etwas passiert. Berichts- und Lernsysteme erfolgreich nutzen. Handlungsempfehlung für ambulante Einrichtungen im Gesundheitswesen. APS, Berlin

ASI Austrian Standards International (2014) Risikomanagement für Organisationen und Systeme – Begriffe und Grundlagen – Umsetzung von ISO 31000 in die Praxis (ONR 49000: 2014). Austrian Standards International, Wien

Boy J, Dudeck C, Kuschel S (2001) Projektmanagement. Grundlagen – Methoden und Techniken – Zusammenhänge, 10. Aufl. Gabal, Offenbach

Carius R, Renn O (2003) Partizipative Risikokommunikation. Wege zu einer risikomündigen Gesellschaft. Bundesgesundheitsbl Gesundheitsforsch Gesundheitsschutz 46(7):578–585

Cartes MI, Lützeler R (2014) Risikomanagement und Fehlermeldesysteme ganzheitlich gestalten und betreiben! Krankenhaus 106(8):718–722

Corsten H, Gössinger R (2015) Dienstleistungsmanagement, 6. Aufl. De Gruyter, Berlin

Cronin JJ Jr, Taylor SA (1992) Measuring service quality: a reexamination and extension. J Mark 56(3):55–68

Cronin JJ Jr, Taylor SA (1994) SERVPERF versus SERVQUAL: reconciling performance-based and perceptions-minus-expectations measurement of service quality. J Mark 58(1):125–131

Dagger TS, Sweeney JC, Johnson LW (2007) A hierarchical model of health service quality. Scale development and investigation of an integrated model. J Serv Res 10(2):123–142

DIN Deutsches Institut für Normung e. V. (2015) DIN EN ISO 9000: Qualitätsmanagementsysteme – Grundlagen und Begriffe (ISO 9000–2015). Beuth, Berlin

DIN Deutsches Institut für Normung e. V. (2017) Qualitätsmanagementsysteme – EN ISO 9001:2015 für die Gesundheitsversorgung (EN 15224:2016). Beuth, Berlin

DIN Deutsches Institut für Normung e. V. (2018) DIN ISO 31000: Risikomanagement – Leitlinien (ISO 31000:2018). Beuth, Berlin

Ertl-Wagner B, Steinbrucker S, Wagner BC (2009) Qualitätsmanagement & Zertifizierung. Praktische Umsetzung in Krankenhäusern, Reha-Kliniken und stationären Pflegeeinrichtungen. Springer Medizin, Heidelberg

Flanagan JC (1954) The critical incident technique. Psychol Bull 51:327–358

Frodl A (2010) Gesundheitsbetriebslehre. Gabler, Wiesbaden

Ghobadian A, Speller S, Jones M (1994) Service quality concepts and models. Int J Qual Reliab Manag 11(9):43–66

Göbel A (2014) FMEA (Failure Mode and Effects Analysis). In: Merkle W (Hrsg) Risikomanagement und Fehlervermeidung im Krankenhaus. Springer Medizin, Berlin, S 115–120

Grönroos D (1984) A service quality model and its marketing implications. Eur J Mark 18(4): 36–44

Haller S (2010) Dienstleistungsmanagement. Grundlagen – Konzepte – Instrumente. Gabler, Wiesbaden

Hart D, Becker-Schwarze K (2007) Risiken verringern – Sicherheit steigern: Ein Critical-Incident-Reporting-System in norddeutschen Kinderkliniken. Gesundh Ökon Qual Manag 12:87–95

Herdmann F (2018) Drei Schritte zum effektiven und effizienten Risikomanagement nach DIN ISO 31000. Beuth, Berlin

Hoeth U, Schwarz W (1997) Qualitätstechniken für die Dienstleistung: die D7. Hanser, München

Hofinger G (2012) Fehler und Unfälle. In: Badke-Schaub P, Hofinger G, Lauche K (Hrsg) Human Factors: Psychologie sicheren Handelns in Risikobranchen, 2. Aufl. Springer, Berlin, S 39–59

Keßler H, Winkelhofer G (2004) Projektmanagement: Leitfaden zur Steuerung und Führung von Projekten, 4. Aufl. Springer, Berlin

Kuster J, Huber E, Lippmann R, Schmid A, Schneider E, Witschi U, Wüst R (2011) Handbuch Projektmanagement, 3. Aufl. Springer, Heidelberg

Löber N (2009) Sicherheit im Krankenhaus: Eine Frage der Einstellung. Die konstruktive Fehlerkultur unter der Lupe. Arzt Krankenh 82(11):347–350

Löber N (2011) Fehler und Fehlerkultur im Krankenhaus. Eine theoretisch-konzeptionelle Betrachtung. Gabler, Wiesbaden

Löber N (2017) Patientensicherheit im Krankenhaus. Effektives klinisches Qualitäts- und Risikomanagement. MWV, Berlin

Meffert H, Bruhn M, Hadwich K (2015) Dienstleistungsmarketing. Grundlagen – Konzepte – Methoden, 8. Aufl. Springer Gabler, Wiesbaden

Middendorf C (2006) Risikoidentifikation und Risikobewertung im Rahmen des klinischen Risikomanagements. In: von Eiff W (Hrsg) Risikomanagement: Kosten-/ Nutzen-basierte Entscheidungen im Krankenhaus, Bd 2. Wikom, Wegscheid, S 202–245

Millner R, Majer CG (2013) Projekt- und Prozessmanagement. In: Simsa R, Meyer M, Badelt C (Hrsg) Handbuch der Nonprofit-Organisation. Strukturen und Management, 5. Aufl. Schäffer-Poeschel, Stuttgart, S 335–357

Moos G (2012) Risikomanagement. In: Hensen G, Hensen P (Hrsg) Gesundheits- und Sozialmanagement. Leitbegriffe und Grundlagen modernen Managements. Kohlhammer, Stuttgart, S 141–152

Parasuraman A, Zeithaml VA, Berry LL (1985) A conceptual model of service quality and its implications for future research. J Mark 49:41–50

Parasuraman A, Zeithaml VA, Berry LL (1988) SERVQUAL: a multiple item scale for measuring consumer perceptions of service quality. J Retail 64(1):12–43

Parasuraman A, Berry LL, Zeithaml VA (1991) Refinement and reassessment of the SERVQUAL scale. J Retail 67(4):420–450

Pfitzinger E (2016) Projekt DIN EN ISO 9001:2015. Vorgehensmodell zur Implementierung eines Qualitätsmanagementsystems, 3. Aufl. Beuth, Berlin

Reason J (1990) Human error. Cambridge University Press, New York

Reason J (1995) Understanding adverse events: human factors. Qual Health Care 4:80–89

Reason J (2005) Safety in the operating theatre – Part 2: human error and organisational failure. Qual Saf Health Care 14(1):56–60

Schrappe M (2015) Patientensicherheit. Ein Thema mit Zukunft, die Zukunft des Themas. Bundesgesundheitsbl Gesundheitsforsch Gesundheitsschutz 58:4–9

Schrappe M (2018) APS-Weißbuch Patientensicherheit. Sicherheit in der Gesundheitsversorgung: neu denken, gezielt verbessern. MWV, Berlin

Sens B, Pietsch B, Fischer B et al (2018) Begriffe und Konzepte des Qualitätsmanagements – 4. Auflage. GMS Med Inform Biom Epidemiol 14(1):Doc04

Seth N, Deshmukh SG, Vrat P (2005) Service quality models: a review. Int J Qual Reliab Manag 22(9):913–949

Thomeczek T, Bock W, Conen D et al (2004) Das Glossar Patientensicherheit – Ein Beitrag zur Definitionsbestimmung und zum Verständnis der Thematik „Patientensicherheit" und „Fehler in der Medizin". Gesundheitswesen 66:833–840

Töpfer A (2006) Risikosteuerung und Krisenprävention zur Werterhaltung und Konzepte zur Wertsteigerung. In: Albrecht M, Töpfer A (Hrsg) Erfolgreiches Changemanagement im Krankenhaus. Springer Medizin, Heidelberg, S 539–560

Woloshynowych M, Rogers S, Taylor-Adams S et al (2005) The investigation and analysis of critical incidents and adverse events in healthcare. Health Technol Assess 9(19):1–158

Wolter B (2014) Grundlagen des Risikomanagements. In: Roeder N, Hensen P, Franz D (Hrsg) Gesundheitsökonomie, Gesundheitssystem und öffentliche Gesundheitspflege. Ein praxisorientiertes Kurzlehrbuch. Deutscher Ärzte-Verlag, Köln, S 195–210

Zeithaml VA, Berry LL, Parasuraman A (1988) Communication and control processes in the delivery of service quality. J Mark 52(2):35–48

Zenk K, Kluess D, Ebner M, Irmscher B, Bader R, Mittelmeier W (2011) Risikomanagement und Qualitätsmanagement – ein gemeinsamer Lösungsweg? Gesundh Ökon Qual Manag 16:335–340

Zollondz HD (2001) Lexikon Qualitätsmanagement: Handbuch des modernen Managements auf der Basis des Qualitätsmanagements. Oldenbourg, München

Zertifizierung und externe Qualitätsevaluation

12

Zusammenfassung

In diesem Kapitel werden die im Allgemeinen Teil dieses Buches vermittelten Grundlagen zur Qualitätsbewertung und zu Qualitätsmanagementmodellen im Gesundheitswesen weiter vertieft. Es wird zunächst eine Einordnung der Begriffe Konformitätsbewertung, Zertifizierung und Akkreditierung und ihre verfahrenstypische Bedeutung im Gesundheitswesen vorgenommen. Im zweiten Teil dieses Kapitels werden die programmatischen Eigenschaften und die spezifische Systematik der Bewertungsverfahren von DIN EN ISO 9001, KTQ, JCI und EFQM vergleichend gegenübergestellt.

12.1 Begriffsbestimmung

Der Begriff *Zertifizierung* ist eng verbunden mit dem des Qualitätsmanagements. Beide Begriffe werden umgangssprachlich oft synonym verwendet, obwohl sie ganz unterschiedliche Aufgaben, Zielsetzungen und Wirkbereiche haben (Denz et al. 2004; Hensen und Hensen 2010). Grundsätzlich ist Zertifizierung in den Kontext der externen Qualitätsevaluation (Qualitätsbewertung) einzuordnen und somit dem erweiterten **Methodenkanon des Qualitätsmanagements** zugehörig (Verfahrensebene). Qualitätsmanagement (Konzeptebene) wäre zwar auch ohne Zertifizierung denkbar. Jedoch bliebe es ohne die methodische Komponente der externen Qualitätsevaluation in weiten Teilen unvollständig.

Bei Verfahren der externen Qualitätsevaluation prüfen unabhängige „Dritte" (Third Party), ob und in welchem Ausmaß bestimmte und festgelegte **Anforderungen** (bzw. Kriterien, Normen, Standards, Qualitätsziele) erfüllt sind. Eine solche Prüfung kann zu dem Ergebnis kommen, dass Anforderungen nicht oder nur unzureichend erfüllt

© Springer Fachmedien Wiesbaden GmbH, ein Teil von Springer Nature 2022
P. Hensen, *Qualitätsmanagement im Gesundheitswesen,*
https://doi.org/10.1007/978-3-658-38299-5_12

werden. In diesem Fall erhalten wir wichtige Informationen, an welcher Stelle inner-halb des Qualitätsmanagements etwas verbessert oder nachjustiert werden muss. Werden dagegen die Anforderungen in dem geforderten Maße erfüllt, dient die durchgeführte (externe) Qualitätsbewertung der **Feststellung** der *Qualitätsfähigkeit* eines Prozesses, Produktes oder des gesamten Qualitätsmanagementsystems oder aber der *Kompetenz* und der *Leistungsfähigkeit* von Personen (z. B. einer Aus-, Fort- und Weiterbildung) und Organisationen (z. B. Gesundheitseinrichtung). Mit Verfahrensansätzen der externen Qualitätsevaluation kann in gleicher Weise eine Feststellung (und Beurteilung) vor-genommen werden, ob und inwieweit bestimmte Qualitäts- und Leistungskriterien – gleich welcher Art und welchen Umfangs – durch eine Organisation oder bestimmte Personengruppe berücksichtigt bzw. durch Handlungen und Tätigkeiten angemessen adressiert und verwirklicht werden. In diesem Fall dient die Qualitätsbewertung der Bereitstellung von *Qualitätsaussagen* (z. B. Unternehmensqualität, Versorgungsqualität).

Die Ergebnisse derartiger Feststellungsverfahren können *qualitativer Natur* sein (Anforderungen „erfüllt" vs. „nicht erfüllt"). Dann haben sie den Charakter einer sogenannten **Bestätigungsprüfung** („Bereitstellung eines objektiven Nachweises, *dass* Anforderungen erfüllt sind"). Abhängig vom gewählten Evaluationsverfahren können Art und Umfang der geforderten Anforderungserfüllung bzw. die Bewertung, ob und in welchem Ausmaß bestimmte Kriterien adressiert und verwirklicht werden, auch *quanti-fiziert* dargestellt bzw. durchgeführt werden. Im Kontext des Qualitätsmanagements gelten solche Feststellungsverfahren ganz allgemein als **Qualitätsprüfung** („Bereit-stellung eines objektiven Nachweises, *inwieweit* Anforderungen erfüllt sind").

Die zentrale Bedeutung sämtlicher durch und mithilfe Dritter durchgeführter Quali-tätsbewertungsverfahren liegt in der **Nachweisfunktion** (Bereitstellung objektiver Nachweise). Qualitätsnachweise erzeugen Vertrauen in die bestmögliche Anforderungs-erfüllung und sind kennzeichnendes Element einer Qualitätssicherung, die sich als eine „Qualität zusichernde" Qualitätssicherung versteht (siehe Kap. 3). Derartige Nachweise werden zunehmend von Kundengruppen oder übergeordneten Interessengruppen im Gesundheitswesen verlangt. Die Verfahren der externen Qualitätsevaluation schließen eine wichtige **Nachweislücke** in der Kommunikation zwischen Leistungserbringer und relevanter Kunden- und Interessengruppe. Insbesondere im Kontext personen-bezogener Dienstleistungen im Gesundheitswesen leisten sie einen wichtigen Beitrag, die „Kommunikationsschwäche" zugrunde liegender Leistungsfähigkeit auszugleichen (siehe Kap. 1) und bestehende „Kommunikationslücken" im Dienstleistungsmanagement zu schließen (siehe Kap. 11). Verfahren der Qualitätsevaluation sind darüber hinaus auch ein wichtiger *Motor für Veränderungen* (Verbesserungen), da sie auf Basis von periodisch gewonnenen Daten und Informationen (Qualitäts- und Leistungsbestimmung) Antworten auf die Frage geben, ob und in welcher Weise die gewünschte Qualität oder eine wie auch immer geartete Qualitäts- und Leistungsfähigkeit erreicht wurde oder gegebenenfalls erreicht werden kann.

12.1.1 Zertifizierung und Akkreditierung

Zur weiteren begrifflichen Sortierung sollen die gebräuchlichen Begriffe der *Zertifizierung* und *Akkreditierung* voneinander abgrenzt werden. Beide Begriffe werden international uneinheitlich und kontextabhängig verwendet. Eine **Zertifizierung** (lat.: *certus* = sicher, bestimmt; *facere* = machen) ist zunächst einmal nichts anderes als eine *Konformitätsbewertung*, d. h. ein Verfahren zur Erlangung eines schriftlichen Nachweises (Zertifikat) über das Ergebnis eines Bewertungsprozesses, in dem überprüft wird, ob Produkte, Prozesse oder Systeme mit bestimmten Anforderungen konform sind. Wird eine solche Konformitätsbewertung durch *unabhängige Dritte* vorgenommen, handelt es sich um eine Zertifizierung. Nicht jede Konformitätsbewertung ist zugleich auch eine Zertifizierung. Sie kann auch durch den Leistungserbringer bzw. Hersteller durchgeführt werden und in Form einer *Konformitätserklärung* abgegeben werden (z. B. CE-Kennzeichnung bei Medizinprodukten der Risikoklasse I).

▶ **Konformitätsbewertung** Darlegung, dass festgelegte Anforderungen bezogen auf ein Produkt, einen Prozess, ein System, eine Person oder eine Stelle erfüllt sind (DIN EN ISO/IEC 17000:2005).

▶ **Zertifizierung** Bestätigung durch eine dritte Seite, dass Produkte, Prozesse, Systeme oder Personen mit festgelegten Anforderungen (Normen) konform sind (nach: DIN EN ISO/IEC 17000:2005).

Im deutschsprachigen Raum findet Zertifizierung beispielsweise im Rahmen der Begutachtung und Bestätigung der **Qualitätsfähigkeit von Qualitätsmanagementsystemen** statt. Hierbei wird geprüft, ob Qualitätsmanagementsysteme den Anforderungen entsprechend eingeführt und aufrechterhalten werden (z. B. DIN EN ISO 9001). Derartige Zertifizierungen sind aber auch für andere Managementsysteme möglich (z. B. Umweltmanagementsysteme nach DIN EN ISO 14001).

Eine solche Zertifizierung ist vom Ansatz her *freiwillig*. Es kann jedoch auch sein, dass Zertifikate (Zertifizierungsnachweise) von Kunden bzw. Leistungsabnehmern (oder anderen Dritten) zu Zwecken der **Vertrauensbildung** gefordert werden. Dies kann im privatwirtschaftlichen Bereich auf Basis von *Verträgen* oder anderweitigen *Vereinbarungen* erfolgen (z. B. zwischen Lieferanten und Abnehmern). Im Gesundheitswesen übernimmt der *Gesetzgeber* eine Stellvertreterrolle für die Sicherheit und Interessen der Bevölkerung und setzt Zertifizierung in einigen Versorgungs- und Leistungsbereichen als Instrument der staatlichen Kontrolle ein. Beispielsweise fordert das Sozialgesetzbuch von Rehabilitationseinrichtungen eine Zertifizierung, mit dem die erfolgreiche Umsetzung des Qualitätsmanagements in regelmäßigen Abständen nachgewiesen wird, als Grundlage für die Vertragsgestaltung mit den Kostenträgern ein. In vergleichbarer Weise fordert der Gesetzgeber für die Herstellung und den Vertrieb von Medizin-produkten eine Zertifizierung (DIN EN ISO 13485) von den Medizinprodukteherstellern.

Bedeutung und Gegenstand von Zertifizierung sind immer kontextabhängig. Begriff-lich hat sie sich beispielsweise im Zusammenhang mit Produktzertifizierungssystemen in Konsumgütermärkten etabliert. Zahlreiche **Güte- und Prüfsiegel** dienen hier dem Ver-braucherschutz (z. B. bei Bioprodukten, Lebensmitteln), indem nur diejenigen Waren mit entsprechenden Qualitätsversprechen vertrieben werden dürfen, die hierfür auch zertifiziert sind. Darüber hinaus ist Zertifizierung – zumeist in Form von **Audit-Zerti-fikaten** – zu einem Instrument der Implementierung gesellschaftlicher Ziele und Ver-haltensabsichten geworden. Mit Audit-Zertifikaten können Themen adressiert werden, die über die Gewinnerzielungsabsicht hinaus die Geschäftstätigkeit eines Unternehmens sinnvoll ergänzen und bereichern können (z. B. Nachhaltigkeit, Klimaschutz). Solche Audit-Zertifikate sind geeignet, bestimmten Zielgruppen zu signalisieren, dass in der Organisation gesellschaftlich relevante Themen im Sinne einer unternehmensweiten und gemeinwohlorientierten Qualitätsstrategie („Unternehmensqualität") angemessen bearbeitet werden bzw. verwirklicht sind (z. B. Audit „Familie und Beruf", Öko-Audit-System). In speziellen Bereichen der Gesundheitsversorgung ist Zertifizierung wiederum in Form von **Qualitätssiegeln** anzutreffen (z. B. Organ-Krebszentren, Trauma-Netz-werke, Geriatrie). Diese werden in der Regel von Fachgesellschaften, Fachverbänden und Berufsverbänden entwickelt und bewerten vor allem die Umsetzung von spezifisch fachlichen bzw. medizinisch-pflegerischen Anforderungen in einem qualitätsorientierten Leistungssetting. All diesen Zertifizierungsformen ist ihr Charakter der (freiwilligen) Konformitätsbewertung durch unabhängige Dritte gemein.

Eine Qualitätsbewertung im Sinne einer Zertifizierung, also die Prüfung durch Dritte, ob und in welchem Ausmaß bestimmte Anforderungen erfüllt wurden, kann theoretisch durch jede Person oder Organisation vorgenommen werden. Weder der Begriff „Zerti-fizierung" noch die grundsätzliche Vergabe von „Zertifikaten" sind rechtlich geschützt. Der **Wert** bzw. die **Bedeutung** eines jeden Zertifikats hängen stets von der (rechtlichen, gesellschaftlichen oder fachlichen) Legitimation der standardsetzenden *Institution* („Wer legt die zu zertifizierenden Anforderungen fest"?), der für die Konformitätsbewertung autorisierten *Zertifizierungsstelle* („Wer führt die zertifizierende Qualitätsbewertung durch?"), der *Methoden-* und *Durchführungsqualität* der vorgesehenen „Qualitäts-bewertung" („Nach welchen methodischen Grundsätzen und Maßstäben wird zerti-fiziert"?) und letztendlich von der *Verstehbarkeit* und *Anerkennung* durch die Adressaten ab.

Um die Vergleichbarkeit von Bewertungsergebnissen zu gewährleisten und Ver-trauen in die Qualität und Sicherheit von Produkten und Dienstleistungen zu erzeugen, haben sich im Zertifizierungswesen der internationalen Normenwerke (ISO) bestimmte Verfahren zur Bewertung und Ermächtigung von **Zertifizierungsstellen** (Konformi-tätsbewertungsstellen) etabliert. Ein solches Verfahren („Prüfung der Prüfer") wird im deutschsprachigen Raum als **Akkreditierung** (lat.: *accredere* = Glauben schenken) bezeichnet, für die in Deutschland die Deutsche Akkreditierungsstelle (DAkkS) eingerichtet wurde. Die dabei vorzunehmende Bestätigungsprüfung durch die DAkkS bzw. die Feststellung der Kompetenz zur Auditierung der jeweiligen Zertifizierungsstelle wird als *Witnessaudit* bezeichnet.

Die **DAkkS** handelt als (einzige) nationale Akkreditierungsstelle in öffentlichem Interesse und gesetzlichem Auftrag. Im Rahmen einer Akkreditierung wird gegenüber der *unabhängigen Akkreditierungsstelle* nachgewiesen, dass die jeweilige Zertifizierungsstelle (auch: Konformitätsbewertungsstelle) ihre Tätigkeiten fachlich kompetent, unter Beachtung gesetzlicher bzw. normativer Anforderungen und auf international vergleichbarem Niveau erbringen kann. Die Akkreditierungsstelle akkreditiert nur juristische Personen, d. h. Zertifizierungsstellen, und nicht einzelne Personen oder Auditoren. Sie begutachtet und überwacht jeweils das *Managementsystem* der Zertifizierungsstelle und die *Kompetenz* des dort eingesetzten Personals. Eine solche Akkreditierung wird in der Regel für einen Zeitraum von fünf Jahren erteilt.

▶ **Akkreditierung** Bestätigung durch eine dritte Seite, die formal darlegt, dass eine Konformitätsbewertungsstelle die Kompetenz besitzt, bestimmte Konformitätsbewertungsaufgaben durchzuführen (DIN EN ISO/IEC 17000:2005).

Inhaltlich geht es bei einer Akkreditierung also darum, einen Nachweis darüber zu erlangen, dass eine bestimmte, fachlich gebundene **Kompetenz** und **Leistungsfähigkeit** vorhanden ist. An einen solchen Kompetenznachweis ist in der Folge auch die *Berechtigung zur Leistungserbringung* verbunden. Diese spezielle Nachweisfunktion und die daran geknüpften Konsequenzen bilden einen markanten Unterschied zum Wesen der Zertifizierung (Tab. 12.1). Dennoch bedeutet Akkreditierung nicht gleich (behördliche bzw. staatliche) Zulassung (vgl. Loew 2016, S. 452), auch wenn Akkreditierung und Zulassung verfahrenstechnisch zusammenfallen können. Die Akkreditierung stellt vielmehr die fachlich-formale Grundlage für eine bestimmte *Erlaubnis,* die beispielsweise durch eine legitimierte Institution (z. B. Behörde) in Form einer Zulassung ausgesprochen werden kann. Eine solche Zulassung wäre dann innerhalb des Rechtsraums dieser Institution verbindlich und auf diesen beschränkt (vgl. Sens et al. 2018, S. 64).

Tab. 12.1 Akzente und Schwerpunkte von Zertifizierung und Akkreditierung

	Zertifizierung	Akkreditierung
Kriterien	(Allgemeingültige) Normen	(Fachliche) Standards
Verbindlichkeit	Freiwillig	Verpflichtend
Bestätigung	Konformität mit Normen und Anforderungen	Kompetenz und Leistungsfähigkeit von Personen und Organisationen
Kernfunktion	Vertrauensbildung (am Markt)	Erlaubnis, Leistungen erbringen zu dürfen

Im angelsächsischen Sprachraum haben sich Akkreditierungen als **Standardver-fahren** zur systematischen Qualitätsevaluation von Gesundheitseinrichtungen etabliert, die keiner gesetzlichen Verpflichtung folgen und grundsätzlich freiwillig sind (Kap. 4). Die Verwendung der Begrifflichkeit ist im Wesentlichen den Entstehungshintergründen und der Nähe zum JCAHO-Akkreditierungsverfahren amerikanischer Krankenhäuser geschuldet (vgl. Scrivens et al. 1995; Shaw 2000). Darüber hinaus wird im angel-sächsischen Sprachraum auch die Anerkennung spezieller Ausbildungs- und Quali-fikationsnachweise (z. B. Facharztweiterbildung) klassischerweise als Akkreditierung bezeichnet (Shaw 2000). Gültigkeit erlangt der Akkreditierungsbegriff in diesen Kontexten durch die **Fachorientierung** der dabei zugrunde gelegten (Qualitäts-) Standards und dem angestrebten **Kompetenznachweis** für die konkrete (personen-gebundene) Berufsausübung bzw. bestimmte (einrichtungsspezifische) Leistungser-bringung.

Jenseits dieser programmatischen Unterschiede haben Zertifizierung und Akkreditierung eine gemeinsame **verfahrenstechnische Basis.** Beide Verfahren ver-folgen in gleicher Weise das Ziel, die Leistungen, Prozesse oder Systeme hinsichtlich ihrer Übereinstimmung mit bestimmten Anforderungen zu prüfen bzw. zu bewerten (Konformitätsbewertungsverfahren). Beide führen zu unabhängigen Konformitäts-aussagen auf Basis einer neutralen und objektiven Bewertung. Sollen die verfahrens-technischen Gemeinsamkeiten betont werden, kann bei Verfahren der externen Qualitätsevaluation ganz allgemein auch von **Zertifizierung im weiteren Sinne** gesprochen werden. Eine Differenzierung kann wiederum anhand des programmatischen bzw. funktionalen Kontexts, in dem die Qualitätsevaluation erfolgt, vorgenommen werden. Hierzu werden im nächsten Abschnitt vier unterschiedliche Perspektiven vor-gestellt, die eine typologische Unterscheidung von Verfahren der externen Qualitäts-evaluation im Gesundheitswesen ermöglicht.

12.1.2 Verfahrenslogik externer Qualitätsevaluation

Die meisten Zertifizierungs- und Qualitätsbewertungsverfahren verfügen über eine hochspezifische, verfahrenstypische Bewertungssystematik. Trotz dieser Spezifika lässt sich für sämtliche Verfahren der externen Qualitätsevaluation eine gemeinsame und übergeordnete Verfahrenslogik identifizieren, die aus **drei grundsätzlichen Ver-fahrensschritten** (Schritt 1–3) besteht. Diesen Verfahrensschritten ist im Allgemeinen eine Phase der inhaltlichen Befassung und organisationstypischen Umsetzung der mit dem Bewertungsverfahren zu prüfenden Anforderungen vorgeschaltet (Schritt 0), sodass jede Organisation über gänzlich unterschiedliche Voraussetzungen, Reifegrade und Implementierungsstrategien vor Beginn der Qualitätsbewertung verfügt. Je nach gewähltem Qualitätsmodell und Bewertungsverfahren können die hier aufgezeigten Ver-fahrensschritte aber auch variieren, anders benannt sein oder durch weitere Zwischen-schritte ergänzt werden (Abb. 12.1):

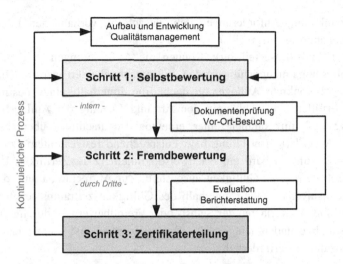

Abb. 12.1 Grundsätzliche Verfahrensschritte von Zertifizierungs- und Qualitätsbewertungsverfahren

- **Schritt 1 (Selbstbewertung):** Ein Zertifizierungsvorhaben beginnt in der Regel mit einer einrichtungsinternen Beurteilung der eigenen Qualitäts- und Leistungsfähigkeit bzw. einer eigenen Einschätzung des Erfüllungsgrads der gestellten Anforderungen. Diese Form der einrichtungsinternen Beurteilung erfolgt in der Regel systematisch und standardisiert im Rahmen einer formalisierten *Selbstbewertung* oder eines *internen Systemaudits* (Kap. 6). Sie ist aber auch im Zuge einer selbst organisierten, formal ungebundenen und jederzeit frei durchgeführten *Selbsteinschätzung* oder *Selbstüberprüfung* möglich. Aufgrund der inhaltlichen Unterscheidung von TQM und QMS sind die Begriffe „Selbstbewertung" und „Systemaudit" inhaltlich zwar nicht deckungsgleich. Auf der Verfahrensebene finden sich jedoch zahlreiche Analogien zwischen diesen Begriffen, sodass an dieser Stelle – auch hinsichtlich der zunehmenden Obsolenz eines isolierten QMS-Verständnisses – keine nähere Differenzierung vorgenommen werden soll.
- **Schritt 2 (Fremdbewertung):** Werden im Rahmen der Selbstbewertung Lücken bei der Erfüllung von Anforderungen festgestellt, folgen in der Regel intensive Bemühungen, die aufgedeckten Lücken zu schließen, Mängel zu beseitigen oder (Qualitäts-)Verbesserungen einzuleiten. Lässt die Selbstbewertung schlussendlich eine entsprechende Reife erkennen, folgt der nächste Schritt. Die Fremdbewertung ist formal an das jeweilige Zertifizierungsverfahren gebunden und wird grundsätzlich von unparteiischen Dritten vorgenommen. Er ist der wichtigste und gewissermaßen namensgebende Verfahrensschritt der externen Qualitätsevaluation. Hierbei wird durch eine Konformitätsbewertungsstelle oder durch autorisierte Gutachterinnen und Gutachter neutral und sachlich geprüft, ob und inwieweit die gestellten (oder

zuvor vereinbarten) Anforderungen dem tatsächlich vorhandenen Leistungs- oder Anforderungsniveau entsprechen.

- **Schritt 3 (Zertifikatserteilung):** Können die Anforderungen in dem geforderten Umfang allerdings nicht erfüllt werden, muss nachgebessert werden. Hierzu werden in der Regel konkrete Auflagen gemacht, die innerhalb eines bestimmten Zeitraums zu erfüllen sind. Abhängig von Art und Umfang der Auflagen wird deren Umsetzung ggf. im Rahmen einer erneuten Begutachtung überprüft. Bei ausreichender Anforderungserfüllung bzw. entsprechend festgestelltem Leistungsniveau (Bestätigungsprüfung) wird ein Nachweisdokument (z. B. Zertifikat, Urkunde) mit einer zeitlich befristeten Gültigkeit ausgestellt. Zur Aufrechterhaltung des Qualitäts- und Leistungsniveaus sollten innerhalb des Gültigkeitszeitraums regelmäßig und in kleinerem Maßstab Varianten der Selbst- oder Fremdbewertung durchgeführt werden. Eine vollständige und pflichtgemäße „Rezertifizierung" ist selten vor Ablauf eines Dreijahreszeitraums erforderlich.

Die Menge der im Gesundheitswesen verfügbaren Güte-, Prüf- und Qualitätssiegel hat mittlerweile eine nahezu unüberschaubare Größenordnung angenommen. Für die Bewertung eines einrichtungsinternen Qualitätsmanagements kommen im Wesentlichen aber vier Modelle bzw. Verfahrensansätze mit übergeordneter Bedeutung für das Gesundheitswesen in Betracht (Kap. 4). Als **branchenneutral** und somit universell einsetzbar gelten die Normenreihe DIN EN ISO 9000 ff. und das EFQM Excellence Modell. Wichtige **branchenspezifische** Verfahren für Gesundheitseinrichtungen sind das deutsche Zertifizierungsverfahren der KTQ® und die internationalen Akkreditierungsstandards der Joint Commission International (JCI), welche der US-amerikanischen Joint Commission on Accreditation of Health Care Organizations (JCAHO) entlehnt sind (Tab. 12.2).

Entsprechend den bisherigen Ausführungen zur Zertifizierung ermöglicht die Darlegungs- und Zertifizierungsnorm DIN EN ISO 9001 und die für die Gesundheitsversorgung neu hinzugekommene Bereichsnorm DIN EN 15224 die klassische Zertifizierung eines Qualitätsmanagementsystems (QMS). Demgegenüber bietet das Exzellenz Modell der EFQM ein Verfahren zur Bewertung eines umfassenden Qualitätsmanagements (TQM) bzw. der hierüber erzielten Unternehmensqualität. Abhängig vom ermittelten Reifegrad wird der Organisation die erlangte Reifegradstufe beurkundet („Verpflichtung zur Exzellenz" oder „Anerkennung von Exzellenz"). Überdies ist mit der Teilnahme an einem Preiswettbewerb auch eine vergleichende Bewertung mit anderen Organisationen vorgesehen. Dabei werden herausragende Leistungen mit einem Qualitätspreis ausgezeichnet (z. B. Ludwig-Erhard-Preis, EFQM Global Award). Dagegen führen die JCI-Akkreditierungsstandards und das KTQ-Verfahren bei positiver Evaluation zur Erlangung eines verfahrensspezifischen Zertifikats (JCI-Akkreditierungszertifikat oder KTQ-Zertifikat).

Tab. 12.2 Relevante Zertifizierungsverfahren bzw. externe Qualitätsbewertungsverfahren im Gesundheitswesen

	DIN EN ISO 9001 [DIN EN 15224]	EFQM Excellence Modell	KTQ-Verfahren	JCI-Akkreditierung
Einsatzbereich	Branchenneutral [Bereichsspezifisch]	Branchenneutral	Krankenhaus, Rehaklinik, Arztpraxis/MVZ, Pflegeeinrichtungen, Hospize und alternative Wohnformen, Rettungsdienste	Krankenhaus, Ambulante Einrichtung, Klinisches Labor, Transportunternehmen, Versorgungsprogramm
Gegenstand	Qualitätsmanagementsystem von Einrichtungen oder Teilbereichen	Einrichtungen, Teilbereiche	Einrichtungen, Organisationseinheiten, Verbünde, Versorgungsnetze	Einrichtungen, Teilbereiche, Versorgungsmodelle
Schritt 1	Selbsteinschätzung, Internes Audit	Selbstbewertung	Selbstbewertung	Individuelle Selbstüberprüfung
Schritt 2	Zertifizierungsaudit	Fremdbewertung, Validation	Fremdbewertung	Akkreditierungssurvey
Schritt 3	ISO 9001-Zertifikat [DIN EN 15224-Zertifikat]	Urkunde, Finalist, Preisträger	KTQ-Zertifikat	Akkreditierungszertifikat
Gültigkeitsdauer	3 Jahre	C2E[a], R4E[b]: 3 Jahre; EGA[c]: 3 Jahre	3 Jahre	3 Jahre
Evaluator	Auditor	Assessor, Validator	Visitor	Surveyor

[a]C2E Committed to Excellence-Urkunde
[b]R4E Recognized for Excellence-Urkunde
[c]EGA EFQM Global Award: Zeitraum bis zu einer Wiederbewerbung

12.2 Verfahrenstypologie

Gegenüber den verfahrenstechnischen Gemeinsamkeiten (z. B. grundsätzliche Verfahrensschritte) können Zertifizierungs- und Bewertungsverfahren mit Bedeutung für das
Gesundheitswesen anhand der zugrunde liegenden Verfahrenslogik in vier Evaluations-
perspektiven gegliedert werden (Shaw 2000; Möller et al. 2003, S. 15 ff.):

- **Professionelle Perspektive** (Professional Perspective): entspricht einer kollegialen
  Beratungslogik bezüglich berufsfachlicher Standards und professionellen Handelns
  (z. B. Visitation, Peer-Review-Verfahren, klinische Audits);
- **QMS-Perspektive** (Quality System Perspective): entspricht der Zertifizierungslogik
  von Qualitätssicherungs- und Qualitätsmanagementsystemen (z. B. nach DIN EN ISO
  9001; DIN EN 15224);
- **Einrichtungsperspektive** (Health Care Organization Perspective): entspricht der
  fachorientierten Akkreditierungslogik von Leistungs- und Organisationseinheiten
  (z. B. Akkreditierung nach JCI; Zertifizierung nach KTQ®);
- **Exzellenz-Perspektive** (Quality Management Development Perspective): entspricht
  der Reifegradlogik von Unternehmensqualität (z. B. Anerkennung nach EFQM, Teilnahme an Preis- und Vergleichswettbewerben).

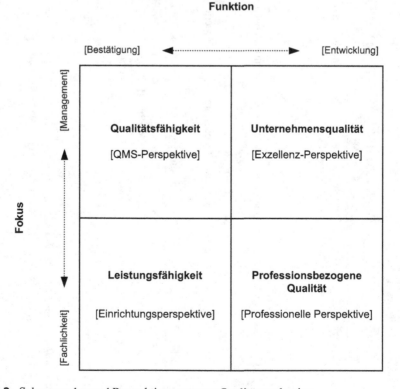

Abb. 12.2 Schwerpunkte und Perspektiven externer Qualitätsevaluation

Diese Perspektiven lassen sich hinsichtlich ihrer programmatischen bzw. funktionalen Ausrichtung (Dimension: Funktion) und der zugrunde gelegten Bezugspunkte bzw. Bewertungsmaßstäbe (Dimension: Fokus) näher charakterisieren (Abb. 12.2). **Schwerpunkte** liegen entweder auf der *Bestätigung* einer bestimmten Qualitäts- und Leistungsfähigkeit (Zertifizierung und Akkreditierung) oder auf der *Entwicklung* von Unternehmens- und professionsbezogener Qualität. Weiterhin kann die Bewertung schwerpunktmäßig auf *Managementaspekte* (QMS- und TQM-Ansätze) und/oder auf *Aspekte der Fachlichkeit* (Leistungserbringung und Handlungsfähigkeit) gerichtet sein. Mithilfe dieser Differenzierung werden im Folgenden die inhaltlichen Zugänge zu den bekannten Qualitätsmanagementmodellen weiter ausgebaut und hinsichtlich ihrer verfahrenstypischen Bewertungssystematik vertieft (Kap. 4).

12.2.1 Professionelle Perspektive

Die *professionelle Perspektive* umfasst eine große Bandbreite verfahrenstechnisch vergleichbarer Qualitätsbewertungsverfahren. Ihr gemeinsames Merkmal ist, das sie im Kontext professionellen Handelns bzw. innerhalb der berufsfachlichen Leistungserstellung („professionsbezogene Qualität") die Beurteilung und Entwicklung der **Versorgungsqualität** von Leistungserbringern (Organisationen) in den Blick nehmen. Hierzu zählen Verfahren, die unter den Bezeichnungen *Visitation* (auch: Visitatiae), kollegiales *Peer Review* (auch: Peer Audit) oder auch als *Klinisches Audit* (auch: Medical Audit, Clinical Audit) bekannt geworden sind (Van Weert 2000). Oft wird verallgemeinernd auch von „Audit-and-Feedback"-Verfahren gesprochen, wobei die Grenzen zu anderen Formen der kollegialen Qualitätsförderung innerhalb von Gesundheitseinrichtungen unscharf verlaufen (Foy et al. 2005; Griem et al. 2013). Am ehesten trifft die übergeordnete Bezeichnung **Peer-Review-Verfahren** den gemeinsamen Charakter dieser Verfahren.

Ein *Peer* (engl.: Ebenbürtiger, Gleichgestellter) ist im Rahmen der externen Qualitätsevaluation eine unabhängig gutachtende Person (Evaluator) einer Berufsgruppe, die mit den entsprechenden Professionsangehörigen aus der begutachteten Einrichtung gleichgestellt ist, und über eine spezifische, **professionelle Expertise** im zu evaluierenden Qualitätsbereich verfügt. Sie nimmt quasi die Rolle eines kollegialen Beraters oder Begleiters ein (BÄK 2014, S. 129).

Peer-Review-Verfahren und Klinische Audits sind vom Grundsatz her *keine Qualitätsaudits,* bei denen die Konformitätsbewertung im Sinne der Einhaltung und Erfüllung von festgelegten Anforderungen im Vordergrund steht. Im Fokus dieser Verfahren steht vielmehr der **kollegiale Austausch** von Wissen, Kenntnissen und Erfahrung unter strukturierten, professionellen Bedingungen. Ihr Leitbild ist ein „Anstoßen der Qualitätsentwicklung vor Ort" (Blum 2002; Walter 2013, S. 130). Die Tatsache, dass es sich bei diesen Verfahren nicht im engeren Sinne um eine Prüfung oder Konformitätsbewertung handelt, bedeutet aber nicht, dass die Bewertungen „kriterienlos" durchgeführt werden. Anforderungen und Bewertungskriterien werden vielfach erst im Rahmen des

Verfahrens im *gegenseitigen Dialog* festgelegt oder konkretisiert („dialogorientierte Qualitätsentwicklung"). Ausgehend von Schlüsselsituationen in der Handlungspraxis werden konkrete Anforderungen im Arbeitsalltag oder bestehende Maßnahmen der Qualitätssicherung hinsichtlich des professionsbezogenen Qualitätsverständnisses hinterfragt, „vor Ort" weiterentwickelt und in den organisationsspezifischen Zusammenhang gestellt. Bewertungsverfahren der professionellen Perspektive haben neben kriterienprüfenden somit auch kriterienentwickelnde Anteile (vgl. Hensen 2018, S. 46).

Demgemäß ist das **Ergebnis** eines Peer-Review-Verfahrens auch kein klassisches Nachweisdokument in Form eines Zertifikats. Als Ergebnis werden in der Regel konkrete Qualitätsziele und Maßnahmen für die Verbesserung ärztlichen, pflegerischen oder therapeutischen Handelns formuliert und verbindlich verschriftet. Die Beteiligung bzw. die Teilnahme an solchen Verfahren kann aber dargelegt und kommuniziert werden („Vertrauensbildung").

▶ **Peer Review** Kontinuierliche, systematische und kritische Reflexion durch mehrere Angehörige einer Berufsgruppe über die eigene Leistungsfähigkeit und die der Kollegen unter Verwendung eines strukturierten Prozesses und mit dem Ziel einer kontinuierlichen Verbesserung der Versorgungsqualität (Grol 1994; Paschen 2012).

Klinische Audits und Peer-Review-Verfahren waren in Deutschland lange Zeit weitgehend unbekannt, wohingegen sie international, vor allem in angelsächsisch geprägten Ländern (z. B. USA, Großbritannien, Kanada, Neuseeland), vielerorts als *Elemente des Qualitätsmanagements* etabliert sind (Berk et al. 2003). In Deutschland haben sich Peer-Review-Verfahren in den letzten Jahren vor allem durch die Initiative der Bundesärztekammer und der Initiative Qualitätsmedizin (IQM) entwickelt (BÄK 2014; Rink 2012) und werden nun auch hierzulande zunehmend populärer (vgl. Kluge und Bause 2015).

Ein solches Verfahren gliedert sich – entsprechend den grundsätzlichen Verfahrensschritten der Qualitätsevaluation – in drei Phasen (Abb. 12.3). In der Vorbereitung auf die Peer-Besuche werden jene Leistungs- und Qualitätsbereiche definiert, die im Rahmen des Verfahrens visitiert und besprochen werden sollen. Das Spektrum möglicher Untersuchungsgegenstände ist groß, sodass die Auswahl systematisiert und kriteriengeleitet vorzunehmen ist. Als sogenannte **Aufgreifkriterien** für die Auswahl der Untersuchungsgegenstände bieten sich beispielsweise an (Chop und Eberlein-Gonska 2012):

- auffällig veränderte Qualitätsindikatoren,
- Stichprobenanalysen von Behandlungsakten,
- ausgewählte Behandlungsstandards bei bestimmten Krankheitsbildern oder
- kritische Bereiche interprofessioneller bzw. interdisziplinärer Zusammenarbeit.

In der ersten Phase wird eine **Selbstbewertung** durchgeführt. Es handelt sich dabei um eine strukturierte Analyse der Struktur-, Prozess- und Ergebnisqualität, zu denen kritische Punkte, Stärken und Verbesserungspotenziale ermittelt werden (Phase 1). Die *Datenerhebung* erfolgt sowohl auf Basis von qualitativen Beschreibungen als auch

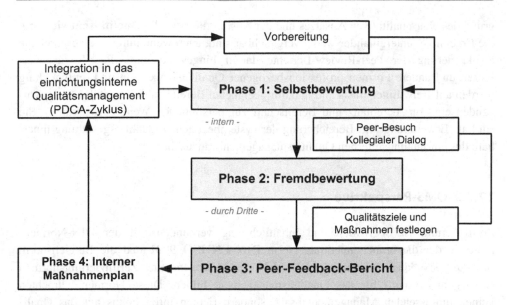

Abb. 12.3 Phasen eines Peer-Review-Verfahrens. (Quelle: mod. nach BÄK 2014, S. 34)

auf Grundlage quantitativer Prozessdaten und Kennzahlen bzw. geeigneter Qualitäts-indikatoren. Hilfreich für die Datenerfassung sind standardisierte Bewertungs- oder Fragebögen. Die Selbstbewertung wird möglichst zeitnah im Vorfeld zur Fremdbe-wertung vorgenommen, sodass gleichzeitig der Peer-Besuch vor Ort geplant werden kann.

Das Herzstück des Verfahrens ist der eigentliche *Peer-Besuch* und die damit ver-bundene **Fremdbewertung** (Phase 2). Hier kommen vor allem qualitative Methoden wie Begehung und Beobachtung (z. B. von medizinisch-pflegerischen Versorgungs-prozessen), das Aktenstudium und die Durchführung von Interviews mit Beteiligten vor Ort (z. B. Abgabe von Einschätzungen, gemeinsame Fallbesprechungen) zum Ein-satz. Auf Grundlage der in der Selbst- und Fremdbewertung systematisch erhobenen Daten werden im *kollegialen Dialog* gemeinsam Stärken und Verbesserungspotenziale reflektiert und identifiziert. Auf dieser Basis wird anschließend gemeinsam eruiert, welche Qualitätsziele erreichbar sind und welche konkreten Maßnahmen dafür umgesetzt werden müssen (Feedback). Die Ergebnisse des Peer-Besuchs werden zeitnah in einem **Peer-Feedback-Bericht** zusammengetragen und möglichst standardisiert der teilnehmenden Einrichtung zur Verfügung gestellt (Phase 3). Die letzte Phase (Phase 4) liegt allein in den Händen der visitierten Einrichtung. Die dargelegten Qualitätsdaten und -nachweise müssen nun in die Kanäle des einrichtungsinternen Qualitätsmanagements (PDCA-Zyklus) eingespeist werden.

Die Vorteile derartiger Verfahren liegen in der direkten, konkreten und *praxisnahen Rückmeldung* („Audit and Feedback") sowie der damit verbundenen Möglichkeit der unmittelbaren Umsetzbarkeit von Verbesserungsmaßnahmen. Nachteilig ist, dass aufgrund des eher qualitativen Ansatzes und der Ausrichtung auf die **Qualitätsentwicklung** die Ergebnisse untereinander wenig vergleichbar sind, auch wenn durch die vorgesehene Strukturierung der Peer-Review-Berichte darauf hingewirkt wird. Peer-Review-Verfahren und andere Formen professionsbezogener Qualitätsbewertung und -entwicklung werden auf freiwilliger Basis und in dafür geeigneten Bereichen durchgeführt (z. B. Vorhandensein von Akzeptanz und Bereitschaft zur persönlichen Weiterentwicklung). Sie sind als Erweiterung und Bereicherung der systembezogenen Qualitätsgestaltung innerhalb des einrichtungsinternen Qualitätsmanagements anzusehen.

12.2.2 QMS-Perspektive

Zertifizierung ist begrifflich und inhaltlich eng verbunden mit der DIN-Normenreihe, in der die branchenneutrale Norm **DIN EN ISO 9001** und die Bereichsnorm für die Gesundheitsversorgung **DIN EN 15224** sogenannte Zertifizierungsnormen (Darlegungsnormen) für das Qualitätsmanagement bilden. Diese Normen betrachten keinen umfassenden Managementansatz, sondern richten ihren Fokus auf das Qualitätsmanagementsystem einer Einrichtung („System für Qualitätsmanagement"). Das Zertifizierungsverfahren bewertet das Qualitätsmanagementsystem hinsichtlich der Umsetzung und Einhaltung dieser zumeist international abgestimmten Normen (Kap. 4).

Das Ergebnis eines solchen Zertifizierungsprozesses ist nicht der Nachweis, dass eine Einrichtung oder eine Organisationseinheit „gute Qualität" produziert. Zertifikate dieser Art erlauben keine Aussage zur erzielten Ergebnis- oder Produktqualität von Gesundheitsleistungen. Vielmehr wird das Qualitätsmanagementsystem auf seine **Normerfüllung** (Anforderungserfüllung) hin untersucht und das Ergebnis der damit erreichten *Qualitätsfähigkeit* mit einem Zertifikat schriftlich zum Ausdruck gebracht. Damit sind lediglich Aussagen darüber möglich, ob das Qualitätsmanagementsystem eine Organisation grundsätzlich in die Lage versetzt, „gute Qualität" zu produzieren, also ob bspw. Anforderungen systematisch ermittelt, Prüfprozesse sachgerecht umgesetzt oder Kundinnen- und Kundenzufriedenheit regelmäßig gemessen werden. Es wird also eher gefragt, *ob* und *wie* etwas gemacht wird, also ob und wie beispielsweise eine Pflegeleistung den von der Einrichtung festgelegten Standards entspricht und wie dieses geprüft wird, nicht aber, ob nicht eine andere Leistung gegebenenfalls sinnvoller wäre.

Gleiches gilt auch hinsichtlich der Zertifizierung anderer Managementsysteme. Die Zertifizierung eines Umweltmanagementsystems bestätigt dessen umweltschutzbezogenen Fähigkeiten wie die Zertifizierung eines Risikomanagementsystems dessen Fähigkeit nachweist, mit Risiken und Unsicherheiten angemessen umzugehen. All diesen Verfahren liegen **Konformitätsbewertungen** zugrunde, ob bestimmte Anforderungen an das jeweilige Managementsystem erfüllt werden.

▶   Die Zertifizierung eines Qualitätsmanagementsystems zielt darauf ab, den
    potenziellen Abnehmern von Produkten (Kunden) die allgemeine Qualitätsfähig-
    keit des zertifizierten Lieferunternehmens (Organisation) aufzuzeigen (Zollondz
    2011, S. 455).

Zentrale Bewertungsmethode eines Zertifizierungsverfahrens nach DIN EN ISO 9001
und DIN EN 15224 ist das Audit (Kap. 6). Wird ein Qualitätsmanagementsystem
auditiert, sprechen wir von einem **Systemaudit** (Abb. 12.4). Erfolgt dieses in Vorbereitung auf eine Zertifizierung, handelt es sich meist um ein *internes Systemaudit*, bei
dem auch externe Berater (Zertifizierungsgesellschaften) hinzugezogen werden können.
Eine Anleitung zur Auditierung eines Managementsystems liefert die Norm DIN EN ISO
19011. Ein solches internes Systemaudit zur Vorbereitung auf ein Zertifizierungsaudit
ließe sich entsprechend den grundsätzlichen Verfahrensschritten von Zertifizierungs- und
Qualitätsbewertungsverfahren dem Verfahrensschritt 1 zuordnen (Abb. 12.1).

  Zu Beginn der Einführung eincs Qualitätsmanagementsystems, aber auch zur allgemeinen Orientierung über den „Ist"-Zustand im Vorfeld eines Zertifizierungsaudits
kann auch eine **Selbsteinschätzung** vorgenommen werden. Die Selbsteinschätzung ist
ein weitgehend formungebundenes Bewertungsverfahren, das zu jedem Zeitpunkt und
von den Mitarbeitenden der Organisation selbstständig durchgeführt werden kann. Hierfür sollten sowohl Grundkenntnisse zu den Normen als auch eine hohe Organisations-
kenntnis vorhanden sein. Mit Hilfe von Fragebögen oder Matrixdiagrammen wird zu
jedem Normkapitel eine **Einschätzung zum Erfüllungsgrad** (0–100 %) ermittelt. Die
Methodik ist vergleichbar mit der „Fragebogenmethode" als einfache Form der Selbstbewertung (Kap. 6).

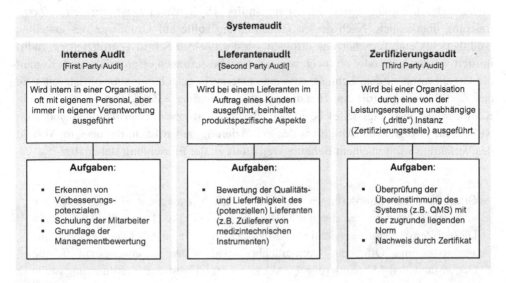

Abb. 12.4 Arten von Systemaudits. (Quelle: Herrmann und Fritz 2011, S. 227)

Für die Selbsteinschätzung werden in einem ersten Arbeitsschritt für jedes Hauptkapitel oder Normkapitel eine dem Umfang und Inhalt des Normkapitels angemessene Anzahl Fragen oder Items entwickelt (z. B. Normkapitel 7.2: „Werden die Kompetenzen der Mitarbeitenden systematisch ermittelt?"). Diese Fragen werden in einem zweiten Arbeitsschritt anhand einer **Bewertungsskala** quantifiziert bzw. hinsichtlich ihres Erfüllungsgrads entweder als „nicht erfüllt" (0 Punkte), „teilweise erfüllt, nicht akzeptabel" (1 Punkt), „teilweise erfüllt, noch akzeptabel" (2 Punkte) oder „erfüllt" (3 Punkte) bewertet bzw. im Einzelfall als „nicht zutreffend" gekennzeichnet (Pfitzinger 2016, S. 79).

Die Ergebnisse zu den einzelnen Normkapiteln werden dann in einem finalen Summenblatt zusammengestellt. Der Erfüllungsgrad der einzelnen Haupt- und Normkapitel lässt sich daraufhin prozentual abtragen und grafisch als **Erfüllungsprofil** darstellen (Tab. 12.3). Da sich die Haupt- und Normkapitel nicht nur inhaltlich, sondern auch hinsichtlich der Anzahl ihrer Anforderungen bzw. des Umfangs und der Intensität der Anforderungserfüllung unterscheiden, ist ein direkter Vergleich der Ergebnisse untereinander auch nur eingeschränkt aussagekräftig. In gleicher Weise unterscheiden sich die Art und Weise der gestellten Fragen bzw. Items. Daher ist vor allem bei der Bildung eines Gesamtsummenwertes oder zur Bestimmung eines „Gesamterfüllungsgrads" eine faktorielle Gewichtung vorzunehmen.

Durch diese Art der *Quantifizierung* und *Visualisierung* lässt sich ermitteln, in welchen Bereichen die größten Handlungsbedarfe bestehen. Einschränkend ist zu sagen, dass diese Form der Selbsteinschätzung eine genaue Auditierung nicht ersetzen kann. Ein Ergebnis von 100 % bei einem oder mehreren Normkapiteln bedeutet nicht, dass sämtliche Forderungen des Normkapitels erfüllt sind (Pfitzinger 2011, S. 33). Die Methode dient nur einer groben Orientierung. Sie kann aber eine sinnvolle Ergänzung der Vorbereitungen auf die internen Audits im Vorfeld einer (ersten) Zertifizierung sein.

Die Durchführung eines **internen Audits** (Systemaudit) ist für eine Zertifizierung unerlässlich. Nach dessen Durchführung sollte auf Grundlage des erstellten Auditberichts eine Einschätzung erfolgen, ob der nächste Schritt (Zertifizierungsaudit) initiiert werden kann oder ob (noch weitere) Nachbesserungen erforderlich sind. Kommt die Organisation zu dem Schluss, dass eine externe Begutachtung sinnvoll ist, leitet sie das **Zertifizierungsaudit** ein. Hierzu wird eine *akkreditierte Zertifizierungsstelle* (auch: Konformitätsbewertungsstelle) beauftragt, die ihrerseits zwar Informationen und Hinweise zum erfolgreichen Abschluss der Zertifizierung geben kann, die aber im Vorfeld des Verfahrens nicht in einem Beratungsverhältnis zu der Einrichtung stehen darf.

Grundsätzliche Anforderungen an Stellen, die Managementsysteme auditieren und zertifizieren, werden durch die DIN EN ISO/IEC:17021 geregelt (DIN 2015). Diese Norm regelt die wichtigen Grundsätze der Unparteilichkeit, Kompetenz, Verantwortung, Offenheit, Vertraulichkeit und Reklamationsmöglichkeit, die Gegenstand der Akkreditierung (DAkkS) sind und von der Zertifizierungsstelle eingehalten werden müssen.

Tab. 12.3 Selbsteinschätzung nach DIN EN ISO 9001: Summenblatt und Erfüllungsprofil. (Quelle: Pfitzinger 2016, S. 81)

Normkapitel		Punkte [n]		Erfüllungsgrad [%]				
		Möglich	Erzielt	0	25	50	75	100
4	Kontext der Organisation							
4.1	Verstehen der Organisation und ihres Kontexts							
4.2	Verstehen der Erfordernisse und Erwartungen interessierter Parteien							
4.3	Festlegen des Anwendungsbereichs des Qualitätsmanagementsystems							
4.4	Qualitätsmanagementsystem und seine Prozesse							
5	Führung							
5.1	Führung und Verpflichtung							
5.2	Politik							
5.3	Rollen, Verantwortlichkeiten und Befugnisse in der Organisation							
6	Planung							
6.1	Maßnahmen zum Umgang mit Risiken und Chancen							
6.2	Qualitätsziele und Planung zu deren Erreichung							
6.3	Planung von Änderungen							
7	Unterstützung							
7.1	Ressourcen							
7.2	Kompetenz							
7.3	Bewusstsein							
7.4	Kommunikation							
7.5	Dokumentierte Information							
8	Betrieb							
8.1	Betriebliche Planung und Steuerung							
8.2	Anforderungen an Produkte und Dienstleistungen							
8.3	Entwicklung von Produkten und Dienstleistungen							

(Fortsetzung)

Tab. 12.3 (Fortsetzung)

Normkapitel		Punkte [n]		Erfüllungsgrad [%]				
		Möglich	Erzielt	0	25	50	75	100
8.4	Steuerung von extern bereitgestellten Prozessen, Produkten und Dienstleistungen							
8.5	Produktion Dienstleistungserbringung							
8.6	Freigabe von Produkten und Dienstleistungen							
8.7	Steuerung nichtkonformer Ergebnisse							
9	Bewertung der Leistung							
9.1	Überwachung, Messung, Analyse und Bewertung							
9.2	Internes Audit							
9.3	Managementbewertung							
10	Verbesserung							
10.1	Allgemeines							
10.2	Nichtkonformität und Korrekturmaßnahmen							
10.3	Fortlaufende Verbesserung							

Die ausgewählte Zertifizierungsstelle plant gemeinsam mit der Einrichtung die Prüfung der Dokumentation und den Ablauf des **Vor-Ort-Besuchs** (Schritt 2). Die Datenerhebung erfolgt auf Grundlage von Befragungen von Organisationsmitgliedern, Beobachtungen von Tätigkeiten sowie Auswerten von „dokumentierten Informationen" (Vorgabe- und Nachweisdokumente). Bezugsrahmen für die Bewertung eines Audits sind die Auditkriterien, auf deren Grundlage die **Auditfeststellungen** getroffen werden. Bei einem Zertifizierungsaudit bzw. bei dem vorbereitenden internen Systemaudit entsprechen die Auditkriterien den Normenanforderungen des zu zertifizierenden Managementsystems.

Die Audittätigkeit sieht in der Regel keine Quantifizierung eines Erfüllungsgrades von Normanforderungen vor. Die Auditfeststellungen sind qualitative Aussagen die Normerfüllung oder Nichterfüllung betreffend. Für die **Auditschlussfolgerungen** wird in der

Regel eine Kategorisierung der Ergebnisse vorgenommen. Es werden Hinweise, geringfügige Abweichungen oder Nebenabweichungen (Minorabweichungen) von kritischen Abweichungen (Majorabweichungen) unterschieden, je nachdem, wie schwerwiegend die Feststellung der Abweichung von den Vorgaben ausfällt.

Hinweise sind positive wie negative Feststellungen, die zur konstruktiven Auseinandersetzung anregen sollen (Empfehlungen). Dagegen ziehen Abweichungen in der Regel Korrektur-, Vorbeugungs- und Verbesserungsmaßnahmen nach sich. Bei **geringfügigen Abweichungen** reichen Maßnahmenpläne und Zeitschienen für die Verbesserungen aus (Auflagen). Formalabweichungen können häufig auch durch das Nachreichen von Unterlagen behoben werden. Liegen **kritische Abweichungen** vor, kann in der Regel kein Zertifikat ausgestellt werden. Es ist auch möglich, in einem solchen Fall ein bereits vorhandenes Zertifikat abzuerkennen. Auf jeden Fall werden Nachaudits erforderlich. Die endgültige Entscheidung über die Zertifikatserteilung fällt in der Regel der Zertifizierungsausschuss der Zertifizierungsstelle. Ein ausgestelltes Zertifikat hat eine Gültigkeit von drei Jahren. In diesem Zeitraum werden im jährlichen Abstand weniger umfangreiche **Überwachungsaudits** durchgeführt.

Eine geringfügige Abweichung (Minorabweichung) kann in folgenden Fällen vorliegen

- Es besteht ein mögliches Risiko für Patientinnen und Patienten, Mitarbeitende oder Dritte.
- Gesetzliche Anforderungen werden nur teilweise erfüllt.
- Ein Element des Qualitätsmanagementsystems existiert, entspricht aber nicht vollständig den Anforderungen oder Anforderungen werden nur teilweise umgesetzt.
- Ein Hinweis aus einem vorhergehenden Audit wurde nicht bearbeitet.

Eine kritische Abweichung (Majorabweichung) kann in folgenden Fällen vorliegen

- Es besteht ein hohes Sicherheitsrisiko für Patientinnen und Patienten, Mitarbeitende oder Dritte.
- Gesetzliche Anforderungen werden in keiner Weise erfüllt.
- Ein gefordertes Element des Qualitätsmanagementsystems fehlt vollständig.
- Es gibt mehrere geringfügige, inhaltlich verwandte Abweichungen, die insgesamt gesehen eine kritische Abweichung darstellen.
- Eine geringfügige Abweichung aus einem vorhergehenden Audit wurde nicht behoben.

12.2.3 Einrichtungsperspektive

Die Qualitätsevaluation der professionellen Perspektive konzentriert sich auf die (berufs-)fachlichen Aspekte der Leistungserbringung, Zertifizierungen im engeren Sinne fokussieren dagegen Systeme der Qualitätssicherung und des Qualitätsmanagements. Eine dritte Perspektive betrachtet Unternehmen und Einrichtungen hinsichtlich ihrer Kompetenz und Leistungsfähigkeit innerhalb ihrer gesamtorganisatorischen Grenzen. Sie schließt sowohl fachliche Aspekte als auch Aspekte der Qualitätssicherung und des Qualitätsmanagements mit ein. Verfahren, die dieser Betrachtungsperspektive angehören, sind die **Akkreditierungsverfahren** nach angelsächsischem Vorbild (z. B. JCI-Akkreditierung) und das seit Mitte der 2000er Jahre in Deutschland etablierte **Zertifizierungsverfahren** der KTQ®. Innerhalb dieser Betrachtungsperspektive nähern sich die Begriffe Zertifizierung und Akkreditierung einander an. Beide der hier genannten Ansätze haben vergleichbare Wurzeln (genuin-medizinische Zertifizierungsverfahren), eine vergleichbare Verfahrensbasis (branchenspezifische Bewertungsverfahren) und sie bewerten eine Gesundheitsorganisation (Einrichtung als Leistungseinheit) in Gänze nach fachlichen Standards (Kriterien).

12.2.3.1 KTQ-Zertifizierungsverfahren

Das KTQ-Verfahren ist ein speziell für Gesundheitsorganisationen entwickeltes Verfahren der externen Qualitätsbewertung. Die Inhalte des KTQ-Zertifizierungsverfahren (z. B. für Krankenhäuser, Pflegedienste, Praxen, Rettungsdienste, Rehabilitation) werden in Form eines Kriterienkatalogs veröffentlicht, der den Charakter eines **fachlichen Anforderungskatalogs** hat (Kap. 4). Damit werden über allgemeingültige Forderungen zum Aufbau und Entwicklung eines Qualitätsmanagements auch spezielle, auf die Belange des Gesundheitswesens zugeschnittene Anforderungen an Gesundheitseinrichtungen gestellt (z. B. Sicherheit, Datenschutz, Hygiene). Der Kriterienkatalog beispielsweise für Krankenhäuser orientiert sich an sechs übergeordneten **Kategorien,** die in ihrer Gesamtheit das „KTQ-Modell" repräsentieren.

Das Zertifizierungsverfahren nach KTQ® wurde in Deutschland nach dem Vorbild internationaler Akkreditierungsverfahren für Gesundheitseinrichtungen entwickelt. Der **Logik von Akkreditierung** folgend wird grundsätzlich die gesamte Einrichtung als leistungserbringende Einheit bewertet („Beurteilung von Kompetenz und Leistungsfähigkeit"). In jüngster Zeit sind ergänzend zu den einrichtungsspezifischen Zertifizierungsverfahren nachfragebedingt auch **Zertifizierungsvarianten** für Verbundzertifizierungen (gleiche Versorgungsformen) und vernetzte Zertifizierungen (unterschiedliche Versorgungsformen), aber auch für separate Organisationseinheiten von größeren Einrichtungen hinzugekommen. Die Frage, was im Rahmen dieses Zertifizierungsverfahrens als Einrichtung oder Gesundheitsorganisation betrachtet werden soll, wurde im Laufe der Zeit zunehmend flexibler beantwortet, um den tatsächlichen Strukturen der Gesundheitsversorgung besser entsprechen zu können.

12.2.3.1.1 Selbstbewertung

Das KTQ-Zertifizierungsverfahren umfasst nicht nur inhaltlich, sondern auch begrifflich die drei Schritte des allgemeinen Verfahrensansatzes externer Qualitätsevaluation (Abb. 12.1). Da in der Regel eine gesamte Einrichtung bewertet wird, sollte die **Selbstbewertung** (Schritt 1) durch interdisziplinäre, möglichst berufsgruppen- und hierarchieübergreifende Arbeitsgruppen vorgenommen werden. Zu den wesentlichen Aufgaben der Arbeitsgruppen gehören die Datenerhebung und die Beschreibung der Anforderungen in den zu bearbeitenden Kriterien. Zu jedem *Kriterium* existiert eine bestimmte Anzahl von **Bearbeitungspunkten** (Anforderungen), die entlang des **PDCA-Zyklus** vollständig abzuhandeln sind, soweit sie für die jeweilige Einrichtung zutreffen.

Erläuterung der PDCA-Schritte für die Bewertung (Quelle: KTQ 2021, S. 44)

PLAN	Beschreiben Sie bitte die Planung der Prozesse, den Soll-Zustand mit Zielen und Kennzahlen, sowie die geregelten Verantwortlichkeiten
DO	Beschreiben Sie bitte den Ist-Zustand, bzw. die Umsetzung der Prozesse
CHECK	Beschreiben Sie bitte, wie die regelmäßige, nachvollziehbare Überprüfung und Bewertung der im PLAN und DO dargestellten Vorgaben, Maßnahmen und Prozesse erfolgt: Welche Kennzahlen und/oder Messgrößen und/oder Methoden werden verwendet?
ACT	Beschreiben Sie bitte die Verbesserungsmaßnahmen, die Sie in den vergangenen Jahren/seit der letzten Zertifizierung aus den Ergebnissen des CHECK abgeleitet haben, und deren Umsetzung.

Begründete Auslassungen von Kriterien werden, soweit sie von der KTQ-Geschäftsstelle genehmigt wurden, bei der Auswertung nicht berücksichtigt (Bewertungssystematik mit adjustierten Punktzahlen). Sollte lediglich ein Bearbeitungspunkt eines Kriteriums nicht zutreffen, ist für die Nichtbearbeitung dieses Themas im Selbstbewertungsbericht eine ausreichende Begründung zu formulieren. Es besteht darüber hinaus auch die Möglichkeit, die vorgegebenen Bearbeitungspunkte zu erweitern und zusätzliche Spezifika darzustellen, sofern sie für die Struktur-, Prozess- und Ergebnisqualität relevant sind.

Die Ergebnisse der Selbstbewertung münden in einen **Selbstbewertungsbericht,** der Grundlage für den Vor-Ort-Besuch durch die **Visitoren** (Evaluatoren) und die damit verbundene Fremdbewertung ist. Der Bericht wird allein von der Einrichtung erstellt und ist eine Zusammenstellung der Beschreibung der Leistungsprozesse bezogen auf die Anforderungen, die in Form der Kriterien dargestellt und entlang der PDCA-Schritte dokumentiert werden. Auf Grundlage des Selbstbewertungsberichts wird ebenfalls von der Einrichtung der **KTQ-Qualitätsbericht** erstellt. Dieser wendet sich an die interessierte Öffentlichkeit und ist daher in allgemein verständlicher Sprache verfasst. Der KTQ-Qualitätsbericht wird den Visitoren zusammen mit dem Selbstbewertungsbericht im Vorfeld der Fremdbewertung übermittelt.

12.2.3.1.2 Fremdbewertung

Die **Fremdbewertung** (Schritt 2) wird von externen Gutachterinnen und Gutachtern (Visitoren) auf Grundlage des einrichtungsspezifischen Selbstbewertungsberichts vorgenommen. Die Gesundheitsreinrichtung unterzieht sich dabei formal einer **KTQ-Visitation** („Vor-Ort-Besuch"). Fremdbewertungen führen ausschließlich von der KTQ-GmbH zugelassene **KTQ-Zertifizierungsstellen** durch, die im Einzelnen von der zu zertifizierenden Einrichtung beauftragt werden. Die Zertifizierungsstelle wählt wiederum die KTQ-Visitoren (Evaluatoren) aus, die im Rahmen der Fremdbewertung prüfend und gutachtend tätig werden. Diese werden durch die KTQ-GmbH zugelassen. Voraussetzung für die Tätigkeit als **KTQ-Visitor** ist neben einer entsprechenden Kompetenz im Qualitätsmanagement ein umfangreiches und aktuelles Praxiswissen. Sie müssen eine mindestens fünfjährige Berufserfahrung und aktuelle Tätigkeit in leitender Position im Gesundheitswesen vorweisen. Darüber hinaus besteht eine spezielle Ausbildungs- und Fortbildungspflicht („Personenzertifikat"). Die Teams für die Fremdbewertung werden interprofessionell zusammengestellt, sodass die relevanten Berufsgruppen auch vertreten sind. Für die KTQ-Zertifizierungen im Bereich Krankenhaus werden beispielsweise Personen aus dem ärztlichen und pflegerischen Dienst sowie aus der betriebswirtschaftlichen Leitung (Verwaltung) beteiligt.

Im ersten Schritt der Fremdbewertung werden die im Selbstbewertungsbericht ausgearbeiteten Kriterien durch jeden KTQ-Visitor einzeln bewertet (**Ersteinschätzung**). Dies geschieht im Vorfeld der Visitation. Jeder Visitor nimmt aufgrund der Angaben zunächst eine eigene Bepunktung vor, ohne sich mit anderen Visitoren desselben Begutachtungsprozesses abzusprechen. Zusätzlich werden zu jedem Kriterium Stärken und Verbesserungspotenziale sowie Hinweise und offene Fragen für die anschließende Visitation erarbeitet. Auf der Grundlage dieser Ersteinschätzung wird ein Visitationsplan für die Einrichtung erstellt. Anschließend wird die Bewertung der Kriterien vor Ort in der Einrichtung durch das Visitorenteam gemeinsam überprüft und hinterfragt (**Visitation**). Dies erfolgt durch stichprobenartige Begehungen einzelner Leistungsbereiche, durch kollegiale Dialoge und durch das Studium der Akten und Dokumente.

Die Ergebnisse des Prüf- und Bewertungsverfahrens münden in einen abschließenden **KTQ-Visitationsbericht.** Dieser enthält eine zusammenfassende Beschreibung der Ergebnisse der Fremdbewertung, die dem Umfang der Anforderungen der Kriterien, des Selbstbewertungsberichts und der kollegialen Dialoge und Begehungen entsprechen. Darüber hinaus enthält der Visitationsbericht auch die von den KTQ-Visitoren in ihrer Schlussbesprechung vorgenommene Punktvergabe zu jedem Kriterium und die Gesamtpunktzahl entsprechend der KTQ-Bewertungssystematik (Tab. 12.4).

Die Bewertung erfolgt auf Ebene der **Kriterien** und berücksichtigt zwei *Bewertungsdimensionen*. Der **Erreichungsgrad** bewertet die Qualität oder die Güte der Kriterienerfüllung, der **Durchdringungsgrad** die Breite der Umsetzung über die einzelnen Bereiche der Einrichtung. Die Bezeichnung „Bereich" ist hierbei interprofessionell als auch interdisziplinär zu verstehen. Jeder PDCA-Schritt für jedes Kriterium wird einzeln hinsichtlich seines Erreichungs- und Durchdringungsgrades bewertet. Dabei ist

Tab. 12.4 KTQ-Kriterien und Bewertungssystematik am Beispiel Krankenhaus. (Quelle: KTQ 2021, S. 22)

Kategorie	Anzahl der Kriterien	Maximale Punktzahl
Patientenorientierung	11	198
Mitarbeiterorientierung	5	90
Sicherheit – Risikomanagement	11	198
Informations- und Kommunikationswesen	5	90
Unternehmensführung	9	162
Qualitätsmanagement	7	126
Gesamt	48	864

zu beachten, dass Punkte für die Dimension Durchdringungsgrad nur vergeben werden können, wenn der Erreichungsgrad mit mindestens einem Punkt bewertet wurde. Die beiden Punktwerte für den Erreichungs- und Durchdringungsgrad werden über das arithmetische Mittel zu einer Bewertung des jeweiligen PDCA-Schrittes zusammengeführt und anschließend zu einem Ergebnis für jedes Kriterium addiert (Tab. 12.5).

Sollte ein gesamtes Kriterium von einer Einrichtung begründet als nicht zutreffend identifiziert werden (z. B. Kriterium „ambulante Operationen" bei psychiatrischen Krankenhäusern) und wird die Begründung von der Zertifizierungsstelle akzeptiert, wird die maximal erreichbare Punktzahl der entsprechenden Kategorie „nach unten" bereinigt, damit die maximale Punktzahl auch realistisch erreichbar wird (adjustierte Punktzahl). Die **Zertifizierungsreife** gilt als erreicht, wenn mindestens 55 % der adjustierten Gesamtpunktzahl *in jeder Kategorie* erzielt werden. Ab der zweiten Rezertifizierung muss die Einrichtung *in jedem Kriterium* mindestens 55 % der maximalen Punktzahl, also mindestens 10 Punkte erreichen.

Nach erfolgreichem Abschluss der Fremdbewertung spricht das KTQ-Visitorenteam gegenüber der KTQ-GmbH eine Empfehlung zur **Zertifikatvergabe** aus. Voraussetzung für die Zertifikatvergabe ist im Wesentlichen das Erreichen der Mindestpunktzahl in

Tab. 12.5 Bewertungssystem der KTQ-Kriterien. (Quelle: KTQ 2021, S. 20)

PDCA-Schritt	Maximal erreichbare Punkte für [E] und [D]	Erreichungsgrad [E]	Durchdringungsgrad [D]	Ergebnis
Plan	3	E:	D:	½ (E+D):
Do	9	E:	D:	½ (E+D):
Check	3	E:	D:	½ (E+D):
Act	3	E:	D:	½ (E+D):
Summe	18 (maximal)			

der Fremdbewertung. Die Veröffentlichung des KTQ-Qualitätsberichts ist optional. Darüber hinaus werden noch ergänzende Anforderungen gestellt (z. B. Übermittlung des „Strukturierten Qualitätsberichts" gemäß § 136b SGB V). Die KTQ-GmbH stellt bei positiver Entscheidung das Zertifikat für den Geltungsbereich aus, welches dann drei Jahre Gültigkeit hat. Werden die Bedingungen nur knapp verfehlt, besteht die Möglichkeit der Nachbesserung im Rahmen eines festgelegten Konfidenzintervalls. Bei der Erstzertifizierung beträgt dieses neun Monate, bei einer Rezertifizierung sechs Monate.

12.2.3.2 JCI-Akkreditierungsverfahren

Das Bewertungsverfahren der JCI basiert auf den amerikanischen JCAHO-Standards und ist weltweit eines der renommiertesten Verfahren der externen Qualitätsevaluation von Gesundheitseinrichtungen. Das Verfahren der JCI ist **international** einsetzbar und mündet in einen Akkreditierungsnachweis. Es zeichnet sich durch einen *hohen Anwendungsbezug* aus, indem es die Umsetzung von medizinisch-pflegerischen Fachstandards ebenso wie Standards der Unternehmensführung und Qualitätsverbesserung (Kriterien) direkt im Versorgungsgeschehen vor Ort in der Einrichtung überprüft. Die Fachstandards werden durch Expertengruppen (Professionsangehörige) und Fachgremien erarbeitet und können als gültig hinsichtlich einer „guten" Versorgungsqualität angesehen werden.

Das Verfahren der JCI-Akkreditierung sieht verfahrenstechnisch keine systematische Selbstbewertung der Standards vor (Schritt 1). Allerdings wird erwartet, dass die Einrichtungen sich substanziell mit den JCI-Standards vertraut gemacht haben und dass im Vorfeld der Antragstellung in jedem Haus eine **individuelle Selbstüberprüfung** stattgefunden hat. Formal müssen bei der Antragstellung wichtige Informationen über die Einrichtung sowie spezielle Nachweise (Accreditation Participation Requirements, APR) vorgelegt werden, dass die Einrichtung im Sinne des Verfahrens „akkreditierungsbereit" ist.

12.2.3.2.1 Akkreditierungssurvey

Herzstück des JCI-Verfahrens ist der **JCI-Akkreditierungssurvey** (engl.: *Survey* = Feststellung, Begutachtung), der im Wesentlichen den Grundsätzen einer Fremdbewertung (Schritt 2) entspricht. Mit dem Akkreditierungssurvey soll festgestellt werden, inwieweit die zu beurteilende Einrichtung die geltenden JCI-Standards einhält. Die Umsetzung der JCI-Standards bzw. Beispiele für deren Umsetzung wird vor Ort durch die **JCI-Surveyor** (Evaluatoren) bzw. durch das Surveyteam geprüft und bewertet. Ähnlich wie das KTQ-Visitorenteam wird das JCI-Surveyteam aus hoch qualifizierten und praxisnahen Gutachterinnen und Gutachtern der relevanten Teilbereiche zusammengestellt (z. B. ärztlicher Dienst, Pflege, Verwaltung). Grundsätzlich werden „vollständige Surveys" von „Schwerpunktsurveys" unterschieden.

Bei einem **vollständigen Survey** (Full Survey) werden sämtliche Standards vor Ort in der gesamten Einrichtung bewertet. Hierbei kann es sich um einen *Erst- bzw. Dreijahressurvey* oder einen *Validierungssurvey* handeln:

- Der **Erstsurvey** ist der erste vollständige Survey der Einrichtung. Bei einer Erstbegutachtung muss eine 4-monatige „Erfolgsbilanz" hinsichtlich der Einhaltung der Standards nachgewiesen sein. Der **Dreijahressurvey** folgt darauf in einem dreijährigen Akkreditierungszyklus. Bei einer Re-Akkreditierung bedarf es eines 12-monatigen Erfolgsnachweises bezüglich der Einhaltung der Standards. Entspricht eine Einrichtung nicht den Regeln einer positiven Akkreditierungsentscheidung, kann ein *Nachfolgesurvey* angesetzt werden, der 120 Tage nach einem Erst- oder Dreijahressurvey durchgeführt wird, um die relevanten „nicht erfüllten" oder nur „teilweise erfüllten" Messbaren Elemente zu evaluieren.
- Ein **Validierungssurvey** ist dagegen ein besonderes Verfahren. Hierbei handelt es sich um einen vollständigen Survey, den die JCI in freiwilligen Einrichtungen als Komponente des JCI-internen Überwachungsprozesses zur eigenen Qualitätsverbesserung durchführen kann. Dieser Survey hat keine Auswirkungen auf den Akkreditierungsstatus und wird ohne Kosten für die jeweilige Einrichtung durchgeführt.

Bei einem **Schwerpunktsurvey** (Focused Survey) handelt es sich ebenfalls um einen vor Ort in der Einrichtung durchgeführten Survey, der allerdings in Bezug auf Umfang, Inhalt und Länge beschränkt ist. Er ist darauf ausgelegt, bestimmte Informationen zu spezifischen Themen, Standards oder Messbaren Elementen zu erfassen. Die JCI führt *Schwerpunktsurveys aus wichtigem Grund* und *Erweiterungssurveys* durch:

- Ein **Schwerpunktsurvey aus wichtigem Grund** wird durchgeführt, wenn die JCI eine potenziell schwerwiegende Nichteinhaltung von Standards, ernsthafte Zwischenfälle bei der Patientenversorgung oder der Patientensicherheit (sog. „Sentinel Events"), behördliche Probleme oder Sanktionen oder andere ernsthafte Probleme in einem akkreditierten Krankenhaus oder einem zertifizierten Programm festgestellt hat, die zu einer möglichen Ablehnung der Akkreditierung für das Krankenhaus geführt haben.
- Ein **Erweiterungssurvey** kann die JCI durchführen, wenn die Einrichtung die JCI vor dem Auftreten von Änderungen oder innerhalb von 15 Tagen nach dem Auftreten von Änderungen hinsichtlich wichtiger Informationen des Einrichtungsprofils benachrichtigt. Hierbei kann es sich beispielsweise um die Änderung der Besitzverhältnisse der Einrichtung, die Hinzufügung oder Streichung von Leistungsangeboten oder eine erhebliche Nutzungsänderung von Gebäudeteilen handeln (JCI 2014a, S. 293).

Aktivitäten im Rahmen des JCI-Survey
- Evaluierung der von Mitarbeitenden der Einrichtung vorgelegten Dokumente, die die Einhaltung der Standards nachweisen;
- Mündliche Informationen (z. B. durch Mitarbeitenden und Patientengespräche) über die Implementierung der Standards oder Implementierungsbeispiele, anhand derer der Einhaltung der Standards überprüft werden kann;

- Vor Ort erfolgende Beobachtungen durch das Surveyteam;
- Überprüfung von Richtlinien, klinischen Vorgaben für die Praxis, offenen und geschlossenen Patientenakten, Personalakten, Berichten über die Einhaltung von staatlichen Regelungen sowie anderen von der Einrichtung vorzulegenden Dokumenten;
- Überprüfung von Verbesserungsdaten zur Qualität und Patientensicherheit, Leistungsmesswerten und Ergebnissen;
- Schulung über den Einhaltungsgrad der Standards und weitere Leistungsverbesserungen;
- Nachverfolgung des Behandlungsprozesses von Patienten auf Basis der Tracermethode (Tracer Methodology).

12.2.3.2.2 Tracermethode

Im Rahmen der JCI-Surveys kommt die **Tracermethode** („Ablaufverfolgung") zum Einsatz, die das Leistungssystem einer Einrichtung und die darin vorgenommenen Behandlungen analysiert. Dabei werden Behandlungsverläufe aktueller Fälle stichprobenartig *verfolgt* und einzelne Behandlungskomponenten und -systeme nach fachlichen Gesichtspunkten *evaluiert*. Die Tracermethode orientiert sich an konkreten Informationen aus den Antragsunterlagen für die Akkreditierung und bezieht auch Daten aus vorherigen Survey- und Überwachungsberichten mit ein.

Bei **individuellen** Patiententracern werden Behandlungsverläufe von einer Reihe von *Patientinnen und Patienten* quer durch den gesamten Behandlungsprozess innerhalb der gesamten Einrichtung verfolgt. Die Auswahl der Fälle erfolgt nach Gesichtspunkten wie Häufigkeit oder Komplexität von Behandlungsverläufen. Das Surveyteam besucht hierbei entsprechend dem Verlauf der Patientinnen und Patienten mitunter ganz unterschiedliche Behandlungseinheiten, Abteilungen oder Bereiche. Die Surveyors prüfen dabei die verschiedenen Leistungen, die von den Einzelpersonen und Abteilungen erbracht werden, ebenso wie die Übergabe der Patientinnen und Patienten zwischen den Abteilungen. Somit können Umsetzungsprobleme bei einem oder mehreren Schritten des Behandlungsprozesses oder an den Schnittstellen zwischen den Prozessen aufgespürt werden.

Dagegen befassen sich **Systemtracer** mit einem bestimmten „Behandlungssystem" oder einem Gesamtprozess der gesamten Einrichtung. Der Hauptunterschied zu den individuellen Patiententracern besteht darin, dass die Gutachter alle Aspekte des zu untersuchenden *Behandlungssystems* verfolgen und evaluieren, dabei besonderen Schwerpunkt auf die Integration und Koordination der verschiedenen Prozesse sowie der Kommunikation zwischen den Disziplinen und Abteilungen legen. Ein **personenbasierter Systemtracer** umfasst Besuche von Stationen/Abteilungen, um die Umsetzung des Systemprozesses konkret zu evaluieren und die Auswirkungen auf die Behandlungsleistungen zu prüfen. Zudem beinhaltet der Tracer eine interaktive Arbeitssitzung, an der die gutachtenden Personen und relevante Mitarbeitende beteiligt sind und bei der Informationen aus Besuchen von Stationen/Abteilungen und aus individuellen Tracern benutzt werden.

Systemtracer (Beispiele) der JCI Survey für Krankenhäuser (Quelle: JCI 2014b)
- Systemtracer „Medikamentenmanagement"
- Systemtracer „Prävention und Kontrolle von Infektionen"
- Systemtracer „Facility-Management und Sicherheitssystem"
- Tracer „Operationssaal"
- Tracer „Zentrale Sterilgutversorgung (CSSD)"
- Endoskopie-Tracer
- Tracer der Qualitätsdatenmessung in Abteilungen/Dienstleistungsbereiche
- Tracer „Organ- und Gewebetransplantationen"

12.2.3.2.3 Bewertungssystematik

Für die **Bewertung,** ob die einzelnen JCI-Standards erfüllt sind bzw. eingehalten werden, wird im Rahmen des Surveys die folgende Klassifizierung vorgenommen: Jedes Messbare Element (ME) eines Standards wird vom Surveyteam entweder als „voll erfüllt", „teilweise erfüllt", „nicht erfüllt" oder „nicht zutreffend" bewertet:

- **Voll erfüllt** („Fully Met" Score): Ein ME wird als „voll erfüllt" bewertet, wenn die Antwort auf die jeweiligen Anforderungen des ME „ja" oder „immer" lautet.
- **Teilweise erfüllt** („Partially Met" Score): Ein ME wird als „teilweise erfüllt" bewertet, wenn die Antwort auf die jeweiligen Anforderungen des ME „normalerweise" oder „manchmal" lautet.
- **Nicht erfüllt** („Not Met" Score): Ein ME wird als „nicht erfüllt" bewertet, wenn die Antwort auf die jeweiligen Anforderungen des ME „kaum" oder „nie" lautet.
- **Nicht zutreffend** („Not Applicable" Score): Ein ME wird als „nicht zutreffend" bewertet, wenn die Anforderungen des ME aufgrund der Leistungsangebote des Krankenhauses, der Patientengruppen etc. nicht zutreffen (z. B. keine Forschung).

Zur Vereinheitlichung der Bewertung werden hinsichtlich der Einhaltungsrate (Compliance Rate) und Erfolgsbilanz in der Rückschauperiode (Look-Back Period) spezifische Bewertungsvorgaben gemacht. Die Einhaltung der Anforderungen des ME wird als **Einhaltungsrate** (Prozentsatz, %) für die Einhaltung in der gesamten Einrichtung festgehalten. Die Einhaltung wird als positiver Wert ausgedrückt (z. B. 50 %ige Einhaltung der Anforderungen). Die Vorgaben für die Bewertung werden ebenfalls positiv ausgedrückt. Dabei handelt es sich um den Prozentsatz der Einhaltung, der erforderlich ist, um die Bewertung „voll erfüllt" (90 % oder mehr), „teilweise erfüllt" (50 bis 89 %) oder „nicht erfüllt" (49 % oder weniger) zu erzielen.

Beispiel

10 von 15 (67 %ige Einhaltungsrate) der ersten pflegerischen Assessments wurden innerhalb von 24 h nach Aufnahme stationärer Patientinnen und Patienten in den stationären medizinischen/chirurgischen Einheiten durchgeführt, wie durch die Leit-/Richtlinie des Krankenhauses vorgeschrieben wird. Die Bewertung für dieses Ergebnis lautet „teilweise erfüllt", weil der Prozentsatz der Einhaltungsrate zwischen 50 und 89 % liegt. ◄

Die Bewertung der Einhaltung des Standards bzw. der Einhaltungsrate wird durch zwei weitere qualitative Kriterien ergänzt: *Auswirkung* und *Kritikalität* der Nichteinhaltung eines Standards oder eines ME. Die **Auswirkung** (Impact) eines bestimmten Einhaltungsprozentsatzes bezieht sich auf die *Folgen des Ergebnisses.* So können häufige Fehler durch eine Person anders gewertet werden als die gleiche Anzahl von Fehlern, die von verschiedenen Personen verursacht werden, da hier ein höheres Gefährdungspotenzial anzunehmen ist. Eine niedrige Einhaltungsrate bzw. eine hohe Fehlerrate, die beispielsweise auf eine einzelne Person in einer kleinen Stichprobe zurückzuführen ist, würde in der Folge ein verzerrtes Gesamtergebnis liefern. Die **Kritikalität** (Criticality) bezieht sich dagegen auf die *Bedeutung des Ergebnisses.* Ein blockierter Notausgang in einem nicht benutzten Lagerbereich ist anders zu bewerten als ein blockierter Notausgang in einem Behandlungsbereich. Die Bewertung der Auswirkung und der Kritikalität ist weder regel- noch personenbasiert, sie wird vom gesamten Surveyteam vorgenommen.

Am Ende des Begutachtungsprozesses erstellt das Surveyteam einen **Surveybericht** über die Einhaltung der Standards. Das Surveyteam benachrichtigt die Einrichtung rechtzeitig, wenn die Ergebnisse auf die Notwendigkeit eines Nachfolgesurveys hindeuten, der innerhalb von 120 Tagen durchgeführt werden muss, um weitere Nachweise bezüglich aller als „nicht erfüllt" oder „teilweise erfüllt" bewerteten Messbaren Elemente zu sammeln. Das **Ergebnis** des Akkreditierungsverfahrens (Akkreditierungsstatus) wird erst bestimmt, nachdem alle erforderlichen Informationen über die Einhaltung der Standards vorliegen.

Bedingungen für die Erteilung der Akkreditierung am Beispiel Krankenhaus (JCI 2014b, S. 19)

- Das Krankenhaus weist die akzeptable Einhaltung aller Standards nach. Als akzeptable Einhaltung gilt eine Bewertung von mindestens „5" bei jedem Standard.

- Das Krankenhaus weist die akzeptable Einhaltung der Standards in allen Kapiteln nach. Als akzeptable Einhaltung gilt eine Gesamtbewertung von mindestens „8" bei jedem Standardkapitel.
- Das Krankenhaus weist insgesamt eine akzeptable Einhaltung nach. Als akzeptable Einhaltung gilt eine Gesamtbewertung von mindestens „9" bei allen Standards.
- Die Gesamtzahl messbarer Elemente, die als „nicht erfüllt" oder „teilweise erfüllt" bewertet werden, liegt nicht über dem Durchschnitt (drei oder mehr Standardabweichungen) jener Krankenhäuser, in denen während der letzten 24 Monate im Rahmen der Akkreditierungsstandards für Krankenhäuser ein Survey durchgeführt wurde.
- Kein messbares Element im IPSG wird als „nicht erfüllt" bewertet.

Die **Akkreditierungsentscheidung** trifft die Akkreditierungskommission der JCI. Bei der Entscheidungsfindung werden alle Informationen aus dem Erst- oder Dreijahressurvey sowie etwaige weitere erforderliche Nachfolgesurveys berücksichtigt. Das Ergebnis besteht darin, dass die Kriterien für die Akkreditierung entweder *erfüllt* oder *nicht erfüllt* sind. Im letzten Fall wird die Akkreditierung verweigert. Jede Einrichtung trägt einen offiziellen **Akkreditierungsstatus** („akkreditiert" oder „Akkreditierung aufgehoben"). Als Nachweis für eine erfolgreiche Akkreditierung stellt die JCI ein **Akkreditierungszertifikat** aus (Schritt 3). Die Akkreditierung ist grundsätzlich drei Jahre lang gültig, außer sie wird von der JCI vorzeitig aberkannt.

12.2.4 Exzellenz-Perspektive

Gegenüber Zertifizierungs- und Akkreditierungsverfahren, die auf die Einhaltung von Standards und Kriterien gerichtet sind, orientieren sich Exzellenz-Modelle (auch: Award-Modelle) an den Grundsätzen des umfassenden Qualitätsmanagements (TQM), das über die Grenzen der eigenen Einrichtung hinaus die Bedürfnisse aller Interessengruppen einbezieht und die kontinuierliche Qualitäts- und Organisationsentwicklung durch Lern- und Verbesserungsprozesse fördert. Organisationen, die sich an Exzellenz-Modellen ausrichten, können in *Wettbewerben* ihre Leistungen miteinander vergleichen und eine Auszeichnung (Preis) oder Anerkennung (Urkunde) für ihr erfolgreiches Qualitätsmanagement erlangen. Wichtige internationale Preiswettbewerbe auf der Basis von Exzellenz-Modellen sind der 1987 ins Leben gerufene US-amerikanische **Malcolm Baldrige National Quality Award** (MBNQA) und der **Deming Prize,** welcher bereits seit 1951 in Japan verliehen wird. Auf europäischer Ebene hat sich das Exzellenz-Modell der EFQM mit seinem korrespondierenden **EFQM Global Award** (EGA), vormals EFQM Excellence Award (EEA), etabliert (Kap. 4). Das nationale Pendant trägt die

Bezeichnung „Deutscher Exzellenz Preis" der Initiative **Ludwig-Erhard-Preis** e. V. oder auch **Ludwig-Erhard-Preis** (LEP).

12.2.4.1 Das Stufenmodell der EFQM

Die Bewerbung um einen „großen" bzw. voraussetzungsreichen Qualitätspreis wie den EFQM Global Award (EGA) oder den deutschen Ludwig-Erhard-Preis (LEP) stellt für viele Einrichtungen eine große Herausforderung dar. Nur langjährig erfahrene Organisationen kommen für die Entgegennahme einer dieser hohen Auszeichnungen infrage. Um der Nachfrage nach Qualitätsnachweisen Rechnung zu tragen aber auch, um die Ideen des Exzellenzgedankens und des Qualitätsmanagements nach EFQM weiter zu verbreiten, entwickelte die EFQM das sogenannte Stufenmodell der Exzellenz **(Levels of Excellence),** welches 2001 der Fachöffentlichkeit vorgestellt wurde (Möller 2002). Dieses Stufenmodell (auch: europäisches Anerkennungsprogramm für Exzellenz oder EFQM-Stufen der Anerkennung) unterstützt und bahnt den Einstieg in das umfassende Qualitätsmanagement und bietet je nach Reifegrad der Organisation einen Nachweis über die erzielten Erfolge. Die Anerkennung bzw. der Nachweis wird durch eine *Beurkundung* (Level 1 und 2) vorgenommen oder erfolgt in Form einer Auszeichnung als *Award Winner* oder als *herausragender Teilnehmender* auf 5 Stars-, 6 Stars- oder 7 Stars-Ebene (EFQM) oder als *Preisträger* des Ludwig-Erhard-Preises in Gold, Silber oder Bronze (Level 3) im Rahmen eines Wettbewerbs (Abb. 12.5).

Ausgangspunkt und Drehscheibe der Qualitätsbewertung und Qualitätsentwicklung im Rahmen des EFQM-Modells ist die **EFQM-Selbstbewertung** (Kap. 6). Sie ist eine umfassende Organisationsanalyse, bei der auf Basis des EFQM-Kriterienmodells eine Bewertung der Aktivitäten und Ergebnisse (vormals Befähiger- und Ergebnis-Kriterien) vorgenommen wird (Abb. 12.6). Durch die strukturierte Vorgehensweise werden

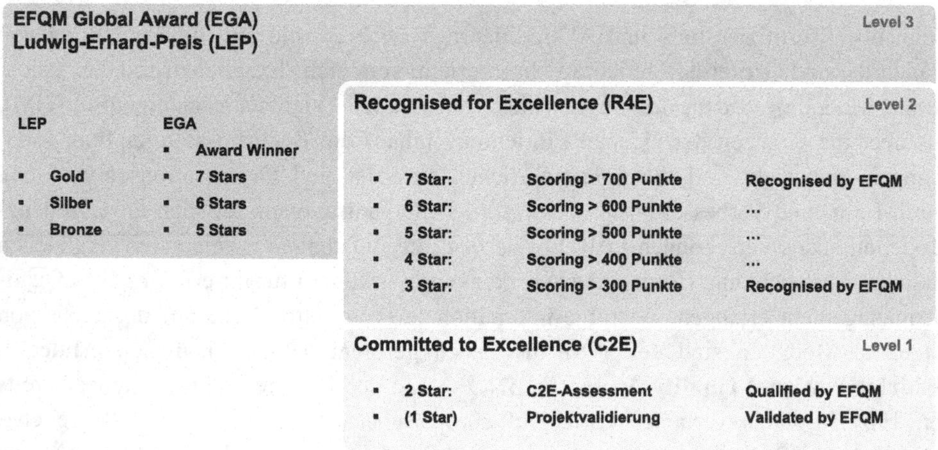

Abb. 12.5 EFQM-Stufen der Anerkennung

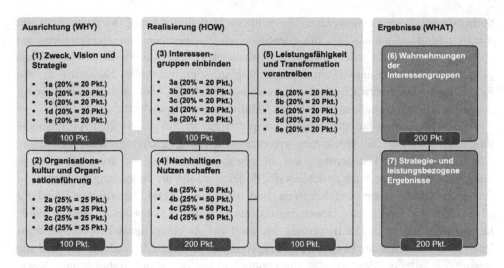

Abb. 12.6 Erreichbare Punktzahlen und prozentuale Gewichtung der EFQM-Kriterien. (Quelle: EFQM 2019)

Stärken und Verbesserungspotenziale freigelegt. Aufgrund ihrer zentralen Bedeutung ist sie Voraussetzung für jede Stufe des Anerkennungsprogramms und entspricht dem ersten Schritt (Schritt 1) der gemeinsamen Verfahrenslogik externer Qualitätsevaluation (Abb. 12.1).

12.2.4.1.1 Committed to Excellence – Projektvalidierung

In der ersten Stufe (**Level 1**) des EFQM-Anerkennungsprogramms können sich Organisationen für die Auszeichnung „Verpflichtung zu Excellence" (**Committed to Excellence**) bewerben. Dazu führen die Bewerber eine Selbstbewertung nach einer von der EFQM anerkannten Methode (z. B. Workshop, Fragebogen) durch und leiten aus den Erkenntnissen Aktivitäten für Verbesserungen ab. Da stets nicht alle aus der Selbstbewertung resultierenden Verbesserungsmöglichkeiten realisiert werden können, ist eine Konzentration auf einige wenige Schwerpunkte erforderlich, z. B. auf jene, die innerhalb der nächsten neun bis zwölf Monate die größte Auswirkung auf die Organisationsleistung oder das Erreichen von zuvor festgelegten Organisationszielen haben. Eine **Priorisierung** der Verbesserungsmaßnahmen kann sich beispielsweise an folgenden Kriterien orientieren:

- Auswirkung der Verbesserung auf die Leistung der Organisation (Nutzen),
- Fähigkeit der Organisation, definierte Verbesserungen umzusetzen (Fähigkeit).

Um das Anerkennungsverfahren erfolgreich abschließen zu können, müssen mindestens drei Verbesserungsprojekte geplant und umgesetzt werden. Die Verbesserungen sollten innerhalb eines Zeitraums von neun bis zwölf Monaten nach der

Selbstbewertung realisiert werden. Die zeitliche Verknüpfung soll die Anbindung der Verbesserungsmaßnahmen an die identifizierten Problembereiche sicherstellen. Im nächsten Schritt ist für jeden **Verbesserungsbereich** (Projekt) ein detaillierter **Aktionsplan** (Projektplan) zu entwickeln. Der Aktionsplan ist ein wertvolles Hilfsmittel für die Realisierung und Überwachung der Maßnahmen (Kap. 11), aber auch zur Erarbeitung der erforderlichen Dokumentation für die **Validierung** (Fremdbewertung).

Alle Verbesserungsprojekte müssen entsprechend der zuvor erstellten Aktionspläne umgesetzt werden. Die Umsetzung erfordert von der Einrichtung eine regelmäßige *Überwachung* (Projektsteuerung), um zu gewährleisten, dass die erwarteten Ergebnisse erreicht werden. Nach Abschluss der Projekte erfolgt die Bewertung des gesamten Prozesses durch einen unabhängigen und von der EFQM lizenzierten Validator (Evaluator) vor Ort. Dieser Bewertungsprozess (Validierung) entspricht einer **Fremdbewertung** (Schritt 2). Die Bewertung orientiert sich an einem speziellen Validierungs-Profil, das inhaltlich der EFQM-Bewertungssystematik (RADAR) entliehen ist und die Bewertungskriterien „Vorgehen", „Umsetzung", „Bewertung und Verbesserung" sowie „Ergebnisse" umfasst. Die Validierung sieht jedoch gegenüber dem Assessment eine abgewandeltes Bewertungsschema vor.

Bei der **Validierung** werden die Verbesserungsprojekte durch den Validator in 12 Einzelkategorien bewertet. Es muss nachgewiesen werden, dass eine Selbstbewertung stattgefunden hat, auf deren Grundlage eine logische und nachvollziehbare Auswahl von mindestens drei Verbesserungsprojekten getroffen wurde. Wurden mehr als drei Projekte angegangen, werden die Projekte ausgewählt werden, die sich besonders gut geeignet haben. Das Ergebnis der Validierung und etwaige Verbesserungsansätze werden der teilnehmenden Institution in einem Validierungsbericht dargelegt. Organisationen, die mit ihrer Bewerbung erfolgreich sind, erhalten eine **Anerkennungsurkunde** (Gültigkeitsdauer drei Jahre) mit der die „Verpflichtung zu Excellence" bestätigt wird. Die nationale Anerkennungsurkunde durch die Initiative Ludwig-Erhard-Preis e.V. trägt die Bezeichnung „Committed to Excellence". Für den erfolgreichen Abschluss dieser Stufe kann gleichzeitig auch das von der EFQM vergebene Anerkennungszertifikat „Validated by EFQM" erworben werden.

12.2.4.1.2 Committed to Excellence – C2E-Assessment

Über diese Validierungsoption hinaus gibt es noch eine alternative Form der Bewerbung für die Anerkennung „Verpflichtung zu Excellence", die ebenfalls mit einer Standortbestimmung in Form der EFQM-Selbstbewertung beginnt. Wenn eine Organisation die Selbstbewertung auf Basis der **EFQM-Bewertungssystematik** durchführt (Assessment) und anhand der vorliegenden Bewertung bereits ein hoher Reifegrad erkennbar ist, kann der Validierungsprozess von Verbesserungsprojekten durch eine Fremdbewertung durch EFQM-Assessoren ersetzt werden (**C2E-Assessment**). Ob die Organisation für das C2E-Assessment bereit ist, wird zuvor anhand bestimmter Mindestanforderungen geprüft (z. B. Nachweis eines strukturierten und regelmäßigen Management Reportings, Durchführung von Befragungen und Umsetzung von Verbesserungen). Der notwendige Reifegrad für ein sinnvolles Assessment setzt in der Regel eine mehrjährige, substanzielle Auseinandersetzung mit den Kernelementen des EFQM-Modells voraus.

Können die Mindestanforderungen erfüllt werden, muss ein **Bewerbungsdokument** erstellt werden. Die Einrichtung wird anschließend von zwei externen Assessoren (Evaluatoren) besucht. Im Rahmen von Gesprächen werden sechs Themenbereiche behandelt: Strategie und Schlüsselergebnisse (Führungsteam), Kundenmanagement, Personalmanagement, Prozessmanagement, Partner-, Lieferanten- und Umweltmanagement sowie Fokusgruppen (Gespräch mit Mitarbeitenden über ihr Erleben der Organisation). Es werden nur ausgewählte, relevante Bereiche der Organisation bewertet. Die sieben EFQM-Hauptkriterien geben zwar den Bewertungsmaßstab vor. Es erfolgt jedoch kein Assessment mit exakter Punktevergabe sondern nur eine grobe Orientierung an der RADAR-Bewertungslogik. Im Ergebnis entsteht ein Feedbackbericht, der Stärken und Potenziale benennt und Entwicklungsperspektiven aufzeigt. Für den erfolgreichen Abschluss wird gewissermaßen als nationale Auszeichnung der Initiative Ludwig-Erhard-Preis e.V. die Urkunde „Committed to Excellence - 2 Star" verliehen. Für ein erfolgreiches C2E-Assessment kann zusätzlich das Anerkennungszertifikat „Qualified by EFQM" erworben werden.

12.2.4.1.3 Recognised for Excellence – R4E-Assessment

Einrichtungen und Organisationen, die sich für die zweite Stufe des europäischen Anerkennungsprogramms **Recognised for Excellence** (R4E) bewerben, haben in der Regel mehrjährige Erfahrung mit dem EFQM-Modell gesammelt und bereits einige Selbstbewertungen durchgeführt. Die Fremdbewertungen werden ausschließlich von externen, lizenzierten EFQM-Assessoren durchgeführt. Für die Ablaufgestaltung der Vor-Ort-Besuche hat die EFQM verschiedene Verfahren entwickelt, die sich vor allem darin unterscheiden, dass die Organisation mehr oder weniger detailliert vorab Informationen über die Aktivitäten und Ergebnisse vermittelt. Insbesondere bei dem nationalen Verfahren sind noch *klassische Verfahren* möglich, in dem die Assessoren vorab durch eine ausführliche Bewerbungsunterlage über die zu bewertende Organisation informiert werden. Um die Original-Auszeichnung „Recognised by EFQM" zu erlangen, setzt die EFQM mittlerweile auf die verpflichtende Nutzung ihrer Online-Tool-Infrastruktur („EFQM Assess Base").

Beim R4E-Verfahren müssen die Leistungen der Organisation bezogen auf jedes Teilkriterium des EFQM Excellence Modells dargestellt werden. Die Interpretation der Teilkriterien und der Orientierungspunkte bietet für die Spezifika jeder Organisation genügend Freiraum. Die EFQM-Assessoren führen nach Sichtung der Bewerbungsunterlagen vor Ort ein *Assessment* anhand der **EFQM-Bewertungssystematik** durch. Abschließend wird ein schriftlicher Ergebnisbericht erstellt, der eine Punktbewertung auf Teilkriterien-Ebene und Aussagen zu weiteren Verbesserungen enthält. Konnten im Rahmen der Fremdbewertung 300 oder mehr Punkte erreicht werden, erhält die Organisation die Anerkennung „Recognised for Excellence". Je nach erreichter Gesamtpunktzahl können auch höhere Reifegrade festgestellt und mit einer entsprechenden

R4E-Auszeichung („3 Star"- bis „7 Star"-Anerkennung) beurkundet werden (siehe Abb. 12.5).

Alle Organisationen, die sich dem R4E-Verfahren bzw. der Bewertung durch ein externes EFQM-Assessoren-Team stellen, aber die 300-Punkte-Marke nicht erreichen können, erhalten von der deutschen Trägergesellschaft „Initiative Ludwig-Erhard-Preis e. V." dennoch ein Zertifikat für die erfolgreiche Anwendung des Excellence-Ansatzes (Moll 2013a , S. 35). Das Verfahren ist „nebenbei" auch eine gute Vorbereitung auf die Teilnahme an einem nationalen oder internationalen **Preiswettbewerb.** Voraussetzung für die Teilnahme am europäischen Preiswettbewerb ist eine Wertung von mindestens 500 Punkten, die entweder im Rahmen des R4E-Verfahrens oder einer Bewerbung um den Ludwig-Erhard-Preis (LEP) nachgewiesen wird. Die Bewerbung kann auf der Dokumentengrundlage erfolgen, die bereits im R4E-Verfahren eingesetzt wurde (EFQM Management Document). Dieses Dokument kann vom Beginn, an über die verschiedenen Reifegrade bis in die nationalen und europäischen Wettbewerbe, genutzt und fortgeschrieben werden. Der Ablauf eines Preiswettbewerbs ist im Wesentlichen durch dieselben Verfahrensschritte gekennzeichnet wie das R4E-Verfahren. Die Erstellung des EFQM Management Documents (EMD) ist dabei die „Eintrittskarte" für die Teilnahme; die Leistungen werden anschließend im Rahmen einer Fremdbewertung durch EFQM-Assessoren vor Ort bewertet.

12.2.4.2 Die EFQM-Bewertungssystematik
Der Bewertungsansatz der EFQM baut auf der sog. **RADAR-Bewertungslogik** auf. Diese kann zur Bewertung jedes der sieben Hauptkriterien und deren Teilkriterien herangezogen werden. Mit ihr können Stärken und Schwächen (qualitativ) erfasst und klassifiziert werden. Mit ihrer Hilfe sind vor allem aber Vergleiche und quantitative Aussagen zum Reifegrad möglich. RADAR ist ein Akronym und steht für vier Bewertungsphasen, die der Logik des PDCA-Kreises entliehen sind:

- **(R)esults:** Die angestrebten *Ergebnisse* entsprechen den Zielen und sind in der Strategie der Organisation verankert.
- **(A)pproach:** Die Organisation plant und entwickelt integrierte *Ansätze* für fundiertes Vorgehen, um die angestrebten Ergebnisse jetzt und in Zukunft zu erzielen.
- **(D)eployment:** Die *Vorgehensweisen* der Organisation werden systematisch umgesetzt und angewandt.
- **(A)ssessment** und **(R)efinement:** Die umgesetzten Vorgehensweisen werden durch kontinuierliche *Überprüfung* und *Analyse* der erzielten Ergebnisse von der Organisation *bewertet* und *verbessert,* und Lernprozesse aufrechterhalten.

Die RADAR-Logik gliedert sich in Elemente und zugehörige Attribute, jeweils getrennt für die sog. Befähiger-Kriterien (Tab. 12.6) und Ergebnis-Kriterien (Tab. 12.7). **Elemente** sind übergeordnete Bewertungskriterien, die in jeweils zwei bis vier Unter-

Tab. 12.6 Elemente und Attribute der RADAR-Bewertungslogik für die Kategorien Ausrichtung und Realisierung. (Quelle: EFQM 2019)

Element	Attribute	Beschreibung
Vorgehen	Fundiert	Das Vorgehen ist klar begründet und zielt darauf ab, die Bedürfnisse der für Zweck, Vision und Strategie wichtigen Interessengruppen zu erfüllen. Es ist angemessen beschrieben und zukunftsfähig gestaltet.
	Abgestimmt[a]	Das Vorgehen unterstützt die Ausrichtung der Organisation und ist mit anderen relevanten Vorgehensweisen verknüpft und abgestimmt.
Umsetzung	Eingeführt	Das Vorgehen wird in den relevanten Bereichen in angemessenem Zeitraum und effektiver Weise eingeführt.
	Flexibel[a]	Die Art der Umsetzung ermöglicht Flexibilität und Anpassung.
Bewertung & Verbesserung	Analyse	Rückmeldungen zu Effizienz und Effektivität des Vorgehens und der Umsetzung werden eingeholt, verstanden und geteilt.
	Lernen & Verbessern	Erkenntnisse aus Trendanalysen, Messungen, Lernen und Benchmarking werden genutzt, um Kreativität anzuregen und in angemessenen Zeitabschnitten innovative Lösungen für die Verbesserung der Leistungsfähigkeit zu entwickeln.

[a] Die Attribute „Abgestimmt" und „Flexibel" kommen bei der Kategorie Ausrichtung nicht zur Anwendung

punkte (**Attribute**) gegliedert sind. Zum Verständnis bietet die RADAR-Logik zu jedem Attribut eine kurze Beschreibung.

Die **enge Verzahnung** der Kriterien der Ausrichtungs- und Realisierungskategorie (vormals „Befähiger"-Kriterien) mit den Kriterien der Ergebniskategorie wird auch in der Bewertungssystematik sichtbar (Abb. 12.7). In der bildlichen Interpretation der RADAR-Bewertungslogik bildet das Attribut „Analyse" die Schnittstelle oder den „Kreuzungspunkt" (vgl. Moll 2019, S. 90) von der Ausrichtungs- und Realisierungsseite zur Ergebnisseite. Das Attribut „Analyse" umfasst die Messung von Effektivität und Effizienz bzw. von Kennzahlen und Indikatoren, mit denen die Ergebnisse bzw. die Leistungen der Organisation sichtbar werden sollen. Die Messergebnisse werden auf der Ergebnisseite zunächst hinsichtlich „Umfang & Relevanz" betrachtet, d. h. sie werden inhaltlich durch einen Brückenschlag zu den Befähiger-Kriterien und der Zielsetzung, der Strategie und dem Vorgehen in Bezug gesetzt. Ein zweites wichtiges Bewertungskriterium ist die Verwendbarkeit bzw. die „Nutzbarkeit" der Messergebnisse. Wenn die Messung keine verlässlichen Daten liefert, ist die Interpretation gefährdet, d. h. Schlussfolgerungen werden auf Grundlage einer falschen oder wackeligen Datengrundlage getroffen. „Lernen und Verbessern" ist auf relevante, zuverlässige und valide Messungen

Tab. 12.7 Elemente und Attribute der RADAR-Bewertungslogik für die Kategorie Ergebnisse. (Quelle: EFQM 2019)

Element	Attribute	Beschreibung
Relevanz & Nutzen	Umfang & Relevanz	Ein Set von Ergebnissen, das klar mit dem Zweck, der Vision und der Strategie der Organisation verbunden ist, ist identifiziert. Die ausgewählten Ergebnisse werden beobachtet und im Laufe der Zeit angepasst.
	Nutzbarkeit	Die Ergebnisse werden zeitgerecht erhoben, sind aussagekräftig, genau und angemessen segmentiert. Sie ermöglichen aussagekräftige Einblicke und Erkenntnisse in Leistungsverbesserungen und Transformation.
Leistung	Trends	Es liegen positive Trends oder nachhaltig herausragende Leistungen über einen strategischen Zyklus vor.
	Ziele	Angemessene, im Einklang mit der Strategie stehende Ziele werden gesetzt und durchgängig erreicht.
	Vergleiche	Es werden relevante externe Vergleiche angestellt, um die eigene Leistung in Bezug auf die strategische Richtung beurteilen zu können. Diese fallen günstig aus.
	Fokus auf die Zukunft	Basierend auf den aktuellen Ursache-Wirkungs-Beziehungen sowie der Analyse von Daten, Leistungsmustern und Vorhersagen versteht die Organisation die Treiber für herausragende Leistungsfähigkeit in der Zukunft.

und Messergebnisse angewiesen. Sinnvollerweise werden während eines Assessments die Ausrichtung und die Aktivitäten (Befähiger) zusammen mit den entsprechenden Leistungen (Ergebnisse) gleichzeitig diskutiert und bewertet.

Die RADAR-Bewertungsmatrix ist eine Art Analyseraster, mit dessen Hilfe eine **Quantifizierung** des Leistungsstands und des Reifegrads einer Organisation erzielt werden kann. Die Grundannahme ist, dass mit steigender Leistung und zunehmender Reife auch die modellbezogene Punktwertung steigt. Insgesamt sind 1000 Punkte (100 %) zu erreichen, wobei 20 % der Punkte auf die Kategorie Ausrichtung, 40 % auf die Kategorie Realisierung und weitere 40 % auf die Ergebnisseite verteilt sind. Für die Kriterien und Teilkriterien sind jeweils maximal erreichbare Punktwerte bzw. Gewichtungen festgelegt (Abb. 12.6). Innerhalb eines Kriteriums wird grundsätzlich jedes Teilkriterium gleich gewichtet. Es gibt jedoch die Besonderheit, dass die Punktwertung zum Element „Relevanz & Nutzen" nie höher sein darf als die Einzelwertung

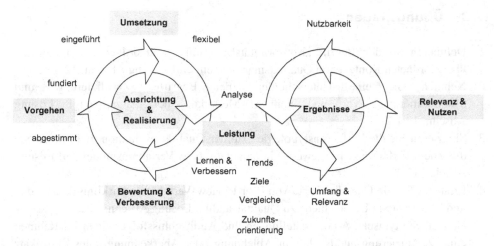

Abb. 12.7 Zusammenhängende Betrachtung von Befähiger- und Ergebniskriterien bei der Anwendung der RADAR-Bewertungslogik. (Quelle: mod. nach Moll 2019, S. 89)

zu „Umfang & Relevanz". Dies ist dadurch begründet, dass die mangelnde Verfügbarkeit an relevanten Messgrößen nicht durch eine besonders hohe Nutzbarkeit ebendieser ausgeglichen werden kann. In ähnlicher Weise limitiert das Element „Fundiertheit" die Punktwertung eines Teilkriteriums der Kategorie Ausrichtung und Realisierung. Die mangelnde Fundierung von Planung und Vorgehen kann nicht durch ein eifriges Tun und Handeln kompensiert werden.

Anhand der RADAR-Bewertungssystematik wird für jedes Kriterium des EFQM-Modells eine **Punktwertung** erzeugt. Auf Basis der Elemente und Attribute der RADAR-Matrix wird jedes Teilkriterium inhaltlich beurteilt und eine Gesamtbewertung vorgenommen. In der Vergangenheit musste für jedes Attribut eine numerische Einzelbewertung vorgenommen werden. Dadurch entstand ein hoher Zahlenbezug, der nicht immer die Präzision beinhaltete, die er mit ihrem Zahlenwert vorgab. Seit der Überarbeitung von 2013 wird auf die Arithmetik verzichtet (Moll und Kohler 2013, S. 110). Der Anwender ist nunmehr gehalten, die Erfüllung jedes Attributs in der Matrix entsprechend den festgestellten Ausprägungen „wird nicht erreicht", „wird teilweise erreicht", „wird weitgehend erreicht", „wird vollständig erreicht" und „wird in herausragender Weise erreicht" zu markieren. Letztendlich wird in der Gesamtschau eine Bewertung (Prozentwert) für das **Teilkriterium** vorgenommen. Damit soll die Diskussion bei der Bewertung von der reinen Diskussion über Zahlen hin zu einer Diskussion der Feststellungen verlagert werden. Abschließend werden alle vorgenommenen Bewertungen für die Teilkriterien in einer Tabelle zusammengestellt und hinsichtlich der **Gesamtpunktzahl** auf einer Skala von 0–1000 Punkten errechnet.

12.3   Übungsfragen

1. Definieren Sie den Begriff „Konformitätsbewertung" und ordnen Sie ihn in den übergeordneten Kontext von Qualitätsmanagement ein! Lösung Abschn. 12.1

2. Nehmen Sie eine Unterscheidung der Begriffe „Zertifizierung" und „Akkreditierung" vor und nennen Merkmale der Abgrenzung! Lösung Abschn. 12.1.1

3. Skizzieren Sie die Verfahrenstypologie externer Qualitätsevaluation und ordnen Sie die jedem Verfahrenstypus jeweils ein Qualitäts- bzw. Verfahrensmodell zu! Lösung Abschn. 12.2

4. Erläutern Sie die Charakteristika von Peer-Review-Verfahren oder klinischen Audits und benennen Sie Unterschiede zu Qualitätsaudits! Lösung Abschn. 12.2.1

5. Nennen Sie typische Auditfeststellungen und Auditschlussfolgerungen im Rahmen eines Zertifizierungsaudits, die zur Ablehnung oder Aberkennung eines Zertifikats führen können! Lösung Abschn. 12.2.2

6. Erläutern Sie Gemeinsamkeiten des KTQ-Zertifizierungsverfahrens und des JCI-Akkreditierungsverfahrens! Lösung Abschn. 12.2.3

7. Machen Sie sich mit der Bewertungsmethodik des KTQ-Verfahrens vertraut und unterscheiden die Begriffe „Erreichungsgrad" und „Durchdringungsgrad"! Lösung Abschn. 12.2.3.1.2

8. Skizzieren Sie in eigenen Worten die Tracermethode und unterscheiden dabei zwischen patientenspezifischen Tracern und Systemtracern! Lösung Abschn. 12.2.3.2.2

9. Beschreiben Sie das Stufenmodell des „Europäischen Anerkennungsprogramms für Exzellenz" (EFQM-Stufen der Anerkennung)! Lösung Abschn. 12.2.4.1

10. Erläutern Sie in eigenen Worten die Idee und das Grundkonzept der RADAR-Bewertungslogik! Lösung Abschn. 12.2.4.2

Literatur

Berk M, Callaly T, Hyland M (2003) The evolution of clinical audit as a tool for quality improvement. J Eval Clin Pract 9(2):251–257

Blum K (2002) Qualitätsverbesserung durch klinische Audits. Evaluation des BMG-Audit-Projektes. Gesundh Ökon Qual Manag 7:373–380

Bundesärztekammer BÄK (Hrsg) (2014) Leitfaden Ärztliches Peer Review. Texte und Materialien zur Fortbildung und Weiterbildung, Bd 31. Bundesärztekammer, Berlin

Chop I, Eberlein-Gonska M (2012) Übersichtsartikel zum Peer Review Verfahren und seine Einordnung in der Medizin. Z Evid Fortbild Qual Gesundh Wesen (ZEFQ) 106:547–552

Denz C, Krieter H, von Ackern K (2004) Stellenwert des Qualitätsmanagements und der Zertifizierung im Krankenhausbereich. Gesundh Ökon Qual Manag 9:382–391

DIN Deutsches Institut für Normung e. V. (2005) DIN EN ISO/IEC 17000:2005: Konformitätsbewertung – Begriffe und allgemeine Grundlagen. Beuth, Berlin

DIN Deutsches Institut für Normung e. V. (2015) DIN EN ISO/IEC 17021: Konformitätsbewertung – Anforderungen an Stellen, die Managementsysteme auditieren und zertifizieren –
Teil 1: Anforderungen (ISO/IEC 17021-1:2015). Beuth, Berlin

EFQM European Foundation for Quality Management (2019) EFQM Publications: Das EFQM
Modell 2020. EFQM, Brüssel

Foy R, Eccles MP, Jamtvedt G, Young J, Grimshaw JM, Baker R (2005) What do we know about
how to do audit and feetback? Pitfalls in applying evidence from a systematic review. BMC
Health Serv Res 5:50

Griem C, Kleudgen S, Diel F (2013) Instrumente der kollegialen Qualitätsförderung. Dtsch Arztebl
110(26):A1310–1313

Grol R (1994) Quality improvement by peer review in primary care: a practical guide. Qual Health
Care 3(3):147–152

Hensen P (2018) Qualitätsentwicklung zwischen Institution und Interaktion – Eine Standortbestimmung aus professionstheoretischer Sicht. In: Hensen P, Stamer M (Hrsg) Professionsbezogene Qualitätsentwicklung im interdisziplinären Gesundheitswesen. Gestaltungsansätze,
Handlungsfelder und Querschnittsbereiche. Springer VS, Wiesbaden, S 3–67

Hensen P, Hensen G (2010) System- und subjektbezogene Perspektiven von Zertifizierungsverfahren in Gesundheitseinrichtungen. Gesundh Ökon Qual Manag 15(3):132–140

Herrmann J, Fritz H (2011) Qualitätsmanagement. Lehrbuch für Studium und Praxis. Hanser,
München

JCI Joint Commission International (2014a) Akkreditierungsstandards für Krankenhäuser, 5. Aufl.
Joint Commission Resources, USA

JCI Joint Commission International (2014b) Surveyhandbuch für Krankenhäuser, 5. Aufl. Joint
Commission Resources, USA

Kluge S, Bause H (2015) Mehr Patientensicherheit durch freiwilliges intensivmedizinisches „Peer
Review". Bundesgesundheitsbl Gesundheitsforsch Gesundheitsschutz 58:54–60

KTQ (2021) KTQ-Manual. KTQ-Katalog Krankenhaus Version 2021, KTQ-GmbH, Berlin

Loew T (2016) Zertifizierung, Auditierung, Akkreditierung – Einführung in die Funktionsweise
von Konformitätsbewertungssystemen und die verwendeten Begriffe. In: Friedel R, Spindler
EA (Hrsg) Zertifizierung als Erfolgsfaktor. Nachhaltiges Wirtschaften mit Vertrauen und Transparenz. Springer Gabler, Wiesbaden, S 449–470

Moll A (2020) Die RADAR-Bewertungslogik 2020. In: Moll A, Khayati S (Hrsg) Excellence-
Handbuch. Grundlagen und Anwendung des EFQM Modells 2020, WEKA MEDIA, Kissing,
S 85–99

Moll A, Kohler G (2013) Die Neuerungen des EFQM Excellence Modells 2013. In: Moll A,
Kohler G (Hrsg) Excellence-Handbuch. Grundlagen und Anwendung des EFQM Excellence
Modells, 2. Aufl. Symposion, Düsseldorf, S 105–116

Möller J (2002) Europäisches Anerkennungsprogramm für Qualität Konzept und Anwendungs-
erfahrungen. Gesundh Ökon Qual Manag 7:101–105

Möller J, Heib K, Heinzl H (2003) Qualitätsentwicklung im Krankenhaus. In drei Schritten zur
Exzellenz. Verlag Rheintal, Berneck

Paschen U (2012) Wörterbuch Qualitätsmanagement in der Medizin – Normgerechte Definitionen
und Interpretationshilfen. Beuth, Berlin

Pfitzinger E (2011) Qualitätsmanagement nach DIN EN ISO 9000 ff. im Gesundheitswesen.
Beuth, Berlin

Pfitzinger E (2016) Projekt DIN EN ISO 9001:2015. Vorgehensmodell zur Implementierung eines
Qualitätsmanagementsystems, 3. Aufl. Beuth, Berlin

Rink O (2012) Das IQM Peer Review Verfahren – Ergebnisse der Initiative Qualitätsmedizin. Z
Evid Fortbild Qual Gesundh Wesen (ZEFQ) 106:560–565

Scrivens EEJ, Klein R, Steiner A (1995) Accreditation: what can we learn from the Anglophone model? Health Policy 34:193–204

Sens B, Pietsch B, Fischer B et al (2018) Begriffe und Konzepte des Qualitätsmanagements – 4. Auflage. GMS Med Inform Biom Epidemiol 14(1):Doc04

Shaw CD (2000) External quality mechanisms for health care: summary of the ExPeRT project on visitatiae, accreditation, EFQM and ISO assessment in European Union countries. Int J Qual Health Care 12(3):169–175

Van Weert C (2000) Developments in professional quality assurance towards quality improvement: some examples of peer review in the Netherlands and the United Kingdom. Int J Qual Health Care 12(3):239–242

Walter N (2013) Peer-Review-Verfahren in der Medizin. In: Merkle W (Hrsg) Risikomanagement und Fehlervermeidung im Krankenhaus. Springer Medizin, Berlin, S 129–135

Zollondz HD (2011) Grundlagen Qualitätsmanagement. Einführung in Geschichte, Begriffe, Systeme und Konzepte. Oldenbourg, München

Versorgungsqualität und Versorgungssicherheit

13

Zusammenfassung

In diesem Kapitel werden versorgungsrelevante Aspekte des Qualitätsmanagements im Gesundheitswesens betrachtet. Einleitend wird zunächst der Stellenwert von Leitlinien, Expertenstandards und anderen Formen professionsbezogener Qualitätsaussagen im Gesundheitswesen sowie deren Entwicklungsmethodik beleuchtet. Im zweiten Teil dieses Kapitels wird das Thema Sicherheit als Qualitätskriterium der Versorgungsqualität behandelt. Hierzu werden Aspekte einer förderlichen Sicherheitskultur, der Qualitätsbestimmung mittels Sicherheitsindikatoren und der Entwicklung von praxisrelevanten Handlungsempfehlungen erörtert.

13.1 Leitlinien und Qualitätsstandards

Den Begriff „Standard" wird in sehr unterschiedlichen Zusammenhängen gebraucht, oft im Sinne von konkret einzuhaltenden Verfahrens- oder Leistungsstandards (Kap. 3), aber auch im Sinne allgemein gehaltener Normierung. In der Gesundheitsversorgung wird in *abstrakt-genereller Weise* von einem **medizinisch-pflegerischen Standard** gesprochen, wenn es um die Bezeichnung der Gesamtheit der zu beachtenden Sorgfaltspflichten im Versorgungsprozess geht (Gaßner und Strömer 2012). Dieses Grundverständnis ist prinzipiell unbestimmt und entspricht einem Versorgungsniveau, das bei Einhaltung erforderlicher Mindest-Sorgfaltspflichten und unter Berücksichtigung des aktuellen Wissensstands zwar grundsätzlich zu erwarten ist; aufgrund der Einzigartigkeit des individuellen Behandlungs- oder Betreuungsprozesses jedoch stets kontextbezogen und situationsangepasst ausfällt. Damit der medizinisch-pflegerische Standard in der Versorgungspraxis nicht beliebig ausfällt, muss eine Bestimmung dieses Standards erfolgen. Eine solche Bestimmung wird durch **professionsbezogene Qualitätsaussagen** für ausgewählte Versorgungssituationen (z. B. Leitlinien) erreicht. Verallgemeinernd werden derartige Qualitätsaussagen auch als Qualitätsstandards bezeichnet, auch dann, wenn sie keine konkreten Aussagen über das tatsächlich mögliche oder ein „standardisiert" zu erbringendes und erreichbares Versorgungsmaß treffen. Qualitätsaussagen dieses Typs bilden gewissermaßen eine Art „Quasi-Standard" auf Grundlage von (fachlich begründeten) Empfehlungen.

Ein Qualitätsstandard im Qualitätsmanagement definiert dagegen in *konkreter Weise* ein bestimmtes **Qualitätsniveau** oder ein quantifizierbares Qualitätsziel. Es kann sich dabei um einen Mindeststandard handeln („weniger geht nicht") oder um Festlegungen, die einen wünschenswerten Maßstab definieren („so sollte es sein"). In beiden Fällen werden konkrete bzw. messbare Anforderungen an die Struktur-, Prozess- und Ergebnisqualität gefordert („Soll"-Standard). Das tatsächliche, beobachtbare Qualitätsniveau orientiert sich dann an der Einhaltung und Umsetzung dieser messbaren Anforderungen („Ist"-Standard). Werden durch die Gesundheitsberufe konkrete Qualitätsmaßstäbe (z. B. für Pflegehandlungen) für bestimmte Versorgungssituationen definiert, wird dies in bestimmten Kontexten auch als Festlegung eines **professionsbezogenen Leistungsniveaus** (z. B. Nationale Expertenstandards in der Pflege) bezeichnet. Hiermit wird zum Ausdruck gebracht, dass es sich einerseits zwar um fachliche, durch die Gesundheitsberufe getroffene Qualitätsaussagen handelt; diese wiederum andererseits auch ein messbares Leistungsniveau festlegen, dessen Realisierung in der Versorgungspraxis bestimmbar und überprüfbar ist. Die Unterscheidung dieser Begrifflichkeiten ist wichtig für das Verstehen der unterschiedlichen Zielsetzungen von medizinischen Leitlinien und professionellen Qualitätsstandards in der Praxis.

13.1.1 Evidenzbasiertes Handeln

Seit Mitte der 1990er Jahre wird die Gesundheitsversorgung einschneidend durch das Konzept der **evidenzbasierten Medizin** (EbM) geprägt. Dahinter steht die grundsätzliche Idee, wissenschaftlich gewonnene Erkenntnisse systematisch in medizinische Entscheidungsprozesse und die gesundheitliche Versorgungspraxis mit einfließen zu lassen. Diagnostische und therapeutische Anwendungen sollen mit Fakten und empirischen Studiendaten untermauert werden, deren Aussagekraft anhand entsprechender **Evidenzhierarchien** („Qualitätsstufen") beurteilt werden. Eine der damit verbundenen Zielsetzungen ist, den Transfer von Forschung in die Praxis zu verbessern, indem die Verfügbarkeit von Wissen gesteigert und die durch Forschung und Wissenschaft zunehmende Informationsflut kanalisiert wird. Durch die Kenntnis und Systematisierung von *gesicherten Wirksamkeiten* soll im Rahmen von Entscheidungsprozessen jenen Diagnose- und Behandlungsverfahren der Vorzug gegeben werden, die von nachweislichem Nutzen sind und nach internationalem Sachverstand als sinnvoll eingestuft werden (vgl. Antes 2004; Windeler 2008).

Zu den **Grundsätzen** der EbM gehört aber nicht allein die ausschließliche Anwendung des vielfältigen Methodenspektrums der klinischen Epidemiologie, der Biometrie und Statistik. Vielmehr ist sie durch einen hohen *Interaktionsgrad* zwischen Anwendenden (Angehörige eines Gesundheitsberufs), Adressaten (z. B. eine Patientin) und der Kenntnis und Anwendung der besten, verfügbaren wissenschaftlichen Datenlage gekennzeichnet (Abb. 13.1).

▶ **Evicence-based Medicine (EbM)** EbM ist der gewissenhafte, ausdrückliche und vernünftige Gebrauch der gegenwärtig besten externen, wissenschaftlichen Evidenz für Entscheidungen in der medizinischen Versorgung individueller Behandlungsfälle. Die Praxis der EbM bedeutet die Integration individueller klinischer Expertise mit der bestverfügbaren externen Evidenz aus systematischer Forschung (Sackett et al. 1996).

Nach der Definition von Sackett soll nicht irgendeine Evidenz herangezogen werden, sondern die *beste Evidenz,* die auf wissenschaftlicher Basis und aus systematischer Forschung verfügbar ist **(externe Evidenz).** Das individuelle Wissen und die Erfahrung der oder des Behandelnden **(interne Evidenz)** werden nicht ersetzt, sondern durch die externe Evidenz ergänzt und bereichert. Und: Es handelt sich immer um Entscheidungen für einen individuellen Behandlungsfall, d. h. die Ergebnisse der wissenschaftlichen Forschung müssen auf den Entscheidungsfall anwendbar sein und die

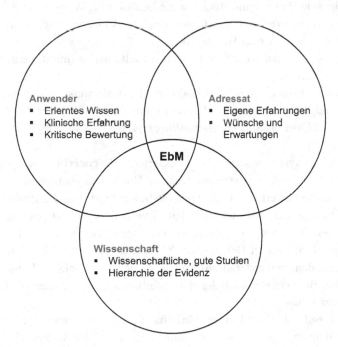

Abb. 13.1 Modell der EbM. (Quelle: Müller 2009, S. 146)

Wünsche und Erwartungen der Adressaten mit einbezogen werden. Dieses Verständnis der Evidenzbasierung ist wichtig für das Verständnis von Leitlinien hinsichtlich ihrer methodischen Qualität und Bedeutung im Gesundheitswesen.

Die Ideen und Konzepte der EbM sind im gesamten Bereich der Gesundheitsversorgung anwendbar. Sie prägen im Sinne einer **Evidence-based Health Care** mittlerweile das Berufs- und Professionsverständnis sämtlicher Gesundheitsberufe genauso wie die politische Entscheidungsfindung. In den Therapieberufen finden die Grundsätze und methodischen Ansätze der EbM ihre Entsprechungen in den Konzepten der Evidence-based Practice (EbP) und des Clinical Reasoning (Klemme und Siegmann 2015, S. 23 ff.). In der Pflegepraxis hat sich das Evidence-based Nursing (EbN) als methodischer Rahmen für die Aufarbeitung von Pflegeproblemen etabliert (Cullum et al. 2008; Behrens und Langer 2016, S. 25 ff.).

Methodisch kann EbM im Wesentlichen als ein **Problemlösungsprozess** für Fragestellungen der konkreten Versorgungspraxis verstanden werden, wobei sich dieser im Kern nicht von anderen wissenschaftlichen Vorgehensweisen unterscheidet. Die Anwendung der EbM erfolgt nach einem einheitlichen Schema: „Finden", „Bewerten" und „Anwenden". Zunächst muss eine Frage formuliert werden, die hinreichend konkret und grundsätzlich beantwortbar sein muss. Kriterien für die Entwicklung und Durchführung von Suchstrategien bietet das **PICO-Schema** (Strauss et al. 2011, S. 15 ff.):

- **P** (Patient, Population): Konkretisiert das zugrunde liegende klinische oder versorgungsrelevante Problem mit Blick auf die Bedürfnisse, Wünsche und Erwartungen.
- **I** (Intervention): Konkretisiert den Gegenstand der Untersuchung, beispielsweise die anzuwendende Therapie oder Diagnostik.
- **C** (Comparison, Komparator): Konkretisiert die Alternative (mit der eine Intervention verglichen werden soll).
- **O** (Outcome): Konkretisiert die Endpunkte, idealerweise die behandlungsfallrelevanten Endpunkte. Langzeitstudien mit klinischen Endpunkten (z. B. Todesfälle) sind aussagekräftiger als Surrogatendpunkte (z. B. Blutdruckwerte).

Darauf folgt eine systematische und strukturierte **Recherche** nach einschlägigen Studien und systematischen Übersichtsarbeiten. Nach dem Auffinden entsprechender Literatur muss diese bewertet werden (Qualitätsbewertung). Für die Bewertung werden die *Hierarchiestufen* der wissenschaftlichen Evidenz herangezogen, in denen verschiedene Studientypen und -designs hinsichtlich ihrer wissenschaftliche Aussagekraft und ihres zugrunde liegenden Datenmaterials zugeordnet sind. Weisen die Fundstellen einen entsprechenden Evidenzgrad auf und lässt sich die konkrete Frage hinsichtlich der individuellen Bedürfnisse des Behandlungsfalls beantworten, kann die Quelle in der Praxis Anwendung finden.

In den verschiedenen **Evidenzklassifikationen** werden die vorliegenden Informationen danach geordnet, welche Studie den Stand der Wissenschaft am zuverlässigsten wiedergibt. Dabei sollen die besten Studien, die mit größtmöglicher Transparenz und Nachvollziehbarkeit durchgeführt wurden, Vorrang haben. Bei Vorliegen einer systematischen Übersichtsarbeit sollten beispielsweise Berichte und Meinungen von Expertenkreisen oder Fallberichte keine Berücksichtigung finden. Gibt es andererseits aufgrund der Seltenheit einer klinischen Situation nur Kohortenstudien oder Fallberichte, sind diese entsprechend zu berücksichtigen. Es geht also nicht darum, dass immer nur die Studienergebnisse mit den höchsten Bewertungsstufen angewendet werden dürfen.

Für die Einteilung in Evidenzstufen **(Evidenzgrade)** gibt es unterschiedliche Schemata (Tab. 13.1). Von den Klassifikationen der Evidenzgrade abzugrenzen sind Einteilungen zur Stärke von Empfehlungen **(Empfehlungsgrade)**. Diese berücksichtigen neben der Qualität der Einzelstudien die Gesamtheit der Evidenz zu einer Frage. Die Klassifikationen der Empfehlungsgrade sind wie die Evidenzstufen nicht einheitlich.

Die Konzepte der Evidenzbasierung haben die Gesundheitsversorgung grundlegend verändert. Wissen und Erkenntnis wird nicht mehr allein durch Meinungen einzelner Expertinnen und Experten bestimmt, sondern durch mehrstufige Diskurse, höhere methodische Durchsichtigkeit und durch Nachvollziehbarkeit der Beurteilung ein Stück weit „demokratisiert". Seinen Nutzen entfaltet evidenzbasiertes Wissen überall dort, wo es auch seinen Weg in die **Versorgungspraxis** findet. Hierzu haben sich innerhalb der Gesundheitsberufe ganz unterschiedliche Konzepte ausgebildet, beispielsweise in Gestalt von medizinischen Leitlinien oder pflegerischen Expertenstandards.

Leitlinien und **Expertenstandards** bauen wichtige Brücken von der bestmöglichen externen Evidenz hin zur kontextbezogenen Anwendung im Versorgungsalltag. Aus Sicht des Qualitätsmanagements bilden sie grundlegende Aussagen zum professionsbezogenen Qualitätsverständnis der Gesundheitsberufe und Professionen. Die Hauptverantwortung

Tab. 13.1 Bewertung der Literatur gemäß ihrer wissenschaftlichen Aussagekraft nach Evidenzgraden. (Quelle: Agency for Healthcare Policy and Research, AHCPR 1992; heute: Agency for Healthcare Research and Quality, AHRQ)

Evidenzgrad	Art der Evidenz
Ia	Evidenz aufgrund von Metaanalysen randomisierter, kontrollierter Studien
Ib	Evidenz aufgrund mindestens einer randomisierten, kontrollierten Studie
IIa	Evidenz aufgrund mindestens einer gut angelegten, kontrollierten Studie ohne Randomisierung
IIb	Evidenz aufgrund mindestens einer gut angelegten, nicht randomisierten und nicht kontrollierten klinischen Studie, z. B. Kohortenstudien, quasi-experimentelle Studien
III	Evidenz aufgrund gut angelegter, nicht experimenteller, deskriptiver Studien, wie z. B. Vergleichsstudien, Korrelationsstudien und Fall-Kontroll-Studien
IV	Evidenz aufgrund von Expertenmeinungen und/oder klinischer Erfahrung anerkannter Autoritäten

für ihre Entwicklung und Nutzbarmachung liegt daher unverrückbar bei den Gesundheitsberufen bzw. in den wissenschaftlichen Expertensystemen selbst.

13.1.2 Medizinische Leitlinien

Leitlinien (engl.: *Guidelines*) sind systematisch entwickelte Feststellungen zur Entscheidungsfindung im Rahmen des Versorgungsgeschehens. In Form von Handlungs- und Entscheidungskorridoren stellen sie den gegenwärtigen Erkenntnisstand aus wissenschaftlicher Evidenz und Praxiserfahrung zu einzelnen Fragestellungen oder ganzen Versorgungsabläufen bereit. Leitlinien sind jedoch nicht als Standards im Sinne von unmittelbar zu befolgenden Handlungsanweisungen oder von exakt definierten Qualitätszielen zu verstehen. Vielmehr haben sie den Charakter von **Empfehlungen,** an denen sich die Handelnden orientieren sollten; von denen sie in begründeten Fällen aber auch abweichen dürfen (Ollenschläger 2004; Muche-Borowski und Kopp 2015). Nichtsdestoweniger können (und sollten) aus Leitlinien auch *Qualitätsindikatoren* der Struktur, Prozess- und Ergebnisqualität abgeleitet werden, an denen die Versorgungsqualität gemessen werden kann. Solche Qualitätsindikatoren können sowohl im einrichtungsinternen Qualitätsmanagement, als auch im Rahmen der einrichtungsübergreifenden Qualitätssicherung eingesetzt werden.

▶ **Leitlinien** Systematisch entwickelte Aussagen, die den gegenwärtigen Erkenntnisstand wiedergeben, um die Entscheidungsfindung von Ärztinnen und Ärzten sowie Angehörigen von weiteren Gesundheitsberufen und Patientinnen und Patienten bzw. Bürgerinnen und Bürgern für eine angemessene Versorgung bei spezifischen Gesundheitsproblemen zu unterstützen (vgl. AWMF 2020).

Seit Mitte der 1990er Jahre moderiert und koordiniert die *Arbeitsgemeinschaft der Wissenschaftlichen Medizinischen Fachgesellschaften (AWMF)* die Entwicklung von Leitlinien in ihren Mitgliedsgesellschaften. Leitlinien werden in der Regel aus den **Fachgesellschaften** heraus initiiert und dort aus Eigenmitteln finanziert. Auch wenn der Gesetzgeber von den Leistungserbringern eine stärkere Evidenz fordert und die Leitlinienorientierung durch zahlreiche Maßnahmen zur Bewertung des aktuellen Wissensstandes fördert, gibt es weder einen rechtlichen Rahmen, der die Fachgesellschaften zur Entwicklung von Leitlinien verpflichtet, noch werden Mittel eigens dafür von den Institutionen des Gesundheitswesens zur Verfügung gestellt.

Zu den Aufgaben der AWMF gehören die **Methodenentwicklung,** die seit 2009 durch ein eigenes wissenschaftliches Institut wahrgenommen wird (AWMF-Institut für Medizinisches Wissensmanagement), genauso wie die **öffentliche Bereitstellung** von Leitlinien. Darüber hinaus beinhaltet die Koordinationsarbeit auch die Vorbereitung für die Verbreitung, Implementierung und Evaluierung der Leitlinien ebenso wie die Beratung und Unterstützung der Fachgesellschaften und den Aufbau von fachgesellschaftsinternen Leitlinienkompetenzen (vgl. Hügler 2013). Die internationale Methoden-entwicklung und Leitlinienverbreitung wird durch die weltweite Vereinigung *Guidelines International Network (G-I-N)*, ein Zusammenschluss von nationalen Leitlinien-Agenturen, koordiniert.

Von Leitlinien deutlich abzugrenzen sind **Richtlinien** (engl.: *Directives*). Beide Begriffe und Konzepte unterscheiden sich innerhalb des deutschen und europäischen Sprachraums hinsichtlich ihrer Verbindlichkeit. Während Leitlinien Empfehlungs-charakter haben, werden Richtlinien verstanden als *Handlungsregeln* einer gesetzlich, berufsrechtlich, standesrechtlich oder satzungsrechtlich legitimierten Institution, die für den Rechtsraum dieser Institution verbindlich sind.

▶ **Richtlinien** Regelungen des Handelns oder Unterlassens, die von einer rechtlich legitimierten Institution konsentiert, schriftlich fixiert und veröffentlicht wurden, für den Rechtsraum dieser Institution verbindlich sind und deren Nichtbeachtung definierte Sanktionen nach sich zieht (Bloch et al. 1997).

Richtlinien sind weit verbreitet im Gesundheitswesen. Als Normsetzungsinstrumente regeln sie auf Ebene der *Europäischen Union* (EU) beispielsweise Anerkennungs-grundsätze von Gesundheitsberufen innerhalb Europas oder die Verkehrsfähigkeit von Medizinprodukten; auf Ebene des *Gemeinsamen Bundesausschusses* (G-BA) bei-spielsweise den Inhalt und Umfang des Leistungskatalogs innerhalb der gesetzlichen Krankenversicherung (SGB V). Weitere Beispiele für Richtlinien im Gesundheitswesen sind die Deutschen Kodierrichtlinien (DKR), die von den *Selbstverwaltungspartnern* auf Bundesebene zur einheitlichen Verschlüsselung von medizinischen Leistungsdaten herausgegeben werden, oder die Richtlinien zur Gewinnung von Blut und Blutbestand-teilen und zur Anwendung von Blutprodukten (Hämotherapie), die von der *Bundesärzte-kammer* (BÄK) gemäß Transfusionsgesetz erstellt werden.

13.1.2.1 Leitlinienentwicklung

Für die Entwicklung von medizinischen Leitlinien hat die AWMF ein umfangreiches **Regelwerk** erstellt (AWMF 2020), in dem zahlreiche Methodenstandards von der Ideenfindung bis zur Leitlinienveröffentlichung formuliert sind (AWMF-Regelwerk). Nach diesen Methodenstandards durchläuft eine Leitlinie – von ihrer Planung bis zur Evaluierung ihrer Auswirkungen – fünf Lebensphasen (Abb. 13.2).

Die Qualität einer Leitlinie misst sich im Wesentlichen an der Berücksichtigung von zwei zentralen Aspekten, nämlich der *Konsensfindung* und der *Evidenzbasierung*. Je stärker diese beiden Aspekte im Entwicklungsprozess einer Leitlinie berücksichtigt werden, desto höher ist ihre wissenschaftliche Legitimation und letztendlich auch die Legitimation für die Umsetzung in den Versorgungsalltag (Akzeptanzsteigerung) anzu-sehen. Um Aussagen darüber treffen zu können, ob und inwieweit diese Qualitäts-anforderungen bei der Leitlinienentwicklung berücksichtigt wurden, hat die AWMF **Qualitätsklassen** („S"-Klassifikation) für Leitlinien eingeführt (Tab. 13.2).

Abb. 13.2 Lebensphasen einer Leitlinie. (Quelle: Muche-Borowski und Kopp 2011, S. 218)

S1-Leitlinien sind grundsätzlich Handlungsempfehlungen von Expertinnen und Experten. Ihrer Entwicklungsgeschichte liegt kein systematischer Entwicklungsprozess hinsichtlich Konsensfindung und Evidenzbasierung zugrunde, sodass sie im engeren (methodisch gebotenen) Sinne nicht als Leitlinie gelten (Muche-Borowski und Kopp 2011). Durch das Leitlinienregelwerk können jedoch redaktionelle Unabhängigkeit, Offenlegung von und Umgang mit Interessenkonflikten und die Verabschiedung durch die beteiligte Fachgesellschaft gewährleistet werden.

S2-Leitlinien zeichnet aus, dass sie entweder den Aspekt der Konsensfindung oder den der Evidenzbasierung hervorragend adressieren. Sie beruhen entweder auf Verfahren der strukturierten Konsensfindung eines repräsentativen Gremiums (**S2k-Leitlinie**) oder auf einer systematischen Analyse der wissenschaftlichen Belege (**S2e-Leitlinie**). Leitlinien der höchsten Klassifikation vereinen beide Aspekte (Konsensfindung und Evidenzbasierung) in gleich hohem Maße (**S3-Leitlinien**).

13.1.2.1.1 Konsensfindung

Der Aspekt der Konsensfindung adressiert im Wesentlichen, ob und inwieweit formelle oder informelle Methoden der gemeinsamen Entscheidungsfindung in Gruppenprozessen

Tab. 13.2 Qualitätsklassen der Leitlinien. (Quelle: Kopp 2009, S. 80)

Klasse	Typ	Charakteristika	Wissenschaftliche Legitimation der Methode	Legitimation für die Umsetzung
S1	Handlungs-empfehlungen von Expertinnen und Experten	Selektiertes Gremium	Niedrig	Gering
		Konsensfindung in einem informellen Verfahren		
S2k	Konsensbasierte Leitlinien	Repräsentatives Gremium	Niedrig	Hoch
		Strukturierte Konsensfindung		
S2e	Evidenzbasierte Leitlinien	Systematische Recherche, Auswahl und Bewertung der Literatur	Hoch	Gering
S3	Evidenz- und konsensbasierte Leitlinien	Repräsentatives Gremium	Hoch	Hoch
		Systematische Recherche, Auswahl und Bewertung der Literatur		
		Strukturierte Konsensfindung		

angewendet wurden. Für die Leitlinienentwicklung werden traditionell drei formelle Methoden empfohlen, die verfahrensbedingt jeweils typische Vor- und Nachteile haben und in der Praxis kombiniert eingesetzt werden können (Kopp et al. 2007; AWMF 2020, S. 110 ff.):

- **Nominaler Gruppenprozess**: Die Teilnehmer treffen sich persönlich, die Gruppe wird durch eine unabhängige und geschulte moderierende Person unterstützt. In einer Stillarbeitsphase formuliert jeder Teilnehmer seinen Standpunkt zunächst schriftlich *(Silent Generation)*. In weiteren Schritten werden alle Beiträge im Einzelumlaufverfahren registriert *(Round Robin)*, der Gruppe dargelegt, begründet, unklare Punkte erörtert und Doppelmeldungen eliminiert. Dann wird ein Trend ermittelt, erst danach diskutiert und endgültig abgestimmt.
- **Delphi-Technik**: Die Beiträge werden schriftlich und anonymisiert mittels strukturierter Fragebögen eingeholt, zusammengefasst und der Gruppe zurückgemeldet. Oft werden numerische Einschätzungen erfragt, die statistisch ausgewertet

werden können. Die Befragungsrunden werden bis zum Erreichen einer Gruppen-
antwort (Konsens oder begründeter Dissens) fortgeführt.

- **Strukturierte Konsensuskonferenz**: Im ersten Teil der Konferenz treffen sich
  die Teilnehmer in themenspezifischen Kleingruppen und erarbeiten gemeinsame
  Stellungnahmen. Im zweiten Teil der Konferenz werden von Sprechern der Gruppen
  dem Gesamtplenum die Ergebnisse der Kleingruppendiskussionen vorgetragen und
  die Stellungnahmen zur Abstimmung gebracht. Kleingruppen und Plenarsitzung
  werden durch unabhängige Moderatorinnen und Moderatoren unterstützt.

13.1.2.1.2 Evidenzbasierung

Evidenzbasierung bedeutet die systematische Recherche, Auswahl und Bewertung
empirischer Belege des vorhandenen Wissens aus **Wissenschaft** und **Praxis** zu (klinisch)
relevanten Fragestellungen. Dieses Wissen kann bereits auch in Form bestehender internationaler Leitlinien vorliegen. Die wesentlichen Arbeitsschritte sind (AWMF 2020, S.
39):

- Systematische Recherche, Auswahl und Bewertung wissenschaftlicher Belege
  (Evidenz) zu den relevanten klinischen Fragestellungen;
- Anwendung systematischer Methoden zur Suche nach der Evidenz, d. h. die Such-
  strategie ist detailliert beschrieben mit der Auflistung der verwendeten Suchbegriffe
  und Quellen (wie elektronische Datenbanken, Datenbanken systematischer Über-
  sichtsarbeiten oder für Leitlinien, von Hand durchsuchte Fachzeitschriften oder
  Kongressberichte), Zeitraum der Literatursuche und Trefferzahlen;
- Explizite Darlegung der Auswahlkriterien für die Evidenz. Dabei werden Gründe
  für den Einschluss (Zielpopulation, Studiendesign, Vergleiche, Endpunkte, Sprache,
  Kontext) und für den Ausschluss dargelegt;
- Kritische Bewertung der nach a priori festgelegten Kriterien recherchierten und
  ausgewählten Evidenz hinsichtlich ihrer methodischen Qualität und Darlegung
  der Ergebnisse in einer Evidenz-Zusammenfassung. Dies kann in Tabellenform
  mit Kommentaren zu Qualitätsaspekten oder durch die Anwendung von formalen
  Instrumenten oder Strategien, z. B. Cochrane Risk-of-Bias Tool, GRADE (Grading of
  Recommendations Assessment, Development and Evaluation)-Methodik, erfolgen.
- Feststellung der Stärke der Evidenz bzw. des Vertrauens in die Qualität der Evidenz
  (Evidenzgrad); sowie
- Nachvollziehbare Verknüpfung der Empfehlungen mit der Beschreibung der zugrunde
  liegenden Evidenz in einem entsprechenden Abschnitt (Hintergrundtext) und/oder
  einer Evidenzzusammenfassung mit Referenzliste.

Für die **Beurteilung** (Considered Judgement) der aufbereiteten Evidenzen und die
abschließende Formulierung eines **Empfehlungsgrads** sollte eine Auseinandersetzung
mit folgenden Fragestellungen vorgenommen werden (vgl. Kopp und Selbmann 2006):

- Einschätzung der Qualität der Studien und Konsistenz der Studienergebnisse,
- Abwägung zwischen verschiedenen Outcomes und deren unterschiedlichen Evidenzen hinsichtlich Nutzen und Risiken (Mortalität, Morbidität, unerwünschte Ereignisse, Lebensqualität, Surrogat-Parameter etc.),
- Prüfung der Übertragbarkeit der Studienaussagen auf die angestrebten Patienten- und Anwender-Zielgruppen der Leitlinie,
- Beurteilung der klinischen Relevanz des zu erwartenden Outcomes in den Studiendaten und unter Alltagsbedingungen,
- Prüfung der Anwendbarkeit der in den Studien favorisierten Behandlung auf das deutsche Gesundheitssystem (Finanzierbarkeit, Ressourcenbedarf, Strukturen etc.) und
- Prüfung von ethischen und rechtlichen Verpflichtungen (z. B. Handlungsbedarf bei mangelnder Datenlage).

Die **Stärke der Empfehlung** durch die Leitlinienautoren korreliert nicht notwendigerweise mit der Qualität der Evidenz, sondern sie ist immer das Ergebnis des qualifizierten Entscheidungsprozesses unter Berücksichtigung der genannten Betrachtungsgegenstände (Kriterien). Für die **Graduierung** von Empfehlungen existieren verschiedene Schemata. Bewährt hat sich das dreistufige Schema der AWMF, in dem die Graduierung in einfachen Worten wiedergegeben wird: Empfehlungsgrad A: „Starke Empfehlung" (soll; soll nicht), Empfehlungsgrad B: „Empfehlung" (sollte; sollte nicht) oder Empfehlungsgrad 0: „Empfehlung offen" (kann erwogen werden; kann verzichtet werden).

13.1.2.2 Leitlinienbewertung

Um Aussagen über die Qualität einer Leitlinie treffen zu können, wird ein Bewertungsrahmen benötigt, der sich an einheitlichen methodischen Standards orientiert. Hierzu wurde in Deutschland unter Federführung des Ärztlichen Zentrums für Qualität im Gesundheitswesens (ÄZQ) ein Bewertungsinstrument entwickelt, das Qualitätskriterien für „gute Leitlinien" definiert. Das Bewertungsinstrument trägt den Namen **DELBI** (Deutsches Instrument zur methodischen Leitlinien-Bewertung) und orientiert sich in weiten Zügen an den Vorarbeiten der europäischen AGREE-Collaboration (AGREE 2003). DELBI ermöglicht in Form eines „Checklisten"-Instruments die Beurteilung der **methodischen Qualität** von Leitlinien (AWMF und ÄZQ 2008). Das Instrument ist nicht für die Bewertung der inhaltlichen Angemessenheit von Leitlinien-Empfehlungen oder der Abbildung ihres tatsächlichen Einflusses auf die Versorgung (externe Validität) geeignet.

Das Instrument (DELBI) und die darin festgelegten Bewertungskriterien sind so allgemein gehalten, dass sie auf Leitlinien für verschiedenste klinische Fragestellungen und Versorgungsbereiche (Diagnostik, Prävention und Gesundheitsförderung, Behandlung oder Interventionen) anwendbar sind. DELBI unterstützt die *Leitlinienentwicklung,* indem es einen Orientierungsrahmen bereithält, der ein strukturiertes und qualitätsgesichertes Vorgehen ermöglicht. Gleichzeitig ist es auch ein Instrument der *Entscheidungshilfe,* mit dem beurteilt werden kann, welche Leitlinien aufgrund ihrer methodischen Qualität zur Anwendung in der Versorgungspraxis empfohlen werden können. Für diesen Anwendungsbereich bietet DELBI einen formalisierten (quantifizierbaren) Bewertungsprozess an (Begutachtungsverfahren).

DELBI enthält **34 Kriterien** für die methodische Qualität und Praktikabilität einer Leitlinie, die in 8 Domänen gegliedert sind. Die Domänen 1–6 entsprechen dem Kriterienkanon des validierten AGREE-Instruments (Appraisal of Guidelines for Research and Evaluation). Domäne 7 beschreibt spezielle Anforderungen für deutsche Leitlinien und berücksichtigt bisherige Erfahrungen in der deutschen Leitlinienbewertung. Die Domäne 8 beschreibt spezielle Anforderungen an Leitlinien, bei deren Erstellung bereits existierende Leitlinien verwendet wurden. Jede Domäne deckt eine separate *Dimension der Leitlinienqualität* ab:

- Domäne 1: **Geltungsbereich und Zweck** (Kriterien 1–3): Sie bezieht sich auf das Gesamtziel einer Leitlinie, die behandelten medizinischen Fragen bzw. Probleme und die Patienten-Zielgruppe.
- Domäne 2: **Beteiligung von Interessengruppen** (Kriterien 4–7): Sie bezieht sich darauf, in welchem Maße die Leitlinie die Sicht ihrer beabsichtigten Anwender und betroffenen Patientinnen und Patienten verkörpert.
- Domäne 3: **Methodologische Exaktheit der Leitlinien-Entwicklung** (Kriterien 8–14): Sie bezieht sich auf das Verfahren, mit dem die Evidenz gesammelt und ausgewählt wurde, sowie auf die Methoden für die Formulierung, Begutachtung und Aktualisierung der Empfehlungen.
- Domäne 4: **Klarheit und Gestaltung** (Kriterien 15–18): Sie beschäftigt sich mit der Verständlichkeit und dem Format der Leitlinie.
- Domäne 5: **Generelle Anwendbarkeit** (Kriterien 19–21): Sie betrifft die wahrscheinlichen Auswirkungen der Anwendung einer Leitlinie bezüglich Organisation, Verhalten und Kosten.
- Domäne 6: **Redaktionelle Unabhängigkeit** (Kriterien 22–23) befasst sich mit der Unabhängigkeit der Empfehlungen sowie mit der Offenlegung möglicher Interessenkonflikte seitens der Leitlinien-Entwicklungsgruppe.
- Domäne 7: **Anwendbarkeit im deutschen Gesundheitssystem** (Kriterien 24–29): Sie beschreibt zusätzliche Qualitätskriterien einer Leitlinie, die im deutschen Gesundheitswesen zur Anwendung kommen soll.
- Domäne 8 **Methodologische Exaktheit der Leitlinien-Entwicklung bei Verwendung existierender Leitlinien** (Kriterien 30–34): Sie bezieht sich auf das Verfahren, mit dem bereits existierende Leitlinien gesammelt, bewertet, ausgewählt und bei der Formulierung von Empfehlungen berücksichtigt wurden.

Kommt ein **Begutachtungsverfahren** zum Einsatz, sollten für jede Leitlinie mindestens zwei, wünschenswerterweise vier Gutachtende herangezogen werden. Zu jedem

Kriterium wird eine Einstufung mithilfe einer 4-Punkte-Skala gefordert (1 = „trifft überhaupt nicht zu"; 2 = „trifft nicht zu"; 3 = „trifft zu"; 4 = „trifft uneingeschränkt zu"), ob bzw. in welchem Ausmaß die dort formulierte Stellungnahme erfüllt wurde. In der Berechnung wird für jedes Kriterium ein Summenwert gebildet. Die Summenwerte der Kriterien innerhalb jeder Domäne werden wiederum zu einem *Domänenwert* aufaddiert. Die acht Domänenwerte werden im Sinne eines Qualitätsprofils nebeneinander bzw. voneinander unabhängig betrachtet und können nicht zu einem Qualitätsindex zusammengefasst werden. Für nationale oder internationale Vergleichsmöglichkeiten wird der Domänenwert standardisiert, indem die erreichte Domänenpunktzahl als prozentualer Anteil der jeweils maximal möglichen Punktzahl dieser Domäne dargestellt wird.

13.1.2.3 Leitlinienimplementierung

Leitlinien sind kein Selbstzweck. Ihren Nutzen entfalten sie allerdings erst mit ihrer Anwendung in der Versorgungspraxis. Nach über 20 Jahren systematische Leitlinienarbeit im deutschen Gesundheitswesen haben sie als Instrumente der professionsbezogenen Qualitätsentwicklung, als Informationsquelle für unterschiedliche Nutzerinnen- und Nutzergruppen aber auch als Werkzeuge der Qualitätssteuerung ihren Platz im deutschen Gesundheitswesen gefunden (Abb. 13.3).

Leitlinien sind auch feste Bestandteile des einrichtungsinternen Qualitätsmanagements im Gesundheitswesen geworden. Als Grundlage für die Erstellung von Behandlungspfaden (Clinical Pathways) oder die Entwicklung einrichtungsinterner Qualitätsstandards (z. B. Standards zur Therapieentscheidung oder Arzneimittel-

Abb. 13.3 Implementierung und Verwendung von Leitlinien im Gesundheitswesen. (Quelle: mod. nach Nothacker et al. 2014)

Bestandteil von Aus-, Fort- und Weiterbildung

- Studium und Fachschulausbildung
- Kongress- und Tagungsthemen
- Facharztweiterbildungen
- Continues Medical Education

Integration ins Qualitätsmanagement

- Zertifizierungs- und Akkreditierungsverfahren
- Peer-Review-Verfahren
- Qualitätszirkelarbeit
- Clinical Pathways

Übergeordnete Qualitätsanforderungen

- Disease Management Programme
- Krebsfrüherkennung
- Externe vergleichende Qualitätssicherung
- Ambulantes Qualitätsmanagement

Evaluierung der Gesundheitsversorgung

- Externe vergleichende Qualitätssicherung
- Erhebung vertragsärztlicher Routinedaten
- Registerdaten
- Versorgungsforschung

auswahl) ist ihre Bedeutung als **Informations- und Wissensressource** weitgehend unstreitig. Dennoch bleibt die Übertragung des Leitlinienwissens in den unmittelbaren Versorgungsalltag bzw. in die Organisation einer Gesundheitseinrichtung ein problematisches Dauerthema in allen Bereichen der Gesundheitsversorgung. Dem Qualitätsmanagement kommt damit auch die Aufgabe zu, Strategien und Maßnahmen zu verfolgen, Leitlinien in der Praxis für alle Beteiligten verfügbar und anwendbar zu machen und die dafür erforderlichen Bedingungen mitzugestalten.

Die Anwendung von Leitlinien wird grundsätzlich durch das Verhalten der Beteiligten bzw. die Anwendung vor Ort geprägt. Dazu werden drei Ebenen unterschieden, auf denen sich das individuelle Anwendungsverhalten analysieren und modifizieren lässt (vgl. Muche-Borowski et al. 2015):

- **Perzeption** (Wahrnehmung und Kenntnis): Wissen von der Leitlinienexistenz und Kenntnis des Leitlinieninhalts;
- **Akzeptanz** (Einstellung und Willen): Positive Bewertung der Leitlinie und Vorhaben, diese auch anwenden zu wollen;
- **Verhalten** (Umsetzung und Handeln): Leitlinie ist im Alltag verfügbar und durch den Handelnden auch anwendbar.

In der Literatur werden hemmende und förderliche Faktoren beschrieben, die in **Organisationen** die Implementierung von Leitlinien beeinflussen. Sie bauen zumeist auf theoretischen Vorstellungen der Implementierungsforschung oder auf empirische Untersuchungen zu Managementinterventionen auf. Für die organisationsinterne Analyse der Leitlinienanwendung können bekannte **Barrieren** der *Organisationsentwicklung* und *Mitarbeiterbeteiligung* herangezogen werden:

- Informationsbarrieren (Nicht-Wissen): Leitlinien und ihre Inhalte sind nicht bekannt;
- Fähigkeitsbarrieren (Nicht-Können): Für die Umsetzung einer Leitlinie fehlen spezifische Fähigkeiten und Kompetenzen;
- Risikobarrieren (Nicht-Wagen): Die Anwendung der Leitlinie ist für den Einzelnen mit Furcht und großen Risiken behaftet;
- Willensbarrieren (Nicht-Wollen): Kein Interesse oder fehlende Anreize, die Leitlinie umsetzen zu wollen;
- Organisationsbarrieren (Nicht-Dürfen): Teamverhalten, Strukturen oder betriebliche Vorgaben verhindern die Leitlinienanwendung.

Getragen und inhaltlich verantwortet werden Leitlinien letztendlich von den **Gesundheitsberufen** und ihren Berufsvertretern. Diese haben somit nicht nur ein genuines Interesse an der Nutzbarmachung der damit bereitgestellten Wissensressourcen und Entscheidungshilfen. Sie tragen auch eine besondere Verantwortung für die

Implementierung in der Versorgungspraxis. Die in der Literatur zahlreich empfohlenen **Interventionen zur Verhaltensänderung** im beruflichen, insbesondere professions-bezogenen Kontext werden oft in Maßnahmen mit *fraglichen Effekten* (z. B. Schrift-liche Verbreitung von Leitlinien, passive Fortbildungsveranstaltungen), Maßnahmen mit *gemischten Effekten* (z. B. „Audit-and-Feedback"-Verfahren, Einbindung von Meinungsführenden) und Maßnahmen mit *generellen Effekten* (z. B. Erinnerungs-hilfen, Peer-Besuche, Bildungsberatung) unterschieden (Gross et al. 2001; Koneczny und Butzlaff 2006). Die Vielzahl dieser Interventionsstrategien tragen zwar durchaus in unterschiedlichem Maße dazu bei, das Leitlinienthema stärker in den Wahrnehmungs- und Anwendungsfokus der berufsfachlichen Leistungserbringung zu rücken. Sie spielen insgesamt aber nicht nur bei der Leitlinienimplementierung eine Rolle, sondern gehören zum allgemeinen Methodenrepertoire der professionsbezogenen Qualitätsentwicklung (vgl. Hensen 2018, S. 50 ff.). Die Weichen für die notwendige Akzeptanz von Leitlinien im Gesundheitswesen und ihren Erfolg werden aber bereits mit einer breit zugänglichen und wissenschaftlich fundierten Entwicklungsmethodik sowie einer gleichermaßen ideellen wie strukturellen Institutionalisierung eines „Leitlinienwesens" im Gesundheits-wesen gestellt (Tab. 13.3).

Tab. 13.3 Barrierenanalyse zu mangelnder Akzeptanz und Umsetzung von Leitlinien und systemische Lösungsansätze. (Quelle: Kopp 2010, S. 300)

Problem	Systemischer Lösungsansatz
Angst vor Reglementierung und Einschränkung der Therapiefreiheit („Kochbuchmedizin")	Definition von Leitlinien als Entscheidungs-hilfen, klare Abgrenzung von Richtlinien
Orientierungslosigkeit („Leitlinieninflation")	Prioritätensetzung bei der Themenwahl: Begründung des Leitlinienprojekts im Anmeldeverfahren
Unsicherheit über die methodische Qualität	Existenz eines Leitlinienreports zur Methodik, Motivation zur Beachtung der DELBI-Kriterien Beratungsangebot für Leitliniengruppen
Mangelnde Verfügbarkeit und Auffindbarkeit, Kosten für Volltextbeschaffung	Kostenloser Zugang zu allen zu einer Leitlinie gehörigen Dokumenten (z. B. Internetregister)
Widersprüchlichkeit unterschiedlicher Leit-linien	Prüfung im Rahmen eines systematischen Anmeldeverfahrens
Mangelnde Transparenz möglicher Interessen-konflikte von Leitlinienautorinnen und -heraus-gebenden	Darlegung des Umgangs mit potenziellen Interessenkonflikten in der Darlegung der Leit-linienentwicklung (Leitlinienreport)
Unsicherheit über die Legitimation	Verabschiedung durch die Vorstände aller an der Entwicklung beteiligten Fachgesellschaften
Mangelnde Aktualität	Entfernung von Leitlinien aus den Registern nach Ablauf der von den Autoren angegebenen Gültigkeitsdauer (max. nach 5 Jahren)

13.1.2.4 NVL – Versorgungsleitlinien

Leitlinien zielen grundsätzlich darauf ab, Entscheidungen in der medizinischen Versorgung auf eine rationalere Basis zu stellen. Medizinische Leitlinien stellen überwiegend auf spezifische Krankheitssituationen und definierte Teilbereiche des Versorgungsgeschehens ab und adressieren nur selten organisatorische Rahmenbedingungen der Patientenversorgung. Im Kontext der Förderung von Vernetzung medizinischer Leistungen in integrierte, verschiedene Bereiche übergreifende Versorgungsformen (z. B. Modelle der Integrierten Versorgung oder Disease-Management-Programme) wurde im Jahr 2003 das Programm der **Nationalen Versorgungsleitlinien** (NVL-Programm) aufgelegt. Getragen wird das Programm von der Kassenärztlichen Bundesvereinigung (KBV), der Bundesärztekammer (BÄK) und der AWMF; koordiniert und methodisch begleitet wird es vom Ärztlichen Zentrum für Qualität in der Medizin (ÄZQ).

▶ **Nationale Versorgungsleitlinien** sind versorgungsbereichsübergreifende Leitlinien zu ausgesuchten Erkrankungen hoher Prävalenz unter Berücksichtigung der Methoden der Evidenzbasierten Medizin (EbM).

Inhaltlich werden Versorgungsleitlinien von den Mitgliedsgesellschaften der AWMF entwickelt. Die Erarbeitung der Versorgungsleitlinie erfolgt unter Berücksichtigung bereits bestehender nationaler und internationaler Konzepte der Leitlinienentwicklung, insbesondere des AWMF-Regelwerks und des DELBI-Bewertungsinstruments. **Kriterien** für die Auswahl von „NVL-Themen" sind ein sektorenübergreifender Behandlungsbedarf, die Häufigkeit der Erkrankung und eine signifikante Krankheitslast (vgl. BÄK et al. 2017).

Darüber hinaus werden am gesamten NVL-Erstellungsprozess auch systematisch **Patientinnen- und Patientenvertreter** beteiligt. Ihre Benennung erfolgt über die Dachverbände der Selbsthilfeorganisationen und läuft nach einem transparenten, standardisierten Verfahren. Ferner wird die fertig gestellte NVL nicht nur in einer „Expertenleitlinie", sondern gleichzeitig auch in einer für Laien verständlichen „Patientenleitlinie" veröffentlicht. Gegenüber den Medizinischen Leitlinien existiert zusätzlich noch ein externes **Begutachtungsverfahren.** Hierzu wird vor der Veröffentlichung der endgültigen Version einer NVL der Entwurf in einem öffentlich zugänglichen Diskussionsforum für Kommentierungen bereitgestellt. Beiträge der interessierten Fachöffentlichkeit, von Vertretern verschiedener Interessengruppen oder auch individuelle Beiträge werden zur Kommentierung durch Expertinnen- und Experten gesammelt und diskutiert. Optional kann eine externe Begutachtung auch durch Stellungnahmen ausländischer Experten erfolgen (z. B. G-I-N-Netzwerk).

Komponenten einer NVL (Quelle: Ollenschläger 2008, S. 8)

- Langfassung der NVL (enthält die graduierten Empfehlungen, erläutern den Hintergrundtext, Quellenangaben und -darlegungen)
- Kurzfassung der NVL (enthält die graduierten Empfehlungen und kurze begleitende Statements)
- Leitlinienreport (Darlegung des methodischen Vorgehens)
- Patientenleitlinie (durch Patientinnen und Patienten erstellte Leitlinie zum Thema, inhaltlich auf der jeweiligen NVL basierend)
- Praxishilfen (Kurzdarstellungen der wesentlichen Aussagen der NVL zur schnellen Orientierung)
- Checklisten und Dokumentationshilfen für spezifische Qualitätsmanagementsysteme
- Materialien für die zertifizierte Fortbildung
- Zusätzliche Hintergrundmaterialien (z. B. Evidenztabellen, Leitliniensynopsen).

Nationale Versorgungsleitlinien wurden mittlerweile zu den folgenden **Themen** veröffentlicht: Asthma, COPD, Diabetes (Fuß- und Netzhautkomplikationen, Neuropathie, Nierenerkrankungen, Strukturierte Schulungsprogramme und Therapie), Hypertonie, Herzinsuffizienz, Chronische KHK, Kreuzschmerz und Unipolare Depression.

13.1.2.5 OL – Onkologische Leitlinien

Ein speziell auf Krebserkrankungen ausgerichtetes Leitlinienprogramm wurde im Jahr 2008 von der Deutschen Krebsgesellschaft (DKG) und der Deutschen Krebshilfe (DKH) zusammen mit der AWMF entwickelt, das sogenannte Leitlinienprogramm Onkologie (OL). Durch die beiderseitige Unterstützung von Fachgesellschaft (DKG) und Selbsthilfeorganisation (DKH) sollen einerseits professionelle und mittelfristig **finanziell gesicherte Voraussetzungen** für die Entwicklung und Bereitstellung hochwertiger Leitlinien geschaffen werden. Andererseits soll durch dieses Programm – ähnlich wie bei den NVL – eine frühzeitige und aktive Einbindung von Patientinnen und Patienten bei der Leitlinienentwicklung und die Bereitstellung von speziellen **Leitlinienversionen für Patientinnen und Patienten** („Patientenleitlinien") gewährleistet werden.

▶ **Onkologische Leitlinien** sind Leitlinien zu onkologischen Themen auf dem Boden von Evidenzbasierung, Konsensfindung und Patientinnen- und Patientenorientierung.

Koordiniert wird die Leitlinienarbeit zentral durch die DKG. Hierdurch soll eine Verankerung der Leitlinienarbeit in das bestehende Netzwerk von **Qualitätsinitiativen** in der onkologischen Versorgung erreicht werden (z. B. Leitliniengruppen, Krebsregister, zertifizierte Krebszentren und sektorenübergreifende Qualitätssicherung). Durch die

enge Zusammenarbeit mit der AWMF wird die methodische Qualität in der Leitlinien-
erstellung und -bewertung (AWMF-Regelwerk, DELBI) gewährleistet.

Onkologische Leitlinien (OL) wurden mittlerweile zu folgenden **Themen** ver-
öffentlicht: Analkarzinom, Adulte Weichgewebesarkome, Aktinische Keratosen und
Plattenepithelkarzinom der Haut, Chronische Lymphatische Leukämie (CLL), Endo-
metriumkarzinom, Follikuläres Lymphom, Harnblasenkarzinom, Hautkrebs-Prä-
vention, Hepatozelluläres Karzinom (HCC) und biliäre Karzinome, Hodentumoren,
Hodgkin-Lymphom, Kolorektales Karzinom, Komplementärmedizin, Larynxkarzinom,
Lungenkarzinom, Magenkarzinom, Mammakarzinom, Melanom, Multiples Myelom,
Mundhöhlenkarzinom, Nierenzellkarzinom, Ovarialkarzinom, Ösophaguskarzinom,
Palliativmedizin, Pankreaskarzinom, Peniskarzinom, Prostatakarzinom, Psychoonko-
logie, Supportive Therapie, Zervixkarzinom und Zervixkarzinom-Prävention.

13.1.3 Expertenstandards in der Pflege

Expertenstandards können verallgemeinernd als **professionsbezogene Qualitätsaussagen** der Pflegeberufe bezeichnet werden. Sie verstehen sich als evidenzbasierte, mono-
disziplinäre Instrumente der Qualitätsentwicklung, die den spezifischen Beitrag der
Pflege für die Gesundheitsversorgung zu zentralen Qualitätsrisiken aufzeigen (DNQP
2019, S. 7). Seit 1999 werden sie unter der Federführung des *Deutschen Netzwerks für
Qualitätsentwicklung in der Pflege (DNQP)* in Zusammenarbeit mit dem Deutschen
Pflegerat (DPR) entwickelt (Büscher und Möller 2014). Mit dem Begriff Expertenstandard soll in Abgrenzung zum eher allgemeineren Begriff des „Pflegestandards" deutlich werden, dass sich dieser nicht auf beliebigem Weg herausgebildet hat, sondern von
Pflegefachleuten aus Wissenschaft und Praxis entwickelt und abgestimmt wurde (Gaßner
und Strömer 2012).

▶ **Expertenstandards** definieren ein professionell abgestimmtes Leistungsniveau,
das den Bedürfnissen der damit angesprochenen Population angepasst ist, Kriterien
zur Erfolgskontrolle der Pflege enthält und in allen Einsatzfeldern der Pflegepraxis zur
Anwendung kommen kann (Büscher und Möller 2014).

Nach ihrem eigenen Verständnis geben sie die **Zielsetzung** (Qualitätsziele) bzw. das
Qualitätsniveau komplexer, interaktionsreicher pflegerischer Aufgaben sowie Handlungsalternativen und Handlungsspielräume in der direkten Pflegehandlung vor, ohne
dem Charakter von Anweisungen oder Richtlinien zu entsprechen. Im Gegensatz zu
Leitlinien, die als Empfehlungen und Entscheidungshilfen für die Versorgungspraxis
entwickelt werden („Quasi-Standard"), haben Expertenstandards in der Pflege darüber
hinaus den Anspruch, ein **professionsbezogenes Qualitätsniveau** (im engeren Sinne
auch „Leistungsniveau") für ausgewählte Pflegesituationen zu definieren. Vergleichbar

mit Leitlinien bilden *Konsensfindung* und *Evidenzbasierung* auch bei der Entwicklung von Expertenstandards die methodischen Eckpfeiler.

Vom DNQP entwickelte Expertenstandards [Stand 2022]
- Dekubitusprophylaxe in der Pflege
- Entlassungsmanagement in der Pflege
- Schmerzmanagement in der Pflege
- Sturzprophylaxe in der Pflege
- Förderung der Harnkontinenz in der Pflege
- Pflege von Menschen mit chronischen Wunden
- Ernährungsmanagement zur Sicherung und Förderung der oralen Ernährung in der Pflege
- Förderung der physiologischen Geburt
- Beziehungsgestaltung in der Pflege von Menschen mit Demenz
- Förderung der Mundgesundheit in der Pflege
- Erhaltung und Förderung der Mobilität (Expertenstandard nach § 113a SGB XI).

Mit dem 2008 in Kraft getretenen Pflege-Weiterentwicklungsgesetz (PfWG) hat der Gesetzgeber die Entwicklung und Aktualisierung von Expertenstandards den Vertretern von Pflegeeinrichtungen und Pflegekassen auf Bundesebene übertragen. Gemäß § 113a SGB XI sollen Expertenstandards fortan für alle Pflegeheime und Pflegedienste im Bereich des **SGB XI** unmittelbar verbindlich sein. Mit der **sozialrechtlichen Verbindlichkeit** erlangt ein solcher Expertenstandard künftig auch den Status haftungsrechtlicher Sorgfaltspflichten. Voraussetzung hierfür ist jedoch, dass dieser auch im Rahmen bzw. nach den Bestimmungen des § 113a SGB XI entwickelt wurde (z. B. Vergabe der Entwicklung durch öffentliche Ausschreibung).

Es muss also künftig unterschieden werden zwischen Expertenstandards, die nach dem **Verfahren des § 113a SGB XI** zustande gekommen sind, und andere, die *außerhalb* des Verfahrens nach § 113a SGB XI entwickelt wurden. Die Mehrheit der verfügbaren Expertenstandards sind außerhalb des Verfahrens nach § 113a SGB XI entstanden, d. h. von der DNQP entwickelt und aktualisiert worden. Sie sind daher nicht von Gesetzes wegen verbindlich. Sie gelten als Aussagen aktueller pflegerischer Erkenntnisse und verfolgen die bereits ausgeführten Zielsetzungen der professionsbezogenen Qualitätsentwicklung. Trotz der durch den Gesetzgeber geschaffenen Verunsicherung hinsichtlich der Verbindlichkeit einzelner Expertenstandards wird die Entwicklung und Aktualisierung von Expertenstandards auch in Zukunft in den *Händen der Pflegeberufe* verbleiben und von der DNQP in bewährter Weise fortgesetzt (Büscher und Blumenberg 2018, S. 97).

Den Auftrag für den ersten und bislang einzigen Expertenstandard nach dem Verfahren des § 113a SGB XI hatten die Vertragsparteien der Selbstverwaltung an das

DNQP vergeben. Der konsentierte Expertenstandard „Erhaltung und Förderung der Mobilität" konnte den Vertragsparteien im Jahr 2014 übergeben werden. Im Auftrag der Vertragsparteien nach § 113 SGB XI wurde dieser im Jahr 2016 mit wissenschaftlicher Begleitung modellhaft implementiert. Der erweiterte Qualitätsausschuss Pflege hat im Jahr 2018 die *freiwillige* Einführung des Expertenstandards Mobilität für zunächst zwei Jahre beschlossen. Parallel dazu soll sowohl eine Aktualisierung des Expertenstandards erfolgen als auch die dazugehörende Begleitforschung durchgeführt werden. Wie die verbindliche Anwendung dieses und ggf. nachfolgender Expertenstandards nach § 113a SGB XI in Zukunft wirksam und rechtssicher gestaltet wird, ist noch nicht abschließend geklärt.

Elemente eines Pflegestandards

- Standardaussage (Zielsetzung): Festlegung des Qualitätsniveaus
- Begründung: Zweck des vorliegenden Expertenstandards
- Strukturkriterien: Voraussetzungen zur Umsetzung des Standards
- Prozesskriterien: Durchzuführende pflegerische Handlungen zur Erreichung des Qualitätsniveaus
- Ergebniskriterien: Messbare Ergebnisse zeigen an, ob das Qualitätsniveau erreicht wurde.
- Kommentierung der Standardkriterien
- Literaturrecherche und -auswahl
- Dokumentation der Implementierung

13.1.3.1 Entwicklung

Die Expertenstandards des DNQP werden in einem mehrstufigen Prozess entwickelt, konsentiert, modellhaft implementiert und aktualisiert. Das methodische Vorgehen orientiert sich an international anerkannten Regeln der Standard- und Leitlinienentwicklung und wird kontinuierlich weiterentwickelt (Abb. 13.4). Die Koordinationsarbeit für alle Phasen obliegt dem DNQP (vgl. DNQP 2019):

- **Themenfindung:** Vorschläge für die Entwicklung von Expertenstandards werden vom DNQP gesammelt und aufbereitet. Der Lenkungsausschuss trifft die Auswahl nach bestimmten Kriterien, z. B. ob es sich um pflegeepidemiologisch relevante Qualitätsrisiken handelt und ob durch den Expertenstandard eine Qualitätssteigerung der Pflege zu erwarten ist. Überdies sollten die Pflegemaßnahmen ausreichend komplex und interaktionsreich sein.
- **Erstellung der Literaturstudie und Bewertung des Wissensstandes:** Zur Identifikation und Aufbereitung der vorliegenden Evidenz zum Thema des Expertenstandards werden die relevanten Fragestellungen systematisch in den einschlägigen Datenbanken verfolgt. Die methodische Bewertung und Zusammenfassung der Studien erfolgt durch mindestens zwei unabhängig voneinander arbeitende Reviewer,

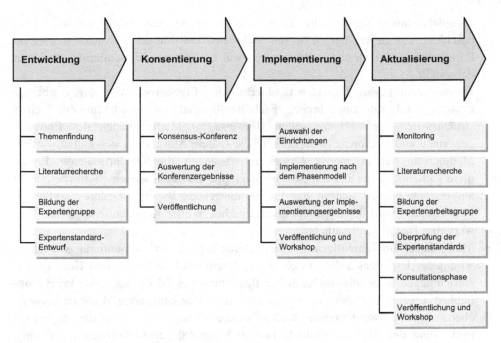

Abb. 13.4 Entwicklung, Konsentierung, Implementierung und Aktualisierung von Experten-standards. (Quelle: DNQP 2019)

während die inhaltliche Bewertung auf der Grundlage der Literaturstudie vorrangig der Expertenarbeitsgruppe obliegt.

- **Bildung unabhängiger Expertenarbeitsgruppen:** Durch öffentliche Ausschreibung wird zu jedem Thema eine Expertenarbeitsgruppe gebildet (ca. 8–12 Mitglieder). Diese wird in ihrer Arbeit vom wissenschaftlichen Team des DNQP begleitet und unterstützt. Die Arbeitsgruppe ist monodisziplinär zusammengesetzt und besteht zu etwa gleichen Teilen aus Mitgliedern der Pflegepraxis und Pflegewissenschaft mit ausgewiesener Fachexpertise zum Thema des Expertenstandards. Außerdem werden Patientenvertreter und – je nach Thema – auch Fachexperten aus anderen Berufs-gruppen in beratender Funktion hinzugezogen. Die Aufgabe der Expertenarbeits-gruppe besteht in der Bewertung des durch eine Literaturstudie zusammengestellten Erkenntnisstandes und der Erarbeitung eines ersten Entwurfs des Expertenstandards.
- **Erarbeitung des Expertenstandard-Entwurfs:** Die inhaltliche Verantwortung für die Ausarbeitungen trägt die Expertenarbeitsgruppe, die methodische Verantwortung hat das wissenschaftliche Team des DNQP. Die Erarbeitung des Expertenstandard-Entwurfs erfolgt arbeitsteilig zwischen Expertenarbeitsgruppe, wissenschaftlichem Team und Lenkungsausschuss des DNQP. Die Diskussionsprozesse und die Konsens-findung in der Expertenarbeitsgruppe werden formalisiert, wie es zum Erreichen eindeutiger Voten notwendig ist. Grundsätzlich wird ein Konsens angestrebt und

als solcher ausgewiesen. Sollte dieser nicht zu erzielen sein, erfolgt ein Mehrheits-
beschluss. Die Begründungen für das Mehrheits- und Minderheitsvotum werden im
Protokoll festgehalten und in geeigneter Form im weiteren Konsentierungsverfahren
dargestellt.

- **Konsentierung von Expertenstandards:** Die Ergebnisse bzw. der erarbeitete
  Entwurf wird nun einer breiten Fachöffentlichkeit vorgestellt. Im Zuge eines
  strukturierten Fachdiskurses sollen Hinweise zu Modifikationen des Entwurfs
  gewonnen und eine breite Akzeptanz für die spätere Anwendung geschaffen werden.
  Methodisch werden hierzu *Konsensuskonferenzen* durchgeführt, deren Ergebnisse gemeinsam von der Expertenarbeitsgruppe und dem wissenschaftlichen Team
  ausgewertet werden und in die Endversionen des Expertenstandards einfließen.
  Abschließend wird der Expertenstandard inklusive aller Kommentierungen als Entwurf vom DNQP veröffentlicht.

- **Modellhafte Implementierung:** Nach Durchführung der Konsentierungsverfahren
  wird jeder Expertenstandard in ca. 25 unterschiedlichen Pflege- und Gesundheitseinrichtungen unter wissenschaftlicher Begleitung des DNQP auf seine Praxistauglichkeit überprüft. Dabei sollen mithilfe eines standardisierten *Audit-Instruments*
  ebenso Erkenntnisse gewonnen werden, welche Voraussetzungen für die nachhaltige
  Einführung des Expertenstandards in stationären Pflegeeinrichtungen, ambulanten
  Pflegediensten und Krankenhäusern bedeutsam sind. Die abschließende Bewertung
  und Überarbeitung mündet in einer Buchveröffentlichung des konsentierten Expertenstandards mit Kommentaren und Literaturstudie, dem Audit-Instrument sowie dem
  Bericht über Verlauf und Ergebnisse der Standardentwicklung.

- **Regelmäßige Aktualisierung:** Spätestens fünf Jahre nach der Erstveröffentlichung
  sollen regelmäßige Aktualisierungen des Expertenstandards vorgenommen werden.
  Durch jährliche Monitoring-Verfahren soll gewährleistet werden, dass relevante Veränderungen zu den einzelnen Expertenstandards berücksichtigt werden. Dabei wird
  geprüft, ob eine vorzeitige Aktualisierung des Expertenstandards erforderlich ist oder
  ob diese im Rahmen der regulären Aktualisierung ausreichend ist. Die Schritte der
  Aktualisierung entsprechen prinzipiell dem der Entwicklung von Expertenstandards.

Expertenstandards legen den **Beitrag der Pflege** für eine interdisziplinäre und interprofessionelle Gesundheitsversorgung offen. Ähnlich wie bei Leitlinien hängt sowohl
die Akzeptanz als auch die Anwendung von Expertenstandards weitgehend von
ihrer *methodischen Qualität,* d. h. der nachvollziehbaren Evidenzbasierung und der
systematischen Konsensfindung, ab. Diesen wichtigen methodischen Anspruch verfolgen beide Konzepte, Expertenstandards wie auch Leitlinien, gleichermaßen intensiv
(Abb. 13.5). Expertenstandards sind daher auch keine mit (medizinischen) Leitlinien
konkurrierenden Instrumente. Mit der Darlegung eines professionell abgestimmten und
evidenzbasierten pflegerischen Wissensstands liefern Expertenstandards im Gegenteil
eine gute Voraussetzung für die gelingende professionelle Kooperation in der Gesundheitsversorgung.

Abb. 13.5 Methodische Gemeinsamkeiten bei der Erstellung von Leitlinien und Experten-standards

13.1.3.2 Implementierung

Als Instrumente der professionsbezogenen Qualitätsentwicklung sehen sich Experten-standards – ähnlich wie Leitlinien oder vergleichbare Wissensressourcen – mit dem Problem der Umsetzung und konkreten Anwendung in den Gesundheits- und Pflegeein-richtungen vor Ort konfrontiert. Um den Prozess der Implementierung von Experten-standards in den Versorgungsalltag zu systematisieren und deren Anwendung zu evaluieren, hat die DNQP ein **Phasenmodell** entworfen (DNQP 2019, S. 17 ff.):

- **Phase 1:** Fortbildungen zum Expertenstandard (ca. vier Wochen bis zu 20 Wochen): Diese beinhalten zu Beginn die Erfassung des Fortbildungsbedarfs zum jeweiligen Expertenstandardthema und daraufolgend die Planung und Durchführung ent-sprechender Fortbildungsveranstaltungen (z. B. Kick-off-Veranstaltungen zu Beginn der Einführung). Sowohl Fortbildungsthemen, Umfang als auch Fortbildungsform sind dem jeweiligen Bedarf des Pflegeteams anzupassen. Als Fortbildungen gelten sowohl klassische Fortbildungsveranstaltungen als auch Mikroschulungen oder die supervidierte Anwendung von Expertenstandardinhalten mit fachlichem Input. Fort-bildungen finden je nach Bedarf auch in späteren Implementierungsphasen statt.
- **Phase 2:** Anpassung einzelner Standardkriterien an die besonderen Anforderungen der Zielgruppe oder der Einrichtung im Sinne einer Konkretisierung (ca. acht Wochen): Diese Phase sieht eine vertiefte inhaltliche Auseinandersetzung mit den Kriterien und den Kommentierungen des Standards vor. Hierbei werden einzelne

Umsetzungsfragen geklärt. Wenn besondere Bedingungen bei der Zielgruppe (z. B. diagnosebezogene oder kulturelle Besonderheiten) oder der Einrichtung (z. B. räumliche oder organisatorische Voraussetzungen) vorliegen, werden die Standardkriterien entsprechend konkretisiert und angepasst. Die Kernaussagen der einzelnen Struktur-, Prozess- und Ergebniskriterien des Standards sollten unverändert bleiben und mit der Konkretisierung das angestrebte Qualitätsniveau des Standards nicht unterschritten werden.

- **Phase 3:** Einführung und Anwendung des Expertenstandards (ca. acht Wochen): Der Beginn der offiziellen Standardeinführung wird mit einer zweiten Kick-off-Veranstaltung signalisiert. Allen Pflegenden sollte Gelegenheit zu angeleiteter und supervidierter Erprobung der im Expertenstandard empfohlenen Handlungsschritte gegeben werden. Darüber hinaus sollte eine Prozessbegleitung für Rückfragen und Feedback gewährleistet werden. Ausreichende personelle Ressourcen für die individuelle Anleitung und das Ausprobieren sind unverzichtbar.

- **Phase 4:** Datenerhebung mit standardisiertem Audit-Instrument (ca. vier Wochen): Das Audit ist die letzte Phase des Implementierungsprozesses. Mit diesem Verfahren werden alle Kriterienebenen des Standards in der Umsetzung und damit der Status der Implementierung überprüft. Es wird dabei auf drei Datenquellen zurückgegriffen: die Pflegedokumentation, die Patienten- bzw. Bewohnerbefragung und die Personalbefragung. Alle Antwortvorgaben sind „Ja/Nein"-Optionen mit der Möglichkeit eines Kommentars. Durchgeführt wird das Audit von Qualitätsverantwortlichen und -experten, die nicht in der zu auditierenden Pflegeeinheit arbeiten. Um verwertbare Aufschlüsse über den Implementierungsstand zu erhalten, sollten geeignete Stichprobengrößen gewählt werden und die Audits in regelmäßigen Abständen wiederholt werden.

Innerhalb eines **Lebenszyklus** eines Expertenstandards kann ein solches Phasenmodell sowohl während des *Entwicklungsprozesses* und der regelmäßigen *Aktualisierung* zur Anwendung kommen (modellhafte Erprobung) als auch als Handlungsmodell für die konkrete *Implementierung* in den Versorgungsalltag vor Ort. Eine solch strukturierte Vorgehensweise bei der Implementierung kann durch die Entwicklung von Gebrauchsanleitungen für jeden einzelnen Expertenstandard unterstützt werden, um die wichtigen Inhalte der Expertenstandards alltagstauglich aufzubereiten (Schmidt 2009).

13.2   Versorgungssicherheit

Sicherheit in der Gesundheitsversorgung bzw. Patientinnen- und Patientensicherheit ist spätestens seit dem Bericht „To err is human" des National Instituts of Health (USA) länderübergreifend zu einem **zentralen Thema** der Gesundheitspolitik und der Qualität in Gesundheitssystemen geworden (Kohn et al. 2000). So hat auch die *Europäische*

Union (EU) dieses Thema als dringlich und prioritär erkannt und alle Mitgliedsstaaten aufgefordert, Patientinnen- und Patientensicherheit auf ihre gesundheitspolitische Agenda zu nehmen. In EU-Empfehlungen werden insbesondere Fehlerberichtssysteme und gezielte Fort- und Weiterbildungsinitiativen für die Mitarbeitenden in Gesundheitseinrichtungen gefordert (vgl. Gausmann 2015, S. 11). Von der *World Health Organization* (WHO) wurde überdies ein ganzes Maßnahmenpaket zur Patientinnen- und Patientensicherheit in Gestalt von Handlungsfeldern (Action Areas) formuliert, um Gesundheitseinrichtungen bei ihrer Organisationsentwicklung zu unterstützen (Delnoij und Hafner 2013). Folgerichtig sind Maßnahmen zur Förderung von Patientinnen- und Patientensicherheit mittlerweile umfangreich im *Sozialgesetzbuch* (z. B. § 135a SGB V) und in untergesetzlichen *Normen* (z. B. Qualitätsmanagement-Richtlinien des G-BA) verankert. Darüber hinaus sind Patientinnen- und Patientensicherheitsziele und entsprechende Kriterien zu festen Bestandteilen von *Zertifizierungsanforderungen* im Gesundheitswesen geworden (z. B. KTQ-Kriterien, JCI-Standards), häufig in Kombination mit Anforderungen an das klinische Risikomanagement.

Die Sorge um die Sicherheit von Personen und die Umsetzung gezielter Maßnahmen zur Vorbeugung von Schadensereignissen und Unglücksfällen sind im Gesundheitswesen aber nicht neu. Sie sind im Gegenteil tief im professionellen **Selbstverständnis der Gesundheitsberufe** verankert („Primum nihil nocere"). Sicherheit ist selbstverständlicher Anspruch „guter klinischer Praxis" in der Versorgung („Safety first"-Paradigma) und gleichzeitig Ziel wie auch Gegenstand bereits bestehender Konzepte und Methoden professionsbezogener **Qualitätssicherung und -entwicklung** (z. B. Fallkonferenzen, Team-Timeout-Verfahren, Peer-Review-Verfahren).

In Anlehnung an die Fehler- und Fehlerfolgenbegriffe des Risikomanagements (Kap. 11) wird Sicherheit vielfach als Zustand der „Abwesenheit von Unerwünschten Ereignissen" definiert (vgl. Schrappe 2005). Prozess- und handlungstheoretisch schließt der Begriff allerdings auch sämtliche Maßnahmen ein, die dazu beitragen, Unerwünschte Ereignisse zu vermeiden. Eine differenzierte **Begriffsanalyse** betont in dem Zusammenhang besonders die *Fähigkeit,* mit Unsicherheiten produktiv umzugehen und Veränderungen aktiv herbeizuführen. Nach Schrappe (2018, S. 11) ist Patientinnen- und Patientensicherheit daher „das aus der Perspektive der Patienten bestimmte Maß, in dem handelnde Personen, Berufsgruppen, Teams, Organisationen, Verbände und das Gesundheitssystem

- einen Zustand aufweisen, in dem Unerwünschte Ereignisse selten auftreten, Sicherheitsverhalten gefördert wird und Risiken beherrscht werden,
- über die Eigenschaft verfügen, Sicherheit als erstrebenswertes Ziel zu erkennen und realistische Optionen zur Verbesserung umzusetzen, und
- in der Lage sind, ihre Innovationskompetenz in den Dienst der Verwirklichung von Sicherheit zu stellen."

Zum Themenkomplex Versorgungssicherheit bzw. Patientinnen- und Patientensicherheit werden im Folgenden Aspekte der Fehler- und Sicherheitskultur, der Messung und Bewertung von Patientinnen- und Patientensicherheit sowie praxisrelevante Aktivitäten zur Förderung von Sicherheit in Gesundheitsreinrichtungen näher erläutert.

13.2.1 Sicherheitskultur

In „organisierten Handlungssystemen" steht der Begriff Organisationskultur (auch: Unternehmenskultur) kurz gefasst für das gelebte und sichtbare *Werte- und Normensystem* einer Institution bzw. Einrichtung. In ihr spiegeln sich die grundlegenden Annahmen und Überzeugungen ihrer Mitglieder. Von der Organisationskultur wurde bereits der Begriff **Qualitätskultur** als eine besondere Ausprägungsform der Organisationskultur hinsichtlich eines gemeinsamen und geteilten Verständnisses für die Qualität der Entscheidungen, Handlungen und deren Ergebnisse abgeleitet (Kap. 5).

Für das Risikomanagement wurde darüber hinaus die Bedeutung einer (konstruktiven) **Fehlerkultur** vorgestellt, die als Teilkonstrukt der Organisations- und Qualitätskultur gefasst werden kann. Der Begriff Fehlerkultur steht für das Ausmaß, die Art und die Tiefe der organisationalen Auseinandersetzung mit innerbetrieblichen Fehlern („Offenheit und Bereitschaft, aus Fehlern zu lernen"). Im Kontext von Patientinnen- und Patientensicherheit bildet sich mit dem Begriff **Sicherheitskultur** ein weiteres Teilkonstrukt der Organisations- und Qualitätskultur heraus. Die Begriffe Fehler- und Sicherheitskultur sind eng miteinander verwoben, allerdings nicht völlig deckungsgleich, wenngleich sie häufig synonym gebraucht werden.

▶ **Sicherheitskultur** Teilkonstrukt der Organisations- und Qualitätskultur, das durch das Ausmaß des Wissens, Bewusstseins und Verhaltens der Organisationsmitglieder bestimmt wird, die Sicherheit in der Versorgung erhöhen.

Eine (konstruktive) Fehlerkultur bedingt und befördert eine günstige Sicherheitskultur, sie fokussiert aber in erster Linie den Umgang mit Fehlern (und Beinahe-Fehlern) und die damit verbundenen Lerneffekte. Als Sicherheitskultur wird über den problemorientierten Umgang mit Fehlern hinaus der gesamte „Wissens-, Werte- und Symbolvorrat" einer Gesundheitseinrichtung verstanden, der die Organisation dazu befähigt, die Sicherheit in der Versorgung auch tatsächlich zu verbessern (Pfaff et al. 2009). Sicherheitskultur ist hiernach der weiter gefasste Begriff, der konkrete Sicherheitsziele, Handlungen und Verbesserungsmaßnahmen impliziert sowie präventiv günstige Bedingungen zur kollektiven Gefahrenabwehr und einen achtsamen Umgang mit Unvorhergesehenem verfolgt (Tab. 13.4).

Tab. 13.4 Akzente und Schwerpunkte von Fehler- und Sicherheitskultur

	Fehlerkultur	Sicherheitskultur
Hintergrund	Organisations- und prozesstheoretische Zugänge	Komplexitäts- und systemtheoretische Zugänge
Schwerpunkt	(Reaktiver) Umgang mit Fehlern	(Proaktives) Erzeugen von Sicherheit
Orientierung	Problemorientierter „Fehler-Begriff"	Vorbeugender „Sicherheits-Begriff"
Leitgedanke	Lernen aus Fehlern zur Fehlervermeidung	Befähigen zu sicherheitsförderlichen Denken und Handeln

Eine wichtige **Determinante** der Fehlerkultur – und in der Folge auch der Sicherheitskultur – wird im *Sozialkapital* gesehenen (Sicherheitskultur-Modell nach Pfaff). Nach der Kapitaltheorie von Pierre Bourdieu werden mit dem Begriff **Sozialkapital** die (notwendigen) Beziehungs- und Zusammengehörigkeitsressourcen von Personen und Gruppen und der daraus erwachsene Nutzen für die Zusammenarbeit in Organisationen angesprochen. Die wichtigsten Säulen dieses Sozialkapitals bilden gegenseitiges *Vertrauen,* die gemeinsam geteilten *Werte* und *Überzeugungen* und die daraus entstehenden *sozialen Beziehungen* (Kroll und Lampert 2007). Mit dieser individuellen wie gemeinschaftlichen (Organisations-)Ressource bzw. durch das darin angelegte Vermögen zu sozialer Kooperation wird der Grundstein für die erforderlichen „offenen Kommunikationsstrukturen" und den Auf- und Ausbau der gewünschten Sicherheitskultur gelegt (Abb. 13.6).

Wechselseitig prägt die Sicherheitskultur wiederum die Normen, Regeln, Rollen und Sicherheitsstandards innerhalb der Organisation, die auf die **Verhaltensebene** durchschlagen (Modell des sicherheitsförderlichen Verhaltens). Das gewünschte sicherheits-

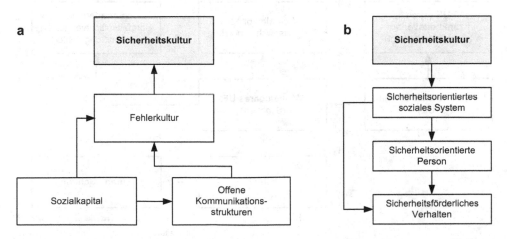

Abb. 13.6 Modelle der Sicherheitskultur: **a** Einfaches Sicherheitskultur-Modell; **b** Modell des sicherheitsförderlichen Verhaltens. (Quelle: Pfaff et al. 2009, S. 495)

förderliche Verhalten der Organisationsmitglieder kann über implizite und explizite Wege erreicht werden. Beim *impliziten Weg* werden die in der Organisation vorherrschenden sicherheitsrelevanten Normen und Regeln von den Organisationsmitgliedern mit der Zeit verinnerlicht und prägen das individuelle sicherheitsrelevante Verhalten aus eigener Überzeugung (Abb. 13.6). Beim *expliziten Weg* wird die Verhaltensbildung durch Sanktionierung von nicht sicherheitsrelevantem Verhalten direkt durch die Organisation bzw. Leitungsebene gesteuert (Pfaff et al. 2009). Mit den dargelegten Faktoren und Wegen zur Ausbildung von sicherheitsförderlichem Verhalten werden auch Stellschrauben und Ansatzpunkte zur Entwicklung der gewünschten Sicherheitskultur sichtbar.

13.2.2 Sicherheitsindikatoren und schwerwiegende Ereignisse

Um Sicherheit als **Qualitätskriterium** der Versorgungsqualität sichtbar werden zu lassen, sollten in bekannter Weise Kennzahlen und Indikatoren gebildet werden (Kap. 6). Häufig werden eigens so benannte Patientensicherheitsindikatoren (PSI) herangezogen. Dabei handelt sich um eine besondere Gruppe von Qualitätsindikatoren, die potenziell **vermeidbare unerwünschte Ereignisse** (Preventable Adverse Events) wie chirurgische oder iatrogene Komplikationen abbilden (Theisen et al. 2011). PSI adressieren insbesondere schwere und relevante Ereignisse mit hoher Dringlichkeit zur Prävention und Analyse und zeigen Probleme auf, die durch die Versorgung und nicht durch die Erkrankung selbst bedingt sind (Abb. 13.7). Nomenklatur und Systematik der Sicherheitsbegriffe bauen auf den Grundbegriffen des (klinischen) Risikomanagements auf

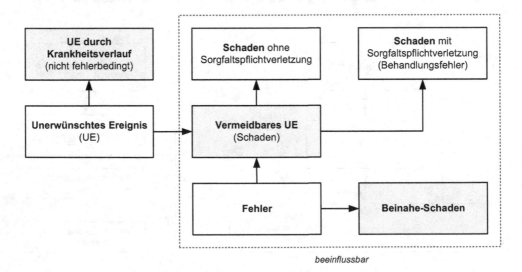

beeinflussbar

Abb. 13.7 Systematik von Patientinnen- und Patientensicherheitsbegriffen

(Kap. 11). Ziel der PSI ist es, die angezeigten Probleme durch System- oder Prozessveränderungen zu reduzieren (Weingärtner et al. 2013). Dabei sollten PSI möglichst in bereits vorhandene Qualitätsindikatoren-Sets eingegliedert werden, damit Patientinnen- und Patientensicherheit nicht zu einem zeitlich begrenzten „Parallelprojekt", sondern zu einem integralen Bestandteil des Qualitätsmanagements wird.

Idealerweise sind PSI in der Lage, **Beinahe-Schäden** (auch: Beinahe-Fehler) innerhalb einer Fehlerkette („Verkettung unglücklicher Umstände") anzuzeigen, um vermeidbaren Schäden zuvorzukommen. Dafür spricht auch, dass Beinahe-Schäden (z. B. vertauschtes Röntgenbild) wesentlich häufiger auftreten als wirkliche Schadensereignisse. Jedoch lassen sich Aussagen zur Patientinnen- und Patientensicherheit anschaulicher und valider an tatsächlichen **Schadensereignissen** (oder deren Ausbleiben) festmachen (z. B. Mortalitäten, Transfusionsreaktionen). Für die Ermittlung von Beinahe-Schäden eignen sich alle Formen der Fehler-und Risikoidentifikation, insbesondere Fehlermelde- und CIRS-Systeme (Kap. 11). Das CIRS-Verfahren selbst erfasst zwar keine Indikatoren; aus gemeldeten Ereignissen und nachfolgenden Ereignis- und Fehleranalysen können jedoch sekundär Patientensicherheitsindikatoren entwickelt werden.

Je nach Perspektive können Patientensicherheitsindikatoren in *Provider-Level-Indikatoren* und *Area-Level-Indikatoren* unterschieden werden. **Provider-Level-Indikatoren** zeigen potenziell vermeidbare Ereignisse an, die innerhalb derselben Hospitalisierung bzw. Behandlungsperiode (Einrichtungsebene) auftreten (z. B. Krankenhaussterblichkeit, Eingriffsverwechslung).

Area-Level-Indikatoren dagegen nehmen eine transsektorale Perspektive ein und zeigen alle Fälle eines potenziell vermeidbaren Ereignisses, das in einer bestimmten Region, entweder während eines stationären Aufenthaltes und anschließender Versorgung auftritt oder das zu einem stationären Aufenthalt führt (z. B. postoperatives Hämatom oder Hämorrhagie, Wunddehiszenz). Area-Level-Indikatoren sind kein neuer Indikatortyp, sondern lediglich eine andere *Auswertungsperspektive,* die mit den Ideen und Zielen der sektorenübergreifenden Qualitätssicherung (Kap. 14) korrespondiert. Für Area-Indikatoren ist die Bildung fester Bezugsgrößen in Regionen (z. B. Bundesländer, Kommunen), Populationen (z. B. Einwohner, Versichertengruppen) oder Gruppen von Einrichtungen (z. B. Krankenhäuser, Pflegeheime) wichtig.

Häufig werden PSI noch weiter unterteilt in globale, übergreifende, fach- und diagnosespezifische Indikatoren und patientenbezogene Indikatoren. Auf Grundlage zahlreicher Vorarbeiten durch internationale Organisationen (z. B. JCAHO, AHRQ) hat der Sachverständigenrat zur Begutachtung der Entwicklung im Gesundheitswesen (SVR) in seinem Jahresgutachten 2007 einen Vorschlag für Patientensicherheitsindikatoren zum Einsatz im deutschen Gesundheitswesen veröffentlicht (Tab. 13.5).

Methodisch werden Indikatoren grundsätzlich als **aggregierte Sammeldaten** (quantitative Qualitätsindikatoren) oder als **kritische Ereignisdaten** (qualitative Qualitätsindikatoren) gebildet (Kap. 6). Patientensicherheitsindikatoren bilden sich überwiegend als Sammeldaten (z. B. Häufigkeiten, Verhältniszahlen) ab, da diese sich besonders für den Vergleich mit Sollvorgaben (z. B. Referenzgrößen, Qualitäts-

Tab. 13.5 Patientensicherheitsindikatoren (PSI): Vorschlag des Sachverständigenrats. (Quelle: SVR 2007, S. 268 f.)

Bereiche		Indikatoren (Nr., Bezeichnung)
1. Globale Indikatoren		1. Sterblichkeit bei DRGs mit niedriger Mortalitätsrate
		2. Dekubitus
		3. In-Hospital Hüftfraktur
2. Übergreifende Indikatoren	2.1 Allgemeine Indikatoren	4. Perioperative Mortalität
		5. Nosokomialer Myokardinfarkt
	2.2 (Wieder-)Aufnahme	6. Ungeplante stationäre Wiederaufnahme innerhalb von 30 Tagen
		7. Ungeplante Aufnahme bzw. Rückkehr auf die Intensivstation
	2.3 Intraoperativ	8. Anästhesiekomplikation
		9. Eingriffs- und Seitenverwechselung
		10. Belassen eines Fremdkörpers während des Eingriffs
	2.4 Postoperativ	11. Ungeplante Re-Operation
		12. Postoperative pulmonale Embolie oder tiefe Venenthrombose
		13. Postoperative Sepsis
		14. Postoperative Hämorrhagie oder Hämatom
	2.5 Ausgewählte nosokomiale Infektionen	15. Wundinfektion
		16. Beatmungsbedingte Pneumonie
		17. Infektionen von intravasalen und Harnwegskathetern und Drainagen
	2.6 Technical Devices	18. Unerwünschte Ereignisse im Zusammenhang mit Medikalprodukten (AMDE: Adverse Medical Device Events)
	2.7 Medikamentenbedingt	19. Unangemessene Medikation bei älteren Patienten
		20. Kontrastmittelassoziierte Nephropathie
	2.8 Einzelereignisse (Sentinel Events)	21. Iatrogener Pneumothorax
		22. Transfusionsreaktion
		23. Erfolglose Wiederbelebung
3. Diagnosebezogene Indikatoren		24. Schlaganfall nach einem herzchirurgischen Eingriff
		25. Amputation bei Diabetes-Patienten
		26. Amputation nach einem gefäßchirurgischen Eingriff
4. Fachspezifische Indikatoren: Beispiel Geburtshilfe		27. Geburtshilfliches Trauma – Vaginale Entbindung mit Instrument
		28. Geburtshilfliches Trauma – Vaginale Entbindung ohne Instrument

(Fortsetzung)

Tab. 13.5 (Fortsetzung)

Bereiche		Indikatoren (Nr., Bezeichnung)
5. Organisatorische Indikatoren	5.1. Vorfälle	29. Körperliche Zwangsmaßnahmen (Dauer, Zeit, Grund, Verletzungen)
	5.2. Personal- und Einrichtungs- ressourcen	30. Arbeitszeit

ziele) und für das Qualitätsmonitoring eignen. Qualitative Indikatoren sind dagegen besonders geeignet, das Auftreten von besonders relevanten Ereignissen oder kritischen Situationen anzuzeigen. Sie werden dann als **Sentinel-Event-Indikator** bezeichnet. Zeigt ein solcher Indikator ein besonders kritisches unerwünschtes Ereignis an, folgen in der Regel sofort und unmittelbar Konsequenzen („Analyse und Verbesserung"), die künftig zu einer Vermeidung dieses besonders schwerwiegenden Ereignisses beitragen sollen. Der Einsatz solcher Indikatoren setzt voraus, dass einrichtungsintern (oder -über-greifend) Einigungen darüber erzielt werden, was im Einzelnen einen *Sentinel Event* charakterisiert und welche Konsequenzen folgen sollen.

▶ **Sentinel Event** Schwerwiegendes Ereignis, das den Tod oder ernste körperliche oder psychische Schäden umfasst. Ernste körperliche Schäden können insbesondere der Verlust von Gliedmaßen oder von Körperfunktionen sein.

Die JCAHO bzw. JCI hat die **Sentinel-Event-Methode** in ihr Akkreditierungsprogramm integriert. Gesundheitsorganisationen sind danach aufgefordert, geeignete Sentinel Events einrichtungsintern zu definieren. Tritt ein solches Ereignis auf, muss innerhalb eines vorgegebenen Zeitraums (z. B. 45 Tage) eine *angemessene Reaktion* erfolgen. Angemessene Reaktionen beinhalten die Durchführung einer zeitnahen, sorgfältigen und zuverlässigen Ursache-Wirkungs-Analyse, die Entwicklung eines Aktionsplans, um die Verbesserungen umzusetzen und Risiken zu reduzieren, die Umsetzung der Verbesserungen und die Überprüfung bzw. Überwachung der Effektivität dieser Verbesserungen.

Akkreditierte Einrichtungen melden sämtliche Sentinel Events der JCI freiwillig. Alternativ kann die JCI auf anderem Wege von einem aufgetretenem Sentinel Event erfahren, zum Beispiel durch eine Patientin, einen Angehörigen, eine Krankenhausmitarbeiterin, einen Gutachtenden oder durch die Medien (JCI 2014). Bei nicht sachgerechtem Umgang mit aufgetretenen Sentinel Events kann im Einzelfall der Akkreditierungsnachweis verweigert oder aberkannt werden.

Sentinel Events sollten mindestens die folgenden Ereignisse umfassen (JCI 2014)
- Unerwarteter Tod, einschließlich, jedoch nicht begrenzt auf:
  - Tod, der nicht mit der Grunderkrankung einer Person oder ihrem allgemeinen Gesundheitszustand zusammenhängt (beispielsweise Tod durch eine postoperative Infektion oder eine im Krankenhaus erworbene Lungenembolie);
  - Tod eines reifgeborenen Kindes;
  - Suizid;
- Schwerwiegender dauerhafter Funktionsverlust, der nicht mit dem natürlichen Verlauf der Grunderkrankung oder dem allgemeinen Gesundheitszustand zusammenhängt;
- Durchführung einer Operationen an der falschen Stelle, mittels des falschen Verfahrens oder am falschen Patienten;
- Übertragung einer chronischen oder schweren Krankheit, die durch eine Blutinfusion, Blutprodukte oder während einer Transplantation kontaminierter Organe oder Gewebe verursacht wurde;
- Kindesentführung oder ein Kind wurde mit den falschen Eltern nach Hause geschickt;
- Vergewaltigung, Gewalt am Arbeitsplatz, wie z. B. körperliche Angriffe (die zum Tod oder dauerhaften Verlust einer Körperfunktion führen) oder Mord (vorsätzliche Tötung) eines Patienten, einer Ärztin, einer Besucherin oder einer anderen Person, die sich zur Tatzeit im Krankenhaus aufhält.

Im deutschen Gesundheitswesen ist das Prinzip der Sentinel-Event-Indikatoren auch in die vergleichende, externe Qualitätssicherung eingeflossen (Kap. 14). In den Indikatoren-Sets werden zahlreiche Indikatoren als Sentinel-Event-Indikatoren eingestuft (z. B. Erforderliche Lebertransplantation bei einem Leberlebendspender, stationär erworbene Dekubitalulcera „Grad 4" bei Patienten ab 20 Jahren). Das Auftreten dieser Indikatoren wird stets als *auffällig* im Sinne des Verfahrens (d. h. kritisch) eingestuft, was regelmäßig eine Einzelfallanalyse im Rahmen des Strukturierten Dialogs zur Folge hat.

Die Idee der Festlegung und Definition von *Sentinel Events* zur Markierung von schwerwiegenden Ereignissen im Versorgungsprozess, die sofortiges Handeln erfordern, wird im relativ jungen Konzept der sogenannten **Never Events** fortgeschrieben. Als Never Events werden schwerwiegende Ereignisse bezeichnet, die als weitgehend vermeidbar gelten und bei denen Patientinnen und Patienten zu Schaden gekommen sind. Das Auftreten eines solchen Ereignisses sollte immer Anlass geben, die eigenen Sicherheitsbarrieren zu analysieren und systematisch die Ursachen für das Auftreten eines solchen Ereignisses zu untersuchen. Schwerwiegende Ereignisse (Never

Events), die im Zusammenhang mit der Gesundheitsversorgung auftraten, werden von Expertenorganisationen in sogenannten *Never-Event-Listen* zusammengetragen und der Fachöffentlichkeit zur Verfügung gestellt. Mit der Festlegung und Definition von allgemeingültigen Never-Event-Listen ist im Umkehrschluss aber auch ein Handlungsauftrag verbunden, mit geeigneten Maßnahmen und in systematischer Weise Sicherheitsbarrieren zu schaffen, die das Auftreten dieser speziellen Ergebnisse (sicher) verhindern, wohl wissend, dass überall dort, wo Menschen arbeiten, immer auch Fehler und schwerwiegende Ereignisse auftreten können. Das Ziel solcher Never-Event-Listen ist, das Handwerkzeug der Versorgungssicherheit zu erweitern und die Aufmerksamkeit auf relevante Aspekte der Sicherheit in Gesundheitsorganisationen zu erhöhen.

Nach Vorarbeiten der Schweizer Stiftung für Patientensicherheit und auf Grundlage internationaler Erfahrungen hat eine Expertengruppe im Aktionsbündnis Patientensicherheit e. V. (APS) eine Never-Event-Liste für den deutschsprachigen Raum erarbeitet. Sie trägt den Namen **APS SEVer-Liste** (SEVer = Schwerwiegende Ereignisse, die wir sicher verhindern wollen) und soll Grundlage für eine weiter zu erarbeitende APS SEVer-Präventionsliste sein (APS 2021). Das Aktionsbündnis Patientensicherheit definiert schwerwiegende Ereignisse (APS SEVer) als Ereignisse, die im Zusammenhang mit der Gesundheitsversorgung auftreten und folgende Kriterien erfüllen: a) APS SEVer gelten als verhinderbar, wenn Sicherheitsbarrieren einrichtungsspezifisch wirksam implementiert sind; b) Sie können zu schwerwiegenden Schäden bis hin zum Tod führen. Ein schwerwiegender Schaden muss nicht eingetreten sein, damit das Ereignis als APS SEVer eingestuft wird; c) Sie sind eindeutig identifizierbar (Tab. 13.6).

13.2.3 Anforderungen und Maßnahmen

In den letzten Jahren wurde das Thema Sicherheit in der Versorgung zunehmend systematisiert und wissenschaftlich bearbeitet (Lauterburg 2009), sodass man mittlerweile schon von einem eigenen, relevanten *Forschungszweig* und einer *Sicherheitsbewegung* sprechen kann. In Deutschland hat vor allem das „Aktionsbündnis Patientensicherheit e. V." (APS) dazu beigetragen, das Thema stärker als bisher ins Bewusstsein der Fachöffentlichkeit zu rücken. Darüber hinaus werden Anforderungen an die Sicherheit zunehmend auch als Kriterien von branchenspezifischen Zertifizierungs- und Akkreditierungsverfahren gefordert. Bereits seit ihrem Bestehen hat die **JCAHO** (bzw. JCI) Patientinnen- und Patientensicherheit als eines ihres Kernthemen definiert und in Form von Standards zum Gegenstand ihrer Bewertungsverfahren gemacht. Diese Standards sind als **Internationale Patientensicherheitsziele** (IPSG) bekannt geworden (Kap. 12).

Tab. 13.6 APS SEVer-Liste erarbeitet vom Aktionsbündnis Patientensicherheit e. V. (Quelle: APS 2021)

Bereich	APS SEVer (Nr., Bezeichnung)
Operative Prozeduren	1. Eine Operation oder andere invasive Prozedur, die am falschen Patienten oder an der falschen Stelle des Körpers begonnen wird bzw. von der eigentlich vereinbarten Intervention abweicht.
	2. Unbeabsichtigtes Belassen eines Fremdkörpers im Patienten während einer Operation, anderen invasiven Prozedur oder in einer Körperhöhle
	3. Künstliche Befruchtung mit falscher Samen- und/oder Ei-Zelle
	4. Unentdeckte ösophageale Intubation
Arzneimittel-, Hämotherapie und Transplantation	5. Fehlapplikation eines Medikamentes
	6. Irrtümliche intravenöse Gabe einer hochkonzentrierten Kaliumchloridlösung anstelle der verordneten Medikation
	7. Insulinüberdosis die aufgrund von fehlerhaft durchgeführter Applikation entsteht
	8. Überdosierung von Methotrexat für die nicht-onkologische Patientenversorgung (z.B. tägliche statt wöchentlicher Gabe)
	9. Verwendung eines kontaminierten Arzneimittels oder Biologikums, dessen Kontamination in der Gesundheitseinrichtung erfolgt ist
	10. Fehltransfusion eines ABO-inkompatiblen Blutproduktes. Transplantation unter Verwendung ABO-inkompatibler Organe, Gewebe, Gewebezubereitungen oder Zellen. Die Inkompatibilität muss dabei klinisch relevant sein
Behandlungsprozess	11. Beschickung einer Naso-/Orogastralsonde, deren Fehllage nicht ausgeschlossen wurde
	12. Luftembolie im Rahmen der Behandlung
	13. Verbrennung oder Verbrühung, die im Behandlungs- oder Pflegeprozess entsteht
	14. Unsachgemäße freiheitsentziehende Maßnahmen im Behandlungs- oder Pflegeprozess
	15. Unangemessene Versorgung mit Sauerstoff eines erkannt sauerstoffpflichtigen Patienten
Technische oder organisatorische Fehler	16. Unsachgemäßer Gebrauch eines Medizinproduktes in der Patientenversorgung aufgrund von Mängeln in Einweisung oder Instandhaltung
	17. Entlassung eines unmündigen, nicht geschäftsfähigen Behandelten (unabhängig von Alter oder Grund der eingeschränkten Entscheidungsfähigkeit) ohne angemessene Betreuung
	18. Dauerhafter Verlust einer nicht-wiedergewinnbaren Gewebeprobe
	19. Nicht kommunizierter oder nicht nachbeobachteter interventionsrelevanter Untersuchungsbefund
	20. Anziehen eines magnetisierbaren Objektes in den Magneten eines Kernspintomographen
	21. Patientenversorgung durch Personen, die vortäuschen, dem entsprechenden Gesundheitsfach- oder Heilberuf anzugehören
	22. Stationäre Patienten, die in Behandlungs- und Untersuchungsbereichen vergessen werden

Internationale Patientensicherheitsziele der JCI-Akkreditierungsstandards für Kranken-häuser (JCI 2014)

- Ziel 1: Korrekte Identifizierung der Patientin bzw. des Patienten
- Ziel 2: Verbesserung der Kommunikationseffizienz
- Ziel 3: Verbesserung der Sicherheit von Medikamenten, die eine erhöhte Aufmerksamkeit erfordern
- Ziel 4: Sicherstellung der Durchführung von Operationen an der richtigen Stelle, mittels des richtigen Verfahrens und am richtigen Patient
- Ziel 5: Verringerung des Risikos von behandlungsassoziierten Infektionen
- Ziel 6: Verringerung des Verletzungsrisikos der Patientinnen und Patienten durch Stürze.

Vergleichbar zum JCI-Akkreditierungsverfahren werden auch im KTQ-Zertifizierungsverfahren Kriterien zur Patientinnen- und Patientensicherheit formuliert. **Sicherheitskriterien** hatten in vergangenen Verfahrensversionen als sogenannte Kernkriterien eine hervorgehobene Bedeutung, da eine Zertifizierung nur dann erfolgreich sein konnte, wenn für jedes einzelne dieser Kriterien die vorgegebene Mindestpunktzahl (55 % der maximalen Punktzahl) erreicht wurde. Für die Zertifizierung von Krankenhäusern werden aktuell im Bereich „patientenbezogene Risiken" sieben Patientensicherheitskriterien definiert (KTQ 2021). Das Konzept der Kernkriterien wurde zwar begrifflich aufgegeben. Grundsätzlich müssen jedoch in der Kategorie „Sicherheit" stets mindestens 55 % der maximalen Punktzahl erreicht werden. Ab der zweiten Rezertifizierung gilt das Erreichen dieser Mindestpunktzahl für jedes einzelne Kriterium des gesamten Verfahrenskatalogs.

Patientensicherheitskriterien im KTQ-Zertifizierungsverfahren für Krankenhäuser (KTQ 2021)

- Kriterium 3.1.1: Eigen- und Fremdgefährdung
- Kriterium 3.1.2: Medizinisches Notfallmanagement
- Kriterium 3.1.3: Organisation der Hygiene, Infektionsmanagement
- Kriterium 3.1.4: Hygienerelevante Daten
- Kriterium 3.1.5: Arzneimittel und Arzneimitteltherapiesicherheit
- Kriterium 3.1.6: Labor- und Transfusionsmedizin
- Kriterium 3.1.7: Medizinprodukte

Für die Implementierung von Patientinnen- und Patientensicherheitsmaßnahmen haben Experten aus Wissenschaft und Praxis unter Federführung des APS für kritische Leistungsbereiche **Handlungsempfehlungen** (Good Practices) erarbeitet und konsentiert. Dazu wurde eine spezielle Entwicklungsmethodik entwickelt, die Wissenschaftlichkeit und Transparenz sicherstellt. Die veröffentlichten Handlungsempfehlungen können als eine Art „externer Qualitätsstandard" in Organisationen und Einrichtungen des Gesundheitswesens eingesetzt werden. Aus der Vielzahl der verfügbaren Handlungsempfehlungen sollen im Folgenden drei Themen exemplarisch vorgestellt werden, um die Bedeutung standardisierten Vorgehens in Hochrisikobereichen der Versorgung zu verdeutlichen. Ohne Zweifel gehören Eingriffsverwechslungen, Fehler in der Arzneimitteltherapie und Stürze älterer Menschen zu den schwerwiegendsten unerwünschten Ereignissen in Gesundheitseinrichtungen:

Eingriffsverwechslungen in der Chirurgie
Verwechslungen bei operativen Eingriffen (Wrong Site Surgery) können große individuelle Schäden für die Betroffenen hervorrufen. Der Begriff *Eingriffsverwechslung* bezieht sich entweder auf die Verwechslung der zu behandelnden Person, die richtige Körperseite dieser Person oder aber die gewählte Eingriffsart. Zusammenfassend wird darunter aber stets die *Ausführung an nicht indizierter Stelle* verstanden (APS 2006a). Das APS hat als Handlungsempfehlung vier **Kontrollstufen** entwickelt, in denen Informationen über die zu behandelnde Person und den geplanten Eingriff aktiv abgefragt und die Richtigkeit des geplanten Eingriffs überprüft werden. Jeder Stufe sind klar definierte Aktivitäten zugeordnet, die nach vereinheitlichten Mustern ausgeführt werden. Ein einfaches Raster von „W"-Fragen (Wer?, Wann?, Wo?, Was?) legt die Eckpunkte für diese standardisierten Handlungsabläufe fest. Die vier Stufen umfassen im Einzelnen:

- Aufklärung und Identifikation der zu behandelnden Person im Rahmen des Aufklärungsgesprächs;
- Markierung des Eingriffsortes mit einem nicht abwaschbaren Stift;
- Identifikation der richtigen Person für den richtigen Saal unmittelbar vor Eintritt in den OP;
- Team-Time-Out des Behandlungsteams im OP unmittelbar vor dem Schnitt.

Die **Identifikation** der Patientinnen und Patienten bildet das Fundament jeder Maßnahme zur Vermeidung von Eingriffsverwechselungen. Hierzu können unterstützend auch automatisierte Patientenidentifikationssysteme (z. B. Barcode-Armbänder, Radio Frequenz Identifikation) eingesetzt werden. Als ebenso essenziell erscheint der Einsatz von **Sicherheitschecklisten** als Standardisierungsinstrument (Safe Surgery Checklist), deren großer Nutzen für die Patientinnen- und Patientensicherheit wissenschaftlich unumstritten ist (Haynes et al. 2009). Darüber hinaus können Maßnahmen der Fort- und Weiterbildung (z. B. Teamtraining, Simulationen) die Zusammenarbeit und die Einhaltung der sicherheitsrelevanten Abläufe fördern (Hölscher et al. 2014).

Das **Team-Time-Out** (TTO) ist eine besonders wichtige Maßnahme, die durch alle am operativen Eingriff mitbeteiligten Personen (Operierende, Anästhesie, OP-Pflege) durchgeführt wird. Nach der gegenseitigen Vorstellung aller Teammitglieder folgt die verbale Bestätigung von Identität, Körperseite/-stelle und Prozedur. Daraufhin werden kritische operative Schritte, Risiken oder zu erwartende Schwierigkeiten erörtert sowie die Vollständigkeit und Verfügbarkeit der benötigten Mittel (z. B. Instrumente, Implantate) bestätigt. Nach Abschluss des Eingriffs wird das TTO durch ein „Sign-out" ergänzt, in dem verbal die Vollständigkeit der Materialien bestätigt und postoperative Maßnahmen festgelegt werden (vgl. Schmitz-Rixen und Keese 2014, S. 122 ff.). Sämtliche Maßnahmen zur Vermeidung unbeabsichtigt belassener Fremdkörper im OP-Gebiet (z. B. Zählkontrollen) lassen sich gut in das TTO-Konzept integrieren.

Arzneimitteltherapiesicherheit

Die Verabreichung von Arzneimitteln ist sicherlich die häufigste therapeutische Maßnahme in der Gesundheitsversorgung und eine, die zugleich ein hohes Fehlerpotenzial in sich trägt (vgl. Hölscher et al. 2014). Neben dem APS gibt es zahlreiche (internationale) Initiativen, die sich mit dem Thema auseinandergesetzt und Empfehlungen herausgearbeitet haben (z. B. AHRQ). Analog zu den Empfehlungen zur Eingriffsverwechselung hat die **Patientinnen- und Patientenidentifikation** („Richtiger Patient oder Patientin?", „Richtige Verordnung?", „Richtige Medikation, Dosierung und Applikation?", „Richtiger Zeitpunkt?", allgemein bekannt als „5 R"-Regel) eine große Bedeutung. Hierzu eigenen sich die folgenden praktischen Maßnahmen:

• Wenn möglich, aktive Ansprache der Person zur Ermittlung der Identifizierungsmerkmale;
• Abgleich der Identifizierungsmerkmale mit einem Personenarmband und der Behandlungsakte;
• Abgleich weiterer Merkmale, die bei bestimmten medizinischen Fragestellungen wichtig sind (z. B. Blutgruppe, Bedside-Test bei Bluttransfusionen);
• Sicherstellen, dass Medikamente eindeutig gekennzeichnet sind und stets der richtigen Person richtig zugeordnet werden können (z. B. Beschriftung von Tagesblistern mit dem Kerndatensatz).

Das APS hat als Handlungsempfehlung vier **Phasen des Medikationsprozesses** unterschieden und für jede Phase drei Entwicklungsstufen definiert (APS 2006b). Diese Phasen und Entwicklungsstufen sollen als Kriterien einer zunehmend sicheren Arzneitherapie verstanden werden und sind in einer Checkliste zusammengeführt. Sie können in einer Einrichtung als Prüfliste den erreichten Stand in Hinsicht auf die Medikationssicherheit widerspiegeln (z. B. im Sinne eines Auditverfahrens). Die vier Phasen umfassen im Einzelnen die Aufklärung, die Verordnung, die Verteilung und die Verträglichkeits- und Therapieerfolgskontrolle der Medikation.

Die **Umsetzung** der hier aufgeführten Kriterien in die Versorgungsroutinen der Arzneimitteltherapie ist eine große Herausforderung, da der Einsatz von Checklisten und Hilfsmitteln nicht mit der gewünschten Regelmäßigkeit und Kontinuität in die Verfahrensabläufe zu integrieren ist, wie es vielerorts bereits zur Prävention von Eingriffsverwechslungen gehandhabt wird.

Vermeidung von Stürzen älterer Menschen

Ältere erkrankte oder verletzte Personen sind einem besonders hohen Sturzrisiko ausgesetzt, dessen Schadensereignis häufig Behandlungsbedürftigkeit bedeutet. Zur Minderung des Sturzrisikos hat das APS berufsgruppenübergreifende, interdisziplinäre Handlungsempfehlungen entwickelt. Präventionsansätze zielen vor allem auf positiv **beeinflussbare Faktoren** wie sicheren Transfer, sicheres Gehen, den sicheren Gebrauch von Geh- und Hörhilfen, geschlossenes Schuhwerk etc.

Darüber hinaus sollen auch positiv **beeinflussbare Umweltfaktoren** berücksichtigt werden wie Beleuchtung, Sitzhöhen sowie alle Maßnahmen, die geeignet sind, die Aufmerksamkeit für diese Problematik beim Personal, bei den Betroffenen selbst und ihren Angehörigen zu erhöhen (Personal-Schulungen im Umgang mit Sturzgefährdeten, regelmäßige Wiederholungsschulungen, Informationen in Form von Flyern etc.). Sturzmatten, Hüft-Protektoren usw. reduzieren die gesundheitliche Gefährdung des Patienten, falls es doch zu einem Sturz gekommen ist (APS 2013).

Für den Routineeinsatz hat das APS eine **Checkliste** als Erinnerungshilfe entworfen, die von allen Berufsgruppen, die mit gefährdeten Personen Kontakt haben (z. B. in einem Krankenhauszimmer), beachtet werden soll („Immer im Blick haben"; „Nicht vergessen"). Ein in diesem Zusammenhang entwickelter **Best-Practice-Ansatz** umfasst die folgenden vier Elemente:

• Etablierung einer sicheren Gestaltung der Umgebung
• Identifikation speziell beeinflussbarer Risikofaktoren
• Implementierung von Interventionen, die auf diese Risikofaktoren zielen
• Interventionen zur Reduktion des Verletzungsrisikos bei sturzgefährdeten Personen.

13.3   Übungsfragen

1. Nennen Sie die Definition von David Sackett zur Evidence-based Medicine (EbM) und erläutern die besonderen Merkmale des dahinter stehenden Konzepts! Lösung Abschn. 13.1.1
2. Skizzieren Sie die Kriterien für die Entwicklung und Durchführung von Suchstrategien im Rahmen von Problemlösungsprozessen (PICO-Schema)! Lösung Abschn. 13.1.1
3. Grenzen Sie Leitlinien von Richtlinien ab und arbeiten Sie die Unterschiede heraus! Lösung Abschn. 13.1.2
4. Erläutern Sie die drei etablierten Verfahren der strukturierten Konsensfindung im Rahmen der Leitlinienentwicklung! Lösung Abschn. 13.1.2.1
5. Beschreiben Sie die Funktion und den möglichen Einsatzzweck des DELBI-Instruments im Kontext von medizinischen Leitlinien! Lösung Abschn. 13.1.2.2
6. Erläutern Sie die Idee und das Konzept der Nationalen Versorgungsleitlinien! Lösung Abschn. 13.1.2.4

7. Definieren Sie den Begriff Sicherheitskultur und grenzen ihn vom Begriff der Fehlerkultur ab! Lösung Abschn. 13.2.1
8. Grenzen Sie „Provider-Level-Indikatoren" von „Area-Level-Indikatoren" im Kontext von Patientensicherheitsindikatoren ab und stellen Unterschiede und Gemeinsamkeiten heraus! Lösung Abschn. 13.2.2
9. Erläutern Sie das Konzept von „Sentinel Events" und die Idee eines „Sentinel-Event-Indikators"! Lösung Abschn. 13.2.2
10. Erläutern Sie in einfachen Worten das „Team-Time-Out" und ordnen Sie es thematisch in den Kontext Patientinnen- und Patientensicherheit ein! Lösung Abschn. 13.2.3

Literatur

AGREE Collaboration (2003) Development and validation of an international appraisal instrument for assessing the quality of clinical practice guidelines: the AGREE project. Qual Saf Health Care 12:18–23

AHCPR (1992) Agency for Health Care Policy and Research, Department of Health and Human Services. Acute pain management: operative or medical procedures and trauma. Clinical practice guideline no. 1. AHCPR Publication 92–0032. Rockville, USA

Antes G (2004) Die Evidenz-Basis von klinischen Leitlinien, Health Technology Assessments und Patienteninformation als Grundlage für Entscheidungen in der Medizin. Z Ärztl Fortbild Qual Gesundh Wes (ZaeFQ) 98:180–184

APS (2006a) Aktionsbündnis Patientensicherheit, Arbeitsgruppe „Eingriffsverwechselung": Handlungsempfehlungen zur Vermeidung von Eingriffsverwechslungen in der Chirurgie. http://www.aps-ev.de. Zugegriffen: 3. Jan. 2019

APS (2006b) Aktionsbündnis Patientensicherheit, Arbeitsgruppe „Medikationsfehler": Checkliste Arzneitherapiesicherheit im Krankenhaus. http://www.aps-ev.de. Zugegriffen: 3. Jan. 2019

APS (2013) Aktionsbündnis Patientensicherheit, Arbeitsgruppe „Der ältere Patient im Krankenhaus": Vermeidung von Stürzen älterer Patienten im Krankenhaus. Fakten und Erläuterungen. http://www.aps-ev.de. Zugegriffen: 3. Jan. 2019

APS (2021) Aktionsbündnis Patientensicherheit, Expertengruppe „Never Events". Schützt vorSchaden: Die APS SEVer-Liste Schwerwiegende Ereignisse, die wir sicher verhindern wollen. http://www.aps-ev.de. Zugegriffen: 17. Feb. 2022

AWMF (2020) Arbeitsgemeinschaft der Wissenschaftlichen Medizinischen Fachgesellschaften – Ständige Kommission Leitlinien: AWMF-Regelwerk Leitlinien, Version 2.0, 2020. https://www.awmf.org/leitlinien/awmf-regelwerk.html. Zugegriffen: 16. Feb. 2022

AWMF Arbeitsgemeinschaft der Wissenschaftlichen Medizinischen Fachgesellschaften, ÄZQ Ärztliches Zentrum für Qualität in der Medizin (2008) Deutsches Instrument zur methodischen Leitlinien-Bewertung (DELBI). Fassung 2005/2006+Domäne 8. http://www.delbi.de. Zugegriffen: 10. Jan. 2019

BÄK Bundesärztekammer, KBV Kassenärztliche Bundesvereinigung, AWMF Arbeitsgemeinschaft der Wissenschaftlichen Medizinischen Fachgesellschaften (2010). Programm für Nationale Versorgungsleitlinien. Programm für Nationale VersorgungsLeitlinien – Methodenreport, 5. Aufl. Version 1. 2017, DOI: 10.6101/AZQ/000169. www.leitlinien.de/methodik.de/methodik/reports; https://doi.org/10.6101/azq000061. Zugegriffen: 14. Feb. 2022

Behrens J, Langer G (2016) Evidence based Nursing and Caring: Methoden und Ethik der Pflegepraxis und Versorgungsforschung – Vertrauensbildende Entzauberung der "Wissenschaft", 4. Aufl. Hogrefe, Bern

Bloch RE, Lauterbach K, Oesingmann U, Rienhoff O, Schirmer HD, Schwartz FW (1997) Beurteilungskriterien für Leitlinien in der medizinischen Versorgung. Beschlüsse der Vorstände von Bundesärztekammer und Kassenärztlicher Bundesvereinigung. Dtsch Arztebl 94(33):A–2154–2155

Büscher A, Blumenberg P (2018) Nationale Expertenstandards in der Pflege – Standortbestimmung und künftige Herausforderungen. In: Hensen P, Stamer M (Hrsg) Professionsbezogene Qualitätsentwicklung im interdisziplinären Gesundheitswesen. Gestaltungsansätze, Handlungsfelder und Querschnittsbereiche. Springer VS, Wiesbaden, S 93–117

Büscher A, Möller A (2014) Deutsches Netzwerk für Qualitätsentwicklung in der Pflege (DNQP): Aktueller Stand. Public Health Forum 22(83):27–28

Cullum N, Ciliska D, Haynes RB, Marks S (Hrsg) (2008) Evidence-based nursing: an introduction. Wiley-Blackwell, Oxford

Delnoij D, Hafner V (2013) Patients' rights and patient safety: introduction. In: World Health Organization (Hrsg) Exploring patient participation in reducing health-care-related safety risks. WHO, Copenhagen

DNQP (2019) Deutsches Netzwerk für Qualitätsentwicklung in der Pflege (DNQP). Methodisches Vorgehen zur Entwicklung, Einführung und Aktualisierung von Expertenstandards in der Pflege und zur Entwicklung von Indikatoren zur Pflegequalität auf Basis von Expertenstandards, Version Juni 2019. http://www.dnqp.de. Zugegriffen: 17. Feb. 2022

Gaßner M, Strömer JM (2012) Im Dickicht der Standards verfangen – Haftungsrechtliche Sorgfaltspflichten in der Pflege. MedR 30:487–495

Gausmann P (2015) Patientensicherheit als nationales Gesundheitsziel (DACH). In: Gausmann P, Henninger M, Koppenberg J (Hrsg) Patientensicherheitsmanagement. De Gruyter, Berlin, S 11–14

Gross P, Greenfield S, Cretin S, Ferguson J, Grimshaw J, Grol R (2001) Optimal methods for guideline implementation. Med Care 39:85–92

Haynes AB, Weiser TG, Berry WR, Lipsitz SR, Breizat AH, Dellinger EP, Herbosa T, Joseph S, Kibatala PL, Lapitan MC, Merry AF, Moorthy K, Reznick RK, Taylor B, Gawande AA, Safe Surgery Saves Lives Study Group (2009) Surgical safety checklist to reduce morbidity and mortality in a global population. N Engl J Med 360(5):491–499

Hensen P (2018) Qualitätsentwicklung zwischen Institution und Interaktion – Eine Standortbestimmung aus professionstheoretischer Sicht. In: Hensen P, Stamer M (Hrsg) Professionsbezogene Qualitätsentwicklung im interdisziplinären Gesundheitswesen. Gestaltungsansätze, Handlungsfelder und Querschnittsbereiche. Springer VS, Wiesbaden, S 3–67

Hölscher UM, Gausmann P, Haindl H, Heidecke CD, Hübner NO, Lauer W, Lauterberg J, Skorning M, Thürmann PA (2014) Patientensicherheit als nationales Gesundheitsziel: Status und notwendige Handlungsfelder für die Gesundheitsversorgung in Deutschland. Z Evid Fortbild Qual Gesundh Wesen (ZEFQ) 108:6–14

Hügler S (2013) Die AWMF: Mehr als nur Koordination von Leitlinien. Dtsch Med Wochenschr 138(39):1926–1927

JCI Joint Commission International (2014) Akkreditierungsstandards für Krankenhäuser, 5. Aufl. Joint Commission Resources, USA

Klemme B, Siegmann G (2015) Clinical reasoning. Therapeutische Denkprozesse lernen, 2. Aufl. Thieme, Stuttgart

Kohn LT, Corrigan JM, Donaldson MS (Hrsg) (2000) To Err is human. Building a safer health system. National Academies Press (US), Washington D.C.

Koneczny N, Butzlaff M (2006) How to change physicians' practice? Das Knowledge-Performance-Gap im Fokus der Versorgungsforschung. Z ärztl Fortbild Qual Gesundh Wes (ZaeFQ) 100:587–592

Kopp I (2009) Erstellung und Handhabung von Leitlinien aus Sicht der AWMF. MKG-Chirurg 2(2):79–85

Kopp I (2010) Perspektiven der Leitlinienentwicklung und -implementation aus Sicht der AWMF. Z Rheumatol 69(4):298–304

Kopp I, Selbmann HK (2006) Leitlinien im Gesundheitswesen: Kompetenzen und Zuständigkeiten der AWMF. Forum DKG 5(06):5–8

Kopp I, Selbmann HK, Koller M (2007) Konsensusfindung in evidenzbasierten Leitlinien – vom Mythos zur rationalen Strategie. Z Ärztl Fortbild Qual Gesundh Wes (ZaeFQ) 101:89–95

Kroll LE, Lampert T (2007) Sozialkapital und Gesundheit in Deutschland. Gesundheitswesen 69:120–127

KTQ (2021) KTQ-Manual. KTQ-Katalog Krankenhaus Version 2021, KTQ-GmbH, Berlin

Lauterburg J (2009) Sicherheitskultur in verdichteten Arbeitsbedingungen – Die Entwicklung in Deutschland in den letzten 10 Jahren. Z Evid Fortbild Qual Gesundh Wesen (ZEFQ) 103:498–503

Muche-Borowski C, Kopp I (2011) Wie eine Leitlinie entsteht. Z Herz- Thorax- Gefäßchir 25(4):217–223

Muche-Borowski C, Kopp I (2015) Medizinische und rechtliche Verbindlichkeit von Leitlinien. Z Herz- Thorax- Gefäßchir 29(2):116–120

Muche-Borowski C, Nothacker M, Kopp I (2015) Leitlinienimplementierung. Wie schließen wir die Lücke zwischen Evidenz und Anwender? Bundesgesundheitsbl Gesundheitsforsch Gesundheitsschutz 58(1):32–37

Müller ML (2009) Methoden und Nutzenbewertung. In: Roeder N, Hensen P (Hrsg) Gesundheitsökonomie, Gesundheitssystem und öffentliche Gesundheitspflege. Ein praxisorientiertes Kurzlehrbuch. Deutscher Ärzte-Verlag, Köln, S 144–152

Nothacker M, Muche-Borowski C, Kopp IB (2014) 20 Jahre ärztliche Leitlinien in Deutschland – was haben sie bewirkt? Z Evid Fortbild Qual Gesundh Wesen (ZEFQ) 108:550–559

Ollenschläger G (2004) Medizinischer Standard und Leitlinien – Definitionen und Funktionen. Z ärztl Fortbild Qual Gesundh Wes (ZaeFQ) 98:176–179

Ollenschläger G (2008) Nationale Versorgungs-Leitlinien von BÄK, AWMF und KBV: Hintergrund – Ziele – Verfahren. Diabetologe 4(1):7–12

Pfaff H, Hammer A, Ernstmann N, Kowalski C, Ommen O (2009) Sicherheitskultur: Definition, Modelle und Gestaltung. Z Evid Fortbild Qual Gesundh Wesen (ZEFQ) 103:493–497

Sackett DL, Rosenberg WM, Gray JA, Haynes RB, Richardson WS (1996) Evidence based medicine: what it is and what it isn't. BMJ 312(7023):71–72

Schmidt S (2009) Gebrauchsanleitung für Expertenstandards. Heilberufe 9:27–29

Schmitz-Rixen T, Keese T (2014) Team-Time-Out – bevor es zu spät ist. In: Merkle W (Hrsg) Risikomanagement und Fehlervermeidung im Krankenhaus. Springer Medizin, Berlin, S 121–128

Schrappe M (2005) Patientensicherheit und Risikomanagement. Med Klin 100(8):478–485

Schrappe M (2018) APS-Weißbuch Patientensicherheit. Sicherheit in der Gesundheitsversorgung: neu denken, gezielt verbessern. MWV, Berlin

Straus SE, Richardson WS, Glasziou P, Haynes RB (2011) Evidence-based medicine: how to practice and teach EBM, 4. Aufl. Elsevier Churchill Livingstone, Edinburgh

SVR (2007) Sachverständigenrat zur Begutachtung der Entwicklung im Gesundheitswesen. Gutachten 2007: Kooperation und Verantwortung – Voraussetzungen einer zielorientierten Gesundheitsversorgung. Drucksache 16/6339, Bundesanzeiger, Bonn

Theisen S, Drabik A, Lüngen M, Stock S (2011) Qualitätssicherung in deutschen Krankenhäusern: „Einrichtungsübergreifende Qualitätssicherung" im Vergleich zur „Qualitätsmessung aus Routinedaten". Ein direkter Vergleich am Beispiel „Dekubitus". Gesundheitswesen 73:803–809

Weingärtner V, Maass C, Kuske S, Lessing C, Schrappe M (2013) Übertragbarkeit krankenhaus-bezogener Patientensicherheitsindikatoren für Deutschland: Ergebnis einer Delphi-Befragung. Z Evid Fortbild Qual Gesundh Wesen (ZEFQ) 107:560–565

Windeler (2008) Methodische Grundlagen einer evidenzbasierten Medizin. Gesundheitswesen 80:418–430

Qualitätsvergleiche und Qualitätsberichte

14

Zusammenfassung

In diesem Kapitel steht der Beitrag von Qualitätsvergleichen und Qualitätsberichten zur Qualitätssicherung im Gesundheitswesen im Vordergrund. Zunächst werden Zielsetzungen und Steuerungsmöglichkeiten sowie methodische Anforderungen an faire Qualitätsvergleiche thematisiert. Darauf aufbauend werden Instrumente und Initiativen der verpflichtenden und freiwilligen Qualitätsberichterstattung vorgestellt. In den letzten Jahren hat sich die insbesondere die Nutzung von Routinedaten zu Berichts- oder Vergleichszwecken weiter entwickelt. Abschließend wird mit Benchmarking eine Managementmethode vorgestellt, mit der über die vergleichende Darstellung von Qualitäts- und Leistungsdaten hinaus die Qualitätsverbesserung vor Ort direkt unterstützt werden kann.

14.1 Qualitätssicherung durch Qualitätsvergleiche

Gesundheitsversorgung konkretisiert sich in der unmittelbaren Leistungserbringung auf einzelbetrieblicher Ebene (Mikroqualität); dabei ist sie zugleich den Interessen und Perspektiven aller Akteure im Gesundheitswesen (Makroqualität) verpflichtet. Daher besteht ein natürliches Interesse aller Beteiligten an größtmöglicher **Transparenz** des Leistungsgeschehens und dessen Qualität.

> **Akteure im Gesundheitswesen, die Interesse an Transparenz haben**
> - Externe Kundinnen und Kunden (Patientinnen, Versicherte, Angehörige etc.),
> - Angehörige der Gesundheitsberufe (Ärztinnen, Pflegende, Therapeuten etc.),

- Einrichtungen der Gesundheitsversorgung (Krankenhäuser, vertragsärztliche Praxen, Pflegedienste etc.),
- Leistungs- und Kostenträger (Kranken- und Pflegekassen, Kranken- und Pflegeversicherungen etc.),
- Politische Entscheidungsträger (Gesetzgeber, Behörden, Selbstverwaltung etc.).

Über das allgemeine Informationsbedürfnis, welche Leistungen angeboten und erbracht werden, hinaus können Qualitäts- und Leistungsdaten zur **Steuerung** der Versorgung (Qualitätssteuerung) herangezogen werden bzw. für diesen Zweck gezielt ermittelt werden. Die vielfältigen Steuerungsmechanismen und -wirkungen lassen sich in folgender Weise zusammenfassen (Hensen 2014):

- **Interne Anreizsteuerung:** Das einrichtungsinterne Management ist auf aussagefähige Qualitäts- und Leistungsdaten (z. B. Qualitätsstatistiken, Qualitätsnachweise) angewiesen, um Entscheidungen zu treffen und Leistungen zu gestalten. Die Verfügbarkeit von Qualitäts- und Leistungsdaten (Primär- und Sekundärdaten) hat in den letzten Jahren durch das Berichtswesen und die Sammlung von qualitätsrelevanten Daten deutlich zugenommen. Bisher noch nicht ermittelte oder zusätzlich bereit gestellte Informationen können genutzt werden, die Entscheidungsqualität in den Einrichtungen zu erhöhen und die Gesundheitsversorgung wirksamer und anforderungsgerechter zu gestalten *(direkte Steuerung)*. Darüber hinaus üben Qualitätsdaten über eine Rückkopplungsfunktion auch motivationale Anreize für Mitarbeitende und Führungskräfte aus. Insbesondere die Angehörigen der Gesundheitsberufe haben ein genuines und fortlaufendes Interesse an Qualitätsdaten zur Überwachung ihrer eigenen Arbeit für die Qualitätsverbesserung und -entwicklung *(indirekte Steuerung)*.
- **Externe, immaterielle Anreizsteuerung:** Mit der Veröffentlichung von Qualitätsdaten wird ein Qualitätswettbewerb auf dem Anbietermarkt angeregt. Dem politischen Willen nach sollen Wahl- und Nachfrageentscheidungen deutlich häufiger und intensiver als bisher von den Kundinnen und Kunden bzw. Interessenpartnern (z. B. Patientinnen, Angehörige, Vertragsärzte) getroffen werden. Insbesondere in einem Umfeld von pauschalierten und festgelegten Preisen für Gesundheitsleistungen ist es entscheidend, die eigenen Leistungen und die Qualität nach außen darzustellen und sich dem Qualitätswettbewerb mit anderen Leistungsanbietern zu stellen *(Wettbewerbssteuerung)*. Durch die öffentliche Aufmerksamkeit und mögliche Einsichtnahme in das Leistungsgeschehen erhöht sich gleichzeitig der Leistungs- und Legitimationsdruck für die einzelnen Einrichtungen. Da die Veröffentlichung von Qualitäts- und Leistungsdaten sowohl das eigene Selbstverständnis als auch die „öffentliche Meinung" prägen, entsteht in der Folge ein innerer Antrieb zur kontinuierlichen Verbesserung *(Antriebsteuerung)*.

- **Externe, materielle Anreize:** Die steigende Verfügbarkeit von Qualitätsdaten und Qualitätsnachweisen führt nicht nur zu indirekten Selektionswirkungen (Marktbereinigung), sondern kann auch direkt zur Steuerung des Anbietermarktes genutzt werden. Die Zulassung zur Versorgung kann direkt an Art und Umfang bestimmter Leistungsmengen (z. B. Leistungen, bei denen die Qualität des Behandlungsergebnisses in besonderem Maße von der Menge der erbrachten Leistungen abhängig ist), an die Erreichung bestimmter Qualitätsvorgaben (z. B. planungsrelevante Qualitätsindikatoren) oder aber an indirekte Qualitätsnachweise (z. B. Zertifizierung bei stationären Reha-Kliniken) gekoppelt werden *(Zulassungssteuerung)*. Darüber hinaus können Qualitätsdaten auch bei der Gestaltung von Entgelten genutzt werden (z. B. qualitätsorientierte Vergütung in Form von Bonus-/Malus-Regelungen). Leistungserbringer, die bestimmte Qualitätsziele erfüllen, würden ein höheres Entgelt erhalten oder müssten umgekehrt, bei Nichterreichen oder Unterschreiten bestimmter Mindestanforderungen, einen Abschlag auf die Vergütung hinnehmen *(Vergütungssteuerung)*.

Zu den aufgezeigten Steuerungsmechanismen durch die mehr oder weniger öffentliche Bereitstellung von Qualitätsdaten lässt sich eine Entwicklungslinie ziehen (Abb. 14.1). Ausgangspunkt ist die ausschließlich einrichtungsinterne, regelmäßige Berichterstattung von Qualitätsdaten (z. B. Qualitätsstatistiken) im Rahmen der Qualitätsbewertung und des Qualitätsmanagements **(Private Reporting).** Diese Anforderung ergibt sich nicht nur allein aus der faktenorientierten Managementlogik von Planung und Kontrolle, sondern auch durch die Anforderungen sämtlicher Qualitätsmanagementmodelle, die seit Mitte der 1990er Jahre im Gesundheitswesen Verbreitung finden. Ab Mitte der 2000er Jahre wurden zunehmend Konzepte der systematischen Öffentlichmachung von Qualitätsdaten (z. B. Qualitätsberichte) populär **(Public Reporting),** um die Qualitätsverbesserung in den Einrichtungen zu stimulieren (Schwappach und Schubert 2007). In den letzten Jahren wiederum wurden Ansätze diskutiert, die auf finanzielle Anreize zur Steigerung der Versorgungsqualität setzen **(Pay for Performance).** Die Versorgungsgestaltung über Entgelte auf Basis von veröffentlichten Qualitätsdaten hat ihr Vorbild in den angelsächsischen Ländern (Matthes 2009; Schrappe und Gültekin 2011). Daran angelehnt werden auch hierzulande zunehmend Formen der qualitätsbezogenen Vergütung intensiviert. Mit

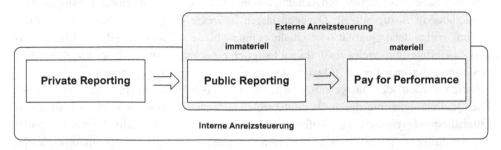

Abb. 14.1   Entwicklungslinien der Nutzung von Qualitätsdaten. (Quelle: Hensen 2014)

dem für den Krankenhaussektor neu geschaffenen Instrument der Qualitätsverträge nach § 110a SGB V werden *qualitätsabhängige Vergütungselemente* zunächst für ausgewählte Krankenhausleistungen erprobt (z. B. Endoprothetik, Respiratorentwöhnung von langzeitbeatmeten Patienten). Hiernach sollen Krankenkassen und Krankenhäuser künftig Qualitätszuschläge für „außerordentlich gute" und Qualitätsabschläge für „unzureichende" Qualität vereinbaren können.

Darüber hinaus gibt es **Sonderformen** der Steuerung anhand von öffentlich bereitgestellten Qualitätsdaten (vgl. Schrappe 2015, S. 173). Wird eine gesonderte Vergütung für die Dokumentation und Bereitstellung der Daten für das Public Reporting gezahlt, entspricht dies dem Prinzip des *Pay for Reporting*. Dieses Prinzip ist im deutschen Gesundheitswesen insofern realisiert, als Einrichtungen mit Vergütungsabschlägen für das Nichtbereitstellen von dokumentationspflichtigen Qualitätsdaten, beispielsweise für die externe Qualitätssicherung der Krankenhäuser, belegt werden können (Qualitätssicherungsabschläge). Hierbei geht es allein um die Dokumentation und Bereitstellung der Daten ohne Beachtung der Ergebnisse. Ein Sonderfall der qualitätsbezogenen Vergütung ist das Prinzip des *Non-Payment for Non-Performance*. Bei diesem Prinzip wird für gravierende „Nicht-Qualität", beispielsweise in Form von schweren vermeidbaren Fehlern wie eine chirurgische Seitenverwechslung (sog. „Never Events"), die erbrachte Leistung gar nicht vergütet. Eine insbesondere in den USA verbreitete Weiterentwicklung des Pay-for-Performance-Ansatzes ist das *Value-Based Purchasing* (VBP), bei dem nicht nur Ergebnisse eines absoluten Qualitätsniveaus, sondern auch Qualitätsverbesserungen und der Umgang mit Behandlungskosten (Effizienz) belohnt werden (Matthes 2017, S. 15 ff.; Schrappe 2017, S. 6 ff.).

14.1.1 Methodische Anforderungen

Methodisch basieren Qualitätsvergleiche auf Qualitätsnachweisen. Wir sprechen von *direkten Qualitätsnachweisen,* wenn Qualitätsdaten zwischen Einrichtungen anhand quantifizierbarer Maßzahlen (z. B. auf Basis von Indikatoren und Kennzahlen) miteinander verglichen werden. Die Beziehung zwischen der Maßzahl und dem abzubilden Konstrukt „Qualität" bleibt zwar aufgrund der Indikatorlogik hypothetisch (Kap. 6), jedoch lassen sich Einzelsachverhalte anhand von Maßzahlen direkt darstellen und zueinander in Bezug setzen. Dagegen lassen *indirekte Qualitätsnachweise* nur mittelbar auf vorhandene Qualität oder Qualitätsunterschiede schließen (z. B. Zertifizierungs- und Akkreditierungsnachweise), da sie lediglich eine qualitative Aussage zulassen, dass bestimmte Anforderungen (Qualitätskriterien) in einem vorgegebenen Ausmaß eingehalten werden oder eine grundsätzliche Qualitäts- oder Leistungsfähigkeit gegeben ist. Die Qualitätssicherung durch Qualitätsvergleiche zielt in erster Linie auf den **direkten Qualitätsnachweis** durch quantifizierbare Maßzahlen (Qualitätsindikatoren). Aufgrund der vielfältigen, positiven wie negativen Konsequenzen, die an Qualitätsvergleiche gebunden sein können, müssen die zu verwendenden Indikatoren und ihr methodischer Einsatz hohe Anforderungen erfüllen.

14.1.1.1 Indikatorenauswahl

Grundsätzliche methodische Anforderungen an die Bildung und den Einsatz von Qualitätsindikatoren wurden bereits vorgestellt (Kap. 6). Insbesondere dann, wenn qualitätsrelevante Daten für öffentliche Vergleiche und zur Versorgungssteuerung herangezogenen werden, müssen besonders hohe Anforderungen an die Indikatorqualität gestellt werden. Auf die internationale Studienlage zur „Qualität von Qualitätsindikatoren" aufbauend wurde in Deutschland ein einheitliches Instrument zur methodischen Bewertung von Qualitätsindikatoren (QUALIFY) entwickelt (Tab. 14.1). Das QUALIFY-Instrument liefert ein **Kriterienset,** das 20 Gütekriterien umfasst und für

Tab. 14.1 Gütekriterien des QUALIFY-Instruments. (Quelle: Reiter et al. 2008)

Kategorie	Gütekriterium
Relevanz	Bedeutung des mit dem Qualitätsindikator erfassten Qualitätsmerkmals für das Versorgungssystem
	Nutzen
	Berücksichtigung potenzieller Risiken/Nebenwirkungen
Wissenschaftlichkeit	Indikatorevidenz
	Klarheit der Definitionen (des Indikators und seiner Anwendung)
	Reliabilität
	Statistische Unterscheidungsfähigkeit
	Risikoadjustierung
	Sensitivität
	Spezifität
	Validität
Praktikabilität	Verständlichkeit und Interpretierbarkeit für Patienten und interessierte Öffentlichkeit
	Verständlichkeit für Ärzte und Pflegende
	Beeinflussbarkeit der Indikatorausprägung
	Datenverfügbarkeit
	Erhebungsaufwand
	Implementationsbarrieren berücksichtigt
	Die Richtigkeit der Daten kann überprüft werden
	Die Vollständigkeit der Daten kann überprüft werden
	Die Vollzähligkeit der Daten kann überprüft werden

die Qualitätsbewertung bzw. für die Neu- und Weiterentwicklung von Indikatoren eingesetzt werden kann (Reiter et al. 2008). Zu den Vorzügen des QUALIFY-Instruments
gehört, dass jedes dieser Gütekriterien eindeutig definiert und operationalisiert ist und
dass das Verfahren durchgängig standardisiert wurde (Blumenstock 2011).

Für die **Entwicklung** von Qualitätsindikatoren für die Versorgungspraxis kommen
grundsätzlich zwei Möglichkeiten in Betracht: Die *Ableitung* von Indikatoren aus Leitlinien und die *Neuentwicklung,* bei der im Zusammenspiel aus evidenzbasierter Literatur
und adaptierbaren Indikatoren aus anderen Zusammenhängen neue Qualitätsindikatoren
entwickelt werden (Kötter et al. 2011). Die Entwicklung und Auswahl erfolgt in der
Regel in mehreren aufeinanderfolgenden Schritten (Abb. 14.2).

In einem ersten Schritt werden die Indikatoren definiert und ein vorläufiges
Indikatoren-Set zusammengestellt. Anschließend erfolgt die Auswahl und Bewertung
geeigneter Indikatoren bzw. Indikatoren-Sets auf Basis von **Konsensusverfahren**
(Kap. 13). Von der internationalen Arbeitsgruppe „Research and Development" (RAND)
an der University of California Los Angeles (UCLA) wurde hierzu ein spezielles Verfahren entwickelt, das unter der Bezeichnung „Appropriateness Method" (RAM)
bekannt geworden ist (Fitch et al. 2001). Dieses Verfahren gilt international als *Referenz-
standard* für die Entwicklung, Auswahl und Bewertung von Qualitätsindikatoren im
Gesundheitswesen, unabhängig davon, ob es sich um recherchierte, neu entwickelte oder
aus Leitlinien abgeleitete Indikatoren handelt (AQUA 2013, S. 80).

Das **RAM-Verfahren** kombiniert systematisch Expertenmeinung und wissenschaftliche Evidenz in einer hoch strukturierten Arbeitsweise. Für die Bewertung
werden Panels mit Expertinnen und Experten und einer Panelgröße von mindestens

Abb. 14.2 Entwicklung
von Qualitätsindikatoren für
öffentliche Qualitätsvergleiche.
(Quelle: mod. nach Kötter
et al. 2011)

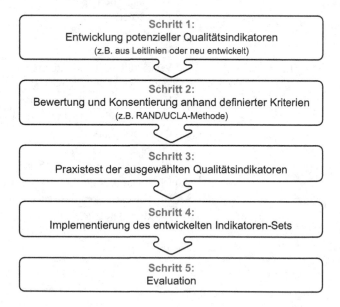

sechs und maximal 30 Personen zusammengestellt. Die Auswahl der Teilnehmenden sollte Perspektivenvielfalt berücksichtigten sowie Patientinnen- und Patientenvertreter einbeziehen. Das Verfahren ist mehrstufig angelegt und beinhaltet individuelle Bewertungen, die von den Expertinnen und Experten zu unterschiedlichen Zeitpunkten vorgenommen werden. Die Bewertung wird zunächst von jedem Teilnehmenden einzeln dokumentiert, um Gruppeneffekte zu vermeiden. Die Kriterien für die Bewertung müssen allerdings im Vorfeld festgelegt und für jeden Teilnehmenden verbindlich sein (z. B. Relevanz, Praktikabilität, methodische Messqualität). Die konkrete Bewertung der ausgewählten Kriterien erfolgt dann auf einer Bewertungsskala von 1 bis 9 Punkten. Erst dann werden die Bewertungen in der Gruppe zusammengetragen und abschließend diskutiert. Die konsensfähigen Indikatoren werden in ein zu testendes Indikatoren-Set aufgenommen.

Das in dieser Weise ermittelte, vorläufige Indikatoren-Set wird anschließend einem **Praxistest** unterzogen, bei dem die Anwendbarkeit und Praxistauglichkeit, auch hinsichtlich wissenschaftlicher Gütekriterien wie Diskriminationsfähigkeit oder Reliabilität, untersucht werden. Die endgültig ausgewählten Indikatoren werden entsprechend einer vorher festgelegten **Implementierungsstrategie** eingeführt bzw. ihrem endgültigen Zweck (z. B. Einsatz für öffentliche Qualitätsvergleiche) zugeführt. Die Entwicklungsprozesse ähneln in mancher Hinsicht der Leitlinienentwicklung (Kap. 13).

Für öffentliche Bereitstellung sollte ein Indikator nicht nur grundlegende Anforderungen wie Relevanz, Messeigenschaften (z. B. Reliabilität, Diskriminationsfähigkeit) und Praktikabilität erfüllen, sondern darüber hinaus auch für *faire Vergleiche* zwischen den Einrichtungen geeignet sein. Folgende Kriterien gelten als für diesen Einsatzzweck in besonderem Maße bedeutsam (AQUA 2013, S. 78):

- **Verständlichkeit:** Der Indikator ist auch für die interessierte Öffentlichkeit verständlich bzw. seine Ergebnisse sind richtig interpretierbar.
- **Beeinflussbarkeit:** Das Ergebnis des Indikators ist durch einen einzelnen Leistungserbringer beeinflussbar.
- **Risikoadjustierung:** Einflussgrößen für eine Risikoadjustierung werden, sofern erforderlich, angemessen berücksichtigt.
- **Fehlsteuerung:** Es besteht kein Risiko für Fehlsteuerungen der Versorgung bei einer einrichtungsbezogenen öffentlichen Berichterstattung.

14.1.1.2 Risikoadjustierung

Für einen **fairen Vergleich** von Qualitätsdaten aus unterschiedlichen Einrichtungen und Standorten sind Methoden der Risikoadjustierung nahezu unverzichtbar, insbesondere wenn es sich um Daten zur Darstellung von **Ergebnisqualität** handelt. Die ermittelten Ergebnisse sind nicht allein auf Faktoren zurückzuführen, die durch die Leistungserbringer selbst beeinflussbar sind. Ein einfacher Vergleich von Behandlungsergebnissen ohne Berücksichtigung dieser Einflussfaktoren (naiver Qualitätsvergleich) würde zu Fehlschlüssen und womöglich zu unerwünschten Konsequenzen führen. Einrichtungen, die überwiegend Patientinnen und Patienten mit niedrigen Risiken behandeln, würden besser bewertet als Einrichtungen, die aufgrund ihres Versorgungsauftrags überwiegend Hochrisikofälle behandeln (z. B. Universitätskliniken), wobei ein „besseres Ergebnis" nicht automatisch auch eine bessere Qualität bedeuten muss. Unerwünschte Konsequenzen könnten aber sein, dass Wahl- und Allokationsentscheidungen ungünstig beeinflusst werden und Leistungsanbieter in Versuchung geraten, sich gezielt „gute Risiken" auszuwählen, um die eigenen Messergebnisse zu verbessern (Gefahr der Fehlsteuerung). Um die Qualität letztendlich unabhängig von Faktoren beurteilen zu können, die nicht in der Verantwortung des Leistungserbringers liegen, werden Verfahren der Risikoadjustierung eingesetzt (Mansky und Nimptsch 2014).

▶ **Risikoadjustierung** Kontrolle des Einflusses von Risiken und deren unterschiedliche Verteilung zwischen verschiedenen Leistungserbringern für faire Qualitätsvergleiche.

Bei den Einflussfaktoren, die im Rahmen der Risikoadjustierung berücksichtigt werden, handelt es sich in der Regel um **patientenindividuelle Faktoren** (z. B. Gesundheitszustand, Vorbehandlungen, Begleiterkrankungen). Die Unterschiede in den Ausgangsbedingungen können mit statistischen Verfahren ausgeglichen werden. Die relevanten *Einflussfaktoren* müssen aber zuvor mithilfe direkter Analysen vergleichbarer Datensätze oder auch durch Literaturstudien ermittelt werden, sofern sie nicht bereits auf andere Weise bekannt sind. Es sollte auch darauf geachtet werden, dass die Daten, die für eine Adjustierung herangezogen werden, mit vertretbarem Aufwand erhebbar bzw. verfügbar sind (z. B. Nutzung von Routinedaten).

Patientenindividuelle Faktoren (Mainz 2003)

- Demografische Faktoren (z. B. Alter, Geschlecht, Körpergewicht, Größe)
- Klinische Faktoren (z. B. Schwere der Erkrankung, Komorbiditäten, Vorbehandlungen)
- Psychosoziale Faktoren (z. B. Bildung, sozialer Status)
- Gesundheitsbezogenes Verhalten (z. B. Rauchen, Alkoholkonsum, Lebensweise).

Für die Risikoadjustierung stehen verschiedene *Verfahren*, insbesondere statistische Methoden zur Verfügung. Sie reichen von einfachen Sortierungsstrategien (z. B. Eingrenzung auf eine bestimmte Population) bis hin zur Anwendung komplexer Regressionsanalytik (z. B. logistische Regressionsmodelle). Üblich ist auch ihr kombinierter Einsatz. Bei der Anwendung von Methoden der Risikoadjustierung müssen gleichzeitig *Limitationen* beachtet werden. Einerseits können beobachtete Ereignisse (z. B. Todesfall) grundsätzlich auch zufällig eintreten und sind nicht immer vollständig mit statistischen Methoden kontrollierbar (zufälliger Fehler). Zum anderen treten manche Ereignisse aufgrund ihrer Prävalenz nur selten auf. Dieses „Fallzahl-Prävalenz-Problem" erschwert vor allem bei geringen Fallzahlen statistisch zuverlässige Aussagen über die Behandlungsqualität (vgl. Heller 2010; König et al. 2014).

Risikostandardisierte Fallkonstellationen
Bereits durch die Definition der Grundgesamtheit eines Qualitätsindikators kann eine einfache Risikoadjustierung vorgenommen werden. Hierbei werden nicht alle Fälle einer Einrichtung, sondern nur Fälle mit bestimmten Erkrankungen und bestimmten Therapien miteinander verglichen (Fälle mit gleichen Ausgangsbedingungen). Zusätzlich können Fälle mit genau definierten Ereignissen betrachtet werden (z. B. Fälle mit aufgetretenen Komplikationen). Hierdurch wird grundsätzlich eine Vergleichbarkeit der Ergebnisse für die behandelnden Einrichtungen hergestellt.

Stratifizierung und Subgruppenanalyse
Bei der Stratifizierung wird die Grundgesamtheit anhand der Ausprägungen relevanter Einflussfaktoren bzw. deren Kombinationen in Schichten (lat.: *strata*) eingeteilt. Diese Schichten unterteilen das Kollektiv (z. B. Patientinnen und Patienten eines Krankenhauses) in homogene Subgruppen mit ähnlichen Risiken (z. B. Alter, Geschlecht, Begleiterkrankungen). Für jede Subgruppe wird der Wert des Qualitätsindikators dann jeweils getrennt berechnet (**Subgruppenanalyse**). Je mehr relevante Einflussfaktoren sich innerhalb der Schichten abbilden lassen, desto höher ist die Vergleichbarkeit der Ergebnisse für den Qualitätsindikator.

Die Subgruppenbildung kann auf Basis von medizinischen Klassifikationssystemen oder klinischen Assessmentverfahren erfolgen. Ein Beispiel für eine einfache Stratifizierung auf Basis eines **Klassifikationssystems** ist die Adjustierung der perioperativen Sterblichkeit anhand von ASA-Klassen. Die einzelnen ASA-Klassen bilden entsprechende Risikoklassen (homogene Subgruppen), für die der Indikator (hier: Sterblichkeit) einzeln berechnet werden kann (vgl. König et al. 2014).

ASA-Klassifikation der American Society of Anesthesiologists
- ASA 1: Normaler, ansonsten gesunder Patient
- ASA 2: Patient mit leichter Allgemeinerkrankung
- ASA 3: Patient mit schwerer Allgemeinerkrankung und Leistungseinschränkung
- ASA 4: Patient mit schwerer Allgemeinerkrankung, die eine ständige Lebensbedrohung ist
- ASA 5: Moribunder Patient, der ohne Operation voraussichtlich nicht überleben wird
- ASA 6: Hirntoter Patient, dessen Organe zur Organspende entnommen werden können

Bei **klinischen Assessmentverfahren** werden dagegen patientenrelevante Merkmale bzw. Risikofaktoren (z. B. Blutdruck) mit einem Zahlenwert versehen. Für jeden einzelnen Patienten wird ein Indexwert (in der Regel einfacher Summenwert) auf Basis der einzeln bestimmten Merkmalswerte gebildet (additiver Score). Ein Beispiel hierfür ist der CRB-65-Score (Tab. 14.2), der zur Standardisierung im Rahmen der externen Qualitätssicherung eingesetzt wird (König et al. 2014). Der Indexwert eines Patienten erlaubt eine patientenbezogene Prognose (z. B. über die erwartete Sterblichkeit), je nachdem welcher Indexwert (0–4) erreicht wird. Die dazugehörigen Prognosedaten können rechnerisch ermittelt oder der Literatur entnommen werden. Auf diese Weise lassen sich einfache *Risikomodelle* für den Einrichtungsvergleich entwickeln. Anhand der ermittelten Indexwerte können aber auch Risikogruppen (Subgruppen) gebildet werden (z. B. Hochrisikogruppe: Indexwert 3–4), die als *Subgruppen* für die Analyse der Qualitätsindikatoren zur Verfügung stehen.

Regressionsanalysen und Standardisierung
Mit der Regressionsanalyse wird mit Hilfe von statistischen Modellen der Einfluss vieler, zum Teil sehr unterschiedlicher Risikofaktoren auf den zu untersuchenden Qualitätsindikator untersucht. In der Risikoadjustierung kommen häufig *multiple logistische Regressionsmodelle* zum Einsatz, um einen möglichen gemeinsamen Einfluss mehrerer Risikofaktoren auf ein binäres Ereignis (z. B. Versterben im Krankenhaus) zu erkennen und zu gewichten. Die Regressionskoeffizienten stellen dabei die in dem jeweiligen Modell berechneten Gewichtungen der einzelnen Risikofaktoren dar. Mit dem Odds-Ratio (OR), das ebenfalls aus den Regressionskoeffizienten berechnet wird, lässt sich schließlich aussagen, um welchen Faktor die einzelnen Risikofaktoren die Chance erhöhen, dass ein Ereignis (z. B. Versterben) eintritt.

Anhand dieser Informationen kann nun für jeden Behandlungsfall die erwartete Wahrscheinlichkeit des vorhergesagten Ereignisses (z. B. Versterben) berechnet werden. Wird der Mittelwert über alle Behandlungsfälle einer Einrichtung gebildet, erhält man die aus dem Fallmix resultierende erwartete Ereigniswahrscheinlichkeit (E). Diese *erwartete Ereigniswahrscheinlichkeit* (E: Expected) wird dann in Beziehung zur tatsächlich *beobachteten Ereignisrate* (O: Observed) gesetzt. Die **Verhältniszahl O/E** zeigt an, wie

Tab. 14.2 CRB-65-Score für „Ambulant erworbene Pneumonie." (Quelle: König et al. 2014, S. 216)

Kürzel	Beschreibung	Wert
C	Pneumoniebedingte Desorientierung bzgl. Zeit, Ort oder Person („Confusion")	1
R	Atemfrequenz ≥ 30/min („Respiratory Rate")	1
B	Niedriger Blutdruck. Diastolischer Blutdruck (DBP) ≤ 60 mmHg oder systolischer Blutdruck (SBP) < 90 mmHg („Blood Pressure")	1
65	Alter ≥ 65 Jahre	1

groß die Abweichung der beobachteten von der erwarteten Ereigniswahrscheinlichkeit ist. Treten doppelt so viele Ereignisse auf als erwartet, so ergibt sich der O/E-Wert = 2; treten weniger Ereignisse auf, ergeben sich O/E-Werte zwischen 0 und 1. Ein O/E-Wert von 1 bedeutet, dass eine Einrichtung risikoadjustiert auf dem Durchschnitt liegt (Heller 2014).

Die Berechnung des O/E-Wertes hat sich international für Einrichtungsvergleiche durchgesetzt (Ash et al. 2013; König et al. 2014). Diese Maßzahl wird auch als **Standardized Mortality Ratio** (SMR) bezeichnet. Sie wird nicht nur für Mortalitäts- sondern auch für Morbiditäts- und Komplikationsraten verwendet. Zur Berechnung der **risikoadjustierten Ereignisraten** (z. B. risikoadjustierte Sterblichkeit) in den einzelnen Einrichtungen kann schließlich der O/E-Wert einer Einrichtung mit der bundesweit beobachteten Ereignisrate (O Gesamt) multipliziert werden (O/E * O Gesamt). Dieses Ergebnis beschreibt dann für jede Einrichtung das Ergebnis, das erreicht würde, wenn die Einrichtung dieselbe Patientenstruktur aufwiese, die auch bundesweit beobachtet werden konnte. Damit werden alle Ergebnisse direkt miteinander vergleichbar.

14.1.2 Externe Qualitätssicherung

Die Erhebung und vergleichende Darstellung von Qualität in der deutschen Gesundheitsversorgung hat bereits eine lange Tradition (Heller 2014, S. 164). Waren derartige Vergleiche zunächst freiwillig, wurden schrittweise alle Leistungserbringer zur Teilnahme an einrichtungsübergreifenden Maßnahmen der Qualitätssicherung verpflichtet (§ 135a SGB V). Bis heute bildet die **indikatorengestützte, externe Qualitätssicherung** eine der Hauptsäulen der Qualitätsstrategie des G-BA (Klakow-Franck 2014).

Merkmale *externer Qualitätssicherung* im Allgemeinen sind, dass Qualitätsanforderungen bzw. Kriterien für die Qualitätsmessung von Institutionen außerhalb der eigenen Organisation (Gesundheitseinrichtung) *festgelegt* und auch *überprüft* werden (Kap. 5). Der Begriff ist insofern etwas irreführend, als Qualität sich kaum von extern beeinflussen lässt, wohl aber „von außen" zu bestimmen und zu beobachten ist. Die Verfahren der externen Qualitätssicherung können somit dazu beitragen, Versorgungsdefizite und Qualitätsprobleme zu erkennen und die Einrichtungen bei der Problemanalyse und Qualitätsverbesserung zu unterstützen.

Die inhaltliche und technische Umsetzung als auch die Koordination der bundesweiten **externen Qualitätssicherung (EQS)** in Krankenhäusern oblag von 2001 bis 2008 der Bundesgeschäftsstelle Qualitätssicherung (BQS), einer zu diesem Zweck gegründeten Einrichtung der Selbstverwaltung auf Bundesebene (Willms et al. 2013). Im Jahr 2009 hat das AQUA – Institut für angewandte Qualitätsförderung und Forschung im Gesundheitswesen GmbH diese Aufgabe übernommen. In dieser Zeit wurde mit der Neuentwicklung von einrichtungs- und sektorenübergreifend angelegten Qualitätssicherungsverfahren begonnen. Seit 2016 führt das vom G-BA gegründete Institut für Qualitätssicherung und Transparenz im Gesundheitswesen (IQTIG) die Aufgaben der bundesweiten Qualitätssicherung fort (Kap. 2).

14.1.2.1 Qualitätssicherungsverfahren

Entsprechend der Normsetzung im Rahmen der GKV hat der Gesetzgeber dem G-BA den Auftrag erteilt, die verpflichtenden Maßnahmen der Qualitätssicherung in Form von **Richtlinien** (RL) zu bestimmen (§ 136 SGB V). Die konkreten Ausführungsbestimmungen für die beteiligten Institutionen regelte bisher die „Richtlinie über Maßnahmen der Qualitätssicherung in Krankenhäusern (QSKH-RL)", für den übergreifenden Krankenhaus- und Vertragsarztsektor bislang die „Richtlinie zur einrichtungs- und sektorenübergreifenden Qualitätssicherung (Qesü-RL)". Beide Richtlinien sind mittlerweile in die „Richtlinie zur datengestützten einrichtungsübergreifenden Qualitätssicherung (DeQS-RL)" zusammengeführt worden. Der G-BA wird bei der Wahrnehmung seiner Aufgaben von dem fachlich unabhängigen, wissenschaftlichen Institut (IQTIG) und sogenannten „Partnern im Gesundheitswesen" unterstützt. Zu den Partnern gehören insbesondere die Landesgeschäftsstellen für Qualitätssicherung (LQS), die Landesarbeitsgemeinschaften (LAG) und die Datenannahmestellen, die u. a. von Landeskrankenhausgesellschaften und Kassenärztlichen Vereinigungen betrieben werden.

Ziele der einrichtungsübergreifenden Qualitätssicherung (Quelle: DeQS-RL)

a) die Qualität in der medizinischen Versorgung zu sichern und zu fördern;

b) die Struktur-, Prozess-, und Ergebnisqualität zu verbessern;

c) valide und vergleichbare Erkenntnisse über die Versorgungsqualität der Leistungserbringerinnen und Leistungserbringer zu gewinnen;

d) Erkenntnisse über Qualitätsverbesserungspotenziale zu gewinnen;

e) das einrichtungsinterne Qualitätsmanagement zu unterstützen;

f) ein transparentes Verfahren für alle Beteiligten bei der Vorbereitung, Entwicklung, Auswertung, Bewertung und Durchführung von Maßnahmen der einrichtungsübergreifenden Qualitätssicherung zu gewährleisten;

g) soweit sachgerecht und möglich durch die sektorenübergreifende Betrachtung einen kontinuierlichen Qualitätsentwicklungsprozess einzuleiten;

h) Patientensicherheit und Patientenorientierung zu stärken;

i) Ergebnisse der Qualitätssicherungsmaßnahmen in geeigneter Weise und in einer für die Allgemeinheit verständlichen Form zu veröffentlichen und damit die Selbstbestimmung der Patientinnen und Patienten zu stärken.

Der G-BA legt **Versorgungsbereiche** (Leistungsbereiche) fest, in denen **Qualitätssicherungsverfahren** (QS-Verfahren) verpflichtend von allen Leistungsanbietern durchzuführen sind (Tab. 14.3). Die Erfassung der Daten für die Bildung der Qualitätsindikatoren führen die Einrichtungen selbstständig durch und leiten sie den Datenannahmestellen weiter. Die Daten der externen Qualitätssicherung in Krankenhäusern (QSKH-RL) werden über Datenannahmestellen auf Landesebene *(indirekte Verfahren)* oder direkt über das IQTIG *(direkte Verfahren)* abgefragt und auf ihre Validität

Tab. 14.3 Versorgungsbereiche und QS-Verfahren der einrichtungsübergreifenden Qualitätssicherung (Quelle: IQTIG)

Versorgungsbereich	Qualitätssicherungsverfahren
Gefäßchirurgie	Karotis-Revaskularisation (QS KAROTIS)
Hygiene und Infektionsmanagement	Ambulant erworbene Pneumonie (QS CAP)
	Vermeidung nosokomialer Infektionen – postoperative Wundinfektionen (QS WI)
	Diagnostik, Therapie und Nachsorge der Sepsis (QS SEPSIS)
Kardiologie und Herzchirurgie	Versorgung mit Herzschrittmachern und implantierbaren Defibrillatoren (QS HSMDEF)
	Perkutane Koronarintervention (PCI) und Koronarangiographie (QS PCI)
	Koronarchirurgie und Eingriffe an Herzklappen (QS KCHK)
Transplantationsmedizin und Nierenersatztherapie	Transplantationsmedizin (QS TX)
	Nierenersatztherapie bei chronischem Nierenversagen einschließlich Pankreastransplantationen (QS NET)
Gynäkologie	Mammachirurgie (QS MC)
	Gynäkologische Operationen (QS GYN-OP)
Perinatalmedizin	Perinatalmedizin (QS PM)
Orthopädie und Unfallchirurgie	Hüftgelenksversorgung (QS HGV)
	Knieendoprothesenversorgung (QS KEP)
Pflege	Dekubitusprophylaxe (QS DEK)
Psychiatrische und Psychotherapeutische Versorgung	Ambulante Psychotherapie (QS AmbPT)
	Schizophrenie (QS SCHIZOPHRENIE)
	Personalausstattung Psychiatrie und Psychosomatik (QS PPP)
Urologie	Lokal begrenztes Prostatakarzinom (QS PROSTATA)
Viszeralchirurgie	Cholezystektomie (QS CHE)
Entlassmanagement	Entlassmanagement (QS ENTLASS)

überprüft. Das Datenvalidierungsverfahren findet standortbezogen statt und umfasst eine statistische Basisprüfung (Vollzähligkeits-, Vollständigkeits- und Plausibilitätsprüfung) und ein Stichprobenverfahren mit Datenabgleich, in dem die Übereinstimmung mit der Patientenakte überprüft wird.

Die Daten der externen Qualitätssicherung in Krankenhäusern (QSKH-RL) werden über Datenannahmestellen auf Landesebene *(indirekte Verfahren)* oder direkt über das IQTIG *(direkte Verfahren)* abgefragt und auf ihre Validität überprüft. Das **Datenvalidierungsverfahren** findet standortbezogen statt und umfasst eine statistische

Basisprüfung (Vollzähligkeits-, Vollständigkeits- und Plausibilitätsprüfung) und ein Stichprobenverfahren mit Datenabgleich, in dem die Übereinstimmung mit der Patientenakte überprüft wird.

Nach Abschluss der Validierung werden die Ergebnisse vergleichend ausgewertet und auf „rechnerische Auffälligkeiten" hinsichtlich der Referenzbereiche überprüft. Der **Referenzbereich** unterscheidet auffällige von unauffälligen Ergebnissen. Ergebnisse innerhalb der Referenzbereiche sind als *unauffällige Versorgungsqualität* zu werten. Referenzbereiche können durch einen festen Wert definiert (fixer Referenzbereich) oder durch die Verteilung der Ergebnisse aller Standorte festgelegt sein (Perzentil-Referenzbereich). Eine *rechnerische Auffälligkeit* ist definiert als Abweichung in einem Qualitätsindikator von dem Referenzbereich.

Die Ergebnisse der Auswertungen werden zunächst an die Einrichtungen zurückgespiegelt (**Benchmarkingreports**). Weisen die Daten auf rechnerische Auffälligkeiten hin bzw. geben die Ergebnisse der Qualitätsindikatoren Hinweise auf mögliche Qualitätsdefizite, wird ein Verfahren zur Klärung der Ursachen für die entstandenen Auffälligkeiten eingeleitet (**Strukturierter Dialog**). Dies entspricht dem Grundsatz, dass Qualitätsmessung niemals Selbstzweck sein darf, sondern dass auffällige Ergebnisse stets hinsichtlich ihrer Ursachen analysiert werden und Ausgangspunkt für Verbesserungen sein sollen. Die Qualitätsmessung, vergleichende Auswertung und Rückmeldung der Ergebnisse sowie der Strukturierte Dialog finden *nicht öffentlich* statt („geschützter Raum"). Im Rahmen der verpflichtenden Qualitätsberichterstattung wird aber eine zunehmend größere Anzahl der mit der externen Qualitätssicherung erhobenen Qualitätsindikatoren und Kennzahlen (bzw. deren Ergebnisse) auch Gegenstand der strukturierten Qualitätsberichte und damit einer breiten Öffentlichkeit zugänglich.

14.1.2.2 Strukturierter Dialog

Der Strukturierte Dialog ist ein langjährig etabliertes Instrument der EQS nach QSKH-RL, bei dem unabhängige Expertengruppen an die auffällig gewordenen Einrichtungen herantreten. Methodisch ist der Strukturierte Dialog in das erweiterte Umfeld von *Peer-Review-Verfahren* einzuordnen, da auf dem Boden einer professionellen Beratung gezielte Unterstützung bei der Problemanalyse und Qualitätsverbesserung in der Einrichtung angeboten wird (Kap. 12). Die Teilnahme am Strukturierten Dialog ist zwar verpflichtend, es steht jedoch wie beim Peer-Review-Verfahren als gemeinsames Merkmal die Lern- und Entwicklungsperspektive im Vordergrund.

Im Rahmen des Strukturierten Dialogs ist zu klären, ob ein außerhalb des Referenzbereichs liegendes Ergebnis zu einem Qualitätsindikator auch tatsächlich als „qualitativ auffällig" zu bewerten ist (Köppen et al. 2014). Dieser Klärungsprozess erfolgt in einer gestuften Vorgehensweise (Abb. 14.3). Bei den direkten Verfahren (z. B. Organtransplantationen) ist hierfür das Bundesinstitut (IQTIG), für die Leistungsbereiche mit höheren Fallzahlen (indirekte Verfahren) sind die jeweiligen Landesgeschäftsstellen für Qualitätssicherung (LQS) der einzelnen Bundesländer zuständig. Die Gesamtverantwortung verbleibt insgesamt jedoch beim G-BA.

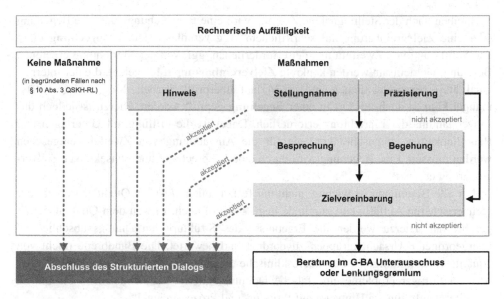

Abb. 14.3 Maßnahmen im Rahmen des Strukturierten Dialogs. (Quelle: IQTIG 2021, S. 20)

In einem ersten Verfahrensschritt ist die als auffällig eingestufte Einrichtung auf die Auffälligkeit hinzuweisen oder zur **Stellungnahme** innerhalb einer festzusetzenden angemessenen Frist aufzufordern. Die Entscheidung für eine der Maßnahmen liegt im Ermessen der zuständigen Expertengruppe. Ist nur ein Fall pro Qualitätsindikator auffällig, kann auf die Stellungnahme verzichtet werden. Bei *Sentinel-Event-Indikatoren* ist allerdings immer eine Stellungnahme anzufordern. Die Stellungnahmen werden anonymisiert den Expertengruppen vorgelegt und von diesen nach folgenden **Kriterien** ausgewertet (IQTIG 2021, S. 19):

- Wurde das angefragte Ergebnis in der Einrichtung selbstkritisch analysiert, reflektiert und diskutiert?
- Gibt es besondere Umstände bei den behandelten Patientinnen und Patienten, die Abweichungen von den Prozess- oder Ergebnisstandards rechtfertigen? Ist daher die Versorgungsqualität einer Einrichtung trotz rechnerischer Auffälligkeiten als qualitativ unauffällig einzustufen oder gibt es konkrete Hinweise auf einen Qualitätsmangel?
- Sind ggf. die Ergebnisse der relevanten Auffälligkeitskriterien der Datenvalidierung plausibel im Zusammenhang mit dem Ergebnis des Indikators?
- Liegt ein Versorgungs- und/oder Dokumentationsproblem vor?
- Wurden das Problem und der damit verbundene Handlungsbedarf erkannt?
- Wurden bereits Lösungen zur Ergebnisverbesserung erarbeitet und eingeleitet?
- Sind die geplanten Maßnahmen erfolgversprechend?
- Werden die eingeleiteten Maßnahmen nachhaltig durch das Krankenhaus kontrolliert?

Verbleiben nach der Stellungnahme Zweifel, wird eine Besprechung oder eine Begehung oder eine Zielvereinbarung auf schriftlichem Weg veranlasst. Die **Besprechung** dient der Aufklärung von Zweifeln und der erforderlichen, ggf. von der Einrichtung erbetenen Beratung. Gemeinsam werden konkrete **Zielvereinbarungen** festgelegt, die der internen Qualitätsverbesserung dienen und im Verlauf überprüft werden. Mögliche Qualitätsmängel können auch vor Ort in einer **Begehung** geprüft werden. Hierzu ist jedoch das Einverständnis der Einrichtung erforderlich. Dabei ist die Prüfung auf Unterlagen und Räumlichkeiten zu beschränken, die für die Ausräumung von Zweifeln eingesehen werden müssen. Eine Begehung wird durch eine Besprechung und konsekutiver Zielvereinbarung ergänzt.

Für alle Beteiligten ist wichtig, nicht nur festzustellen, *dass* ein Qualitätsproblem der rechnerischeren Auffälligkeit zugrunde liegt, sondern auch, *was* zu dem Qualitätsdefizit geführt hat. Hierzu werden die Ergebnisse des Strukturierten Dialogs abschließend übergeordneten Ursachengruppen zugeordnet und bewertet. Die Bandbreite reicht von „qualitativ unauffällig, da besondere klinische Situation" über „Bewertung nicht möglich, da Softwareprobleme eine falsche Dokumentation verursacht haben" bis hin zu „qualitativ auffällig, da Hinweise auf Struktur- und Prozessmängel".

14.2   Qualitätsvergleiche durch Qualitätsberichte

Ein relativ junges Instrument der Qualitätssicherung im deutschen Gesundheitswesen ist die Qualitätsberichterstattung (QBE). Darunter werden alle Formen und Verfahren der Veröffentlichung von Qualitäts- und Leistungsdaten zum Zwecke des *öffentlichen Qualitätsvergleichs* verstanden.

Qualitätsberichterstattung unterscheidet sich von Berichterstattungsinstrumenten in anderen Gesellschafts- und Politikbereichen (z. B. Sozialberichterstattung, Gesundheitsberichterstattung), in denen Gutachten oder amtliche Statistiken zuvorderst für Zwecke der Politikberatung erstellt werden. Bei derartigen Formen der Berichterstattung werden Daten auf möglichst wertfreier wissenschaftlicher Grundlage zusammengetragen, die den Zweck der Problemanalyse, der Wirkungsmessung und des Monitorings von Lebens- und Gesellschaftssituationen verfolgen (Brand und Michelsen 2007). Demgegenüber haben *Qualitätsberichte* (im Gesundheitswesen) die Aufgabe, durch **gezielte Offenlegung** von Qualitäts- und Leistungsdaten den Informationsbedürfnissen der Interessengruppen gerecht zu werden sowie Vergleiche zwischen Leistungsanbietern zu ermöglichen, welche wiederum direkte und indirekte **Steuerungswirkungen** nach sich ziehen (Abb. 14.4).

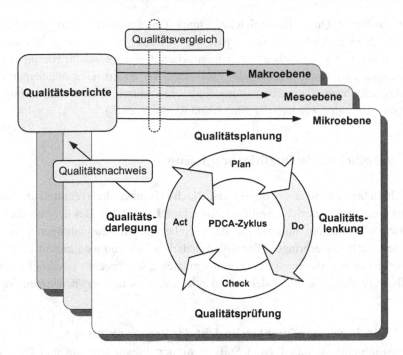

Abb. 14.4 Die Rolle der Qualitätsberichte als Instrumente der Steuerung. (Quelle: Hensen 2014)

▶   Qualitätsberichte sind nicht nur Instrumente des Erkenntnisgewinns, sondern auch Instrumente der Intervention.

Qualitätsberichte und **öffentliche Einrichtungsvergleiche** haben in anderen Ländern, wie z. B. den USA und Großbritannien, eine viel längere Tradition als hierzulande. In Deutschland lassen sich die folgenden Ausprägungen beobachten (vgl. Hensen 2014):

- **Verpflichtende Qualitätsvergleiche:** Hierbei werden Qualitäts- und Leistungs- daten auf Grundlage gesetzlicher Festlegungen veröffentlicht. Hierzu zählen z. B. der „Strukturierte Qualitätsbericht" der Krankenhäuser nach § 136b Absatz 1 Satz 1 Nr. 3 SGB V sowie die Verfahren der Qualitätsprüfung in Pflegeeinrichtungen und die Veröffentlichung der Prüfergebnisse nach § 115 Absatz 1a SGB XI („Qualitätsdar- stellungsvereinbarungen").
- **Freiwillige Qualitätsvergleiche:** Diese finden eigeninitiativ und ggf. ergänzend zur verpflichtenden Qualitäts- und Leistungsdarlegung statt. Hierunter fallen z. B. sog. redaktionelle Krankenhausführer (z. B. Klinikführer Berlin-Brandenburg, Klinik- führer Rhein-Ruhr) oder öffentlichkeitswirksame Qualitätsinitiativen von Klinikver- bünden (z. B. 4QD-Qualitätskliniken.de GmbH, IQM – Initiative Qualitätsmedizin e. V.) oder Krankenkassen (z. B. QSR – Qualitätssicherung mit Routinedaten).

- **Unkontrollierte Qualitätsvergleiche:** Durch Dritte initiierte und öffentlich vollzogene Qualitätsvergleiche, die weder im Auftrag der zu vergleichenden Einrichtung noch im gesetzlichen oder behördlichen Auftrag handeln. Hierunter können sogenannte „Arztbewertungsportale" und sämtliche andere Gesundheitsportale und Stadtbranchenbücher mit Bewertungsfunktionen durch Nutzer bzw. Interessengruppen verstanden werden (vgl. Strech und Reimann 2012).

14.2.1 Verpflichtende Qualitätsvergleiche

Qualitätsberichte liefern einen **objektiven Nachweis** über die (ermittelbare und darstellbare) Qualität der einrichtungsintern erbrachten Leistungen. Bei der verpflichtenden Qualitätsberichterstattung *müssen* die darin einbezogenen Einrichtungen den jeweils geforderten Nachweis erbringen. Die grundsätzlichen Festlegungen nimmt in der Regel der Gesetzgeber vor, die inhaltlichen und formalen „Spielregeln" beschließen zumeist die Selbstverwaltungspartner oder die durch den Gesetzgeber benannten Vertragsparteien.

14.2.1.1 Strukturierter Qualitätsbericht der Krankenhäuser

Gemäß § 136b Abs. 1 Satz 1 Nr. 3 SGB V werden Inhalt, Umfang und Datenformat eines *jährlich* zu veröffentlichenden **strukturierten Qualitätsberichts** der zugelassenen Krankenhäuser vom G-BA beschlossen. Die Einzelheiten zum Verfahren der Erstellung, Übermittlung und Veröffentlichung der Qualitätsberichte werden durch die „Regelungen zum Qualitätsbericht der Krankenhäuser (Qb-R)" festgelegt. Neben diesem gesetzlich verpflichteten Qualitätsbericht gibt es auch andere verpflichtende Qualitätsberichte, die nicht durch den Gesetzgeber, sondern im Rahmen von Einrichtungszertifizierungen (z. B. KTQ-Qualitätsbericht) gefordert werden.

Als **Zielsetzung** des strukturierten Qualitätsberichts wird die Verbesserung von Transparenz und Qualität der Versorgung im Krankenhaus genannt. Er soll darüber hinaus eine Informations- und Entscheidungshilfe sowohl für Patientinnen und Patienten als auch für Leistungserbringer im Vorfeld einer Krankenhausbehandlung sein. **Inhalt** und **Umfang** des strukturierten Qualitätsberichts wurde erstmalig 2003 zwischen den Spitzenverbänden der Selbstverwaltung geregelt. Der G-BA hat 2006 eine erste *Neufassung* vereinbart, in der zahlreiche Inhalte neu geregelt und präzisiert wurden. Die ursprüngliche Version bestand zunächst in einer inhaltlichen Aufteilung in einen (obligaten) Datenteil und einen ebenfalls verpflichtend auszufüllenden, aber weitgehend frei formulierbaren Berichtsteil (fakultativer Berichtsteil), in dem das eigene Qualitätsmanagement und die damit erzielten Ergebnisse veröffentlicht werden konnten. Der Einheitlichkeit und Datenlesbarkeit der Berichterstattung geschuldet wird mittlerweile auf den Berichtsteil verzichtet. Die freitextlichen Angaben zum einrichtungsinternen Qualitätsmanagement (z. B. Audits, Qualitätsprojekte) wurden in der Vergangenheit von jeder Einrichtung individuell und teilweise hochselektiv vorgenommen, was einen Einrichtungsvergleich dieser Aspekte faktisch unmöglich machte. In jüngerer Zeit sind die Elemente des Qualitäts- und Risikomanagements in den Datenteil in Form von vordefinierten Auswahllisten mit aufgenommen worden. Diese Auswahllisten dienen der **Standardisierung der Inhalte** bzw. der informationellen Weiterverarbeitung und Bereitstellung in unterschiedlichen Datenbankformaten (Tab. 14.4).

Die Qualitäts- und Leistungsdarstellung im Rahmen des strukturierten Qualitätsberichts stützt sich weitgehend auf die Angabe von **Strukturelementen** (z. B. Leistungsangebote, apparative und personelle Ausstattung, Aufbau des Qualitäts- und Risikomanagements), **Aktivitäten** (z. B. Teilnahme an Qualitätssicherungsmaßnahmen, Einhaltung der Mindestmengenregelung) sowie vereinzelten **Outputelementen** (z. B. Diagnosen- und Prozedurenschlüssel). In früheren Versionen des strukturieren Qualitätsberichts mussten u. a. auch die abgerechneten DRG-Fallgruppen (Diagnosis-Related Groups) aufgeführt werden. Diese führte in der Vergangenheit häufig zu Missverständnissen, vor allem bei der freitextlichen Inhaltsbeschreibung, sodass sie aus der verpflichteten Berichterstattung wieder entfernt wurden.

Daten zur *Prozessqualität* oder *Ergebnisqualität* (Outcome) spielten in der Vergangenheit nur eine untergeordnete Rolle. In den letzten Jahren wurden aber zunehmend auch Aspekte des öffentlichen Interesses, beispielsweise der einrichtungsinterne Umgang mit Wunden und der Umgang mit Patientinnen und Patienten mit multiresistenten Erregern (MRE) in die Berichterstattung integriert. Gleichzeitig werden **Qualitätsindikatoren** der externen Qualitätssicherung zur Berichtspflicht. In der Vergangenheit wurden diese Indikatoren nur vertraulich zwischen den Daten auswertenden Stellen und den teilnehmenden Einrichtungen kommuniziert und auf Bundesebene anonym bzw. hoch aggregiert weiterverarbeitet („Intervention im geschützten Raum"). Mit der Veröffentlichungspflicht soll der Informationsgehalt der Qualitätsberichte deutlich erhöht werden, indem auch Aspekte der Prozess- und Ergebnisqualität darstellbar werden.

Aufgrund zahlreicher **methodischer Unsicherheiten** und der berechtigten Sorge vor Fehlinformationen und Fehlsteuerung werden die Indikatoren hinsichtlich ihrer Fähigkeit zur Veröffentlichung bewertet. Die Bewertung der Indikatoren sah in der Vergangenheit eine Einteilung in „uneingeschränkt zur Veröffentlichung geeignete Qualitätsindikatoren", „eingeschränkt zur Veröffentlichung empfohlene Qualitätsindikatoren bzw. Qualitätsindikatoren mit eingeschränkter methodischer Eignung" und „nicht zur Veröffentlichung empfohlene Qualitätsindikatoren" vor.

Neuere Einschätzungen zur **Veröffentlichungsfähigkeit** von Qualitätsindikatoren legen die Annahme zugrunde, dass ein Qualitätsindikator, der bereits in einem QS-Verfahren routinemäßig eingesetzt wird, grundsätzlich auch für die Veröffentlichung qualifiziert ist. Es muss davon ausgegangen werden, dass ein solcher Indikator die Qualität angemessen darstellt, da mit der Nutzung in der externen Qualitätssicherung potenziell ein erheblicher und unmittelbarer Einfluss auf die Versorgung verbunden ist. Daher sollen und können nach Ansicht des Bundesinstituts IQTIG Qualitätsindikatoren grundsätzlich **standortbezogen veröffentlicht** werden, um, wie es heißt, den „Gesetzesauftrag zu erfüllen", um „Qualitätstransparenz zu schaffen" und um die damit verbundenen

Tab. 14.4 Inhalte und Aufbau des strukturierten Qualitätsberichts für das Berichtsjahr 2021 (zum Teil gekürzt dargestellt)

A	**Struktur- und Leistungsdaten des Krankenhauses bzw. des Krankenhausstandorts**
A-1	Allgemeine Kontaktdaten des Krankenhauses
A-2	Name und Art des Krankenhauses
A-3	Universitätsklinikum oder akademisches Lehrkrankenhaus
A-4	Regionale Versorgungsverpflichtung für die Psychiatrie
A-5	Medizinisch-pflegerische Leistungsangebote des Krankenhauses
A-6	Weitere nicht-medizinische Leistungsangebote des Krankenhauses
A-7	Aspekte der Barrierefreiheit
A-8	Forschung und Lehre des Krankenhauses
A-8.1	Forschung und akademische Lehre
A-8.2	Ausbildung in anderen Heilberufen
A-9	Anzahl der Betten
A-10	Gesamtfallzahlen
A-11	Personal des Krankenhauses
A-11.1	Ärztinnen und Ärzte
A-11.2	Pflegepersonal
A-11.3	Therapeutisches Person in Psychiatrie und Psychosomatik
A-11.4	Spezielles therapeutisches Personal
A-12	Umgang mit Risiken in der Patientenversorgung
A-12.1	Qualitätsmanagement
A-12.1.1	Verantwortliche Person
A-12.1.2	Lenkungsgremium
A-12.2	Klinisches Risikomanagement
A-12.2.1	Verantwortliche Person
A-12.2.2	Lenkungsgremium
A-12.2.3	Instrumente und Maßnahmen
A-2.2.3.1	Einsatz eines einrichtungsinternen Fehlermeldesystems
A-2.2.3.2	Teilnahme an einrichtungsübergreifenden Fehlermeldesystemen
A-12.3	Hygienebezogene und infektionsmedizinische Aspekte
A-12.3.1	Hygienepersonal
A-12.3.2	Weitere Informationen zur Hygiene
A-12.3.2.1	Vermeidung gefäßkatheterassoziierter Infektionen
A-12.3.2.2	Durchführung von Antibiotikaprophylaxe und Antibiotikatherapie
A-12.3.2.3	Umgang mit Wunden
A-12.3.2.4	Händedesinfektion

(Fortsetzung)

Tab. 14.4 (Fortsetzung)

A-12.3.2.5	Umgang mit Patientinnen und Patienten mit multiresistenten Erregern (MRE)
A-12.3.2.6	Hygienebezogenes Risikomanagement
A-12.4	Patientenorientiertes Lob- und Beschwerdemanagement
A-12.5	Arzneimitteltherapiesicherheit (AMTS)
A-12.5.1	Verantwortliches Gremium
A-12.5.2	Verantwortliches Personal
A-12.5.3	Pharmazeutisches Personal
A-12.5.4	Instrumente und Maßnahmen
A-13	Besondere apparative Ausstattung
A-14	Teilnahme am gestuften System der Notfallversorgung des G-BA gemäß § 136c Absatz 4 SGB V 31
A-14.1	Teilnahme an einer Notfallstufe
A-14.2	Teilnahme an der Speziellen Notfallversorgung
A-14.3	Teilnahme am Modul Spezialversorgung
A-14.4	Kooperation mit Kassenärztlicher Vereinigung (gemäß § 6 Abs. 3 der der Regelungen zu den Notfallstrukturen)
B	**Struktur- und Leistungsdaten der Organisationseinheiten/Fachabteilungen**
B-1	Name der Organisationseinheit/Fachabteilung
B-2	Zielvereinbarungen mit leitenden Ärzten und Ärztinnen
B-3	Medizinische Leistungsangebote der Organisationseinheit/Fachabteilung
B-4	[Fachabteilungsspezifische Aspekte der Barrierefreiheit]
B-5	Fallzahlen der Organisationseinheit/Fachabteilung
B-6	Hauptdiagnosen nach ICD
B-7	Durchgeführte Prozeduren nach OPS
B-8	Ambulante Behandlungsmöglichkeiten
B-9	Ambulante Operationen nach § 115b SGB V
B-10	Zulassung zum Durchgangs-Arztverfahren der Berufsgenossenschaft
B-11	Personelle Ausstattung
B-11.1	Ärztinnen und Ärzte
B-11.2	Pflegepersonal
B-11.3	Ausgewähltes therapeutisches Personal in Fachabteilungen für Psychiatrie, Psychotherapie und Psychosomatik
C	**Qualitätssicherung**
C-1	Teilnahme an der externen vergleichenden Qualitätssicherung nach § 136 Abs. 1 Satz 1 Nr. 1 SGB V
C-1.1	Leistungsbereiche mit Fallzahlen und Dokumentationsrate

(Fortsetzung)

Tab. 14.4 (Fortsetzung)

C-1.1.1	Anforderungen an die Darstellung der Leistungsbereiche und Dokumentationsraten
C-1.1.2	Übermittlung der Daten
C-1.1.3	Besonderheiten in einzelnen Leistungsbereichen gemäß QSKH-RL
C-1.2	Ergebnisse der Qualitätssicherung
C-1.2.1	Übermittlungswege
C-1.2.2	Ergebnisse für Qualitätsindikatoren und Kennzahlen
C-2	Externe Qualitätssicherung nach Landesrecht gemäß § 112 SGB V
C-3	Qualitätssicherung bei Teilnahme an Disease-Management-Programmen (DMP) nach § 137f SGB V
C-4	Teilnahme an sonstigen Verfahren der externen vergleichenden Qualitätssicherung
C-5	Umsetzung der Mindestmengenregelungen nach § 136b Abs. 1 Satz 1 Nr. 2 SGB V
C-5.1	Umsetzung der Mindestmengenregelung im Berichtsjahr
C-5.2	Leistungsberechtigung für das Prognosejahr
C-6	Umsetzung von Beschlüssen zur Qualitätssicherung nach § 136 Abs. 1 Satz 1 Nr. 2 SGB V
C-7	Umsetzung der Regelungen zur Fortbildung im Krankenhaus nach § 136b Abs. 1 Satz 1 Nr. 1 SGB V
C-8	Umsetzung der Pflegepersonalregelung im Berichtsjahr

„Ziele zu realisieren" (IQTIG 2020). Für Qualitätsindikatoren, die Limitationen hinsichtlich der Methodik oder der Verständlichkeit aufweisen oder durch andere fachliche Besonderheiten gekennzeichnet sind, empfiehlt das IQTIG ergänzende „Fachliche Hinweise des IQTIG". Die fachlichen Hinweise sollen die standortbezogene Veröffentlichung von Qualitätsindikatoren begleiten und eine sachgerechte und kritische Interpretation der veröffentlichten Ergebnisse durch die Öffentlichkeit unabhängig vom Publikationsmedium ermöglichen.

Sollten Indikatoren aufgrund **erheblicher Bedenken** seitens des IQTIG und seiner Fachgruppen nicht für eine standortbezogene Veröffentlichung der Ergebnisse geeignet erscheinen, werden diese Indikatoren für eine Veröffentlichung offiziell **nicht empfohlen.** Es wird jedoch im Einzelfall entschieden, ob eine standortbezogene Veröffentlichung mit einem „Fachlichen Hinweis des IQTIG" empfohlen wird oder ob die Bedenken so erheblich sind, dass die standortbezogene Veröffentlichung nicht empfohlen

wird. Neben fachlichen „erheblichen Bedenken" sind **weitere Gründe,** die eine standortbezogene Veröffentlichung hindern:

- Die Indikatoren bzw. Kennzahlen werden für das jeweilige Erfassungsjahr das erste
  Mal angewendet („neu entwickelt");
- Die Indikatoren bzw. Kennzahlen wurden umfangreich überarbeitet („quasi neu ent-
  wickelt").

Der **Qualitätsbericht** ist von den Krankenhäusern *fristgerecht* und entsprechend der
vereinbarten formalen Vorgaben *vollständig* fertigzustellen. Dazu müssen die Daten
in elektronischer Form an eine gemeinsame **Annahmestelle** geliefert werden. Die
Annahmestelle prüft, ob der Qualitätsbericht entsprechend den Vorgaben vorliegt. Entspricht der Qualitätsbericht nicht den Vorgaben, lehnt die Annahmestelle die Annahme
ab und informiert unverzüglich schriftlich über die Mängel, die die Ablehnung
begründen. Die gemeinsame Annahmestelle ist verantwortlich für die **Übermittlung**
der Qualitätsberichte an die Geschäftsstelle des G-BA, die gesetzlichen und privaten
Krankenversicherungen und ihre Verbände, die Deutsche Krankenhausgesellschaft,
die Kassenärztliche Bundesvereinigung, die Kassenzahnärztliche Bundesvereinigung
sowie die Organisationen für die Wahrnehmung der Interessen der Patientinnen und
Patienten und der Selbsthilfe.

14.2.1.2 Qualitätsprüfung und Qualitätsdarstellung in der Pflege

Gemäß § 114 SGB XI werden Pflegeeinrichtungen regelmäßig **Qualitätsprüfungen**
unterzogen (Regelprüfung). Die Prüfungen nimmt der so bezeichnete Medizinische
Dienst (MD) bzw. der entsprechende Prüfdienst der privaten Krankenversicherung unan-
gemeldet vor. Seit 2010 finden die Prüfungen jährlich statt. Die Ergebnisse der Qualitätsprüfungen wurden in der Vergangenheit als **Pflegetransparenzberichte** veröffentlicht.
Dabei erfolgte eine direkte und zusammenfassende Bewertung der Ergebnisse durch
„Pflegenoten". Welche Ergebnisse im Einzelnen in den Pflegetransparenzberichten ver-
öffentlicht und nach welchen Kriterien die Einrichtungen bewertet wurden, haben der
GKV-Spitzenverband der Pflegekassen, die überörtlichen Sozialhilfeträger und die
kommunalen Spitzenverbände in gemeinsamen Verhandlungen mit den Verbänden der
Leistungserbringer festgelegt.

Aufgrund anhaltender Kritik gegenüber den Inhalten der Qualitätsprüfungen und dem
daraus abgeleiteten System der Pflegenoten wurde mit dem Zweiten Pflegestärkungsgesetz (PSG II) das gesamte Verfahren der Qualitätsprüfungen und der Pflege-Transparenzvereinbarungen auf neue Füße gestellt. Ziel ist es nunmehr, ein einheitliches
System der Qualitätsprüfung und -darstellung zu schaffen, das auf Qualitätsindikatoren

beruht und das interne Qualitätsmanagement mit der externen Qualitätsprüfung verzahnt (vgl. Böllicke 2018). Die gesetzlichen Grundlagen hierzu liefern (siehe auch Kap. 2):

- Maßstäbe und Grundsätze für die Qualität und die Qualitätssicherung sowie für die Entwicklung eines einrichtungsinternen Qualitätsmanagements nach § 113 SGB XI für die stationäre Pflege,
- Qualitätsdarstellungsvereinbarungen nach § 115 Abs. 1a SGB XI (ehemals Pflege-Transparenzvereinbarungen) sowie die
- Qualitätsprüfungs-Richtlinien nach § 114a Abs. 7 SGB XI.

Für die Neugestaltung der internen Qualitätssicherung, der externen Qualitätsprüfung und der Qualitätsdarstellung hat das Institut für Pflegewissenschaft an der Uni Bielefeld und das Institut für angewandte Qualitätsförderung und Forschung im Gesundheitswesen GmbH (aQua-Institut) in Göttingen Umsetzungsvorschläge erarbeitet. Die Qualitätsdarstellung wird hiernach künftig von *drei Säulen* getragen (vgl. Wingenfeld et al. 2018): Sie umfasst ausgewählte MD-Prüfergebnisse, von den Pflegeeinrichtungen selbst erhobene Qualitätsdaten (Indikatoren der Ergebnisqualität) und Informationen der Einrichtungen zu ihrer Struktur (z. B. Erreichbarkeit mit öffentlichem Nahverkehr).

Für die **Indikatorenbildung** werden von den stationären Einrichtungen in regelmäßigen Abständen Daten erhoben. Diese werden an eine Datenauswertungsstelle (DAS) übermittelt und dort einrichtungsbezogen ausgewertet. Die aus den Daten gebildeten Qualitätsindikatoren ermöglichen Aussagen dazu, ob eine Einrichtung im Vergleich zu anderen Einrichtungen (z. B. bei schwerwiegenden Sturzfolgen) besser oder schlechter ist. Der Indikatorensatz umfasst Kennzahlen zu folgenden **Versorgungsaspekten**:

- Erhalt der Mobilität (Bewegungsfähigkeit)
- Erhalt der Selbstständigkeit bei alltäglichen Verrichtungen (z. B. Körperpflege)
- Erhalt der Selbstständigkeit im Alltagsleben (z. B. soziale Kontakte)
- Entstehung von Druckgeschwüren
- Schwerwiegende Sturzfolgen
- Unbeabsichtigter Gewichtsverslust
- Anwendungen von Gurten zur Fixierung von Bewohnern
- Anwendung von Bettseitenteilen
- Durchführung eines Integrationsgesprächs nach dem Heimeinzug
- Aktualität der Schmerzeinschätzung.

Das aufeinander abgestimmte Verfahren der **externen Qualitätsprüfung** und öffentlichen Qualitätsdarstellung wird bewertungs- und darstellungsrelevante Qualitätsaspekte in sechs **Qualitätsbereichen** erfassen (vgl. Wingenfeld et al. 2018):

1. Unterstützung bei der Mobilität und Selbstversorgung (z. B. Mobilität, Ernährung, Kontinenz)
2. Unterstützung bei der Bewältigung von krankheits- oder therapiebedingten Anforderungen und Belastungen (z. B. Schmerzmanagement, Wundversorgung)
3. Unterstützung bei der Gestaltung des Alltagslebens und der sozialen Kontakte (z. B. Kommunikation, Tagesstrukturierung u. a.)
4. Unterstützung in besonderen Bedarfs- und Versorgungssituationen (z. B. Pflegeüberleitung, herausforderndes Verhalten)
5. Bedarfsübergreifende fachliche Anforderungen (z. B. Hygiene, Hilfsmittel)
6. Einrichtungsinterne Organisation und Qualitätsmanagement (z. B. Qualifikation und Aufgabenwahrnehmung der Pflegedienstleitung, Begleitung Sterbender).

Es ist vorgesehen, die **Prüfergebnisse** nicht auf eine Qualitätsaussage hin zu verdichten. Pflegenoten oder Bereichsnoten, wie sie in der Vergangenheit gebildet wurden, wird es in der bisher bekannten Form nicht mehr geben. Die Bewertungsergebnisse werden vielmehr differenziert dargestellt und um unbewertete Strukturdaten der Einrichtung ergänzt. Die Bewertungsfragen auf Ebene der individuellen Bewohnerversorgung zielen darauf ab, ob für den Bewohner *negative Folgen* oder *Risiken* entstanden sind, die die Einrichtung zu vertreten hat (z. B. gesundheitliche Schädigung, Versorgung nicht bedürfnisgerecht). Ein **Qualitätsdefizit** wird hiernach nur dann festgestellt, wenn für einen Bewohner ein Risiko oder eine negative Folge entsteht. Zur Qualitätsbeurteilung kommen im neuen Prüfverfahren *vier Bewertungskategorien* zur Anwendung (vgl. Wingenfeld et al. 2018):

A) Keine Auffälligkeiten oder Defizite
B) Auffälligkeiten, die keine Risiken oder negative Folgen für den Bewohner erwarten lassen
C) Defizit mit Risiko negativer Folgen für den Bewohner
D) Defizit mit eingetretenen negativen Folgen für den Bewohner.

Die Einzelbewertungen der individuellen Versorgung anhand der Bewertungskategorien (A–D) werden für alle Bewohner der Stichprobe zusammengeführt und abschließend für jeden Qualitätsaspekt gesondert bewertet. Die festgestellten Defizite der Qualitätsbereiche 1 bis 4 werden anhand einer vierstufigen **Bewertungssystematik** beurteilt (vgl. Wingenfeld et al. 2018):

- Keine oder geringe Qualitätsdefizite (maximal eine C-Wertung und keine D-Wertung);
- Moderate Qualitätsdefizite (maximal drei C- oder D-Wertungen, darunter maximal eine D-Wertung);
- Erhebliche Qualitätsdefizite (maximal vier C- oder D-Wertungen, darunter maximal drei D-Wertungen);
- Schwerwiegende Qualitätsdefizite (mindestens fünf Personen mit C- oder D-Wertung oder mindestens vier D-Wertungen).

Die Beurteilung bedarfsübergreifender fachlicher Anforderungen (Qualitätsbereich 5) stützt sich auf Feststellungen, die die Prüfer (im Teamgespräch) zu anderen Qualitätsaspekten getroffen haben. Eine gestufte Bewertung analog zu den Bereichen 1 bis 4 ist nicht vorgesehen. Das Prüfergebnis bei den einrichtungsbezogenen Qualitätsaspekten (Bereich 6) umfasst die Feststellung, ob eine Anforderung erfüllt oder nicht erfüllt ist, und eine nähere Bezeichnung des bemängelten Sachverhalts. Es erfolgt eine kriteriengestützte Bewertung, bei der zu beurteilen ist, ob die im Prüfbogen aufgeführten Anforderungen erfüllt werden oder nicht. Die Ergebnisse der Qualitätsprüfung werden in einem **Prüfbericht** gebündelt.

Inhalte des Prüfberichts
- Administrative Angaben zur Prüfung und zur Einrichtung
- Die zusammenfassende Beurteilung der Prüfergebnisse
- Das Ergebnis der Plausibilitätskontrolle
- Empfehlungen zur Beseitigung von Qualitätsdefiziten
- Einen Anhang mit sämtlichen Prüfbögen

Das Konzept der neu entwickelten **Qualitätsdarstellung** basiert auf den Ergebnissen der externen Qualitätsprüfung, den Versorgungsergebnissen (Indikatoren der Ergebnisqualität) und bestimmten Informationen über die Pflegeeinrichtung. Diese Informationen werden von den Einrichtungen bereitgestellt und keiner Bewertung unterzogen. Zu diesen bereitzustellenden **Informationen** gehören insbesondere:

- Allgemeine Informationen über die Einrichtung (z. B. Kontaktdaten, Kontaktpersonen, Anzahl der Einzel- und Doppelzimmer, Kurzzeitpflegeplätze),
- Ausstattung (z. B. Telefonanschluss, TV- bzw. Kabelanschluss und Internetzugang),
- Spezialisierung/Versorgungsschwerpunkt (z. B. Versorgung von Menschen in jungem Alter, Menschen mit Verhaltensauffälligkeiten oder anderen Besonderheiten),
- Möglichkeit des Kennenlernens der Einrichtung (z. B. Möglichkeit zur Teilnahme an Mahlzeiten und Gruppenaktivitäten vor dem Einzug, Probewohnen),
- Gruppenangebote (z. B. wöchentliche Angebote wie Gedächtnistraining),
- Externe/Interne Dienstleistungen (z. B. die Möglichkeit zur Mitwirkung bei der Zubereitung von Mahlzeiten),
- Zusätzliche kostenpflichtige Dienstleistungen (z. B. Friseur oder Fußpflege),
- Religiose Angebote (z. B. Räumlichkeiten zur Ausübung religiöser Aktivitäten oder regelmäßiger Besuch eines Seelsorgenden),
- Einbeziehung und Unterstützung von Angehörigen (z. B. Teilnahme an Mahlzeiten für Angehörige),
- Kontakte der Einrichtung zum sozialen Umfeld/Quartier (z. B. Kontakte zu anderen Einrichtungen im Umfeld oder Quartier),

- Personelle Ausstattung im Bereich Pflege, Betreuung und Therapie (z. B. Angaben zu Vollzeitstellen, Personalwechsel in den letzten 6 Monaten oder Angaben zu Mitarbeitenden mit therapeutischer Ausbildung),
- Kooperationsvereinbarungen (z. B. Kooperationen mit Ärztinnen und Ärzten oder Therapeutinnen und Therapeuten sowie Krankenhäusern oder anderen Einrichtungen),
- Begleitung sterbender Heimbewohnerinnen und Heimbewohner und ihrer Angehörigen.

14.2.2 Freiwillige Qualitätsvergleiche

Neben den verpflichtenden Qualitätsvergleichen sind in den letzten Jahren zahlreiche freiwillige Aktivitäten und Initiativen zur Steigerung der Qualitätstransparenz im deutschen Gesundheitswesen entstanden. Diese wurden von ganz unterschiedlichen Akteuren ins Leben gerufen und unterscheiden sich hinsichtlich ihrer Schwerpunkte und Zielsetzungen.

14.2.2.1 Qualitätssicherung mit Routinedaten

Qualitätssicherung mit Routinedaten **(QSR)** ist eine Initiative des AOK-Bundesverbands, in der gemeinsam mit dem Helios-Klinikverbund, dem Forschungs- und Entwicklungsinstitut für das Sozial- und Gesundheitswesen Sachsen-Anhalt (FEISA) sowie dem Wissenschaftlichen Institut der AOK (WIdO) ein Verfahren zur Nutzung von Routinedaten entwickelt wurde (AOK et al. 2007). Datengrundlage bilden bundesweite Abrechnungsdaten vollstationär behandelter Patienten, die seit der Einführung der DRG-basierten Krankenhausvergütung routinemäßig von den Krankenhäusern übermittelt werden. Der Vorteil von QSR gegenüber traditionellen Formen der Qualitätssicherung besteht darin, dass auch Krankheitsereignisse nach einem Krankenhausaufenthalt in die Messung einfließen. Im Rahmen der Initiative werden ausgewählte Krankheitstypen (Tracer) definiert und analysiert.

Die Qualitätsindikatoren beziehen sich vor allem auf die **Ergebnisqualität** im Langzeitverlauf (z. B. Sterblichkeitsraten binnen 30 Tagen, 90 Tagen und einem Jahr nach der Entlassung). Hinzu kommen Qualitätsindikatoren wie Revisionsraten oder erneute Klinikaufnahmen wegen typischer Komplikationen oder anderen Gründen (Wiedereinweisungen). Neben *Einzelindikatoren* werden auch sogenannte *Gesamtindikatoren* gebildet, die eine zusammengefasste Gesamtbewertung für einen Leistungsbereich abbilden. Dadurch können Indikatoren in die Qualitätsbewertung einfließen, die eine für eine sichere Beurteilung zu geringe Prävalenz aufweisen. Darüber hinaus bieten sie die Möglichkeit, die Ergebnisse zusammengefasst darzustellen. Bisher veröffentlicht die Initiative zwar nur wenige Indikatoren, sie setzt jedoch auf methodisch einwandfreie Qualitätsvergleiche.

Für die **Ergebnisdarstellung** wurde ein QSR-Klinikbericht entwickelt (Heller 2008). Darin werden die Qualitätsdaten einer Einrichtung in Bezug zu den bundesweiten Ergebnissen der AOK-Datenbasis gestellt. Ein direkter Vergleich mit anderen Einrichtungen im Sinne eines Rankings ist mit den Klinikberichten nicht möglich. Für die **öffentliche Berichterstattung** werden Ergebnisse aber auch im Rahmen des AOK-Krankenhausnavigators anhand einer dreistufigen Skala sichtbar gemacht. Dort werden die Kliniken sowohl insgesamt als auch nach Einzelindikatoren pro Leistungsbereich bewertet. Die Ergebnisse werden anhand von Symbolen dargestellt. Die Einzelindikatoren werden anhand ihres Vergleichs mit den *Bundeswerten* in drei Kategorien eingeteilt: „Bessere Qualität", „Durchschnittliche Qualität" und „Schlechtere Qualität". Die Gesamtbewertung der Einrichtung erfolgt ebenfalls in drei Kategorien: „Überdurchschnittliche Qualität" (die Klinik gehört zu den 20 % der Kliniken mit einer geringen Wahrscheinlichkeit für unerwünschte Ereignisse), „Durchschnittliche Qualität" (die Klinik gehört zu 60 % aller Kliniken mit einer mittleren Wahrscheinlichkeit für unerwünschte Ereignisse sowie) „Unterdurchschnittliche Qualität" (die Klinik gehört zu den 20 % der Kliniken mit einer höheren Wahrscheinlichkeit für unerwünschte Ereignisse).

14.2.2.2 Initiative Qualitätsmedizin

Die Initiative Qualitätsmedizin (**IQM**) ist eine Qualitätsinitiative, die aus der Ärzteschaft heraus entstanden ist und an der sich zahlreiche Krankenhausträger beteiligen. Sie nutzt ebenfalls Routinedaten als Grundlage. Die eingesetzten Qualitätsindikatoren basieren im Wesentlichen auf den Indikatoren-Sets der QSR-Initiative, den Patientensicherheitsindikatoren (PSI) der US-amerikanischen Agency for Healthcare Research and Quality (AHRQ) und den German Inpatient Quality Indicators (G-IQI). Die G-IQI-Indikatoren basieren auf Abrechnungsdaten vollstationärer Krankenhausfälle, die von den teilnehmenden Krankenhäusern zur Verfügung gestellt werden. Sie konzentrieren sich im Wesentlichen auf die Messung der medizinischen **Ergebnisqualität** (Mansky et al. 2013). Sie sind ursprünglich aus dem internen Qualitätsmanagement des Helios-Klinikverbunds hervorgegangen und werden kontinuierlich weiterentwickelt.

Einmal im Jahr veröffentlichen die IQM-Mitgliedskrankenhäuser ihre eigenen Ergebnisse auf ihren Websites im Internet. Für die **öffentliche Berichterstattung** werden ausschließlich nur die Durchschnittsergebnisse aller teilnehmenden Häuser veröffentlicht, sodass ein Vergleich einer Klinik immer nur mit dem Bundesdurchschnitt möglich ist. Das Ziel der IQM-Initiative ist weniger die vergleichende Darstellung einzelner Kliniken, als viel mehr die Unterstützung des einrichtungsinternen Qualitätsmanagements. Auf ein öffentliches Ranking der Klinikergebnisse wird verzichtet, jedoch sind untereinander Benchmarking-Projekte unter Ausschluss der Öffentlichkeit möglich.

Für die Indikatoren werden Zielwerte angegeben. Diese orientieren sich an Erwartungswerten, sofern diese aus dem Material des Statistischen Bundesamtes zu errechnen sind. Für die Zielwerte werden aber auch Vergleichswerte aus aktuellen Publikationen oder geeigneten anderen Datenerfassungen (z. B. Vorjahresdaten) abgeleitet (Rohn 2014, S. 173 ff.). Eine Abweichung von den Zielwerten ist als Auffälligkeit zu werten. Auffällige Ergebnisse bzw. das Über- oder Unterschreiten von Zielwerten bei den Indikatoren haben einen mehrstufigen „Dialog" zur Folge. Zunächst findet eine strukturierte Analyse der Behandlungsfälle auffälliger Indikatoren statt. Bei deutlichen Abweichungen mit einer hohen Anzahl von Behandlungsfällen wird ein spezielles Peer-Review-Verfahren (IQM-Peer-Review) für den kollegialen Fachdialog eingeleitet (Kap. 12). Es können aber auch sehr gute Ergebnisse (positive Abweichungen) ein Peer Review auslösen („Lernen von den Besten").

14.2.2.3 4QD-Qualitätskliniken.de
Bei 4QD-Qualitätskliniken.de handelt es sich um ein Projekt, das von privaten Klinik-ketten und Zweckverbänden freigemeinnütziger Krankenhäuser gegründet wurde und mittlerweile ausschließlich Rehakliniken vergleichend bewertet. Für die Quali-tätsbewertung werden gesetzlich vorgeschriebene bzw. öffentlich zugängliche Daten (z. B. der externen Qualitätssicherung in der Rehabilitation) und eigens erhobene Daten aus den Mitgliedskliniken genutzt. Für die Qualitätsbewertung werden mehr als 100 Bewertungskriterien über (mittlerweile) fünf **Qualitätsdimensionen** gemessen: Behandlungsqualität, Patientensicherheit, Patientenzufriedenheit, Organisationsquali-tät sowie Ergebnisqualität. Für die Messung der Dimension „Behandlungsqualität" werden Routinedaten und Daten der externen Qualitätssicherung herangezogen. Daten zu den Dimensionen „Patientensicherheit" und „Organisationsqualität" beruhen auf einer strukturierten Selbstauskunft der Kliniken und werden durch stichprobenartige Audits überprüft. Die Indikatoren zur Patientensicherheit orientieren sich an Empfehlungen der WHO und des Aktionsbündnisses Patientensicherheit (APS). Die Patientenzufriedenheit wird mit standardisierten und wissenschaftlich geprüften Fragebögen erhoben, um eine einheitliche Erhebungsmethodik und Auswertung zu gewährleisten.

Im Vordergrund dieses Projekts stand bzw. steht, die Qualität von Klinik- bzw. stationären Rehabilitationsleistungen öffentlich und vergleichend darzustellen (Haeske-Seeberg und Piwernetz 2011). Die **Berichterstattung** erfolgt in einer für Patientinnen und Patienten verständlichen und entscheidungsleitenden Weise in einem Internet-Portal (www.qualitätskliniken.de). Die Qualitätsindikatoren werden in Prozent- oder Punkt-werten angegeben. Aus den Indikatoren der einzelnen Dimensionen wird überdies ein Gesamtergebnis in Gestalt eines gewichteten Qualitätsindex gebildet.

14.3 Benchmarking

In den Kontext von Qualitätsvergleichen lässt sich auch die Managementmethode *Bench-marking* einordnen. Fälschlicherweise werden beide Begriffe, Qualitätsvergleiche und Benchmarking, oft auch synonym verwendet oder inhaltlich gleich gesetzt. Gemeinsam ist beiden Ansätzen der **Vergleich** von Qualitäts- und Leistungsdaten. Die methodische Unterscheidung liegt darin, dass (öffentliche) Qualitätsvergleiche zuvorderst auf die **Sicht-barmachung** und vergleichende Darstellung von einrichtungsinternen Qualitäts- und Leistungsdaten zielen (Qualitätsdarlegung) und *sekundär* Steuerungswirkungen (direkt oder indirekt) entfalten. Benchmarking versteht die Sichtbarmachung und vergleichende

Tab. 14.5 Akzente und Schwerpunkte von Benchmarking und öffentlichen Qualitätsvergleichen

	Benchmarking	Öffentliche Qualitätsvergleiche
Zielgruppe	Unternehmensführung (intern)	Interessenpartner (extern)
Ort des Geschehens	Geschützter Raum	Öffentlicher Raum
Verbindlichkeit	Freiwillig	Freiwillig/Verpflichtend
Kriterien	Variabel	Vorgegeben
Zielebene	Qualitätsverbesserung	Transparenzsteigerung
Verfahrensebene	Managementmethode	Steuerungsansatz
Handlungsebene	Erfahrungsaustausch	Berichterstattung

Darstellung solcher Daten dagegen als notwendige Bedingung für beabsichtigte **Veränderungen.** Benchmarking ist somit eine Methode, die *primär* auf Veränderung und Verbesserung setzt (Qualitätsverbesserung). Sie erschöpft sich nicht in der Darlegung, sondern vereint Erkenntnisgewinn und Gestaltungsabsicht (Tab. 14.5). Im Rahmen des einrichtungsinternen Qualitätsmanagements werden die auf Transparenzsteigerung gerichteten Maßnahmen der öffentlichen Qualitätsvergleiche (gesundheitspolitische Steuerungsebene) wiederum durch den Einsatz von Benchmarking (unternehmenspolitische Managementebene) sinnvoll ergänzt (vgl. Camp und Tweet 1994; Geraedts und Selbmann 2011).

14.3.1 Grundlagen

Die begriffliche Herkunft des Benchmarking ist in der Vermessungstechnik zu finden. Benchmarks sind ursprünglich Höhen- oder Landmarken, die als Ausgangswerte zur Ermittlung von Höhenunterschieden dienen. Benchmarking ist somit eigentlich ein Verfahren des Vermessens von Eckpunkten. Im heutigen Sprachgebrauch ist Benchmarking eine etablierte **Managementmethode,** die sich an Eckpunkten in Form von Leistungseckpunkten anderer Unternehmen oder Organisationen orientiert. Dahinter steht die Suche nach den besten Prozessen, Vorgehensweisen und Ergebnissen, die für eine bestimmte Fragestellung relevant sind („Was machen andere anders oder besser als wir?"). Es handelt sich dabei um einen systematischen Vergleichsprozess, der um einen zielgerichteten Lernprozess („Lernen von anderen") angereichert wird. Zu den besonderen Merkmalen des Benchmarking gehört auch, dass sich die Merkmale und Kriterien des Vergleichs und der Bewertung im Austausch mit den Benchmarking-Partnern entwickeln und verändern können (induktiver Prozess).

▶ **Benchmarking** Ein zielgerichteter Erfahrungsaustausch von Leistungsanbietern mit dem Ziel des Lernens voneinander auf der Grundlage von Qualitäts- und Leistungsvergleichen.

Beim Benchmarking werden systematisch Unterschiede zwischen Leistungsanbietern ermittelt, anschließend die Ursachen für die Unterschiede herausgearbeitet und Verbesserungsmöglichkeiten abgeleitet. Benchmarking ist demnach mehr als ein bloßer Kennzahlen- oder Indikatorenvergleich. Das methodische Vorgehen ist stets darauf gerichtet, von den Prozessen, Vorgehensweisen und Ergebnissen anderer zu lernen und die Erkenntnisse zur Verbesserung der eigenen Leistung einzusetzen. Benchmarking ist demnach auch mehr als nur ein einfaches Ranking von Leistungs- bzw. Einrichtungsunterschieden.

Auf der operativen Ebene können die gewonnenen Erkenntnisse unmittelbar für die Verbesserung von Strukturen und Prozessen herangezogen werden. Auf der strategischen Ebene können die Erkenntnisse aber auch bei der Bildung von Zielen für die Unternehmens- und Qualitätspolitik genutzt werden (z. B. „Der Beste werden" oder „Besser als andere werden"). Folgende **Arten von Benchmarking** werden grundsätzlich unterschieden:

- **Internes Benchmarking:** Hierbei werden verschiedene Geschäfts- oder Leistungseinheiten der eigenen Organisation miteinander verglichen (z. B. Abteilungen, Stationen, Teams, Mitarbeitende). Die zu verwendenden Daten sind in der Regel leicht zugänglich und die Ergebnisse leicht übertragbar. Nachteilig können der eingeschränkte (einrichtungsinterne) Blickwinkel und die vorgegebene Daten- und Informationsstrukturen sein.
- **Externes Benchmarking** (Competitive Benchmarking, auch: wettbewerbsorientiertes Benchmarking): Benchmarking findet unter direkten Konkurrenten am *gleichen Markt* (z. B. Krankenhäuser einer Region oder einer Versorgungsstufe) oder in *getrennten Märkten* (z. B. nicht konkurrierende Einrichtungen unterschiedlicher Region oder Versorgungsstufe mit vergleichbaren Leistungsangeboten) statt. Die zu verwendenden Daten sind gegenüber dem internen Benchmarking aufwendiger zu erheben. Auch besteht die Gefahr, dass Daten zum Schutz von Betriebsgeheimnissen nur unvollständig bereitgestellt werden. Vorteilhaft erscheinen dagegen die möglichen Lerneffekte durch den Vergleich mit Anbietern derselben Branche.
- **Funktionales Benchmarking** (Functional Benchmarking, Best-Practice-Benchmarking) Vergleich *verwandter Prozesse* unter gleichen oder branchenfremden Organisationen (z. B. Abfertigung Flughafen und OP, Wartezeiten in öffentlichen Verwaltungen und Ambulanzen). Die Annahme ist, dass bei ähnlichen Prozessen vergleichbare Qualitätskriterien gelten. Aufgrund der Branchenfremdheit sind die zu verwendenden Daten nicht immer unmittelbar durch einen direkten Vergleich zu bewerten und die Erkenntnisse oft nur mit hohem Aufwand in die eigenen Abläufe übertragbar. Ebenso kann es mitunter schwierig sein, einen Best-Practice-Partner einer fremden Branche für die Zusammenarbeit zu gewinnen, wenn der beiderseitige Nutzen nicht deutlich wird. Andererseits kann die fehlende Konkurrenzsituation die Bereitschaft zur Bereitstellung von Daten auch erleichtern, wenn das Verfahren wenig aufwendig ist oder wenn ein beiderseitiger Nutzen klar kommuniziert wurde.
- **Award Model Benchmarking:** Einrichtungen messen sich bzw. ihre Potenziale und Ergebnisse an den Kriterien internationaler *Qualitätspreise* (z. B. EGA, MBNQA). Vorteilhaft für die teilnehmenden Institutionen ist die systematische Selbst- und Fremdbewertung anhand von international anerkannten „Exzellenz-Kriterien" (Kap. 12). Die Bewertung wird in der Regel anhand von Punktwerten vorgenommen, die das jeweilige Wettbewerbsmodell vorsieht. Im Rahmen der Preiswettbewerbe

stellen sich die Organisationen dem Vergleich mit anderen Organisationen innerhalb von Branchensparten. Die Wettbewerbe dienen der Bekanntmachung und
Außendarstellung von Organisationen, aber auch dem unmittelbaren Erkenntnisgewinn über den jeweiligen Leistungs- und Entwicklungsstand.

Die Zusammenarbeit mit Benchmarking-Partnern und die in diesem Rahmen notwendige
Preisgabe und Zurverfügungstellung von mitunter vertraulichen Informationen bedingt
eine besondere „Kultur der Zusammenarbeit", für die alle Beteiligten gleichermaßen
Verantwortung tragen. Für eine solche Kultur der Zusammenarbeit, die auch als **Vertrauenskultur** zu bezeichnen ist, sind Spielregeln sinnvoll, die im Vorfeld eines Benchmarking-Prozesses unter den Teilnehmenden vereinbart werden. Ziegele und Hener
(2004) haben vier **Prinzipien** formuliert, die im Sinne eines Benchmarking-Kodex ver-
abschiedet werden können (ebd., S. 8 f.):

- **Vertraulichkeit:** Es muss für alle Beteiligten selbstverständlich sein, dass die
  erhaltenen Informationen, insbesondere sensible Daten über die Teilnehmenden und
  Vergleichsergebnisse, nicht nach außen weitergeben werden. Dies sollte auch für die
  Merkmale eines identifizierten Best-Practice gelten.
- **Einstimmigkeit:** Alle Teilnehmenden bzw. Benchmarking-Partner sind gleich stimm-
  berechtigt bei den erforderlichen Entscheidungen, die möglichst einstimmig zu
  erzielen sind. Dies kann die Aufnahme von neuen Partnern, die Auswahl von neuen
  Themen oder die Spielregeln der Zusammenarbeit betreffen. Es sollten niemals Nach-
  teile für „unterlegene" Teilnehmende entstehen.
- **Gegenseitigkeit:** Jeder Teilnehmende fordert nur das, was er auch selbst bereit ist zu
  geben. Dies betrifft alle Aspekte, die der gemeinsamen Zielsetzung dienen, wie die
  Bereitstellung von Daten und Wissen, aber auch verhaltensbezogene Aspekte wie
  Mitarbeit und Engagement.
- **Freiwilligkeit:** Die Mitarbeit am Benchmarking ist freiwillig. Diese Mitarbeit kann
  jederzeit beendet werden. Es sollte jedoch das Prinzip der Gegenseitigkeit eingehalten
  werden, damit niemandem Nachteile entstehen. Genauso freiwillig müssen die Aktivitäten und Umsetzungspläne in jeweiligen Einrichtungen gelten. Niemand sollte zur
  Umsetzung von Veränderungen gezwungen werden.

14.3.2 Benchmarking-Prozess

Das methodische Vorgehen beim Benchmarking lässt sich in einzelnen Schritten darstellen, deren Anzahl und Ausgestaltung in der Literatur sehr uneinheitlich beschrieben
sind. Entsprechend vielgestaltig ist auch die Durchführungspraxis. Die einzelnen Schritte
lassen sich mit einem *Phasenmodell* ähnlich einem Managementkreislauf veranschau-
lichen (Abb. 14.5). An diesem Modell ist deutlich zu erkennen, dass die Zielrichtung

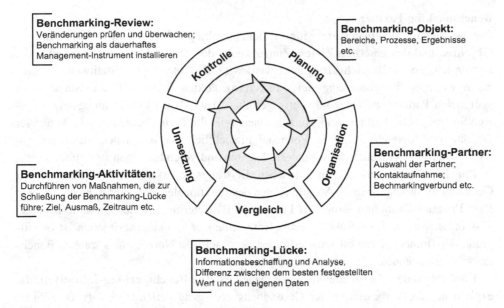

Benchmarking-Review:
Veränderungen prüfen und überwachen;
Benchmarking als dauerhaftes
Management-Instrument installieren

Benchmarking-Objekt:
Bereiche, Prozesse, Ergebnisse
etc.

Benchmarking-Partner:
Auswahl der Partner;
Kontaktaufnahme;
Bechmarkingverbund etc.

Benchmarking-Aktivitäten:
Durchführen von Maßnahmen, die zur
Schließung der Benchmarking-Lücke
führe; Ziel, Ausmaß, Zeitraum etc.

Benchmarking-Lücke:
Informationsbeschaffung und Analyse,
Differenz zwischen dem besten festgestellten
Wert und den eigenen Daten

Abb. 14.5 Phasenmodell des Benchmarking

und der Schwerpunkt des Benchmarking auf den Veränderungsaktivitäten und nicht im alleinigen Daten- und Leistungsvergleich liegt.

Benchmarking-Objekt

Der Prozess des Benchmarking beginnt nicht mit der Suche nach dem geeigneten Benchmarking-Partner, sondern mit der „Ist"-Analyse der eigenen Organisation (Karlöf und Ostblom 1994). Nur bei Kenntnis von Stärken und Schwächen lassen sich Bereiche identifizieren, die besonders verbesserungswürdig sind. Zur Vorbereitung auf das Benchmarking bietet sich daher eine **Selbstbewertung** (Kap. 6) oder jede andere Form der Organisationsanalyse an. Mit der Identifizierung von Veränderungsnotwendigkeiten wird die Frage nach dem Zweck des Benchmarking beantwortet. Die Veränderungsnotwendigkeiten lassen sich zu Benchmarking-Objekte („Was benchmarken?") und Zielsetzungen näher konkretisieren.

Benchmarking-Objekte (Beispiele)

- Strukturen (z. B. Personaleinsatz, Qualifikation, Kapazitäten)
- Prozesse (z. B. Aufnahmeprozess, Dekubitus-Prophylaxe, OP-Einschleusung)
- Ergebnisse (z. B. Klinische Outcomes, Komplikationen, Erlöskennzahlen).
- Methoden (z. B. Beschwerdebearbeitung, Umgang mit Fehlermeldungen, Auditverfahren). ◄

Benchmarking-Partner

Die Auswahl der richtigen Partner für das Benchmarking richtet sich nach den gewählten **Objekten** und den gesetzten **Zielen.** Zum Zwecke der Vergleichbarkeit sollten auch die zu vergleichenden **Bereiche** festgelegt werden (z. B. Abteilungen, Stationen, Teams). Beim externen Benchmarking auf Konkurrenzmärkten kann sich die Suche nach geeigneten Partnern mitunter schwierig gestalten. Hier ist oft Überzeugungsarbeit notwendig, mögliche Partner vom Nutzen einer Teilnahme zu überzeugen. Je konkreter Objekte und Bereiche bzw. ihr Potenzial hinsichtlich der möglichen Veränderungswirkung aufgezeigt werden können, desto leichter sind Vereinbarungen zu treffen.

Zur Effizienzsteigerung von kritischen Leistungsprozessen bieten sich auch für Gesundheitseinrichtungen die Möglichkeiten des funktionalen Benchmarking an, um von **Best-Practice-Branchen** lernen zu können (z. B. Catering bei Luftfahrtunternehmen, Risikomanagement im Kernkraftwerk). Trotz fehlender Konkurrenzsituation ist es aufgrund der Branchenferne oft schwierig, den gegenseitigen Nutzen eines solchen Benchmarking zu erkennen.

Häufiger sind im Gesundheitswesen dagegen externe **Benchmarking-Initiativen,** die explizit auf die Verbesserung der Gesundheitsversorgung gerichtet sind (z. B. Schlaganfallversorgung, geriatrische Patientenversorgung, psychiatrische Akutbehandlung) und über Berufsverbände oder Fachgesellschaften initiiert werden. Derartige Initiativen können *Projektcharakter* haben (z. B. Beantwortung einzelner Fragestellungen, Modellprojekte) oder als stabile *Benchmarking-Verbünde* („Benchmarking-Clubs") gegründet sein. Tritt eine Einrichtung einem stabilen Benchmarking-Verbund bei, dann steht oft die Partnerwahl vor der Objektbestimmung und nicht das gewählte Objekt vor der Wahl des geeigneten Partners.

Benchmarking-Lücke

Die Suche nach der Benchmarking-Lücke ist das Herzstück des gesamten Benchmarking-Prozesses. Hier geht es zunächst um die **Datensammlung** entlang der Fragestellungen. Alle verfügbaren Daten über den betrachteten Gegenstand (Benchmarking-Objekt) sollten zunächst noch unstrukturiert und möglichst umfassend zusammengetragen werden. Bei der anschließenden **Datenaufbereitung** sind Methoden zu entwickeln, mit denen die Merkmale der Benchmarking-Objekte schematisch erfasst und verdichtet werden können, um sie letztendlich vergleichbar werden zu lassen. Hierzu benötigt man *Raster* (z. B. Diagramme, Tabellen) und *Gliederungskriterien,* mit deren Hilfe die Daten in eine vergleichbare Struktur gebracht werden. Wird beispielsweise ein bestimmter Prozess (z. B. Aufnahmeprozess) als Benchmarking-Objekt gewählt, sollte dieser Prozess bei allen Partnern mit seinen wesentlichen Merkmalen in einer einfachen Darstellung abgebildet werden. Die Erfassung der Prozessmerkmale sollte auch die Prozessergebnisse, also die Folgen der Prozesse im Vergleich, umfassen (Karlöf und Ostblom 1994, S. 86). Nach der Datenaufbereitung folgt die **Kausalanalyse**, in der Zusammenhänge zwischen Prozessmerkmalen und Prozessergebnissen im Sinne von Ursache-Wirkungs-Beziehungen untersucht werden. Auf Basis dieser Modellierung von Kausalitäten lassen sich in späteren Schritten Handlungsempfehlungen ableiten.

Die **Suche nach Best-Practice** findet im gegenseitigen Austausch statt, sofern ein Best-Practice-Partner nicht von vorneherein bekannt war („Best-Practice-Benchmarking"). Hierzu werden gemeinsame Kriterien für die Bewertung der vorliegenden Ergebnisse benötigt. Dafür sollte mit den Benchmarking-Partnern ein eindeutiger, *expliziter Kriterienkatalog* konsentiert werden, der auch ggf. Aussagen über die Wichtigkeit der Kriterien macht. Bleiben die Bewertungsmaßstäbe implizit und unklar, wird die Verständigung aufgrund von unterschiedlichen Maßstäben untereinander schwierig. Die Identifizierung von Best-Practice muss nicht unbedingt bedeuten, dass die Bewertungskriterien für alle Partner die gleiche Priorität haben. Derartige Unterschiede führen dann unter Umständen zu unterschiedlichen Konsequenzen bei der Ableitung von Aktivitäten aus den Erkenntnissen. In vielen Fällen kann aufgrund der Heterogenität der Daten oder vieler „bester" Teilnehmender eine Best-Practice gar nicht identifiziert werden. Hierbei kommt es dann darauf an, sich im Erfahrungsaustausch und Diskussionsprozess auf eine (oder mehrere) „gute Vorgehensweise(n)" zu einigen. Eine „gute Vorgehensweise" geht typischerweise aus guten Vorgehensweisen mehrerer Teilnehmender hervor (de Cruppé et al. 2011). Mehrere „gute Vorgehensweisen" orientieren sich in der Regel an unterschiedlichen Zielen. Die daraus ableitbaren Empfehlungen können als hypothetische „Wenn-Dann"-Aussagen formuliert werden, die unterschiedliche Varianten als Best-Practice aufzeigen (Ziegele und Hener 2004, S. 17).

Benchmarking-Aktivitäten und Review
Auf Basis der Benchmarking-Ergebnisse sollten nun Veränderungsaktivitäten in der eigenen Einrichtung folgen. Die Differenz zwischen den Leistungen der Partner und den eigenen Leistungen (Benchmarking-Lücke) stellt die methodische Basis für die Ableitung der eigenen Verbesserungsziele. Benchmarking liefert in der Regel objektive bzw. objektivierbare Daten. Durch **realistische Zielbildung** unterstützt es den Zielfindungsprozess und steigert so die Akzeptanz für Veränderungsvorhaben („Management by Facts"). Die aus den Vergleichen zu treffenden Konsequenzen fallen in jeder Einrichtung jedoch hochspezifisch aus. Um einen **internen Lernprozess** anzustoßen, können mit Blick auf die identifizierte Best-Practice oder die als geeignet erscheinende „gute Vorgehensweise" zunächst die eigenen Stärken und Schwächen analysiert und dann die Elemente der Vorlage, die übertragbar erscheinen, implementiert werden (Verknüpfen der identifizierten Merkmale mit eigenem Einrichtungsprofil).

Die Projektierung wird in bekannter Weise durch die Methoden der *kontinuierlichen Verbesserung* und des *Projektmanagements* vorgenommen.

Nach der Umsetzung der Aktionspläne sollte in angemessenen Zeitabständen der erzielte Fortschritt überprüft werden. Dazu kann ebenfalls eine **Selbstbewertung** (z. B. nach EFQM) vorgenommen werden. Daraus ergibt sich ein neues Profil von Stärken und Schwächen, welches wiederum Ausgangspunkt für einen erneuten Durchlauf des Benchmarking-Kreislaufs sein kann.

14.4 Übungsfragen

1. Erläutern Sie die grundsätzlichen Steuerungsmechanismen und möglichen Wirkungen, die mit öffentlichen Qualitätsvergleichen verbunden sein können! Lösung Abschn. 14.1
2. Beschreiben Sie den Nutzen und den Einsatzzweck des QUALIFY-Instruments! Lösung Abschn. 14.1.1.1
3. Erläutern Sie die Bedeutung der Risikoadjustierung und welchen Zweck sie im Kontext von Qualitätsvergleichen erfüllt! Abschn. 14.1.1.2
4. Beschreiben Sie den „Strukturierten Dialog" im Kontext der externen Qualitätssicherung und skizzieren dessen wesentlichen Schritte und Elemente! Lösung Abschn. 14.1.2.2
5. Nennen und erläutern Sie mögliche Ausprägungsformen öffentlicher Qualitätsberichterstattung bzw. Qualitätsvergleiche! Lösung Abschn. 14.2
6. Beschreiben Sie das Instrument des „strukturierten Qualitätsberichts für Krankenhäuser" und treffen eine zusammenfassende Aussage zur „Qualität", die damit „berichtet" wird! Lösung Abschn. 14.2.1.1
7. Nennen und erläutern Sie Formen der Qualitätsberichterstattung bzw. Qualitätsdarstellung in der Pflege und treffen eine zusammenfassende Aussage zur „Qualität", die damit „berichtet" wird! Lösung Abschn. 14.2.1.2
8. Erläutern Sie die Definition und Bedeutung von Benchmarking und grenzen diese Methoden gegenüber öffentlichen Qualitätsvergleichen ab! Lösung Abschn. 14.3
9. Erläutern Sie die Bedeutung einer Vertrauenskultur beim Benchmarking und skizzieren Sie wesentliche Prinzipien, die sich förderlich auf die Vertrauenskultur auswirken können! Lösung Abschn. 14.3.1
10. Nennen und beschreiben Sie beispielhaft drei unterschiedliche Benchmarking-Objekte! Lösung Abschn. 14.3.2.

Literatur

AOK-Bundesverband, Forschungs- und Entwicklungsinstitut für das Sozial- und Gesundheitswesen Sachsen-Anhalt, Helios-Kliniken, Wissenschaftliches Institut der AOK (WIdO) (2007) Qualitätssicherung der stationären Versorgung mit Routinedaten (QSR) – Abschlussbericht. WIdO, Bonn

AQUA – Institut für angewandte Qualitätsförderung und Forschung im Gesundheitswesen (2013) Allgemeine Methoden im Rahmen der sektorenübergreifenden Qualitätssicherung im Gesundheitswesen nach § 137a SGB V. Version 3.0. AQUA – Institut für angewandte Qualitätsförderung und Forschung im Gesundheitswesen, Göttingen

Ash AS, Shwartz M, Peköz EA, Hanchate AD (2013) Comparing outcomes across providers. In: Iezzoni LI (Hrsg) Risk adjustment for measuring health care outcomes. Health Administration Press, Chicago, S 335–378

Blumenstock G (2011) Zur Qualität von Qualitätsindikatoren. Bundesgesundheitsbl Gesundheitsforsch Gesundheitsschutz 54(2):154–159

Böllicke C (2018) Der neue „Pflege-TÜV". Altenheim 9:44–47

Brand H, Michelsen K (2007) Politikberatung durch Gesundheitsberichterstattung? Gesundheitswesen 69:527–533

Camp RC, Tweet AG (1994) Benchmarking applied to health care. Jt Comm J Qual Improv 20(5):229–238

De Cruppé W, Blumenstock G, Fischer I, Selbmann HK, Geraedts M (2011) Evaluation von Benchmarking-Verbünden in Deutschland. Gesundh ökon Qual manag 16:341–347

Fitch K, Bernstein SJ, Aguilar MD, Burnand B, LaCalle JR, Lázaro P, van het Loo M, McDonnell J, Vader JP, Kahan JP (2001) The RAND/UCLA appropriateness method user's manual. RAND, Santa Monica

Geraedts M, Selbmann HK (2011) Benchmarking in der Gesundheitsversorgung: Fazit und Empfehlungen. Z Evid Fortbild Qual Gesundheitswes (ZEFQ) 105(5):412–416

Haeske-Seeberg H, Piwernetz K (2011) Benchmarking von Kliniken für die Öffentlichkeit am Beispiel der „4QD-Qualitätskliniken.de". Z Evid Fortbild Qual Gesundheitswes (ZEFQ) 105:401–403

Heller G (2008) Zur Messung und Darstellung von medizinischer Ergebnisqualität mit administrativen Routinedaten in Deutschland. Bundesgesundheitsbl Gesundheitsforsch Gesundheitsschutz 51:1173–1182

Heller G (2010) Qualitätssicherung mit Routinedaten – Aktueller Stand und Weiterentwicklung. In: Klauber J, Geraedts M, Friedrich J (Hrsg) Krankenhaus-Report 2010. Schwerpunkt: Krankenhausversorgung in der Krise? Schattauer, Stuttgart, S 239–254

Heller G (2014) Qualitätsmessung und Qualitätsvergleich in der Gesundheitsversorgung. In: Roeder N, Hensen P, Franz D (Hrsg) Gesundheitsökonomie, Gesundheitssystem und öffentliche Gesundheitspflege. Ein praxisorientiertes Kurzlehrbuch. Deutscher Ärzte-Verlag, Köln, S 162–174

Hensen P (2014) Qualitätsberichte und Qualitätsberichterstattung im Gesundheitswesen. Public Health Forum 22(83):21–23

Institut für Qualitätssicherung und Transparenz im Gesundheitswesen, IQTIG (2021) Bericht zum Strukturierten Dialog 2020 – Erfassungsjahr 2019. IQTIG, Berlin

Institut für Qualitätssicherung und Transparenz im Gesundheitswesen, IQTIG (2020) Öffentliche Berichterstattung von Qualitätsindikatoren der externen stationären Qualitätssicherung in den Qualitätsberichten der Krankenhäuser. Empfehlungen des IQTIG zum Erfassungsjahr 2019. IQTIG, Berlin

Karlöf B, Ostblom S (1994) Das Benchmarking-Konzept: Wegweiser zur Spitzenleistung in Qualität und Produktivität. Vahlen, München

Klakow-Franck R (2014) Rolle der Qualitätsmessung aus Sicht des Gemeinsamen Bundesausschusses. Z Evid Fortbild Qual Gesundheitswes (ZEFQ) 108(8–9):456–464

König T, Barnewold L, Heller G (2014) Risikoadjustierung und Fallzahl-Prävalenz-Problem. In:
AQUA – Institut für angewandte Qualitätsförderung und Forschung im Gesundheitswesen
(Hrsg) Qualitätsreport 2013. AQUA-Institut, Göttingen, S 215–221

Köppen M, Ruppel J, Kazmaier T (2014) Strukturierter Dialog. In: AQUA – Institut für
angewandte Qualitätsförderung und Forschung im Gesundheitswesen (Hrsg) Qualitätsreport
2013. AQUA-Institut, Göttingen, S 196–204

Kötter T, Schaefer F, Blozik E, Scherer M (2011) Die Entwicklung von Qualitätsindikatoren
– Hintergrund, Methoden und Probleme. Z Evid Fortbild Qual Gesundheitswes (ZEFQ)
105(1):7–12

Mainz J (2003) Defining and classifying clinical indicators for quality improvement. Int J Qual
Health Care 15(69):523–530

Mansky T, Nimptsch U (2014) Medizinische Qualitätsmessung im Krankenhaus – Worauf kommt
es an? Z Evid Fortbild Qual Gesundheitswes (ZEFQ) 108(8–9):487–494

Mansky T, Nimptsch U, Winklmair C, Hellerhoff F (2013) G-IQI – German inpatient quality
indicators version 4.0. Universitätsverlag TU Berlin, Berlin

Matthes N (2009) Qualitätsbezogene Vergütung für Krankenhäuser: Erste Erfahrungen aus den
USA. Gesundh ökon Qual manag 14:132–143

Matthes N (2017) Von volumen- zu wertbasierter Kostenvergütung in den USA. In: Dormann F,
Klauber J (Hrsg) Qualitätsmonitor 2017. MWV, Berlin, S 15–27

Reiter A, Fischer B, Kötting J, Geraedts M, Jäckel WH, Döbler K (2008) QUALIFY: Ein
Instrument zur Bewertung von Qualitätsindikatoren. Z ärztl Fortbild Qual Gesundh Wes
(ZaeFQ) 101(10):683–688

Rohn C (2014) Ergebnisveröffentlichung im Internet und active Pressearbeit. In: Martin J, Rink O,
Zacher J (Hrsg) Handbuch IQM. MWV, Berlin, S 173–178

Schrappe M (2015) Qualität 2030. Die umfassende Strategie für das Gesundheitswesen. MWV,
Berlin

Schrappe M (2017) Pay for Performance – Aktueller Stand und Perspektiven. In: Dormann F,
Klauber J (Hrsg) Qualitätsmonitor 2017. MWV, Berlin, S 3–14

Schrappe M, Gültekin N (2011) Pay for Performance (P4P). Langfristige Effekte und Anreiz-
wirkungen. Bundesgesundheitsblatt Gesundheitsforschung Gesundheitsschutz 54(2):166–170

Schwappach DLB, Schubert HJ (2007) Offenlegen oder nicht? Chancen und Risiken der Veröffentlichung von medizinischen Qualitätsvergleichen. Dtsch Med Wochenschr 132:2637–2642

Strech D, Reimann S (2012) Deutschsprachige Arztbewertungsportale. Der Status quo ihrer
Bewertungskriterien. Bewertungstendenzen und Nutzung. Gesundheitswesen 74:e61–e67

Willms G, Bramesfeld A, Pottkämper K, Broge B, Szecsenyi J (2013) Aktuelle Herausforderungen
der externen Qualitätssicherung im deutschen Gesundheitswesen. Z Evid Fortbild Qual
Gesundheitswes (ZEFQ) 107(8):523–527

Wingenfeld K, Stegbauer C, Willms G, Voigt C, Woitzik R (2018) Entwicklung der Instrumente
und Verfahren für Qualitätsprüfungen nach §§ 114 ff. SGB XI und die Qualitätsdarstellung
nach § 115 Abs. 1a SGB XI in der stationären Pflege. Abschlussbericht: Darstellung der
Konzeptionen für das neue Prüfverfahren und die Qualitätsdarstellung. Bielefeld, Göttingen

Ziegele F, Hener Y (2004) Benchmarking in der Hochschulpraxis – Effizienzsteigerung und
Prozessoptimierung durch kooperatives Handeln. In: Benz W (Hrsg) Handbuch Qualität in
Studium und Lehre, E 7.2. Raabe, Berlin

Stichwortverzeichnis

635-Methode, 268

Printed in the United States
by Baker & Taylor Publisher Services